böhlau

Georg Jenal

Sub Regula S. Benedicti

Eine Geschichte der Söhne und Töchter Benedikts von den Anfängen bis zur Gegenwart

BÖHLAU VERLAG WIEN · KÖLN · WEIMAR

Bibliografische Information der Deutschen Nationalbibliothek:
Die Deutsche Nationalbibliothek verzeichnet diese Publikation in der Deutschen Nationalbibliografie; detaillierte bibliografische Daten sind im Internet über http://dnb.de abrufbar.

Korrektorat: Sara Horn, Düsseldorf
Coverbildnachweis: Der heilige Benedikt überreicht die Ordensregel, Buchmalerei, ca. 1490 (© akg-images/Pirozzi).
Wissenschaftlicher Satz: satz&sonders GmbH, Dülmen
Einbandgestaltung: Michael Haderer, Wien
Druck und Bindung: Hubert & Co BuchPartner, Göttingen
Printed in the EU

Vandenhoeck & Ruprecht Verlage | www.vandenhoeck-ruprecht-verlage.com

ISBN 978-3-412-51442-6

Inhaltsübersicht

Inhalt

Vorbemerkung

Die Ausführungen verstehen sich als Versuch, eine der frühen monastischen Formationen des Abendlandes als wirkmächtige Erscheinung der Frömmigkeits-, Kirchen- und (allgemeinen) Kulturgeschichte sichtbar zu machen in ihren weitläufigen Zusammenhängen durch die Jahrhunderte hindurch und über das Abendland hinaus. Dabei stehen zunächst einmal Orientierung, Überblick, Zusammensicht und Verwertbarkeit für tragfähige historische Beurteilungen im Mittelpunkt. Darüber hinaus soll es aber um Wegweisung und Führung gehen bei Vergewisserung von Hintergründen und Antriebsgesetzen komplexer historischer Phänomene von „langer Dauer", deren abendländische Herkunft und Bedeutung heute vielfach verdeckt bleiben oder nicht mehr sicher verstanden werden. Sei dies infolge eines gegenwärtig stetig schwindenden Wissens um abendländische Kultur- und Religionszusammenhänge allgemein; sei es infolge einer auch für Kenner der Problemlage erdrückenden Fülle von Daten und Fakten, die der Strom einer beinahe 1500-jährigen historischen Tradition mit sich geführt hat; sei es durch die schier uferlose Flut gegenwärtiger, internationaler Spezialforschungen auf diesen Gebieten, die unverkennbar die Gefahr bergen, bei stetiger Erweiterung im Detail, die großen Zusammenhänge aus dem Auge zu verlieren.

Einleitung

Mit Gründung der monastischen Gemeinschaft auf dem Berge oberhalb von Cassino durch Benedikt (von Nursia) im ersten Drittel des 6. Jahrhunderts war der Typus des Klosters nach *RB* ins Licht der Geschichte getreten. Fortan lebte hier eine Zönobitengemeinschaft, erst nach der Weisung, später dann (seit 530 etwa) unter der Regel des charismatischen Vaters und Lehrers Benedikt. – Im Horizont des 6. Jahrhunderts gesehen, lässt sich dabei keineswegs schon – entgegen älteren, die Anfänge bisweilen glorifizierenden Darstellungen – von einem monumentalen, die Erfolgsgeschichte künftiger Jahrhunderte vorausahnenden, gleichsam demiurgischen Gründungsakt sprechen. Doch lassen sich in den ganz und gar bescheidenen Anfängen die Wurzeln der nachmals berühmten Gemeinschaft zu Montecassino wie eines später weltweit agierenden Mönchtums nach *RB* fassen, zweier immerhin geschichtsmächtiger Phänomene von abendländischer Herkunft.

Der Gemeinschaftstypus nach *RB* hat im Laufe der Jahrhunderte eine unvergleichliche Erfolgsgeschichte geschrieben. Daran sei – um keine „Eulen nach Athen zu tragen" – hier lediglich in Kürze erinnert. Es waren die Gemeinschaften nach *RB* nämlich, die das Mönchtum des Abendlandes vom 9.–13. Jahrhundert – von der Karolingerzeit bis zum Erscheinen der Bettelorden also – hauptsächlich repräsentiert haben. Und es waren auch Klöster nach dieser Regel, die sich trotz schwerer Einbrüche und zahlreicher Krisen im Laufe der Jahrhunderte immer wieder erneuert haben und als Typus nie vollständig untergegangen sind: So können die Söhne und Töchter Benedikts bis heute (a. 2014/2015) – dabei auf eine beinahe 1500-jährige Kontinuität verweisend – in mehr als 1.100 Häusern weltweit noch an die 7.150 männliche und 13.700 weibliche Mitglieder in ihren Reihen zählen, dazu, bei steigender Tendenz, mehr als 25.000 Oblaten. (Vgl. unten, zwölftes Kapitel [Benediktineroblaten] und dreizehntes Kapitel [Ordensstatistik].)

Darüber hinaus spiegeln sich vergangene wie gegenwärtige Bedeutung Benedikts und der Gemeinschaften nach seiner Regel nicht zuletzt auch in der besonderen Hochschätzung seitens der Kirche: So würdigte PP. Pius XII. in seiner Enzyklika *Fulgens radiatur* – promulgiert am 21. März 1947, dem 1400-jährigen Todestages Benedikts (nach damaligem Forschungsstand) – Leistungen und Verdienste des Mönchsvaters wie der Gemeinschaften nach *RB* im Lichte der Jahrhunderte. Auch ehrte er am 18. Sept. desselben Jahres, während einer Predigt in St. Paul v. d. M. (*Exultent hodie*), Benedikt als „Patriarch des abendländischen Mönchtums" und

„Vater Europas" (*pater, altor, parens Europae*). Diese Hochschätzung bekräftigend und überhöhend, titulierte PP. Paul VI. den Mönchsvater dann in einem „Apostolischen Brief" vom 24. Okt. 1964 als „Hauptpatron ganz Europas" (*princeps totius Europae patronus*) und bezeichnete ihn unter demselben Datum in der Festansprache zu Montecassino – anlässlich der Weihe der 1944 kriegszerstörten und nun wiedererrichteten Kathedrale – wiederholt als *„patrono e protettore dell'Europa"*.

Eine Geschichte der Gemeinschaften nach *RB* kann aus verschiedenen Perspektiven wie nach unterschiedlichen Schwerpunkten geschrieben werden. Im vorliegenden Fall bleibt der Fokus – nach der notwendigerweise vorausgehenden Auseinandersetzung mit den Ergebnissen von fast dreißigjährigen, seit 1987 anhaltenden, international und heftig geführten grundlegenden Diskussionen um Autorschaft und Historizität der Gründungstexte (*Greg. I, Dial. II* und *RB*) – hauptsächlich auf die Neuerungen und Veränderungen, d. h. auf die Reformbemühungen innerhalb der Klöster und Verbände nach *RB* gerichtet. Ohne zentrale Binnenereignisse, systemische Gegebenheiten oder herausragende, die Zeitläufte bestimmende Persönlichkeiten dabei aus dem Blick zu verlieren, bedeutet dies vornehmlich: die erfolgreichen, aber auch die weniger geglückten, die gescheiterten wie die verhinderten Neuerungen und Reforminitiativen im langen Verlauf der Jahrhunderte entlang eines chronologischen Fadens zu beschreiben, mitsamt den Folgen für Verfassung, Struktur, Partikularrecht, Selbstverständnis und Bedeutung der Gemeinschaften und Verbände im jeweiligen Umfeld. (Aus der Darstellung ausgeblendet bleiben allerdings die Zisterzienser und ihre Reformzweige, eine Entscheidung, deren Begründung sich weiter unten findet.)

Innerhalb der Reformaktivitäten, die hier im Fokus stehen, bleiben im Besonderen jene im Blick, die den Empfehlungen des II. Vatikanums (1962–1965) auf den Ebenen der Kongregationen wie auch der Konföderation entsprachen. Allerdings kann dem Echo des Konzils in den heute weltweit existierenden zwanzig Kongregationen aus Umfangsgründen hier nicht gleichmäßig erschöpfend nachgegangen werden. So rücken auf dieser Ebene lediglich die Kongregationen des deutschen Sprachraums – als *exempla* gleichsam – deutlicher ins Blickfeld, während die übrigen Kongregationen weltweit lediglich kurz gestreift werden.

Die Fokussierung der Ausführungen auf die Entwicklung der gelungenen wie der gescheiterten Neuerungen und Reforminitiativen im langen Verlauf der Jahrhunderte, auf deren Hintergründe und Ursachen, auf deren Folgen für die Reformer, die Reformverbünde wie deren Umfeld ist nicht dem Zufall geschuldet. Diese Perspektive ergibt sich vielmehr aus dem alten – im Diktum von den *monasteria semper reformanda* seit je lebendigen – Wissen um die Notwendigkeit ständiger Veränderungen innerhalb der monastischen Sonderwelt und ihrer Gemeinschaften als dem sichtbaren Nachweis ihrer Existenzberechtigung unter sich wandelnden Zeitverhältnissen, wenn anders man nicht in erstarrten Strukturen verharrend, vom Wandel der Zeiten und ihren neuen Anforderungen überholt, unzeitgemäß, fragwürdig, letztlich überflüssig werden wollte.

Das Wissen um dieses spirituell wie verbandstechnisch zentrale, kirchliche wie weltliche Bereiche tangierende Antriebsgesetz geistlicher Gemeinschaften wirkte als Impuls nicht nur bei all jenen Zeitgenossen, die im Laufe der Jahrhunderte Reformen erdacht, angestoßen oder durchgeführt haben. Das Wissen um dieses grundlegende Movens hat seinen Platz darüber hinaus bis in die Gegenwart behauptet. Denn nicht zufällig hat das II. Vatikanum im Zusammenhang mit den erforderlichen Ordensreformen diese alte, noch immer gültige Überzeugung aufgegriffen und unter der zeitgemäßen Devise eines *aggiornamento* entschieden Erneuerungen, Reformen und Anpassungen angemahnt. Dies allerdings unter der Verpflichtung, mit Augenmaß zu verfahren und gewissenhaft den spezifischen „Geiste“ der jeweiligen monastischen Gemeinschaften und Verbünde in diesem Erneuerungs- und Anpassungsprozess zu wahren, womit den Reformen zugleich Richtung gegeben und Grenzen gesetzt waren.

*

Wie erwähnt, bleiben die Zisterzienser (OCist) und deren Reformzweige (Trappisten; Feuillanten) aus der Darstellung ausgeblendet trotz ihres mit den *monachi nigri* gemeinsamen Bandes der *RB*. Diese Entscheidung findet ihren Grund in den bemerkenswert konsequenten, beispiellosen und zukunftsweisenden Neuerungen wie einer unvergleichlich dynamischen Ausbreitung dieses Reformverbandes, dem von der Forschung bekanntlich das Alleinstellungsmerkmal zuerkannt wird, unter den mittelalterlichen Klosterverbänden der „erste religiöse Orden im eigentlichen Sinne“ gewesen zu sein (Elm, K., Art.: Zisterzienser, LdM 9 [1998], Sp. 632).

Auf reformradikalem Verständnis der *RB* fußend, zeigen sich die grundlegenden Neuerungen der Zisterzienser in mehreren Hinsichten und auf verschiedenen Ebenen: vornehmlich – um das Wichtigste nur zu erwähnen – in einer zentralistischen Verfassung (mit Generalabt, mit Generalkapitel „über“ dem Kongregationskapitel, mit Definitoren, mit regelmäßigen Visitationen, mit der Verpflichtung auf einheitliche *statuta* und *consuetudines*); im Bereich der Ökonomie erscheinen die Neuerungen in einer bisher nicht bekannten, erfolgsorientierten Wirtschaftsauffassung und marktkonformen Wirtschaftsführung (unter systematischer Einbeziehung der *conversi* als „Handarbeiter“); dazu läßt sich eine unvergleichlich dynamische, europaweite Ausbreitung der Observanz beobachten: Bei Bernhards Tod 1153 existierten etwa 350 Zisterzen, am Ende des Mittelalters ca. 740; und schließlich distanzieren sich die Reformgemeinschaften als „weiße Mönche" (*monachi bianci*) scharf von jenen, reformunwilligen, (alten) schwarzen *monachi nigri/atri* durch Tragen eines, in Reformstrenge naturbelassenen, ungefärbten, grau-weißen Habits.

Vor dem Hintergrund solch konsequenter, zukunftsweisender, radikalem Reformwillen verpflichteter Neuerungen sowie der unvergleichlichen Dynamik bei Verbreitung der Observanz erklärt sich, warum dieser Orden von den Zeitgenossen – wie bald auch von der Forschung – weniger als Teil- oder Seitenentwicklung der „alten Mönche", denn als historisches Phänomen *sui generis*, als Kontrapost gleichsam zu den *nigri monachi* wahrgenommen wurde. Und es hat auch hierin seinen Grund, wenn die Zisterzienser – trotz jenes, mit den „schwarzen Mönchen" gemeinsamen Bandes der *RB* – nicht zu den Mitgliedern der *Cofoederatio Benedictina* von 1893 gezählt wurden, da sich deren Gründungsväter seinerzeit dezidiert noch als Verband der „schwarzen Mönche" verstanden haben (eine Beschränkung, auf die später aber bald verzichtet wurde). Und aus demselben Grunde versteht es sich, wenn die „weißen Mönche" bis heute nicht in die engere Definition von „Benediktiner" einbezogen sind, verstehen sich letztere doch dezidiert als jenen „... Teil des Mönchtums mit *RB* als Grundlage, der gewisse hochmittelalterliche Sonderentwicklungen nicht mitgemacht hat und dessen Mitglieder wegen der Farbe ihres Habits *nigri monachi* genannt werden" (Engelbert, P.: LThK 1994). – [Im Wortlaut abweichende, in der Sache aber identische Definitionen von „Benediktiner" führen auch die älteren Auflagen des LThK (1931, Uttenweiler; 1956, Hilpisch).]

Dieser Forschungstradition folgend, werden die Zisterzienser ihrer Reform-Exklusivität wie ihrer einzigartigen Dynamik der Verbreitung wegen auch im Rahmen dieser Darstellung eher als selbständige Entwicklung verstanden und in die Ausführungen nicht miteinbezogen, trotz jenes mit den „schwarzen Mönchen" gemeinsamen Bandes der *RB*.

Bibliographie

◊ (Quellen): PP. Pius XII.: *Fulgens radiatur* (Encyclica, 21. März 1947), AAS 39, 1947, S. 137–155. – Ders.: *Exultent hodie* (Homilia, 18. Sept. 1947), ebda., S. 452–456. – PP. Paulus VI: *Pacis nuntius* (Litt. apost., 24. Okt. 1964), AAS 56, 1964, S. 965–967. – Ders.: (Allocutio, 24. Oct. 1964), ebda., S. 983–989.

◊ (Gesamtdarstellungen – größere Überblicke): Mabillon, J.: Annales Ordinis S. Benedicti occidentalium monachorum Patriarchae. In quibus non modo res monasticae, sed etiam ecclesiasticae historiae non minima pars continetur, 6 vol., Paris 1703–1739 (vol. 5. u. 6 [1713–1739] postum erschienen), passim. – Montalembert, Ch.-F.-R.: Les moines d' Occident depuis Saint Benoît jusqu'à Saint Bernard, 7 voll., Paris 1860–1877. – Butler, C.: Benediktinisches

Mönchtum. Studien über benediktinisches Leben und die Regel St. Benedikts (dt. Übers.), St. Ottilien 1929. – MOLITOR, R.: I–III. – SCHMITZ, PH.: Histoire, voll. 1–7, Maredsous 1942–56. – (Zur dt. Übers. s. SCHMITZ, PH.: Geschichte I–IV). – JENAL, G.: Italia ascetica I/II (1995). – DELL'OMO, M.: Storia.

◊ (Zu den Zisterziensern [kleine Auswahl]): MOLITOR, R.: I, S. 159ff., 166ff. (grundlegend); III, 181ff. – PACAUT, M.: Les moines blancs. Histoire de l'Ordre de Cîteaux, Paris 1939. – BOUTON, J. DE LA CROIX: Histoire de l'Ordre de Cîteaux, 3 vol., Westmalle 1959–68. – LEKAI, L. J.: The Cisterciens. Ideals an Reality, Kent (Ohio) 1977 (Standardwerk). – MOSSIG, C.: Verfassung des Zisterzienserordens. Ordensleben zwischen Ideal und Wirklichkeit. Eine Ausstellung des Landschaftsverbandes Rheinland, Aachen 3. Juli – 28. Sept. 1980 (Schriften d. Rhein. Museums 10), Köln 1980, S. 115ff. – ELM, K.: Die Stellung des Zisterzienserordens, ebda., S. 31ff. – DERS.: Art.: Zisterzienser (A), in: LdM 9 (1998), Sp. 632f. (ausführliche Lit.). – UNANIMITÉ ET DIVERSITÉ CISTERCIENNES. Filiations-Résaux-Relectures du XIIe au XVIIe siècle. Actes du Quatrième Colloque Inernat. du C. E. R. C. O. R., Dijon, 32-25 sept. 1998 (C. E. R. C. O. R. – Travaux et Recherches 12), Saint-Étienne 2000. – ELM, K.: Mythos oder Realität? Fragestellungen und Ergebnisse der Zisterzienserforschung, ebda., S. 147ff. – BERMANN, C. H.: The Cistercian Evolution. The Invention of a Religious Order in Twelfth-Century Europe, Philadelphia 2000. – EBERL, J.: Die Zisterzienser. Geschichte eines europäischen Ordens, Stuttgart 2002. – NORM UND WIRKLICHKEIT. Kontinuität und Wandel der Zisterzienser im Mittelalter (edd. F. Felten / W. Rösener) (Vita Regularis, Abhandlungen 42), Münster 2009. – MELVILLE, G.: Die Zisterzienser und der Umbruch des Mönchtums im 11. und 12. Jahrhundert, ebda., S. 23ff. – DELL'OMO, M.: Storia, S. 207–241. – OBERSTE, J.: Die Zisterzienser, Stuttgart 2014. – DARTMANN, CH.: Die Benediktiner, S. 98ff.

◊ (Zur Definition von „Benediktiner"): UTTENWEILER, J.: Art.: Benediktiner, in: LThK 2 (1931), Sp. 151. – HILPISCH, ST.: Art.: Benediktiner, in: LThK 2 (1958), Sp. 184. – MANSELLI, R.: Art.: Benediktiner, in: LdM 1 (1980), Sp. 1868f. – ENGELBERT, P.: Art.: Benediktiner, in: LThK 2 (1994), Sp. 211f. – Vgl. DARTMANN, CH.: Die Benediktiner, S. 278 (Lit./Zisterzienser).

Erstes Kapitel
Die Grundlegung: *Regula Benedicti* (*RB*) – *Greg. I., dial. II*

Zu den Anfängen der Gemeinschaft in Montecassino geben zwei Textzeugnisse Auskunft: zum einen die vielschichtige, vermutlich nicht vor 530 entstandene *Regula Benedicti* (*RB*), ein normativer Text; zum andern Buch II der *Dialogi* Gregors d. Gr. (*Greg. I., dial. II*), hagiographisch-legendenhafte Erzählungen über Leben und Wunder des charismatischen Mönchsvaters Benedikt aus Nursia, verfasst wahrscheinlich um 593/594.

1. *Regula Benedicti* (*RB*)

a) Historisch-literarisches Umfeld

Vom Gründungsvater Benedikt vermutlich nach 530 für seine Gemeinschaft in Montecassino verfasst oder diktiert, steht die *RB* bereits im Kontext eines über Westeuropa verbreiteten, lateinischen Asketen- und Mönchtums. Durchgehend auf der Hl. Schrift gründend, kommt dem komplexen Regeltext aufgrund seiner Qualitäten wie im Lichte seiner späteren Erfolgsgeschichte allerdings ein unbestrittener Vorrang zu vor allen bekannten frühen – und nicht allein lateinischen – Regeln. Wie in Frühzeiten des Mönchtums üblich, hat sich der Autor bei Abfassung (bzw. beim Diktat) seiner Regel zahlreicher Vorlagen aus der älteren Asketen- und Mönchstradition bedient: so vor allem Cassians (*Conlationes* und *De institutis coenobiorum*), Augustins (*De ordine monasterii*), der Lebensbeschreibungen der Väter (*Vitae patrum*), der Regeln der Väter (*Regulae quatuor* [sic!] *patrum*), der Basiliusregel (*Regula Basilii)* in der Übersetzung Rufins und schließlich auf weite Strecken der etwas älteren, erheblich umfangreicheren *Regula Magistri*, als deren Zusammenfassung die *RB* streckenweise gelten kann. Die *RB* ist folglich als Etappe – wenngleich als eine besondere – innerhalb der frühen lateinischen, gesamtmonastischen Entwicklung zu verstehen.

Das Autograph der *RB* ist verloren, doch übertrifft die Zahl der erhaltenen Handschriften diejenigen aller übrigen frühen Regeltexte bei weitem. (Die *Editio altera emendata* von R. Hanslik [1977] ruht – und es handelt sich dabei lediglich um eine Auswahl – auf mehr als 60 Manuskripten des 8.–14. Jahrhunderts.) Dieses bemerkenswerte Phänomen erklärte sich allerdings nicht, wie lange angenommen, mit einer unmittelbar durch Benedikt und die Gründung von Montecassino verursachten, gleichsam spektakulären und flächendeckenden Rezeption dieser Regel von ihren Anfängen an. Der Grund für die enorme Zahl der Handschriften – deren rapider Anstieg ist bezeichnenderweise auch erst mit dem 9. Jahrhundert gegeben – liegt vielmehr in der Tatsache, dass die *RB* im Zuge der Karolingischen Klosterreform unter Ludwig d. Fr. (und Benedikt von Aniane) in den Jahren 816, 817 und 818/19 – und nicht vorher – den Status der „Alleingeltung" für die Klöster des Reichs erlangt hatte.

b) Textgeschichte

Um der ahistorischen Vorstellung von einer gradlinigen Entwicklung keinen Vorschub zu leisten, sei ein kurzer Blick auf die komplizierte Textgeschichte – nicht zu verwechseln mit der kaum weniger erstaunlichen Verbreitungsgeschichte (vgl. unten, zweites Kapitel.) – der *RB* geworfen. Mit Fragen nach der Text- und Überlieferungsgeschichte der *RB* betritt man ein mehr als 100 Jahre altes, von Kontroversen und offenen Fragen bis heute beherrschtes Forschungsfeld. Ohne den Diskussionen in ihre kleinsten Verästelungen zu folgen, sei hier lediglich der heutige, auf breiter Handschriftenbasis ruhende Forschungsstand zur Entstehung und Überlieferung der beiden zentralen Textstufen skizziert, die in den Gemeinschaften des Frühmittelalters ihren Ort hatten. Es handelt sich dabei zum einen um Genese und Überlieferung der *RB* in der Stufe des sogenannten „reinen Textes" (*textus purus*), zum andern um Entstehung, Überlieferungswege und Bedeutung der Regel in der Variante des „monastischen Gebrauchstextes" (*textus receptus*). Letzterer hatte sich bereits in vorkarolingischen Zeiten ausgebildet, unterlag aber weiterhin in der karolingischen wie auch nachkarolingischen Phase stetiger Veränderung.

Die *RB* in der „reinen" Lesart – eine von L. Traube bereits 1898 erkannte und bis heute in der Forschung akzeptierte Textstufe – hat ihren Ursprung in der Gemeinschaft von Montecassino. Man geht allgemein davon aus, dass Benedikt die Regel um 530 für seinen Konvent niedergeschrieben oder diktiert hat. Das Autograph – bzw. das „sogenannte Autograph", sollte es sich lediglich um ein Diktat Benedikts gehandelt haben – wurde 577 auf der Flucht der Gemeinschaft vor den Langobarden nach Rom mitgeführt und gelangte so in die päpstliche Bibliothek im Lateran. Von dort hat Papst Zacharias (741–752) das Exemplar an Montecassino zurückgeschenkt, nachdem die Gemeinschaft auf dem Berge – seit der Zerstörung 577 durch die Langobarden wohl eine Wüstung – durch Abt Petronax 717 wiederbegründet worden war. Dieses Exemplar, das fortan – bis zu seinem Untergang im neuerlichen Exil von Teano 886 – in Montecassino bewahrt wurde und das die Zeitgenossen für das Autograph bzw. „Urexemplar“ hielten, habe Karl d. Gr. 787 während seines Besuchs auf dem Berge in Händen gehalten und etwas später, bereits in Absicht einer reichsweiten Kirchen- und Klosterreform, als Mustertext für Aachen abschreiben lassen unter Vermittlung des damaligen (fränkischen) Abts Theodemar von Montecassino. (Vermutlich hat Paulus Diaconus im Auftrag des Abtes die Abschrift für den König angefertigt.) Diese Fassung wurde 817 unter Ludwig d. Fr. dem Reform- und Musterklosters Inda (Inden, später Kornelimünster bei Aachen) zugewiesen und erlangte so den Status des „Reichsreformtextes“ für die Klöster des Reiches.

Von diesem Manuskript wiederum (in der Forschung als „Aachener Normalexemplar“ geläufig und heute ebenfalls verloren) fertigten 817 – im Umfeld der großen Reformsynoden von 816, 817, 818/819 unter Ludwig d. Fr. und seinem Spiritus Rector Benedikt von Aniane – die Reichenauer Mönche Grimald und Tatto in Kornelimünster eine buchstabengetreue Abschrift an, um die Regel des königlichen Muster- und Reformklosters – und so die Klosterreform des Reiches – auch auf der Reichenau bekannt zu machen. Als Grimald 841 dann zum Abt von St. Gallen gewählt worden war, nahm er wiederum eine Abschrift des Exemplars der Reichenau mit in sein neues Kloster. Dort in St. Gallen hat dieser Text überlebt und ist heute als die älteste erhaltene Textstufe der *RB (Cod. Sangallensis 914)* zu bestaunen.

Paläographisch handelt es sich hierbei allerdings „nur“ um eine Abschrift des 9. Jahrhunderts, von der mehrere Vorstufen – das „Autograph“ (bzw. das „sogenannte Autograph“), das „Aachener Normalexemplar“ sowie das Exemplar der Reichenau – verloren sind, aber immerhin in anderen Quellen glaubhaft erwähnt werden. Im Text selbst aber haben wir den vorzüglichsten Vertreter jener wenigen Manuskripte vor uns, die dem Autograph am nächsten kommen. Vor diesem Hintergrund erklärt sich die Bezeichnung dieser Textstufe als *textus purus* bereits seit den Forschungen von L. Traube. Und hierin liegt auch der Grund dafür, dass in den kritischen Editionen der *RB* – bis hin zu den beiden letzten von J. Neufville (SC 181/182, 1972) und R. Hanslik (*Editio altera*, CSEL 1977) – *Cod. Sangallensis 914* jeweils als die Leithandschrift (Manuskriptsigle A) firmiert.

Während die Forschungen L. Traubes zur Ausbildung des „reinen“ Textes im Großen und Ganzen Bestand haben, gerieten andere von ihm vertretene Positionen, u. a. jene von (vorkarolingisch) „interpolierten“ sowie (karolingisch) „kontaminierten“ Textstufen in die Kritik der jüngeren, auf breiterer Handschriftenbasis argumentierenden Forschung. Dabei darf als die folgenreichste Korrektur der von K. und M. Zelzer erbrachte Nachweis gelten, dass sich neben dem *textus purus* – wie erwähnt – schon früh ein

„monastischer Gebrauchstext" von großer Akzeptanz ausgebildet hat, eine Textstufe, der weitaus die meisten mittelalterlichen Handschriften der *RB* zuzuordnen sind (und deren Varianten sich im kritischen Apparat der Edition von R. Hanslik finden). Solche „Gebrauchstexte", die sich offensichtlich bereits seit dem 7. Jahrhundert ausgebildet hatten, waren in den Klöstern Westeuropas vor, aber auch während und vornehmlich noch nach der karolingischen Klosterreform erheblich weiter verbreitet als der *textus purus*. Beispiele dieser kontinuierlich veränderten Textstufe treten uns u. a. noch entgegen in den Fragmenten der *RB*, die sich in der südgallischen *Regula Donati* (Mitte 7. Jahrhundert; s. unten) finden; ebenso in dem Manuskript aus Worcester mit dem ersten überlieferten vollständigen Text der *RB* überhaupt (*Cod. Oxoniensis Bodl. Hatton 48*); des Weiteren in dem Regeltext innerhalb der *Concordia regularum* Benedikts von Aniane und schließlich, wenngleich nur in Spuren, auch im (ältesten und umfangreichsten) Kommentar zur *RB* aus der Feder des Smaragdus von St. Mihiel (ca. 816–819). (Bei *Cod. Oxoniensis Bodl. Hatton 48*, einem Seitenzweig des frühen, vorkarolingischen „Gebrauchstextes" handelt es sich, wie erwähnt, zwar um das älteste erhaltene Manuskript mit dem vollständigen Text der *RB* [erste Hälfte, 8. Jahrhundert]. Die Textstufe allerdings ist jünger als die des *textus purus* im *Sangallensis 914*, wo in einem Manuskript des 9. Jahrhunderts eine Lesart überliefert wird, die – trotz Verlusts von zwei Vorgängerstufen – dem Autograph wohl am nächsten stand.)

Mit dem Nachweis der variantenreichen Ausbildung und weiten Verbreitung des „Gebrauchstextes" gerade auch im Zeitalter nach der karolingischen Klosterreform sind nicht allein philologisch interessante, textgeschichtliche Zusammenhänge um die *RB* geklärt. Vielmehr wurde damit zugleich der Schlüssel geliefert zu einer differenzierteren Einschätzung von Ablauf, Umfang und Wirkung der karolingischen Klosterreform überhaupt (dazu weiter unten, zweites Kapitel, S. 66 ff).

Im Kontext der zahlreichen späteren Klosterreformen des hohen und späten Mittelalters trat selbstverständlich immer auch die *RB* als Gründungstext und Fundament asketischen Lebens wieder in den Blickpunkt. Dabei war allerdings kaum mehr der Text an sich in seiner philologischen Sicherung von Interesse. Hier wurde dann vielmehr stets die mangelhafte Befolgung der Regel beklagt und größere Regeltreue in der täglichen Praxis eingefordert. Überhaupt zielten diese hoch- und spätmittelalterlichen Reformen eher auf spirituelle, organisatorische und liturgische Zusammenhänge des Gemeinschaftslebens sowie auf den Umgang mit den – neben der Regel existenten – eigenen „Bräuchen" (*consuetudines*), nicht auf den Text der Regel selbst.

c) Struktur und Organisation der Gemeinschaft

Es bedarf keiner besonderen Begründung, warum sich zu Beginn einer Entwicklungsgeschichte der Gemeinschaften nach *RB* eine Inhaltsübersicht der beiden „Gründungstexte“ (*RB* und *Greg. I., dial. II*) zumindest in Regestenform finden sollte. Die Notwendigkeit hierzu mag – soweit es die *RB* betrifft – bereits in dem Faktum gegeben sein, dass man über Jahrhunderte hin eben in dem Text der *RB* Geist und Grundordnung aller je existenten Gemeinschaften nach *RB* grundgelegt sah, unbeschadet der Existenz von *regulae mixtae* und gemeinschaftsspezifischen *consuetudines*. Und nicht anders glaubte man in *Greg. I., dial. II* die Umrisse des historischen Benedikt und die Anfänge seiner Gründung Montecassino zu erkennen, ganz so wie sie sich in Freskenzyklen vieler Benediktinerkirchen, in Miniaturen zahlreicher Handschriften und in den vielfältigen, auf der *RB* gründenden Legenden über die Jahrhunderte hinweg detailliert dargestellt finden. Auch haben Reformer späterer Jahrhunderte durchgehend auf der Rückkehr zum Geiste – und bisweilen auch verschärfend – zum Buchstaben der „Gründungstexte“ bestanden.

Im Falle der *RB* handelt es sich, wie erwähnt, um eine Klosterregel aus der Zeit des Übergangs von der Spätantike zum Frühmittelalter. Der Text, zeit- und gattungstypischen Mustern folgend, ist für Mönche (*monachi*) verfasst, ohne jeden Hinweis auf Frauengemeinschaften. Die Kapitelfolge lässt Schwerpunktsetzungen und auch eine grobe Ordnung der Gegenstände erkennen, doch vermisst der heutige Leser einen systematischen Aufbau im modernen Sinne. Freilich mindert das Fehlen solch formaler Eigenschaften noch nicht die inhaltlichen Qualitäten des vielschichtigen Textes, der mindestens eine biblisch-theologische, eine asketisch-spirituelle, eine rechtliche sowie eine pragmatisch-organisatorische Ebene kennt. Und letztere – ohne die übrigen unterschätzen zu wollen – bleibt zentral für die folgende Beschreibung von Struktur und innerer Organisation der Gemeinschaft nach dieser Regel.

Der Abt und seine Gemeinschaft

Große Teile der Regel – und kaum zufällig die Anfangskapitel – ordnen das Verhältnis zwischen Gemeinschaft und Abt. Dieser leitet als „Stellvertreter Christi“ (*Christi enim agere vices in monasterio creditur …*; *RB* 2,2) Gemeinschaft und Kloster, verstanden als „Schule für den Dienst des Herrn“ (*dominici scola servitii*; *RB, prol. 45*). Vornehmste Aufgabe des Abtes bleibt die Seelenführung seiner Mönche. An zweiter Stelle erst trägt er Verantwortung für die diesseitigen Belange der Brüder (*RB* 2,33). In Ausübung seines Amtes kommen ihm vielfältige Pflichten und Rechte zu: von individueller Belehrung über Ermahnungen und Unterweisungen bis zur Bestrafung, notfalls der körperlichen Züchtigung. Bei allen Maßnahmen aber hat er sich von der individuellen Zuträglichkeit und Bedürftigkeit der Anvertrauten leiten zu lassen, ohne Rücksicht auf deren soziale Herkunft (*RB* 2,11 ff., 16 ff., 26–28).

In seiner Amtsführung bleibt der Abt vorderhand der Gemeinschaft, letztlich aber Gott verantwortlich, ein Hinweis auf die durchgängig – wenngleich nicht ausschließlich – vertikale Struktur des Verhältnisses Abt/ Gemeinschaft (*RB* 2,4). In zahlreichen Einzelbestimmungen zeigt sich der hierarchische Grundzug der Regel, am deutlichsten in der zentralen Kategorie des Gehorsams, der Leittugend des Asketen (*RB*, *prol. 2 u. 3*). So hat die Gemeinschaft jede Entscheidung des Abtes in absolutem Gehorsam anzunehmen, auch wenn dieser anders spricht als handelt und selbst dann, wenn seine Befehle unerfüllbar erscheinen (*RB* 4,61; 68,1–5). Seinen eigenen Willen hat der Mönch zu brechen, mehr noch: zu hassen (*RB* 4,60–61). Der Gehorsam soll „unverzüglich" geleistet werden, was als erste Stufe der asketischen Fundamentaltugend, der Demut, gilt (der zwölf Grade zugerechnet werden, *RB* 5,1); den eigenen Willen nicht zu lieben, wird als zweite Stufe verstanden; sich dem Oberen aus Liebe zu Gott zu unterwerfen, als dritte; Gehorsam zu leisten, selbst wenn dabei Härten, Widerwärtigkeiten, ja selbst Ungerechtigkeiten zu erdulden sind, bedeutete die vierte Stufe der Demut (*RB* 7,31.34.35). Im Gehorsam gegen den Abt liegt das Fundament des Gemeinschaftslebens: Der Befehl des Abtes gilt als Befehl des Herrn (... *mox aliquid imperatum a maiore fuerit, ac si divinitus imperetur, moram pati nesciant in faciendo. RB* 5,4).

Zentrale Aussagen über das Verhältnis von Abt und Gemeinschaft finden sich in den Bestimmungen zur Wahl des Vorstehers, denn nur ein geregelter, Willkür meidender Wahlmodus kann auf Dauer eine unangefochtene Leitung der Gemeinschaft garantieren. Bei der Bestellung des Abtes bleiben zwei Stufen zu unterscheiden: einmal die Wahl des Kandidaten (*electio*) ausschließlich durch die Gemeinschaft; zum andern die Einsetzung ins Amt (*ordinatio*/*constitutio*) durch den Ortsbischof bzw. durch Äbte der Nachbarschaft. Beiden Parteien steht dabei allerdings ein Vetorecht zu (*RB* 64,1). Der Wahlvorgang selbst ist weiter modifiziert: Es gilt als gewählt, wer – Untadeligkeit der Person, asketischer Lebenswandel sowie die Fähigkeit zur Amtsführung vorausgesetzt – ohne Rücksicht auf seinen Rang innerhalb der Gemeinschaft entweder einstimmig oder von einem zwar kleineren, aber „weiseren" Teil der Gemeinschaft benannt wird (... *semper consideretur ratio, ut hic constituatur, quem sive omnis concors congregatio ... sive etiam pars quamvis parva congregationis saniore consilio elegerit. RB* 64,1.2). Kriterien zur näheren Bestimmung der *sanior pars* finden sich allerdings nicht. (Vermutlich kommt in dieser Situation dem

Votum der älteren Mitbrüder größeres Gewicht zu.) Im Falle der einmütigen Wahl eines unwürdigen oder ungeeigneten Vorstehers aber – bei einer Skandalwahl also – können der Ortsbischof, die Äbte der Nachbarschaft, ja sogar die benachbarten Gläubigen einschreiten (*RB* 64,3–5).

Handelt es sich um eine größere Gemeinschaft – ohne hier allerdings eine Zahlen- oder Maßangabe zu finden –, kann sich der Abt Helfer aus der Gemeinschaft wählen: *decani* (Vorgesetzte einer Zehnergruppe) oder, sofern vom Konvent gewünscht, einen *praepositus* (Stellvertreter; *RB* 21,1; 65,15). Die Bestellung solcher Helfer mit präzise umschriebenen Arbeits- und Funktionsbereichen liegt allein im Ermessen des Abtes. Der Gemeinschaft kommt dabei lediglich ein Vorschlagsrecht zu, jede Einflussnahme von außen bleibt untersagt. Sollten sich Stolz und Überheblichkeit bei Amtsträgern regen, treffen sie harte Strafen bis hin zur Ausweisung aus der Gemeinschaft (*RB* 21,1–7; 65,1–10). Zu den Mitgliedern mit solch besonderen Aufgaben zählte u. a. der „Novizenmeister", ein älterer Bruder mit Erfahrung (*senior*), der die jungen Kandidaten zum Leben in der Gemeinschaft anzuleiten, ihre Fortschritte zu beobachten und ihre Fehler zu korrigieren hat (*RB* 58,6; *prol. 45*).

Das Kloster als geistliche Institution

Individuelle Heilssicherung als Ziel monastischen Daseins verlangt von den Mitgliedern der Gemeinschaft, die Anforderungen des Tages tugendhaft zu bestehen (*RB* 19,1–7; 20,1–5). Abgleiten in leere Routine hieße, das Ziel verfehlen. Damit ein solcher Lebensentwurf gelingt, beschreibt ein Katalog 70 Tugendübungen („Schweigen" und „Demut" finden sich dabei hervorgehoben), die – metaphorisch verstanden – als „Werkzeuge geistlicher Kunst" (*instrumenta artis spiritalis*) im Kloster als der „Werkstatt" (*officina*) ihre Anwendung finden sollen (*RB* 4 ff.; 6; 7,1–9).

Der Entwurf von Gemeinschaft als spirituellem Verband spiegelt sich u. a. in den internen Rangfolgen. So gilt als Kriterium zur Unterscheidung der jüngeren von den älteren Mitgliedern nicht das natürliche Alter, sondern allein die Dauer der individuellen asketischen Lebensphase (*conversationis tempus*). Auch die geistlichen Ränge bestimmen sich allein durch asketisch-spirituelle Verdienste und Leistungen. Augenfällig wird dies u. a. an den Reihenfolgen, die bei liturgischen Feiern einzuhalten sind: so etwa bei den Versammlungen im Chor, beim Friedenskuss, beim Kommunionempfang, beim Anstimmen der Psalmen während des Chorgebets (*RB* 63,4–5).

Strenge Ordnungen, bestimmt von Ehrerbietung und Gehorsam, regeln auch den direkten Umgang der Mönche untereinander. Die Anrede mit Eigennamen ist nicht gestattet. Der (im geistlichen Sinne) Ältere nennt den

Jüngeren „Bruder“ (*frater*), der Jüngere den Älteren „ehrwürdiger Vater“ (*nonnus*). Eine Ausnahme gilt allein dem Abt gegenüber: Er allein wird von allen als „Herr und Vater“ (*Dominus et Abbas)* angesprochen (*RB* 71; 63,10–18). Die geistlichen Rangordnungen zu durchbrechen ist allein dem Abt – und auch ihm nur in begründetem Falle – gestattet: Ihm steht es zu, Erhöhung oder Herabsetzung zu verfügen, wenn Verdienst oder Verfehlung eines Bruders dies nahelegen und der Vorgang keine Unruhe in die Gemeinschaft nach sich zieht (*RB* 63,7).

Ordnung der Zeiten im Tagesablauf

Gemeinsame Gebetsstunden

Die Einteilungen der Tageszeiten wie der Nachtstunden sind der Gemeinschaft von der Regel präzise vorgegeben. Der antiken Praxis folgend unterscheidet man hierbei zunächst Lichttag und Nachtzeit voneinander und teilt diese jeweils wiederum in 12 Tages- bzw. Nachtstunden (*horae*) auf. Die absolute Länge des Tages und der Nacht – wie auch der 12 Tages- und 12 Nachtstunden – veränderte sich allerdings zwischen Sommer- und Winterzeit beträchtlich infolge der wechselnden (d. h. der wachsenden bzw. abnehmenden) Dauer der Sonneneinstrahlung im Laufe der Jahreszeiten. Sind bei Tagundnachtgleiche (Äquinoktien: 21. März/23. Sept.) Lichttag und Nacht noch von gleicher Dauer, so unterscheiden sie sich an den Sonnenwenden (Solstitien: 21./22. Juni; 21./22. Dez.) jeweils um etwa ein Drittel voneinander in der absoluten Länge.

Die zentralen, den Tagesablauf in seiner Binnenstruktur bestimmenden Vollzüge der Gemeinschaft bleiben die gemeinsamen Gebetszeiten, im monastischen Sprachgebrauch abgekürzt ebenfalls als *horae* (Gebetshoren) bezeichnet. Die Regel geht dabei zunächst von einer Aufteilung des zwölfstündigen Lichttags in fünf Hauptgebetszeiten (Horen) aus: Prim, Terz, Sext, Non und Vesper, gemeinsam gefeiert jeweils mit Beginn der ersten, dritten, sechsten, neunten und zwölften Stunde. Die Eckhoren (Prim und Vesper) sind außerdem von je einer weiteren Begleithore flankiert: der Matutin, die man bei Sonnenaufgang unmittelbar vor der Prim feiert; der Komplet, die sich unmittelbar an die Vesper anschließt als Abschluss des Lichttags gleichsam und als Nachtgebet. Insgesamt kennt die Gemeinschaft – die Begleithoren jeweils mitgezählt – also sieben gemeinsame Gebetszeiten (Horen) am Tage (*RB* 16,1–5).

Die Nachtruhe folgt der Komplet und endet geraume Zeit nach Mitternacht – in der achten Nachtstunde, zwischen 2.00 und 2.30 Uhr etwa – mit den *vigiliae*. Die Zeit zwischen den *vigiliae* und dem ersten gemeinsamen Gebet des Lichttages (Matutin) wird – wegen der im Jahresverlauf sich ändernden absoluten Länge der Stunden – jahreszeitlich angepasst und unterschiedlich genützt. Im Winter, der Zeit der längeren Nächte, soll man sich mit Psalmen und Lesungen beschäftigen, im Sommer, der Zeit der kurzen Nächte, lediglich die natürlichen Bedürfnisse erledigen und unverzüglich zur Feier der Matutin schreiten (*RB* 8,4).

Die Horen untereinander sind – bei exakt vorgegebenem, aber jeweils unterschiedlich umfangreichem Gebetspensum – von ganz unterschiedlicher Dauer, wozu auch beiträgt, dass zahlreiche Sonderregelungen für Sonn- und Feiertage, für besondere Heiligenfeste, vornehmlich aber für die Fastenzeiten den Gebetsumfang über das alltägliche Maß hinaus beträchtlich erweiterten (*RB* 11,1–13). Ohne auf Einzelheiten einzugehen, sei lediglich an die Grundanforderung erinnert, innerhalb einer Woche u. a. den gesamten Psalter im Umfang der 150 Psalmen zu beten (*RB* 18,23). (Dies bedeutet, dass die Mönche – allein im Rahmen des Stundengebetes – mehr als fünfzigmal im Verlauf eines Jahres den gesamten Psalter lesen bzw. hören.)

Zu den gemeinschaftlichen Gebetsvollzügen (*divina officia*) zählt nicht zuletzt die Feier der Hl. Messe (*officium altaris*). Erstaunlicherweise aber bleibt die *RB* hier recht schweigsam im Gegensatz zu den umfangreichen Ausführungen für das Stundengebet. So erfährt man lediglich, dass das Kloster zur Feier des *officium altaris* Mönchspriester in den eigenen Reihen halten sollte, damit die Gemeinschaft das Haus auch zur Eucharistiefeier nicht verlassen, noch ein Priester von außen hereinkommen musste. Über weitere Details zur Eucharistiefeier – etwa zu Zeitpunkt, Häufigkeit, liturgischer Praxis – schweigt die Regel.

Zeiten zwischen den horae

Um dem Müßiggang, dem wahren Feind des Asketen, zu entgehen (*Otiositas est inimica animae*, *RB* 48,1), hat sich jedes Gemeinschaftsmitglied auch außerhalb der gemeinsamen Gebetszeiten beständig sinnvollen Tätigkeiten zu widmen. Und so bleiben die Zeiten zwischen den Stundengebeten für (Hand-)Arbeit, Essen, die individuelle Lesung und die Nachtruhe vorgesehen.

Für die Handarbeit sind während des Sommerturnus die Zeiten zwischen Prim und vierter Stunde sowie zwischen Non und Vesper bestimmt (*RB* 48,3.6). Im Winterhalbjahr dagegen – hier reduziert sich die Feldarbeit erheblich, und auch die absolute Länge der Stunden verkürzt sich merklich – ist Handarbeit ohne Unterbrechung zwischen Terz und Non gefordert (*RB* 48,11). An Sonntagen tritt für die gesamte Gemeinschaft die *lectio divina* anstelle der Handarbeit; ausgenommen von dieser Regelung bleiben allerdings die Brüder, die jeweils im Turnus ein Wochenamt bekleiden (*RB* 48,22).

Auch die Essenszeiten variieren zwischen Sommer- und Winterhalbjahr. Von Ostern bis Pfingsten kennt die Regel zwei Mahlzeiten am Tage: zur sechsten Stunde eine Stärkung, am Abend die Hauptmahlzeit (*RB* 41,1). Von Pfingsten an über den gesamten Sommer hin soll nur eine Mahlzeit zur sechsten Stunde gereicht werden. (Allerdings kann der Abt bei geringem Arbeitsanfall und bei mäßiger Hitze das Essen mittwochs und donnerstags ausnahmsweise auf die neunte Stunde legen; *RB* 41,2–4.) Vom 14. Sept. bis zur Fastenzeit – also den Winter über – soll zur neunten Stunde, während der Fastenzeit erst gegen Abend, aber noch im Schimmer des Tageslichts gegessen werden (*RB* 41,6–9). – Individuelle Lesung (*lectio divina*) ist im Sommer für die vierte und sechste Stunde, sofern man es nicht vorzieht, sich auf dem Bett etwas auszuruhen, vorgesehen sowie für die Zeit zwischen dem Essen – sommers normalerweise zur sechsten Stunde – und der Non. Im Winterhalbjahr sollten diese Lesungen zwischen Prim und zweiter Stunde sowie zwischen Essen (winters zur neunten Stunde) und Vesper liegen. Der Tag wird mit der Komplet abgeschlossen, es folgt die Nachtruhe (*RB* 39,1; 48,4–5; 41,6; 48,10; 41,8–9).

Funktion und Ordnung der Ämter und Dienste

Komplexe Gemeinschaften können nur auf Basis differenzierter Aufgabenverteilung effizient funktionieren. Diesem Grundsatz dauerhafter und erfolgreicher Organisation folgend kennt auch die *RB* einen Kanon von Ämtern und Diensten, die – teils auf Dauer, teils im Wechsel – innerhalb der Gemeinschaft wahrgenommen werden.

Unter jenen, dem Abt (und seinem Stellvertreter) nachgeordneten Amts- und Funktionsträgern innerhalb der Gemeinschaft ist hier vorrangig der *cellararius* (sic!) zu nennen. Er ist zuständig für die Liegenschaften, für alles, was von außen beschafft werden muss, für die Vorratshaltung wie die Verteilung der Nahrungsmittel. Darüber hinaus führte er eine – vermutlich allerdings auf fiskalische Belange beschränkte – Oberaufsicht über das Kloster. Aber er hat auch die Aufsicht über die Arbeitsgeräte allgemein, über die Kranken, Kinder, Gäste und Armen der Gemeinschaft (zur Kontrolle vermutlich der besonderen Ausgaben, die hier anfallen). Modern gesprochen handelt es sich beim *cellararius* also um den Haushalts- und Wirtschaftsführer der Gemeinschaft, letztlich um eine Art von Generalaufseher. Im Falle, dass sich die Gemeinschaft vergrößert, soll ihm ein kundiger Helfer zur Seite stehen. Der umfangreichen Zuständigkeiten wegen bleibt er von der Pflicht zur Übernahme der übrigen (wechselnden) Ämter und Dienste innerhalb der Gemeinschaft befreit. Seine Wahl erfolgt durch die Gemeinschaft, die Amtsführung allerdings – sie ist zeitlich nicht begrenzt – folgt ausschließlich den Weisungen des Abtes (*RB* 31,1.3.10.11.16.18; 39,5; 31,9; 36,10; 31,4.12.15).

Wegen der Bedeutung dieses Amtes sowie seiner Anfälligkeit für Missbrauch, Willkür und persönliche Überheblichkeit, gelten verschärfte charakterliche Anforderungen an den Inhaber. Die Regel zeichnet das anspruchsvolle, moralisch-spirituelle Anforderungsprofil unter wiederholter Mahnung an den Amtsträger, sich stets der Rechenschaft am Jüngsten Tage gewärtig zu sein. Der ideale *cellararius* wird – dem Abt ähnlich – als Vater respektiert, der in der Fürsorge für seine Gemeinschaft aufgeht (*RB* 31,1–19).

Hervorgehoben erscheint auch das Amt des Pförtners (*ostiarius*), ausgeübt an der Nahtstelle zwischen Innen- und Außenwelt. Niemanden, der anklopft, darf er ohne Antwort fortschicken. Um jedem mit seinem Begehren unverzüglich zur Verfügung zu stehen, befindet sich seine Zelle neben der Pforte (d. h. außerhalb des Klausurbereichs). Ähnlich wie im Falle des *cellararius* setzt auch dieses Amt besondere Qualitäten voraus: gesetztes Alter, Verständigkeit, Besonnenheit und Urteilsvermögen zum rechten Einschätzen kritischer Situationen sowie Sachverstand zur Annahme und Ausführung von Aufträgen. Bei Überlastung steht ihm ein jüngerer Bruder stützend zur Seite (*RB* 66,1–5).

Zu den Ämtern, die auf Dauer und nicht in wechselndem Turnus ausgeübt werden, zählen u. a. auch Krankenpflege und Betreuung von Gästen. Hier werden von den Brüdern Sachkunde und asketische Festigkeit in besonderem Maße verlangt, betreuen sie doch Personengruppen, die nur partiell den Anforderungen der Regel unterstehen (*RB* 36,7; 53,21). – Kaum weniger wichtig sind auch jene Gemeinschaftsmitglieder, denen – unterhalb des *cellararius* – die tägliche und unmittelbare Aufsicht über die Gerätschaften, die Kleider und alle sonstigen Gegenstände des Klosters übertragen ist. Als Aufseher haben sie den Aufbewahrungsort, den Zustand, die morgendliche Aus- und die allabendliche Rückgabe all dieser wertvollen Gegenstände zu überwachen und penibel darüber Rechenschaft abzulegen. Der Abt führt ein Inventar über diese Gegenstände mit Vermerken über Aus- und Rückgabe derselben (*RB* 32,1–3).

Neben den bisher berührten, zentralen und herausragenden Ämtern sind zahlreiche weitere Spezialfunktionen innerhalb der Gemeinschaft wahrzunehmen, soll ein beständiger und würdiger Ablauf des Gemeinschaftslebens gewährleistet sein. Darunter zählen, um einige lediglich noch zu nennen, die Helfer in der separaten Gäste- und Abtsküche, die Diener für das Gästezimmer, die Wärter (neben den medizinisch kundigen Pflegern) der Kranken u. a. (*RB* 53,16–18.21.22; 36,7–8). Auch ist hier auf die vielfältigen, speziellen Verrichtungen und dabei vornehmlich auf die der Handwerker hinzuweisen, welche die Autonomie und die angestrebte Autarkie der Gemeinschaft garantieren sollen: so etwa – auswahlweise – die Gärtner, Müller, Bäcker und nicht weniger die zahlreichen Handwerker in den Werkstätten (*RB* 66,6; 46,1; 57,1–3).

Bei den bisher beschriebenen Funktionen und Ämtern handelt es sich um solche, die auf Dauer, zumindest aber für längere Perioden zugewiesen werden. Daneben stehen jene Dienste, die im wöchentlichen Turnus umlaufen und – abgesehen von Ausnahmen aufgrund geistiger bzw. körperlicher Einschränkung – von jedem Gemeinschaftsmitglied zu übernehmen sind. Und hier bleiben dann vornehmlich der Küchen- und Tischdienst sowie der Vorlesedienst während der Mahlzeiten zu erwähnen.

Der Küchen- wie der Tischdienst werden reihum für eine Woche zugeteilt und gelten als schwerere körperliche Arbeit. Besondere Aufmerksamkeit gilt dabei der Funktionstüchtigkeit sowie der Sauberkeit der Küchengeräte. Verstärkt wird in diesem gesamten Arbeitsbereich verständlicherweise über die hygienischen Verhältnisse gewacht (*RB* 35,1–3.7.8.10.12–14; 38,11). Küchen- und Tischdienst sind in besonderer Weise als Demutsübung, d. h. als asketischer Vollzug verstanden: Wer seinen Dienst antritt, erbittet den Segen des Abtes vor der Gemeinschaft und wäscht anschließend allen Brüdern die Füße (*RB* 35,6.9.15–18).

Die Essenszeiten werden bekanntlich von Lesungen begleitet. Der Vorlesedienst wechselt – wie der Küchen- und Tischdienst – ebenfalls wöchentlich. Der neue Lektor beginnt seinen Wochenzyklus jeweils am Sonntag mit dem Segen des Abtes. Während der Lesung ist absolutes Stillschweigen (*silentium strictissimum*) geboten, niemandem außer dem Abt steht es zu, die Lesung durch Bemerkungen zu unterbrechen. Sofern notwendig, hat die Verständigung bei Tisch durch Handzeichen, durch Zeichensprache also, zu geschehen. Um einer Schwäche des Lektors – mit der man bei einer durch Fasten geschwächten Physis durchaus rechnet – vorzubeugen, ist ihm vor der Lesung etwas (mit Wasser gemischter) Wein zugestanden. Seine Mahlzeit hat der Lektor erst nach Verrichtung seines Dienstes zu sich zu nehmen, zusammen mit Küchen- und Tischdienern (*RB* 38,1–12).

Sondergruppen innerhalb der Gemeinschaft

Knaben, Greise, Kranke

Neben den Brüdern in Ämtern und Diensten kennt die Regel mehrere Personengruppen, für die ein besonderes Reglement gilt. So werden die *pueri*, die Knaben unter 15 Jahren, zwar konsequent überwacht – vornehmlich nächtens – und überhaupt Disziplin und Höflichkeit von ihnen verlangt, andererseits aber wird ihnen – wie im Falle der Greise (*senes*) – Nachsicht beim Essen, im Fasten und in der Strafzumessung gewährt. Das Strafmaß allerdings sollte die jugendliche Einsicht nicht übersteigen und dem Delinquenten stets begreiflich bleiben (*RB* 63,18–19; 22,7; 70,5; 37,2–3; 30,1–3). Zahlreiche Ausnahmen gelten selbstverständlich für die Kranken (*infirmi*).

Sie unterstehen u. a. der besonderen Fürsorge des Abtes, auch gewährt man ihnen Nachsicht bei der Arbeit, in der Anwendung von – ansonsten nur ausnahmsweise zugestandenen – Bädern, beim Fasten sowie in der Wahl der Speisen. Ihrer Schwäche wegen war ihnen Fleisch, wenn nötig auch solches von Vierfüßlern, gestattet (*RB* 36,6–10; 39,11; 48,9.24.25).

Priester und Kleriker

Bekanntlich führten die frühen Asketengemeinschaften nur wenige Mitglieder in ihren Reihen, die sich durch klerikale Weihen auszeichneten. Fehlt es an Presbyter oder Diakon, so kann der Abt einige geeignete Brüder weihen lassen. Die solchermaßen Ausgezeichneten haben dann zwar besondere Pflichten zu erfüllen, dürfen sich aber keine weiteren Kompetenzen anmaßen. Außer Messfeier, Sakramenten- und Segensspendung bleiben ihnen alle liturgischen Handlungen untersagt. Die Priester sind in ihren Aktivitäten strikt an die Weisung des Abtes gebunden, sollen vornehmlich die Hoffart vermeiden und haben sich an den Platz zu fügen, der ihnen nach dem Eintrittsdatum in die Gemeinschaft zukommt (*RB* 62,1–6.8–11). Dieselbe Regelung gilt für Priester, die von außen in die Gemeinschaft eintreten. Finden *clerici* (Träger von Weihegraden unterhalb des Diakonats) Aufnahme, so kann ihnen – sofern sie sich der Regel unterstellen – durch den Abt sogleich ein mittlerer Rang zugewiesen werden (*RB* 60,1–9).

Gäste

Der asketischen Gemeinschaft gilt Pflege der Gastfreundschaft jederzeit als grundlegende Verpflichtung (*RB* 53,15). Der Rang dieser Selbstverpflichtung spiegelt sich bereits detailgenau im Aufnahmeritus, der die Ankunft eines Gastes begleitet. Bei dessen Ankunft kommen Brüder und Abt entgegen, sprechen ein gemeinsames Gebet, tauschen den Friedenskuss, begrüßen sich mit einem Kopfnicken gefolgt von der Proskynese durch Abt und Gemeinschaft. Sodann wird der Gast zum gemeinsamen Gebet geführt, der Abt oder ein Stellvertreter lesen eine Passage aus der Schrift, und fortan steht die Gemeinschaft dem Gaste bei allem Notwendigen zu Diensten, nicht zuletzt auch bei der Hand- und Fußwaschung (*RB* 53,3–13). – Die Gäste bleiben von der Gemeinschaft getrennt, sogar eine Küche mit eigenen Dienern wird zugewiesen. Der Kontakt zwischen Gästen und Gemeinschaftsmitgliedern bleibt grundsätzlich auf ein Minimum beschränkt. Die Gäste dürfen – außer zu Küchen- und Zimmerdienern – lediglich zum Abt Verbindung suchen. Bei zufälliger Begegnung zwischen Gemeinschaftsmitgliedern und Gästen innerhalb des Klosterbereichs sind nur ein kurzer Gruß und die Bitte um Segen gestattet, ansonsten aber soll darauf verwiesen werden, dass jede Unterhaltung untersagt ist (*RB* 53,16–24; 56,2).

Aufnahme in die Gemeinschaft

Erwachsene Laien

Als häufigste Form der Klosteraufnahme kennt die *RB* die des erwachsenen Laien, ein Vorgang, der sich über ein Jahr hinzieht und mit der Vollmitgliedschaft in der Gemeinschaft sein Ende findet. Das Prozedere nimmt seinen Anfang vor der Klosterpforte, wo der Kandidat vier bis fünf Tage lang mit unfreundlichen Worten zurückgewiesen wird. Beharrt er auf seinem Entschluss zum Eintritt, wird er erhört, eingelassen, in eine Gästezelle geleitet, dort einige Tage beobachtet und anschließend unter die anderen Novizen eingereiht. Hier bleibt er weiter unter Beobachtung eines älteren Bruders, der ihn auf Eignung und Motive prüft, vornehmlich auf seinen Eifer und seine Bereitschaft zu Gotteslob, Gehorsam und Demut (*RB* 58,1–9). Nach zwei Monaten wird ihm die Regel in voller Länge vorgelesen und die Frage nach Ablehnung oder Annahme gestellt. Lehnt er ab, kann er das Kloster verlassen; verspricht er die Annahme, folgen weitere sechs Monate der Prüfung. Dann wird die Regel wieder vorgelesen und erneut die Entscheidungsfrage gestellt. Bei positiver Antwort verlängert sich die Prüfungszeit um weitere vier Monate und endet letztmalig mit der Frage nach Annahme oder Ablehnung der Regel. Beharrt der Kandidat auf seinem Entschluss, die Regel anzunehmen, erfolgt – nach nun einjährigem Noviziat insgesamt – schließlich die volle Aufnahme in die Gemeinschaft im Rahmen einer liturgischen Zeremonie, die mehrere Stufen kennt (*RB* 58,12–16).

In Gegenwart des gesamten Konvents wird sie mit der Profess eröffnet, dem feierlichen und ewigen Versprechen des Kandidaten zu Beständigkeit (*stabilitas*), zu klösterlichem Lebenswandel (*conversatio morum*) und zum Gehorsam (*oboedientia*). Über diesen Vorgang hat der Kandidat eigenhändig oder – im Falle, dass er des Schreibens unkundig ist – durch einen Rechtsvertreter eine Urkunde (*petitio*) auf den Namen des Klosterpatrons und des Abts auszufertigen und auf den Altar des Oratoriums zu legen. Der Kandidat wiederholt seine Bitte um Aufnahme abermals, wirft sich vor jedem Mitglied der Gemeinschaft zur Erde und bittet um dessen Gebet für sich. Damit hat die Aufnahme zum Vollmitglied der Gemeinschaft den liturgisch-zeremoniellen Abschluss gefunden (*RB* 58,17–23).

Noch im Oratorium tauscht der Neuling seine weltlichen Kleider gegen das Mönchsgewand. Erstere werden im Kloster aufbewahrt für den Fall, dass der Kandidat die Gemeinschaft später vielleicht einmal verlassen sollte. Die *petitio*, die der Abt eigenhändig vom Altare an sich genommen hat, verbleibt für immer im Kloster, selbst wenn der Kandidat später einmal austreten sollte (*RB* 58,26–29).

Der Umgang mit dem Besitz, ein zentrales Problem beim Eintritt, ist einfach und klar geregelt: Sofern der Kandidat Vermögen besitzt, muss er dies vor dem Eintritt an die Armen verschenken oder alles – spätestens aber zum Zeitpunkt des Eintritts – rechtmäßig dem Kloster übereignen (*donatio*). Es ist dem Mönch ohne jede Ausnahme verboten, etwas an Privatbesitz für sich zurückzuhalten (*RB* 58,24.25.).

Pueri oblati

Eine rechtssymbolisch bemerkenswerte Variante zeigt der Aufnahmeritus bei Übergabe minderjähriger Knaben an das Kloster. Besitzt ein solcher Kandidat Vermögen, setzen die Eltern für den Unmündigen die *petitio* auf, in der die vollständige Enterbung festgeschrieben ist, legen das Schriftstück in die Hand des Knaben und umschlingen Hand und Urkunde mit dem Altartuch. Mit der *petitio* wird jede Hoffnung des Kandidaten auf spätere Besitzverfügung genommen. Sind darüber hinaus weitere Schenkungen an das Kloster vorgesehen, bedarf es selbständiger, urkundlich verbriefter Rechtsakte. Dabei besteht für die Eltern durchaus noch die Möglichkeit, sich eine „Nutzung auf Zeit" (*usus fructus*) an der Schenkung zu reservieren. – Im Falle der Übergabe eines Knaben ohne Vermögen genügt die Übergabe der *petitio* mit einer Opfergabe vor Zeugen (*RB* 59,1–8).

Wander- und Nachbarmönche, presbyteri und clerici

Priester und Kleriker, Wandermönche und Mitglieder aus anderen Gemeinschaften, die um Aufnahme bitten, werden grundsätzlich nicht abgewiesen. Sie bleiben zunächst aber unter Beobachtung und können unter gewissen Bedingungen später dann als Vollmitglieder aufgenommen werden. Bittet ein Mitglied aus einem anderen Kloster um Aufnahme, so muss vor dem Eintritt die Zustimmung des ersten Abtes vorliegen (*RB* 61,1–7.11.13.14.). Werden Priester (*presbyteri*) und Kleriker (*clerici*, Geistliche mit niederen Weihen) aufgenommen, steht ihnen normalerweise ein mittlerer Rang innerhalb der neuen Gemeinschaft zu. Ansonsten haben sie sich wie alle übrigen Mitglieder einzuordnen, genießen keinen Sonderstatus und werden auch nicht ohne weiteres mit Spezialfunktionen betraut, es sei denn, der Abt verfügt etwas anderes (*RB* 61,12; 60,4–9; 62,5–6).

Das Verlassen der Gemeinschaft

Das freiwillige Verlassen des Klosters gilt als schwere Verfehlung gegen das *propositum*, das als „ewiges Gelöbnis" auf Lebenszeit geleistet wird und keinen Widerruf kennt. Beharrt ein Mönch dennoch auf dem Austritt, wird ihm das Mönchsgewand „entrissen", die zivilen Kleider, seit dem Eintritt in der Kleiderkammer verwahrt, werden ihm wieder zurückgegeben und er selbst aus der Gemeinschaft verstoßen (*RB* 58,14–16; 26–28). – Daneben kennt die Regel den Verweis aus der Gemeinschaft als

Höchststrafe bei Verfehlungen (*RB* 21,5–7; 65,18–21). Unter gewissen Bedingungen allerdings – vornehmlich nach angemessener Reue – können verstoßene Mitglieder aber wieder Aufnahme finden, grundsätzlich sogar bis zu dreimal (*RB* 29,1–3).

Straf- und Bußordnung

Während sich verstreut über die gesamte *RB* hin bereits Regelungen zu Strafe, Buße und Wiedergutmachung finden, befassen sich darüber hinaus einige Kapitel zentral mit diesen Sachverhalten. Die Strafpraxis betreffend lässt sich dabei eine aufsteigende Linie erkennen: Zunächst erfolgt eine zweimalige, noch verborgene, dann eine öffentliche Ermahnung; sodann die (kleine) Exkommunikation mit Ausschluss vom gemeinsamen Essen, gefolgt von der (großen) Exkommunikation mit Ausschluss von allen Vollzügen der Chorgemeinschaft. Auf der nächsten Stufe trifft den Sünder die körperliche Züchtigung. Bleibt die Besserung auch jetzt aus, folgt das gemeinsame Gebet der Gemeinschaft für den Fehlenden. Sollte auch dies vergeblich sein, steht am Ende als ultimative Maßnahme die Ausweisung aus dem Kloster (*RB* 23,1–5; 24,3–8; 25,1–6). Die Strafhoheit auf allen Stufen steht ausschließlich dem Abt zu, der sein Tun am Jüngsten Tag zu verantworten hat. Nur er kann Strafen, Bußen, Ausschluss und Wiederaufnahme aussprechen. Sinn und Zweck von Strafe aber liegen in dem Bemühen, den Irrenden zur Einsicht zu führen, ihn zu retten, nicht zu verdammen, nicht zu verstoßen (u. a. *RB* 44,3–9; 27,1–9; 65,22).

Kloster und Welt

Den umgrenzten Raum des Klosters verlässt der Bruder nur mit Erlaubnis (*RB* 67,6). Wird dies nötig, gelten scharfe Vorschriften. So hat sich der Mönch, der nach draußen geschickt wird, zunächst dem Gebet aller zu empfehlen. Der Außenaufenthalt sollte so kurz wie möglich gehalten werden, normalerweise einen Tag nicht überschreiten. Bei Dunkelheit hatte sich der Kandidat wieder innerhalb der Klostermauern zu befinden. Draußen zu speisen bleibt verboten, die Gebetszeiten sind auch außerhalb des Oratoriums nicht erlassen (*RB* 67,1–2; 51,1–3; 50,1–4). Nach seiner Rückkehr muss sich der Kandidat zum nächsten Chorgebet einfinden und die Gemeinschaft um ihr Gebet bitten zur Befreiung von allen weltlichen Eindrücken und zur Bewahrung vor möglichem Seelenschaden durch schädliche Erinnerungen. Um die Gemeinschaft vor Schaden zu bewahren, bleibt es unter Strafe verboten, etwas von dem in der Welt Gehörten oder Gesehenen in der Gemeinschaft zu erzählen (*RB* 67,3–5).

Die Gemeinschaft als Ort asketisch gelebter Spiritualität

Jenseits des selbstverständlichen Grundsatzes, ein Asket habe immer und überall Enthaltsamkeit zu üben, kennt die Regel Lebensbereiche und Situationen, in denen die Tugend des Verzichts stärker gefordert ist, und folglich auch besondere Regulierungen notwendig werden (u. a. *RB* 1,5; 4,59; 7,12.23). Wenn sich allerdings auch in diesen Zusammenhängen – so wenig wie in allen übrigen Kapiteln der Regel – keine expliziten Ausführungen zur Sexualaskese finden, so erklärt sich dies schlichtweg durch die Selbstverständlichkeit, dass asketisches Dasein und gelebte Sexualität sich vollkommen ausschließen, darüber folglich weder Diskussions- noch Regelungsbedarf bestehen.

Besitz und Kleidung

Ebenso deutlich wie die erwähnte Regelung der Besitzfrage beim Eintritt in die Gemeinschaft sind die Vorschriften hinsichtlich des Erwerbs von privatem Eigentum während der Zeit als Gemeinschaftsmitglied formuliert. Auch hier gilt: Niemand darf etwas sein Eigen nennen. Den Brüdern bleibt verboten, irgendetwas anzunehmen, auch Briefe oder Gastgeschenke von Eltern und Mitbrüdern (*RB* 54,1–5). Der Mönch hat nichts, das er verschenken kann, da alles, worüber er verfügt, der Gemeinschaft gehört (*RB* 33,1–4). Allen ist alles gemeinsam, das Laster des Eigenbesitzes gilt es folglich „auszurotten". Der Abt ist gar gehalten, in gewissen Abständen die Betten der Brüder nach Besitz zu durchsuchen (*RB* 33,6–8; 55,16–17). Andererseits muss der Gemeinschaft alles Notwendige vom Leiter zugewiesen werden, von der Kleidung und den Handwerksgeräten bis zu Nadel, Taschentuch, Messer, Tafel und Schreibgriffel (*RB* 33,5; 55,18.19).

An Kleidung, individuell etwas angepasst, sind den Brüdern vom Abte zuzuweisen: zwei Kukullen und zwei Tuniken – je eine für den Sommer, die andere für den Winter –, ein Skapulier, Strümpfe und Schuhe. Muss sich ein Gemeinschaftsmitglied einmal außerhalb des Klosters aufhalten, werden bessere Kleider – u. a. eine Hose – bereitgestellt. Über Details des alltäglichen Mönchsgewandes – über Farbe und Schnitt etwa – spricht die Regel nicht. Die Kleidung soll schlicht sein, gefertigt aus einem, wenn nötig auch gröberen, landesüblichen Stoff (*RB* 55,4–14).

Essen und Trinken

Detaillierten Bestimmungen unterliegt der Speiseplan. Zu den Hauptmahlzeiten – im Sommer zur neunten, im Winter zur sechsten Stunde – werden zwei gekochte Speisen vorgesetzt. Jahreszeitlich abgestimmt kann zusätzlich ein drittes Gericht aus Obst oder Gemüse gestattet werden. Ein Brot von einer *libra* – etwa 1 Pfd. – hatte für den Tag zu reichen

(*RB* 39,1–5). Fleisch von Vierfüßlern bleibt den gesunden Brüdern verboten (*RB* 39,11). – Zum Trinken ist – neben Wasser selbstverständlich – täglich eine *emina* Wein (vermutlich ca. 0,4 l) jenen zugestanden, die darauf freiwillig nicht verzichten wollen. Jederzeit aber kann der Abt – während schwerer Feldarbeit, gegenüber kranken Brüdern oder bei extremen Orts- und Klimabedingungen etwa – von diesen rigorosen Vorschriften dispensieren (*RB* 40,3–7).

Schlafen

Eine Matte dient den Brüdern als Bett, bezogen mit einem groben Tuch, darüber Decke und Kopfkissen (*RB* 55,15). Der Schlafraum ist allen gemeinsam. Bei größeren Gemeinschaften aber wird eine Aufteilung in Gruppen zu 10 oder 20 gestattet, doch verbleiben alle jüngeren unter Aufsicht von älteren Brüdern. Jeder Mönch schläft allein und angekleidet in seinem Bett, die Lenden umgürtet mit einem Strick oder einem schmalen Gürtel. Das Messer allerdings ist aus dem Gürtel zu nehmen, um Verletzungen im Schlafe zu vermeiden. Zwischen den Betten der Jüngeren stehen jene der älteren Aufseher; der Schlafraum bleibt bis zum Morgenschein durch ein künstliches Licht erhellt (*RB* 22,1–7).

Gebet und Handarbeit

Gebet und Handarbeit, im Wechsel vollzogen, machen nach *RB* die beiden fundamentalen, den Tagesablauf strukturierenden Elemente der asketischen Existenz aus. Verstanden als Gottesdienst, als Zwiesprache mit Gott, ist das Gebet in Sammlung, Lauterkeit, Herzenszerknirschung und Demutshaltung auszuführen, frei von Effekthascherei, da asketischer Demut jede absichtliche Außenwirkung widerspricht (*RB* 19,1–7; 20,1–5; 52,4).

Die Handarbeit, notwendig zunächst zur Subsistenzsicherung der Gemeinschaft und gefordert auch zur Nachahmung des apostolisch-paulinischen Vorbildes (vornehmlich 2 Thess 3,10), wird, entgegen moderner Vorstellungen, verstanden als Instrument zur Vermeidung von Müßiggang, dem Erzfeind und Urgrund jeglichen Fehlverhaltens und aller Sünde (*Otiositas inimica est animae, et ideo certis temporibus occupari debent fratres in labore manuum, certis iterum horis in lectione; RB* 48,1 ff.). Durchgehend wird die Handarbeit im frühen Mönchtum als Parergon (Neben-, Beiwerk) verstanden, weshalb ihr Sinn und ihr Ziel auch nicht vorrangig im Arbeitsergebnis, sondern in ihrer Bewährung als asketisch-spirituelle Technik gesehen werden.

Zeiten und Bedingungen asketischer Steigerung

Jenseits der alltäglichen asketischen Anstrengungen, die von jedem Gemeinschaftsmitglied im Tagesverlauf erwartet werden (und von denen oben bereits ausführlich die Rede war; u. a. *RB* 38,5–9; 42,1–3; 42,8–10; 48,5), kennt die Regel Zeiten gesteigerter Leistungen dieser Art, vornehmlich in der vierzigtägigen Fastenzeit. Dann werden das tägliche Maß übersteigende Leistungen gestattet und erwartet: beim Gebet etwa, im Verzicht auf Speisen und Getränke, durch Schlafentzug, durch Unterlassen von Scherzen, durch konsequentes Schweigen. Solche individuellen Sonderleistungen sind allerdings dem Abte anzuzeigen, um keine Verwirrung in die Gemeinschaft zu tragen (*RB* 49,1–4; 49,8–10).

Die Klosteranlage

Die Vorstellung von einer autarken Gemeinschaft und Mitgliedern, die ihr asketisches Leben innerhalb der Klostermauern führen, setzt voraus, dass zumindest die zentralen, zum Leben und Wirtschaften notwendigen Gebäulichkeiten sich innerhalb der Klostermauern befinden (*RB* 66,6–7). Dabei bildet, dem religiösen Charakter der Gesamtanlage entsprechend, das Oratorium den geistlichen Mittelpunkt, wo Chorgebet, Gottesdienst und privates Gebet ihren Ort haben (u. a. *RB* 52,1–5). Darüber hinaus werden, ohne dass der Autor einen idealen Klosterplan im Auge hätte, weitere Gemeinschaftsgebäude genannt: Küche, Refektorium (u. a. *RB* 35; 38; 43,23–19), Schlafsaal, Bäckerei, Gästezimmer, Schreibzimmer mit (sicher noch bescheidener) Bibliothek, Vorratsräume, Kleiderzimmer, Kranken- und Novizenzellen (*RB* 22,1–8; 46,1; 53,21; 48,15–16; 46,1; 31,10–16; 55,13–14; 53,21; 58,4–5).

Zum autarken Leben innerhalb der Mauern gehören aber auch ein Gemüse- und der Obstgarten, Anlagen zur Wasserversorgung, zahlreiche Werkstätten, möglichweise auch eine eigene Mühle (*RB* 7,63; 46,1; 57,1; 66,6–7). Die wirtschaftliche Basis der Gemeinschaft ruht zu größeren Teilen auf Streubesitz außerhalb der Mauern, den die Brüder gemeinschaftlich bewirtschaften. Aber auch während dieser Arbeiten außerhalb der Mauern sollte man asketisch-zurückhaltend agieren, auch hier dürfen die täglichen Gebetsstunden – wenngleich den besonderen Bedingungen angepasst – nicht vernachlässigt werden (*RB* 7,63; 50,1 ff.).

Geltungsanspruch und -grenzen der Regel

Wenn die *RB* das Leben des Zönobiten als „Dienst unter Regel und Abt" (… *militantes … sub regula vel abbate*; *RB* 1,2.13) versteht, ist neben der zentralen Bedeutung des Klostervorstehers zugleich der Geltungsanspruch der Regel ins Licht gerückt: Die Anforderungen der *RB* verpflichten – sofern nicht Ausnahmen und Sonderregelungen für bestimmte Personen oder Personengruppen vorliegen – in allen Teilen die gesamte Gemeinschaft. Ausgenommen bleiben partiell lediglich die schwächeren Gemeinschaftsmitglieder wie Knaben, Greise und Kranke, gegen die besondere Nachsicht zu üben ist (*RB* 37,1–3). Die Brüder, die Priester der Gemeinschaft, der *praepositus* (Abtstellvertreter), der Abt: sie alle sind ohne Ausnahme auf die Regel als Verfassung der Gemeinschaft verpflichtet (*RB* 3,7; 73,8.9; 65,17–18; 3,11; 64,20). Nicht nur während des Noviziats wird sie daher – wie erwähnt – dreimal in ganzer Länge vorgelesen, und dem Kandidaten anschließend die Frage nach Annahme oder Ablehnung gestellt (*RB* 58,9.12.13–16). Auch der übrigen Gemeinschaft ist sie im Laufe des Jahres in gewissen Abständen wieder zu Gehör zu bringen, damit sich niemand mit Unkenntnis in diesem „Grundgesetz“ entschuldigen kann (*RB* 66,8). Schließlich gewinnt die Regel selbst spirituelle Dignität, wenn der Gehorsam ihr gegenüber als achter Rang der Demut gepriesen wird. Verstöße gegen die Regel werden konsequent mit Strafen geahndet (u. a. *RB* 7,55; 3,7; 23,1; 32,5; 28,20).

Die Definition der monastischen Gemeinschaft als „Dienen unter Regel und Abt“ weist noch auf einen weiteren, mehrfach kurz erwähnten Zusammenhang: Dem Abt ist es gestattet – sollte es die Situation erfordern –, den Buchstaben der Regel zu ändern, sofern nur deren Geist bewahrt ist. Sich gegen den Geist der Regel zu entscheiden, war aber auch dem Abt keine Macht gegeben (u. a. *RB* 3,5; 33,2; 39,6; 43,10–11; 44,5–6; 51,1–3). Für Nachlässigkeit, Ungerechtigkeit und Willkür im Umgang mit der Regel hat auch der Abt sich am Jüngsten Tage zu verantworten (u. a. *RB* 2,34.37.38; 3,11; 31,9; 63,3; 64,7; 65,22).

Die gemeinhin gebräuchliche Inhaltsverkürzung der *RB* auf das Diktum *ora et labora* findet sich nicht wörtlich im Text der Regel. Doch stellt diese, vermutlich im Hochmittelalter entstandene und im kulturellen Gedächtnis Westeuropas heute tief verankerte Etikettierung in ihrer programmatischen Kurzform ein meisterhaftes „Kurzregest“ dessen dar, was wesentlich unter Leben in einer asketischen Gemeinschaft nach *RB* verstanden worden ist.

2. *Greg. I., dial. II* (Leben und Wundertaten Benedikts)

a) Literarisches Genus

Bei *Greg. I., dial. II* – einem Text, der nach heftigen Kontroversen (s. unten, S. 44 ff) wieder Gregor d. Gr., zumindest aber dessen Umfeld zugeschrieben und in seiner Entstehung auf 593/94 datiert wird – handelt es sich um ein hagiographisch-legendarisches Werk im ursprünglichen Sinne des Begriffs, näher hin um eine Aretologie. Wie in Tugendspiegeln dieser Art üblich, zielt die Absicht des Autors dabei letztlich nicht auf präzise, historisch-biographische Beschreibung des Helden, vielmehr auf dessen Charakteristik als herausragendes, nachahmenswertes Exempel – im vorliegenden Falle das des asketisch-charismatischen Heros. Aussagen über die Historizität der Personen und Ereignisse, von denen solche Texte handeln, stehen folglich unter „hagiographischem Vorbehalt", was im Falle der *Dialogi* bisweilen bei hyperkritischen Autoren dazu führte, dass man hinter den legendarischen Ausführungen nicht einmal mehr Spuren von historischen Personen, sondern lediglich die Invention aus der Phantasie des frommen Autors wahrnehmen wollte. Und im vorliegenden Fall wurde solcher „Vorbehalt" auch durch den Umstand noch verstärkt, dass der als herausragender Mönchsvater erscheinende Benedikt von Nursia keine weiteren Spuren in zeitgleichen Quellen hinterlassen hat. (Die Handschriften der *RB*, die als Autor einen gewissen „Benedictus" nennen, stammen alle aus späteren Jahrhunderten erst.)

b) Identität von Regelautor und „Benedikt" nach *Greg. I., dial. II*

Trotz solch latenten Vorbehaltes gegen die *Dialogi* haben – fasst man deren Deutungsgeschichte über die Generationen hinweg ins Auge – seit je die Gläubigen allgemein, vor allem aber der Orden in seiner älteren wie jüngeren Forschung problemlos jenen anonymen Autor der *RB* (Prol. 1: *magister*) gleichgesetzt mit dem in *Greg. I., dial. II* geschilderten Thaumaturgen Benedictus *ex provincia Nursiae* und somit zugleich die *RB* für jene Mönchsregel gehalten, die nach den *Dialogi* jener Benedikt aus Nursia verfasst habe (*Nam scripsit monachorum regulam …*; *Greg. I., dial. II*, 36).

Spätestens seit dem großen Jean Mabillon († 1707) und seinen *Annales Ordinis Sancti Benedicti* (1703–1739), dem ersten Anlauf zu einer wissenschaftlich und methodisch wegweisenden Geschichte der Gemeinschaften nach *RB*, war man allgemein von der Identität des Autors der *RB* mit dem Thaumaturgen Benedikt von Nursia überzeugt. Gestützt durch Mabillons gleichsam kanonisches Urteil glaubte man in den Anfängen auf dem Berg bei Cassino auch bereits ein monumentales Stiftungswerk zu erkennen, sah darüber hinaus in Benedikt von seinen Anfängen an eine ragende Gründergestalt, mit deren Erscheinen überhaupt erst ein nennenswertes Asketen- und Mönchtum Westeuropas seinen Anfang genommen habe.

c) *Pseudo-Gregorian Dialogues* (F. Clark)

Diese Sicht der Zusammenhänge, von wenigen Ausnahmen abgesehen bis in die 80er Jahre des vorigen Jahrhunderts beinahe unangefochten vorgetragen, wurde dann allerdings grundlegend durch die Thesen von Francis Clark (*The Pseudo-Gregorian Dialogues, 1987*) erschüttert. Clark stellte die

Authentizität der *Dialogi* als Text aus der Feder Gregors d. Gr. grundsätzlich in Frage, zog die traditionelle Sicht über Autor, Abfassungszeit und -absicht in Zweifel und wollte in den legendarischen Erzählungen lediglich noch hagiographisches – möglicherweise hier und da auch mit historischen Einsprengseln vermischtes – Patchwork aus der Zeit Gregors II. (715–730) erkennen, ausgeführt als Propagandaschrift zur Belebung eines neuen Rom- und Benediktkultes in der ersten Hälfte des 8. Jahrhunderts, damit letztlich aber ohne Relevanz für die Frage nach den historischen Anfängen der Gemeinschaften nach *RB* auf der Wende vom 5. zum 6. Jahrhundert.

Die Thesen Clarks lösten lange, international und heftig geführte Kontroversen aus, in deren Verlauf nicht nur die Autorschaft der *Dialogi*, sondern zahlreiche andere Probleme um die Frühzeit des Mönchtums nach *RB* in Frage und auf den Prüfstand gestellt worden sind. Das Beben, welches die Auseinandersetzungen zeitweise begleitet hatte, ist mittlerweile verebbt und – abgesehen von Clark selbst, der im Großen und Ganzen auf seinem Standpunkt beharrt – maßvollen Urteilen gewichen, die sich, der Quellenlage geschuldet, dort, wo keine eindeutige Gewissheit zu erreichen ist, als Hypothesen mit Augenmaß erweisen.

So geht man heute nach einer fundamentalen Revision mehrheitlich – dies als Fazit aus den Diskussionen – von folgenden Basisdaten aus: Die *Dialogi* – ursprünglich wohl älteres, mündlich weitergetragenes Traditionsgut – sind (mit der größeren Wahrscheinlichkeit) unter Gregor d. Gr. – zumindest aber in dessen unmittelbarem Umfeld – wohl um 594/95 schriftlich fixiert worden; bei den in *Greg. I, dial. I–IV* vorliegenden Schilderungen der frühen, italischen Asketen – vornehmlich auch des charismatischen Mönchsvaters Benedikt (*dial. II*) – handelt es sich vermutlich um die hagiographisch-legendarische Überhöhungen der Viten von – aller Wahrscheinlichkeit nach historischen – Asketen Mittelitaliens des 5./6. Jahrhunderts, von denen bis zur schriftlichen Fixierung durch den Autor der *Dialogi* lediglich mündliche Überlieferungen kursierten; Benedikt von Nursia aus *Greg. I, dial. II* ist mit großer Wahrscheinlichkeit als der Autor der *Regula Benedicti* und Gründer von Montecassino zu identifizieren; die *RB* ihrerseits wurde zwischen 530–555 vom Gründungsabt Benedikt für seine Männergemeinschaft in Montecassino verfasst (oder diktiert); das Autograph der *RB* ist verloren.

d) *Greg. I, dial. I–IV* im Lichte der „Memorik" (J. Fried)

Abweichend vom Diskussionsstand, der sich aus den Kontroversen um Clarks Thesen als wahrscheinlichere – wenngleich hypothetische – Sicht der Zusammenhänge herauskristallisiert hat, favorisierte J. Fried (Der Schleier, 2004), mehrere Vorstudien zusammenfassend, teils weiter differenzierende, teils erneut abweichende Deutungen, ausgeführt im Kontext von Überlegungen des Autors zu einer dringend angemahnten, das Wissen moderner Kognitionswissenschaften einbeziehenden, neuen, „gedächtnis-“ und „erinnerungskritischen“ historischen Grundlagendisziplin („Memorik“).

Vor diesem Hintergrund stellen sich für Fried die „Dialoge“ dar als „episodenhafte Verschriftlichung der Wundergeschichten“, in „späterer Montage der Einzelstücke zu durchgeformtem Ganzen“ geworden, allerdings „zu unbekannter Zeit“ und „von unbekannter Hand“. Trotz Widersprüchen innerhalb des Textes und trotz Unkenntnis über den Zeitpunkt der späteren Schlussredaktion sowie deren Redaktor, bleibt für Fried als Fazit immerhin: „Wie dem nun sei, die ‚Dialoge‘ sind in Gregors Umgebung entstanden und verdanken sich seinem tätigen Interesse“ (S. 347–349).

In der Frage nach dem „historischen Benedikt“ vertritt Fried allerdings eine vom Mehrheitsurteil der restlichen Forschung entschieden abweichende Position: Bei den Erzählungen um Benedikt von Nursia (*dial. II*) handele es sich keineswegs um das Echo einer historischen Person. Vielmehr sehe man sich der Fiktion eines Autors gegenüber, der nach hagiographischem Muster eine „ideale Mönchs- und Abtgestalt“ entworfen und ihr symbolische Bedeutung „in ihrer Zeit und Umwelt“ zuerkannt habe. Diese so generierte literarische Invention sei schließlich „von Fremden aufgenommen“, dabei in ihrer „Fiktionalität nicht mehr erkannt und für Wirklichkeit gehalten“ worden. Und die solchermaßen „irreale Realität“ sei schließlich „an ihren Ursprungsort (d. i. Rom) zurückgekehrt“ und „dort verspätet ins Leben getreten“ (S. 356/357).

Auch sei – nach Fried – die *RB* möglicherweise erst in diesen Zusammenhängen verfasst worden, da die ältesten Manuskripte mit der Autorenzuschreibung „Benedictus“ nicht über das 8. Jahrhundert hinausreichen, der Amtszeiten Gregors II. (715–731) und Gregors III. (731–741), in deren Pontifikaten sichtlich eine neue Rom- und Gregor-Verehrung ihre Anfänge genommen hatte, in deren Umfeld ein aufblühender Benediktkult nur eine willkommene Verstärkung bedeuten konnte (S. 353/354).

Frieds Einlassungen zu Benedikt – unter Verwendung von Argumenten Clarks übrigens [S. 345]) – wollen im Rahmen des propagierten Gesamtkonzeptes nicht mehr sein als die „gedächtniskritische Betrachtung einer Episode“ (S. 6). Dennoch erkennt man hier jenes, die „Memorik“ konstituierende methodische Prinzip: die Erweiterung nämlich der traditionellen Quellenkritik unter Rückgriff auf Kenntnisse und Wissen kognitionswissenschaftlicher Disziplinen, bis hin zur experimentellen „Psychologie“ und zur „Neurophysiologie“ (S. 6), um so jene im Prozess der Erinnerungsbildung wirksamen „Verformungskräfte“ – Fried kann deren „18 primäre, äußere“ isolieren – zu erkennen (S. 50–56).

Die so konstituierte „erinnerungskritische Analyse" – sie bleibt vornehmlich der Mediävistik im Umgang mit erzählenden, d. h. Kontinuitäten schaffenden Quellen dringend angeraten – verspricht nach Fried, durch Rückgriff auf neurowissenschaftliche Erkenntnisse, vornehmlich im Bereich der Gedächtnisleistungen von „Erinnern" und „Vergessen", Licht in jene, von mündlichen Traditionen durchwobenen, erzählenden Quellen des Mittelalters zu bringen, wo „die traditionelle Quellenkritik nicht zureicht, um die Gedächtnis-Phänomene zu beurteilen, mit denen diese Überlieferung aufwartet" (S. 5/6).

Ohne hier grundlegend über „Nutzen und Nachteil" eines solchermassen ambitionierten Gesamtkonzepts einer neurowissenschaftlich basierten Geschichtswissenschaft kritisch befinden zu können – es wird allerdings abzuwarten sein, ob die eingeforderte Methodenerweiterung einen „den Leistungen von ‚Hubbel' vergleichbaren" Erkenntniszuwachs bringen wird (S. 390) –, bleibt vorerst zu konstatieren, dass die Spezialforschung die Auseinandersetzung mit Fried im „Fall Benedikt" – von zwei Einsprüchen abgesehen – bisher jedenfalls nicht grundlegend aufgegriffen hat.

Allgemeiner Widerspruch kam jüngst zwar von Ch. Dartmann (Die Benediktiner, 2018, S. 27–31), der Frieds „prinzipielles Misstrauen gegenüber den Quellen" letztlich als Ursache für dessen „Benedikt-Verdikt" verantwortlich macht, der dabei aber Frieds zentrale Forderung – Umwertung der Quellen durch „Gedächtniskritik" (S. 387) – sowie dessen Forderung nach einer „gedächtniskritischen Forschung überhaupt" (S. 389) im Kern kaum berührt. Substantieller dagegen war der Teilwiderspruch schon einige Jahre zuvor von J. Wollasch (Benedikt von Nursia, 2007), wobei zwei Argumente Frieds (zugunsten der These vom „unhistorischen" Benedikt) eindeutig (und nach Regeln traditioneller Quellenkritik) widerlegt werden: der Name „Benedictus" findet sich – wenngleich nicht häufig – sehr wohl im zeitgleichen Namensmaterial Italiens; die weitaus größte Zahl jener in den „Dialogen" genannten Personen und Zeugen lassen sich durchaus in anderen zeitgleichen italischen Quellen belegen, treten also aus der historischen Anonymität heraus. Damit ist der „historische" Benedikt zwar noch nicht gänzlich „gerettet", aber immerhin sind zwei Argumente, die gegen seine Historizität sprechen sollten, ausgeräumt und der Hypothese von seiner historischen Existenz größere Plausibilität zugesprochen.

e) Curriculum vitae Benedikts (nach *Greg. I., dial. II*)

Nach Auskunft des Hagiographen, dessen Erzählungen allein von Benedikt wissen, sei der Mönchsvater Angehöriger einer freien, etwas vermögenden Familie aus dem umbrischen Nursia (heute Norcia bei Perugia) gewesen, habe sich als junger Mann in Rom zunächst dem (höheren) Studium der freien Künste zugewandt, dieses Vorhaben aber bald aufgegeben und sich von Elternhaus und Besitz getrennt, in dem Wunsche nach einem zurückgezogenen Leben in Askese. Als Motiv erscheint hinter der *conversio* – wie in Asketenviten üblich – die brennende Sorge um das eigene Seelenheil (*dial. II, prol. 1*).

Der weitere Lebensweg Benedikts wird – und hier folgt der Autor dem Vitenmuster asketischer Prototypen – als asketisch-spiritueller Aufstieg geschildert. Die erste Station auf dem Rückzug aus den Gefahren der Welt sei Effide gewesen (heute Affile, einige Kilometer südlich von Subiaco gelegen), wo er sich mit seiner Amme zunächst bei einer Kirche aufgehalten habe (*dial. II, 1,1*). Angetrieben vom Willen nach Steigerung der asketischen Vollkommenheit habe er sich dann von seiner Amme getrennt, sei in noch tiefere Einsamkeit zurückgewichen, um schließlich in einer Höhle (Sacro Speco) bei Subiaco, 40 Meilen von Rom entfernt, am Flüsschen Aniene, vor der Welt verborgen ein strenges Asketenleben zu führen (*dial. II, 1,3*).

Ein Mönch namens Romanus lediglich, Mitglied einer benachbarten Gemeinschaft unter einem Abt Adeodatus, habe von der Existenz Benedikts dort gewusst (*dial. II, 1,4*). Nach geraumer Zeit aber hätten auch Hirten der Umgebung den Asketen entdeckt und die Höhle sowie deren Bewohner bekannt gemacht. Daraufhin seien Bewohner aus der Umgebung zu ihm gepilgert, hätten ihn mit Nahrung versorgt und seinen Unterweisungen gelauscht. Nach und nach habe sich dann auch eine Schar von Schülern um ihn versammelt (*dial. II, 1,6–7; 2,3*).

Nur einmal soll Benedikt seine Einsamkeit verlassen haben, um – der Bitte einer nicht genannten Nachbargemeinschaft folgend – die Stelle des dort verstorbenen Abtes einzunehmen, eine Episode von nur kurzer Dauer allerdings, da Benedikts rigorose Durchsetzung der *vita regularis* zum Widerstand seitens der Gemeinschaft geführt habe. So habe es der Asket dann vorgezogen, wieder in seine Höhle zurückzukehren (*dial. II, 3,2–5*).

Infolge einer im Umkreis der Höhle stetig wachsenden Schülerschar sei schließlich eine Neuordnung seines Umfelds notwendig geworden. Also habe er in den Bergen um seine Höhle zwölf Gemeinschaften mit je zwölf Mitgliedern unter (je) einem Abt begründet. Er selbst aber habe – die Oberaufsicht über die 12 Gründungen weiterführend – mit nur wenigen, ausgewählten Schülern seine Höhle verlassen und sich in eine nahegelegene *cella* mit Garten zurückgezogen (*dial. II, 6,1–2; 7,1–3; 8,4; 3,13*). Im Laufe der Zeit hätten dann vornehme Römer ihm Kinder zur geistlichen Erziehung anvertraut, darunter auch seine späteren Gefährten Maurus und Placidus (*dial. II, 3,14*).

Da die Existenz der zwölf Gemeinschaften im Laufe der Zeit aber zu Eifersüchteleien und zu Streit mit dem *presbyter* einer nahen Pfarrkirche geführt habe, soll Benedikt die Schüler und Anhänger in seiner direkten

Umgebung auf die zwölf Gemeinschaften aufgeteilt und die *cella* bei Subiaco mit nur einigen engen Vertrauten verlassen haben. Seine ehemalige Gemeinschaft von Subiaco aber habe unter neuer Leitung weiter fortbestanden (*dial. prol. 2; II, 8,1; 8,5*).

Als letzten Aufenthaltsort habe sich Benedikt dann das Bergplateau oberhalb von Cassino gewählt, wo sich noch Ruinen einer heidnischen Kultstätte fanden. Diese seien beseitigt und anstelle des zerstörten Kultbildes in dem ehemaligen Tempel eine Kirche mit dem Martinspatrozinium errichtet worden. Auch habe Benedikt einen abseits gelegenen Apolloaltar durch ein Oratorium zu Ehren des Johannes Baptista ersetzten lassen. Der umliegende (einst heilige) Hain sei gerodet, die Landbevölkerung der Umgebung dem christlichen Glauben zugeführt worden (*dial. II, 8,10–11*).

Den Berg bei Cassino habe Benedikt nicht mehr verlassen. Hier soll er dann in den letzten Jahren seines Lebens noch zahlreiche Wundertaten vollbracht haben, die ihm den Ruf eines der großen, charismatisch-thaumaturgischen Mönchsväter eintrugen und die – über die Jahrhunderte in Schrift und Bild unzählige Male vergegenwärtigt – so den nachfolgenden Geschlechtern als denk- und verehrungswürdige Ereignisse im Gedächtnis geblieben sind.

Unter den wenigen Angaben zum äußeren Leben Benedikts während seiner Zeit in Montecassino bleiben erwähnenswert: angeblich ein Besuch des Gotenkönigs Totila (*dial. II, 14,1–2; 15,1–4* [von den Forschern, die diesen Bericht für historisch zu halten geneigt sind, auf die zweite Hälfte des Jahres 546 datiert]); seelsorgerliche Betreuung asketisch lebender Frauen (*sanctimoniales feminae*) der Umgebung (*dial. II, 19,1; 23,2–3*); die Errichtung eines (Tochter-)Klosters bei Terracina mit Brüdern aus Montecassino unter einem Abt und einem Praepositus (*dial. II, 22,1*).

Als festlichen Höhepunkt habe die Gemeinschaft auf dem Berge den alljährlichen Besuch von Benedikts Schwester Scholastika, einer „Gottgeweihten" von Kind an, gefeiert. Scholastika habe in einer *cella* gelebt und sei nach ihrem Tode von Benedikt in beider gemeinsamem und zu Lebzeiten bereits vorbestimmtem Grabe beigesetzt worden (*dial. II, 33,1–5; 34,1–2*). (Da Scholastika als *virgo sacra* erscheint, von einem Leben in Gemeinschaft und nach einer *regula* aber nicht die Rede ist, dürfte in ihr kaum – wie in späterer Tradition immer wieder geschehen – die historische „Stifterin" der späteren Benediktinerinnen zu sehen sein.)

Gegen Ende der Erzählung von Benedikts Leben und Wundertaten findet sich schließlich – und nur in diesem Text – die berühmte Erwähnung, der große Vater habe auch eine Regel für (seine) Mönche geschrieben: „bemerkenswert durch ihre Klarheit, ansehnlich in ihrem Duktus" (*Nam scripsit monachorum regulam discretione praecipuam, sermone luculentam*; *dial. II, 36*).

Die letzte Ruhestätte fand Benedikt im Johannesoratorium zu Montecassino, an der Seite seiner Schwester Scholastika. In der Leitung der Gemeinschaft seien Constantinus, dann Valentinianus, schließlich Simplicius gefolgt (*dial. II, 37,4* und *prol. 2*).

3. Lebensdaten und kirchliche Festtage Benedikts

In *Greg. I, dial. II* finden sich lediglich relative, keine absoluten Zeitangaben zu den einzelnen Epochen des Curriculum vitae. Folglich handelt es sich bei den heute allgemein auf Benedikts Lebenslauf fixierten Daten um hypothetische, der größeren Wahrscheinlichkeit folgende, Annahmen der Spezialforschung: Geburt zwischen 480–490 in Nursia; um 500 Ausbildung in Rom; vor 529 Leitung einer Eremitenschar in Subiaco; um 529 Gründung der Gemeinschaft von Montecassino; nach 530 Aufzeichnung der *RB*; Todesjahr zwischen 555–560. (Von der älteren Festlegung des Sterbejahres auf 547 ist man in der jüngeren Forschung abgerückt.) – Im Kreislauf des liturgischen Jahres feiert die Kirche drei Gedenkfeste Benedikts: am 21. März (Natalis), am 11. Juli (Translatio) und am 4. Dez. (Illatio).

4. Bibliographie

1. *Regula Benedicti* (*RB*)

a) Historisch-literarisches Umfeld

◊ (Quellen): La Règle de Saint Benoît (*Regula S. Benedicti*), edd. J. Neufville / A. de Vogüé, SC 181–183 (Intr. [de Vogüé]/T. [ed. J. Neufville]/frz. Üb./Notes [A. de Vogüé]/Concordance/Trad. manuscrite [Neufville]), Paris 1972. – Regula S. Benedicti (ed. R. Hanslik, *Editio altera*), CSEL 75, ^{2}1977. – Die Benediktusregel (ed. Salzburger Äbtekonferenz), Beuron 1996^{2} (T/dt. Üb.). – La règle du Maître (*Regula Magistri*), (ed. A. de Vogüé), SC 105, 106 (mit Einf., T., frz. Üb., Anm., Komm.); SC 107 (Wortkonkordanz zu Ms. Par. Lat. 12205 [Clément, J.-M./Neufville, J./Demeslay, D.]/Index zu Ms. Par. Lat. 12634 [Neufville, J.]), Paris 1965. – Augustinus, *De Ordine monasterii*, in: (ed. L. Verheijen) La Règle de saint Augtustin 1, Paris 1967, S. 148–152. – Cassianus, *Conlationes XXIIII* (ed. E. Pichery), SC 42, 54, 64, Paris 1955, 1958, 1959. – Ders.: *De institutis coenobiorum* (ed. J. C. Guy), SC 109, Paris 1965. – Paulus Diaconus, *Historia Langobardorum*, IV, 17 u. VI, 40, MGH SRL (edd. Bethmann/Waitz) 1878, S. 122 u. 178f. – Leo v. Ostia (L. Marsicanus), Die Chronik von Montecassino (*Chronica Monasterii Casinensis*), I, 44 u. II, 3 (ed. H. Hoffmann), MGH SS 34, 1980, S. 114 u. 171f. – Regula Basilii, *Asceticon parvum (Versio latina Rufini)*, (ed. K. Zelzer), CSEL 86 (1986). – Les

Règles des Saints Pères (*Regula Quatuor* [sic!] *Patrum* (ed. A. de Vogüé), SC 297, 298, Paris 1982. – Vitae Patrum (*Vitas Patrum*), Migne PL 73/74. – Zu Smaragdus (*Expositio in Regulam*) und zu Benedikt von Aniane (*Concordia regularum*) s. folgenden Abschnitt: b) Textgeschichte.

◊ (Literatur): Mabillon, J.: Annales Ordinis Sancti Benedicti occidentalium monachorum Patriarchae. In quibus non modo res monasticae, sed etiam ecclesiasticae historiae non minima pars continetur, 6 Bde., Paris 1703–39 (Lucca 1739–45), hier Bd. I, S. 1 ff. – Brechter, H. S.: Zum authentischen Titel der Regel des heiligen Benedikt, in: SMGB 55 (1937), S. 157 ff. – Schmitz, Ph.: Geschichte I, S. 22 ff.; 35 ff. – de Vogüé, A.: La règle de Saint Benoît. Commentaire historique et critique, SC 184–186, Paris 1971. – Renner, F.: Der heilige Benedikt und das benediktinische Mönchtum, St. Ottilien 1979. – Ders.: Art.: Benediktusregel, in: TRE 5 (1980), Sp. 573–577. – de Vogüé. A.: Art.: Benedikt von Nursia, in: TRE 5 (1980), Sp. 538 ff. – Ders.: Les dates de saint Benoît et de sa Règle d'après quelques travaux récents, in: RBS 12 (1983), S. 11 ff. – Ders.: Saint Benoît homme de Dieu, Paris 1993. – Jenal, G.: Italia I, S. 233 f., Anm. 174–176 (mit ausführlichen Literaturangaben auch zur Diskussion über das Verhältnis *RB/RM*). – Puzicha, M.: Kommentar zur Benediktusregel. Mit einer Einführung von Chr. Schütz. Im Auftrag der Salzburger Äbtekonferenz, St. Ottilien 2002. – Diem, A.: Inventing the Holy Rule. Some Observations on the History of Monastic Normative Observance in the Early Medieval West, in: Western Monasticism ante litteram, edd. H. W. Dey/E. Fentress, Turnhout 2011, S. 53 ff. – Dartmann, Ch.: La regola di Benedetto nell' orizzonte degli scritti del monachesimo antico, in: Monachesimi d'Oriente e d'Occidente nell' Alto Medioevo (Settimana, 31 marzo – 6 aprile, Spoleto 2016) (Atti delle Settimane LXIV), Spoleto 2018, S. 1063 ff. – Ders.: Die Benediktiner, S. 58 ff.

b) Textgeschichte

◊ (Quellen): Regula Donati: (ed) A. de Vogüé, La Règle de Donat pour l'abesse Gauthstrude. Texte critique et synopse des sources, in: Benedictina 25 (1978), S. 219–313. – Theodemari abbatis Casinensis, *Epistola ad Karolinum regem* (edd. K. Hallinger u. M. Wagner), CCM I (1963), S. 139 ff. – Smaragdus v. St.-Mihiel, *Expositio in Regulam S. Benedicti* (edd. A. Spannagel/P. Engelbert), CCM VIII (1974). – Benedikt v. Aniane, *Concordia regularum*, Migne PL 103, S. 703–1380. – BHL I–II, nn. 1102–1114. – *Cod. Sangallensis 914*, St. Gallen, Stiftsbibliothek (dem Autograph am nächsten stehende, älteste Textstufe der *RB*; Abschrift des 9. Jahrhunderts, auf mehreren verlorenen Vorstufen ruhend). – *Cod. Oxoniensis Bodl. Hatton 48*, Oxford, Library Bodleian (ältestes Ms. des vollständigen Textes der *RB*, Ende 7./erste Hälfte 8. Jahrhundert).

◊ (Literatur): Traube, L.: Textgeschichte der Regula S. Benedicti, in: Abhandlungen d. Königl.-Bay. A. d. W., Phil.-Hist. Kl. 25, 2, München 1898 (^{2}1910, überarb. von H. Plenkers). – Schmitz, Ph.: Geschichte I, S. 350 ff. – Hanslik, R.: Die interpolierte Fassung der „Regula Benedicti", in: RBS 5 (1977), S. 1–11. – Ders.: Praefatio, in: *Benedicti Regula* (CSEL LXXV), Wien ^{2}1977, S. XI ff. – Grégoire, R.: Enquète sur les citations de la Règle de S. Benoît dans l'hagiographie latine medieval, in: RBS 5 (1977), S. 186 ff. – Zelzer, K.: Zur

Stellung des *textus receptus* und des interpolierten Textes in der Textgeschichte der Regula Benedicti, in: Rév. Bén 88 (1978), S. 205ff. – Dell'Omo, M. (ed.): I fiori, passim. – de Vogüé, A.: San Benedetto. L'uomo e l'opera (Orizonti monastici 279), Seregno 2001. – Zelzer, K.: Regulae monachorum 3. Regula Benedicti, in: Chiesa, P./Castaldi, L. (edd.), La trasmissione, S. 366ff. – Ders.: Zu Geschichte und Überlieferung des Textes der Regula Benedicti. Der „Status quaestionis" zu Beginn des dritten Jahrtausends, in: edd. M. Bilawski/D. Hombergen: Il monachesimo tra eredità e aperture. (Atti del Simposio „Testi e temi nella tradizione del monachesimo cristiano" per il 50 anniversario dell'Istituto Monastico di Sant'Anselmo, Rom 28 maggio – 1 giunio 2002) (Studia Anselmiana 140) Rom 2004, S. 739–751. – Aufzählung und kurze Charakteristik der Regelkommentare von Smaragdus bis heute: Faust, U.: Nachwort, in: Die Benediktsregel. Lateinisch/Deutsch. Mit Übersetzung der Salzburger Äbtekonferenz, Stuttgart 2009, S. 195ff. – Dell'Omo, M.: Storia, S. 12ff. (Textgeschichte und frühe Verbreitung der *RB*).

c) Struktur und Organisation der Gemeinschaft

◊ (Verweise auf *RB* s. oben, Textteil). – Vgl. Dartmann, Ch.: Die Benediktiner, S. 31ff. – Zur Herkunft des Diktums „*ora et labora*" vgl. Kaftan, O. J.: *Ora et labora* – (k)ein benediktinisches Motto. Eine Spurensuche, in: EuA 90 (2014), S. 415–421 (mit weiterer Lit.).

2. *Greg. I., dial. II* (Leben und Wundertaten Benedikts)

a) Literarisches Genus (S. folgenden Abschnitt b)

b) Identität von Regelautor und „Benedikt" nach *Greg. I., dial. II*

◊ (Quellen): Grégoire le Grand, Dialogues. (Gregorius I. Papa, *Dialogorum libri IV*) (ed. A. de Vogüé), SC 251 (Intr./Bibl. /Cartes [de Vogüé]); SC 260 (Text, lib. I–III [ed. A. de Vogüé/frz. Üb. P. Antin]); SC 265 (Text, lib. IV [ed. A. de Vogüé/frz. Üb. P. Antin]), Paris 1978, 1979, 1980. – (Funk, J.: BKV II, 3,2, München [2]1933 [dt. Üb. in Auswahl].)

◊ (Literatur): Jenal, G.: Italia I., S. 192–196, mit Anm. 263–264; S. 233f., mit Anm. 174–176 (Lit. bis 1990). – Literatur nach 1990: Pricoco, S.: Benedetto nei „Dialogi" di Gregorio Magno, in: Dell'Omo, M. (ed.):, I fiori, S. 17ff. – Penco, G.: La figura di s. Benedetto nella tradizione monastica latina, in: Dell'Omo, M. (ed.): I fiori, S. 25ff. – Zelzer, K./Zelzer, M.: Von der Weltflucht zur Weltgestaltung: Benedikt von Nursia und seine Regel in seinem asketischen Umfeld und in den „Dialogen" Gregors des Großen (Schriften der Wiener Katholischen Akademie 45), Wien 2002. – Zelzer, K.: Regulae monachorum 3., in: Chiesa, P./Castaldi, L. (edd.): La trasmissione, S. 365f. – De Vogüé, A.: Vues nouvelles sur la Règle du Maître et les Dialogues de Grégoire le Grand, in: Atti del simposio „Testi e temi nella tradizione del monachesimo cristiano" per il 50° anniversario ... Studia Anselmiana 140 (2004), S. 734–38. – De Vogüé, A.: Histoire littéraire du movement monastique dans l'antiquité, Le monachisme latin X, Paris 2006, S. 139 ff. (zu den *Dialogi*). – Chiesa, P. (ed.): I Dialogi di Gregorio Magno. Tradizione del testo e antiche tradizione. Atti del II incontro di studi del Comitato per le Celebrazioni del XIV Centenario della morte di Gregorio Magno … Certosa del Galluzo, Firenze, 21–22 nov. 2003 [Archivum Gregorianum 10 (2006)]. – Castaldi, L.: Art.: La tradizione manuscritta e le edizioni, in: Encic. Greg. (Archivum Gregorianum 15 [2008]), S. 93 f. – Degli Innocenti, A.: Art.: L'opera, ebda., S. 89 ff. – Pricoco, S.: Art.: Autenticità, ebda., S. 88 f. – Dartmann, Ch.: Die Benediktiner, S. 21 ff., 26 ff.

c) *Pseudo-Gregorian Dialogues* (F. Clark)

◊ (Literatur): Jenal, G.: Italia I, S. 192–196, mit Anm. 263 u. 264 (mit Lit. bis zum Jahre 1990 zu den Kontroversen um: Clark, F.: The Pseudo-Gregorian dialogues [Studies in the History of the Christian Thought 37/38], Leiden 1987 sowie Ders.: St. Gregory and the Enigma of the Dialogues: A Response to P. Meyvaert, in: JEcH 40 [1989], S. 323 ff.). – Engelbert, P.: Hat Gregor d. Große die „Dialogi" geschrieben?, in: Erbe und Auftrag 64 (1988), S. 255 ff. – Ders.: Neue Forschungen zu den „Dialogen" Gregors d. Gr. Antworten auf Clarks Thesen, in: Erbe und Auftrag 65 (1989), S. 376 ff. – Zur Fortsetzung der Kontroversen um F. Clarks Thesen nach 1990 vgl. vorherige Abschnitte 2.a): Literarisches Genus; 2.b): Identität von Regelautor u. Benedikt. – Jüngst dazu auch: Cracco, G.: Francis Clark e la storiografia sui „Dialogi" di Gregorio Magno, in: Rivista di storia e letteratura religiosa 27 (1991), S. 115–124. – Ders.: Gregorio „morale": la costruzione di una identità, in: Atti dei Conv. Lincei 209 [Conv. Intern.: Gregorio Magno nel XIV centenario della morte, Roma 22–25 ott. 2003], S. 171–198. – Clark, F.: The „Gregorian" Dialogues and the Origins of Benedictine Monasticism (Studies in the History of Christian Thought 108) Leiden/Boston 2003. – Godding, R.: Tra due anniversari: Gregorio Magno alla luce degli studi recenti (1991–2003), ebda., S. 89 ff., hier: S. 99 ff. (Antwort auf den neuen Titel von Clark mit der präzisen Feststellung zum Diskussionsstand: „I Dialogi sono di Gregorio"). – Pricoco, S.: Le rinnovate proposte di F. Clark sull'atetesi dei Dialogi di Gregorio Magno, in: Rivista di storia del cristianesimo 1 (2004), S. 149 ff. – Zelzer, K.: Regulae Monachorum (3. Regula Benedicti), in: La Trasmissione dei Testi Latini del Medioevo (TE.TRA. I, edd. P. Chiesa/L. Castaldi), Florenz 2004, S. 367, Anm. 7 (Ablehnung der Thesen Clarks aus philologisch-literarischer, aus textgeschichtlicher wie historischer Sicht). – Dartmann, Ch.: Die Benediktiner, S. 27 ff.

d) *Greg. I., dial. I–IV* im Lichte der „Memorik" (J. Fried)

◊ Fried, J.: Der Schleier der Erinnerung. Grundzüge einer historischen Memorik, München 2004, passim; zum Problem um die Historizität Benedikts von Nursia (im Kontext der „Memorik"), ebda., S. 344–357. – Weitere (ältere) Titel des Autors zum Konzept der „Memorik", ebda., S. 459–61. (Lit.verzeichnis). – Wollasch, J.: Benedikt von Nursia. Person der Geschichte oder fiktive Idealgestalt?, in: SMGB 118 (2007), S. 7–30. – Dartmann, Ch.: Die Benediktiner, S. 26 ff.

e) Curriculum vitae Benedikts (nach *Greg. I., dial. II*)

◊ Zu den Verweisen auf *Greg. I., dial. II* s. oben, Text. – Vgl. Dartmann, Ch.: Die Benediktiner, S. 22 ff.

3. Lebensdaten und kirchliche Festtage Benedikts

◊ Vgl. u. a. Herwegen, I.: Art.: Benedikt, hl., Patriarch d. abendländ. Mönche, in: LThK 2 (1930), Sp. 145 ff. – Schmitz, Ph.: Geschichte I, S. 345 ff. (ältere Diskussion). – Hanslik, R.: Art.: Benedikt von Nursia, hl., Vater des abendländ. Mönchtums, in: LdM 1 (1980), Sp. 1867 f. – de Vogüé, A.: Art.: Benedikt v. Nursia, in: TRE 5 (1980), Sp. 540 ff.

Zweites Kapitel
Von Montecassino zu den Großklöstern des Karolingerreiches (von Benedikt von Nursia [† ca. 555/560] zu Benedikt von Aniane [† 821])

1. Frühe Verbreitung der *RB*

a) Montecassino

Wie oben erwähnt (S. 51), hatte Benedikt – geboren zwischen 480 und 490 in Nursia, dem heutigen Norcia (Umbrien) – als junger Asket zunächst über mehrere Jahre ein eremitisch-anachoretisches Leben mit einigen Gesinnungsgenossen in Subiaco geführt, sich dann nach Süden gewandt und gegen 529/30 die Gemeinschaft auf dem Berge bei Cassino gegründet (Montecassino I). Für diese Gemeinschaft, die er zeitlebens nicht mehr verließ und in der er vermutlich zwischen 555 und 560 verstorben ist, habe er gegen Ende seines Lebens (nach 530) seine Regel aufgezeichnet (oder diktiert), der man vermutlich auch in der frühen, ebenfalls in *Greg. I., dial. II* erwähnten, Tochtergründung zu Terracina gefolgt ist.

Nach Benedikts Tod war das Gemeinschaftsleben in Montecassino zunächst allerdings nur von kurzer Dauer. Wie man bei Paulus Diaconus (*Historia Langobardorum* [795/96]) erfährt, mussten die Mönche vermutlich 577 vor den Langobarden unter Herzog Zotto fliehen. Für die Klosteranlage bedeutete dies den Zerfall, während die Gemeinschaft sich – u. a. mitsamt ihrer Regel – nach Rom in die Nähe des Papstes, in den Lateran flüchtete. So gelangte vermutlich die mitgeführte Regel in die päpstliche Bibliothek im Lateran. (Ob die Flüchtlinge zunächst als geschlossene Gemeinschaft im Lateran ihr asketisches Leben weitergeführt, oder sich bald in verschiedene Gemeinschaften der Stadt aufgeteilt haben, bleibt unklar.) Der Berg bei Cassino jedenfalls lag fortan für mehr als 100 Jahre wüst.

Erst unter Abt Petronax (von Brescia) begann man 718 wieder – auf Initiative des Papstes und in Zusammenarbeit mit *dux* Gisulf II. von Benevent (in dessen Machtbereich das Kloster lag) sowie unter Mithilfe der Gemeinschaft S. Vincenzo am Volturno wie auch des Angelsachsen Willibald und weiterer Landsleute aus dessen Gefolge – mit dem Aufbau einer neuen Gemeinschaft auf dem Berge (Montecassino II), wo sich mittlerweile einige Einsiedler eingefunden hatten. Nach welcher Regel und Observanz man hier zunächst lebte – ob anachoretisch oder unter Einfluss Willibalds nach angelsächsischem Vorbild und Regel etwa –, bleibt offen.

Die Frage nach der Regel scheint erst unter Papst Zacharias (741–752) wieder drängend geworden zu sein, sich dann aber auch geklärt zu haben: der Papst schenkte gegen 741 der neuen Gemeinschaft auf dem Berge jenes Exemplar der *RB* zurück, das seit der Flucht von 577 vermutlich in der päpstlichen Bibliothek im Lateran aufbewahrt worden war. Dieses Regelexemplar wurde in den folgenden Jahren – genauer: bis zur nächsten Flucht von 883 – in Montecassino als das Autograph verehrt.

Und es war auch dieser Text, den Karl d. Gr. bei seinem Besuch auf dem Berge im Mai 787 ehrfurchtsvoll in Händen gehalten hatte und den er unter Mithilfe des damaligen (fränkischen) Abtes Theodemar († 796) abschreiben und nach Aachen kommen ließ – in der Forschung geläufig als das sogenannte „Aachener Normalexemplar" bezeichnet –, in der Absicht, wie oben erwähnt, diese Regel im Kontext der anstehenden großen Kirchenreform zur Grundlage aller Klöster des Reiches zu erklären.

Das ungestörte monastische Leben nach der Neugründung von 718 dauerte nur wenig länger als 150 Jahre. Bereits 883 – so Leo von Ostia in seiner *Chronika monasterii Casinensis* – kam es zu einer erneuten Zerstörung, diesmal durch Sarazenen. Wiederum zur Flucht gezwungen, begab sich die Gemeinschaft nach Süden in das sichere Umfeld von Filialgründungen: zunächst nach Teano, dann nach Capua, um erst in der zweiten Hälfte des 10. Jahrhunderts unter Abt Aligernus (948–985) – eines Schülers Odos von Cluny – wieder auf den Berg bei Cassino zurückzukehren (Montecassino III), allerdings – und dies als das für unseren Zusammenhang entscheidende Detail – *ohne* das anfänglich auf der Flucht mitgeführte und gehütete Exemplar der *RB*. Dieses war inzwischen zusammen mit Urkunden und anderen Handschriften 886 in Teano einem Brand zum Opfer gefallen, so dass die „Fluchtgemeinschaft" ihrer Regula wiederum beraubt war. Im erneuten, intensiven Bemühen um einen neuen, authentischen Regeltext scheint sich die Gemeinschaft – dies legt die Textgeschichte nahe – dann eher dem karolingisch beeinflussten Norden als dem italischen Süden zugewandt zu haben. Überhaupt bleibt unklar, ob mittlerweile weitere Exemplare der *RB* in Mittel- und Süditalien verbreitet waren, auf die man sich bei der erneuten Suche nach einem Regeltext hätte stützen können. Der älteste erhaltene Regelcodex aus Montecassino jedenfalls (*Cod. Casinensis 175*; von Abt Johannes [915–934] noch in Capua um 922 geschrieben) zeigt größere Verwandtschaft zu den fränkischen „Gebrauchstexten" nördlich der Alpen als zu süditalischen Überlieferungen. Auch spätere Regelzeugen aus Montecassino (10./12. Jahrhundert) zeigen offensichtlich Verwandtschaften zur nördlichen, fränkischen Tradition. – Den geistlichen, kulturellen und politischen Höhepunkt erreichte die Gemeinschaft von Montecassino, die sich aufgrund ihrer geographischen Lage am Schnittpunkt mehrerer Herrschaftsbereiche stets um deren Ausgleich bemühen musste, im 11. Jahrhundert unter ihrem Abt Desiderius (1058–1086), dem späteren Papst Viktor III. († 1087). [Das Niveau der Gemeinschaft dieser Jahre konnte allerdings unter den Nachfolgern nicht gehalten werden].

b) Übriges Italien

Sucht man jenseits der Gemeinschaften von Montecassino und Terracina nach frühen Spuren der *RB* in Italien, so wird man zunächst mit einer erstaunlichen Tatsache konfrontiert: Entgegen der älteren, seit Mabillon (und zahlreichen seiner Nachfolger) vertretenen Überzeugung von einer gleichsam flächendeckenden Verbreitung von Gemeinschaften nach *RB* in Italien von Anfang an lässt sich, nimmt man Montecassino selbst mit der – ebenfalls in *dial. II* erwähnten – Tochtergründung Terracina einmal aus, für keine der etwa 150 Gemeinschaften, die mittlerweile im Zeitraum zwischen Benedikt und Gregor d. Gr. (etwa 500–604) für Italien und seine Inseln belegt sind, auch nur eine Spur der *RB* nachweisen. Auch kann in Gregor d. Gr. kein entschiedener Verfechter dieser Regel gesehen werden. Weder bei Gregors römischer Familiengründung S. Andreas (Monte Celio) noch bei den (vermutlich sechs) Gemeinschaftsgründungen auf Familienbesitz in Sizilien noch im Kontext der Missionsinitiative für Britannien spielte die *RB* nachweislich eine Rolle; und für Rom gar lassen sich erste, schüttere und noch sporadische Hinweise auf eine Kenntnis der *RB* erst für das 7./8. Jahrhundert in liturgischen Quellen (Ordines u. Homilien) finden. (Und für Rom selbst sind asketische Gemeinschaften nach *RB* nicht vor dem 10. Jahrhundert belegt.)

Eine vergleichbare Situation ergibt sich für das langobardische Italien des 7. und 8. Jahrhunderts. Nachdem das Königtum unter Perctarit (671–688) und Cunincpert (680/688–700) den Ausgleich mit Byzanz hergestellt hatte und auf eine romfreundliche Linie eingeschwenkt war, kam es zwar zu einer Welle von Klostergründungen. Aber auch in diesem Umfeld findet sich die *RB* erst gegen Ende des 7./Anfang des 8. Jahrhunderts und auch dann nur in Spuren. (Unter den wenigen Hinweisen auf Benedikt und die *RB* bleiben hier zu nennen: St. Eugenius [Siena], wo zu 730 zum ersten Mal im langobardischen Herrschaftsbereich eindeutig von einer Gemeinschaft *sub regula sancti Benedicti* die Rede ist; S. Salvator in Leno [Prov. Brescia], das 758 immerhin unter Leitung von 11 Mönchen aus Montecassino errichtet worden ist und eine Benediktreliquie bewahrte.) Diese „Verspätung" der *RB* im langobardischen Herrschaftsbereich ist allerdings auch vor dem Hintergrund zu sehen, dass Montecassino – wie oben ausgeführt – bereits um 577 (zum ersten Mal) zerstört, erst 718 wiederbegründet und bereits 883 erneut für fast 70 Jahre verlassen worden war.

c) Spanien

Auch für den äußersten Westen Europas, für Spanien, finden sich keine Belege einer frühen Rezeption der *RB*. Die großen Klostergründer des 6./7. Jahrhunderts auf der iberischen Halbinsel – Leander († 600) und Isidor († 636) von Sevilla, Fructuosus von Braga († 665) und andere – schrieben ihre eigenen Regeln ohne präzise Bezugnahmen zur *RB*. Die ältesten iberischen Textzeugen der *RB* reichen nicht über das 9. Jahrhundert, die erste Phase der Reconquista (8.–10. Jahrhundert), hinaus.

Insgesamt kam der *RB* zwischen dem 6. und 8. Jahrhundert in Italien – trotz der Anfänge in Montecassino und Terracina – wie in Spanien keine entscheidende Rolle zu. Hier blieb die *RB* zunächst eine Regel unter anderen, und wenn überhaupt nachweisbar, dann meist nur in Spuren und in Form der sogenannten Mischregel. Eine wirkungsvolle frühe Verbreitung dieser Gemeinschaftsregel nahm offensichtlich andere, vielfach verschlungene Wege außerhalb Italiens und auch außerhalb Spaniens.

d) Gallien

Während sich nach der Zerstörung Montecassinos durch die Langobarden (577) die Spur der *RB* in Italien für mehr als ein Jahrhundert (bis 717) weitgehend verliert, finden sich zu Anfang des 7. Jahrhunderts deutliche Belege einer Rezeption in Gallien. Der älteste Hinweis für diese Landschaft kommt aus dem Kloster Altaripa im Südwesten Galliens. In einem Brief des Abts Venerandus von 625, adressiert an Bischof Constantius von Albi, findet sich zum ersten Mal die „Regel des heiligen römischen Abtes Benedikt" genannt (*Regula sancti Benedicti abbatis Romensis*). Wörtliche Übernahmen aus der *RB* werden hier allerdings nicht mitgeteilt.

Eine Generation später, zwischen 655 und 660 etwa, erscheint dann die Regel des Bischofs Donatus von Besançon; verfasst für die Frauengemeinschaft von Jussanmoutier aus Teilen der *RB* sowie der Caesarius- und Columbanregel, bietet dieses Exemplar den ältesten erhaltenen Textzeugen der *RB* und stellt daher auch ein zentrales Glied in der Textgeschichte der *RB* dar. Deutliche Abhängigkeit u. a. von *RB* zeigen außerdem zwei weitere in Gallien beheimatete Regeln des 7. Jahrhunderts: die *Regula cuiusdam ad virgines* für die Nonnen von Faremoutiers (erste Hälfte 7. Jahrhundert) aus der Feder des Mönchs Waldebert (daher auch als *Regula Waldeberti* geläufig) aus Luxeuil sowie die *Regula Praejecti* (Praejectus von Clermont, † 676) mit umfangreichen Anleihen u. a. bei der *Regula Donati*. Es bleibt zu betonen, dass es sich bei diesen Regeln um sogenannte „Mischregeln" (*regulae mixtae*) handelt, in den vorliegenden Fällen meist eine Kombination vornehmlich aus *RB*, Caesarius- und Columbanregel. Das Phänomen solcher Mischregeln – es handelt sich um einen „Übereinkunftsbegriff" der Forschung, nicht um einen Terminus in den Texten – war keineswegs eine Besonderheit im Umfeld der *RB*. (Noch im 8. Jahrhundert findet sich diese Praxis außerhalb der benediktinischen Tradition etwa im Falle der Pirmin-Gründungen in Mauersmünster und Murbach im Elsass.) Es spiegelt sich hier offensichtlich eine gängige Tradition der monastischen Frühzeit wieder, legitimiert und fixiert in dem Grundsatz des frühen Mönchtums: „Der Abt ist die Regel".

Die ältere Hypothese, die zahlreichen Parallelnennungen von *RB* und Columbanregel in Gründungsurkunden und hagiographischen Texten gallisch-merowingischer Klostergründungen – wie etwa in den Fällen Solignac (632), Rebais-en-Brie, Jumièges (zwischen 641 und 657), Nivelles (ca. 640), St. Wandrille (ca. 649), Fleury (ca. 651), Corbie (ca. 657) u. a. – ließen auf Förderung einer entsprechenden (schriftlichen) Mischregel unter Verdrängung des älteren, südgallisch-lérinensischen Mönchtums durch das Königshaus und den Hofadel der Merowinger schließen, und es zeige sich so auch eine der deutlichen Spuren, auf denen die *RB* nach Gallien gelangt sei (Prinz), – diese Hypothese ist mittlerweile hinterfragt worden durch die Vermutung (Diem), es könnte sich bei diesen „Mischnennungen" in den merowingischen Texten möglicherweise um spätere Überschreibungen aus der Zeit der Karolinger handeln, jener Periode des eindeutigen Vorranges der *RB* in den Reichsklöstern.

Auf die Frage, über welche Wege die *RB* nach Gallien gelangt ist, kann eine einfache und sichere Antwort nicht gegeben werden. Man muss es hier bei Hypothesen belassen. (Auch lassen sich aufgrund einer synodalen Empfehlung, der *RB* zu folgen – gegeben in cap. 15 einer Synode von Autun zwischen 667 und 675 –, keine Folgen in der Praxis erkennen.) Unter Berücksichtigung der Textgeschichte scheint es sich – dies die plausibelste Erklärung – um zwei Wege der Herkunft gehandelt zu haben. So legt einerseits die Bezeichnung Benedikts als *abbas Romensis* im Kontext von Altaripa die Vermutung nahe, dass zwischen dem südlichen Gallien und Rom wohl ein – wie auch immer begründeter und gestalteter – Zusammenhang bestanden hat. Andererseits scheint im nördlichen, von Luxeuil beeinflussten Gallien eher das Muster einer von den merowingischen Königs- und Adelssippen – wenngleich nicht systematisch und auch nicht auf Grundlage einer schriftlich fixierten *regula mixta* – favorisierten columbanisch-benediktinischen „Mischobservanz" in zahlreichen Klöstern die Entwicklung bestimmt zu haben. (Woher der Ire Columban die *RB* kannte, bleibt allerdings im Detail ebenfalls ungeklärt.)

e) Angelsächsisches England

Wie in Gallien, so finden sich auch im angelsächsischen England während des 7. und zu Anfang des 8. Jahrhunderts bereits eindeutige Belege für die Kenntnis der *RB* in einigen Gemeinschaften: für Hexham und Ripon (unter Wilfrid, † 709), für Wearmouth-Jarrow (unter Benedict Biscop, † 690; Ceolfrid, † 714 und Beda, † 735), für Lindisfarne (unter Cuthbert, † 687), für Malmesbury (unter Aldhelm, † 709), für Nursling (unter Bonifatius, vor seiner Perigrinatio von 716). Mehrheitlich dürfte die *RB* aber auch hier zunächst in der Form der Mischregel, d. h. als ein monastisches Ideal unter anderen von Bedeutung gewesen sein. Bemerkenswert allerding bleibt die Nachricht der Vita Wilfrids, dieser habe 620 die *RB* nach Ripon gebracht.

Die Frage, wie die *RB* auf die Insel gelangt sei, wurde traditionell mit dem Hinweis auf Augustinus (von Canterbury) und die übrigen Missionare beantwortet, die Gregor d. Gr. um 595 zur Mission nach Britannien geschickt hatte. Dagegen geht die jüngere Forschung mit besseren Argumenten davon aus, dass nicht die gregorianischen Missionare, sondern eher Angelsachsen selbst es waren, die im Verlaufe des 7. Jahrhunderts die Regel auf der Insel bekannt gemacht haben, allen voran Benedict Biscop († 690) und Wilfrid von York († 709), möglicherweise aber auch Aldhelm von Malmesbury († 709). Diese waren auf ihren Reisen und während längerer, teils mehrjähriger Aufenthalte in Gallien und Italien mit der *RB* und der Lebensgeschichte ihres Autors, des *abbas Romensis* Benedikt, bekannt geworden und haben vermutlich beides, den Text der *RB* und die Geschichte seines Lebens, in ihre Heimat nach Norden getragen, so wie es mit zahlreichen anderen kirchlichen Texten, mit liturgischen Bräuchen, mit Kultgegenständen und gar mit handwerklichem Wissen (zur Herstellung von Glasfenstern und dem Bau von Steinkirchen etwa) geschehen war. Hinter den zahlreichen Reisen dieser Angelsachsen nach Gallien und Italien, in den Einflussbereich der römischen Observanz also – Benedikt Biscop war sechsmal nach Rom aufgebrochen, hielt sich zwischen 665 und 666 in Lérins auf; Wilfrid verweilte 655 und 658 in Lyon und Aldhelm hatte 690 den Papst aufgesucht –, stand die sogenannte besondere „Romverbundenheit" jener Teile der angelsächsischen Kirche, die sich auf der Synode von Whitby (644) von der irischen Kirche und ihren Bräuchen abgewandt und entschieden in die Gefolgschaft des Hl. Petrus und seines Stellvertreters auf dem Bischofsstuhle zu Rom begeben hatten. Und nicht zufällig war Wilfrid – wie Beda dezidiert berichtet – als entschlossener und kirchenpolitisch entscheidender Parteigänger für die römische Observanz in Whitby aufgetreten.

In diesen Hintergrund bleibt auch die Existenz des ältesten, vollständig erhaltenen Manuskriptes der *RB*, der berühmte *Cod. Oxon. Bodl. Lib., Hat-*

ton 48, einzuordnen, einer Variante des „Gebrauchstextes" (d. i. der „interpolierten" Textstufe), die vermutlich zu Zeiten Benedict Biscops († 690) und Theodors (von Tarsus), des nachmaligen Erzbischofs von Canterbury († 690), zu den Angelsachsen gelangt ist. Eine Abschrift dieses (Canterbury-)Exemplars wurde in der ersten Hälfte des 8. Jahrhunderts im Kloster Worcester, einer Tochtergründung Canterburys, erstellt, überlebte bis ins 17. Jahrhundert in der Kathedralbibliothek von Worcester und gelangte 1671 von dort in die Bodleian Library (Oxford). In *Cod. Oxon. Bodl. Lib., Hatton 48* hat man heute folglich das älteste vollständig erhaltene Manuskript der *RB* (Ende 7./erste Hälfte, 8. Jahrhundert) vor sich; die älteste, dem Original nähere Textstufe allerdings findet sich in dem jüngeren Kodex von St. Gallen (9. Jahrhundert) (s. oben, S. 27).

2. Die *RB* auf dem Weg zur Alleingeltung

Die Tatsache, dass die frühe Rezeptionsgeschichte der *RB* zwischen dem 6. und der ersten Hälfte des 8. Jahrhunderts keineswegs als triumphaler, flächendeckender Siegeszug, vielmehr als langsame Entwicklung auf bisweilen seltsamen Umwegen erscheint, lässt nicht vermuten, dass eben diese Regel unter den Karolingern dann den Status der Alleinvertretung in den Klöstern des Reiches beanspruchen werde. Um die dynamische Veränderung, die dann aber hier vor sich gegangen ist, plausibel zu machen, bleibt auf einige grundlegende Entwicklungen im Hintergrund und im Umfeld hinzuweisen: Einmal auf die Ausbildung eines Kultes um den Mönchsvater; zum andern auf die zunehmende Hochschätzung von Montecassino als dem ehrwürdigen Ort seines charismatischen, irdischen Lebens; und schließlich auf die Förderung von Regel und Kult auf der Reichsebene durch Bonifatius und Chrodegang (von Metz) unter Pippin III. (741–768).

a) Anfänge der Benediktverehrung

Die Anfänge eines Benediktkultes sind wiederum in Gallien auszumachen und verweisen auf Fleury-sur-Loire, ein um 650 durch Zusammenlegung gegründetes Kloster mit Petruspatrozinium auf dem rechten Ufer der Loire. Nach einer, vermutlich hagiographischer Invention entsprungenen, Gründungserzählung soll Abt Mummolenus, begeistert von der Erscheinung Benedikts in *Greg. I., dial. II* und in der Absicht, Besitz und Ansehen der Gemeinschaft durch Begründung einer Wallfahrt zu steigern, den Entschluss gefasst haben, die Gebeine des großen Asketen Benedikt, die in ganz und gar unwürdiger Weise auf dem wüst liegenden Berg oberhalb Cassinos ruhten, nach Fleury zu holen. Dem Plan, zur größeren Ehre Benedikts und zur Erhöhung der eigenen Gemeinschaft beizutragen, seien dann Taten gefolgt: Im Jahre 672 hätten sich Mönche von Fleury nach Montecassino begeben, dort das Grab Benedikts und seiner Schwester Scholastika gefunden und die heiligen Gebeine – deren Echtheit gegen Montecassino später erfolgreich behauptet wurde – mit nach Fleury geführt und sie erneut am 11. Juli 673 oder 674 in der Zweitkirche (Sta. Maria) bestattet.

Jedenfalls – und damit verlässt man die hagiographische Begründungsgeschichte – löste in der zweiten Hälfte des 7. Jahrhunderts dann der 11. Juli (*Depositio S. Benedicti*) den 21. März als den (römischen) Gedenktag Benedikts ab, und es entwickelten sich, getragen von einer bedeutenden Wallfahrt in Fleury, die Anfänge eines Kultes, dessen Verbreitung sich dann für das letzte Drittel des 8. Jahrhunderts auch durch ein Fresco in S. Hermas (Via Salaria vetere) bei Rom belegen lässt. Hier findet sich dann – ausgeführt anlässlich der Erneuerung dieser Basilika durch Papst Hadrian I. (772–795) – Benedikt mit rundem Nimbus, dem Attribut seiner Heiligkeit, auf dem Altare neben der Gottesmutter als der ranghöchsten Heiligen stehend, dargestellt, unzweifelhaft ein Beleg für die Existenz eines lebendigen Kultes (Hallinger).

b) Hochschätzung von Montecassino

Zeitgleich mit Ausbildung des Benediktkultes lässt sich im 8. Jahrhundert auf mehreren Ebenen eine wachsende Hochschätzung für Montecassino beobachten. Zunächst ist hier auf die Initiative Gregors II. (715–731) zu verweisen, der in politischer Kooperation mit dem langobardischen Herzog von Benevent – in dessen Herrschaftsgebiet Montecassino lag – 718 mit Abt Petronax das Gemeinschaftsleben auf dem Berg bei Cassino, der seit 577 wüst gelegenen hatte, aufleben ließ, eine Initiative, die in den folgenden Jahren mit umfangreichen Gebietsschenkungen durch Herzog Gisulf II. von Benevent (744) – es handelte sich um das Kerngebiet der später umfangreichen *Terra Sancti Benedicti* – wie auch durch Exemtionsprivilegien der Päpste Zacharias (741–752) und Nikolaus I. (858–867) abgerundet worden ist. Auch war es Zacharias, der 741 das Exemplar der *RB*, welches vermutlich seit der Flucht von 577 im Lateran bewahrt worden ist, an Montecassino zurückgeschenkt hatte. Hinter diesen Bemühungen um eine „Aufwertung" Montecassinos standen, wie mittlerweile erkannt ist, wohl auch gezielte (kirchen)politische Interessen Roms, das unter den Päpsten Gregor II. (715–731), Gregor III. (731–741) und Zacharias (741–752) sich Montecassinos bediente in den ständigen Konflikten mit den Langobarden des Nordens, den Byzantinern und den zeitweise nach Selbständigkeit strebenden langobardischen Herzögen von Spoleto und Benevent.

Weitere unzweifelhafte Belege für die steigende Hochschätzung Benedikts und der Gemeinschaft von Montecassino stellen schließlich die Besuche und längeren Aufenthalte zahlreicher prominenter, u. a. auch angelsächsischer Zeitgenossen auf dem Berg während des 8. Jahrhunderts dar. Von 725 bis 738 weilte der Angelsachse Willibald – ein Helfer des Bonifatius und später Bischof von Eichstätt – hier, der neben Abt Petronax entscheidend an der Wiederbegründung des Klosters dann beteiligt war; um 747 schickte Bonifatius den Schüler – und späteren Abt seines Klosters in Fulda – Sturmi auf den heiligen Berg, um sich Kenntnisse über Benedikt und die Regel zu verschaffen; 749 erhielt der abgesetzte Langobardenkönig Ratchis hier die Mönchsweihe; zeitweise weilte bekanntlich auch der fränkische Hausmeier Karlmann – ein Onkel Karls d. Gr. – nach seinem Herrschaftsverzicht einige Jahre als Mönch in der Gemeinschaft von Montecassino; ein Vetter Karls d. Gr., Adalhard von Corbie – Berater des Königs und Mitglied des engeren Hofkreises – weilte zwischen 771 und 780 zeitweilig auf dem Berg, sein Bruder Wala lebte sogar einige Jahre hier; Liudger von Münster besuchte das Kloster als Pilger (vor 787); Karl d. Gr. hielt sich 787 – wie erwähnt – dort auf; und Anselm, Herzog von Friaul – Schwager des Langobardenkönigs Aistulf und später Abt des berühmten Klosters Nonantula – verbrachte schließlich zehn Jahre in Montecassino († 803).

c) Bonifatius und Chrodegang (von Metz): Befürworter der *RB* unter Pippin III. (741–768)

Eine weitere Etappe in der Rezeption der *RB* steht im Zusammenhang mit der Festlandsmission des Bonifatius († 754) und seiner angelsächsischen Helferinnen und Helfer, Initiativen, die im 8. Jahrhundert einsetzten und den Angelsachsen entschieden als Reformer und Befürworter der *RB* zeigten. (Dagegen favorisierte ungefähr zeitgleich Willibrord [† 739], ebenfalls Angelsachse, Schüler Wilfrids von York und Mönch in Ripon einst, bei seiner Gründung Echternach [698] wie als Missionar des Friesenlandes wohl noch die *regula mixta*, nicht anders als der aus dem romanischen Raum stammende Pirmin [† 755], der Missionar Allemanniens und Gründer u. a. von Hornbach [vor 742].) Bereits auf dem sogenannten *Concilium Germanicum* von 743 forderte man unter Beteiligung des Bonifatius die *RB* als alleinige Regel für die Nonnen- und Männergemeinschaften des Reiches. Ebenso verhielt es sich 744 auf den Synoden von Les Estinnes und Soissons. Auch hatte Bonifatius seine Gründung Fulda (744) auf die *RB* verpflichtet und dies 751 in einem Brief, unter beziehungsreicher Anspielung auf die Benediktgründung in Montecassino, an Papst Zacharias mitgeteilt. (Und inzwischen war Sturmi, ein Schüler des Bonifatius, 747 von einem Aufenthalt in Rom zurückgekehrt mit genauen Kenntnissen über die Lage der Klöster dort.)

Und ganz unabhängig von den Angelsachsen hatte Bischof Chrodegang von Metz, im Zusammenhang einer Bistumsreform, d. h. zunächst nur für die Klöster seiner Zuständigkeit, die *RB* gefordert. Als Nachfolger des Bonifatius und Kopf des fränkischen Episkopats drängte er dann auf der Synode von Compiègne (757) darauf, die *RB* auch für die Klöster des Reiches verpflichtend zu machen. Auch die Gründung des „Musterklosters" Gorze noch in demselben Jahre darf als weiterer Ausweis von Chrodegangs Reformwillen verstanden werden.

3. Die Klosterreformen unter Ludwig d. Fr. mit Benedikt von Aniane (Synoden von Aachen 816, 817, 818/19)

Die Reformen unter Bonifatius und Chrodegang, ein wachsender, von Rom geförderter Benediktkult, die zunehmende Hochschätzung für das wiederbegründete Montecassino als Stätte von Benedikts irdischem Leben, nicht zuletzt aber auch die unbestrittenen, alle zeitgenössischen Gemeinschaftsordnungen überragenden Qualitäten der *RB* selbst: dies alles ließ in den kirchlichen Reformkreisen wie auf der Herrschaftsebene die Vorstellung entstehen von der *RB* als idealer, einheitsstiftender Verfassung aller Reichsklöster im Rahmen einer großen Reichs- und Kirchenreform. Erste Initiativen in dieser Hinsicht lassen sich – wie erwähnt – bereits unter Pippin III. beobachten. Karl d. Gr. ging auf diesem Wege weiter mit dem umfassenden Programm einer *renovatio* von Reich und Kirche, das sichtbar den Stempel der Gelehrten seines Hofes trug, dessen Umsetzung zeitweise aber dennoch auch auf Widerstand am Hofe stieß. (Die Reform der Reichsklöster bildete in diesem Programm zunächst allerdings nur erst eine Facette.) Mit Ludwig d. Fr. – unter maßgeblicher Mitwirkung seines Spiritus Rectors Benedikt von Aniane – fand diese Bewegung schließlich ihren vorläufigen Abschluss in den Aachener Reichssynoden (und Reichstagen) der Jahre 816, 817, 818/19. Hier legte man die Grundlinien für die Kirchen- und vornehmlich die Klosterreform fest, erarbeitet Dekrete (*decreta authentica*, 816 u. 817) und veröffentlichte schließlich die Ergebnisse auch als Kapitularien, d. h. als Herrschererlasse, deren Durchführung durch *missi monastici* zu überwachen waren.

a) Kanonikale Gemeinschaften

Das Verhältnis zwischen Kirche und Klöstern ordnend – zahlreiche andere auf dieser Synode verhandelten Probleme bleiben hier beiseite – bemühte man sich in Aachen zunächst konkret um eine Scheidung zwischen dem *ordo canonicus* einerseits und dem *ordo monasticus* andererseits, eine Entflechtung, die geboten schien, da im Verlauf des 8. Jahrhunderts mehr und mehr eine „Klerikalisierung" des Mönchtums bei gleichzeitiger „Vermönchung" des Klerus – eine beiden Ständen schädliche, weil verunklärende Status-Vermischung – stattgefunden hatte. Ziel der Neuordnung war es folglich, die beiden *ordines* wieder einzuhegen, sie auf ihre genuinen Funktionen und ihr ursprüngliches Erscheinungsbild zurückzuführen, die Phänomene „Mönchspriester" und „Priestermönch" zu beseitigen. Zielgerichtet unterschied man in Aachen folglich – ohne allerdings eine Wertung unter den Ständen festzulegen – zwischen (weniger regulierten, d. h. der *RB nicht* folgenden) kanonikalen Gemeinschaften (der *canonici* [Kleriker aller Weihestufen] bzw. der *sanctimoniales* [Kanonissen]) einerseits und den strengen, monastischen, der *RB* folgenden Gemeinschaften (der *monachi* [Mönche] bzw. *sorores* [Nonnen]) andererseits.

Die kanonikalen Gemeinschaften wurden auf die *Institutiones Aquisgranenses* (in der jeweiligen Variante für die Männer- bzw. die Frauengemeinschaften: *Institutio canonicorum Aquisgranensis; Institutio sanctimonialium Aquisgranensis*) festgelegt, Regelwerken, die von nicht genannten – wenngleich in kirchlichen und monastischen Belangen sehr erfahrenen – Mitarbeitern der Synode erst verfasst worden sind und Rückgriffe auf die *Regula canonicorum* des Chrodegang von Metz deutlich erkennen lassen. Nach diesen *Institutiones* waren die *canonici* als Angehörige des Klerikerstandes (mit Verfügungsrecht über ihren Besitz) gehalten, ein klosterähnliches (u. a. das Chorgebet pflegende) Gemeinschaftsleben in Rücksicht auf ihre Seelsorgeverpflichtungen unter einem Vorsteher (Probst) in einem Stift zu führen. Die Kanonissengemeinschaften, durch rechtliche und persönliche Vergünstigungen in vielen Belangen von den strengen Verpflichtungen der klausurierten Nonnen befreit, verstanden sich zu einem weniger regulierten, wenngleich von der *RB* inspirierten Gemeinschaftsleben unter einer Priorin, durften etwa andere Kleidung tragen, über ihren Besitz verfügen und pflegten häufig die Verbindung zur (nicht selten adeligen) Verwandtschaft. (Man geht davon aus, dass nicht wenige dieser Gemeinschaften noch lange ein Nebeneinander von streng und weniger streng lebenden Mitgliedern darstellten, dass aber die größten und bedeutenderen Frauengemeinschaften des 9./10. Jahrhunderts im deutschen Reich – etwa Gandersheim, Herford, Essen, Quedlinburg – wahrscheinlich nicht der *RB*, sondern als Kanonissenstifte der weit weniger strengen Aachener Regel verpflichtet waren.)

b) Monastische Gemeinschaften mit *RB* als Leitregel

Die monastischen Gemeinschaften hingegen – dies eines der zentralen Ergebnisse von Aachen – wurden reichsweit, wie erwähnt, ausschließlich auf die *RB* verpflichtet (*Decreta authentica, 23. Aug. 816: … abbates … capitula communi consilio … decreverunt: I. capitulum, ut abbates mox ut ad monasteria sua remeaverint regulam per singula verba discutientes pleniter legant et intelligentes domino oppitulante efficaciter cum monachis suis implere student.*

II. Ut monachi omnes qui possunt memoriter discant regulam.

III. Ut officium iuxta quod in regula sancti Benedicti continetur celebrant).

Aus der Bindung der Gemeinschaften an die *RB* folgte u. a., dass Mönche und Nonnen bei Eintritt in die Gemeinschaft eine feierliche und ewige Profess abzulegen hatten und fortan unter Besitzverzicht, in Gehorsam und weitgehend strenger Klausur dem Abt bzw. der Äbtissin unterstanden.

Neben dieser grundsätzlichen Verankerung in der *RB* verpflichteten die Reformer – der Devise *una regula et una consuetudo* folgend – die monastischen Gemeinschaften in einem zweiten Schritt auch auf eine reichsweit einheitliche Observanz, d. h. auf Einhaltung identischer *consuetudines*, die Regel interpretierender und ergänzender „Gewohnheiten“. Diese sind ausgeführt in den *Synodi primae Aquisgranensis. Acta praeliminaria* (816), den *Synodi primae Aquisgranensis decreta authentica* (816), den *Synodi secundae Aquisgranensis decreta authentica* (817) sowie in der *Regula Sancti Benedicti Abbatis Anianensis sive Collectio Capitularis*. In der Praxis des 9. wie späterer Jahrhunderte konnten sich diese Reformen allerdings reichsweit nicht durchsetzen, da die Mehrzahl der Gemeinschaften weiterhin auf ihren älteren, eigenen *consuetudines* beharrte.

Konnte mit den Reformen unter Ludwigs d. Fr. und seinem Berater Benedikt die einheitliche Observanz in den Klöstern des Reiches also nicht durchgesetzt werden, so war dennoch mit der allgemeinen Verpflichtung der Klöster auf die *RB* die Zeit der Mischregeln im Herrschaftsbereich beendet. Es begann für die Klöster des Reiches die Periode exklusiver Geltung der *RB*, die über die Reformen von Cluny und Cîteaux hinaus bis zum Erscheinen der Bettelorden im 13. Jahrhundert reichte. Allerdings bleibt zu erwähnen – dies ein Ergebnis der jüngeren Forschungen zur Textgeschichte (vgl. oben, S. 26ff) –, dass sich die von Karl d. Gr. seinerzeit aus Montecassino erbetene und von Ludwig d. Fr. dann in Aachen 816 propagierte *RB* in der Variante des *textus purus* (Aachener „Normalexemplar“)

kaum durchgesetzt hat; die weitaus meisten Gemeinschaften im Reich folgten, wie die Überlieferung der Handschriften zeigt, vielmehr Varianten eines allgemein verbreiteten, sprachlich angepassten, vorkarolingischen „Gebrauchstextes" der *RB* (Zelzer).

Dass die Klosterreformen unter Ludwig d. Fr. wesentlich das Werk seines Beraters und Spiritus Rectors Benedikt von Aniane gewesen seien, ist unbestrittene Meinung der älteren Forschung und fand in der Bezeichnung „anianische Reform" ihren gängigen Ausdruck. Neuere Forschungen allerdings argumentieren mit guten Gründen für eine Redimensionierung von Benedikts Anteilen an den Reformen und plädieren dafür, nicht weiter von „anianischer", sondern wieder von „karolingischer Kirchen- und Klosterreform" zu sprechen, da vor und neben Benedikt offensichtlich auch andere einflussreiche Reichsäbte und -bischöfe agierten – etwa Abt Hilduin von St. Denis, Abt Helisachar (bis 918 Kanzler), die Bischöfe Ebo von Reims, Theodulf von Orléans, Agobard und Leidrad von Lyon. Dass diese einflussreichen Zeitgenossen für spätere Generationen in der Überlieferung stärker zurücktreten, hat nicht zuletzt seinen Grund in der berühmten *Vita* Benedikts (von Aniane) aus der Feder Ados (vgl. Bibliogr.: Oexle, Geuenich, Kettemann).

Benedikt von Aniane ist in Würdigung seiner Leistung bald nach seinem Tode († 821) von den Zeitgenossen respektvoll und beziehungsreich der Ehrenname „Benedictus II." zuerkannt worden. Moderner Kritik unbenommen, bleibt mit seinem Namen dennoch vornehmlich das Verdienst verbunden, durch Verpflichtung der monastischen Gemeinschaften des Karolingerreichs allein auf die *RB*, das Zeitalter der Mischregeln beendet und zugleich für die Gemeinschaften nach *RB* – in Distanz zu allen anderen Gemeinschaftstypen – eine genuine Gruppenidentität geschaffen zu haben. Und es setzte damit im Abendland eine Periode von etwa 400 Jahren ein, in welcher „Mönchtum", verstanden in streng-monastischem Sinne, identisch war mit „Gemeinschaften nach *RB*".

Doch kann auch jetzt noch nicht von „einer (einheitlichen) benediktinischen Observanz", nicht von „Kongregationen" und auch nicht dem „Benediktinerorden" (*Ordo S. Benedicti*) im kirchenrechtlichen Sinne gesprochen werden, Bezeichnungen allesamt für institutionelle Weiterentwicklungen erst späterer Jahrhunderte.

4. Die Großklöster des 9./10. Jahrhunderts: eine Typologie

Mit der Verpflichtung der Klöster des Reiches auf die *RB* war ohne Frage ein Schritt zu größerer Einheitlichkeit und Übersichtlichkeit getan. Es war eine Basis geschaffen, auf der Veränderungen spirituellen, gesellschaftlichen und herrschaftlich-politischen Charakters leichter einen Anfang nehmen konnten. Um aber den Wandel insgesamt zu verstehen, der sich seit den karolingischen Reformen reichsweit im Klosterwesen vollzogen hatte, müssen über die Frage von Regel und *consuetudo* hinaus die veränderten Strukturen der Gemeinschaften und ihres Umfeldes insgesamt ins Auge gefasst werden. Obwohl es aufgrund der Quellenlage nur bei wenigen Gemeinschaften möglich ist, den Wechsel zur *RB* (und damit zur Reform) vor Ort und im Detail zu beobachten (Fulda, Remirement, St. Denis bilden da Ausnahmen), lassen sich doch allgemeine Hinweise dafür finden, dass die Klöster des Reiches im Verlauf des 9. und 10. Jahrhunderts durch die Reformen auf den Höhepunkt ihrer bisherigen spirituellen und institutionellen Entwicklung geführt worden sind.

Der hier zutage getretene Erneuerungswille zeitigt Veränderungen auf mehreren Ebenen: im spirituellen Selbstverständnis wie der liturgischen Praxis; im Erscheinungsbild der Klöster; im Umgang der Gemeinschaften mit einem enorm gewachsenen Grundbesitz und einer komplexen Ökonomie; in einer strafferen Herrschaftseinbindung durch die Könige und nicht zuletzt in ihrer Eigenschaft als Mittelpunkte des Geisteslebens und als Stätten zivilisatorischer Innovationen.

a) Gesteigerter Gebetsdienst

Im liturgischen Alltag fällt vorweg die gesteigerte Gebetspraxis ins Auge, eine Entwicklung, die aufgrund zunehmender Gebets- und Gedenkschenkungen (*pro remedio animae*) in den Klöstern üblich geworden war und sogar die Vorstellungen des Reformers von Aniane überstieg: Entgegen seiner ursprünglichen Absicht, die tägliche Gebetsleistung auf das Maß der *RB* – mit 37 Psalmen pro Tag – zurückzunehmen, musste Benedikt dem Beharren der Klöster weichen und schließlich 136 Psalmen zulassen, ein Gebetspensum, das sich noch um mehrere Gemeinschafts- und Privatmessen (Sondermessen) erhöhte, die – verstanden als besondere Form der Fürbitte – durch die steigende Zahl an Gemeinschaftsmitgliedern mit Priesterweihe erst möglich geworden waren. Man geht davon aus, dass im 9. Jahrhundert etwa die Hälfte der Mitglieder in den Männergemeinschaften die Priesterweihe empfangen hatte, ein Phänomen, das seine Erklärung wiederum in der wachsenden Hochschätzung des priesterlichen Weihestatus als einer Teilhabe an der göttlichen Sphäre findet. Was dies aber in der Praxis bedeutete, sei am Beispiel von Fulda erläutert. Die Gemeinschaft von Fulda zählte im 9. Jahrhundert 600 Mönche, davon 200 Priestermönche; beim Tod eines Bruders war jeder der Priestermönche gehalten, drei Messen zum Gedenken des Verstorbenen zu lesen mit der Folge, dass im Todesfall eines Mitglieds Hunderte von Messen im Konvent für den Verstorbenen gelesen wurden. Hinzu traten ausladende liturgische Feierlichkeiten, u. a. eine ausgefeilte Prozessionsliturgie (Stationsliturgie) in Nachahmung der hohen Liturgie der Bischofskirchen, vornehmlich aber des päpstlichen Roms.

In dieser Entwicklung erscheint ein neues spirituelles Selbstverständnis der Reichsklöster: Sie verstehen sich nicht mehr nur als Orte des privaten Gebets der Mönche, sondern als Mittelpunkte des Gebets der Kirche, des Gottesdienstes und der Liturgie, als Garanten für das Seelenheil der lebenden und verstorbenen Mitglieder der Königs- wie der Stifterfamilien und hatten so eine Antwort gefunden auf ein drängendes Bedürfnis der Zeit. Zugleich aber deutet sich hier eine Abwendung von Handarbeit und Askese, wie sie die *RB* fordert, an, zugunsten stärkerer Betonung liturgischer Feiern, Gebets- und Gottesdiensten, eine Entwicklung, die später auf ihrem überbordenden Höhepunkt (in Cluny) einmal mit die Begründung liefern wird für die Notwendigkeit einer neuen (dann der zisterziensischen) Reform, welche die Handarbeit wieder stärker gewichten sollte.

b) Grundbesitz (Bewirtschaftung – Verwaltung)

Durch Stiftungen und Schenkungen an den Klosterpatron sind die Klöster schließlich zu Grundbesitz mit weitverstreuten Ländereien geworden, und so standen Verwaltung und Bewirtschaftung dieser Ländermassen an und bildeten schließlich ein Charakteristikum der Reichsklöster seit dem 8. Jahrhundert. Wie zahlreiche Abgaben-, Dienst und Einkunftsverzeichnisse (Urbare, Polypticha, Hubenlisten, Heberollen, Rotuli, *brevia exempla, descriptiones* u. Ä.) seit dem 8. Jahrhundert zeigen, wurden diese Landkomplexe als gestufte Grundherrschaft im System von Herrenhof einerseits, abgabe- und dienstpflichtigen Unterhöfen andererseits bewirtschaftet und verwaltet. (Im Übrigen dürften die geistlichen Grundbetriebe nicht anders geführt worden sein als die weltlichen, von denen leider nur wenige schriftliche Aufzeichnungen vor dem 12. Jahrhundert existieren. Darunter als berühmtester Fall das *Capitulare de villis*, ein königlicher Normtext aus dem 9. Jahrhundert, erlassen zur vorbildlichen Führung und Ausstattung von Königsgütern.)

So schätzt man den Besitz von St. Wandrille (Fontenelle) zum Jahre 787 etwa auf 4264 Hufen (*mansi*). Der gängigen Annahme folgend, dass mit *mansus* durchschnittlich eine Betriebsgröße im Umfang von etwa 10 ha – entsprechend dem Unterhalt einer Familie bei mittlerer Bodenqualität etwa – gemeint ist, handelt es sich dann um einen Landbesitz von ca. 42.640 ha. St. Remi (Reims) hatte zur gleichen Zeit mit 639 Hufen immerhin noch 6390 ha zu bewirtschaften. Für St. Bertin darf man im 9. Jahrhundert etwa 8000 ha annehmen, für St. Gallen im 9./10. Jahrhundert etwa 4000 ha, für Fulda im 10. Jahrhundert allein in Thüringen etwa 30.000 ha. Aus dem berühmten *Polyptichon Erminonis* – dem 829 angelegten Güter- und Einkunftsregister der Gemeinschaft von St. Germain-des-Prés (Paris) – ergeben sich: neben 11.000 ha Wald und Weide etwa 23.000 ha bebautes Land mit 4710 dort siedelnden Familien. Die gesamte, zum Rechts- und Besitzbereich der Grundherrschaft zählende Personengruppe (*familia*) schätzt man auf etwa 20.000 Individuen. Präzisere Angaben liegen durch eine neuere, vorbildliche Untersuchung (L. Kuchenbuch) für die Gemeinschaft in Prüm (Eifel) vor. Aufgrund des 893 angelegten Urbars errechnen sich dort etwa folgende Verhältnisse: 2000 zinspflichtige, jeweils etwa 10 ha große Bauernstellen (*mansiones*), insgesamt also etwa 20.000 ha Nutzland, verstreut über die heutigen Niederlande, Lothringen und die Gebiete am Mittelrhein. An jährlichen Fronen und Abgaben waren fällig: u. a. 2000 dz Getreide, 1800 Schweine, 4000 Hühner, 20.000 Eier, 1500 Goldsolidi und 18.000 Silberdenare. Die jährlichen Abgaben auf einer Hofstelle beliefen sich auf etwa 2 Ztr. Getreide, etwa 1 Schwein, 2 Hühner, 10 Eier, 2 Eimer Wein, 9 Silberdenare.

Aufgrund des Gesamtumfangs und der Streulage der Ländereien sowie infolge der Wirtschaftsweise fungierte das (Groß-)Kloster meist nur noch als Sammelstelle für die Einkünfte und als zentraler Ort für die Verarbeitung der angelieferten Ernteerträge, Materialien und Rohstoffe. Folglich kannte die Klosteranlage neben Gebäuden, die dem geistlichen Tagesablauf der Mönche dienten, auch zahlreiche unterschiedliche Wirtschaftsgebäude als Teile einer Ökonomie, die das schlichte Ziel eines autarken Betriebes, wie es in der *RB* gemeint war, längst verlassen hatte.

c) Gebäudebestand

Eine detaillierte Vorstellung von solch komplexen Wirtschafts- und Wohnanlagen bietet im Idealentwurf der berühmte „St. Galler Klosterplan", eine Grundrisszeichnung, die wohl zwischen 825 und 830 auf der Insel Reichenau entstanden ist und im Zusammenhang mit einem Bauvorhaben unter Abt Gozbert (812–835/37) nach St. Gallen gelangte, wo sie heute in der Stiftsbibliothek aufbewahrt wird. Der Grundriss zeigt im Zentrum der Klosteranlage bezeichnenderweise die Kirche mit Kreuzgang, Speise- und Schlafsaal (Refektorium und Dormitorium) und allen anderen für den asketischen Tagesablauf der Mönche erforderlichen Gebäuden wie Sakristei, Küche, Wärmestube, Bibliothek, Sprechzimmer und Kleiderkammer. Separate Gebäudekomplexe – eigentlich eine kleine Klosteranlage innerhalb des Klosters – waren für die Kranken vorgesehen, die von der übrigen Gemeinschaft isoliert wurden: Krankenzimmer, separater Kreuzgang, Küche, Arztwohnungen, Aderlasshaus, Kräutergarten. Spiegelbildlich existierte ein ähnlicher, separater Komplex für die Novizen: mit eigenen Aufenthaltsräumen, Kirche, Kreuzgang und Küche. Der Zentralbereich des Klosters war allein den Mönchen - nur zu kleinen Teilen auch den Novizen - vorbehalten. Allen Übrigen, die von außen kamen - auch den Ärzten und den vornehmen Personen - war lediglich der Zugang zu den Außengebäuden gestattet. Darüber hinaus verzeichnet der Plan - kenntlich durch etwa 350 Beischriften - in der Mehrzahl Gebäude, die im Zusammenhang mit der Eigenwirtschaft des Klosters stehen: Mühlen, Vorratsspeicher, Ställe für unterschiedlichste Tierarten (Federvieh, Schafe, Ziegen, Schweine, Kühe, Zugvieh, Stuten, Pferde), Unterkünfte für Bedienstete (Gesinde, Hirten), vor allem die Arbeits- und Wohnstätten für die zahlreichen unterschiedlichen Handwerker wie Sattler, Schuster, Schildmacher, Schwertfeger, Drechsler, Küfer, Walker, Gerber, Gold- und Eisenschmiede. Beachtet man über den Klosterplan hinaus die zahlreichen Handwerke, die in Beschreibungen anderer Klöster der Zeit genannt werden - etwa Zimmerleute, Maurer, Glasbläser, Erzgießer, Schleifer, Kesselschmiede, Pergamenthersteller -, so wird deutlich, dass solch große Reichsklöster alles Notwendige - und dies offensichtlich auf hohem Niveau im Rahmen der Zeitverhältnisse - selbst hergestellt und produziert haben.

d) Sozial- und Rechtsverhältnisse

Zu den Sozial- und Rechtsverhältnissen liegen nur Andeutungen vor. Immerhin aber wird ersichtlich, dass der Sklavenstand, wie er auf den spätantiken Latifundien begegnete, langsam verschwand und sich eine neue „Hörigkeit" (*mancipia, homines, ecclesiastici*) mit größeren Freiheiten herausbildete. Für Prüm z. B. lässt sich erkennen, dass die Familien der Hintersassen ein Haus (*servi casati*), manche sogar einen Hof besessen haben, und dass Heirats- und Vererbungsrecht existierten. Stärker gebunden waren offensichtlich die Knechte und Mägde des Herrenhofes, für die auch nur ein eingeschränktes Heiratsrecht Geltung hatte. Die Ursachen zur Ausbildung dieser neuen „Hörigkeit" lassen sich in wirtschaftlichen Veränderungen, aber auch im Wandel theologischer Überzeugungen suchen.

Der Charakter der Großklöster erforderte eine große Zahl von Personen für die schweren Arbeiten - besonders für die Feldarbeiten -, aber auch für die zahlreichen Handwerke innerhalb der Klostermauern. Vor diesem Hintergrund lässt sich beobachten, dass die Großklöster spätestens seit der Karolingerzeit - entgegen dem Ideal der *RB*, das bekanntlich Arbeit und Gebet als gleichgewichtige Tätigkeiten für den Mönch fordert - immer deutlicher eine „Arbeitsteilung" praktizierten, indem sich die Mönche zunehmend der geistlichen Verpflichtungen von Gebet, liturgischen Feiern und Gottesdienst zuwandten, während die Handarbeit (*opus manuum*) zur Aufgabe der zahlreichen Laien im Kloster wurde, die ebenfalls zur *familia* zählten, aber keine oder nur eingeschränkte Gelübde abgelegt hatten. Diese Entwicklung lief durchaus im Sinne Benedikts von Aniane, nach dessen Reformvorstellungen die Mönche von ungeistlichen und außerklösterlichen Arbeiten befreit sein sollten. Die Tendenz und die Geschwindigkeit dieser Entwicklung wird im Vergleich deutlich: Während Benedikt von Aniane für die Gemeinschaften ein Gebetsumfang von täglich 136 Psalmen gefordert hatte, steigerte man in Cluny dieses Pensum bereits bis auf 214 Psalmen am Tage.

e) Versorgung der *familia* – *caritas*

Die zunehmende Größe der klösterlichen Grundbetriebe im 9. Jahrhundert und die damit steigende Zahl der Konventsmitglieder wie der Angehörigen der gesamten *familia* mit ihren zahlreichen, in Ämtern und Diensten tätigen Laien – nicht selten bis zu 500 Personen insgesamt – brachten enorme Versorgungsprobleme mit sich, gesteigert noch durch weitere, teils beträchtliche karitative Verpflichtungen der Gemeinschaften gegenüber Armen, Witwen, Kranken (Hospize) und Pilgern (Pilgerherbergen) außerhalb der Klostermauern, zentrale Selbstverpflichtungen des Mönchtums zu allen Zeiten. So hatte Corbie für ca. 300 Mönche und 150 Laien zu sorgen. Darüber hinaus betrug allein der tägliche Verbrauch im Hospiz: etwa 50 Brote zu 3,5 Pfd., 30 Stück Käse, 30 Portionen Gemüse und Speck (Details des Versorgungsplanes halten die *Statuta Adalhardi* fest). Fulda hatte im Jahre 781 eine Konventsstärke von 364 Mönchen, im Jahre 825/26 bereits von mehr als 600, so dass die gesamte *familia* auf ca. 800 Individuen geschätzt werden dürfte. Das Kloster St. Riquier versorgte täglich 300 Arme, 150 Witwen und 60 Kleriker. Berücksichtigt man neben diesem Versorgungsaufwand die ständigen Abgaben und Dienstleistungen im Rahmen des *servitium regis*, so wird deutlich, dass diese Klöster allein durch ihre Wirtschaftskraft als Stützen ersten Ranges für die Gesellschaft und die Herrschaftsführung ihrer Zeit angesehen werden müssen.

Neben solch internen Bezügen grundherrlichen Wirtschaftens, wie sie bisher zur Sprache kamen, lassen sich zwei bedeutende, nach außen gerichtete, gleichsam strategische Momente im Wirtschaftsverhalten der großen Gemeinschaften beobachten: Zum einen die Praxis der Landeserschließung durch Rodungsarbeit, durch Anlage von Neubrüchen, durch Urbarmachen von Heide- und Sumpfgelände u. Ä. Und ohne hier auf Einzelfälle einzugehen, kann dabei von großen und bleibenden Verdiensten der Gemeinschaften nach *RB* bei Entstehung und Gestaltung westeuropäischer Kulturlandschaften gesprochen werden. Zum andern bleibt hier hinzuweisen auf intensive und weitläufige Handels- und Gewerbeaktivitäten, die sich zunehmend seit der Karolingerzeit zwischen den großen Klöstern und der Außenwelt beobachten lassen.

f) Handel und Gewerbe

Mit der Ausbildung großer Klöster bereits in der späten Merowinger- und deutlicher noch seit der Karolingerzeit hatte man die Empfehlung der *RB* (cap. 57), überschüssige Handwerkserzeugnisse unter Preis verkaufen zu dürfen – sofern solche denn vorhanden wären –, längst hinter sich gelassen. Umfang, Organisation, die Art der Nutzung, vornehmlich aber die Streulage der Unterhöfe und der Pachtgüter erforderten, sich auf Handel und Gewerbe einzulassen, wie andererseits dieser Austausch wiederum die Bewirtschaftung der Güter intensivierte. So findet sich in den großen Klöstern ganz selbstverständlich die Praxis, auf Überschuss produzierte Güter in einen Marktkreislauf zu bringen, die dazu notwendigen Infrastrukturen zu nützen und selbst auszubauen. So kümmerte man sich um Wege- und Brückenbau, setzte zur Fron verpflichtete Pächter zu Marktfahrten über weitere Distanzen ein, bemühte sich um eigene Transportsysteme zu Wasser wie auf dem Festland, errichtete Relaisstationen, organisierte zum Schutz der Warentransporte – bisweilen auch bewaffnete – Reisekarawanen, erwarb Anlegestellen, Hafenrechte, ganze Flusshäfen, baute eigene Flotten für die Flussschiffahrt, erwarb Stadthäuser, Immunitäten, Marktrechte (z. B. St. Denis, St. Germain-des-Prés, Fleury, St. Bertin), Monopole und Zollrechte (z. B. Nonantula 753, Bobbio 860), bisweilen mit Gerichtshoheit. In nicht wenigen Fällen gelangte gar ein Münzregal an ein Kloster (Corvey 833, Prüm 861, St. Gallen 947, Lorsch 1000, Fulda 1019). Schließlich finden sich Fälle, wo aus dem klösterlichen Wirtschaftsmittelpunkt sich Siedlungen oder gar eine Stadt entwickelt haben (z. B. Luzern, Fulda, Werden). Indem sich Klöster auf Besitz und Bewirtschaftung umfangreichen Grundbesitzes eingelassen hatten, waren sie Teilnehmer am Wirtschaftskreislaufes mit all seinen Folgen geworden.

g) Einbindung in die Herrschaft: *servitium regis*, Königsschutz, Abtwahlprivileg

Fundamentale Bedeutung hatten die Reichsklöster darüber hinaus durch die Tatsache erlangt, dass sie unter Karl d. Gr. und Ludwig d. Fr. zu herrschaftstragenden Institutionen geworden waren, ein Phänomen, dessen Anfänge allerdings weiter zurückreichten. Die Einbindung der Reichsklöster in die Herrschaftspraxis war ein allmählicher Vorgang, der in seinen

Anfängen zurückreichte bis auf Pippin II. (Treueforderung der Reichsäbte), Karl Martell (u. a. Vergabe von Abteien an Verwandte und Gefolgsleute), Pippin III. (Reichsäbte auf Hoftagen und Synoden, als Gesandte, bei Gericht und als Kanzleipersonal) und der unter Karl d. Gr. bereits einen Höhepunkt erreicht hatte. Karl hat die Reichsäbte (wie übrigens auch die Reichsbischöfe) dann systematisch in die Herrschaft miteinbezogen – sozusagen „instrumentalisiert" – und dies nicht nur zur Mission. Äbte finden sich schließlich auch in Ausübung des reichsweit geforderten „Königsdienstes" (*servitium regis*) in vielfältigen politischen Funktionen, betraut mit Kontrollaufgaben, eingesetzt als Gesandte und Verhandlungsführer, schließlich als Mitglieder der Kanzlei und der Hofschule. Die wohl am härtesten empfundene Leistung der Klöster im Rahmen des Königsdienstes bestand vermutlich in der Verpflichtung, ausgerüstete und kampfestüchtige Soldaten (*militia*) bereitzuhalten und das Kontingent bei Anforderung unter dem eigenen Abt ins Feld zu führen. Entgegen dem Geist der *RB*, die seit den Zeiten des Bonifatius schon als Norm für die Klöster gefordert wurde, und obwohl Synoden das Verbot zum Tragen von Waffen für Kleriker und Mönche ständig erneuert hatten, bestand Karl auf der persönlichen Teilnahme der Reichsäbte (wie der Reichsbischöfe) an Kriegszügen. Der Reichsdienst – zu dem in modifizierter Form auch die Frauenklöster ihren Beitrag zu leisten hatten – war unter Karl d. Gr. auch für die Klöster institutionalisiert worden (Prinz).

Bei diesem Stand der Dinge trat Ludwig 814 seine Herrschaft an und setzte zunächst die Linie Karls, d. h. die Einbindung der Reichsabteien in das Herrschaftssystem, fort. Den Beleg hierfür fand man in dem Pflichtenkatalog (*Notitia de servitio monasteriorum*) von 819, der die Leistungen von Reichsklöstern für den König im Falle von Kriegszügen festsetzt. Die Gemeinschaften werden hier in drei Kategorien eingeteilt: Die ärmeren waren – wie alle anderen obendrein – lediglich zum Gebet für den König, seine Familie und das Reich angehalten; die reicheren sollten Abgaben (*dona*) erbringen, worunter man wohl Steuern in Form von Pferden und Waffen zu verstehen hatte, möglicherweise aber auch sonstige Geschenke, sowie Leistung der Beherbergungspflicht für König und Gefolge; die reichsten Klöster schließlich hatten *militia* zu stellen, d. h. ausgerüstete und ausgebildete Krieger unter Führung des Abtes bereitzuhalten.

Einige Kritiker der jüngeren Zeit halten diese *Notitia* mittlerweile für eine Fälschung des 14. Jahrhunderts, allerdings auf einer echten Basis ruhend. Dieser verlorene Basistext wird von der Kritik allerdings nicht mehr – wie seinerzeit noch die *Notitia* – als öffentliches und rechtsrelevantes Schriftstück eingestuft. Vielmehr sieht man in ihr eine private Verhandlungsunterlage aus dem Besitz Benedikts von Aniane (Geuenich, Kettemann). Dennoch wirft der Text ein deutliches Licht auf die Struktur der Herrschaftseinbindung der Reichsklöster, indem er deutlich macht, dass die Grundherrschaften der Klöster bei weitem nicht allein für den Eigenbedarf, sondern in beträchtlichem Umfang für die Herrschaft des Königs und die Bedürfnisse des Reiches wirtschafteten. Auf die Kontingente der Reichsklöster (wie der Reichsbischöfe) konnten die Karolinger in ihrer Herrschaft nicht mehr verzichten. Diese stellten eine entscheidende Stütze der Herrschaft dar, ein Tatbestand, der unter Ludwig in gleicher Weise seine Geltung besaß wie unter seinem Vater Karl (Prinz).

Doch hat Ludwig bei der politischen Einbindung der Reichsklöster mit einer neuen Privilegienpolitik andere Wege beschritten. An Stelle von Immunität einerseits – seit den Pippiniden verliehen und verstanden als eine gewisse Herrschafts- und Gerichtsfreiheit der Klöster vom König – sowie an Stelle von Königsschutz (*mundiburdium* bzw. *tuitio*) andererseits – verstanden eher im Sinne eines Schutz- und Besitzrechtes des Königs an den Klöstern des Reichs – vereinigte Ludwig beide Elemente in einem neuen Typ von Privileg und in einer neuen Urkundenformel unter gleichzeitiger Umdeutung des Schutzbegriffes: Dieser wurde nun weniger verstanden als Zugriffsrecht, vielmehr als Befreiung von Herrschaft und Gewährung königlicher Fürsorge. Sichtbar wird diese absichtsvolle Umdeutung an der Tatsache, dass den privilegierten Gemeinschaften zugleich die unabhängige Abtswahl, eingeschränkt nur durch kaiserliches Vorbehaltsrecht – und damit ein Moment der inneren, klösterlichen Freiheit –, gewährt werden konnte (und nicht, wie die ältere Forschung noch meinte, generell und gleichsam automatisch garantiert worden ist). Dieses neue Privileg wurde allerdings nur jenen Gemeinschaften gewährt, die sich der Reform, d. h. der monastischen Lebensweise nach der *RB*, angeschlossen hatten. Jene Gemeinschaften, die sich dagegen zur kanonischen Lebensweise bekannten, erhielten solche Privilegien nicht, ein Hinweis, dass sich der König in diesen Gemeinschaften ein direktes Eingriffsrecht erhalten wollte. Da den Klöstern zugleich aber ein Treueversprechen gegen den König abverlangt wurde, wird sichtbar, dass Ludwig den Reichsklöstern gegenüber eine Doppelstrategie praktizierte: Gewährung innerer (monastischer) Freiheit bei gleichzeitiger Bindung an den Herrscher (Angenendt).

h) Symbiotische Gemeinschaften

Obgleich die Klöster des Reiches seit den Reformen unter Ludwig d. Fr. und Benedikt von Aniane exklusiv der *RB* folgten, war damit keineswegs bereits eine, in allen Details einheitliche Klosterlandschaft im Reich geschaffen. Von dem Problem, dass die Gemeinschaften unterschiedlichen *consuetudines* folgten, weil sich das Konzept der *una consuetudo* reichsweit nicht hatte durchsetzen lassen, war bereits die Rede. Eine weitere Abweichung lag in der Existenz der zahlreichen Gemeinschaften, die zusammen mit einer jeweils andersgeschlechtlichen, räumlich getrennt zwar, aber doch in einer Art Symbiose lebten, eine Praxis, die – von den Reformtexten nicht erwähnt – bereits das alte Mönchtum der Spätantike kannte, sich im merowingischen, im irisch-columbanischen wie im angelsächsisch-bonifatianischen Mönchtum einer besonderen Blüte erfreute und sich über die Karolingerzeit hinweg dann im gesamten Mittelalter, wenngleich mit nachlassender Tendenz zu bestimmten Zeiten, nachweisen lässt. So erscheinen zahlreiche Männergemeinschaften mit einer – meist kleineren – Frauengemeinschaft als Annex ebenso wie Frauengemeinschaften mit – dann kleineren – Männergemeinschaften als Anhängsel der Hauptgemeinschaft. Die Teilgemeinschaften lebten streng separiert, folgten ihrem eigenen Tagesablauf, feierten ihre Liturgie in Kirchenräumen, die durch Mauern oder andere Arten von Sichtschutz voneinander getrennt waren, während sie aber in ihrer Gesamtverwaltung und geistlichen Führung eng miteinander verbunden blieben. Die Annexe unterstanden, ungeachtet der Geschlechtszugehörigkeit ihrer Bewohner, der jeweiligen Leitung der Hauptgemeinschaft, sei es dem Abt oder der Äbtissin.

Im Grunde hat man es hier mit einer Variante des Doppelklosters zu tun, einem Phänomen, das im Verlauf der Geschichte dann in vielfältigen Formen – bis hin zur Ausbildung eigentlicher Doppelorden (Sempringham, Birgittinnen) – erscheint, im Verlauf der Jahrhunderte in den verschiedenen historischen Räumen ganz unterschiedliche Beurteilungen – bis hin zu zeitweiser strikter Ablehnung durch die Kirche – erfuhr, sich aber dennoch das gesamte Mittelalter hindurch, vereinzelt sogar bis in die Neuzeit hinein, unter den Gemeinschaften nach *RB* in Westeuropa gehalten hat. Komplizierte Begriffs- und Definitionsprobleme, eine vertrackte (genauer: verdeckte) Quellenlage sowie der Variantenreichtum in den Erscheinungsformen erschweren den wissenschaftlichen Zugang zu dem Phänomen auch aktuell noch erheblich, was bisher lediglich zu punktuellen Einzeluntersuchungen, nicht aber zu einer umfassenden Aufarbeitung des Phänomens geführt hat.

Zur Begründung und Verteidigung solcher, auch von den Zeitgenossen wiederholt kritisierten, Praxis symbiotischer Gemeinschaften bediente man sich stets des Arguments von der bisweilen notwendigen, immer aber nützlichen Hilfe, die sich verschiedengeschlechtliche Gemeinschaften gegenseig bieten könnten: Mönche mit Priesterweihe konnten in den Frauenkonventen die Seelsorge und die geistliche Führung übernehmen; Brüder verrichteten die schweren Arbeiten für die Nonnen, vornehmlich die Feldarbeiten; die Nonnen ihrerseits unterstützten den Männerkonvent in den zahlreichen eher hauswirtschaftlichen Bereichen. Dass manche symbiotische Gemeinschaft ihre Gründung familiären, politisch-herrschaftlichen oder auch nur wirtschaftlichen Absichten verdanken konnte, soll damit keineswegs in Abrede gestellt sein.

*

Zu den nachhaltigen, kulturgeschichtlich bedeutenden Charakteristika der karolingischen Reichsklöster des 9./10. Jahrhunderts zählen nicht zuletzt auch deren Verdienste bei Ausbildung und Pflege einer abendländischen Schrift- und Wissenskultur sowie grundlegender Formen von Technik und Zivilisation. Um Wiederholungen zu vermeiden, finden sich diese Zusammenhänge weiter unten [fünftes Kapitel] ausgeführt.

5. Bibliographie

1. Frühe Verbreitung der *RB*

◊ (Quellen): *Regula Benedicti* (s. oben, erstes Kapitel, Bibliogr. 1, a). – *Greg. I., dial. II* (s. oben, erstes Kapitel, Bibliogr. 2, a). – Paulus Diaconus, *Historia Langobardorum* (s. oben, erstes Kapitel, Bibliogr. 1, a). – Leo v. Ostia (Leo Marsicanus), Die Chronik von Montecassino (*Chronica Monasterii Casinensis*) (s. oben, erstes Kapitel, Bibliogr. 1, a). – *Vita Willibaldi,* cap. 4ff. (ed. O. Holder-Egger), MGH SS XV, 1, S. 102ff. – *Vita Wilfridi,* cap. 14 u. 47 (ed. W. Levison), MG SS Merov. 6, S. 209 u. 242. – Theodemar (Abb. Casin.), *Epistula ad Theodoricum gloriosum* (edd. J. Winandy/K. Hallinger), CCM I (1963), S. 129ff. – Ders.: *Epistula ad Karolum regem* (edd. K. Hallinger/M. Wegener), CCM I (1963), S. 157ff. – Quellen und Texte zur Benediktusregel (ed. M. Puzicha), St. Ottilien 2007. – Merkt, A. (ed.): Das frühe christliche Mönchtum: Quellen und Dokumente von den Anfängen bis Benedikt, Darmstadt 2008.

a) Montecassino

◊ (Literatur): Brechter, H. S.: Zum authentischen Titel der Regel des hl. Benedikt, in: SMGB 55 (1937), S. 157ff. – Ders.: Monte Cassinos erste Zerstörung, in: SMGB 56 (1938), S. 109ff. – Ders.: Die Frühgeschichte von Montecassino nach der Chronik Leos von Ostia im Codex Lat. Mon. 4623, in: (edd. B. Bischoff/S. Brechter: Liber Floridus. Mittellateinische Studien. Paul Lehmann zum 65. Geburtstag am 13. Juli 1949, St. Ottilien 1950), S. 272ff. – Meyvaert, P.: Problems Concerning the ‚Autograph' Manuscript of St. Benedict's Rule, in: Rév. Bén. 69 (1959), S. 3ff. – Ders.: Towards a History of the Textual Transmission of the Regula S. Benedicti, in: Scriptorium 17 (1963), S. 83ff. – Kottje, R.: Einheit und Vielfalt des kirchlichen Lebens in der Karolingerzeit, in: ZKG 76 (1965), S. 323ff. – Hoffmann, H.: Die älteren Abtslisten von Montecassino, in: QFIAB 47 (1967), S. 242ff. – de Vogüé, A.: La Règle de Saint Benoît (Introduction), SC 181 (1972), S. 332ff. (zu *Cod. Casin. 175*). – Hanslik, R. (ed.): Benedicti Regula, CSEL 75, Wien ²1977, S. XXXIV ff. (zu *Cod. Casin. 175*). – Zelzer, K.: Zur Stellung des *textus receptus* und des interpolierten Textes in der Textgeschichte der Regula S. Benedicti, in: Rév. Bén. 88 (1978), S. 205ff. – Grégoire, R.: Homéliaires liturgiques médiévaux. Analyse de manuscrits, in: Bibl. Studi Medievali 12 (Spoleto 1980), S. 343ff. – Engelbert, P.: Regeltext und Romverehrung. Zur Frage der Verbreitung der Regula Benedicti im Frühmittelalter, in: RQ 81 (1986), S. 39–60. – Dell'Omo. M.: A proposito dell'esilio romano dei monaci cassinesi dopo la distruzione longobarda di Montecassino, in: F. Avagliano (ed): Montecassino dalla prima alla seconda distruzione ... Atti del II convegno di studi sul medioevo meridionale, Cassino – Montecassino, 27–31 maggio 1984 (Miscellanea Cassinese 55 [1987]), S. 494ff. – Prinz, F.: Frühes Mönchtum, S. 249ff. – Weinfurter, St. u. a.(edd.): Der hl. Willibald – Klosterbischof oder Bistumsgründer (Eichstätter Studien NF 30), Regensburg 1990. – Dell'Omo, M.: Art.: Montecassino, in: LdM 6 (1993), Sp. 785ff. – Ders.: Art.: Subiaco, in: LdM 8 (1997), Sp. 272f. – von Padberg, L.: Art.: Willibald v. Eichstätt, in: LdM 9 (1998), Sp. 211f. (Lit.). – Dell'Omo. M: Montecassino. Un'abbazia nella storia (Bibl. della Miscell. Cassinese 6), Montecassino 1999, S. 23ff., 29ff. – Pohl, W.: Werkstätte der Erinnerung. Montecassino und die Gestaltung der langobardischen Vergangenheit, in: MIÖG, Erg.bd. 39, Wien 2001 (u. a. zu *Cod. Casin. 175*). – Bertolini, P.: Dalle fondazioni di Subiaco a quelle di Montecassino: continuità o frattura, in: XV Centenario della venuta di s. Benedetto a Subiaco. Acta, Celebrazioni Benedettine 1999–2002, Subiaco 2002, S. 177ff. – Dell'Omo: Storia (2011), S. 74ff., 188ff. (Lit.). – Vgl. Dartmann, Ch.: Die Benediktiner, S. 63f., 69ff.

b) Übriges Italien

◊ (Literatur): Leccisotti, T.: Le consequenze dell'invasione longobarda per l'antico monachesimo italiano. Osservazioni e critiche a proposito di alcune moderne conclusioni storiche, in: Atti del Congr. Intern. di Studi Longobardi, Spoleto 1951, S. 369ff. – Hilpisch, St.: Benediktinerinnen, S. 23ff. – Hallinger, K.: Papst Gregor der Große und der heilige Benedikt, in: Commentationes in Regulam S. Benedicti (Studia Anselmiana 42), Rom 1957, S. 231–319. – von der Nahmer, D.: Gregor der Große und der hl. Benedikt, in: RBS 16 (1987), S. 81ff. – Zelzer, K.: Cassiodor, Benedikt von Nursia und die monastische Tradition, in: RBS 14/15 (1988), S. 99ff. – Angenendt, A.: Das Frühmittelalter, S. 241ff. – Semmler, J.: Art.: Pirminius, in: LdM 6 (1993), Sp. 2175f. – Ders.: Art.: Regula mixta, in: LdM 7 (1994), Sp. 606f. – Jenal, G.: Italia I, S. 264, 269f; II, S. 943ff. – Houben, H.: Potere politico e istituzioni monastiche nella „Longobardia minor" (secoli VI–X), in: (edd. G. Andenna / G. Picasso: Longobardia e Longobardi nell'Italia meridionale. Le istituzioni ecclesiastiche. Atti del 2° conv. Intern. di studi promosso dal Centro di Cultura dell'Università Cattólica del Sacro Cuore, Benevento, 29–31 maggio 1992 (Biblioteca erudita. Studi e documenti di storia e filologia 11), Mailand 1996, S. 177ff. – Bertelli, C./Brogiolo, G. P. (edd.): Il futuro di Longobardi. L'Italia e la costruzione dell'Europa di Carlo Magno. Saggi, Mailand 2000. – Zelzer, K.: Regulae Monachorum (3. Regula Benedicti), in: La Trasmissione dei Testi Latini del Medioevo (Medieval Latin Texts and their Transmission, TE.TRA. I), edd. P. Chiesa/L. Castaldi, Florenz 2004, S. 368ff. – Spinelli, G. (ed.): Il monachesimo italiano dall'età longobarda all'età ottoniana (sec. VIII–X). Atti del VII convegno di studi storici sull'Italia benedettina, Nonantula (Modena), 10–13 sett. 2003 (Italia Benedettina 27), Cesena 2006. – Andenna, G.: San Salvatore di Brescia e la scelta religiosa delle donne aristocratiche tra età longobarda ed età franca (VIII–IX secolo), in: Female *vita religiosa*, S. 209 ff. – Dell'Omo, M.: Storia (2011), S. 9 f. (zu *RB* und Rom; Benedikt als *abbas romensis*); 67 ff. (langobardisches Italien). – Jenal, G.: Gregor der Große (590–604) und das Mönchtum, in: Monachesimi d'Oriente e d'Occidente nell' Alto Medioevo (Atti delle Settimane LXIV,1; Spoleto 31 marzo – 6 aprile 2016), S. 289 ff. – Vgl. Dartmann, Ch.: Die Benediktiner, S. 69 ff.

c) Spanien

◊ (Literatur): Mundò, A.: Il monachesimo nella penisola iberica fino al secolo VII. Questioni ideologiche e letterarie, in: Il monachesimo nell' alto medioevo e la formazione della civiltà occidentale, 8–14 aprile 1956 (Settimane di studio 4), Spoleto 1957, S. 47 ff. – Linage Conde, A.: La diffusion de la Regula Benedicti en la Penínsola ibérica, in: RBS 1 (1972), S. 297 ff. – Ders.: Los orígins del monacato benedicino en la Penínsola ibérica, 3 vol (Coleccion „Fuentes y studios de historia leonesa" 9–11), Léon 1973.

d) Gallien

◊ (Literatur): Schmitz, Ph.: Histoire VII (Les moniales), S. 12 ff. (Mischregeln). – Angenendt, A.: Monachi Peregrini. Studien zu Pirmin und den monastischen Vorstellungen des frühen Mittelalters (Münstersche Mittelalter-Schriften 6), München 1972. – Ders.: Frühmittelalter, S. 213 ff. – Prinz, F.: Frühes Mönchtum und frühmittelalterliche Gesellschaft, in: RBS 1 (1972), S. 209 ff. – Jäschke, K. U.: Kolumban von Luxeuil und sein Wirken im alemannischen Raum, in: (ed.) Borst, A.: Mönchtum, Episkopat und Adel zur Gründungszeit des Klosters Reichenau (VuF 20), Sigmaringen 1974, S. 77 ff. – De Vogüé, A.: La Règle de Donat pour l'abbesse Gauthstrude, in: Benedictina 25 (1978), S. 219 ff. – Prinz, F.: Monastische Zentren im Frankenreich, in: Studi Medievali, s. III, 19 (1978), S. 571 ff. – Ders.: Askese und Kultur. Vor- und frühbenediktinisches Mönchtum an der Wiege Europas, München 1979, S. 34 ff. – v. Hübner, D.: Art.: Benediktiner, -rinnen (II Gallien), in: LdM 1 (1980), Sp. 1884 f. – Riché, P.: Columbanus, his Followers and the Merovingian Church: edd. H. B. Clarke / M. Brennan: Columbanus and Merovingian Monasticism (British Archeological Reports, Intern. Series 113), Oxford 1981, S. 58 ff. – Zelzer, M.: Die Regula Benedicti im französischen Raum, in: TuU zur Geschichte der Altchristlichen Literatur 125 (1981) (Überlieferungsgeschichtliche Unterss., ed. F. Paschke), S. 637 ff. – Prinz, F.: Columbanus, the Francish Nobility and the Territories East of the Rhine. (Edd. H. B. Clarke / M. Brennan: Columbanus and Merovingian Monasticism (British Archeological Reports, Intern Series 113), Oxford 1981. – Ders.: Italien, Gallien und das frühe Merowingerreich; ein Strukturvergleich zweier monastischer Landschaften, in: San Benedetto e il suo tempo (Atti del 7° Congr. Intern. del Centro Italiano di Studi sul'Alto Medioevo), Spoleto 1982, S. 117. – Löwe, H. (ed.): Die Iren und Europa im früheren Mittelalter, Stuttgart 1982. – Bischoff, B.: Il monachesimo irlandese nei suoi rapporti col continente, ebda., S. 121ff. – de Vogüé, A.: Les règles monastiques anciennes (400–700) (Typologie des Sources du Moyen-Âge Occidentale, Fasc. 46), Turnhout 1985, S. 53ff., 59f. – O. Pontal, Die Synoden im Merowingerreich (Konziliengeschichte, A: Darstellungen), (ed. W. Brandmüller), München 1986, S. 197f. – Prinz, F.: Frühes Mönchtum, S. 263ff. – Zelzer, M.: Die Regula Donati, der älteste Textzeuge der Regula Benedicti, in: Regulae Benedicti Studia 16 (1987 [1989]), S. 23–36. – Felten, F. J.: Die Bedeutung der „Benediktiner" im frühmittelalterlichen Rheinland. Reflexionen, Anmerkungen und Fragen, in: Rhein. Vierteljahresbll. 56 u. 57 (1992 u. 1993), S. 21ff. u. 1ff. – Semmler, J.: Le monachisme occidental du VIIIe au Xe siècle: formation et réformation, in: Rév. Bén. 109 (1993), S. 76ff. – Ders.: Art.: Regula mixta, in: LdM 7 (1994), Sp. 606f. – de Vogüé, A: Regards sur le monachisme des premiers siècles. Receuil d'articles, in: Studia Anselmiana 130 (2000). – Diem, A.: Was bedeutet *Regula Columbani*?, in: Integration und Herrschaft. Ethnische Identitäten und soziale Organisation im Frühmittelalter. (Forschungen zur Geschichte des Mittelalters 3), Wien 2002, S. 63ff. – De Vogüé, A.: Histoire littéraire du movement monastique dans l'antiquité, Le monachisme latin VIII, Paris 2003, S. 388ff. (zur Regel des Caesarius). – Zelzer, M.: Die „Regula Donati" als frühestes Zeugnis des „monastischen Gebrauchstextes" der „Regula Benedicti", in: Studia Anselmiana 140 (2004) [Atti del simposio „Testi e temi nella tradizione del monachesimo cristiano …"], S. 753–763. – Dell'Omo, M.: Storia (2011), S. 3ff. (frühe Etappe der Regelverbreitung u. Kontakte mit der Regula Columbani), S. 12ff. (Verbreitung der *RB* in Gallien). – Diem, A.: Das Ende des monastischen Experiments. Liebe, Beichte und Schweigen in der *Regula cuiusdam ad virgines*, in: Female *vita religiosa*, S. 81ff. – Ders.: Rewriting Benedict. The ‚regula cuiusdam ad virgines' and Intertextuality as a Tool to Construct a Monastic Identity, in: Journal of Medieval Latin 17 (2007), S. 313ff. – Helvetius, A.-M.: L'organisation des monastères feminins à l'époque mérovingienne, ebda., S. 151ff. – Diem, A.: Inventing the Holy Rule. Some Observations on the History of Monastic Normative Observanc in the Early Medieval West, in: Western Monasticism ante litteram. The Space oft the Monastic Observance in Late Antiquity and the Early Middle Ages (edd. W. Dey/E. Fenstress), Turnhout 2011, S. 53ff. – Melville, G.: Die Welt, S. 39ff. – Vgl. Dartmann, Ch.: Die Benediktiner, S. 63ff.

e) Angelsächsisches England

◊ (Literatur): Hilpisch, St.: Benediktinerinnen, S. 17ff. – Schmitz, Ph.: Geschichte I, S. 43ff. – Ders.: Histoire VII (Les moniales), S. 23ff. – Knowles, D.: The Monastic Order in England, Cambridge ^{2}1963. – Farmer, D. H. (ed.): The Rule of St. Benedict. Oxford, Bodleian Library, Hatton 48 (Early English Manuscripts in Facsimile 15), Kopenhagen 1968. – Engelbert, P.: Paläographische Bemerkungen zur Faksimileausgabe der ältesten Handschrift der Regula Benedicti (Oxford Bodl. Libr. Hatton 48), in: Rév. Bén. 79 (1969), S. 399ff. –

JENAL, G.: Gregor d. Große und die Anfänge der Angelsachsenmission (596–604), in: Angli e Sassoni al di qua e al di là del mare (Settimane di Studio 32), Spoleto 1986, S. 793 ff. – ANGENENDT, A.: The Conversion of the Anglo-Saxon Considered against the Background of the Early Medieval Mission, ebda., S. 793 ff. – PRINZ, F.: Von der Bekehrung der Angelsachsen bis zu ihrer Missionstätigkeit im Frankenreich, ebda., S. 701 ff. – ZELZER, K.: Zur Frage der Obervanz des Benedict Biscop, in: Studia Patristica 20 (1989) (Papers presented to the Tenth Intern. Conf. on Patristic Studies, Oxford 1987), S. 323 ff. – ANGENENDT, A.: Frühmittelalter, S. 227 ff. – ENGELBERT, P.: Benedetto e il mondo germanico, in: (ed. M. Dell'Omo), I Fiori e' Frutti santi, S. 37 ff., Mailand 1998. – FOOT, S.: *Flores ecclesiae.* Women in Early Anglo-Saxon Monasticism, in: Female *vita religiosa*, S. 173 ff. – DELL'OMO, M.: Storia (2011), S. 10 ff. (Columban u. das irofränkische Mönchtum), S. 29 ff. (Verbreitung der *RB* in England). – Vgl. DARTMANN, CH.: Die Benediktiner, S. 67 ff.

2. Die *RB* auf dem Wege zur Alleingeltung

◊ (Quellen): CONC. AUGUSTOD., a. 670, cap. XV, MGH Conc. Aevi Merov., S. 221. – KARLMANNI CAPIT. LIPTINENSE, a. 743, cap. 1, MGH Capit. Regum Francorum I (Capit. Maiorum Domus), S. 28. – CONC. GERMANICUM, a. 743, cap. 7, MGH Conc. II.1, S. 4. – CONC. LIFTINENSE, a. 743, cap. 1, MGH Conc. II.1, S. 7. – CONC. SUESSIONENSE, a. 744, cap. 3, MGH Conc. II.1, S. 34. – S. CHRODEGANGI, Metensis Episcopopi REGULA CANONICORUM (ed. W. Schmitz), Hannover 1889. – *De cursu diurno vel nocturno* (*Ordo Romanus XVIII*) (ed. J. Semmler), CCM I (1963), S. 47 f. – *Instruccio aecclesiastici ordinis* (*Ordo Romanus XVI*), (ed. J. Semmler), CCM I (1963), S. 13.

a) Anfänge der Benediktverehrung (S. folgenden Abschnitt b).

b) Hochschätzung von Montecassino

◊ (Literatur): HALLINGER, K.: Römische Voraussetzungen der bonifatianischen Wirksamkeit im Frankenreich, in: St. Bonifatius. Gedenkausgabe zum zwölfhundertsten Todestag, Fulda 1954, S. 320–361. – DERS.: Die römischen Ordines von Lorsch, Murbach und St. Gallen, in: (ed. L. Lehnhard), Universitas. Dienst an Wahrheit und Leben. Festschr. A. Stohr 1, Mainz 1960, S. 466 ff. – RENNER F.: Der heilige Benedikt und das benediktinische Mönchtum, St. Ottilien 1978. – HALLINGER, K.: Benedikt von Monte Cassino. Sein Aufstieg zur Geschichte, zu Kult und Verehrung, in: RBS 10/11 (1981/82), S. 77–89. – WOLLASCH, J.: Benedictus abbas Romensis. Das römische Element in der frühen benediktinischen Tradition, in: Tradition als historische Kraft. Interdisziplinäre Forschungen zur Geschichte des frühen Mittelalters (edd. J. Wollasch/H. Kamp) New York 1982, S. 119–137. – ENGELBERT, P.: Regeltext und Romverehrung. Zur Frage der Verbreitung der Regula Benedicti im Frühmittelalter, in: RQ 81 (1986), S. 39 ff. – BULST, N.: Art.: Fleury- Saint-Benoît-sur-Loire, in: LdM 4 (1987), Sp. 547 ff. – DARTMANN, CH.: Die Benediktiner, S. 71 ff.

c) Bonifatius und Chrodegang (von Metz): Befürworter der RB unter Pippin III. (741–768)

◊ (Literatur): Schmitz, Ph.: Histoire VII (Les moniales), S. 30 ff. (Bonifatius u. seine Helfer auf dem Kontinent). – Engelbert. P.: Die Vita Sturmi des Eigil von Fulda. Literarkritisch-historische Untersuchung und Editionen, in: Veröff. d. Hist. Komm. für Hessen und Waldeck 29 (1968), S. 144 ff. – Schieffer, Th.: Winfrid Bonifatius und die Grundlegung Europas, Freiburg 1954 (Darmstadt ^{2}1972). – Angenendt, A.: Willibrord im Dienste der Karolinger, in: Annalen des Hist. Vereins für den Niederrhein 175 (1973), S. 63 ff. – Ders.: Pirmin und Bonifatius. Ihr Verhältnis zu Mönchtum, Bischofsamt und Adel, in: Mönchtum, Episkopat und Adel zur Gründungszeit des Klosters Reichenau (VuF 20), (ed. A. Borst), Sigmaringen 1974, S. 251 ff. – Ders.: Das Frühmittelalter, S. 272 ff., 277 ff. – v. Padberg, L. E.: Mission und Christianisierung. Formen und Folgen bei Angelsachsen und Franken im 7. und 8. Jahrhundert, Stuttgart 1995. – Ders.: Heilige und Familie. Studien zur Bedeutung familiengebundener Aspekte in den Viten des Verwandten- und Schülerkreises um Willibrord, Bonifatius und Liudger (Quellen und Abhdll. zur mittelrhein. Kirchengeschichte 83), Mainz ^{2}1997. – Ders.: Bonifatius. Missionar und Reformer, München 2003. – Semmler, J.: Der Hl. Pirmin in der Welt des frühen 8. Jahrhunderts, in: Arch. f. mittelrhein. Kirchengeschichte 56 (2004), S. 9 ff. – Felten, F. J./Jarnut, J./v. Padberg, L. E. (edd.): Bonifatius: Leben und Nachwirken. Die Gestaltung des christlichen Europa im Frühmittelalter (Quellen u. Abhll. zur mittelrhein. Kirchengeschichte 121), Mainz 2007. – Dell'Omo, M.: Montecassino altomedievale: I secoli VIII e IX. Genesi di un simbolo, storia di una realtà (Biblioteca della Miscellanea Casssinese 15), Montecassino 2008, S. 3 ff. – Ders.: Storia (2011), S. 51 ff. – Dartmann, Ch.: Die Benediktiner, S. 71 ff.

3. Die Klosterreformen unter Ludwig d. Fr. mit Benedikt von Aniane (Synoden von Aachen 816, 817, 818/19)

◊ (Quellen): Conc. Magunt., a. 813, cap. 11 u. 13, MGH Conc. 2,1, S. 263 u. 264. – (Die *RB* ist zahlreiche Male genannt in Konzilien der Karolingerzeit; vgl. MGH Conc. 2,2, Register (*Regula sancta, s. Benedicti.*) – S. Chrodegangi Metensis Ep. Regula Canonicorum (wie oben 2., Quellen). – (*Institutiones Aquisgranenses*): Institutio canonicorum Aquisgranensis (MGH Conc. II, 1, S. 308–421). – Institutio sanctimonialium Aquisgranensis (MGH Conc. II, 1, S. 422–456). – (*Legislatio Aquisgranensis*): Synodi primae Aquisgranensis. Acta praeliminaria (816), (ed. J. Semmler), CCM I (1963), S. 433 ff. – Synodi primae Aquisgranensis decreta authentica (23. Aug. 816), (ed. J. Semmler) CCM I (1963), S. 457 ff. – Synodi secundae Aquisgranensis decreta authentica (10. Jul. 817), (ed. J. Semmler), CCM I (1963), S. 469 ff. – Regula Sancti Benedicti Abbatis Anianensis sive Collectio Capitularis (ed. J. Semmler), CCM I (1963), S. 501 ff. – Vita Benedicti Anianensis, in: Kettemann, W. (ed./Üb.): Subsidia Anianense. Überlieferungs- und textgeschichtliche Untersuchungen zur Geschichte

Witiza-Benedikts, seines Klosters Aniane und zur sogenannten „anianischen Reform“ (Diss.), Duisburg 2000, S. 139–223; (http://duepublico.uni-duisburg-essen.de/servlets/DerivateServlet/Derivate-19910/Kettemann_Diss.pdf) [vom 04.04.2019]. – Benedicti Anianensis Concordia Regularum (ed. P. Bonnerue), CC Cont. med. 168 A, Turnhout 1999, S. 3–4. – Bertram, J.: The Chrodegang Rules. The Rules for the Common Life of the Secular Clergy from the Eigth and Ninth Centuries. Critical Texts with Translations and Commentary, Aldershot 2004.

a) Kanonikale Gemeinschaften (S. folgenden Anschnitt b).

b) Monastische Gemeinschaften mit *RB* als Leitregel

◊ (Literatur): Schmitz, Ph.: Geschichte I, S. 86 ff., 97 ff. – Ders.: Histoire VII (Les moniales), S. 37 ff., 61 ff. (Kanonissen). – Hilpisch, St.: Benediktinerinnen, S. 25 ff. – Schmitz, Ph.: L'influence de Saint Benoît d'Aniane dans l'histoire de l'Ordre de Saint Benoît, in: Il monachesimo nell'alto medioevo e la formazione della civilta occidentale (Settimane 4), Spoleto 1957, S. 401 ff. – Semmler, J.: Studien zum Supplex Libellus und zur anianischen Reform in Fulda, in: ZKG 69 (1958), S. 268 ff. – Ders.: Volatilia. Zu den benediktinischen Consuetudines des 9. Jahrhunderts, in: SM OSB 69 (1958), S. 163 ff. – Ders.: Traditio und Königsschutz, in: ZRG KA 45 (1959), S. 1 ff. – Ders.: Reichsidee und kirchliche Gesetzgebung bei Ludwig dem Frommen, in: ZKG [4. Folge] 9 (1960), S. 37–65. – Ders.: Zur Überlieferung der monastischen Gesetzgebung Ludwigs d. Fr., in: DA (1960), S. 309 ff. – Ders.: Karl d. Große und das fränkische Mönchtum, in: Karl der Große. Lebenswerk und Nachleben, Bd. 2 (ed. W. Braunfels), Düsseldorf 1962, S. 255 ff. – Ders.: Die Beschlüsse des Aachener Konzils 816, in: ZKG (1963), S. 15–82. – Kottje, R.: Einheit und Vielheit des kirchlichen Lebens in der Karolingerzeit, in: ZKG 76 (1965), S. 323–42. – Atlas zur Kirchengeschichte (edd. H. Jedin u. a.), Freiburg 1970, Nr. 37. – Semmler, J.: Pippin III. und die fränkischen Klöster, in: Francia 1975, S. 88–146. – Oexle, O. G.: Forschungen zu monastischen und geistlichen Gemeinschaften im westfränkischen Bereich (MMS 31), München 1978. – Semmler, J./Bacht, H.: Art.: Benedikt von Aniane, in: LdM 1 (1980), Sp. 1864 ff. – Frank, K. S.: Art.: Benediktiner, in: TRE 5 (1980), Sp. 549 ff. – Felten, F. J.: Zur Geschichte der Klöster Farfa und S. Vincenzo al Volturno, in: QFIAB 62 (1982), S. 1 ff. – Semmler, J.: Benedictus II.: una regula – una consuetudo, in: Benedictine Culture 750–1050 (edd. W. Lourdaux/D. Verhelst) (Mediaevalia Lovaniensia, Series I, Studia 11), Löwen 1983, S. 1 ff. – Oexle, O. G.: Art.: Chrodegang (Bf. v. Metz), in: LdM 2 (1983) Sp. 1948 ff. – Schneider, D. B.: Anglo-Saxon Women in the Religious Life. A Study of the Status and Position of Women in an Early Medieval Society, Cambridge (Diss. Masch.) 1985 – Grégoire, R.: Benedetto di Aniane nella riforma monastica carolingia in: Studi Medievali, s. III, 20 (1986) S. 573 ff. – Geuenich, D.: Zur Stellung und Wahl des Abtes in der Karolingerzeit (Person und Gemeinschaft im Mittelalter. Festschr. K. Schmid zum 65. Geburtstag, edd. G. Althoff/G. Geuenich u. a.), Sigmaringen 1988, S. 171 ff. – Zelzer, K.: Von Benedikt zu Hildemar. Zur Textgestalt und Textgeschichte der Regula

Benedicti auf ihrem Weg zur Alleingeltung, in: FMSt 23 (1989), S. 112 ff. – GEUENICH, D.: Gebetsgedenken und anianische Reform. Beobachtungen zu den Verbrüderungsbeziehungen der Äbte im Reich Ludwigs des Frommen, in: Monastische Reformen im 9. und 10. Jahrhundert (VuF 38), edd. R. Kottje/H. Maurer, Sigmaringen 1989, S. 79 ff. – PARISSE, M.: Art.: Kanonissen, in: LdM 5 (1990), Sp. 907 f. – SCHIEFFER, R.: Art.: Kanoniker, in: LdM 5 (1990), S. 903 f. – SEMMLER, J.: Art.: Institutiones Aquisgranenses, in: LdM 5 (1990), Sp. 451 f. – DERS.: Benedikt von Aniane und die karolingische Reichsidee. Zur politischen Theologie des Frühmittelalters, in: (ed. Penco, G).: Cultura e spiritualità nella tradizione monastica (Studia Anselmiana 103), Rom 1990, S. 76 ff. – ANGENENDT, A.: Frühmittelalter, S. 364 ff., 401 ff. – MUSCHIOL, G.: Famula Dei. Zur Liturgie in merowingischen Frauenklöstern (BGAM 41), Münster 1994. – SEMMLER, J.: Benediktinische Reform und kaiserliches Privileg. Die Klöster im Umkreis Benedikts von Aniane, in: Società, istituzioni, spiritualità. Studi in onore di Cinzio Violante (Collectanea 1), Spoleto 1994, S. 787 ff. – DE JONG, M.: Carolingian Monasticism: The Power of Prayer, in: McKitterick, R. (ed.): The New Cambridge Medieval History, II, Cambridge 1995, S. 622 ff. – GEUENICH, D.: Kritische Anmerkungen zur sogenannten „anianischen Reform" (Mönchtum, Kirche, Herrschaft 750–1000. Festschr. J. Semmler zum 65. Geburtstag, edd. D. Bauer/R. Hiestand u. a.), Sigmaringen 1998, S. 99 ff. – SCHILP, TH.: Norm und Wirklichkeit religiöser Frauengemeinschaften im Frühmittelalter. Die „Institutio Sanctimonialium Aquisgranensis" des Jahres 816 und die Problematik der Verfassung von Frauenkommunitäten (VMPIG 137) (Studien zur Germania Sacra 21), Göttingen 1998. – v. SEVERUS, E.: Benedikt von Aniane/Kornelimünster, in: Die Reformverbände und Kongregationen der Benediktiner im deutschen Sprachraum, in: Germ. Ben. I (1999), S. 33 ff. – DE JONG, M./ERHART, P.: Monachesimo tra i Longobardi e i Carolingi, in: Il futuro dei Longobardi. L'Italia e la costruzione dell'Europa di Carlo Magno. Saggi (edd. C. Bertelli/C. P. Broglio), Mailand 2000, S. 105 ff. – DUNN, M.: Emergence of Monasticism. From the Desert Fathers to the Early Middle Ages, Oxford 2000. – FELTEN, F. J.: Wie adelig waren Kanonissenstifte (und andere weibliche Konvente) im frühen und hohen Mittelalter?, in: Studien zum Kanonissenstift (ed. I. Crusius) (VMPIG 167, Studien zur Germania Sacra 24), Göttingen 2001, S. 39 ff. – DERS.: Auf dem Wege zu Kanonissen und Kanonissenstift. Ordnungskonzepte der weiblichen *vita religiosa* bis ins 9. Jahrhundert, in: Europa und die Welt in der Geschichte. FS zum 60. Geburtstag für Dieter Berg (edd.) R. Averkorn u. a.), Bochum 2004, S. 551 ff. – SEMMLER, J.: Monachus – clericus – canonicus. Zur Ausdifferenzierung geistlicher Institutionen im Frankenreich bis ca. 900, in: Frühformen von Stiftskirchen in Europa … Festgabe f. Dieter Mertens z. 65. Geburtstag (Schriften zur südwestdeutschen Landeskunde 54 [2005]), S. 1 ff. – FELTEN, F. J.: Frauenklöster in Frankenreich. Entwicklungen und Probleme von den Anfängen bis zum frühen 9. Jahrhundert, ebda., S. 31 ff. (mit Überblick über die Forschungen zu den frühen Frauenklöstern). – ZIELINSKI, H.: Kloster und „Stift" im langobardischen und fränkischen Italien, ebda., S. 97 ff. – SCHILP, TH.: Die Wirkung der Aachener „Institutio Sanctimonialium" des Jahres 816, ebda. S. 163 ff. – FOOT, S.: Monastic Life in Anglo Saxon England, 600–900, Cambridge 2006. – BODARWÉ, K.: Eine Männerregel für Frauen. Die

Adaption der Benediktregel im 9. und 10. Jahrhundert, in: Female *vita religiosa*, S. 235 ff. – Dell'Omo, M.: Il monachesimo carolingio dopo Benedetto d'Aniane († 821), in: Studia Monastica 24 (1982), S. 349 ff. – Macht des Wortes. Benediktinisches Mönchtum im Spiegel Europas (edd. G. Sitar/M. Kroker), Bd. I, Essays. (Publ. anlässlich der Ausstellung: Macht des Wortes ...in der Benediktinerabtei St. Paul im Lavanttal, Kärnten. 26. Apr. – 8. Nov. 2009), Regensburg 2009. – Kettemann, W.: Der Siegeszug der Benediktregel – Benedikt von Aniane, ebda. S. 83 ff. – Dell'Omo, M.: Storia (2011), S. 91 ff. (B. von Aniane). – Melville, G.: Die Welt, S. 42 ff. – Rosé, I.: Fondations et réformes à l'époque carolingienne, in: Monachesimi d'Oriente e d'Occidente nell'Alto Medioevo (Spoleto 31 marzo – 6 aprile 2016) (Atti delle Settimane LXIV), Spoleto 2017, S. 397 ff. – Fonseca, C. D.: Monaci e canonici alla ricerca di una identità: Il crogiuolo aquisgranense, ebda., S. 1119 ff. – Dartmann, Ch.: Die Benediktiner, S. 73 ff.

4. Die Großklöster des 9./10. Jahrhunderts: eine Typologie

◊ (Quellen): Notitia de servitio monasteriorum, a. 819 (ed. P. Becker), CCM I (1963), S. 483–499. – Das Polyptichon von Saint-Germain-des-Prés. Studienausgabe (edd. D. Hägermann/K. Elmshäuser/A. Hedwig), Köln 1993. – Statuta seu Brevia Adalhardi abbatis Corbeiensis (ante 826) (ed. J. Semmler), CCM I (1963), S. 357–408. – Capitulare de villis. Cod. Guelf. 254 Helmst. der Herzog August Bibliothek. (ed. C. Brühl), Wolfenbüttel 1971. – (Zum Klosterplan von St. Gallen): Horn, W./Born, E.: The Plan of St. Gall, Berkeley 1979. – Der St. Galler Klosterplan. Faksimile, Begleittext, Beischriften und Übersetzung. Mit einem Beitrag v. Ernst Tremp (edd. Stiftsbibl. St. Gallen/E. Tremp), St. Gallen 2014.

a) Gesteigerter Gebetsdienst

◊ (Literatur): Angenendt, A.: Frühmittelalter, S. 401 f., 403 ff., 414 – Dartmann, Ch.: Die Benediktiner, S. 146 ff. (Stundenliturgie), S. 152 ff. (Stellvertretendes Beten u. Memoria), S. 159 ff. (Gebetsverbrüderungen), S. 163 ff., 282 (Heiligen- und Reliquienverehrung).

b) Grundbesitz (Bewirtschaftung – Verwaltung)

◊ (Literatur): Schmitz, Ph: Geschichte II, S. 13 ff. – Hubert, J.: Saint Riquier et le Monachisme bénédictin en Gaule a l'époque carolingienne (Settimana di Studio IV: Il Monachesimo nell'Alto Medioevo e la formazione della civiltà occidentale, 8–14 apr. 1956, Spoleto), Spoleto 1957, S. 293 ff. – Metz, W.: Das Karolingische Reichsgut. Eine verfassungs- und verwaltungsgeschichtliche Untersuchung, Berlin 1960, S. 220 ff. – Verhulst, A. E/Semmler, J.: Les statuts d'Adalbert de Corbie de l'an 822, in: Le Moyen Age 68 (1962), S. 91–123, 233–269. – Kuchenbuch, L.: Bäuerliche Gesellschaft und Klosterherrschaft im 9. Jahrhundert. Studien zur Sozialstruktur der Familia der Abtei Prüm,

Wiesbaden 1978. – ANGENENDT, A.: Frühmittelalter, S. 413 ff. – RÖSENER, W.: Die Bauern in der europäischen Geschichte, München 1993. – SCHREINER, K.: Grundherrschaft. Ein neuzeitlicher Begriff für eine alte Sache, in: Strukturen und Wandlungen der ländlichen Herrschaftsformen vom 10. bis zum 13. Jahrhundert. Deutschland und Italien im Vergleich (edd. G. Dilcher/C. Violante), Berlin 2000, S. 69 ff. – KUCHENBUCH, L.: Abschied von der ‚Grundherrschaft'. Ein Prüfgang durch das ostfränkische-deutsche Reich 950–1050, in: ZRG GA 121 (2004), S. 1 ff. – DARTMANN, CH.: Die Benediktiner, S. 238 ff., 244 ff., 251 ff. (Kritik an Krisentheorie bezüglich des Spätmittelalters).

c) Gebäudebestand

◊ (Literatur): SCHMITZ, PH.: Geschichte II, S. 13 ff. – VERHULST, A.E/SEMMLER, J.: Les statuts d'Adalbert de Corbie de l'an 822, in: Le Moyen Age 68 (1962), S. 91–123, 233–269. – HORN, W./BORN, E.: The Plan of St. Gall, Berkeley 1979. – ANGENENDT, A.: Frühmittelalter, S. 410. – SOMMA, M. C.: I Cantieri monastici, in: Monachesimi d'Oriente e d'Occidente nell' Alto Medioevo (Settimane LXIV di Spoleto, 31 marzo – 6 apr 2016) (Atti delle Settimane LXIV), Spoleto 2017, S. 589 ff. – SENNHAUSER, H. R.: Progetto – Disegno – Realisazzione: La pianta di San Gallo e la basilica dell'abbate Gozbert (816–837), ebda., S. 667 ff. – Vgl. DARTMANN, CH.: Die Benediktiner, S. 17 ff. (Architektur), S. 175 ff. (Kirchenbau/Stil), S. 179 ff. (Ausstattung), S. 186 ff. (Altäre), S. 188 (Kunsthandwerk), S. 283 f. (Lit.).

d) Sozial- und Rechtsverhältnisse

◊ (Literatur): SCHMITZ, PH.: Geschichte II, S. 13 ff. – VERHULST, A. E/SEMMLER, J.: Les statuts d'Adalbert de Corbie de l'an 822, in: Le Moyen Age 68 (1962), S. 91–123, 233–269. – KUCHENBUCH, L.: Bäuerliche Gesellschaft und Klosterherrschaft im 9. Jahrhundert. Studien zur Sozialstruktur der Familia der Abtei Prüm, Wiesbaden 1978. – ANGENENDT, A.: Frühmittelalter, S. 413 ff., 416 ff. – HELVETIUS, A.-M.: L'organisation des monastères féminins à l'époque mérovingien, in: Female *vita religiosa*, S. 154 ff.

e) Versorgung der *famila* – *caritas*

◊ (Literatur): BERLIÈRE, U.: La familia dans les monastères bénédictins du Moyen-Age (Académie Royale de Belgique, Classe des Lettres / Mémoires 29 (1931), S. 1 ff. – DARTMANN CH.: Die Benediktiner, S. 104 f. (Beispiel Cluny im 12. Jahrhundert).

f) Handel und Gewerbe

◊ (Literatur): ANGENENDT, A.: Frühmittelalter, S. 413 ff., 416 ff. – DARTMANN, CH.: Die Benediktiner, S. 253 f.

g) Einbindung in die Herrschaft: *servitium regis*, Königsschutz, Abtwahlprivileg

◊ (Literatur): Prinz, F.: Klerus und Krieg im früheren Mittelalter. Untersuchungen zur Rolle der Kirche beim Aufbau der Königsherrschaft, Stuttgart 1975. – Weinrich, L.: Wala: Graf, Mönch und Rebell. Die Biographie eines Karolingers (Hist. Stud. 386), Lübeck/Hamburg 1963. – Felten, F. J.: Äbte und Laienäbte im Frankenreich. Studie zum Verhältnis von Staat und Kirche im früheren Mittelalter, Stuttgart 1985. – Kasten, B.: Adalhard von Corbie. Die Biographie eines karolingischen Politikers und Klostervorstehers (Studia humaniora 3), Düsseldorf 1986. – Kuchenbuch, L.: Die Klosterherrschaft im Frühmittelalter. Eine Zwischenbilanz, in: MGM 33 (ed. F. Prinz) Herrschaft und Kirche, Stuttgart 1988, S. 297–343. – de Jong, M.: Carolingian Monasticism. The Power of Prayer, in: The New Cambridge Medieval History, vol. 2 (c. 750–c. 900) (ed. McKitterick) (1995), S. 622 ff. – Wagner, H.: Zur ‚Notitia de servitio monasteriorum' von 819, in: DA 55 (1999), S. 417 ff. – Vogtherr, Th.: Die Reichsabteien der Benediktiner und das Königtum im hohen Mittelalter (900–1125), Stuttgart 2000. – Loré, V.: Monasteri, re e duchi: modelli di relazione fra VIII e X secolo, in: Monachesimi d' Oriente e d' Occidente (wie oben, zweites Kapitel, Bibliogr. 4, c), ebda., S. 947 ff. (zu Langobardenreich u. Benevent). – Andenna, G.: Monachesimo ed episcopato in Occidente tra VIII e XI secolo, ebda., S. 989 ff. – Iogna-Prat, D.: Église monastique et Église universelle: Le monachisme comme forme de renouvellement écclésiologique en Occident, ebda., S. 1087. – Dartmann, Ch.: Die Benediktiner, S. 212 ff., 216 ff., 222 ff., 226 ff.

h) Symbiotische Gemeinschaften

◊ (Literatur): Hilpisch, St.: Doppelklöster. Entstehung und Organisation (BGAM 15), Münster 1928. – Ders.: Benediktinerinnen, S. 31 ff., 48. – Schmitz, Ph.: Histoire VII (Les moniales), S. 47 ff. (Doppelklöster); S. 61 ff. (Kanonissen). – Lunardi, G.: Art.: Benedettine, in: DIP I, Sp. 1224. – Hilpisch, St./v. Severus, E.: Art.: Monastero doppio, in: DIP 6 (1980), Sp. 51 f. – Parisse, M.: Les nonnes au Moyen Age, Le Puy 1983. – Ders.: Art.: Doppelklöster, in: LdM 3 (1985), Sp. 1257 f. – de Vogüé, A.: Sanctimoniales (300–700 après J.-C.), in: Ders.: Regards sur le monachisme des premiers siècles. Receuil des articles, Rom ^{2}2000, S. 41 ff. – Haarländer, St.: Symbiotische Konvente männlicher und weiblicher Religiosen. Konzeption und Realität einer umstrittenen Lebensform im Hoch- und Spätmittelalter, Mainz 2003 (Habil./masch., 237 S.), S. 53 ff. (Forschungsstand u. Lit.). – Rocca, G.: Art.: Sanctimoniales, in: DIP 10 (2003), Sp. 730 (Lit.). – de Kegel, R.: Vom „ordnungswidrigen Übelstand"? Zum Phänomen der Doppelklöster bei Prämonstratensern und Benediktinern, in: RoJKG 22 (2003), S. 47 ff. – Haarländer, St.: Doppelklöster und ihre Forschungsgeschichte, in: (ed. E. Klueting): Fromme Frauen – Unbequeme Frauen? Weibliche Religiosität im Mittelalter (Hildesheimer Forschungen 3), Hildesheim 2006, S. 27 ff. – Dies.: *Innumerabiles populi de utroque sexu confluentes* […]. Klöster für Männer und Frauen im frühmittelalterlichen Irland, in: Female *vita regularis*, S. 137 ff.

Drittes Kapitel
Die älteren Reformen des 10. bis 11. Jahrhunderts

1. Cluny

a) Anfänge

Zeitverhältnisse

Die Klosterreformen unter Ludwig d. Fr. waren kaum ein Jahrhundert alt – nach mittelalterlicher Lebenserwartung die Periode gerade dreier Generationen –, als eine weitere, im Lichte ihrer Wirkungsgeschichte kaum weniger bedeutende monastische Erneuerungswelle, diesmal von Burgund her, ihren Ausgang nahm. Die Ursachen zu diesen Neuerungen lagen zum einen in allgemeinen Zeiterscheinungen zu Anfang des 10. Jahrhunderts, in Verhältnissen, die auch Klostergemeinschaften zu schaffen machten: einem allenthalben fortschreitenden Verfall der Gemeinschaften, verursacht durch die Auflösung der karolingischen Teilherrschaften in Westeuropa und den folgenden, zahlreichen Raub- und Zerstörungszügen durch Normannen, Ungarn und Sarazenen, denen zahllose, wenig befestigte und meist einsam gelegene Klöster willkommene Beute wurden.

Darüber hinaus schien die Mehrzahl der Gemeinschaften grundsätzlich reformbedürftig, ein Zustand, der durch ein gleichsam systemisches Problem verursacht war: der ständigen Einflussnahme auf die Gemeinschaften von außen – auf Abtswahl und Wirtschaftsführung im Besonderen – durch Diözesanbischöfe, Stifter oder auch Laienäbte (deren Einflüsse nach jüngeren Forschungen allerdings differenzierter und nicht ausschließlich verheerend einzuschätzen sind).

Hinter dem Zugriff durch Laien von außen standen allerdings nicht nur Willkür und Machtmissbrauch, sondern auch jene, in der Karolingerzeit zur vollen Ausbildung gelangte ältere Rechtsvorstellung von einem stifterspezifischen „Eigenkirchenrecht“, eine Rechtsauffassung und -praxis, welche die karolingischen Reformer – unbestritten aller sonstiger Unterstützung der Gemeinschaften – für die Reichsklöster keineswegs beseitigt, vielmehr durch eine forcierte Instrumentalisierung derselben für die Königsherrschaft bewusst noch verstärkt hatten. So erklärt es sich, dass die Bemühungen um Beseitigung des Außeneinflusses schließlich – ohne dabei andere, spirituell-asketische Anliegen übersehen zu wollen – eines der ersten unter den Reformanliegen Clunys war.

Gründungsumstände

Die burgundische Gemeinschaft von Cluny, nordwestlich von Mâcon gelegen, war am 11. Sept. 909 (910?) von Wilhelm III. (dem Frommen), Herzog von Aquitanien (und Graf von Mâcon), zusammen mit seiner Ehefrau unter dem Doppelpatrozinium der Apostelfürsten Petrus und Paulus gegründet worden. Zum Abt hatte man Berno von Baume bestimmt, der sich – zu diesem Zeitpunkt bereits Vorsteher mehrerer Klostergemeinschaften – vermutlich in der Tradition Benedikts von Aniane sah. Die Gemeinschaft war strikt auf die *Regula Benedicti* verpflichtet und besaß die Garantie der freien Wahl ihres Vorstehers.

Als Motiv der Stiftung wird, wie in solchem Kontext üblich, zunächst die Sorge um das Seelenheil des Stifterpaares genannt. Darüber hinaus – dies allerdings eher unüblich – wird aber noch das weitere soziale und politisch-herrschaftliche Umfeld des Stifterpaares in das Motiv der Stiftung mit einbezogen: König Odo (von Paris, der Lehnsherrn Wilhelms), die Eltern des Stifters, dessen weitere *familia* samt aller Untergebenen, vornehmlich aber die verstorbene Schwester des Stifters, Ava(na) – aus ihrem Erbe war das Stiftungsgut durch Testament an Wilhelm gekommen –, sowie schließlich alle lebenden und künftigen rechtgläubigen Christen.

Über die Memorialstiftung hinaus enthält die Urkunde einige Festschreibungen, die in der älteren Forschung nicht nur als spielerische Abweichungen vom zeitüblichen Formular, vielmehr als Fundament bereits eines spezifischen Reformprogramms in Cluny verstanden worden sind. Gemeint sind zwei, den künftigen Rechtsstatus der Gemeinschaft begründende Garantien: Zum einen die Unterstellung der Gemeinschaft unter den Schutz Roms – genauer: in die *tuitio* der Apostelfürsten Petrus und Paulus sowie unter die *defensio* des Papstes –, ein Schutzverhältnis, für dessen Anerkennung alle fünf Jahre 10 Solidi an Rom zu zahlen waren; zum anderen der Verzicht auf alle Besitz- und Rechtsansprüche gegen die Gemeinschaft – die Abtswahl einbegriffen – seitens des Stifters selbst und seiner Verwandtschaft, seitens des Königs und seiner Beauftragten wie schließlich auch seitens aller anderen weltlichen Machtträger. – Jeder Zugriff auf den Bestand der Gemeinschaft stand unter höchster kirchlich-geistlicher Strafe, eine Warnung, die sich an die Adresse aller weltlichen Großen, vornehmlich die Grafen, aber auch an die Bischöfe, ja sogar an den Papst selbst richtete.

Die Unterstellung unter Rom begründet ein Schutzverhältnis, das die Gemeinschaft dem weltlichen Arm mit seinen Möglichkeiten (zu Schutzgewährung wie Zugriff) entzog und an dessen Stelle eine neue, durch den Papst garantierte Freiheit (*libertas*) setzt. Freilich handelt es sich bei dieser „Freiheit" um einen spirituell überhöhten Rechtsanspruch, zu dessen Verteidigung im Ernstfall ja kein (militärischer) Schutz existierte, ein Zustand, der folglich zu Recht als „Freiheit ohne Schutz" bezeichnet worden ist (Wollasch, J.: Licht der Welt, S. 19ff.).

Die Gründungsurkunde, von der eine moderne Edition bis heute fehlt, obgleich das Phänomen Cluny seit Generationen die Forschung intensiv beschäftigt hat, galt lange Zeit als Charta gleichsam eines bereits umfassenden, detailliert ausgearbeiteten cluniazensischen Reformprogramms gleich von der Gründung an. Neuere, detaillierte Untersuchungen im weiteren Umfeld allerdings lassen erkennen, dass sowohl die Unterstellung unter Rom wie der Verzicht auf jedes eigenkirchliche Recht an der Gemeinschaft seitens des Stifters und seines Umfeldes nicht schon als Echo programmatischer, antifeudaler, gegen das Eigenkirchenrecht gerichteter, systemverändernder Überlegungen zu verstehen sind. Der Versuch in Teilen der Forschung, Cluny von Anfang an ein umfassendes, systemveränderndes Reformprogramm zu unterstellen, führt an den historischen Anfängen dieser Gemeinschaft vorbei. Für den Verzicht des Stifters auf eigenkirchliche Rechte – Privilegien dieser Art sind im Übrigen bereits vor dem Beispiel Cluny im 9. Jahrhundert belegt – lag das Motiv wohl eher in der Sorge um die langfristige Sicherung des Stiftungszweckes, eine Vorsicht, die im vorliegenden Falle angebracht schien angesichts des Umstandes, dass Wilhelm erkennbar auch in Zukunft kinderlos bleiben, die Stiftung also unter familienfremde Verfügung geraten werde, und folglich die Gefahr bestand, dass unter einem neuen Eigenherrn der Stiftungszweck vernachlässigt oder gar vergessen werde könnte. Dass es sich bei dem Verzicht des Stifters auf jede weitere Einflussnahme, nicht um die programmatische und spektakuläre Aufkündigung des zeitüblichen „Eigenkirchenrechtes" – also gleichsam um einen Akt von weltgeschichtlicher Bedeutung – handelte, wird außerdem durch die Beobachtung bestätigt, dass auch die Äbte von Cluny weiterhin ganz selbstverständlich als Eigenkirchenherren agierten (was nicht nur im Falle Bernos zu beobachten ist, der in seinem berühmten Testament die Vergabe der sechs Klöster, die ihm schließlich unterstanden – darunter bekanntlich auch Cluny – ganz und gar nach traditionellem Muster als Eigenkirchenherr regelte).

Auch die Schutzunterstellung unter Rom war noch kein gezielter Schritt in der Absicht zu einem übergreifenden Reformkonzept. Zwar ist die Zahl solcher Privilegien im Zeitumfeld noch selten, aber dieser Privilegientypus ist auch schon vor Cluny für Klöster des 9. Jahrhunderts bereits belegt (Aurillac, Vézelay, Pothières), ohne dass sich in diesen Gemeinschaften eine Entwicklung angebahnt hätte, die derjenigen in Cluny vergleichbar gewesen wäre.

Im Übrigen legen neuere Untersuchungen nahe, die Bedeutung der Gemeinschaft in ihrer Frühzeit – d. h. bis zum Amtsantritt des zweiten

Abtes Odo (927–942) – zu redimensionieren, eine Einschätzung, die ihre Begründung zudem in den anfänglich durchaus bescheidenen Verhältnissen der jungen Stiftung, ihrer noch geringen Zahl an Mitgliedern sowie der keineswegs schon üppigen Grundausstattung findet.

Überhaupt haben jüngere typologische Untersuchungen gravierende Zweifel an der dokumentarischen wie der historiographischen Überlieferung Clunys im Ganzen – und im Besonderen zur Überlieferung der Frühgeschichte – vorgebracht durch den Nachweis, dass es sich bei der gesamten, soweit nicht im Original, sondern in Chartularabschriften erhaltenen, Überlieferung des Konvents um eine Überarbeitung der Dokumentation aus der Mitte des 11./Anfang des 12. Jahrhunderts handelt, genauer also aus den Zeiten der großen Äbte Hugo von Semur (1049–1109) und Petrus Venerabilis (1122–1157), ausgeführt offensichtlich, um auf dem Höhepunkt des Einflusses und des Ansehens (unter Hugo) bzw. schon in Verteidigungsstellung gegen die Zisterzienser (Bernhard von Clairvaux) eine geschlossene Gesamtsicht der eigenen Geschichte zu vermitteln. Die Diskussion um diese Probleme scheint erst eröffnet. Nach kritischer Edition der Texte dürfte noch manche Korrektur zu erwarten sein, auch für die Gründungs- und die Frühgeschichte Clunys.

Unberührt von den hier noch zu erwartenden neuen Ergebnissen bleibt allerdings die Erkenntnis, dass es in Cluny kein grundlegendes, umfangreiches Reformkonzept von Anfang an gab für die später dann innovative, programmatische und unbestreitbar epochemachende Entwicklung als Reformzentrum. Man hat es hier – wie häufig im Falle komplexer historischer Phänomene – nicht mit einem Meisterplan von Anfang an, vielmehr mit einer allmählichen Entwicklung zu tun.

b) Aufstieg zum Reformzentrum

„Reformlizenz“, Exemtionsprivileg, Schutz vor Exkommunikation und Interdikt

Die Geschichte Clunys als bedeutendes Reformzentrum beginnt mit Abt Odo (927–942), dem Nachfolger Bernos. Unter ihm reifte offensichtlich erst der Plan zu einer umfassenden Reform, eine Vermutung, die durch mehrere Beobachtungen gestützt wird: seinen in den Werken wie in der Vita aufscheinenden, auf Erneuerung drängenden, asketisch-vorbildlichen Charakter; seine hingebungsvolle Reformarbeit in Italien, vornehmlich in den Klöstern Roms unter Alberich; seine in ansteigenden Urkundenzahlen sich spiegelnden Bemühungen um erhebliche Besitzerweiterungen des Klosters; sein Erwerb von je sieben Papst- und Königsurkunden, für eine geistliche Institution ein einmaliger und spektakulärer Vorgang in diesen

Zeiten. Behält man jedoch die spätere Geschichte Clunys im Auge, so lag neben diesen unbestrittenen frühen Verdiensten der entscheidende Schritt in der sogenannten „Reformlizenz", einem Privileg, das Odo im Jahre 931 von Papst Johannes XI. erworben hatte. Darin wird – neben Bestätigung der Gründungsurkunde – Cluny gestattet, alle Klöster zu übernehmen oder zumindest zu betreuen, die sich, mit der Absicht zur Reform (*ad meliorandum*), aus eigenen Stücken unterstellen wollten. Darüber hinaus durfte die Reformzentrale jedes Mitglied einer anderen Gemeinschaft, sofern es sich der Reform anschließen wollte, aufnehmen, auch wenn dessen eigener Abt sich dagegen sträubte. Mit dieser „Reformlizenz" war die legitime Grundlage zum „aktiven" Aufbau eines Reformverbandes gegeben. Und durch die so gewährte Möglichkeit zu reformerischer Selbstinitiative unterschied sich die Reform von Cluny auch von der älteren „anianischen" (Hiestand, Einige Überlegungen, S. 308).

Die Äbte in der Nachfolge Odos setzten dessen Linie fort, vermehrten stetig den Besitz, sicherten und erweiterten ihre Privilegien. Besondere Bedeutung kam dabei dem Privileg mit der vollen Exemtion vom Ortsbischof zu, das Abt Odilo 998 von Papst Gregor V. erwirkte und – nach langen Auseinandersetzungen – die Befreiung von den Ansprüchen des (Orts-)Bischofs von Mâcon garantierte. (Für den Ordinarius bedeutete dies vornehmlich Introitusverbot und Verbot liturgischer Handlungen einschließlich aller Weihekompetenzen; für Cluny hingegen Garantie des Wahlrechts auf den Konsekrator.) 1024 wurde dieses Privileg durch Papst Johannes IX. auf den gesamten Verband ausgedehnt, zusammen mit einem Exkommunikations- und Interdiktsverbot gegenüber allen Klöstern und Prioraten Clunys sowie deren Mönchen, unabhängig von ihrem Aufenthaltsort. In der Folgezeit wurden diese Privilegien durch Rom – u. a. durch Gregor VII. († 1085), Urban II. († 1099, selbst Prior in Cluny einst) und Paschalis II. († 1118) – erneuert, teilweise auch erweitert, was allerdings wieder und wieder zu Konflikten mit dem Ortsbischof von Mâcon führte.

Die langen Abbatiate

Die 200 Jahre zwischen dem ersten Drittel des 10. und dem ersten Drittel des 12. Jahrhunderts dürfen als die Blütezeit Clunys gelten, als Periode, in der die Gemeinschaft als Mittelpunkt monastischer Reformen und als spirituelles Zentrum der westlichen Christenheit galt. Zur Stabilität dieser Entwicklung trugen wesentlich zwei weitere Umstände bei. Einmal die – mit der *RB* durchaus nicht konforme – Praxis, den zukünftigen Abt jeweils zu designieren und bisweilen auch bereits zu Lebzeiten des Vorgängers zu wählen. Zum andern ein historischer Zufall in Form einer Serie von außergewöhnlich langen, die Gemeinschaft stabilisierenden Abbatiaten:

Berno: 907–927; Odo: 927–942; Aimard: 942–ca. 954; Maiolus: 948–994; Odilo: 994–1049; Hugo: 1049–1109; Pontius: 1109–1122; Petrus (Venerabilis): 1122–1156. Vergleichsweise hatten in demselben Zeitraum mehr als 50 Nachfolger Petri den Bischofsstuhl von Rom inne, Nebenpäpste nicht mitgezählt.

c) Die Hoch-Zeit Clunys

Der Klosterverband (*ecclesia cluniacensis*)

Der Erfolg Clunys gründete auf organisatorischen wie spirituellen Neuerungen. In organisatorischer Hinsicht bleibt Cluny verbunden mit einer bahnbrechenden Neuerung, der Schaffung eines gestuften Verbandes unter zentraler Leitung, eine Organisationsform, die in der Geschichte des abendländischen Asketen- und Mönchtums so noch nicht existiert hatte. Legitimiert durch die „Reformlizenz" von 931, versuchte Cluny nämlich, jene Gemeinschaften, die sich der Reform (d. h. der Observanz) anschlossen, in ein hierarchisches Netz, die *ecclesia cluniacensis* einzubinden. In der Praxis ergaben sich dabei durchaus unterschiedliche Grade der Abhängigkeit von der Mutterabtei. Im Regelfall wurden die Klöster, die Cluny unterstellt waren, als Priorate geführt, d. h. als Gemeinschaften, an deren Spitze ein Prior stand, der (als Abtstellvertreter) unmittelbar dem Abt in Cluny unterstellt blieb. Die hier erscheinende „Prioratsverfassung" – von Hallinger seinerzeit fälschlicherweise als Alleinstellungsmerkmal Clunys verstanden – bedeutete „unmittelbare" Unterstellung unter die Mutterabtei Cluny, eine Form der Einbindung, die bei Neugründungen unproblematisch, bei Übernahmen bestehender, bis dato aber selbständiger Gemeinschaften eine Statusminderung bedeutete. (Eine Ausnahme bildeten die fünf sogenannten „Großpriorate": Charité-sur-Loire, St.-Martin-des-Champs [Paris], Souvigny, Sauxillages und St. Pankraz [Lewes, England]. Sofern später im Rang erhöht, wurden sie selbst wiederum Mutterabteien anderer Priorate.)

Neben dem Regelfall der „unmittelbaren" Unterstellung kannte die Praxis – infolge unterschiedlichen Gewichts der einzelnen Abteien durch Besitz, geistlichen Einfluss und historisches Ansehen – noch zwei weitere Formen „mittelbarer" Zuordnung, wobei der bisherige Abt jeweils an der Spitze verblieb. In diesen Fällen handelte es sich dann entweder um ein bloßes „Ehrenabbatiat" mit einigen Sonderrechten, letztlich also um einen Abt in der Funktion eines Priors. Man spricht hier dann auch von „inkorporierten" Abteien. Oder es war der Fall gegeben, dass der alte Abt in voller Kompetenz an der Spitze verblieb, wobei sich Cluny dann aber zumindest ein Mitspracherecht bei der Abtswahl vorbehielt, um das Reformziel zu garantieren. (Bei dieser Form der „unmittelbaren“ Unterstellung – praktiziert nur im Falle von bedeutenden Abteien mit großem Grundbesitz und weitem Machtbereich – spricht man dann von „kontrollierten“ bzw. „überwachten“ Abteien.)

Der Abt von Cluny war der Vorsteher aller Gemeinschaften, die sich im Namen der Reform dem Verband angeschlossen hatten. Seine Kompetenzen umfassten dabei ein weites Spektrum geistlicher, kirchenjuristischer wie innerklösterlicher Ordnungs- und Entscheidungsvollmachten. Abgesehen von der vollen Befugnis über seine Gemeinschaft im Hauptkloster Cluny, kam ihm innerhalb des gesamten Verbandes – um nur einige Beispiele zu erwähnen – zu, die Prioren zu ernennen oder abzusetzen; im Falle der „inkorporierten“ Gemeinschaften nahm er zumindest ein Mitspracherecht bei der Wahl des Abtes wahr (der ihm einen Treue- und Gehorsamsschwur zu leisten hatte); er entschied über die Zulassung zur Profess, die von allen Mitgliedern des Verbandes feierlich in Cluny abzulegen war; er konnte Mönche jederzeit in ein anderes Kloster versetzen; er führte Visitationen durch u. a. m. Wenn auch einige seiner Kompetenzen über den Verband im Laufe der Zeit eingeschränkt worden sind – später auch jederzeit ein Vertreter des Abtes ernannt werden konnte –, so blieben die Machtbefugnisse des Abtes von Cluny über den Verband in den ersten Jahrhunderten beinahe unbeschränkt. In einer Satire zu Anfang des 11. Jahrhunderts, im *Carmen ad Robertum* aus der Feder Bischof Adalberos von Laon (ca. 1027/30), wird der Abt von Cluny bezeichnenderweise denn auch ironisch-kritisch als „König der Mönche“ bezeichnet.

Der Erfolg Clunys lässt sich unmittelbar an der wachsenden Mitgliederzahl des Mutterkonventes wie an der raschen Verbreitung des Gesamtverbandes über beinahe ganz Westeuropa ablesen. Unter Abt Berno dürfte der Gründungskonvent in Cluny zunächst kaum mehr als ein Dutzend Mönche umfasst haben. Unter Odilo rechnet man dagegen bereits mit 100, unter Hugo schon mit 300 und unter Petrus Venerabilis gar mit etwa 400 Mitgliedern.

Der Verband zählte unter Odo († 942) an die 20 inkorporierte Gemeinschaften und neu gegründete Priorate, unter Maiolus († 944) 37, unter Odilo (Abt um 1005) etwa 65, auf dem Höhepunkt Clunys unter Abt Hugo (Abt um 1100) waren es mehr als 1150, verteilt über die Königreiche Frankreich und Burgund, über Italien, Nordspanien, Südengland, Irland und selbst Skandinavien, während das Deutsche Reich ausgespart blieb, ein Faktum, dessen Ursachen weiter unten (S. 112) zur Sprache kommen werden. Mit dem Abbatiat des Petrus Venerabilis war der Höhepunkt der Entwicklung überschritten, unter seiner Leitung wurden lediglich noch vier neue Priorate gegründet.

Monastische Reformen: (*consuetudines*, Askese und Handarbeit, *Opus Dei*, extensive Liturgie, intensives Gebetsgedenken)

Die Attraktivität Clunys für die Stifter wie die Gemeinschaften selbst gründete allerdings nicht allein in einem bisher einzigartigen Verband, der von hervorragenden und außergewöhnlich lang regierenden Äbten über beinahe 200 Jahre konsequent und vorbildlich geführt worden ist. Der historische Erfolg der Reform von Cluny hatte tiefere Wurzeln und ist in einer besonderen, asketischen Spiritualität und in neuen Formen der Frömmigkeit zu suchen, die offensichtlich den Bedürfnissen der Zeit in besonderer Weise entgegenkamen. Was mit dem neuen Geist gemeint war, in dem Cluny die ehrwürdige *RB* nun verstand und lebte, lässt sich in den *consuetudines* (Gewohnheiten) erkennen, einer Sammlung von Erklärungen und Ergänzungen zur (grundlegenden) *RB*, die in drei Stufen entstanden und in mehreren Redaktionen ausgeführt sind: 1. Fassung unter Maiolus; 2. Fassung gegen Ende des 11. Jahrhunderts; 3. Fassung unter Petrus Venerabilis, dann bereits als Reaktion auf die Kritik aus Clairvaux. Diese Texte – sie treten als Ausführungsbestimmungen sozusagen neben die *RB* als „Grundgesetz“ – enthalten vornehmlich Anweisungen zur alltäglichen liturgischen Praxis im Jahresablauf, geben aber auch manchen Einblick in Details des Alltags frei.

Im Lichte dieser *consuetudines* – sie zeigen deutliche Unterschiede zu den Observanzen von Gorze und Brogne, kennen aber keineswegs (auch dies gegen Hallingers Überzeichnungen) „militante“ Reformgegensätze zur lothringischen Reform – lässt sich erkennen, dass man in Cluny keine rigorose Askese praktizierte. Die asketisch begründete Abtötung und Vernachlässigung des Körpers wurden in Cluny nicht ins Extrem getrieben: Zweimal täglich sollte man sich die Hände waschen, alle drei Wochen sich rasieren lassen, fünfmal jährlich ein Vollbad nehmen. Im Essen sollte man sich an die *RB* halten, darüber hinaus jedoch häufigere Abwechslung in den Speisen gestatten. Auch im Fasten und bei Nachtwachen sollte nicht übertrieben werden, jeder individuelle Ehrgeiz zu asketischen Leistungen war untersagt. Hinter solch maßvoller Vorstellung stand nämlich die Erfahrung vom notwendigen Gleichgewicht in den asketischen Übungen, sollte ein solches Leben auf Dauer gelingen. Denn schließlich ist zu konzentriertem Beten – wie beim Chordienst etwa – nicht mehr fähig, wer durch übermäßiges Fasten geschwächt, von Müdigkeit übermannt wird.

Darüber hinaus lässt sich in den *consuetudines* erkennen, dass Handarbeit für die Mönche zwar nicht völlig verschwand, aber doch zusehends in den Hintergrund trat zugunsten verstärkten Gebetsdienstes und einer mehr und mehr ausladenden Liturgie (was später zu fundamentaler Kritik seitens der Zisterzienser führen sollte). Unter Odo betete man 138 Psalmen täglich, später 215 (was die Vorstellungen Benedikts von Aniane bei weitem überstieg). Hinzu kam eine ausladend gefeierte Liturgie. Zahlreiche und aufwendig gestaltete Prozessionen – zunächst innerhalb der Kirche, dann im weiteren Klosterbereich und schließlich auch jenseits der Klostermauern –, feierliche Messen und lange Stundengebete traten in den Vordergrund, wurden zunehmend zur Hauptaufgabe der Gemeinschaft. Im Vollzug dieses, von den Zeitgenossen bewunderten *Opus Dei* sah Cluny eine seiner innersten Bestimmungen. Neben Rom verstand man sich als Zentrum der Christenheit, als Ort, wo beispielhaft und stellvertretend für die Christenheit vor den Augen der Welt das *Opus Dei* würdig und feierlich zelebriert wurde, und wo man in vorbildlicher Weise ein asketisches Leben führte.

Zu den zentralen Charakteristika Clunys zählte bekanntlich die (Selbst-)Verpflichtung zum Gebetsgedenken für die lebenden und verstorbenen Wohltäter. In umfangreichen Listen wurden die Namen Tausender von Wohltätern, Stiftern, Freunden festgehalten, für deren Seelenheil die Mönche – meist als vertraglich vereinbarte Gegenleistung von Stiftungen, die der Gemeinschaft zugedacht worden waren – täglich beteten oder sonstige Formen des *Opus Die* vollzogen. Diese Weise der Heilsvermittlung – auch die Einführung des Allerseelenfestes (*commemoratio omnium fidelium defunctorum*) für Cluny durch Abt Odilo 998 war von diesem Geist getragen – stand im Zentrum des Frömmigkeitslebens in Cluny, war Ursache für dessen Reichtum wie für sein geistliches Ansehen. Vom *ordo cluniacensis* – verstanden als geistlicher Verbund gleicher Observanzen (und nicht schon als zentralistisch geleiteter Verband), der sich der Welt öffnete, ging eine ungemeine Faszination aus, weil hier offensichtlich eine Antwort auf die Erlösungs- und Heilserwartungen der Zeitgenossen gefunden worden war.

Die Frauengemeinschaften

Angesichts einer solch dynamischen Gesamtentwicklung bleibt es erstaunlich, dass Frauengemeinschaften für die Reformer in Cluny zunächst offensichtlich außerhalb des Horizontes blieben. Erst unter dem sechsten Abt Hugo (von Semur, 1049–1109), als der Verband Mitte des 11. Jahrhunderts seine größte Verbreitung über Europa bereits erreicht hatte, wurde mit Marcigny-sur-Loire das erste Frauenpriorat gegründet (Weihe der Neugründung 1055). Mit der Gründung dieser Gemeinschaft auf Besitz des Abtes war mehrfaches beabsichtigt. Zunächst diente die Neugründung als eine Art Familienkloster und -grablege der Grafen von Semur, was erklärt, warum sich unter den lebenden wie unter den toten Gemeinschaftsmitgliedern so zahlreiche Angehörige der weiteren Familie des Abtes finden. Daneben aber zählte der Konvent in seinen Reihen zahlreiche weibliche Mitglieder aus den Familien der männlichen Protagonisten der Gemeinschaft in Cluny. Hier bestätigt sich eine weitere Absicht des Gründers, nämlich in Marcigny einen religiös-asketischen Zufluchts- und Auffangsort zu schaffen für jene Frauen, deren Männer verstorben waren oder sich für den Rest des Lebens (nach weltlicher Laufbahn) in ein Kloster zurückziehen wollten, eine Möglichkeit, wie sie bisher zwar für Männer, nicht aber für Frauen existierte. Der Umstand, dass darüber hinaus Marcigny – das schließlich auch eigene *consuetudines* für Frauen kannte – ein bevorzugter Rückzugspunkt weiblicher Angehöriger des mittleren und höheren Adels Westeuropas wurde, ohne dass es exklusiv zum Adelskloster geworden wäre, lässt schließlich vermuten, dass es sich hier möglicherweise auch um die erste Antwort Clunys auf das europaweite Phänomen eines steigenden Zustroms von Frauen zu asketischen Gemeinschaften handelte, ein Problem, das seit dem 12. Jahrhundert auch in anderen Orden zum Umdenken im Umgang mit einem weiblichen Zweig führte.

Mit dem Frauenkonvent von Marcigny begann die Geschichte der weiblichen Priorate des Verbandes von Cluny. Die Gemeinschaft umfasste bald an die 100 Mitglieder, und europaweit finden sich schließlich etwa 20 Frauenkonvente, die dem *mos Marciacensis monasterii* gefolgt sind. Dies allerdings darf immer noch als marginal bezeichnet werden angesichts von Hunderten von Männerklöstern, die europaweit zum Verband von Cluny zählten. Die Ursachen für eine solch ungleiche Entwicklung sind letztlich (noch) nicht klar. Möglicherweise lag ein Grund in der Tatsache, dass die Mehrzahl der Frauenpriorate erst nach der Mitte des 12. Jahrhunderts gegründet worden sind, zu einem Zeitpunkt, als der Verband, wie erwähnt, seinen Höhepunkt bereits überschritten hatte; möglicherweise spielte aber auch die mittlerweile starke Konkurrenz jüngerer Reformrichtungen hier eine entscheidende Rolle, die sich aufgrund eines anderen Selbstverständnisses Frauen gegenüber aufgeschlossener zeigten und folglich größeren Zulauf erhielten.

In Verfassung, Zuordnung zum Hauptkloster in Cluny und im asketischen Alltag unterschieden sich Marcigny und die anderen Frauenpriorate nicht von den Männergemeinschaften des Verbandes. Die Profess wurde auf den Abt von Cluny abgelegt, der die Priorin an der Spitze der Frauengemeinschaft bestimmte und dem die volle Jurisdiktion – d. h. auch das Visitationsrecht – über die Frauengemeinschaften zukam. Auch die Frauenklöster folgten einem streng asketischen Tagesablauf mit Stundengebeten, ausgedehnten liturgischen Feiern, Betrachtung und Handarbeit. Die strenge Klausur darf als selbstverständlich gelten.

Wie auch für andere Frauenkonvente häufig belegt, existierte ein kleines Männerpriorat in unmittelbarer Nähe, gedacht zur Stütze der Frauengemeinschaft, so dass man es hier dann mit einer symbiotischen Gemeinschaft, einer Variante des Doppelklosters, zu tun hatte, eine Konstruktion, die im 14. Jahrhundert aus disziplinarischen Gründen zu starken Zerwürfnissen mit dem Mutterkloster – bis hin zu einem Aufstand der Frauen in Marcigny – führte, nachdem ein Kapitelsbeschluss von 1336 die Aufhebung beschlossen hatte. (Schließlich gestatteten Kapitelversammlungen von 1314 und 1458, dass lediglich 2–3, in monastischer Führung tadellose, außerhalb wohnende Mönche für eng begrenzte Unterstützung in der Ökonomie, Verwaltung und der Seelsorge tätig sein durften.)

Clunys Bedeutung im Zeitgeschehen (*Treuga-Dei*, Kirchenreform, Investiturstreit)

Neben der Bedeutung Clunys als Zentrum weitreichender monastischer Erneuerungen ist in aller Kürze wenigstens auf die bedeutende Rolle hinzuweisen, welche die großen Äbte der Reformabtei als Gestalter in den kirchenpolitischen wie den herrschaftlichen Verhältnissen ihrer Zeit spielten. Durch häufige und weitläufige Reisen in Ausübung der Aufsichts- und Kontrollpflichten über die Gemeinschaften des Verbandes zwangsweise sozusagen von kosmopolitischem Charakter, wurden sie häufig auch von außen mit politischen oder allgemeinkirchlichen Missionen betraut und blieben – so etwa im Zusammenhang mit der *Treuga-Dei*-Bewegung (ohne hier allerdings selbst führend gewesen zu sein) – vornehmlich als Schlichter und Friedensstifter gefragt. Maiolus, Odilo und Hugo hatten enge Beziehungen zu den Päpsten wie zu den Herrscherhäusern der Ottonen und der Salier. Hugo, der Taufpate Heinrichs IV., erscheint schließlich gar als Vermittler zwischen Kaiser und Papst in Canossa, während sein ehemaliger Propst (Odo von Châtillon) 1088 als Urban II. den Papstthron bestieg.

Andererseits ist der Einfluss Clunys nicht zu überschätzen. Denn zur Kirchenreform des 11. Jahrhunderts und ihren Akteuren standen die Äbte von Cluny zwar vielfach in enger Beziehung, aber die Vorstellungen der Kirchenreformer – vornehmlich Gregors VII. – hinsichtlich notwendiger Veränderungen innerhalb der Kirche, vor allem aber hinsichtlich päpstlicher und königlicher Zuständigkeit bei Verleihung geistlicher Ämter – des zentralen Problems des Investiturstreites – waren nicht genuine Anliegen der monastischen Reformer. Auch war die von Cluny ausgehende Reform kein statischer Vorgang; vielmehr unterlag die Bewegung inneren Veränderungen, die zu Verlagerungen der monastischen Schwerpunkte zwischen den Generationen und dann zu Phänomenen führten, die – einst unter dem von Hallinger geprägten (umstrittenen) Begriff der „Jungcluniazenser“ gefasst – heute eher als „Cluny-nahe Reformen“ bezeichnet werden (vgl. unten, Hirsau, St. Blasien, Siegburg).

Die Bautätigkeit in Cluny

Die Selbsteinschätzung Clunys auf dem Höhepunkt seiner Entwicklung spiegelte sich in einer gigantischen Bautätigkeit.

Nach bereits zwei Neubauten der Kirche unter Berno (Weihe 915) und Maiolus (Weihe 981) wurde schließlich zwischen 1088 und 1130 (Abschlussweihe) jene dritte, herkömmliche Maße übersteigende Basilika (Cluny III) errichtet, die fünf Längs- und zwei Querschiffe, eine Vorkirche (erst 1225 vollendet), einen Kapellenkranz um die Apsiden, zwei West- und fünf Glockentürme umfasste. Das Ensemble übertraf in seinen Ausmaßen Alt-St. Peter und gab die würdige Bühne für eine ausladend inszenierte Liturgie ab. (In der Französischen Revolution als Steinbruch freigegeben, sind heute nur wenige Reste noch erhalten.)

d) Zeit des Niedergangs (Spätmittelalter)

Unter Abt Pontius (1109–1122) trübte sich das Verhältnis zu Rom, als Papst Calixt II. das Privileg zur freien Wahl des Abt-Konsekrators (bei Amtswechsel) auf das Mutterkloster Cluny einschränkte. Und schließlich setzte unter dem letzten großen Abt Petrus Venerabilis (1122–1156) dann Clunys langsamer, aber stetiger Abstieg ein. Die Ausbreitung des Verbandes stagnierte – unter Petrus wurden lediglich noch vier neue Priorate gegründet –, Tendenzen zur Verselbständigung regten sich innerhalb des Verbandes, der Eifer in den Klöstern ließ nach. Schließlich setzten auch die heftigen Angriffe der Zisterzienser ein – greifbar vornehmlich in den denkwürdigen Kontroversen zwischen Petrus Venerabilis und Bernhard von Clairveaux –, die in Geist und Praxis von Cluny eine Abirrung vom wahren Mönchtum nach der Regel Benedikts sahen. Gegen Ende des 12. Jahrhunderts schließlich fand man noch einmal zu einigen innovatorischen Maßnahmen im Versuch, den Abstieg aufzuhalten: der Einteilung des Verbandes in überschaubare, geographisch geordnete Provinzen; der Bestellung eines Abtstellvertreters für die Mutterabtei Cluny (*camerarius*), später der Berufung von Procuratoren in Rom, Avignon und am Königshof; der Einführung regelmäßiger Visitationen und der Verpflichtung zu General- und Provinzialkapitel nach dem Vorbild der Zisterzienser unter Gregor IX. (seit 1231); seit Beginn des 13. Jahrhunderts der langsamen Kompetenzerweiterung des Direktoriums zu einem gleichsam gleichwertigen, zweiten „Gremium an der Spitze des Verbandes neben dem Abt“ (Melville, S. 297), letztlich wohl der Versuch, ein genossenschaftliches Element in die monokratische Verfassung einzufügen. Doch all diese Versuche hielten den Verfall nicht auf, worüber auch das glänzende Zusammentreffen 1245 zwischen Ludwig IX. und Innozenz IV. in Cluny nicht hinwegtäuschen konnte. Der Bruch mit dem Papsttum folgte dann 1258, als Cluny seine Exemtion für ein Schutzprivileg König Ludwigs IX. aufgab (erneuert 1270), womit man sich aus dem Schutze Roms in die Abhängigkeit des französischen Königs und dessen politischer Verfügungsgewalt begeben hatte. Und dies war dann ein entscheidender Schritt zum Niedergang des Verbandes im Spätmittelalter (s. unten, S. 233ff). Doch ist die Observanz von Cluny auch dann noch nicht gänzlich aus der Geschichte verschwunden. Erst die Französische Revolution führte auch hier endgültig das Ende herbei.

e) Charakteristika Clunys (Forschungsstand)

Einige traditionelle Einschätzungen zur Reform von Cluny sind durch die jüngere Forschung mittlerweile modifiziert bzw. überholt. So hat man sich heute von der These einer „antiepiskopalen“ Tendenz in Cluny (Hallinger) verabschiedet, da sich in dem Reformprogramm keine ausreichenden Belege für einen grundsätzlichen Kampf gegen die Bischöfe finden, trotz langwieriger Auseinandersetzungen Clunys mit dem Ortsbischof von Mâcon um die Exemtion von dessen bischöflichen Zuständigkeiten (vornehmlich den Rechten, einen neuen Abt zu bestätigen und die Priesterweihe innerhalb der Gemeinschaft zu spenden).

Auch sieht man heute in den Reformbemühungen Clunys keine „antifeudalen“ Impulse mehr wirksam: Weder erkennt man in der „Prioratsverfassung“ ein Alleinstellungsmerkmal der Reformzentrale, noch lässt sich ein durchgängiges Streben Clunys nach Vogtfreiheit belegen, beides Zuschreibungen der älteren Forschung, welche die Absicht der Reformer belegen sollten, das traditionelle Eigenkirchenrecht radikal aushebeln zu wollen.

Sofern Cluny durch Privilegien Eigenkirchenrecht außer Kraft gesetzt hat – innerhalb des Verbandes agierte die Zentrale selbst meist als Eigenkirchenherr –, sofern man sich die Exemtion von bischöflicher Zuständigkeit erkämpft oder Vogtfreiheit durchgesetzt hat, galten diese Aktivitäten allein dem Schutz und dem Vorteil der eigenen Gemeinschaft und des Verbandes, mit dem Ziel, ohne Außenstörungen ein asketisches Leben führen zu können. Ein weiterreichender, gar „revolutionärer“, auf Systemänderung ausgehender Impuls stand hinter diesen Bemühungen offensichtlich nicht.

2. Reformkreise in Lothringen

a) Brogne

Neben dem Reformzentrum Cluny, das für sich beanspruchen kann, während des 10. bis 11. Jahrhunderts von überragender Bedeutung für die Geschichte der Gemeinschaften nach *RB* gewesen zu sein, bleibt noch auf einige zeitgleiche, allerdings weniger weitreichende, Reformanläufe in geographischer Nachbarschaft der Burgunderabtei zu verweisen. Nur neun Jahre nach der Gründung Clunys erscheint im Jahre 919 mit der Umwandlung des (südwestlich von Namur gelegenen) Kollegiatstifts Brogne zu einer Klostergemeinschaft – ausgeführt vom Kirchenherrn Gerhard – die erste monastische Reformgemeinschaft Lothringens des 10. Jahrhunderts. Mit Brüdern und Reliquien (St. Eugenius) aus St. Denis anfangs ausgestattet – dort hatte Gerhard seine asketischen Lehrjahre verbracht –, dann mit Gefährten aus dem eigenen Umfeld verstärkt, entwickelte sich Brogne in kurzer Zeit zu einer vorbildlichen Gemeinschaft nach *RB*. Dabei verfolgte Gerhard kein anspruchsvolles asketisch-spirituelles Reformprogramm. Hier war eher abgestellt auf Reorganisation der grundlegenden Voraussetzungen eines würdigen und ruhigen Gemeinschaftslebens. Konkret umfassten die Reformmaßnahmen: die Besitzrestitution der Güter, die Erneuerung der Gebäude, die Einführung eines von der Gemeinschaft gewählten Abtes sowie die strikte Verpflichtung der Gemeinschaften auf die *RB*. Verbandsähnliche Abhängigkeiten zwischen Brogne und den reformierten Gemeinschaften wurden – im Gegensatz zu Cluny – nicht erstrebt. Alle Abteien verblieben weiterhin in ihren traditionellen Kirchen- und Verfassungsstrukturen, d. h. in ihren jeweiligen eigenkirchenrechtlichen Bindungen, ohne jeden Ansatz zur Verbandsbildung.

Um 930 beauftragten dann Herzog Giselbert von Lothringen und Graf Arnulf I. von Flandern Abt Gerhard mit Reformen der Eigenklöster in ihrem gesamten niederlothringisch-flandrischen Herrschaftsgebiet. Aufgrund der vorbildlichen Reformen erlangte Brogne vom westfränkischen König Karl d. Einfältigen schließlich Immunität und Königsschutz, Privilegien, die – nach Übergang Lothringens unter Herzog Giselbert in den Lehnsverband des ostfränkischen Königs – 932 von Heinrich I. bestätigt wurden. (Bei dem päpstlichen Schutz- und Immunitätsprivileg von 929 dagegen handelt es sich um eine Fälschung.)

Im Ganzen dürften etwa 10 Gemeinschaften – nicht 18, wie die spätere *Vita Gerhardi* (1074/75) berichtet – von Brogne aus reformiert worden sein, darunter St. Ghislaine (Hennegau), St. Peter und St. Bavo zu Gent, St. Bertin (Sithiu), St. Amand, St. Vaast sowie St. Wandrille und Mont-St.-Michel in der Normandie. Die Reform von Brogne war eng an die charismatische Person Gerhards gebunden, blieb daher im Ganzen auch in ihren direkten Auswirkungen bescheiden und verblasste mit Gerhards († 959) und seiner adeligen Auftraggeber († 965) Tod. In Spuren allerdings reichte die Reform von Brogne bis nach England. Der große englische Kirchen- und Klosterreformer Dunstan († 988) hatte die Reform Gerhards als Exulant in den Jahren 956/57 in St. Peter zu Gent kennengelernt. Auch nahmen Mönche aus Gent an der Synode von Winchester 970/73 teil, wo unter Dunstan die *Regularis Concordia*, die „Magna Charta" gleichsam der englischen Klosterreform, verabschiedet worden ist.

b) Gorze (Reformvorbild unter Heinrich II.)

Die einflussreichste Reformabtei Lothringens des 10./11. Jahrhunderts aber erstand in Gorze (bei Metz). In frühkarolingischer Zeit von Bischof Chrodegang von Metz (ca. 742–766) im Rahmen seines bischöflichen Reformprogramms – wie oben erwähnt – als (bischöfliches) Eigenkloster gegründet, durch Normannenzüge und Misswirtschaft heruntergekommen, erlebte der Konvent 933/34 einen Neuanfang unter Bischof Adalbero I. (929–964), der das Kloster an eine Gruppe von 7 Männern gab, die – inspiriert von den Reformen Benedikts von Aniane und betroffen von den kirchlichen Missständen ihrer Zeit – sich auf der Suche nach einem geeigneten Ort für ein strenges asketisches Leben befanden. Als Kopf der Gruppe agierte Johannes von Vandières († 974), ein über das monastische Milieu hinaus bedeutender Zeitgenosse und später zwischen 967/68 und 976 dann auch der zweite Abt der Reformgemeinschaft.

Das neue, im 10. Jahrhundert einsetzende Reformprogramm, das auch Frauengemeinschaften erfasste, zielte – zunächst noch ähnlich wie in Cluny – auf die freie Wahl des Abtes, auf die Rückkehr der Gemeinschaft zur *RB*, auf die strikte Befolgung eigener *consuetudines* sowie auf geordnete Besitzverhältnisse und eine solide ökonomische Basis. In zwei Grundsätzen allerdings unterschied sich die lothringische von der burgundischen Reform: Gorze verzichtete zum einen auf Filiations- und Verbandsbildung mit den reformierten Gemeinschaften, was den einzelnen Konventen große Freiheiten in der Ausgestaltung der alltäglichen Einzelheiten gestattete; zum andern wahrten die lothringischen Reformer grundsätzlich die bischöflichen wie die eigenkirchlichen Bindungen, indem man keine Exemtion erstrebte und den Vogt meist aus der Stifterfamilie bestellte. Damit war ein Reformtypus geschaffen, der sich idealiter als Instrument zur Herrschaftskonsolidierung und -erweiterung seitens der Eigenklosterherren, gleich ob Bischof, weltlicher Adeliger oder gar König, eignete.

Das Reformprogramm von Gorze fand zahlreiche Anhänger und Nachahmer zunächst in Lothringen selbst, darüber hinaus vor allem aber auch im Reich. Verstärkung erfuhr die Reform dabei zunächst durch St. Maximin, einem nördlich der mittelalterlichen Stadtmauer von Trier gelegenen Eigenkloster Herzog Giselberts von Lothringen († 939). Vermittelt wahrscheinlich durch den eigenen Prior, ein ehemaliges Mitglied von Gorze, hatte St. Maximin um 937 die *consuetudines* von dort übernommen und war Mitte des 10. Jahrhunderts bereits selbst zu einem mitgliederstarken Konvent von 60 bis 70 Mönchen angewachsen. Durch politische Umwälzungen in den Besitz des Reiches gelangt, hatte sich bereits König Otto I. der blühenden Gemeinschaft als Reservoir für politische Helfer wie für fähige Reformer bedient, deren Wirksamkeit in den Reichsklöstern nicht zuletzt zur Stabilisierung der Königsherrschaft in Lothringen wie im übrigen Reich beitrugen.

Reformimpulse kamen vor allem aber von Bischöfen des Reiches, unter denen Wolfgang von Regensburg (972–994) herausragte. Unter seiner Förderung wurde St. Emmeram (Regensburg) zu Zeiten des Abtes Ramwold – er kam aus St. Maximin – eine Art „Kaderschmiede", die über Tegernsee – auch dessen Abt Hartwich war einst Mönch in St. Maximin – folgenreich in den süddeutschen Raum ausstrahlte.

Als herausragender Förderer und Reformer der Reichsklöster aber zeigte sich Heinrich II., der „Mönchskaiser", der „Bruder" und „Vater der Mönche". Schon seinerzeit als Herzog (Heinrich IV.) von Bayern hatte er begonnen, – unbeschadet seiner engen Beziehungen zu Cluny und dessen großem Abt Odilo – verstärkt die lothringische Observanz in den süddeutschen Landschaften zu fördern, wodurch Niederaltaich und Einsiedeln zu bedeutenden süddeutschen Reformmittelpunkten aufstiegen. Auf Lorsch, Fulda, Mainz, Köln, Halberstadt als weitere Reformmittelpunkte des Reiches sei lediglich kurz verwiesen.

Im Umgang Heinrichs II. mit den Klöstern lässt sich ein umfassendes Konzept erkennen, sichtbar u. a. in der – wenngleich an Zahl bereits rückläufigen – Verleihungen der *libertas regalis*, einem Instrument, mit dem er die Gemeinschaften allerdings eher zu „formen" als zu „reformieren" versuchte (Hoffmann, Mönchskönig). Heinrichs Ziel war es, die Klöster aus den lokalen und personalen Verflechtungen, meist aus jenen mit den Ortsbischöfen, zu lösen, sie im Innern zu vereinheitlichen und einer effizienten Führung zu unterstellen, um letztlich – unbenommen seiner zahlreichen und teils spektakulären, privaten wie öffentlichen Frömmigkeitsbezeugungen – die Herrschaft über das Reich zu festigen (Weinfurter, Heinrich II., S. 185). Dabei stieß die Hochschätzung, die er grundsätzlich den Reformen von Cluny entgegenbrachte, allerdings dort an ihre Grenzen, „wo seiner königlichen Autorität und Kirchenherrschaft Beeinträchtigungen drohten". Und so erklärt sich dann seine besondere Sympathie für die lothringische Mischobservanz, da man hier die „königliche Prärogative anerkannte" (Seibert, Libertas, S. 514 f.).

c) St. Vanne und Stablo (Reformtypus unter Konrad II.)

Ein zweiter Schub in den lothringischen Reformen bleibt mit Richard von St. Vanne ([Verdun] † 1046) und Poppo von Stablo († 1048) verbunden. Richards Reformaktivitäten, die mehr als 20 Gemeinschaften, u. a. in den Diözesen Verdun, Châlons, Metz, Reims, Noyon, Cambrai, Lüttich erreichten, blieben trotz gewisser Berührungen zu Cluny – Verwandtschaften in den *consuetudines* sind eindeutig gegeben – im Kern unabhängig vom burgundischen Zentrum. Als Reformer wurde Richard allerdings noch von Poppo von Stablo und dessen Schüler überragt. Von Heinrich II. in sein Amt berufen, ist Poppo unter Konrad II., dessen Vertrauter er war, dann gleichsam als „Großabt" reichsweit in der Klosterreform nach lothringischem Vorbild tätig.

Die lothringische Variante der Reform, in der man – wie erwähnt – nicht die Exemtion vom Ortsbischof erstrebte und die Bindungen zu den Eigenkirchenherren durch Vogtwahl innerhalb der Stifterfamilie aufrechterhielt, blieb bis zur Mitte des 11. Jahrhunderts im Reich bestimmend, wenngleich in diesen Jahrzehnten die Konturen der Programme langsam unschärfer werden, da sich von Cluny beeinflusste Mischobservanzen allmählich durchzusetzen begannen. Aber allein von Gorze aus kamen für mehr als 150 Gemeinschaften in Lothringen und im Reich die Impulse zu Reformen, darunter nicht wenige für Frauenkonvente. Erst in der zweiten Hälfte des 11. Jahrhunderts finden vermehrt cluniazensisch beeinflusste Observanzen – über die Reformzentren Hirsau, Siegburg und St. Blasien – ihren Weg ins Reich, dann allerdings unter Veränderungen des ursprünglichen cluniazensischen Programms in entscheidenden, herrschaftsrelevanten Punkten (wie weiter unten [S. 112 ff] ausgeführt ist).

3. Cluny-nahe Reformkreise

Von der Geschichte des Reformzentrums Cluny und seines Verbandes ist die gleichzeitig und europaweit erscheinende, verbandsunabhängige Ausbreitung der Spiritualität sowie bestimmter Reformelemente Clunys zu unterscheiden. Es handelt sich hierbei um Gemeinschaften, die unterschiedlich stark von Cluny beeinflusst worden sind, ohne dessen Observanz vollständig zu übernehmen und ohne sich direkt dem Verbund anzuschließen. Mal lehnten solche Gemeinschaften sich an die cluniazensischen *consuetudines* nur an, mal übernahmen sie selektiv bestimmte Teile, mal mischte man die cluniazensische Observanz mit anderer Provenienzen, mal fügte man verfassungsrelevante Änderungen ein u. a. m. Das Verhältnis solcher Gemeinschaften zu Cluny – nicht wenige von ihnen wurden später selbst einflussreiche Reformzentren – wird bisweilen als „mittelbar“ klassifiziert, was eindeutig den Status beschreibt, nicht Mitglied des Verbandes von Cluny gewesen zu sein.

a) Frankreich

Fleury (St. Benoît-sur-Loire)

Beispiele für Gemeinschaften dieses Typus bieten in Frankreich: Fleury (Benoît-sur-Loire), St. Victor (Marseille) und St. Benigne (Dijon). Fleury – wo man seit der zweiten Hälfte des 7. Jahrhunderts glaubte, die echten Gebeine Benedikts von Nursia zu besitzen und, gestützt auf diesen Glauben, eine lukrative Wallfahrt betrieb – wurde vor 938 von Odo von Cluny (gegen den Widerstand des Konvents) reformiert, 938 durch ein päpstliches Privileg von jeglicher Eigenkirchenherrschaft wie vom Einfluss des Ortsbischofs (von Orléans) befreit und allein dem König unterstellt. Schließlich wurde die Gemeinschaft für etwa 100 Jahre ein bedeutendes, eigenständiges, von Cluny unabhängiges Reformzentrum mit Ausstrahlung nach Lothringen, nach Frankreich und gar bis nach England. Mit Abt Abbo (988–1004) – er erwirkte 997 von Gregor V. den Primat über die Klöster Galliens sowie ein Privileg mit weitreichenden Freiheiten gegen den Bischof von Orléans – war der Höhepunkt der Reformtätigkeit erreicht, eine Phase, in der die Gemeinschaft etwa 300 Mönche zählte. In der Folgezeit verlor sich der Reformelan dann langsam, die Bedeutung der Gemeinschaft als Kulturträger und geistiger Mittelpunkt war aber im späten 11. und 12. Jahrhundert, als man mit Abt Macarius (1144–1161) doch wieder ein zweites Mal unter den direkten Einfluss von Cluny geriet, noch nicht erloschen. Erst im 13. Jahrhundert, als die Grundlagen des Klosters nur noch zum Unterhalt von 45 Mönchen ausreichten, setzt der unwiderrufliche Abstieg ein, verstärkt durch die Kriege des 14. und 15. Jahrhunderts. 1486 schließlich sank das Kloster auf den Status einer Kommende.

Marseille (St. Victor)

Neben Fleury ist die Gemeinschaft von St. Victor (Marseille) zu erwähnen, eine der ältesten Gemeinschaften Galliens. In der ersten Hälfte des 5. Jahrhunderts (nach 416) von Johannes Cassianus gegründet – somit in die vorbenediktinische Zeit zurückreichend, allerdings mehrfach durch Sarazenen geplündert –, übernahm die Gemeinschaft unter Abt Isarnus (1021–1047), einem Freund Odilos von Cluny, die cluniazensischen *consuetudines*, ohne sich Cluny aber direkt zu unterstellen. Man kannte hier eine eigene, durch harte Askese – in Erinnerung wohl an den Gründungsvater Cassianus – geprägte Spiritualität und wahrte deutlich die Selbständigkeit Cluny gegenüber bei grundsätzlicher Anlehnung. Unter anderem zeigt sich der Unterschied während des Investiturstreites, als St. Victor – anders als Cluny – eng an der Seite Roms stand. Getragen von einem planmäßigen Aus- und Aufbau der Kirchen- und Klostergüter schuf sich die Gemeinschaft einen weitgehend arrondierten Besitzbezirk bei Marseille und wirkte, auf diese Basis gestützt, im 11. und 12. Jahrhundert, der Hochzeit seiner Geschichte, als mächtiges Reformzentrum mit Ausstrahlung in die Provence, nach Spanien, Italien und Sardinien. (1475 erhielt die Gemeinschaft einen Kommendatarabt.)

Dijon (St. Bénigne)

St. Bénigne (bei Dijon), im 6. Jahrhundert bereits von Bischof Gregor von Langres gegründet, war 989/90 unter Wilhelm von Volpiano – von 990 bis 1031 Abt daselbst und einst unter Maiolus selbst Mönch in Cluny – der Reform von Cluny zugeführt worden und hatte sich in kurzer Zeit zu einer blühenden Gemeinschaft entwickelt (um 1020 umfasste der Konvent bereits 79 Mitglieder). Unter Wilhelm, der mit einer Gruppe von 12 Mönchen aus Cluny gekommen war, entfaltete sich die Gemeinschaft dann zu einem weitausgreifenden Reformmittelpunkt mit Einfluss in Burgund, Lothringen und der Normandie. Wilhelm, der die *Consuetudines* aus Cluny mitgebracht und selbst redigiert hatte, wurde wegen seiner ungewohnten Strenge verehrt, aber auch kritisch-ironisch als „Überkluniazenser" (*supra regulam*) bezeichnet. Unter einer Reform verstand Wilhelm durchaus Unterschiedliches: Mal ging es um die Beseitigung der Ämterkäuflichkeit, mal um die Annahme der *consuetudines* von Cluny, mal um den Austausch einiger Kleriker gegen eine der *RB* verpflichteten Mönchsgemeinschaft. Wilhelm praktizierte eine „modifiziertes Cluniazensertum" (Buhlst), erstrebte keine Verbandsbildung und rührte auch nicht an den Grundsatz des Eigenkirchenrechts. Durch die Respektierung des Eigenkirchenrechts kam diese Bewegung dem Adel wie den Bischöfen entgegen, und so ließ sich diese Reform doch problemlos mit den Bemühungen um Herrschaftskonsolidierung verbinden. Das Fehlen einer Verbandsbindung hat allerdings dazu geführt, dass sich nach Wilhelms Tod – sieht man von speziellen Gebetsverbrüderungen einzelner Klöster ab – die Zusammenhänge der reformierten Gemeinschaften rasch aufgelöst haben.

b) Italien

Rom und Farfa

Für Rom lassen sich die frühesten Spuren Clunys bereits unter dessen Abt Odo in der ersten Hälfte des 10. Jahrhunderts nachweisen. Im Zusammenhang mit drei, auf Bitten der Päpste unternommenen Romreisen (936; 938/39; 941/42) hatte Odo zwischen König Hugo von Italien und dem Patricius Alberich, dem Stadtherrn auch von Rom, vermittelt und 947 in päpstlichem Auftrag die Reorganisation und Reform einiger stadtrömischer (San Paolo [f. l. m.], San Lorenzo, Sant'Agnese, Santa Maria [Aventin], San Andrea [Celio]) sowie einiger italischer Gemeinschaften (u. a. San Pietro in Ciel d'Oro [Pavia], San Elia [Nepi], Montecassino) nach cluniazensischem Muster durchgeführt. Dagegen war der Reformversuch in Farfa (Sabina) – von hier ist immerhin die wichtigste Handschrift der cluniazensischen *Consuetudines* überliefert (*Cod. Vat. Lat.* 6808) – zunächst am Widerstand des Konvents gescheitert. Erst in einem zweiten Anlauf unter dem herausragenden Abt Hugo (998–1038) gelang die Reform in Zusammenarbeit mit Abt Odilo von Cluny (994–1049). Doch hat Farfa zu keiner Zeit seine Unabhängigkeit Cluny gegenüber aufgegeben, zählte also nie im engeren Sinne zu dessen Verbund.

(La) Cava dei Tirreni

In ähnliche Zwitterstellung – durch Übernahme cluniazensischer Reformelemente bei gleichzeitiger Wahrung von zahlreichen Eigenständigkeiten in nicht wenigen Bereichen und Belangen – zeigt die Gemeinschaft (La) Cava dei Tirreni im Selanotal, nordwestlich von Salerno gelegen. Gegründet um 1020 als Einsiedlergemeinschaft von Alferius, einem langobardischen Adeligen – dieser war tief beeindruckt von einer Begegnung mit Odilo von Cluny –, in der Folge bedacht mit großzügigen Schenkungen von Seiten der Fürsten von Salerno (Waimar III. u. IV.) wie von vermögenden Privatpersonen, nahm das Kloster einen bemerkenswerten Aufschwung. Ende des 12. Jahrhunderts umfasste das Patrimonium der Gemeinschaft ausgedehnte Besitzungen im Umland von Salerno, im Cilento, im Valle di Diano, in Kalabrien und Apulien. Unter dem dritten Abt Petrus (1079–1123), der mehrere Jahre lang *capellanus* Hugos von Cluny (1049–1109) war, führte die Gemeinschaft die cluniazensischen *consuetudines* ein und bildete von da an das Zentrum eines weitreichenden, beinahe in ganz Süditalien präsenten Verbandes (*Ordo Cavensis*), der zur Hochzeit seiner Entwicklung etwa 300 Gemeinschaften und – infolge einer intensiven Seelsorgepraxis – etwa 270 Kirchen zählte. Petrus organisierte den Verband nach dem Vorbild von Cluny, wie es sich unter Hugo ausgebildet hatte.

Dies bedeutete: Schaffung eines straff geführten Verbandes von uniformen Prioraten, die der Mutterabtei und ihrem Abt unterstanden. (Petrus soll während seines langen Abbatiats 3000 Brüder selbst eingekleidet haben!) Auch in der Regelung der Außenbeziehungen stand Cluny Pate: Nach anfänglichen Schwankungen und zwischenzeitlichen Einschränkungen – vornehmlich unter Papst Urban II. (1088–1099) – hatte man schließlich um 1100 das Privileg der freien Abtswahl, volle Exemtion vom Bischof von Salerno und die Unterstellung unter Rom erreicht.

Trotz der direkten Übernahme des Organisationsmusters, der Verfassungsstruktur von Cluny für Ausbildung und Führung des Verbandes, bewahrte Cava andererseits weitgehende Eigenständigkeiten im monastischen Leben. In Spiritualität, Liturgie und Kult fanden kaum cluniazensische Übernahmen im Rahmen der Reform statt. So fehlt im *Ordo Cavensis* ein weitreichendes Gedenkwesen, auch praktizierte man keine ausgedehnte Armenfürsorge wie in Cluny. Dagegen engagierten sich Mutterabtei und Priorate intensiv in der Seelsorge, was Cluny in dieser Intensität fremd war und dann letztlich auch die intensive Verankerung des cavensischen Verbandes in der Bevölkerung erklärt.

Die Blütezeit von Cava hatte unter Abt Petrus ihren Anfang genommen und währte etwa 150 Jahre, bis ins letzte Drittel des 13. Jahrhunderts. Ende des 14. Jahrhunderts unter Bonifaz IX. (1389–1404) zur Diözese erhoben (1399), begann mit dieser kirchenpolitischen Aufwertung dennoch der Abstieg des Verbandes, da die Bischöfe zunehmend ihre Aufmerksamkeit auf die Belange des Bistums, weniger auf die des Klosterverbandes richteten.

Fruttuaria

Als Cluny-nah und rechtlich selbständig erscheint auch die piemontesische Reformgemeinschaft in Fruttuaria, nordöstlich von Turin gelegen, deren Reformaktivitäten über die Grenzen der Halbinsel weit hinausreichten. Um die Jahrtausendwende von Wilhelm von Volpiano († 1031), dem Abt von St. Bénigne (sur Loire), zusammen mit seinen drei Brüdern auf Familienbesitz gegründet, erhielt die Gemeinschaft 1005 ein Privileg König Arduins von Ivrea mit Exemtion, freier Abtswahl und der Selbstverpflichtung zum Ausschluss simonistischer Praktiken. 1006 folgte ein Schutzprivileg Johannes' XVIII. (Schutz durch Rom, freie Abtwahl, freie Auswahl des Bischofs für die Weihe der Mönche). Weitere königliche und päpstliche Bestätigungen des 11. Jahrhunderts (Heinrich II. [† 1024] u. Benedikt VIII. [† 1024]) wie auch der wiederholte Aufenthalt politisch bedeutender Persönlichkeiten dort – König Arduin, die Kaiserinwitwe Agnes, der Reformer Petrus Damiani und Erzbischof Anno II. von Köln als

Königslegat – belegen die herausragende, aber autonome Rechtsstellung des Klosters zwischen Papsttum und Kaisertum.

Von zentraler Bedeutung für die Verbreitung der cluniazensischen Reformideen waren die „Gebräuche“ (*consuetudines*) von Fruttuaria, die in der ältesten bekannten Fassung wohl auf Abt Wibert (1080–1090) zurückgehen (*Liber Ordinarius*), von St. Bénigne wie von Cluny weitgehend beeinflusst sind und Vorbild waren für die sogenannten, die Traditionslinien bezeichnenden „*Consuetudines Fructuarienses-Sanblasianae*“. Die Observanz von Fruttuaria kannte durchaus Unterschiede zu Cluny, doch lassen sich Art und Grad in der Abhängigkeit der Gemeinschaften von der Mutterabtei nicht immer mehr deutlich erkennen. Als Gemeinsamkeiten erscheinen immerhin die Exemtion vom Ortsbischof und die besondere Betonung der Armenfürsorge. Rasch in weiten Teilen Norditaliens verbreitet (Diözese Mailand, Lombardei, Ligurien), existierten um 1069 allein am südlichen Alpenrand bereits 54 von Fruttuaria reformierte Gemeinschaften.

Nachahmung fand die Observanz von Fruttuaria – der man auch in einigen Frauengemeinschaften folgte – über Italien hinaus in der Normandie (u. a. Mont-Saint-Michel), vornehmlich aber in Deutschland, wo sie schließlich durch Anno II. von Köln zur Grundlage der Siegburger Reformen sowie durch Abt Giselher (1068–1086) zur Grundlage der vom Schwarzwaldkloster St. Blasien ausgehenden Neuerungen wurde. (In beiden Fällen geschah dies allerdings erst nach entscheidenden Modifikationen des Rechts- und Verfassungsrahmens. Dazu anschließend ausführlicher.) Und mit der Verbreitung dieses (cluniazensisch-modifizierten) Programms von Fruttuaria fassten dann schließlich Reformgedanken von Cluny allmählich auch großflächig Fuß im Reich und wurden von da an sogar zur ernsthaften „Konkurrenz“ für die dort bisher vorherrschenden lothringischen Observanzen.

c) Deutschland

Hirsau

Eines der frühen und bedeutenden Reformzentren im deutschsprachigen Raum, das die *consuetudines* von Cluny übernommen hatte, war das Schwarzwaldkloster Hirsau an der Nagold. Bereits in der Karolingerzeit gegründet und dann verfallen, war diese Gemeinschaft 1059 durch Graf Adalbert II. von Calw auf Initiative seines Onkels, Papst Leos IX. aus der Familie der Egisheimer, wiederbegründet worden. Unter ihrem zweiten Abt Wilhelm (1069–1091) hatte man sich zunächst der gorzisch-lothringischen Reform angeschlossen. Dieser Observanz verpflichtet – Wilhelm hatte sie als Mönch in St. Emmeram zu Regensburg unter dem berühmten Abt Otloh kennen gelernt –, versuchte man in Hirsau nun energisch, vom Grafen und Eigenkirchenherrn die „vollständige Freiheit des Klosters“ (*integra libertas coenobii*) zu erreichen. Mit Einschränkung gelang dies schließlich auch, wie das – heute für echt angesehene – sogenannte „Hirsauer Formular“ von 1075, die „*magna charta libertatum* des Hirsauer Reformmönchtums“ (Schreiner, Hirsau, S. 92) belegt. Dieses Dokument kann als Spiegelbild der Wechselbeziehung zwischen Adel und Reformmönchtum gelten: Denn hier wird einerseits sichtbar, dass die Mönche zur Gründung und zum Unterhalt intakter Klöster des reformwilligen Adels bedurften; zum andern zeigt sich, dass der Adel im Streben nach Heilssicherung – eines durch die intensive Predigt der Reformmönche noch verstärkten Bedürfnisses – seinerseits solch intakte Gebetsgemeinschaften suchte, die er zugleich aber, über das Institut der Vogtei, zum Ausbau einer königsunabhängigen Regionalherrschaft zu nutzen wusste. Nach dem „Hirsauer Formular“ war der Rechtsstatus des Klosters festgelegt: Der Graf erstattet dem Abt allen entfremdeten Besitz zur freien Verfügung und verzichtete vollständig auf seine Rechte als Eigenkirchenherr; dem Kloster wurde freie Wahl und freie Investitur (d. h. Selbstinvestitur) des Abtes garantiert, dazu freie Wahl des Vogtes mit der – allerdings entscheidenden – Einschränkung, dabei nach Maßgabe der Idoneität die Familie des Stifters zu berücksichtigen; darüber hinaus war die Bannleihe des Vogts (d. h. dessen Recht, Gericht zu halten und Recht zu sprechen) durch den Abt vom König zu erbitten; und schließlich galt der Papst als Garant dieser Rechtsordnung. Mehrfach allerdings ist diese Grundlegung zwischen 1075–1095 durch Wilhelm wie durch die Päpste (Gregor VII. u. Urban II.) korrigiert worden. So wurde – besonders folgenreich – die Selbstinvestitur (des Abtes) zugunsten des hier üblichen, traditionellen Bischofsrechtes zurückgenommen, womit Hirsau der Exemtion verlustig war. Dies allerdings führt vor Augen, dass die Reform nicht gradlinig und auch nicht in einem Schub verlief.

Kurz nach 1075 wurde Wilhelm dann allerdings durch Bernhard, Abt von St. Victor in Marseille, sowie durch seinen Jugendfreund Ulrich – einst Mitglied in St. Emmeram und seit 1061 Mönch in Cluny – mit den Reformvorstellungen von Cluny bekannt und versuchte als wacher, nicht allein an monastischen Dingen interessierter Geist, genauere Kenntnis über die Vorstellungen und Praxis der burgundischen Reform zu gewinnen. Dreimal schickte Wilhelm Mitglieder seines Konvents zum Studium der Verhältnisse nach Cluny mit dem Ergebnis, dass man 1079 in Hirsau – den Ortsverhältnissen allerdings angepasst – die *consuetudines* von Cluny übernahm und damit der gorzisch-lothringischen Observanz den Abschied gab.

Dieser Schritt stellte einen Wendepunkt in der Geschichte Hirsaus dar, was seinen Ausdruck u. a. in dem einsetzenden starken Zulauf fand, und dann auch zu dem notwendigen Klosterneubau (SS. Peter u. Paul) auf der anderen Flussseite, an topographisch vorteilhafterer Stelle, führte. Von 1079 an muss Hirsau dann als „cluniazensisch geprägtes Reformkloster" (Schreiner, Hirsau, S. 99) gesehen werden, das sich Cluny allerdings keineswegs völlig anglich, vielmehr bewusst eigene Wege beschritt. Zwei markante Neuerungen unter Wilhelm bleiben hier zu erwähnen: die Abschaffung der – in Cluny noch üblichen – Oblation sowie die Einführung der Laienbrüder, beides Innovationen, die getragen waren allein vom Geist der Reform. Mit Abschaffung der Oblation trat Wilhelm nämlich dem Missstand seiner Zeit entgegen, die Klöster zunehmend als Versorgungsanstalten für nachgeborene und an körperlichem oder geistigem Makel leidendende Mitglieder adeliger Familien zu missbrauchen. Hinter der Einführung der Laienbrüder (*conversi, fratres barbati, fratres laici, fratres exteriores*) stand die Vorstellung, die Mönche ungeteilt für geistliche Tätigkeiten freizustellen. Denn für die Laienbrüder waren die gröberen Handarbeiten in den Ställen, auf dem Feld, im Wald und auf den Wiesen vorgesehen; sie trugen Bärte, waren des Schreibens unkundig, trugen keinen Mönchshabit, wohnten außerhalb der Klausur, besaßen kein Stimmrecht im Kapitel und konnten keine Vollmönche werden, hatten vielmehr in ihrem Stand zu verbleiben.

Eine solche Trennung der Klostergemeinschaft in zwei Gruppen mit unterschiedlichen – sich teilweise ausschließenden – Rechten und Pflichten ist der *RB* nicht bekannt, wurde von anderen Reformrichtungen bisweilen kritisiert und zog sogar Spott von Zeitgenossen auf sich. Dennoch: Es handelte sich für Wilhelm dabei ausdrücklich um Maßnahmen der Reform, nicht um zynische Statuswahrungen zum Vorteil der Vollmönche. Der Schlüssel zum Verständnis dieser Reformmaßnahmen liegt in der mittelalterlichen Vorstellung von der natürlichen, biblisch begründeten Arbeitsteilung auch innerhalb der monastischen Gemeinschaft, indem man die körperliche Arbeit als das Los von Untertanen und Hintersassen, Altardienst und Gebet dagegen als Aufgabe der Mönche verstand.

Unter Wilhelm breitete sich die Reform von Hirsau in weiten Netzen aus über das Elsass, Schwaben, Bayern, Böhmen bis nach Kärnten, in die Schweiz, nach Thüringen und Niedersachsen. Man schätzt, dass insgesamt etwa 120 Klöster von der Reform erfasst worden sind, darunter etwa 16 reine Frauengemeinschaften und ca. 35 Doppelgemeinschaften. Die Frauengemeinschaften blieben als Priorate (und mit geistlichem Berater) den Männergemeinschaften zugeordnet und waren von diesen abhängig. Dabei erstrebten Wilhelm und seine Nachfolger keinen Zentralismus, wie ihn Cluny kannte. Es gab keinen Zentralabt, kein Generalkapitel, kein

Filiationssystem, keine Visitationen. Die Bezeichnung *Ordo Hirsaugiensis* meint daher lediglich „die Summe der in Hirsau geltenden Gewohnheiten monastischen Lebens, nicht einen hierarchisch organisierten Ordnungsverband mit einer monarchischen Spitze und zentralen Leitungsgremien" (Schreiner, Hirsau, S. 109). Der Zusammenhalt jener Gemeinschaften, die den *Constitutiones Hirsaugienses* (niedergeschrieben zwischen 1083–1088) folgten, bestand lediglich in gemeinsamem monastischen Gebetsgedenken. Hirsau verstand sich nicht als das Haupt seiner reformierten Glieder; der Zusammenhalt war spiritueller, nicht verfassungsmäßiger Natur. Und hierin lag vermutlich einer der Gründe, warum die Wirkung der Reformbemühungen von Hirsau – das im Gegensatz zu Cluny im Streit zwischen König und Papst eindeutig die päpstliche Partei für Gregor VII. ergriffen hatte – nur etwa 50 Jahre andauerte und bereits in der zweiten Hälfte des 12. Jahrhunderts zu verblassen begann. Die allgemeinen Entwicklungen des 12. und 13. Jahrhunderts im Klosterwesen liefen nämlich auf die – später so bezeichnete – klassische Verbandsbildung zu und hatten bereits mit der 1114 erlassenen *Charta Caritatis* der Zisterzienser einen monumentalen Anfang und ersten Höhepunkt gesetzt, der die cluniazensischen Reformbemühungen langsam in den Abschwung verwies.

Siegburg

Über zwei weitere monastische Zentren gelangten cluniazensische Vorstellungen ins Reich: über die Reformklöster Siegburg (nördlich von Bonn) und St. Blasien (Schwarzwald). In beiden Fällen handelte es sich dabei um sogenannte „Mischobservanzen", angepasst an die örtlichen Verhältnisse und diktiert von den spezifischen Vorstellungen der Eigenklosterherren als den Reforminitiatoren. Initiator und erster Propagator der Siegburger Reform war Erzbischof Anno II. von Köln (1056–1075). Auf der Rückreise von Italien hatte er 1070 das vorbildliche Klosterleben in Fruttuaria (Piemont) kennen gelernt, das einer Cluny-nahen Mischobservanz folgte, die – wie oben ausgeführt – ihren Schöpfer in dem Klostergründer und Abt von St. Bénigne in Dijon, Wilhelm von Volpiano, hatte. Beeindruckt vom Leben dieser Gemeinschaft und bestärkt auch von der Kaiserinwitwe Agnes, einer begeisterten Anhängerin dieser Observanz, nahm er 12 Mönche aus dem italischen Kloster mit nach Norden und gliederte sie mit der Absicht zur Reform in die Klostergemeinschaft zu Siegburg ein. Da der Konvent bis zu diesem Zeitpunkt der lothringisch-gorzischen, aus St. Maximin (Trier) übernommenen Observanz folgte, waren die Gemeinschaftsmitglieder, die dem neuen *Ordo* nicht folgen wollten, gehalten das Kloster verlassen. Siegburg kopierte allerdings nicht einfach die Observanz von Fruttuaria. Vielmehr gab Anno seiner Reform eine neue Ausrichtung mit spezifischer

Zielsetzung: die Reform des Klosters blieb für Anno eingebunden in eine Klosterpolitik, die ihrerseits verstanden wurde als Vorstufe, Element und Instrument bischöflicher Territorialpolitik. Diese neue Zielsetzung spiegelt sich weniger in den klosterinternen Eigenheiten der Observanz, wie etwa der gemeinsamen Tracht, den Gebetsverbrüderungen und den Nekrologbeziehungen, der Zuordnung von Mutter- und Nebenkloster, der intensiven Wahrnehmung der Seelsorge und der Förderung etwa der Ministerialität; sie wurde vielmehr greifbar im Rechtsstatus von Siegburg und aller dem *Ordo Sigebergensis* folgenden Gemeinschaften. Und hier ist dann als das entscheidende Kriterium die Bindung der Gemeinschaften an den (bischöflichen) Ordinarius als den jeweiligen Eigenkirchenherrn zu nennen, ein Rechtsstatus, der sich widerspiegelt im Fehlen der Exemtion – einem deutlichen Unterschied zu Cluny – sowie in dem besonderen Umgang mit der Vogtei. In der spezifischen Vogteiregelung lag schließlich der Schlüssel zu einer bischöflichen Klosterpolitik – und die Mehrzahl der Klöster des *Ordo Sigebergensis* waren Bischofsklöster –, denn der Bischof vergab die Vogtei als Lehensherr und bestimmte den Vogt, während dem Abt hierbei nur bedingte Mitsprache eingeräumt war. Darüber hinaus war der Vogt in seinen Funktionen erheblich eingeschränkt: Es unterstand ihm lediglich die Hochgerichtsbarkeit, nicht das Niedergericht über die *familia*, das in der Kompetenz des Bischofs verblieb. Auch war dem Vogt nur ein Gerichtstermin (*placitum*) innerhalb eines Jahres gestattet. Und als Garant dieser Vogteiregelung waren nicht etwa Rom oder der König, sondern exklusiv der Bischof vorgesehen. Letztlich also handelte es sich beim *Ordo Sigebergensis* nicht nur um eine klosterinterne Reform, sondern gleichzeitig um eine wesentlich von politischen Zielen bestimmte neue Mischobservanz, die Elemente der gorzisch-lothringischen, cluniazensisch-fruttuarischen und kölnisch-bischöflichen Tradition vereinigte, die reformierten Gemeinschaften in die Klosterpolitik der Kölner Erzbischöfe „einspannte" und so „die *monasteria* … als Stützpunkte der kölnischen Territorialpolitik" nützte (Semmler, Die Klosterreform von Siegburg, S. 144ff.; 232ff.). In dieser Verquickung breitete sich das Reformmuster von Siegburg unter Anno II. und seinen Nachfolgern nicht allein im Erzbistum Köln – d. h. im rheinisch-westfälisch-holländischen Raum – aus, sondern fand Anklang auch bei anderen Bischöfen des Reiches bis nach Thüringen und Süddeutschland. Als Höhepunkt der Reform dürften die Jahre unter Abt Cuno I. (1105–1126) von Siegburg gelten, als man auf dem Siegberg etwa 120 Mönche zählte. Insgesamt zählten im 12. Jahrhundert zum Siegburger Reformkreis 28 Männerklöster (dazu 15 Propsteien) und etwa 13 Frauengemeinschaften, darunter einige Doppelklöster (Semmler, Die Klosterreform von Siegburg, S. 35ff, 385ff; 151ff, 389ff). Im letzten Drittel des 12. Jahrhunderts erlahmte die Reformbewegung.

Im historischen Überblick lässt sich die Reform von Siegburg – die als „bischöfliche Klosterreform" zu bezeichnen ist – „zwischen Gorze und Cîteaux ansiedeln", die „nach einer glanzvollen Blütezeit … von neuen monastischen Richtungen überflügelt und abgelöst" worden ist (Semmler, Die Klosterreform von Siegburg, S. 365).

St. Blasien

Die Anfänge der Neuerungen in St. Blasien – neben Hirsau und Siegburg ein weiteres Beispiel einer bedeutenden Cluny-nahen Reformbewegung aus dem letzten Drittel des 11. Jahrhunderts im Reich – haben ihre Wurzeln in der Initiative einer reformwilligen Adelsgruppe. Zu dieser gehörten neben Rudolf von Rheinfelden – dem Klostereigner, Herzog von Schwaben und Gegner Heinrichs IV. – u. a. auch die Erzbischöfe Siegfried von Mainz und Anno II. von Köln, vornehmlich aber Rudolfs Schwiegermutter, die Kaiserinwitwe Agnes. Diese hatte enge Verbindungen zu cluniazensischen Reformkreisen, vornehmlich auch zu Wilhelm von Volpiano – dem Abt von St. Bénigne, Gründer und Reformvater von Fruttuaria –, und war eine glühende Verfechterin der Reform, wie sie in Fruttuaria praktiziert wurde. Und so war sie schließlich auch entscheidend beteiligt an der Übernahme der *consuetudines* von Fruttuaria 1072 im Kloster ihres Schwiegersohnes in St. Blasien, wo man bisher dem Muster von Einsiedeln, einer lothringisch-gorzischen Observanz, gefolgt war. Aber auch in St. Blasien wurde nicht einfach das Vorbild von Fruttuaria kopiert. Vielmehr dauerte es einige Jahre, bis man in dem schwäbischen Kloster eine eigene Observanz ausgebildet hatte, und erst 1082 wurde die Reform dann an andere Gemeinschaften weitergegeben. Ähnlich wie im Falle von Siegburg handelte es sich auch in St. Blasien um eine Mischobservanz, wobei auch hier die fruttuarischen Grundlagen an die Rechts- und Herrschaftsverhältnisse vor Ort angepasst waren. Als Kern dieser Neuordnung – unbeschadet zahlreicher weiterer Änderungen – hat, wie im Falle von Siegburg, die Tatsache zu gelten, dass die Rechtsstellung der Gemeinschaft bei Übernahme der Observanz erhalten blieb. Die durch St. Blasien reformierten Klöster – in ihrer Mehrzahl Adels-, nicht Bischofsklöster – verblieben also in ihren eigenrechtlichen Verhältnissen, mit der Folge, dass die Klosterreform seitens des – durchaus reformwilligen – Adels zugleich eingebunden werden konnte in die jeweiligen politischen Bestrebungen der adeligen Klostereigner, gleichgültig, ob man familiär-dynastische, territorial-, reichs- oder kirchenpolitische Ziele verfolgte. Die Zeit der größten Ausstrahlung dieser Reform umfasst die Jahre zwischen 1082 und der zweiten Hälfte des 12. Jahrhunderts. Das Netz der reformierten Klöster umfasste damals etwa 60 Gemeinschaften vom Elsass über den Oberrhein und Schwaben bis nach Oberbayern und

Oberösterreich. Darunter zählten auch einige Frauen- und Doppelgemeinschaften, die allerdings, Engelberg ausgenommen, von eher sekundärer Bedeutung blieben.

Die Reformer von St. Blasien erstrebten keine engere Verbandsbildung; der Zusammenhalt der Reformgruppe bestand lediglich in Gebetsverbrüderungen und Totengedächtnissen, was dazu führte, dass sich, ähnlich wie im Falle von Hirsau, die Verbindungen zwischen der Reformabtei und den reformierten Gemeinschaften nach der Mitte des 12. Jahrhunderts bald verloren und letztere in ihre volle, gemeinschaftseigene Unabhängigkeit zurückkehrten. Auch begannen sich im 12. Jahrhundert die Reformunterschiede zu verwischen, so dass nicht immer mehr klar zu unterscheiden ist zwischen Reformklöstern nach der Observanz von Hirsau oder nach jener von St. Blasien.

d) England

Mit den Däneninvasionen im Verlauf des 9. Jahrhunderts war die ältere, seit dem 7. Jahrhundert existente angelsächsische Klosterlandschaft untergegangen. Erst in der zweiten Hälfte des 10. Jahrhunderts, unter König Edmund (939–946), kam es langsam wieder zu einem Neuanfang. Eher aus politischen als aus religiösen Erwägungen der monastischen Reform zugeneigt, übertrug Edmund 940 seinem zur Königssippe gehörenden, engen Berater Dunstan die heruntergekommene Gemeinschaft von Glastonbury – eine angelsächsischen Königsgrablege – mit der Erlaubnis zu Reorganisation und Neuanfang. Die Entscheidung Dunstans, in dieser Gemeinschaft, wo er vor seiner Mönchsprofess (in Winchester) selbst einmal Mitglied war, die *RB* einzuführen, bedeutete dann den Anfang der großen angelsächsischen Klosterreform, die entschieden im Zeichen der *RB* stand und in Glastonbury und seinem Abt ihr Zentrum haben sollte.

Dunstans Aktivitäten – er reorganisierte den Besitz der Gemeinschaft, restaurierte die Gebäude und erweiterte sie – standen unter dem Wohlwollen des Königs, dessen hochgeschätzter Berater er weiterhin blieb. Schließlich aber der Feindschaft Königs Eadwigs ausgesetzt, musste Dunstan dann zunächst aufs Festland ausweichen (956–957), wo er in der Gemeinschaft von St. Peter zu Gent die lothringische Observanz Gerhards von Brogne kennen lernte. Unter König Edgar ([957] 959–975) wieder in seine Gemeinschaft auf die Insel zurückgekehrt, führte Dunstan die Observanz von Brogne in Glastonbury ein. Unter Edgar ebenfalls Berater, wurde Dunstan 957 dann zum Bischof von Worcester und London, 959 schließlich zum Metropoliten von Canterbury bestellt. In dieser Position öffnete er die Insel für das Reformmönchtum des Kontinents. Sein weitreichendes Reformwerk, das schließlich etwa 48 Klöster umfasste, profitierte durchgängig vom Schutz des Königs und wurde getragen von der Unterstützung zweier tatkräftiger Helfer: Aethelwolds und Oswalds.

Aethelwold, einst Schüler Dunstans in Glastonbury und seit 954 durch königliche Zuweisung Abt von Abingdon, tendierte zu einer strengen Auslegung der *RB* – seiner Feder entstammt eine Regelübertragung ins Altenglische – und übernahm schließlich die *consuetudines* von Fleury in Abingdon und in anderen Reformgründungen. 963 durch König Edgar zum Bischof von Winchester ernannt, errichtete er ein Kloster nach *RB* an der Kathedrale dort und stellte den Kathedralklerus vor die Wahl, einzutreten oder auf die Pfründe zu verzichten, eine Praxis, die Nachahmer auf der Insel fand. Es handelt sich hier um ein frühes Beispiel für das in England – vornehmlich seit den späteren Reformen unter Lanfranc im 11. Jahrhundert dann – verbreitete benediktinische Kathedralmönchtum, d. h. um eine nach der *RB* lebende Klerikergemeinschaft mit Verpflichtung zum Dienst an der Großkirche. (Übrigens ist die Ähnlichkeit mit der durch Benedikt von Aniane favorisierten, dort allerdings auf die *Institutiones Aquisgranenses* verpflichteten Chorherrengemeinschaft nicht von der Hand zu weisen.)

Oswald hatte einst seine Profess in Fleury abgelegt, war nach England zurückberufen worden und 960 vom König zum Bischof von Worcester, 972 zugleich auch von York eingesetzt worden. Zur Reform seiner Klöster hatte Oswald Mönche aus Fleury mitgebracht – zwischen 985/987 weilte als Gast sogar Abbo von Fleury noch einmal im Kloster Ramsey – und die *consuetudines* von Fleury eingeführt.

Als Höhepunkt der Reformen des 10. Jahrhunderts auf der Insel hat unstreitig dann die Synode von Winchester zu gelten. Zwischen 970/73 von König Edgard einberufen, wurden die dort gefassten Reformbeschlüsse zum Klosterwesen in der *Regularis concordia Angliae nationis* festgehalten, der bedeutendsten aller Satzungen zur monastischen Observanz für angelsächsische Klöster. Von den drei Reformern Dunstan, Aethelwold und Oswald unterstützt – Aethelwold überwachte selbst die Kompilation des Textes – griff man hier einerseits bewusst auf die Vorstellungen Benedikts von Aniane (Aachener Synoden von 616/19) zurück, übernahm andererseits aber weitgehend auch die Observanzen von Brogne und Fleury. (Bezeichnenderweise waren Vertreter dieser Observanzen aus St. Peter in Gent und aus Fleury als Berater während der Synode anwesend.) Allerdings kopierte man nicht einfach die Muster des Festlandes, sondern ließ durchaus Spielräume für angelsächsische Gewohnheiten.

Jenseits zahlreicher Einzelbestimmungen lassen sich als generelle Zielvorstellungen erkennen: die Reformklöster bleiben in ihren traditionellen Rechtsbindungen (Eigenklosterrecht); Verbandsbildung wird nicht angestrebt; Erhalt und Ausbau benediktinisch geführter Kathedralklöster werden gefördert; Konkurrenzen zwischen Observanzen werden vermieden; die Verpflichtungen der Klöster zum Gebetsdienst für den König und seine Familie werden erhöht. Der für die Königsherrschaft im angelsächsischen England konstitutive, d. h. enge Zusammenhalt von Königtum, Mönchtum und Episkopat ließ einige der klassischen Probleme des Festlandes – etwa die *libertas*-Forderung oder den Streit um das bischöfliche Aufsichtsrecht – erst gar nicht aufkommen. Zum andern aber wird hinter den monastisch motivierten Vereinheitlichungstendenzen der angelsächsischen Reform durchaus der politische Wille sichtbar, eine kirchlich-religiöse und kulturelle Basis für eine funktionierende Königsherrschaft zu schaffen.

So erfolgreich die Reformen angelaufen waren, so schnell brachen sie aber auch zusammen. Der rasche Tod der bedeutenden Reformträger innerhalb weniger Jahre – König Edgar † 975, Aethelwold † 984, Dunstan † 988, Oswald † 992 – trug dazu ebenso bei wie die 980 einsetzende, zweite und verheerende Däneninvasion. Erst unter Knut d. Gr. (1017–1035) konnte wieder eine Konsolidierung der Verhältnisse einsetzen. Aber auch diese Ansätze fielen bald den Zerstörungen zum Opfer, als 1066 die Einnahme der Insel durch Wilhelm (den Eroberer) und seine Normannen einsetzte.

Obwohl Kirchen und Klöstern nicht grundsätzlich abgeneigt, jedoch von der politisch-strategischen Überzeugung geleitet, es handle sich hier um Rückzugsposten und Widerstandsnester der angelsächsischen Bevölkerung, wurden unter Wilhelm die Klöster auf der Insel zunächst vollständig zerstört. (Bei seiner Ankunft sollen immerhin noch 36 Männer- bzw. Frauenklöster auf der Insel existiert haben.) Im Rahmen des eigenen Herrschaftsausbaus folgte dann eine neue, konsequente Aufbaupolitik für Kirchen und Klöster, getragen allerdings durch Persönlichkeiten vom Kontinent, vornehmlich von Mönchen aus der Normandie. Der hervorragende Organisator dieses Neuanfangs war dann Lanfranc († 1089), der aus Pavia stammte, ehemals Prior von Le Bec-Hellouin (südlich von Rouen), später auch Abt von St.-Étienne de Caen war und schließlich als Primas von England das Amt des Erzbischofs von Canterbury bekleidete. Das enorme Aufbau- und Erneuerungswerk Lanfrancs wird auch als zweite Klosterreform auf der Insel bezeichnet. Ganz in der politischen Linie seines Königs und bemüht, auch im Kirchen- und Klosterwesen das normannische Übergewicht herzustellen, besetzte Lanfranc Bischofsstühle wie Abtstellen meist mit Benediktinern aus normannischen Klöstern, vornehmlich aus Le Bec, Caen, Jumièges. Dabei kamen durchaus unterschiedliche Observanzen zum Zuge, vornehmlich aber die in der Normandie weit verbreitete, Cluny-nahe Observanz Wilhelms von Volpiano. Die Observanz von Cluny selbst war dabei zunächst weniger deutlich vertreten, was sich durch das Beharren der Gemeinschaften auf der Insel in ihren angestammten Rechtsverhältnissen, vornehmlich im System des Eigenkirchenrechts, erklärt. (Um die Mitte des 12. Jahrhunderts besaß Cluny dann aber doch etwa 40 abhängige Propsteien auf der Insel.)

Intensiv förderte Lanfranc auch die Existenz von Kathedralklöstern nach *RB*, was Personaleinheit von Bischof und Abt bedeutete, während die Leitung des Konvents faktisch in den Händen eines Priors lag. Auch kam den Mönchen das Recht zur Bischofswahl zu, allerdings lediglich in Form eines Vorschlagsrechtes für den König.

Lanfranc trat auch als Theologe und Verfasser von Statuten hervor. Seine *Constitutiones*, die Satzungen der Kathedrale von Canterbury, lassen ausführliche Verwendung der *Consuetudines* von Le Bec und – etwas verhaltener allerdings – von Cluny erkennen und gelten als deutliches Zeugnis für die überragende Bedeutung der Benediktiner im England des 11. Jahrhunderts.

4. Bibliographie

1. Cluny

◊ (Quellen): Bullarium sacri ordinis cluniacensis (ed. P. Simon), Lyon 1680. – Receuil des chartes de l'abbaye de Cluny (edd. A. Bernard/A. Bruel), Bd. 1, Paris 1876. – Collection de documents inédits sur l'histoire de Françe. Série 1: Histoire politique, Bde. 1–2, Paris 1876–80. – Statuts, chapitres généraux et visites de l'ordre de Cluny, 9 vol. (ed. G. Charvin), Paris 1965–1979. – Statuta Petri Venerabilis abbatis Cluniacensis IX (1146/47), (edd. G. Constable/J. D. Brady/C. Waddell,), CCM VI (1975), S. 19 ff. – Consuetudines Cluniacensium antiquiores cum redactionibus derivatis (ed. K. Hallinger), CCM VII, 2 (1983). – Consuetudinum saeculi X/XI/XII monumenta (ed. K. Hallinger), CCM VII, 1 (1984). – Papsturkunden 896–1046 (ed. H. Zimmermann, 3 Bde). (Österr. Akad. d. Wiss., Denkschriften 174, 177, 198 [Veröff. d. Hist. Komm. 3–5]), Wien 1984–89. – Georges, T.: Das Papstprivileg für Cluny vom März 931. Übersetzung und kirchenhistorische Einordnung, in: ZKG 119 (2008), S. 380 ff. – Liber tramitis aevi Odilonis abbatis (ed. P. Dinter), CCM X (1980). – Ordo Cluniacensis per Bernardum saeculi XI Scriptorem (ed. M. Hergott), in: Vetus disciplina monastica, Paris 1726, S. 133–343. – Antiquiores consuetudines Cluniacensis monasterii collectore Udalrico monacho benedictino, Migne PL 149 (1853), Sp. 633 ff.

◊ (Literatur): Sackur, E.: Die Cluniazenser in ihrer kirchlichen und allgemeingeschichtlichen Wirksamkeit bis zur Mitte des elften Jahrhunderts, 1–2, Halle 1892/94. – Molitor, R.: I, S. 111 ff. – Hilpisch, St.: Geschichte, S. 169 ff. – Hallinger, K.: Gorze-Kluny, passim. – Schmitz, Ph.: Geschichte I, S. 134 ff.; III, S. 140 ff. – de Valous, G.: Art.: Cluny (Abbaye et Ordre de), DHGE 13, Paris 1956, S. 47 f. – Tellenbach, G. (ed.): Neue Forschungen über Cluny und die Clunizenser, Freiburg 1959. – Wollasch, J.: Königtum, Adel und Klöster im Berry während des 10. Jahrhunderts (Neue Forschungen über Cluny und die Cluniazenser (ed. G. Tellenbach), Freiburg 1959, S. 17 ff. – Atlas zur Kirchengeschichte (edd. H. Jedin u. a.), Freiburg 1970, Nr. 47. – Wollasch, J.: Mönchtum des Mittelalters, passim. – Felten, F.-J.: Äbte und Laienäbte im Frankenreich. Studien zum Verhältnis von Staat und Kirche im früheren Mittelalter (MGM 20), Stuttgart 1980. – Constable, G.: Cluniac Studies, London 1980. – Penco, G.: Storia I, S. 175 ff. – AA.VV., Art.: Cluny, Cluniazenser, in: LdM 2 (1983), Sp. 2172 ff. – Pacaut, M.: L'ordre de Cluny (909–1789), Paris 1986 (^{2}1994). – Felten, F.-J.: Herrschaft des Abtes, in: Herrschaft und Kirche. Beiträge zur Entstehung und Wirkungsweise episkopaler und monastischer Organisationsformen (MGM 33), Stuttgart 1988, S. 147 ff. – Kottje, R. / Maurer, H. (edd.): Monastische Reformen, Sigmaringen 1989. – Semmler, J.: Das Erbe der karolingischen Klosterreform im 10. Jahrhundert, ebda., S. 26 ff. – Sohn, A.: Der Abbatiat Ademars von Saint Martial de Limoges (1063–1114). Ein Beitrag zur Geschichte des cluniazensischen Klosterverbandes (BGAM 37), Münster 1989. – Constable, G.: Cluny, S. 391 ff. – Melville, G.: Die cluniazensische *Reformatio tam in capite quam in membris*. Institutioneller Wandel zwischen Anpassung und Bewahrung, in: Sozialer Wandel im Mittelalter. Wahrnehmungsformen, Erklärungsmuster, Regelungsmechanismen (ed. v. J. Miethke / K. Schreiner), Sigmaringen 1994, S. 249–297 – Wagner, A.: Gorze au XIe siècle. Contribution à l'histoire du monachisme bénédictin dans l'Empire, Nancy 1996. – Hiestand, R.: Einige Gedanken, S. 287 ff. – Dove va, Mailand 2001, passim. – Andenna, G.: La storiografia su Cluny in Italia nel XX secolo, ebda., S. 297 ff. – Iogna-Prat, D.: Études clunisiennes (Les Médievistes français 2), Paris 2002. – Regulae- Conssuetudines – Statuta. Studi sulle fonti narrative degli ordini religiosi nei secoli centrali del Medioevo. Atti del I e II Seminario internazionale di studio del Centro italo-tedesco di storia comparata degli ordini religiosi (Bari / Noci / Lecce, 26–27 ott. 2002 – Castiglione delle Stiviere, 23–24 maggio 2003) (edd. C. Andenna / G. Melville), Münster 2005. – Constable. G.: The Abbey of Cluny. A Collection of Essays to Mark the Eleven-Hundred Anniversary of its Foundation (Vita Regularis 43), Münster 2010. – Dell'Omo, Storia, S. 111 ff., 115 ff., 118 ff. (die großen Äbte), S. 135 ff. (Organisation des Verbandes), S. 139 ff. (Zentren in Frankreich, Italien, England, Germanien, Spanien), S. 143 ff. (Spiritualität). – Melville, G.: Die Welt, S. 56 ff. – Dartmann, Ch.: Die Benediktiner, S. 84 ff.

a) Anfänge

Zeitverhältnisse

◊ (Literatur): Hallinger, K.: Zur geistigen Welt der Anfänge Klunys, in: DA 10 (1954). S. 417 ff. – Mager, H. E.: Studien über das Verhältnis der Cluniacenser zum Eigenkirchenwesen, Freiburg 1959, S. 167 ff. – Schieffer, Th.: Die abendländische Kirche des nachkarolingischen Zeitalters. Reformbewegungen (HEG 1: Europa im Wandel von der Antike zum Mittelalter), Stuttgart 1976, S. 1054 ff. – Bredero, A. H.: Cluny et le monachisme carolingien: continuité et discontinuité (edd.) W. Lourdaux / D. Verhelst,: Benedictine Culture 750–1050

(Mediaevalia Lovanensia, Series I, Studia 11), Löwen 1983, S. 50ff. – Semmler, J.: Das Erbe der karolingischen Klosterreform, in: Kottje, R./Maurer, H. (Edd.): Monastische Reformen, S. 26ff. – Constable, G.: Cluny in the Monastic World of the Tenth Century, in: Il secolo di ferro ... 19–25 aprile 1990 (Settimane 38), Spoleto 1991, S. 391ff. – Goez, W.: Kirchenreform, S. 17ff. – Dartmann, Ch.: Die Benediktiner, S. 84.

Gründungsumstände

◊ (Literatur): Frank, K. S.: Cluny, S. 126f. – Goez, W.: Kirchenreform, S. 8, 17ff. – Hiestand, R.: Einige Gedanken, S. 300ff. – Iogna-Prat, D.: Études clunisiennes (Les Médiévistes français 2), Paris 2002. – Dell'Omo, M: Storia, S. 115ff. – Bulst, N.: Art.: Cluny, Cluniazenser, in: LdM 2 (1983), Sp. 2172ff. – Szabó-Bechstein, B.: Art.: Libertas ecclesiae, in: LdM 5 (1991), Sp. 1950ff. – Dies.: Art.: Libertas Romana, ebda., Sp. 1952. – Wollasch, J.: Cluny – „Licht der Welt", S. 22ff. – Dartmann, Ch.: Die Benediktiner, S. 84.

b) Aufstieg zum Reformzentrum

‚Reformlizenz', Exemtionsprivileg, Schutz vor Exkommunikation und Interdikt

◊ (Literatur): Frank, K. S.: Cluny, S. 127f. – Bulst, N.: Cluny, S. 2172ff. – Hiestand, R.: Einige Gedanken, S. 304ff. – Goez, W.: Kirchenreform, S. 19ff. – Georges, T.: Das Papstprivileg für Cluny vom März 931. Übersetzung und kirchenhistorische Einordnung, in: ZKG 119 (2008), S. 380ff. – Dell'Omo, M.: Storia, S. 120ff.

Die langen Abbatiate

◊ (Literatur): Bulst, N.: Art.: Cluny, Sp. 2172ff. – Kohnle, A.: Abt Hugo von Cluny (1049–1109) (Beihh. der Francia 32), Sigmaringen 1993. – Goez, W.: Kirchenreform, S. 19. – Wollasch, J.: Cluny – „Licht der Welt", S. 37ff. – Dell'Omo, M.: Storia, S. 118ff. – Dartmann, Ch.: Die Benediktiner, S. 87f.

c) Die Hoch-Zeit Clunys

Der Klosterverband (*ecclesia cluniacensis*)

◊ (Literatur): Schmitz, Ph.: Geschichte I, S. 129f. – Pacaut, M.: La formation du second réseau monastique clunisien (v. 1030–v. 1080), in: Naissance et fonctionnement des résaux monastiques et canoniaux. Actes du premier Coll. Intern. du C. E. R.C.O.R., Saint-Etienne 16–18 sept. 1985 (Travaux et recherches 1), Saint-Etienne 1991, S. 43ff. – Melville, G.: Zur Funktion der Schriftlichkeit im institutionellen Gefüge mittelalterlicher Orden, in: FMSt 25 (1991), S. 391ff. – Pinkl, E.-M.: Die Neuorganisation des cluniazensischen Verbandes (1146–1314) in der Reflexion der Betroffenen, in: Institutionen und Geschichte. Theoretische Aspekte und mittelalterliche Befunde (ed. G. Melville), 1992, S. 343ff. – Wollasch, J.: Zur Verschriftlichung der klösterlichen Lebensgewohnheiten unter Abt Hugo von Cluny, in: FMSt 27 (1993), S. 317ff. –

Oberste, J.: *Ut domorum status certior habeatur* ... Cluniazensischer Reformalltag und administratives Schriftgut im 13. und 14. Jahrhundert, in: Archiv für Kulturgeschichte 76 (1994), S. 51 ff. – Keller, H./Neiske, F. (edd.): Vom Kloster zum Klosterverband: Das Werkzeug der Schriftlichkeit (MMS 74), München 1997. – Poeck, D. W.: Cluniacensis ecclesia. Untersuchungen zur Geschichte des cluniazensischen Klosterverbandes im Hochmittelaster (MMS), München 1998.

◊ (*Zu Ausbreitung und Umfang des Verbandes*): Valous, G.: Les monastéres et la pénétration française en Espagne du XIe au XIIIe siècle, in: Rev. Mabillon 30 (1949), S. 77. – Schmitz, Ph.: Geschichte I, S. 134 ff. – Mattoso, J.: L'introduction de la Règle de S. Benoît dans la Péninsule ibérique, in: RHE 70 (1975), S. 731 ff. – Cluny in Lombardia (Atti del conv. storico ... di Pontida, 22–25 apr. 1977, 2 vol. [Italia Benedettina 1]), Cesena 1979/81. – Goez, W.: Kirchenreform, S. 22 ff. – Violante, A./Spicciani, A./Spinelli G. (edd.): L'Italia nel quadro dell'espansione europea del monachesimo cluniacense (Atti del Conv. Intern ... Pescia 26–28 nov. 1982 [ItalBen 8]), Cesena 1985. – Iogna-Prat, D.: Coutumes et status clunisiens comme sources historiques, in: Rev. Mabillon, n.s. 3 (1992), S. 23 ff. – Cygler, F./Mellville, G./Oberste, J.: Aspekte zur Verbindung von Organisation und Schriftlichkeit im Ordenswesen ..., in: edd. Kasper, C. M./Schreiner, K.: „Viva vox" und „ratio scripta" ... (Vita Regularis, Abhandlungen 5), Münster 1997, S. 205 ff. – Oberste, J./Biendarra, A.: Der Prior bei den Cluniazensern. Soziale Kontrolle und Kommunikation im Wandel vom 11. bis 13. Jahrhundert, in: (edd.) H. Duchard/G. Melville: Im Spannungsfeld von Recht und Ritual ... (Norm und Struktur 7), Köln 1997, S. 139 ff. – Gilomen-Schenkel, E.: Die Cluniazenser, passim. – Melville, G.: Die Welt, S. 62 ff., 69 ff. – Dartmann, Ch.: Die Benediktiner, S. 91 f.

Monastische Reformen (*consuetudines, Askese und Handarbeit*)

◊ (Literatur): Schmid, K./Wollasch, J.: Die Gemeinschaft der Lebenden und Verstorbenen in Zeugnissen des Mittelalters, in: FM(A)St 1 (1967), S. 365 ff. – Oexle, G. O.: Memoria und Memorialüberlieferung im früheren Mittelalter, in: FM(A)St 10 (1976), S. 70 ff. – Frank, K. S.: Cluny S. 127 f. – Goez, W.: Kirchenreform, S. 24 f. – Iogna-Prat, D.: Continence et virginité dans la conception clunisienne de l'ordre du monde autour de l'an Mil. Comptes rendus de l'Académie des Inscriptions et Belles-Lettres 129 (1985), S. 127 ff. – Dies.: Coutumes et statuts clunisiens comme sources historiques (ca. 900–ca. 1200), in: Rev. Mabillon 2 (1992), S. 23 ff. – Angenendt, A. u. a.: Gezählte Frömmigkeit, in: FM(A)St 29 (1995). – Tutsch, B.: Studien zur Rezeptionsgeschichte der „Consuetudines" Ulrichs von Cluny (Vita regularis, Abhll. 6), Münster 1998. – (*Zu Handarbeit:*) Goez, W.: Kirchenreform, S. 25. – Libri vitae. Gebetsgedenken in der Gesellschaft des Frühen Mittelalters (edd. D. Geuenich/U. Ludwig, Köln 2015. – Enzyklopädie des Stiftungswesens in mittelalterlichen Gesellschaften, 2 vol. (ed. M. Borgolte), Berlin 2014–2016.

Opus Dei, extensive Liturgie, intensives Gebetsgedenken

◊ (Literatur): Schmitz, Ph.: La liturgie de Cluny, in: Spiritualità cluniacense (Conv. del Centro di studi sulla spiritualità medievale 1), Todi 1958, S. 83 ff. – Hallinger, C.: Consuetudo. Begriff, Formen, Forschungsgeschichte, Inhalt, in: Untersuchungen zu Kloster und Stift (ed. MPG), Göttingen 1980, S. 140 ff. – Leclercq, J.: La spiritualità del Medioevo (VI–XII sec.): Da s. Gregorio a s. Bernardo … (Storia della Spiritualità 4a), Bologna 1986, S. 517 ff. – Spiritualità Cluniacense (Convegni del centro di studi sulla spiritualità medievale 2), Todi 1960. – Wollasch, J./Heim, W. D./Mehne, J./Neiske, F./Poeck, D. (edd.): Synopse der cluniacensischen Necrologien, I–II (MMS 39), München 1982. – Angenendt, A.: Das Frühmittelalter, S. 424. – Schieffer, R.: Consuetudines monasticae und Reformforschung, in: DA 44 (1992), S. 274 ff. – Melville, G.: Die Welt, S. 66 ff. – Regulae – Consuetudines – Statuta. Studi sulle fonte normative degli ordini religiosi nei secoli centrali del Medioevo. Atti … del Centro italo-tedesco di storia comparata degli ordini religiosi (Bari/Noci/Legge, 26–27 ott. 2002, Castiglione delle Stiviere, 23–24 maggio 2003, edd. C., Andenna/G. Melville), Münster 2005. – Barret, S.: Regula Benedicti, consuetudines, statuta. Aspects du corpus clunisien, ebda., S. 65 ff. – From Dead of Night to End of Day. The Medieval Customs of Cluny. Du cœur de la nuit à la fin du jour. Les cutumes clunisiens au moyen âge, edd. S. Boynton/I. Cochelin, Turnhout 2005. – Dartmann, Ch.: Die Benediktiner, S. 146 ff.

Die Frauengemeinschaften

◊ (Literatur): Hilpisch, St.: Benediktinerinnen, S. 28, 34 u. 38 f. – Schmitz, Ph.: Histoire VII (Les moniales), S. 71. – Lunardi, G.: Art.: Benedettine, in: DIP I (1974), Sp. 1255. – Frank, K. S.: Cluny, S. 132 f. – Wischermann, E. M.: Marcigny-sur-Loire. Gründungs- und Frühgeschichte des ersten Cluniacenserinnenpriorates (1055–1155) (MMS 42), München 1986. – Wollasch, J.: Frauen in der Cluniacensis ecclesia, in: Doppelklöster, S. 97 ff. – de Vogüé, A.: Sanctimoniales (300–700 après J.-C.), in: Ders.: Regards sur le monachisme des premiers siècles. Receuil d'articles, Rom ²2000, S. 41 ff. – Schreiner, K.: Observantia regularis – Normbildung, Normkontrolle und Normwandel im Mönchtum des frühen und späten Mittelalters, in: Prozesse der Normbildung und Normveränderung im mittelalterlichen Europa (edd. D. Ruhe/K. H. Spiess), Stuttgart 2000, S. 275 ff. – Bodarwé, K.: Der weibliche Zweig des Benediktinerordens, in: Macht des Wortes, S. 111 ff. – Andenna, G.: Art.: Sanctimoniales (VI Aspetti particulari/IV–Le monache clyniacense), in: DIP 10 (2003), Sp. 750–768 (ausführlich Quellen u. Lit.). – Schreiner, K.: Seelsorge in Frauenklöstern – Sakramentale Dienste, geistliche Erbauung, ethische Disziplinierung, in: Krone und Schleier. Kunst aus mittelalterlichen Frauenklöstern (ed. Kunst- und Ausstellungshalle der Bundesrepublik Deutschland, Bonn und Ruhrlandmuseum Essen), München 2005, S. 52 ff. – Andenna, G.: „Sanctimoniales Cluniacenses". Studi su i monasteri femminili di Cluny e sulla loro legislazione in Lombardia (XI–XV sec.) (Vita regularis, Abhandlungen 20), München 2009. – Röckelein, H.: Frauen im Umkreis der benediktinischen Reformen des 10. bis 12. Jahrhunderts. Gorze, Cluny, Hirsau, St. Blasien und Siegburg, in: Female *vita religiosa*, S. 275 ff. (hier zur Rolle der Frauen – unter

Berücksichtigung auch der Doppelklöster – in den Reformen des 10.–12. Jahrhunderts). – Melville, G.: Die Welt, S. 69 f.

Clunys Bedeutung im Zeitgeschehen (*Treuga-Dei*)

◊ (Literatur): Wollasch, J.: Kaiser Heinrich II. in Cluny, in: FM(A)St 3 (1969), S. 327 ff. – Benz, K. J: Heinrich II. und Cluny, in: Rév. Bén. 84 (1974), S. 313 ff. – Frank, K. S.: Cluny, S. 130 f. – Weinfurter, St.: Die Zentralisierung der Herrschaftsgewalt im Reich durch Kaiser Heinrich II., in: Hist. Jahrb. 106 (1986), S. 241 ff. – Seibert, H.: Libertas und Reichsabtei, in: Die Salier und das Reich, Bd. 2: Die Reichskirche in der Salierzeit (ed. St. Weinfurter), Sigmaringen ²1992, S. 503 ff. – Hoffmann, H.: Mönchskönig und *rex idiota*. Studien zur Kirchenpolitik Heinrichs II. und Konrads II. (MGH Studien und Texte 8), Hannover 1993, S. 27 ff. – Seibert, H.: Abtserhebung zwischen Rechtsnorm und Rechtswirklichkeit. Formen der Nachfolgeregelung in lothringischen und schwäbischen Klöstern der Salierzeit (1024–1125) (Quellen und Abhdll. zur mittelrhein. Kirchengeschichte 78), Mainz 1995. – Seibert, H.: Herrscher und Mönchtum im spätottonischen Reich. Vorstellung – Funktion – Interaktion, in: edd. Schneidmüller, B. / Weinfurter, St.: Otto III. – Heinrich II. Eine Wende? (Mittelalterforschungen 1), Sigmaringen 1997, S. 205 ff. – Weinfurter, St.: Otto III. und Heinrich II. im Vergleich. Ein Resümee, ebda., S. 387 ff. – Die Cluniazenser in ihrem politisch-sozialen Umfeld (edd. G. Constable / G. Melville / J. Oberste (Vita regularis 7), Münster 1998. – Weinfurter, St: Heinrich II. (1002–1024). Herrscher am Ende der Zeiten, Regensburg 1999. – Melville, G.: Die Welt, S. 72 ff.

(Kirchenreform, Investiturstreit)

◊ (Literatur): Lemarignier, J.F.: L'exemption monastique et les origines de la réforme grégorienne, in: À Cluny. Congrès scientifique: Fêtes et cérémonies … 9–11 juillet 1949 …, Dijon 1950, S. 288 ff. – Cowdrey, H. E. J.: The Cluniacs and the Gregorian Reform, Oxford 1970. – Il monachesimo e la riforma ecclesiastica (1049–1122). (Atti della quarta settimana intern. di studi Mendola, 23–29 agosto 1968), Mailand 1971. – Bechstein, B: Libertas ecclesiae. Ein Schlüsselbegriff des Investiturstreites und seine Vorgeschichte. 4.–11. Jahrhundert (Studi Gregoriani 12), Rom 1985. – Jakobs, H.: Kirchenreform und Hochmittelalter 1046–1215 (Oldenbourg Grundriß der Geschichte 7), München ³1994. – Constable, G.: Cluny und der Investiturstreit, in: edd. Stiegemann, Ch. u. a., Canossa 1077.

Die Bautätigkeit in Cluny

◊ (Literatur): Binding, G.: Art.: Cluny, Cluniazenser, E Baukunst, in: LdM 2 (1983), Sp. 2192 ff. (mit ausführlicher Lit.). – Frank, K. S.: Cluny, S. 128. – Stratford, N.: Cluny III, in: Cluny 910–2010. Onze siècles de rayonnement (edd. H. Atsma / N. Stratford), Paris 2010, S. 96 ff. – Melville, G.: Die Welt, S. 71. – Dartmann, Ch.: Die Benediktiner, S. 171 ff., 282 f. (Lit.).

d) Zeit des Niedergangs (Spätmittelalter)

◊ (Literatur): SCHMITZ, PH.: Geschichte III, S. 140 ff. – SCHREINER, K.: Benediktinisches Mönchtum, S. 48 ff. – BREDERO, A. H.: Comment les institutions de l'ordre de Cluny se sont rapprochées de Cîteaux, in: Istituzioni monastiche e istituzioni canonicali in occidente (1123–1215). Atti della Settimana intern. di studio Mendola, Mailand 1980, S. 164 ff. – SCHREINER, K.: Sozialer Wandel, S. 257 ff. – NEISKE, F.: Reform oder Kodifizierung? Päpstliche Statuten für Cluny im 13. Jahrhundert, in: AHP 26 (1988), S. 71 ff. – MELVILLE, G.: Cluny après „Cluny". Le treizième siècle: un champ de recherche, in: Francia 17 (1990), S. 91 ff. – LECLERCQ, J.: Pietro il Venerabile (Bibl. di cultura medievale. Di fronte e attraverso 300), Mailand 1991. FRANK, K. S.: Cluny, S. 128 ff., 131 ff. – SCHREINER, K.: Dauer, S. 295–341. – CYGLER, F.: L'ordre de Cluny et les „rebellions" au XIIIe siècle, in: Francia 19 (1992), S. 61 ff. – WOLLASCH, J.: Cluny – „Licht der Welt", passim. – RICHE, D.: L'Ordre de Cluny à la fin du moyen âge. „Le vieux pays clunisien" (XIIe–XVe siècle) (C. E. R.C.O.R. Travaux et Recherches 13), Saint-Etienne 2000. – MELVILLE, G.: Die Welt, S. 74 f. – DARTMANN, CH.: Die Benediktiner, S. 104 f.

e) Charakteristika Clunys (Forschungsstand)

◊ (Literatur): BULST, N.: Cluny, Sp. 2173. – GOEZ, W.: Kirchenreform, S. 23 ff.

2. Reformkreise in Lothringen

a) Brogne

◊ (Quellen): VITA GERHARDI ABBATIS BRONIENSIS (ed. L. von Heinemann), MGH SS, XV, Hannover 1888, S. 98 ff.

◊ (Literatur): BERLIÈRE, U.: L'étude des réformes monastiques des Xe et XIe siècles, in: Bull. de la Classe des Lettres de l'Acad. Royale de Belgique, 5e sér., 18 (1952), S. 137 ff. – SCHMITZ, PH.: Geschichte I, S. 147 ff. – DERS.: Histoire VII (Les moniales), S. 676 ff. – GÉRARD DE BROGNE ET SON OEVRE RÉFORMATRICE: Études publiées à l'occasion du Millénaire de sa mort (éd. Abbaye de Maredsous), in: Rév. Bén 70 (1960), S. 5–240. – WOLLASCH, J.: Gerard von Brogne und seine Klostergründung, in: Rév. Bén. 70 (1960), S. 62 ff. – LUNARDI, G.: Art.: Benedettine, in: DIP I (1974), Sp. 1226. – MISONNE, D.: Art.: Gérard de Brogne, in: DHGE 20 (1984), Sp. 724 ff. – PARISSE, M.: Les religieuses bénédictines de Lorraine au temps de la réforme des XIe et XIIe siècle, in: Revue Mabillon 61 (1987), S. 257 ff. – MISONNE, D.: Art.: Gerhard von Brogne, in: LdM 4 (1989), Sp. 1316 f. – MONASTISCHE REFORMEN IM 9. UND 10. JAHRHUNDERT (edd. R. Kottje/M. Maurer) (VuF 38), Sigmaringen 1989. – SEMMLER, J.: Das Erbe der karolingischen Klosterreform im 10. Jahrhundert, ebda., S. 29 ff. – SCHREINER, K.: Dauer, S. 295 ff. – HELVETIUS, A. M.: Abbayes, éveques et laiques. Une politique de pouvoir en Hainaut au Moyen Age (VIIe–XIe siècle), Brüssel 1994. – GOEZ, W.: Kirchenreform, S. 26 ff. – DELL'OMO, M.: Storia, S. 159 f.

b) Gorze (Reformvorbild unter Heinrich II.)

◊ (Quellen): Vita Iohannis abbatis Gorziensis auct. Iohanne abbate S. Arnulfi (ed. H. Pertz), MGH SS IV, Hannover 1841, S. 335ff. – La vie de Jean, abbé de Gorze (ed. M. Parisse), Paris 1999. – Consuetudinum saeculi X/XI/XII monumenta non-Cluniacensia, edd. M. Wegener/C. Elvert, CCM VII, 3 (1984), S. 187ff.

◊ (Literatur): Hallinger, K.: Gorze-Kluny, passim. – Schieffer, Th.: Kluniazensische oder Gorzer Reformbewegung?, in: Arch. f. mittelrhein. Kirchengeschichte 4 (1952), S. 24ff. – Büttner, H.: Verfassungsgeschichte und lothringische Klosterreform, in: Aus Mittelalter und Neuzeit. Festschrift für Gerhard Kallen), Bonn 1957), S. 17ff. – Reimann, N.: Beiträge zur Geschichte des Klosters Gorze im Spätmittelalter, in: Mitt. z. Geschichte des Benediktinerordens 80 (1970), S. 337ff. – Hallinger, K.: Zur Rechtsgeschichte der Abtei Gorze, in: ZKG 83 (1972), S. 325ff. – Parisse, M.: Art.: Gorze, in: LdM 4 (1988), Sp. 1565ff. – Monastische Reformen im 9. und 10. Jahrhundert (wie oben, drittes Kapitel, Bibliogr. 2, a). – Barone, G.: Jean de Gorze. Moine de la réforme et saint original, in: (edd.) D. Iogna-Prat/J. C. Picard: Religion et culture autour de l'An Mil. Royaume capétien et Lotharingie. Études réunies, Paris 1990, S. 31ff. – Gilomen-Schenkel, E.: Frühes Mönchtum und benediktinische Klöster des Mittelalters in der Schweiz (Helv. Sacra III, 1), Bern 1986, S. 54f. – Oexle, O. G. (ed.): L'abbaye de Gorze au Xe siècle, Nancy 1993. – Barone, G.: Jean de Gorze, moine bénédictin, in: L'abbaye de Gorze au Xe siècle (edd. M. Parisse/O. G. Oexle), Nancy 1993, S. 141ff. – Jestice, Ph. G.: The Gorzian Reform and the Light under the Bushel, in: Viator 24 (1993), S. 51ff. – Oexle, O. G. (ed.), L'abbaye de Gorze au Xe siècle, Nancy 1993. – Parisse, M.: Restaurer un monastère au Xe siècle. L'exemple de Gorce, in: Vita Religiosa im Mittelalter. Festschr. f. Kaspar Elm zum 70. Geburtstag (edd. F. Felten/N. Jaspert), Berlin 1999, S. 55ff. – Wagner, A.: L'abbaye de Gorze au XIe siècle. Contributions à l'histoire du monachisme bénédictin dans l'Empire (Atelier de recherche sur les textes médiévaux 1), Turnhout 1997. – Parisse, M.: La vie de Jean, abbé de Gorze, Paris 1999. – Parisse, M./Hochholzer, E.: Die lothringische („Gorzer") Reform, in: Die Reformverbände und Kongregationen im deutschen Sprachraum, in: Germ. Ben. I (1999), S. 77ff. – Goez, W.: Kirchenreform, S. 28f. – Nightingale, J.: Monastries and Patrons in the Gorze Reform: Lotharingia c. 850–1000, Oxford 2001. – Barone, G.: Gorze e Cluny a Roma, in: Retour aux sources. Textes, études et documents d'histoire medievale offerts à Michel Parisse (edd. Gouguenheim, S. u. a.), Paris 2004, S. 583. – Dell'Omo, M.: Storia, S. 157f. – Melville, G.: Die Welt, S. 79.

c) St. Vanne und Stablo (Reformtypus unter Konrad II.)

◊ (Quellen): Vita Popponis abbatis Stabulensis, auct. Everhelmo (ed. W. Wattenbach), MGH SS XI, Hannover 1854, S. 291ff.

◊ (Literatur): Monasticon belge II, 1928, S. 78f. – Dauphin, H.: Le bienheureux Richard abbé de Saint-Vanne de Verdun († 1046) (Bibl. de la Rév. d'histoire écclésiastique 24), Löwen 1946. – Monastische Reformen im 9.

und 10. Jahrhundert (wie oben, drittes Kapitel, Bibliogr. 2, a), 1989. – Bulst, N.: Art.: Richard, Abt von St.-Vanne, in: LdM 7 (1994), Sp. 819f. – George, Ph.: Art: Poppo von Stablo, in: LdM 7 (1994), Sp. 102. – Hirschmann, F. G.: Klosterreform und Grundherrschaft: Richard von St. Vanne, in: edd. A. Haverkamp/F. G. Hirschmann: Grundherrschaft, Kirche, Stadt zwischen Maas und Rhein während des hohen Mittelalters (Trierer Hist. Forsch. 37), Mainz 1997, S. 125ff. – Van Meter, D. C.: Count Baldwin IV, Richard of Saint-Vanne, and the inception of the Monastic Reform in Eleventh-Century Flanders, in: Rév. Bén. 107 (1997), S. 130ff. – Hourlier, J.: Art.: Santi Vitore e Idulfo, DIP VIII (1988), Sp. 890ff. – Seibert, H.: Art.: Poppo v. Stablo, in: LThK 8 (1999), Sp. 424f. – Krauss, S.: „Christi iugum leve sub monastica institutione ipsis iniecit". Poppo von Stablo als Klosterreformer, in: Flores considerationum amicorum. (Festschr. C. A. Lückerath zum 70. Geburtstag am 13. Dez. 2006), Gleichen 2006, S. 281–314. – Dell'Omo, M.: Storia, S. 160.

3. Cluny-nahe Reformkreise

a) Frankreich

Fleury (St. Benoît-sur-Loire)

◊ (Quellen): Consuetudines Floriacenses saec. Tertii decimi (ed. A. Davrill), CCM IX, 3 (1976), S. 3ff. – Consuetudinum saeculi X/XI/XII, Monumenta (ed. K. Hallinger), CCM VII, 1 (1984), S. 3ff.

◊ (Literatur): Leclercq. H.: Art.: Fleury, in: DACL V, Sp. 1709ff. – Wollasch, J.: Königtum, Adel und Klöster im Berry während des 10. Jahrhunderts (Neue Forschungen über Cluny und die Cluniazenser), edd. G. Tellenbach u. a., Freiburg 1959, S. 17ff. – Bautier, R.-H.: Le monastère et les églises de Fleury sous les abbatiats d'Abon de Gauzlin et d'Arnaud (988–1032), Mém. de la Sociétée nation. des Antiqu. de Fançe, 9e sér., IV, 1969, S. 71ff. – Bulst, N.: Art.: Fleury-Saint-Benoît-sur-Loire, in: LdM 4 (1987), Sp. 547ff. – Dartmann, Ch.: Die Benediktiner, S. 86f.

Marseille (St. Victor)

◊ (Quellen): Cartulaire de l'abbaye de St.-Victor de Marseille, 2 Bd. (ed. B. Guérard), Paris 1857.

◊ (Literatur): Palanque, J. R.: Le Diocèse de Marseille, Paris 1967. – Busquet, R.: Histoire de Marseille, Paris ^{2}1978. – Reynaud, F.: Art.: Marseille in: LdM 6 (1992), Sp. 326ff. – Frank, K. S.: Art.: Saint Victor (in Marseille), in: LThK 9 (2000), Sp. 54f.

Dijon (St. Bénigne)

◊ (Quellen): Rodolfus Glaber: Vita domni Willelmi. Neue Edition nach einer Handschrift des 11. Jahrhunderts (Paris Bibl. Nat., lat. 5390) (ed. N. Bulst), in: DA 30 (1974), S. 450ff.

◊ (Literatur): Atlas zur Kirchengeschichte (edd. H. Jedin u. a.), Freiburg 1970, Nr. 48. – Bulst, N.: Untersuchungen zu den Klosterreformen Wilhelms von Dijon (962–1031) (Pariser Hist. Studien 11), Bonn 1973. – Ders.: La réforme monastique en Normandie: diffusion et implantation de la réforme de

Guillaume de Volpiano (prosopographie, exploitation de nécrologes), in: Les mutations socio-culturelles au tournant des XIe–XIIe siécles. Actes du coll. intern ... Abbaye Notre-Dame du Bec, Le Bec-Hellouin, 11–16 juillet 1982 (Specilegium Beccense 2), Paris 1984, S. 317 ff. – Ders.: Art.: Fleury-Saint-Benoît-sur-Loire, in: LdM 4 (1987), Sp. 547 ff. – Ders.: La filiation de St-Bénigne de Dijon au temps de l'abbé Guillaume (Naissance et fonctionnement des résaux monastiques et cannoniaux, Saint-Etienne 1991), S. 33 ff. – Ders.: Art.: Wilhelm v. Volpiano, in: LdM 9 (1998), Sp. 159 f. – D'Acunto, N.: *„Nostrum Italicum regnum"*. Aspetti della politica italiana di Ottone III, Mailand 2002, S. 144 ff. – Ders.: Guglielmo da Volpiano: un itinerario biografico, in: A. Lucioni (ed.): Guglielmo da Volpiano. La persona e l'opera (Atti della giornata di studio, San Benigno Canavese, 4 ott. 2003), Cantalupa (Turin) 2005, S. 51 ff. – Dell'Omo, M.: Storia, S. 162.

b) Italien

Rom und Farfa

◊ (Quellen): Liber tramitis aevi Odilonis abbatis (ed. P. Dinter), CCM X (1980).

◊ (Literatur): Vehse, O.: Die päpstliche Herrschaft in der Sabina bis zur Mitte des 12. Jahrhunderts, in: QFIAB 21 (1929/30), S. 120 ff. – Schwarzmeier, H.: Der Liber Vitae von Subiaco. Die Klöster Farfa und Subiaco in ihrer geistigen und politischen Umwelt während der letzten Jahrzehnte des 11. Jahrhunderts, in: QFIAB 48 (1968), S. 80 ff. – Ring, R. R.: The Lands of Farfa (Diss.), Wisconsin 1972. – Hoffmann, H.: Der Kirchenstaat im hohen Mittelalter, in: QFIAB 57 (1977), S. 1 ff. – Wickham, Ch.: Il problema dell'incastellamento nell'Italia centrale, Bologna 1985, S. 45 ff. – Zielinski, H.: Art.: Farfa (Sabina), in: LdM 4, 2 (1987), Sp. 395 ff. – Wollasch, J.: Zur Verschriftlichung der klösterlichen Lebensgewohnheiten unter Abt Hugo von Cluny, in: FM(A)St 27 (1993), S. 317 ff. – Wollasch, J.: Zur Datierung des ‚Liber tramitis' von Farfa anhand von Personen und Personengruppen, in: Person und Gemeinschaft im Mittelalter (Festschr. Karl Schmid zum 65. Geburtstag, edd. G. Althoff u. a.), Sigmaringen 1988, S. 237 ff. – Tutsch, B.: Die Consuetudines Bernhards und Ulrichs von Cluny im Spiegel ihrer handschriftlichen Überlieferung, in: FM(A)St 30 (1996), S. 248 ff. – Ders.: Studien zur Rezeptionsgeschichte der Consuetudines Ulrichs von Cluny, Münster 1998. – Farfa, abbazia imperiale. Atti del convegno intern., Farfa-Santa Vittoria in Matenano, 25–29 agosto 2003 (ed. R. Dondarini), Negarine di San Pietro in Cariano 2006. – Longo, U.: Agiografia e identità monastica a Farfa tra XI e XII secolo, in: Cristianesimo nella storia 21 (2009), S. 311 ff. – Dell'Omo, M.: Storia, S. 164. – Dartmann, Ch.: Die Benediktiner, S. 89 f.

(La) Cava dei Tirreni

◊ (Quellen): Vitae quattuor priorum abbatum Cavensium Alferii, Leonis, Petris et Constabilis, auct. Hugone abbate Venusino (ed. L. Mattei Cerasoli), RIS, nuova edizio VI, parte V, Bologna 1941.

◊ (Literatur): L'ITALIA NEL QUADRO DELL'ESPANSIONE EUROPEA DEL MONACHESIMO CLUNIACENSE (Atti del Convenio intern. di storia medievale, Pescia 26–28 nov. 1981), Cesena 1985. – PENCO, G.: Storia I, S. 184ff. – VITOLO, G.: Insediamenti cavensi in Puglia 1984. – DERS.: Cava e Cluny: (edd. S. Leone/ G. Vitolo: Minima Cavensia), Salerno 1984. – DERS.: La Badia di Cava e gli arcivescovi di Salerno tra XI. e XII secolo, in: Rassegna storica salernitana 4 (1987), S. 9ff. – DERS.: Il monachesimo latino nell'Italia meridionale, in: Benedictina 35 (1988), S. 543ff. – VITOLO, G./MOTTOLA, F. (edd.): La Badia di Cava nella storia e nella civiltà del Mezzogiorno medievale. Mostra di codici, pergamene, sigilli, mappe e carte geografiche in occasione del IX centenario della basilica abbaziale (1092 – sett. 1992), Badia di Cava 1991. – VITOLO, G.: Art.: (La) Cava, in. LdM 5 (1991), S. 1603f. – HOUBEN, H.: L'autore delle „Vitae quatuor priorum abbatum Cavensium", in: Studi Medievali, s. III, 26 (1985), S. 871ff. – SANSTERRE, J.-M.: Figures abbatiales et distribution des rôles dans le „Vitae quatuor priorum abbatum Cavensium" (milieu du XII siècle), in: Mélanges de l'École Française de Rome. Moyen âge 111 (1999), S. 61ff. – GOEZ, W.: Kirchenreform, S. 37f. – DELL'OMO, M.: Storia, S. 192f.

Fruttuaria

◊ (Quellen): CHRONICON ABBATIAE FRUCTUARIENSIS (ed. G. Calligaris), (Publl. della Scuola di Magistero della R. Univ. di Torino 5), Turin 1889, S. 114ff. – CONSUETUDINES FRUCTUARIENSES-SANBLASIANAE (edd. L. G. Spätling/P. Dinter), CCM XII, 1–2 (1985). – VITA DOMNI WILLELMI DE RAOUL GLABER (edd. V. Gazeau/M. Goullet), in: Guillaume de Volpiano, un réformateur en son temps, Turnhout 2008.

◊ (Literatur): HILPISCH, ST.: Benediktinerinnen, S. 35. – SCHMITZ, PH.: Histoire VII (Les moniales), S. 66ff. – HALLINGER, K.: Gorze-Kluny, Rom 1950/51, passim. – SEMMLER, J.: Die Klosterreform von Siegburg. Ihre Ausbreitung und ihr Reformprogramm im 11. und 12. Jahrhundert (Rhein. Archiv 53), Bonn 1959, passim. – KAMINSKI, H. H.: Zur Gründung von Fruttuaria durch Abt Wilhelm von Dijon, in: ZKG 77 (1966), S. 238ff. – MONASTERI IN ALTA ITALIA DOPO LE INVASIONI SARACENE E MAGIARE (SEC. X–XII) (Atti d. XXXIIe Congr. Stor. Subalpino, Pinerolo 6–9 sett.), Torino 1966. – HALLINGER, K.: Herkunft und Überlieferung der Consuetudo Sigiberti, in: ZRGKan, Abt. 56 (1970), S. 194ff. – PENCO, G.: Il movimento di Fruttuaria e la riforma gregoriana (Atti d. IV Settim. della Mendola), Mailand 1971, S. 385ff. – BULST, N.: Untersuchungen zu den Klosterreformen Wilhelms von Dijon, 962–1031 (Pariser Hist. Studien 11), Bonn 1973. – DERS.: Zu den Anfängen fruttuarischer Consuetudines im Reich, in: DA 29 (1973), S. 558ff. – DERS.: Rodulfus Glabers Vita domni Willelmi abbatis, in: DA 30 (1974), S. 450ff. – LUNARDI, G.: Art.: Benedettine, DIP 1 (1974), Sp. 1226. – PICASSO, G.: Art.: Fruttuaria (Congregazione Benedettina), in: DIP 4 (1977), Sp. 982f. – AA.VV.: Liguria monastica (ItalBen 2) 1979. – DELL'OMO, M.: L'abbazia medievale di Fruttuaria e i centri delle riforme fruttuariensi. Monastica V. Scritti vari, in: Misc. Cass. 52 (1985), S. 185ff. – DERS.: Art.: Fruttuaria, in: LdM 4 (1988), Sp. 1003ff. – BULST, N.: La diffusion de St.-Bénigne de Dijon au temps del'abbé Guillaume, in: Naissance et fonctionnement des réseaux monastiques et canoniaux. Actes du premier colloque int. du C. E. R.C.O.R, Saint-Étienne 1991, S. 33 ff. – Lucioni, A.: L'evoluzione del monachesimo fruttuariense tra la fine dell'XI e la metà del XIII secolo: della ‚ecclesia' all' ‚ordo': Il monachesimo italiano nell'età communale. Atti del IV conv. di studi storici sull'Italia benedettina, Abbazia di S. Giacomo Maggiore, Pontida, 3–6 sett. 1995 (ItalBen 16) (ed. F. G. B. Trolese), Cesena 1998, S. 97 ff. – D'Acunto, N.: Guglielmo da Volpiano (Guglielmo di Dijon), in: DBI 61 (2003), Sp. 48. – Dell'Omo, M.: Guglielmo da Volpiano e l'ambiente spirituale del suo tempo, in: Studia Monastica 46 (2004), S. 351 ff. – Lucioni, A.: Il processo di formazione delle Consuetudini Fruttuarensi: (edd. C. Andenna/G. Melville): Regulae-Consuetudines-Statutae. Studi sulle fonti normative degli Ordini religiosi nei secoli centrali del Medioevo. Atti del I e del II Seminario intern. di studi del Centro italo-tedesco di storia comparata degli Ordini religiosi, Bari-Noci-Lecce, 26–27 ott. 2002/Castiglione delle Stiviere, 23–24 maggio 2003 (Vita regularis. Abhandlungen 25), Münster 2005, S. 105 ff. – Lucioni, A.: La storiografia fruttuariense, in: Dove va, S. 311 ff. – Dell'Omo, M.: Storia, S. 164. – Melville, G.: Die Welt, S. 68.

c) Deutschland

Hirsau

◊ (Quellen): Wilhelmi abbatis Constitutiones Hirsaugienses, edd. C. Elvert/P. Engelbert, CCM XV, 1–2 (2010).

◊ (Literatur): Hilpisch, St.: Benediktinerinnen, S. 36 ff. – Büttner, H.: Abt Wilhelm und die Entwicklung der Rechtsstellung der Reformklöster im 11. Jahrhundert, in: Zeitschr. f. Württ. Landesgeschichte 25 (1966), S. 321 ff. – Schmitz, Ph.: Histoire VII (Les moniales), S. 66 f. – Schmid, K.: Kloster Hirsau und seine Stifter, Freiburg 1959. – Jakobs, H.: Die Hirsauer. Ihre Ausbreitung und ihre Rechtsstellung im Zeitalter des Investiturstreites (Kölner Hist. Abhandlungen 4), Köln 1961. – Schreiner, K.: Sozial- und standesgeschichtliche Untersuchungen zu den Benediktinerkonventen im östlichen Schwarzwald, Stuttgart 1964, passim. – Frank, K. S.: Art.: Hirsau, in: TRE 15 (1986), Sp. 388 ff. – Atlas zur Kirchengeschichte (edd. H. Jedin u. a.), Freiburg 1970, Nr. 48. – Jäschke, K. U.: Zur Eigenständigkeit der Junggorzer Reformbewegung, in: ZKG 81 (1970), S. 17 ff. – Wollasch, J.: Mönchtum des Mittelalters, passim. – Lunardi, G.: Art.: Benedettine, in: DIP I (1974), Sp. 1226. – Schreiner, K.: Benediktinisches Mönchtum, S. 34 ff. – Ders.: Art.: Hirsau, in: Germ. Ben. V (1987), S. 281 ff. – Ders.: Spiritualität, Sozialverhalten und Sozialverfassung, S. 250 ff. – Gilomen-Schenkel, E.: Frühes Mönchtum und Benediktinische Klöster des Mittelalters in der Schweiz (Helv. Sacra III, 1), Bern 1986, S. 61 ff., 71 ff. – Schreiner, K.: Hirsau, Urban II. und Johannes Trithemius, in: DA 43 (1987), S. 469 ff. – Ders.: Mönchsein in der Adelsgesellschaft des hohen und späten Mittelalters, in: HZ 248 (1989), S. 557 ff. – Ders.: Verschriftlichung als Faktor monastischer Reform. Funktionen von Schriftlichkeit im Ordenswesen des hohen und späten Mittelalters, in: Pragmatische Schriftlichkeit im Mittelalter. Erscheinungsformen und Entwicklungsstufen, edd. H. Keller u. a., München 1992, S. 37 ff. – Nothelfer, U.: Art.: Hirsau, in: LdM 5 (1990), Sp. 35 f. – Küsters, U.: Formen und Modelle religiöser Frauengemeinschaften im Umkreis der Hirsauer Reform des 11. u. 12. Jahrhunderts, in: Schreiner, K. (Bearb.): Hirsau, St. Peter und Paul 1091–1991, Bd. 2, Stuttgart 1991, S. 195 ff. – Schreiner, K.: Hirsau und die Hirsauer Reform. Lebens- und Verfassungsformen einer Reformbewegung, in: Germ. Ben. I (1999), S. 89 ff. – Felten, F. J.: Les femmes dans les mouvements religieux du XIe – XIIe siècle particulièrement en Allemagne, in: École Pratique des Hautes Études. Sect. des scienes historiques et philologiques 20 (2004/05), Paris 2006, S. 239 ff. – Neiske, F./Hillebrand M.: Die Reformen von Cluny und Hirsau, in: Macht des Wortes, S. 171. – Bodarwé, K.: Der weibliche Zweig, S. 111 ff. – Röckelein, H.: Frauen im Umkreis der benediktinischen Reformen des 10. bis 12. Jahrhunderts. Gorze, Cluny, Hirsau, St. Blasien und Siegburg, in: Female *vita religiosa*, S. 275 ff. – Dell'Omo, M.: Storia, S. 140 (Lit). – Melville, G.: Die Welt, S. 80 ff. – Dartmann, Ch.: Die Benedidktiner, S. 93.

Siegburg

◊ (Quellen): Consuetudines Fructuarienses-Sanblasianae, edd. L.G. Spätling/P. Dinter, CCM XII, 1–2 (1985).

◊ (Literatur): Hilpisch, St.: Benediktinerinnen, S. 35. – Schmitz, Ph.: Histoire VII (Les moniales), S. 66. – Semmler, J.: Die Klosterreform von Siegburg, ihre Ausbreitung und ihr Reformprogramm im 11. und 12. Jahrhundert (Rhein. Archiv 53), Bonn 1959. – Lunardi, G., Art. Benedettine, in: DIP 1 (1974), Sp. 1226. – Wisplinghoff, E.: Die Benediktinerabtei Siegburg (Germ. Sacra NF 9, 2), Berlin 1975. – Wisplinghoff, E.: Siegburg, in: Germ. Ben. VIII (1980), S. 533 ff. – Groten, M.: Reformbewegungen und Reformgesinnung im Erzbistum Köln, in: Quellen und Abhdll. zur mittelrhein. Kirchengeschichte 68 (1992), S. 97 ff. – Ders.: Art.: Siegburg (Siegburger Reform), in: LdM 7 (1995), Sp. 1847 f. – Semmler, J.: Die Klosterreform von Siegburg (11. und 12. Jahrhundert); in: Germ. Ben. I (1999), S. 141 ff. – Röckelein, H.: Frauen im Umkreis, S. 298 ff. – Dell'Omo, M.: Storia, S. 140. – Melville, G.: Die Welt, S. 79 f.

St. Blasien

◊ (Quellen): Consuetudines Fructuarienses-Sanblasianae, edd. L. G. Spätling/P. Dinter, CCM XII, 1–2 (1985).

◊ (Literatur): Jakobs, H.: Der Adel in der Klosterreform von St. Blasien (Kölner Hist. Abhandlungen 16), Köln 1968. – Ott, H.: Die Klostergrundherrschaft St. Blasien im Mittelalter, Stuttgart 1969. – Ders.: Art.: Sankt Blasien, in: Germ. Ben. V (1987), S. 146 ff. – Schreiner, K.: Benediktinisches Mönchtum, S. 33 ff. – Das Tausendjährige St. Blasien: 200-jähriges Domjubiläum, Ausstellung im Kolleg St. Blasien, 2. Juli – 2. Okt. 1982, 2 Bde., Karlsruhe1983. – Degler-Spengler, B.: Die religiöse Frauenbewegung des Mittelalters. Konversen, Nonnen, Beginen, in: Rottenb. Jahrb. f. Geschichte 3 (1984), S. 75 ff. – Gilomen-Schenkel, E.: Frühes Mönchtum, S. 61 ff., 71 ff. – Dies.: Engelberg, Interlaken und andere autonome Doppelklöster im Südwesten des Reiches (11.–13. Jh.). Zur Quellenproblematik und zur historiographischen Tradition, in: Doppelklöster, S. 115 ff. – Ott, H.: Art.: Sankt Blasien, in: LdM 7 (1995), Sp. 1136 f. – Sinderhauf, M.: Die Reform von St. Blasien: edd. Faust, U./ Quarthal, F. Die Reformverbände und Kongregationen der Benediktiner im deutschen Sprachraum, in: Germ. Ben. I (1999), S. 125ff. – DE KEGEL, R.: Das Doppelkloster Engelberg – eine vergessene Form monastischen Zusammenlebens, in: SMGB 111 (2000). – WOLLASCH, J.: Die Verbrüderung zwischen Cluny und St. Blasien, in: DA 61 (2005), S. 481 ff. – SCHLOTHEUBER, E./FLACHENECKER, H./GARDILL, I. (edd.): Nonnen, Kanonissen und Mystikerinnen. Religiöse Frauengemeinschaften in Süddeutschland. Beiträge zur interdisziplinären Tagung vom 21.–23. Sept. 2005 in Frauenchiemsee (VMPIG 235 – Studien zur Germania Sacra 31), Göttingen 2008, S. 181 ff. – WEINFURTER, ST.: St. Blasien – Seine Frühzeit und das Aufblühen in der junggorzischen Klosterreform, in: MACHT DES WORTES, S. 195ff. – BODARWÉ, K.: Der weibliche Zweig der Benediktiner, S. 111ff. – RÖCKELEIN, H.: Frauen im Umkreis, S. 275ff. – DELL'OMO, M.: Storia, S. 140 (Lit.).

d) England

◊ (Quellen): REGULARIS CONCORDIA ANGLIAE NATIONIS, ca. 972, edd. Th. Symons/S. Spath – M. Wegener – K. Hallinger, CCM VII, 3 (1984), S. 61 ff. – CONSTITUTIONES VON CANTERBURY (ed. D. Knowles, 1951), Nachdr.: CCM III (1967), S. 1 ff. – THE MONASTIC CONSTITUTIONS OF LANFRANC, edd. Ch. N. L. Brooke/D. Knowles, Oxford 2002.

◊ (Literatur): ROBINSON, J. A.: The Times of Saint Dunstan, Oxford 1923. – SYMONS, TH.: The English Monastic Reform in the Tenth Century, in: Downside Review 60 (1942), S. 1 ff., 196ff., 268ff. – HILPISCH, ST.: Benediktinerinnen, S. 18ff. – SCHMITZ, PH.: Histoire VII (Les moniales), S. 24ff., 68ff.; – SYMONS, TH.: Notes on the Life and Work of St. Dunstan, in: Downside Review 80 (1962), S. 250ff., 355ff. – KNOWLES, D.: The Monastic Order in England. A History of its Devolopement from the Times of St. Dunstan to the Fourth Lateran Council (940–1216), S. 943ff., Cambridge [3]1963. – JOHN, E.: The Beginning of the Benedictine Reform in England, in: Rév. Bén. 73 (1963), S. 73ff. – LUNARDI, G.: Art.: Benedettine, in: DIP 1 (1974), Sp. 1223. – LECLERCQ, J.: La réforme bénedictine anglaise du Xe siècle vue du continent, in: Studia Monastica 24 (1982), S. 105ff. – DOBSON, R. B.: Art.: Cluny, Cluniazenser (V England), in: LdM 2 (1983), S. 2183ff. – VOLLRATH, H.: Die Synoden Englands bis 1066, München 1985. – HILL, J.: The „Regularis Concordia" and its Latin and Old English Reflexes, in: Rév. Bén. 101 (1991), S. 299ff. – DOBSON, R. B.: Art.: Winchester, Synode v., in: LdM 9 (1998), Sp. 230. – DERS.: English Cluniac Houses towards the End of their Story, in: UMFELD, S. 559ff. – BODARWÉ, K.: Der weibliche Zweig, S. 113ff. – DELL'OMO, M.: Storia, S. 140 (Lit.). – DARTMANN, CH.: Die Benediktiner, S. 93ff.

Viertes Kapitel
Eremitisch-kirchenkritische Reformgruppen des 11. bis 13. Jahrhunderts

Während des 10. und 11. Jahrhunderts bestimmten Gemeinschaften nach *RB* in Gestalt gorzisch-lothringischer, cluniazensischer wie Cluny-naher Observanzen weitgehend die monastischen Landschaften Westeuropas. Doch erschienen im ersten Drittel des 11. Jahrhunderts, noch in der letzten Phase der Cluny-nahen Reformen, in Italien – und mit etwas Verzögerung dann auch in Frankreich – bereits erste Beispiele einer neuen Reformwelle radikaleren Charakters. Auch deren Initiatoren beriefen sich mehrheitlich – wenngleich in unterschiedlicher Weise und Verbindlichkeit – grundsätzlich auf die *RB*, wichen aber im asketischen Alltag von den älteren Observanzen und Mustern in vielem ab.

Gemeinsam war diesen Reformern der Wille zu Anachorese, zu radikalem Rückzug aus der Welt, zu einem von allen Außenverpflichtungen freien Leben in Askese und Kontemplation, unter Handarbeit, Gebet und Schweigen. In weiterer, entwicklungsgeschichtlicher Perspektive sieht man in diesem Phänomen zu Recht ein spezifisch monastisches Echo auf die wirtschaftlichen, gesellschaftlichen wie kirchlichen Umbrüche des 11./12. Jahrhunderts, die selbst wiederum als krisenhafte Erscheinungen ihres Zeitalters wahrgenommen werden. Die Reformer selbst verstanden ihre Initiativen, indem sie das östlich-eremitische Ideal mit dem westlich-zönobitischen zu verbinden suchten, unmittelbar als kritischen Gegenentwurf zu den zeitgenössischen Formen des Mönchtums mit seinen besitzstarken und einflussreichen, der Welt vielfach verpflichteten Klöstern, die teilweise – und keineswegs allein im Falle von Cluny – schon in Verbänden zusammengeschlossen, zentral geführt wurden. Letztlich unterschieden sich diese neuen Reforminitiativen von denen der Vorgängergeneration – vornehmlich von jenen der Cluniazenser – aber nicht nur durch neue Formen der Organisation, sondern wesentlich durch spirituelle Steigerung und Radikalisierung: Während Cluny die Freiheit der Klöster von jeglichem äußeren Einfluss meinte – propagiert in der *libertas*-Devise –, strebten die jüngeren Eremiten konsequenter und radikaler nach Befreiung von der Welt überhaupt, nach ihrer Überwindung möglichst schon im Diesseits.

1. Italien

a) Fonte Avellana

Einflussreiche, neue Reformgründungen dieses Typus' erschienen zunächst in Italien. Allen voran stand hier Fonte Avellana (bei Sassoferrato), das zwischen 1023 und 1026 von Romuald von Ravenna († 1027) als Doppelanlage – als Einsiedelei (Eremos) und Kloster zugleich – gegründet, unter seinem Prior Petrus Damiani (seit 1043 im Amt), dem nachmaligen Kardinalbischof von Ostia und berühmten Kirchenreformer († 1072), zu großer Blüte gelangte. Die Gemeinschaft besaß eine bedeutende Bibliothek und folgte eigenen *consuetudines.* Kennzeichnend für den Reformverbund war das Fehlen juristischer Bindungen zwischen den zahlreichen in Umbrien, den Marken und in der Romagna liegenden Gemeinschaften dieser Observanz. Im Jahre 1325 zur Abtei umgewandelt, begann 1392 mit dem ersten Kommendatarabt der allmähliche Abstieg. 1569 schließlich folgten durch Pius V. die Aufhebung des Verbandes und seine Unterstellung unter Camaldoli.

b) Camaldoli

Etwa gleichzeitig mit Fonte Avellana (um 1023/26) gründete Romuald von Ravenna († 1027) im Casentino die Reformgemeinschaft von Camaldoli, später die Zentrale der bedeutenden Kamaldulenserkongregation. Entschiedener noch als in Fonte Avellana dem eremitorischen Ideal verpflichtet, errichtete man auch hier eine Doppelanlage, ein Kloster (Fontebuono) mit einer oberhalb gelegenen Einsiedelei (Eremos). Die Gemeinschaft des Klosters, der *RB* folgend, sicherte den täglichen Unterhalt für die in separierten Häuschen anachoretisch lebenden Eremiten, übernahm deren Pflege im Krankheitsfall, war aber auch für die notwendige Vorbereitung der „Novizen" auf ein anachoretisches Leben verantwortlich. Die Gründung lag auf Rodungsland des Bischofs von Arezzo, war folglich ein bischöfliches Eigenkloster (1027 durch Bischof Tedald bestätigt), ein Rechtszustand, den die Mönche in zähem Ringen über Jahre hinaus zu beenden suchten, was ihnen aber erst unter PP. Innozenz III. († 1216) gelang. In den ersten 30 Jahren seines Bestehens blieb Camaldoli noch von geringer Bedeutung für das Umfeld. In der zweiten Hälfte des 11. Jahrhunderts setzten dann, auch durch Papst und Kaiser gefördert, Schenkungen und Übertragungen ein. Es bildete sich zunächst ein lockerer Verband aus, der sich rasch vergrößerte und der – 1113 zählt die Approbationsbulle Paschals II. bereits 30 Klöster und zwei Einsiedeleien – im weiteren Verlauf des 12. Jahrhunderts Mitglieder in der Toskana, der Umgebung von Arezzo und Pisa, der Romagna, im Umland von Bologna, aber auch in Mittelitalien, in Venetien, Istrien und nicht zuletzt in Sardinien zählte.

Die ersten schriftlichen *Consuetudines* von Camaldoli, die strikt unterscheiden zwischen dem Leben der Eremiten und dem der Klostermitglieder, stammen aus dem Jahre 1085 – seit dieser Zeit existierte auch ein weiblicher Ordenszweig bereits –, angelegt unter dem vierten Prior Rodulfus. (Neufassungen folgten unter den Prioren Rudolf II. [1158] und Rudolf III. [1176].) Die Verfassung kennt als Vorsteher des jeweiligen Eremus den *Prior maior*. Gleichzeitig allerdings agierte als Vorstand des Gesamtverbandes ein Generalprior. Man trug – als Zeichen der Reform – einen weißen Habit, praktizierte periodische Generalkapitel, an denen alle Äbte, Prioren und auch bedeutende Eremiten teilnahmen. Da in dem heterogenen Verband allerdings weiterhin auch lokale *consuetudines* geduldet wurden, eine strikte Einheitlichkeit in diesem Punkte also nicht durchgesetzt worden ist, kam es im 13. und 14. Jahrhundert, begünstigt auch durch Einflussnahme verschiedener Protektoren, mehrfach zu Aufständen innerhalb des Verbandes, die u. a. Bonifaz VIII. zum Eingreifen nötigten und die letztlich auch unter dem Generalprior Johannes III. (seit 1348) zu präziseren Konstitutionen führten in dem Bemühen, so den drohenden Niedergang aufzuhalten. Dennoch kam es seit dem 15. Jahrhundert dann – begünstigt nicht zuletzt auch durch die päpstliche Kommendenpolitik – zur Spaltung des Gesamtverbandes und der Ausbildung mehrerer selbständiger Kongregationen innerhalb desselben.

(1966 wurden die Kamaldulenser unter dem Titel: *Congregatio Camaldulensis Ordinis S. Benedicti* der *CB* konföderiert. 2000 zählte die Kongregation [nach Catal., Editio XIX, 2000, Monachorum, S. 447] etwa 121 Mönche. – Die Frauenklöster der Kamaldulenser zählten 2000 [nach Catal., Editio I, 2000, Sororum et Monialium, S. 858] weltweit noch etwa 170 Mitglieder [*moniales, novitiae, sorores votorum temporalium*].)

c) Vallombrosa

Von eremitischen Anfängen nahm auch die Gemeinschaft in Vallombrosa ihren Ausgang, gegründet um 1037 durch Johannes Gualbertus (990–1073). Dieser hatte um 1036 seine Gemeinschaft San Miniato (Florenz) aus Protest gegen simonistische Praktiken im Zusammenhang einer Abtswahl verlassen und sich mit einigen Gesinnungsgenossen in der, später als Vallombrosa bekannten, Einsamkeit am Monte Pratomagno (bei Regello, 20 km östlich von Florenz) niedergelassen, um hier ein strenges, anachoretisches Leben zu führen. Die ursprünglich bestimmende Vorstellung eines gesteigerten anachoretischen Lebens allmählich modifizierend, verpflichtete Johannes seine Gemeinschaft schließlich aber auf die *RB* unter Beibehaltung allerdings einer anachoretischen Ausrichtung, soweit dies möglich war. Im Geiste einer so verstandenen, gesteigerten *vita reli-*

giosa und in kritischer Wendung gegen Simonie und Priesterehe als den großen Übeln in der zeitgenössischen Kirche – dabei in Verbindung zur ebenfalls scharf kirchenkritischen Pataria Mailands stehend und Vorbild gebend darüber hinaus auch für Reformer nördlich der Alpen –, fand die Reformgründung große Akzeptanz, und es kam nach rascher Ausweitung – durch Neugründungen und Klosterübernahmen (zur Reform), durch Schenkungen von Kirchen, Hospizen u. Ä. – schließlich zur Bildung eines Verbandes, der starken Einfluss auf die Reformgründungen ganz Italiens nahm. Schwerpunkte der Verbreitung bildeten die Toskana und stärker noch die Lombardei. Aber auch in Frankreich, in Sardinien, auf Sizilien und in Rom existierten Mitgliedsgemeinschaften. Der Höhepunkt der Entwicklung lag zwischen dem 11. und dem 14. Jahrhundert. Mitte des 13. Jahrhunderts zählte der Verband etwa 80 Abteien, 30 Priorate, zahlreiche Frauengemeinschaften, Kirchen, Hospize und Waisenhäuser. Für das Ende des Mittelalters, das 16. Jahrhundert also, geht man von etwa 80 Abteien, annähernd 200 Prioraten, etwa 20 Frauengemeinschaften, ca. 30 Hospitälern, zahlreichen Pilgerherbergen, Waisenhäusern und Kirchen aus.

Die Verfassung der Vallombrosaner zeigt eine längere Entwicklung vom anfänglich einfachen Verband des 11. Jahrhunderts – mit einer noch Cluny ähnlichen Unterstellung aller Klöster unter den Abt der Gründungsgemeinschaft – bis zur Ausbildung einer zentralistischen Kongregation während des 13./14. Jahrhunderts, die dann auch in den Reformen des 15. und 16. Jahrhunderts Bestand hatte. Als Elemente der entwickelten Verfassung finden sich schließlich: das Generalkapitel, der aus dem gesamten Verband gewählte Generalabt (zeitweise allerdings noch mit Wahlpräferenz für den Abt des Mutterklosters), dessen Helfer (Dekane und Visitatoren), der Prokurator (in Rom) und schließlich das Instrument der Visitation. Unverkennbar zeigen sich hier große Ähnlichkeiten mit der Verfassung der Zisterzienser. Und mit der regulären Einführung der *conversi* – jener, für die grobe und schwere Handarbeit zuständiger Gemeinschaftsmitglieder – schon in der ersten Gemeinschaft in Vallombrosa hatte der Gründer Johannes Gualbertus sogar ein zentrales Moment des Systems der Zisterzienser bereits vorweggenommen.

(1966 konföderierte die Kongregation mit der *CB*. Im Jahre 2000 zählte die Kongregation [nach Catal., Editio XIX, 2000, Monachorum, S. 439] weltweit 3 selbständige Klöster und 6 abhängige Gemeinschaften mit insgesamt nur noch 65 männlichen Mitgliedern. An weiblichen Mitgliedern zählte man 2000 noch etwa 50 [nach Catal., Editio I, 2000, Sororum et Monialium, S. 858]).

d) Montevergine – Sta. Maria in Pulsano – Wilhelmiten – Coelestiner – Silvestriner – Santuzze – Olivetaner

Neben diesen drei herausragenden Fällen erschienen im 12. und 13. Jahrhundert weitere Reformgründungen in Italien, die – ebenfalls aus eremitischen Anfängen hervorgegangen – sich schließlich auf die *RB* verpflichtet hatten, meist einen weiblichen Zweig kannten und sich zu Mittelpunkten von bemerkenswerten Reformverbänden (Kongregationen) – bei durchaus unterschiedlichen Verfassungen – entwickelt haben. Einige der herausragenden Beispiele seien lediglich noch kurz erwähnt: die Kongregation von Montevergine bei Avellino, vor 1125/26 von Wilhelm von Vercelli († 1142) gegründet; die Observanz von Sta. Maria in Pulsano (am Monte Gargano), gegründet um 1129 von Johannes von Matera († 1139) [beide Gemeinschaften erfreuten sich der Förderung durch die Normannenfürsten]; die Wilhelmiten, hervorgegangen aus einer Eremitengemeinschaft, die vor 1157 in einem Tal bei Grosseto (Malavalle), oberhalb von Castiglione della Pescaia, von einem französischen Adeligen namens Wilhelm ins Leben gerufen wurde; die Coelestiner, hervorgegangen aus einer um 1235/40 von Petrus von Morrone – dem späteren Papst Coelestin V. († 1294) – bei Sulmona gegründeten Eremitengemeinschaft; die Silvestriner, entstanden aus der von Silvester Guzzolini († 1267) gegründeten, 1248 durch Innozenz IV., auf Basis der *RB* anerkannten Eremitengemeinschaft bei Montefano, deren Mitglieder wegen ihres türkis-blauen Habits auch die „blauen Mönche" genannt wurden. Nicht zuletzt ist die herausragende, berühmte Reformgründung der Santuccia (dei Tirabotti) zu Gubbio (1258) zu erwähnen, eine der frühesten Frauenkongregationen (*Congr. Servarum b. Mariae Virginis*), die bereits zu Lebzeiten der Gründerin und unter deren Führung einen Verband von 25 Frauenkonventen umfasste, und deren Mitglieder in Italien unter den Bezeichnungen *Santuzze* bzw. *Santuccie* bekannt waren. Die Spitze des Verbandes ging 1306 über an Sta. Maria in Julia (Rom) und 1500 an Sant'Anna de'Funari (Rom). Von Rom exemt gestellt, wurde die Kongregation später mit den Privilegien von S. Justina (Padua) beliehen.

Auch bleiben in den Kontext dieser eremitisch gefärbten Gemeinschaften – wenngleich schon ins 14. Jahrhundert hineinreichend – die Olivetaner einzuordnen, die ihren Ausgang genommen hatten von der 1319 durch den Bischof von Arezzo approbierten Gründung Bernhard Tolomeis in Monte Oliveto, südlich von Siena. Die Kongregation – man trug einen weißen Habit – wurde 1344 durch Clemens VI. approbiert. – (Der Verband konföderierte 1960 mit der *CB*; 2000 umfasste die Kongregation 14 Klöster als direkte und weitere 9 Gemeinschaften als abhängige Mitglieder mit weltweit insgesamt 255 männlichen Angehörigen [nach Catal.,

Editio XIX, 2000, Monachorum, S. 415]. Weibliche Mitglieder zählte die Kongregation zur selben Zeit noch etwa 103 [Catal., Editio I, 2000, Sororum et Monialium, S. 858]).

2. Frankreich

a) La Chaise-Dieu (Robert von Turlande)

Auch in Frankreich lassen sich im 11./12. Jahrhundert zahlreiche Reformanläufe nachweisen, die sich in der Mehrzahl auf die *RB* beriefen und von einem beachtlichen Wirkungsradius waren. Eines der frühesten Beispiele bietet Robert von Turlande († 1067), der 1043, im Anschluss an eine Pilgerfahrt nach Montecassino und Rom (um 1040), sich mit einigen Gefährten in die Einsamkeit der südöstlichen Auvergne (heute Puy, Bm. Clermont) zurückzog, dort zunächst etwa 10 Jahre lang ein anachoretisches Leben führte, dann auf Rat seines Onkels, des Bischofs von Clermont, das anachoretische mit dem monastischen Leben tauschte und seine Einsiedelei in ein Kloster (*Casa Dei*/La Chaise-Dieu) umwandelte. Robert führte die Gemeinschaft als Abt (1043–1067), errichtete auf eigene Kosten ein Armenhaus mit Pilgerherberge und konnte bei seinem Tode bereits um die 100 Schüler zählen. Durch Papst und König anerkannt erlebte die Gemeinschaft auf der Basis reicher Schenkungen einen ersten Höhepunkt bereits Ende des 11., Anfang des 12. Jahrhunderts und wurde Mittelpunkt einer bedeutenden Kongregation, deren verzweigtes Netz seit dem 13. Jahrhundert weiter nach Frankreich hinein, aber auch bis Spanien und Italien reichte. (Im 12. Jahrhundert umfasste der Konvent etwa 300 Mönche, der gesamte Verband etwa 12 Abteien und mehr als 50 Priorate.) Durch straffe Reorganisation der Domänen und Ländereien zu einer einflussreichen „Kirchenherrschaft" mit „Königsschutz" (1247) aufgestiegen, musste 1302 gar mit einer Statutenreform die Machtfülle des Abtes begrenzt werden. Durch die Päpste in Avignon, die teilweise hier ihre Grablege wählten (Clemens VI., † 1352), weiter privilegiert – 1342 folgte dann die Exemtion – und finanziell unterstützt, kam es zu großzügigen Kloster- und Kirchenbauten, deren Ausstattung und Erweiterung von den Äbten im 15. Jahrhundert fortgesetzt wurden (u. a. mit dem berühmten Totentanz-Fresko in der Mutterkirche). Nach Verlust von Teilen der französischen und in Gänze der ausländischen Besitzungen verlor die Abtei – seit 1518 Kommende – seit Ende des 16. Jahrhunderts an Bedeutung und wurde in der Französischen Revolution aufgehoben.

b) La Sauve-Majeure (Gerhard von Corbie)

Erwähnenswert bleibt in diesem Kontext auch die Gründung La Sauve-Majeure (*silva maior*) durch Gerhard von Corbie im Jahre 1079 bei Bordeaux (Entre-deux-mers), in einem weitläufigen Waldgebiet, einer Dotation Herzog Wilhelms VIII. von Aquitanien (u. Grafen von Poitier). Auch hier wuchs die Gemeinschaft schnell durch zahlreiche Schenkungen vornehmlich des Kleinadels, dessen Söhne z. T. Gemeinschaftsmitglieder wurden. Beim Tode des Gründers († 1095) zählte das Kloster schon 24 Priorate, etwa 100 Jahre später (1197) existierte bereits ein Netz von 76 Gemeinschaften in den Diözesen Beauvais, Soissons, Reims, Orléans, mit Ablegern in England und Aragon. Die Gemeinschaft profitierte von der Lage am Pilgerweg nach Santiago de Compostela, betätigte sich stark im Landesausbau, aber auch in der Pfarrseelsorge. Aus einer Eremitengründung war eine neue Kongregation entstanden, basierend auf eigenen – der *RB* verpflichteten – Statuten, auf die der Gründer seine Gemeinschaft noch im Jahr vor seinem Tode (1094) verpflichtet hatte. Auf die Blüte der Gemeinschaft im 12./13. Jahrhundert (mit 60–70 Mönchen) folgte der langsame Niedergang im Hundertjährigen Krieg: 1462 existierten nur noch 8 Mönche. Nach 1789 schließlich verfiel das ehemals blühende Kloster.

c) Fontevrault (Robert von Arbrissel)

Im Umfeld der religiösen Bewegungen des 11. und 12. Jahrhunderts traten in Frankreich eigenwillige, durchaus spektakuläre, reformradikale Führungs- und Gründungsgestalten ins Blickfeld. Als charismatische Asketen auf Suche nach neuen Antworten auf die Bedürfnisse ihrer Zeit versuchten diese, eremitische Lebensweise mit Wanderpredigt und Wanderseelsorge zu verbinden. Wegen zunehmender, gegen den Lebenswandel des Klerus und die Existenz verweltlichter monastischer Großgemeinschaften vornehmlich gerichteter Kirchenkritik aus ihren Reihen – aber auch wegen ihrer, anfänglich seitens der Kirche noch geduldeten Praxis, eifernde, nicht regulierte und häufig ausufernde Anhängerscharen von Männern, vornehmlich aber von Frauen im Schlepptau zu führen – gerieten diese charismatischen Neuerer bald unter Ketzerverdacht. Um dem Druck der institutionellen Kirche zu entgehen, schritt man daher nach und nach zur Gründung von Frauen- bzw. Männergemeinschaften für diesen unregulierten, ambulanten Anhang. Bisweilen wählte man als Lösung aus dem Dilemma aber auch die Variante einer (symbiotischen) Doppelklostergründung und damit einen Typus von asketischer Gemeinschaft, der seitens der offiziellen Kirche bestenfalls als Übergangsform und Ausnahme toleriert, aber nie fraglos über alle Zeiten akzeptiert worden ist.

Als der spektakulärste Fall unter diesen radikalen Reformern erscheinen bekanntlich Robert von Arbrissel und seine zwischen 1098 und 1114 gegründete Doppelgemeinschaft von Fontevrault, deren widersprüchliche Gründungs- und Frühgeschichte ein deutliches Beispiel abgibt für die vielfältigen Schwierigkeiten, die sich in der Praxis bei diesem Typus von Gemeinschaft einstellten.

Die Gründung von Fontevrault war auf dem Konzil von Poitier im Jahre 1100 beschlossen worden, verfügt für die beständig wachsende, nicht regulierte, gemischtgeschlechtliche, zu weiblicher Überzahl tendierende Anhängerschaft des charismatischen, aber angefochtenen Wanderpredigers Robert von Arbrissel. Die Gemeinschaft bestand anfangs aus je einem Klosterkomplex für Frauen und für Männer, beide allerdings strikt gegeneinander abgegrenzt. (Darüber hinaus gehörten zu der Gesamtanlage separate Wohnungen für Aussätzige sowie für reumütige Dirnen [Reuerinnen], Gruppen allerdings ohne Stimme im Kapitel.) Die Gründung war nicht nur – wie meist im Falle symbiotischer Gemeinschaften – der Absicht zu gegenseitiger praktischer Unterstützung beider Konvente im klösterlichen Alltag geschuldet; sie war darüber hinaus getragen von einem besonderen spirituellen Konzept Roberts: dem Wunsch, jenem Geschlecht besondere Ehre zukommen zu lassen, dem die Gottesmutter angehörte. Dies erklärt dann auch, warum hier von den Anfängen an die größere Bedeutung bei den Nonnen lag, denen die Männer lediglich (als Apostel gleichsam) dienen sollten. Robert übernahm auch nicht die Leitung, gab diese vielmehr in die Hand einer Priorin und ihrer Helferin. Er selbst, der sich *magister* nannte, wirkte weiter als Wanderprediger und Gründer neuer Gemeinschaften, die dem Mutterhaus dann als Priorate unterstellt wurden. Bereits vor Roberts Tod († 1116) hatte sich offenbar schon eine feste, traditionelle Organisation ausgebildet, da schon 1115 eine Äbtissin an Stelle der Priorin nachzuweisen ist, der alle männlichen wie weiblichen Religiosen unterstanden, wobei die Männer der *Regula Augustini*, die Frauen die *RB* folgten. Dieser Wende folgte bald eine zweite: die hochadeligen Nonnen hatten sich inzwischen den entscheidenden Einfluss in der Doppelgemeinschaft gesichert, ein Zustand, der ebenfalls vom ursprünglichen robertinischen Ideal der Egalität weit abwich.

Von ihren Anfängen an erlebte die Gründung – 1106 hatte man durch Paschalis II. die Approbation, 1113 die Exemtion erhalten – großen Zulauf. Auch folgten beträchtliche Schenkungen und die Unterstellung zahlreicher Filiationen, so dass im 12. Jahrhundert bereits ein erster Höhepunkt in der Entwicklung zu verzeichnen war (Suger von St. Denis spricht um 1150 von 4000 bis 5000 weiblichen Religiosen; gegen Ende des Jahrhunderts zählte man mehr als 100 Priorate). Zu dem herausragenden Ruf von Fontevrault trug auch die Verbindung zur Familie der Plantagenet-Anjou bei, die die Klosterkirche schließlich zu ihrer Grablege bestimmt hatten. Obwohl sich Fontevrault in den Auseinandersetzungen zwischen den Kapetinger und den Plantagenet mit beiden Seiten gut zu stellen wusste, begann im 13. Jahrhundert der Abstieg, wozu auch wiederholtes Aufbegehren des Männerkonvents gegen die jeweilige Äbtissin beitrug: 1246/47 zählte man 500 Schwestern, 1297 nur noch 360; und Bonifatius VIII. begrenzte 1297 schließlich die Mitgliederzahl infolge von Besitzverlusten auf 300. Im Verlauf des 15. Jahrhunderts wurde die Doppelgemeinschaft – u. a. durch den Hundertjährigen Krieg, aber auch durch Streitigkeiten im Zusammenhang mit der Wahl der hochadeligen Äbtissinnen – weiter geschädigt, konnte sich aber in der zweiten Hälfte des 15. Jahrhunderts selbst reformieren – eines der wenigen Beispiele dieser Art vor Trient – und gelangte sogar im 17. Jahrhundert zu einer zweiten Blüte mit etwa 50 Prioraten, 230 Nonnen und 50 Mönchen. 1790 schließlich wurden die Gemeinschaften in Fontevrault aufgehoben, die Gebäude aber nicht zerstört, vielmehr weiter benützt, u. a. als Gefängnis, so dass das Ensemble bis heute als eine der besterhaltenen Klosteranlagen Westeuropas gelten kann.

d) Vitalis von Savigny – Bernhard von Tiron – Girald von Salles – Stephan von Obazine

Neben Robert von Arbrissel bleiben einige weitere bedeutende Führungs- und Gründergestalten dieses Milieus wenigstens kurz zu erwähnen:

Vitalis von Savigny († 1122), Bernhard von Tiron († 1117), Girald von Salles († 1120, Schüler des Robert von Arbrissel), und Stephan von Obazine († 1159). Vitalis hatte 1105 eine Gemeinschaft in Savigny, Bernhard 1114 eine in Tiron gegründet. Beide Konvente bildeten selbständige Abteien, die als Reformmittelpunkte rasch eine beträchtliche Dynamik entfalteten. (Die Gründungen Giralds von Salles [2 Frauen- und 7 Männergemeinschaften] sowie die Doppelgemeinschaft Stephans [von Vielzot, † 1159] in Obazine verloren dagegen bald schon ihre Eigenständigkeit und wurden bereits 1147 den Zisterziensern affiliiert.)

Insgesamt handelt es sich bei all diesen Reformanläufen allerdings nicht um Weiterentwicklungen traditioneller Konzepte aus der Mitte zeitüblicher Gemeinschaften nach *RB*, vielmehr um „Neubildungen im eigentlichen Sinn: Versuche, eine sich außerhalb der Klöster abspielende religiöse Bewegung in neuere Formen des klösterlichen Lebens zu fassen“ (Grundmann, Religiöse Bewegungen, S. 46).

(Zu den Reformgemeinschaften Frankreichs, welche in ähnlicher Weise die Verbindung von anachoretischer und zönobitischer Lebensweise praktizierten, zählen auch Grammontenser und Kartäuser. Doch zeigen die Verfassungen dieser Neuschöpfungen nur noch vage Berührungen mit der

RB und sind – was auch dem Selbstverständnis entsprach – nicht eigentlich mehr als Gemeinschaften nach *RB* zu verstehen.)

*

Um den Blick auf die Gemeinschaften nach *RB* und die Reformaktivitäten in ihren Reihen zwischen dem 11. und 13. Jahrhundert zu komplettieren, bleibt nicht zuletzt noch einmal daran zu erinnern, dass alle Reformen der Söhne und Töchter Benedikts in diesem Zeitraum überragt wurden durch den Neuanfang von 1098 in Cîteaux, der Geburt des ältesten mittelalterlichen „religiösen Ordens“ im „eigentlichen Sinn“ (Elm). Zu den Gründen, warum in vorliegender Darstellung die „weißen“ Zisterzienser dennoch ausgeblendet bleiben, s. oben (Einleitung, S. 21 f).

3. Bibliographie

1. Italien

a) Fonte Avellana

◊ (Quellen): Vita beati Romualdi (ed. G. Tabacco), Fonti per la storia d’Italia 94, Rom 1957 ([2]1982). – Vitae quinque fratrum eremitarum [seu] Vita et passio Benedicti et Johannis sociorumque suorum, auct. Bruno Querfurtensi (ed. H. Karwasińska), Monumenta Poloniae Historica, ser. Nova, t. 4, fasc. 3, Warschau 1973.

◊ (Literatur): Schmitz, Ph.: Geschichte III, S. 28f. – Ders.: Histoire VII (Les moniales), S. 82ff.; 119ff. – Leclercq, J.: Saint Pierre Damien eremite et homme d’Église, Rom 1960. – Capitani, O.: San Pier Damiani e l’istituto eremitico, in: L’eremitismo in Occidente nei secoli XI e XII (Atti della seconda settimana intern. di studio, Mendola, 30 agosto–6 sett. 1962), Mailand 1965, S. 122ff. – Pierucci, C.: La più antica storia di Fonte Avellana, in: Ben. 20 (1973), S. 121ff. – Lunardi, G.: Art.: Benedettine, in: DIP 1 (1974), Sp. 1226. – Reindel, K.: Neue Literatur zu Petrus Damiani, in: DA 32 (1976), S. 405ff. – Cacciamani, G.: Le fondazioni eremitiche e cenobitiche di San Pier Damiani. Inizi della congregazione di S. Croce di Fonte Avellana, in: Ravennatensia 5 (Atti dei Convegni di Ravenna e Rovigo, 1972/73), Cesena 1976, S. 5ff. – Ders.: Art.: Fonte Avellana (abbazia), in: DIP 4 (1977), Sp. 124ff. – Ders.: Art.: Fonte Avellana (Congregazione Camaldolese), in: DIP 4 (1977), S. 125f. – Fonte Avellana nella società dei secoli XI e XII (Atti del II Conv. del Centro di Studi Avellaniti. Fonte Avellana, 29–31 agosto 1978), Fonte Avellana 1978. – Frank, K. S.: Grundzüge, S. 69f. – Penco, G.: Storia I, S. 202f. – Aspetti e problemi del monachesimo nelle Marche (Atti del conv. di studi tenuto a Fabriano, Monastero S. Silvestro abate, 4–7 giugno 1981), vol 1–2, Fabriano 1982. – Fornasari, G.: Art.: Fonte Avellana, in: LdM 4 (1987), S. 622f. (ausführliche Lit.). – Picasso, G.: Il monachesimo nell’alto medioevo (Dall’eremo al cenobio). La civiltà monastica in Italia dale origine all’età di Dante, Mailand

1987, S. 48 ff. – LOHMER, CH.: *Heremi conversatio*. Studien zu den monastischen Vorschriften des Petrus Damiani (BGAM 39), Münster 1991. – D'ACUNTO, N.: I laici nella chiesa e nella società secondo Pier Damiani. Ceti dominanti e riforma ecclesiastica nel secolo XI, Rom 1999. – DELL'OMO, M.: Storia I, S. 174 u.178.

b) Camaldoli

◊ (Quellen): VITA BEATI ROMUALDI (ed. G. Tabacco), (Fonti per la storia d'Italia 94), Rom 1957 (^{2}1982). – CONSUETUDO CAMALDULENSIS. RODULFI CONSTITUTIONES. LIBER EREMITICE REGULE (ed. P. Liciardello), (Edizione Nazionale dei Testi Mediolatini 8, s. II, 4) Florenz 2004. – ANNALES CAMALDULENSES (edd. D. J. B. Mitarelli/D. A. Costadoni), Bde. 1–9, Venedig 1755–73; REGESTO DI CAMALDOLI, 1–2 (edd. L. Schiaparelli/F. Baldasseroni), 3–4 (ed. E. Lasinio) (Reg. Chart. Ital. 2, 9, 13, 14), Rom 1907–22.

◊ (Literatur): PAGNANI, A.: Storia dei Benedettini Camaldolesi, cenobiti, eremiti, monache ed oblati, Sassoferrato 1949. – SCHMITZ, PH.: Geschichte III, S. 25 ff. – DERS.: Histoire VII (Les moniales), S. 82 ff.; 120 ff. – KURZE, W.: Campus Maldoli. Die Frühgeschichte Camaldolis, in: QFIAB 44 (1964), S. 1 ff. – TABACCO, G.: Romualdo di Ravenna e gli inizi dell'eremitismo camaldolese (L'eremitismo in Occidente nei sec. XI–XII, 1965). (Atti della seconda settimana intern. di studio Mendola, 30 agosto–6 settembre 1962), Mailand 1962, S. 73 ff. – KURZE, W.: Zur Geschichte Camaldolis im Zeitalter der Reform (Il monachesimo e la riforma ecclesiastica (1049–1122). Atti della 4ª settimana intern. di studi, Mendola), Mailand 1968, S. 399 ff. – ATLAS ZUR KIRCHENGESCHICHTE (edd. H. Jedin u. a.), Freiburg 1970, Nr. 49. – CACCIAMANI, G.: Art.: Camaldolesi (La congregazione), in: DIP 1 (1974), Sp. 1718 ff. (ausführlich). – DERS.: Art.: Camaldolesi (monache), in: DIP 1 (1974), Sp. 1725 f. – DERS.: Art.: Camaldoli (monastero), in: DIP 1 (1974), Sp. 1726 f. – DERS.: Camaldoli (Sacro Eremo), in: DIP 1 (1974), Sp. 1727. – LUNARDI, G.: Art.: Benedettine, in: DIP 1 (1974), Sp. 1226. – FRANK, K. S.: Grundzüge, S. 69 f. – PENCO, G.: Storia I, S. 197 ff. – TABACCO, G.: Art.: Romualdo, in: DIP 7 (1983), Sp. 2017 ff. – KURZE, W.: Art.: Camaldoli, in: LdM 2 (1983), Sp. 1405 f. – SANSTERRE, J.: Otton III et les ascètes de son temps, in: RSCI 43 (1989), S. 377 ff. – TABACCO, G.: Art.: Kamaldulenser, in: LdM 5 (1990), Sp. 878 ff. – DERS.: Art.: Romuald v. Camaldoli, in: LdM 7 (1994), Sp. 1019 f. – VEDOVATO, G.: Camaldoli e la sua congregazione dalle origini al 1184. Storia e documentazione (ItalBen 13), Cesena 1994. – SAN ROMUALDO. Storia, agiografia e spiritualità. Atti del XXIII conv. del Centro Studi Avellaniti, Fonte Avellana 23–26 agosto 2000, Negarine di S. Pietro in Cariano (Verona) 2002. – IL MONACHESIMO ITALIANO DALL'ETÀ LONGOBARDA ALL'ETÀ OTTONIANA (sec. VIII–X) (Atti del VII conv. di studi storici sull'Italia benedettina, Nonantola 10–13 sett. 2003 [ItalBen 27]), Cesena 2006. – LICCIARDELLO, P.: Legislazione camaldolese medievale (XI–XV sec.). Un repertorio, in: Ben. 54 (2007), S. 23 ff. – D'ACUNTO, N.: Chronache minime di storiografia camaldolese e vallombrosana, in: DOVE VA, S. 353 ff. – DELL'OMO, M.: Storia, S. 176 f., 202 (Lit.). – MELVILLE, G.: Die Welt, S. 86 f. – DARTMANN, CH.: Die Benediktiner, S. 95 f.

c) Vallombrosa

◊ (Quellen): Vitae sancti Iohannis Gualberti (ed. F. Baethgen), MGH SS 30, 2, S. 1076ff. – Consuetudines cluniacensium antiquiores cum redactionibus derivatis: redactio vallumbrosana saec. XII (edd. R. N. Vasaturo/K. Hallinger/D. M. Wegener/D. C. Elvert), CCM VII, 2 (1983), S. 309–379. – Acta capitulorum generalium congregationis Vallis Umbrosae, I: Institutiones abbatum (1095–1310) (Thesaurus Ecclesiarum Italiae VII/25), (ed. N. R. Vasaturo), Rom 1985.

◊ (Literatur): Schmitz, Ph.: Geschichte III, S. 28ff.; Ders.: Histoire VII (Les moniales), S. 82ff.; 120ff. – Miccoli, G.: Per la storia della Pataria milanese, in: BISI 70 (1958), S. 43ff. – Vasaturo, R. N.: L'espansione della congregazione vallombrosana fino alla metà del secolo XII, in: Rivista stor. Chiese vallombrosane 16 (1962), Sp. 456ff. – Boesch-Gajano, S.: Storia e tradizione vallombrosane, in: BISI 76 (1964), S. 99ff. – Atlas zur Kirchengeschichte (edd. H. Jedin u.a.), Freiburg 1970. – Vallombrosa nel IX centenario della morte del fondatore Giovanni Gualberto, 12 Iuglio 1073 (edd. R. N. Vasaturo u.a.), Firenze 1973. – Lunardi, G.: Art.: Benedettine, in: DIP 1 (1974), Sp. 1226. – Vasaturo, R. N.: Art.: Giovanni Gualberto, in: DIP 4 (1977), Sp. 1273ff. – Penco, G.: Storia I, S. 215ff. – Spinelli, G./Rossi, G. (edd.): Alle origini di Vallombrosa. Giovanni Gualberto nella società dell'XI secolo, Novara 1984. – Vasaturo, N. R.: Vallombrosa. L'abbazia e la Congregazione. Note storiche (ed. G. Monzio Compagnoni, Archivio Vallombrosano 1), Vallombrosa 1994. – Elm, K.: La congregazione di Vallombrosa nello sviluppo della vita religiosa altomedievale, in: I Vallombrosani nella società italiana dei secoli XI–XII. Atti del 1 Coll. Vallombrosano, Vallombrosa, 3–4 sett. 1993 (Archivio Vallombrosano 2), Vallombrosa 1996, S. 13ff. – Vasaturo, R. N.: Art.: Vallombrosa, Vallombrosane, Vallombrosani, in: DIP 9 (1997), Sp. 1692ff. (ausführlich). – Avagliano, F.: Art.: Vallombrosa, in: LdM 8 (1997), Sp. 1395f. – Ders.: Art.: Vallombrosanerkongregation, in: LdM 8 (1997), Sp. 1396f. – Monzio Compagnoni, G: Vinculum caritatis et consuetudinis. Le strutture della congregazione vallombrosana e il loro sviluppo dal 1073 al 1258, in: (ed.) F. G. B. Trolese: Il monachesimo italiano nell'età communale. Atti del IV Conv. di studi storiche sul'Italia Benedettina, Abbazia di S. Giacomo Maggiore, Pontida (3–6 Sept. 1995) (Italia Benedettina 16), Cesena 1998, S. 563ff. – Salvestrini, F.: Santa Maria di Vallombrosa. Patrimonio e vita economica di un grande monsterio medievale, Florenz 1998. – Monzio Compagnoni, G.: Lo sviluppo delle strutture costituzionali vallombrosane dalle origini alla metà del' 200, in: Ders. (ed.): L'Ordo Vallisombrosae tra XII e XIII secolo. Gli sviluppi istituzionali e culturali e l'espansione geografica (1101–1293). Il coll. Vallombrosano, Vallombrosa 25–28 Aug. 1996 (Archivio Vallombrosano 4), Vallombrosa 1999, S. 33ff. – D'Acunto, N.: I vallombrosani, in: Regulae (wie oben, drittes Kapitel, Bibliogr. 1), S. 157ff. – Barone, G.: Gli studi sul monachesimo vallombrosano e le nuove tendenze della storiografia monastica, in: Volpato, A. (ed.): Monaci, ebrei, santi. Studi per Sofia Boesch Gajano (Atti delle Giornate di studio „Sofia kai historia", Roma 17–19 febbr. 2005) (Studi e ricerche. Univ. di Roma Tre 16), Rom 2008, S. 79ff. – Salvestrini, F.: Disciplina caritatis. Il monachesimo vallombrosano tra medioevo e prima età moderna

(I Libri di Viella 78), Rom 2008. – Falchini, C. (ed.): I Padri vallombrosani, Nel solco dell'Evangelo. Fonti vallombrosani: testi normativi, testimonianze documentarie e letterarie, Magnano 2008. – Immonen, T.: Giovanni Gualberto, Valombrosa e Camaldoli nel secolo XI, in: (ed. A. Lucioni): Il monachesimo del secolo XI nell'Italia nordoccidentale. Atti dell'VIII Conv. di studi storici sull'Italia benedettina, San Benigno Canavese (Torino), 28 set.–1 ott. 2006 (Italia Benedettina 29), Cesena 2010, S. 417ff. – D'Acunto, N.: Chronache minime di storiografia camaldolese e vallombrosana, in: Dove va, S. 353ff. – Dell'Omo, M.: Storia, S. 193ff., 205 (Lit.). – Melville, G.: Die Welt, S. 87. – Dartmann, Ch.: Die Benediktiner, S. 96f.

d) Monte Vergine – Sta. Maria in Pulsano – Wilhelmiten – Coelestiner – Silvestriner – Santuzze – Olivetaner

◊ (Monte Vergine/Literatur): Schmitz, Ph.: Geschichte III, S. 34. – Penco, G.: Storia I, S. 231ff. – Mongelli, G.: L'origine benedettina della congregazione di Montevergine, in: Rév. Bén. 81 (1971), S. 259ff. – Ders.: Montevergine, Congregazione, in: DIP 6 (1980), Sp. 110f. – Ders.: Art.: Montevergine, ebd., Sp. 108f. – Andenna, G.: Guglielmo da Vercelli e Montevergine: note per l'interpretazione di una esperienza religiosa del XII secolo nell'Italia meridionale, in: (ed. C. D.Fonseca): L'esperienza monastica benedettina e la Puglia, Atti del conv. di studio ... Bari-Noci-Lecce-Piciano, 6–10 ott. 1980, I, Lecce 1983, S. 119ff. – Ders.: Art.: Wilhelm von Vercelli, in: LdM 9 (1998), Sp. 193 (Lit). – Panarelli, F.: Virginiani e pulsani in: Dove va, S. 403ff. – Dell'Omo, M.: Storia, S. 197f.

◊ (Sta. Maria in Pulsano/Literatur): Schmitz, Ph.: Geschichte III, S. 35. – Penco, G.: Storia I, S. 231ff. – Lunardi, G.: Art.: Giovanni di Matera, in: DIP 4 (1977), Sp. 1232f. – Ders.: Art.: Pulsano, Congregazione Benedettina, in: DIP 7 (1983), Sp. 1113. – Vuolo, A.: Monachesimo riformato e predicazione. La vita di San Giovanni di Matera (sec. XII), in: Studi Medievali, s. III, 27 (1986), S. 69ff. – Dell'Omo, M.: Art.: Johannes v. Matera, in: LdM 5 (1990) Sp. 589. – Panarelli, F.: Dal Gargano alla Toscana: il monachesimo riformato latino dei Pulsanesi (secoli XII–XIV) (Studi Storici 38), Rom 1997. – Vetere, B.: Giovanni di Matera Monaco eremite, in: (ed. A.Vauchez): Eremites de France et d'Italie (XIe–XVe siècles). Actes du coll. Organisé par l'École Française de Rome à la Certosa di Pontignano (5–7 mai 2000) (Collection de l'École Française de Rome 313), Rom 2003, S. 211ff. – Panarelli, F.: Virginiani e Pulsani, in: Dove va, S. 403ff. – Dell'Omo, M.: Storia, S. 198.

◊ (Wilhelmiten/Literatur): Schmitz, Ph.: Geschichte III, S. 36. – Elm, K.: Beiträge zur Geschichte des Wilhelmitenordens (Münstersche Forschungen 14), Köln 1962 (zentral). – Novelli, L.: Art.: Guglielmiti, in: DIP 4 (1977), Sp. 1497. – Ders.: Guglielmo il Grande (o di Maravalle), ebd., Sp. 1492f. – Elm, K.: Art.: Wilhelmiten, in: LdM 9 (1998) Sp. 187f. (Lit.). – Dell'Omo, M.: Storia, S. 196.

◊ (Coelestiner/Literatur): Schmitz, Ph.: Geschichte III, S. 32. – Penco, G.: Storia I, S. 280ff. – Cattana, V.: Art.: Celestini (di Pietro del Morrone), in: DIP 2 (1975), Sp. 732. – Ders.: Art.: Celestino (Papa), ebda., Sp. 736ff. – Marin-

ANGELI, G.: Art.: Celestine, Monache, in: DIP 2 (1975), Sp. 727ff. – HERDE, P.: Art.: Cölestin V., in: LdM 3 (1989) Sp. 7ff. – GÖBBELS, J.: Art.: Coelestiner (Damianisten), in: LdM 3 (1989), Sp. 9ff. (ausführliche Lit.). – PICASSO, G.: Due congregazioni monastiche del tardo medioevo: Celestini e Olivetani. Note storiografiche, in: DOVE VA, S. 443ff. – BORCHARDT, K.: Die Cölestiner. Eine Mönchsgemeinschaft des späten Mittelalters (Historische Studien 488), Husum 2006. – DELL'OMO, M.: Storia, S. 276ff., 283 (Lit.). – DARTMANN, CH.: Die Benediktiner, S. 119.

◊ (Silvestriner/Literatur): SCHMITZ, PH.: Geschichte III, S. 32. – PENCO, G.: Storia I, S. 276ff. – DE NICOLA, I./POMPEI, F.: Art.: Silvestrini (congregazione), in: DIP 8 (1988), Sp. 1507ff. – PAOLI, U.: Art.: Silvestrini (legislazione e governo), ebd., Sp. 1511ff. (mit ausführlicher Lit.). – SPINELLI, G.: Art.: Silvestriner, in: LdM 7 (1995) Sp. 1909f. – DELL'OMO, M.: Storia, S. 272ff., 283 (Lit.). – DARTMANN, CH.: Die Benedikiner, S. 119.

◊ (Santuzze/Literatur): HILPISCH, ST.: Benediktinerinnen, S. 38. – NOVELLI, L.: Art.: Santucce (Congregazione Benedettina), in: DIP 8 (1988), Sp. 947f.

◊ (Olivetaner/Literatur): SCHMITZ, PH.: Geschichte III, S. 33. – PENCO, G.: Storia I, S. 286ff. – PICASSO, G.: Art.: Congregazio Benedettina Olivetana, in: DIP 2 (1975), Sp. 1493. – SPINELLI, G.: Art.: Tolomei, Bernardo, in: LdM 8 (1996) Sp. 851f. (Lit.). – PICASSO, G.: Art.: Tolomei Bernardo, in: DIP 9 (1997), Sp. 1192ff. – PICASSO, G.: Due congregazioni monastiche del tardo medioevo: Celestini e Olivetani. Note storiografiche, in: DOVE VA, S. 443ff. – PER UNA RINNOVATA FEDELTÀ. Fonti olivetani. I più importanti documenti, le più antiche cronache e le più rilevanti testimonianze letterarie (ed. C. Falchini), Magnano 2003. – IL MONACHESIMO ITALIANO nel secolo della grande crisi. Atti del V Convegno di studi storici sull' Italia benedettina. Abbatia Monte Oliveto Maggiore, 2–5 sett.1998 (ed. G. Picasso), Cesena 2004. – DELL'OMO, M.: Storia, S. 280ff., 284 (Lit.). – DARTMANN, CH.: Die Benediktiner, S. 119f.

2. Frankreich

a) La Chaise-Dieu (Robert von Turlande)

◊ (Literatur): OURI, G.: Art.: La Chaise-Dieu, in: DIP 5 (1978), Sp. 383ff. – SCHMITZ, PH.: Geschichte III, S. 112ff. – GAUSSIN, P. R.: Huit siècle d'histoire: l'abbaye de la Chaise-Dieu, 1043–1790, Paris 1967. – DERS.: Le Rayonnement de la Chaise-Dieu. Une abbaye auvergnate à l'échelle de l'Europe, Brioude 1981. – FOURNIER, G.: Art.: La Chaise – Dieu, in: LdM 5 (1991), Sp. 1605. – COSTANTINI, F. A.: L'abbatiale Saint-Robert de la Chaise-Dieu: un chantier de la papauté d'Avignon (1344–52), Paris 2003. – ROSSI, P.: La danse macabre de la Chaise-Dieu, abbatiale Saint Robert: Étude iconographique d'une fresque du XVe siècle, Le Puy-en-Velay 2006. – DELL'OMO, M.: Storia, S. 166, 169.

b) La Sauve-Majeure (Gerhard von Corbie)

◊ (Literatur): Schmitz, Ph.: Geschichte III, S. 112ff. – Higounet-Nadal, A.: Art.: La Sauve Majeure, in: LdM 5 (1991), Sp. 1719. – L'Abbaye de La Sauve-Majeure de sa fondation à nos jours. Actes du cinquième colloque Entre-Deux-Mers tenue à La Sauve-Majeure les 9, 10, 16 et 17 sett. 1995, Camiac-et-Saint-Denis 1996. – Traissac, E. (ed.): Vie de Saint Gérard de Corbie fondateur de l'abbaye de La Sauve-Majeure en Entre-Deux-Mers, écrite au XIIe siècle par un moine anonyme de l'abbaye de La Sauve-Majeure, Branne 1977. – Dell'Omo, M.: Storia, S. 181, 202f.

c) Fontevrault (Robert von Arbrissel)

◊ (Literatur): Uzureau, F.: La réforme de l'Ordre de Fontevrault (1459–1641), in: Rev. Mabillon 13 (1923), S. 143ff. – Schmitz, Ph.: Geschichte III, S. 30ff. – Ders.: Histoire VII (Les moniales), S. 94ff. – Hilpisch, St.: Benediktinerinnen, S. 33. – Grundmann, H.: Religiöse Bewegungen im Mittelalter. Untersuchungen über die geschichtlichen Zusammenhänge zwischen der Ketzerei, den Bettelorden und der religiösen Frauenbewegung im 12. und 13. Jahrhundert und über die geschichtlichen Grundlagen der deutschen Mystik (Berlin 1935), Darmstadt ³1970 (Anhang: Neue Beiträge zur Geschichte der religiösen Bewegung im Mittelalter), S. 46ff. – v. Walter, J.: Die ersten Wanderprediger Frankreichs, Aalen ²1972. – Lunardi, G.: Art.: Benedettine, in: DIP 1 (1974), Sp. 1226f. – Oury, G.: Art.: Fontevrault (Notre-Dame), in: DIP 4 (1977), Sp. 127ff. – de Viguerie, J.: La réforme de Fontevrault, de la fin du XVe siècle à la fin des guerres de religion, in: Rev. d'histoire de l'Église de France 65 (1979), S. 107ff. – Hilpisch, St./v. Severus, E.: Art.: Monasterio doppio, in: DIP 6 (1980), Sp. 51f. – Bienvenue, J.-M.: L'étonnant fondateur de Fontevrault Robert d'Arbrissel, Paris 1981. – Ders.: Art.: Roberto d'Arbrissel, in: DIP 7 (1983), Sp. 1865ff. – Dalarun, J.: L'impossible sainteté. La vie retrouvée de Robert d'Arbrissel (v. 1045–1116), fondateur de Fontevraud, Paris 1985. – Ders.: Robert d'Arbrissel, fondateur de Fontevrault, 1986 (³2002). – Bienvenue, J.-M.: Art.: Fontevrault, in: LdM 4 (1987), Sp. 627ff. (mit weiterer Lit.). – Parisse, M.: Fontevraud, monastère double, in: Doppelklöster, S. 135. – Devailly, G.: Art.: Robert von Arbrissel, in: LdM 7 (1994), Sp. 900 (Lit.). – Felten, F. J.: Verbandsbildung von Frauenklöstern. Le Paraclet, Prémy, Fontevrault mit Ausblick auf Cluny, Sempringham und Tart, in: Vom Kloster zum Klosterverband. Das Werkzeug der Schriftlichkeit (Akten des Intern. Koll. des Projekts L 2 im SFB 231, 22.–23. Febr. 1996; (edd. H. Keller/F. Neiske), München, S. 277ff. – Haarländer, St.: Symbiotische Konvente männlicher und weiblicher Religiosen. Konzeption und Realität einer umstrittenen Lebensform im Hoch- und Spätmittelalter (Habil./Masch.), Mainz 2003, 266 S.; hier S. 53ff., 130ff., 176ff. (ausführliche Lit.). – Dalarun, J. (ed.): Robert d'Arbrissel e la vie religieuse dans l'Ouest de la France. Actes du colloque de Fontevraud, 13–16 déc. 2001 (Disciplina Monastica 1), Turnhout 2004. – Dalarun, J. u. a. (edd.): Les deux vies de Robert d'Arbrissel fondateur de Fontevraud. Légendes, écrits et témoignages. Éditions des sources avec introd. et trad. françaises (Disciplina

Monastica 4. Fontes 1), Turnhout 2006. – VENARDE, B. L.: Robert of Arbrissel and Womans *vita religiosa*. Looking back and ahaed, in: Female *vita religiosa*, S. 329 ff. – BODARWÉ, K.: Der weibliche Zweig der Benediktiner, in: MACHT DES WORTES, Bd. 1 (2009), S. 114. – DELL'OMO, M.: Storia, S. 183 ff., 203 (Lit.), 348 ff., 363 (Lit.).

d) Vitalis von Savigny – Bernhard von Tiron – Girald von Salles – Stephan von Obazine

◊ (Vitalis von Savigny/Literatur): SCHMITZ, PH.: Geschichte III, S. 112 ff. – SUYDAM, M.: Origins of the Savignac Order. Savignys Role within Twelfth-Century Monastic Reform, in: Rév. Bén. 86 (1976), S. 94 ff. – POULLE, B.: Art.: Savigny, in: LdM 7 (1995), Sp. 1411 f. – DERS.: Art.: Vitalis v. Savigny, in: LdM 8 (1997), Sp. 1765. – SWIETEK, F. R.: Art.: Savigny, in: DIP 8 (1988), Sp. 991 ff. (ausführliche Lit. u. Quellen). – DERS.: The Role of Bernhard of Clairvaux on the Union of Savigny with Cîteaux. A Reconsideration, in: Cîteaux, Commentarii Cistercienses 42 (1991), S. 289. – DELL'OMO, M.: Storia, S. 186 f., 203 f. – MELVILLE, G.: Die Welt, S. 102.

◊ (Bernhard von Tiron/Literatur): TRIBOUT DE MOREMBERT, H.: Bernardo di Tiron, in: DIP 1 (1974), Sp. 1399. – VONES-LIEBENSTEIN, U.: Art.: Tiron, in: LdM 8 (1996), Sp. 804. – SCHMITZ, PH.: Geschichte III, S. 112 ff. – DUBOIS, J.: Art.: Tirone, in: DIP 9 (1997), Sp. 1865 ff. – VONES-LIEBENSTEIN, U.: Art.: Bernhard v. Tiron, in: LdM 1 (1980), Sp. 2002. – THOMPSON, K.: The Other Saint Bernard: The „Troubled and Varied Career“ of Bernard of Abbeville, Abbot of Tiron, in: JEH 60 (2009), S. 657 ff. – DELL'OMO, M.: Storia, S. 187 f., 204. – MELVILLE, G.: Die Welt, S. 102.

◊ (Girald von Salles/Literatur): FRANK, K. S.: Grundzüge, S. 78. – DERS.: Art.: Giraldus v. Salles, in: LThK 4 (1995), Sp. 495.

◊ (Stephan von Obazine/Literatur): SCHMITZ, PH.: Geschichte III, S. 112 ff. – DIMIER, A.: Art.: Obazine, in: DIP 6 (1980), Sp. 490 f. – FOURNIER, G.: Art.: Obazine, in: LdM 6 (1993), Sp. 1329 (Lit.). – ALTERMATT, A. M.: Art.: Obazine, in: LThK 7 (1998), Sp. 956. – DELL'OMO, M.: Storia, S. 219. – MELVILLE, G.: Die Welt, S. 98 ff.

Fünftes Kapitel
Früh- und Hochmittelalterliche Gemeinschaften nach *RB* als Mittelpunkte abendländischer Kultur und Zivilisation (9.–13. Jahrhundert)

Da mittlerweile unbestritten, bedarf es keiner ausführlichen Begründung der Tatsache mehr, dass die Gemeinschaften nach *RB* im Früh- und Hochmittelalter zu den bedeutenderen Schöpfern und Bewahrern von Kultur und Zivilisation des Abendlandes zählten. (Und sollte diese Tatsache dennoch eines Beweises bedürfen, so kann ein Blick in die mehrbändige „Geschichte der Lateinischen Literatur des Mittelalters“ von M. Manitius oder in „Deutschlands Geschichtsquellen im Mittelalter“ von W. Wattenbach und W. Levison jeden Zweifel in dieser Hinsicht eindrucksvoll zerstreuen.)

Folglich geht es hier lediglich darum, die großen Leistungen der Gemeinschaften auf diesem Felde grob zu skizzieren und auf die besonderen historischen Voraussetzungen hinzuweisen, die einigen dieser Schöpfungen zugrunde lagen. Bleibt doch im Auge zu behalten, dass kulturschöpferische Leistungen keine genuinen Ziele einer asketisch-monastischen Vita darstellen, vielmehr als Mittel lediglich zur Erreichung derselben, als Bei- und Nebenwerke, als „Parerga“ also, zu verstehen sind. So paradox es erscheinen mag: Kultur- und Zivilisationsleistungen monastischer Gemeinschaften sind – im Lichte des ursprünglichen Zieles einer *vita religiosa* – lediglich Kollateralgewinne asketisch-weltvermeidenden Lebens. Und losgelöst von ihren spezifischen Kontexten können sie daher auch nicht ohne weiteres als Qualitätsausweis für den spirituellen und asketischen Status einer Gemeinschaft nach *RB* gelten.

1. Schule und Wissensvermittlung

Unter den vielfältigen Verdiensten, die den Gemeinschaften nach *RB* an der Ausbildung einer Kulturlandschaft im früh- und hochmittelalterlichen Westeuropa zuzurechnen sind, muss an erster Stelle der Aufbau eines Erziehungs- und Schulwesens genannt werden. Dabei handelte es sich keineswegs um eine rasante Erfolgsgeschichte gleich von den Anfängen an, vielmehr beobachtet man auch hier – ähnlich wie bei der anfänglich langsamen Verbreitung der *RB* – eine allmähliche Entwicklung aus bescheidenen Anfängen heraus. Im 6./7. Jahrhundert noch von schlichtem Zuschnitt, gewannen Unterrichts- und Erziehungspraxis in diesem Milieu erst nach und nach festere Formen, um dann erst in der Karolingerzeit ihre Vollendung zu erreichen.

Die in der älteren Forschung häufig vertretene Vorstellung, das Unterrichts- und Ausbildungskonzept Cassiodors († 580) in Vivarium habe den frühen Gemeinschaften Italiens (oder gar Westeuropas) gleichsam von den Anfängen an als Modell gedient, ist nach heutigem Forschungsstand aufzugeben. Es fehlt nicht nur der Nachweis für eine Verbindung Cassiodors zur *RB*; darüber hinaus wird auch offensichtlich, dass in Vivarium ein kirchenweites Bildungskonzept verfolgt worden ist, das monastische Bedürfnisse und Ziele weit übersteigen sollte, in dem Versuch nämlich, auch im lateinischen Westen Schulen für eine höhere theologisch-kirchliche Ausbildung zu begründen, wie sie als Vorbilder in den theologischen Zentren von Nisibis und Antiochien bereits existierten. Es wundert daher auch nicht, wenn noch kein direkter Einfluss Cassiodors auf die Bildungs- und Schulverhältnisse in den Klöstern seines eigenen wie der folgenden Jahrhunderte nachweisbar ist.

Die Rezeption von Cassiodors Wissens- und Bildungsprogramm setzt erst mit der Wahrnehmung seiner Werke in der Karolingerzeit ein. Von da an spielen dann allerdings seine *Institutiones*, die man auch als Bibliothekskatalog lesen konnte, das gesamte Mittelalter hindurch eine kaum zu überschätzende Rolle für die Schul- und Bildungsgeschichte des lateinischen Westens.

Erziehung und Wissensvermittlung in den frühen, im 6. und 7. Jahrhundert sporadisch erst nachweisbaren Gemeinschaften nach *RB* waren weit verschieden von dem, was in Vivarium betrieben wurde und hatte noch wenig gemeinsam mit der späteren Praxis in den Großklöstern der Karolingerzeit des 8. und 9. Jahrhunderts, wo man schließlich einen ausgeformten, innerklösterlich institutionalisierten Schulbetrieb nach spätantikem Vorbild (auf Grundlage der *artes liberales*) praktizierte.

Spuren von den anfänglich noch bescheidenen und rudimentären Schul- und Bildungsverhältnissen finden sich zu allererst in der *RB*. Wie oben erwähnt, nach 530 für Montecassino verfasst (oder diktiert), gehört dieser Text dem weströmischen Kulturkreis und einer Landschaft an, wo man im 6. Jahrhundert ein weltliches (außermonastisches) Schulwesen durchaus noch kannte, so dass es sich beim Eintritt erwachsener Mitglieder in eine monastische Gemeinschaft durchaus um Kandidaten handeln konnte, die vor ihrem Eintritt bereits eine – zumindest rudimentäre, Lesen und Schreiben umfassende – Schulbildung außerhalb des Klosters erworben hatten. Ein aufwendiger Schulbetrieb im Kloster war für einen Teil dieser Klientel nicht nötig.

Vor diesem Hintergrund wird leichter plausibel, warum in der *RB* von Schule im eigentlichen Sinne auch noch gar nicht die Rede ist. Das Wort *sc(u)ola* wird hier lediglich in metaphorischem Sinne gebraucht und meint dann die asketische Gemeinschaft als „Schule des Herrendienstes" (*Constituenda est ergo nobis dominici scola servitii*; *RB, prol. 45*).

Auch wird vor dem Hintergrund, dass das öffentliche Unterrichtswesen in Italien noch funktionierte, leichter erklärlich, warum die *RB* – wenngleich von „Schule" im Text nicht die Rede ist – dennoch Gemeinschaftsmitglieder voraussetzt, die des Lesens und Schreibens mächtig sind (*RB* 48,1.4.5.10.13.14.15–18; 49,4: Aufforderung zu privater Lektüre; *RB* 8–18: gemeinschaftliche Lesungen im Rahmen des *opus divinum*). Nicht minder setzt die Erwähnung von Buch, Schreibtafel und Griffel (*RB* 33,3; 55,19) in *RB* sowie die Vorschrift, die Professurkunde nach Möglichkeit eigenhändig zu schreiben (*RB* 58,20), eindeutig schreib- und lesekundige Gemeinschaftsmitglieder voraus. Sieht man von der Erwähnung jener – wohl wenigen – Mitglieder der Gemeinschaft ab, die aufgrund von Nachlässigkeit oder Trägheit das Lesen und Schreiben nicht erlernen wollten oder konnten (*RB* 48,23) (und insofern schulischer Unterweisung dann auch nicht bedurften), so erscheinen in der *Regula* lediglich die *pueri oblati* als diejenigen innerhalb der Gemeinschaft, die noch einer grundlegenden Ausbildung bedurften.

Hierbei ging es dann allerdings weniger um Wissensvermittlung nach dem Vorbild und auf dem Niveau der weltlichen Schulen der Spätantike, wo Erwerb von Wissen als Voraussetzung zu öffentlichen Ämtern und Laufbahnen oder gar zur Beschäftigung mit Literatur und Wissenschaften die Lernziele ausmachten. Im monastischen Rahmen ging es zunächst um das Erlernen von rudimentären Lese- und Schreibfähigkeiten, darüber hinaus lediglich um die einfache, noch wenig methodische geleitete Aneignung von asketisch-monastischem Wissens durch die Älteren an die Jüngeren; es ging hier eher um Einweisung in eine Sonderwelt, um monastisch-asketische Gesamterziehung mit dem Ziel, den eigenen Nachwuchs in die Lage zu versetzen, aktiv am Vollzug des Gemeinschaftslebens teilnehmen zu können. Es lässt sich nicht erkennen, ob man in den frühen Gemeinschaften des 6.–7. Jahrhunderts nach *RB* mit Wissensvermittlung und Erziehung darüber hinaus bereits andere Ziele anvisiert hätte.

Schule als systematisch organisierte, methodisch konzipierte Lehr- und Unterrichtspraxis auf Basis des antiken Kanons der „Sieben freien Künste" (*septem artes liberales*) erscheint in Gemeinschaften nach *RB* erst seit der zweiten Hälfte des 7. Jahrhunderts in Angelsachsen. Die Tatsache, dass sich die Gemeinschaften dort in einem Umfeld befanden, in welchem sich – im Gegensatz zum spätantiken Italien – Schriftlichkeit außerhalb geistlicher Institutionen noch kaum verbreitet hatte, mag die Bedeutung dieser Schulen über die monastischen Ziele hinaus für Verbreitung und Intensivierung des Christentums als Buchreligion erheblich gesteigert haben.

Gemeinschaften, die solche Schulen kannten, waren etwa: Canterbury (mit Theodor, † 690 und Benedict Biscop, † 689), Jarrow (mit Beda, † 735), Malmesbury (mit Aldhelm, † 709), Nursling (mit Bonifatius, † vor 716), York (mit Alkuin, † vor 781). (Dagegen können die älteren, irischen Gemeinschaften – wie auch die Gründung Cassiodors in Vivarium – keinesfalls schon den Gemeinschaften nach *RB* zugeordnet werden.)

Durch die angelsächsische Mission auf den Kontinent gelangt, wurde dieser insulare Typus einer Gemeinschaft mit Schule dann Modell für die Reichsklöster im Rahmen der karolingischen Erneuerungsbewegung, die durch Bonifatius und Chrodegang von Metz unter Pippin III. eingeleitet, von Karl d. Gr. zum reichsweiten Kirchen- und Bildungsreformprogramm erklärt und von Ludwig d. Fr. energisch fort- und zu Teilen auch umgesetzt worden ist. Von da an spielten die Reichsklöster jenes Typus – neben den Bischofskirchen und der Hofschule – eine zentrale Rolle als geistliche und geistige Mittelpunkte. Es bleibt allerdings daran zu erinnern, dass es sich bei diesen Gemeinschaften meist um die herausragenden Königs- bzw. Reichsklöster handelte, die dem König als Eigenklosterherrn unterstanden, in die Reichspolitik eingebunden, vermögend und mit königlichen und kirchlichen Privilegien ausgestattet waren.

Wie frühe Reformerlasse Karls an (die Bischöfe des Reiches und) die Äbte dieser Klöster es bereits programmatisch gefordert hatten – so etwa die *Admonitio generalis* von 789 (MG, cap. I,22), die *Ep. de litteris colendis* zwischen 780 und 800 (UB Fulda I, Nr. 66) sowie die Anordnung von 789 (MG, cap. I,6) –, wurden die großen Klöster des Reiches dann zu Orten, an denen sich das geistige Leben der Zeit, gefördert durch Wissens- und Bildungsvermittlung nach antikem Schulmuster, entfaltete, wo die Elite des Reiches und der Kirche großenteils ausgebildet wurde, wo darüber hinaus schließlich Kultur- und Zivilisationsformen ausgebildet und gepflegt wurden, die in der Rückschau grundlegend für das Abendland geworden sind. (Im 13. Jahrhundert dann verlieren die Reichsklöster nach *RB* in dieser Hinsicht ihre Führerschaft und treten hinter neuen Orden, den aufstrebenden Domkapiteln sowie den jungen Universitäten langsam zurück, ohne allerdings völlig bedeutungslos zu werden.)

Nachrichten zu Details, vor allem zur internen Organisation der Klosterschulen bleiben spärlich. Immerhin geht aus der programmatischen *Admonitio generalis* (a. 789) Karls d. Gr. hervor, dass jedes Kloster eine Schule unterhalten sollte, wo Novizen das Lesen des Psalters, aber auch den *Computus*, d. h. die Festtagsberechnung des Kirchenjahres, und schließlich auch Grammatik, die Grundlage jeden guten Lateins, erlernen sollten (MGH, cap. I, Nr. 60, cap. 72), (ed. Boretius, S. 59 f.). Das Lernziel also bestand in der Beherrschung des Lesens – und sicher auch des Schreibens –, um aktiv am liturgischen Leben der Gemeinschaft teilnehmen zu können. Die Lehrinhalte deckten sich weitgehend mit dem *Trivium* (Grammatik, Rhetorik, Dialektik), den ersten drei Disziplinen des Kanons der *septem artes*. (Eines der besten Beispiele dafür, welche Autoren, Lehrinhalte und Methoden im Klosterunterricht des 9. Jahrhunderts von Bedeutung waren, bietet der Kommentar zur *RB* aus der Feder Hildemars von Corbie [† um 850; *Expositio Regulae*], hier vor allem Kap. 38.) Erst im 10. Jahrhundert scheint der Unterricht um das *Quadrivium* (Arithmetik, Geometrie, Astronomie und Musik) erweitert worden zu sein. Für die frühe Schulsituation bleibt bezeichnend, dass nicht wenige der großen Gelehrten zwischen dem 9. und 12. Jahrhundert auch Lehrer waren und selbst Abhandlungen zu Schuldisziplinen – d. h. Schulbücher – verfasst haben, wie etwa Beda, Alkuin, Smaragdus (St. Mihiel), Gerbert, Abbo (Fleury), Rhabanus Maurus (Fulda), Notger (St. Gallen). Klöster, die solche Schulen betrieben, waren, um nur einige wenige und herausragende zu nennen: Tours, Corbie, Wandrille, Fleury, Ferrières, Saint Riquier, Murbach, Reichenau, Fulda, vornehmlich auch St. Gallen. Wie der berühmte Klosterplan von St. Gallen zeigt – und wie für zahlreiche Klöster in Gallien, England und dem deutschen Sprachraum belegt ist –, führte man zumindest in der frühen Karolingerzeit neben dieser internen Schule bei den großen Gemeinschaften noch eine Außenschule, wo man Kleriker oder auch Kinder weltlicher Großer ausbildete, von denen nicht erwartet wurde, dass sie später Mitglied der Gemeinschaft würden. (Im Zuge der Reformen Benedikts von Aniane beschloss dann ein Äbtekonzil im Jahre 817, die äußeren Schulen der zahlreichen Störungen wegen, die sie offensichtlich für die Gemeinschaft mit sich brachten, aufzugeben. Dennoch wird auch später noch von Laien bekannt, dass sie in Klöstern ausgebildet und erzogen worden sind, so etwa in Gorze, auf der Reichenau, in St. Trond und anderswo.)

2. Skriptorien

Neben den Schulen unterhielten die großen und reicheren Klöster Skriptorien, zentrale Orte für Innovation und Transfer von Schriftlichkeit. Hier entstand zunächst das gesamte Geschäftsschriftgut für den eigenen Bedarf; hier ergänzte und berichtigte man aber auch älteres und verdorbenes Schriftgut, hier rettete man Texte vor dem Verfall und dem Vergessen, indem man sie von Papyrus auf haltbares Pergament übertrug; hier berichtigte und transkribierte man Texte, um sie zum Verkauf anzubieten oder sie gegen solche, die man noch nicht besaß – und bisweilen durch systematische Suche ausfindig gemacht hatte –, zu tauschen. Nicht selten wurden auch Auftragsarbeiten von außen übernommen, meist für kleinere Klöster ohne eigenes Skriptorium. Letztlich entstand in den Skriptorien ein Großteil jener Handschriften, die später in den Bibliotheken ihren heutigen, geordneten und endgültigen Aufbewahrungsort fanden.

Darüber hinaus waren die Skriptorien Laboratorien gleichsam, wo Schriftstile perfektioniert, weiterentwickelt und bisweilen auch vereinheitlicht wurden, insgesamt traditionsbildende Vorgänge, unter denen als der berühmteste, weil für das Abendland folgenreichste, bekanntlich die Ausbildung und Pflege der karolingischen Minuskel als der ersten Einheitsschrift des Abendlandes gewesen ist. Schließlich waren zumindest die größeren und berühmteren unter den früh- und hochmittelalterlichen Klosterskriptorien auch die Orte, wo Kalligraphie, Illumination von Texten und Miniaturmalerei bereits zu erstaunlicher Perfektion und hohem künstlerischen Ausdruck entwickelt worden sind.

Das Personal der Skriptorien – Schreibertätigkeit wurde im Mittelalter als Handarbeit verstanden – rekrutierte sich meist aus den eigenen Reihen. So erlernten die Schreibermönche ihre diffizilen und in der Ausführung höchst zeitaufwendigen Fertigkeiten – für eine Vollbibel benötigte ein Schreiber etwa ein Jahr – meist im eigenen Skriptorium. Große Skriptorien allerdings liehen bisweilen auch besonders fähige Schreiber aus. Und seit dem 10. Jahrhundert finden sich dann unter den Schreibermönchen auch Laien, was aber die Ausnahme blieb.

Große und Leistungsstarke Skriptorien sind vom 8. bis zum 12. Jahrhundert für ganz Westeuropa belegt. So etwa für das angelsächsische England (Canterburry, Ripon, Jarrow und Wearmouth, St. Albers, Winchester), für Italien (Bobbio, Montecassino, Farfa etwa), für Gallien (Luxeuil, Tours, Corbie, Echternach, St. Denis, Ferrières, St. Bertin, Lobbes, St. Maximin etwa), für Spanien (Ripoll, Silos, Montserrat etwa), für den deutschen Sprachbereich (St. Gallen, Reichenau, Einsiedeln, Tegernsee, St. Emmeram, Fulda, Lorsch, Benediktbeuern, die Klöstern entlang der Donau u. a.).

3. Bibliotheken

In enger sachlicher wie meist auch räumlicher Verbindung zu den Skriptorien befanden sich die Bibliotheksräume – im Klosterplan von St. Gallen liegen sie über dem Skriptorium –, die „Schatzhäuser" (B. Bischoff) abendländischen Geistes, deren Aufbau und Pflege ebenfalls zu den unschätzbaren Verdiensten der früh- und hochmittelalterlichen Klöster für das Werden einer abendländischen Kulturlandschaft zählen. Der Bestand solcher Bibliotheken ruhte teils auf Schenkungen reicher Donatoren (Mitgliedern meist des Adels oder der Königsfamilien), teils auf Ankauf, zu größeren Teilen allerdings auf der Tätigkeit der eigenen Kopisten, die jene Texte und Autoren, die man für wichtig hielt, von anderen Gemeinschaften entliehen, abschrieben und die Kopie dem eigenen Bestand hinzufügten. Über den Umfang solcher Bibliotheken gibt es leider nur ungefähre Angaben, meist aufgrund der wenigen Bibliotheksverzeichnisse, die uns erhalten geblieben sind. Durchschnittlich schätzt man die Klosterbibliotheken zwischen dem 9. und dem 12. Jahrhundert auf etwa 200–300 Kodizes, wobei allerdings 2–3 Werke jeweils in einem Codex zusammengebunden waren. Einzelne herausragende Bibliotheken konnten diese Zahl allerdings weit überschreiten. So geht man im Falle von Corbie im 11./12. Jahrhundert von etwa 400 bis 500 Bänden aus, für Cluny schätzt man 570, für die Klöster auf der Reichenau und in St. Gallen jeweils etwa 1000 Bände. Als umfangreichste Bibliothek des Früh- und Hochmittelalters nördlich der Alpen galt Fulda, wo man im Hochmittelalter von mehr als 1000 Bänden ausgeht.

Inhaltlich lassen sich die Bestände der größeren Bibliotheken etwa in sechs Gruppen einteilen: 1. Liturgische Gebrauchstexte; 2. (Kanonische) Bibelbücher; 3. Lateinische Kirchenväter (Ambrosius, Hieronymus, Augustinus, Gregor d. Gr.); 4. Kirchenschriftsteller; 5. Theologische Literatur des 9.–12. Jahrhunderts, die bis zur Hälfte des Bestandes ausmachte (Autoren wie Alkuin, Florus, Jonas von Orléans, Amalarius, Hinkmar von Reims, Smaragdus, Sedulius Scotus, Rhabanus Maurus, Walafried, Abbo, Fulbert, Lanfranc, Anselm u. a. fanden sich hier); 6. Kirchen- und Weltgeschichten, Rechtsbücher (weltliches wie kirchliches Recht), Klosterregeln, Hagiographie, Artes-Literatur, antike (weltliche) Autoren, positive Wissenschaften (Medizin, Arithmetik, Computus). Nach heutigem Handschriftenbefund scheint dabei der lateinische Kirchenvater Augustinus eindeutig der meist kopierte und folglich wohl auch der meist gelesene Autor im Bestand dieser Bibliotheken gewesen zu sein.

4. Verhältnis zu den nichtchristlichen Autoren der Antike

Unter den vielfältigen Verdiensten der Klöster um Erhalt und Vermittlung von Kulturtraditionen sind im Besonderen jene hervorzuheben, die – rückblickend eine welthistorische Leistung – zur Rettung und zum Erhalt des größten Teils der heute noch bekannten, antiken, im Westen dann vornehmlich lateinischen, Autoren und Texte beigetragen haben.

Dieser Vorgang allerdings erklärt sich nicht von selbst, zählte es doch keineswegs zu den genuinen Aufgaben und Zielen asketischer Gemeinschaften – wie bereits erwähnt –, Kulturerhalt oder Kulturvermittlung zu betreiben, zumal dann nicht, wenn es sich um weltliche, bibelferne Autoren und paganes, kirchenfremdes, der *vita religiosa* offen, zumindest aber latent gefährliches Wissen handelte. Dass es dennoch zur Erfolgsgeschichte dieses epochalen Kulturtransfers gekommen ist, erklärt sich aus zwei spezifischen Voraussetzungen. Einmal aus der Tatsache, dass durch die – im Schulsystem sachlich notwendige – Beschäftigung mit klassischen, nichtchristlichen Schulautoren im Rahmen der *septem artes* in den Klöstern langsam ein genuines Interesse an diesen Autoren und ihren Werken erwachte; dass deren ursprünglich „nur" didaktische Funktion – nämlich Muster lediglich in formaler, nicht aber in inhaltlicher Hinsicht zu sein – überschritten wurde und man allmählich begann, sich formal und inhaltlich intensiver mit diesen Autoren auseinanderzusetzen, sie zu kommentieren, zu deuten, zu adaptieren, sie bisweilen sogar in christlichem Gewande nachzuahmen und sie schließlich auch vom Papyrus auf Pergament zu übertragen, um sie vor dem Verfall zu behüten.

Zum andern war dieser epochale Transfer bereits Folge einer weiteren Voraussetzung: der Tatsache, dass sich die augustinische Position hinsichtlich des Umgang mit weltlichem Wissen und paganen Autoren durchgesetzt hatte, und der Widerstand gegen alles nicht kirchliche und nicht biblische Wissen – wie in monastischen Kreisen des 3.–5. Jahrhunderts durchaus noch praktiziert – mittlerweile überwunden war. Durch Augustins Schrift *De doctrina christiana* – welche die propädeutische Funktion jedweden weltlichen Wissens verteidigt, sofern es zum Verständnis der Bibel etwas beitragen kann – war der Bann für die Beschäftigung mit paganem Wissen und weltlichen Autoren grundsätzlich gebrochen (wenngleich auch jetzt noch ein Rest paganer Autoren und Texte für Christen – und vornehmlich für den Asketen – verboten blieben).

Diesen beiden Voraussetzungen verdankt sich im Ergebnis eine der bedeutendsten Transferleistungen von Kultur und Wissen in der Weltgeschichte. Durch die Klöster – zu gewissen Teilen dann auch durch die Kathedralschulen – wurde so der größte Teil der heute noch erhaltenen lateinischen Klassiker für die späteren Jahrhunderte gerettet und der völlige

„Bruch zwischen Antike und Mittelalter vermieden“ (Schmitz, Geschichte II, S. 92).

Zu den klassischen, nichtchristlichen Autoren, die vornehmlich in den Klosterbibliotheken vertreten waren zählten (etwa ihrer Häufigkeit nach): Vergil, Horaz, Terenz, Cicero, Juvenal, Sallust; aber auch Ovid, Statius, Quintilian, die Fabeldichter und Homer. Unter den Klöstern, die die Klassiker besonders pflegten – zwischen dem 8. und dem 12. Jahrhundert sind übrigens keine klassischen Werke mehr verloren gegangen – wären u. a. zu nennen: Fleury, Ferrières, St. Denis, Corbie, St. Gallen, Fulda, Bobbio, Montecassino.

5. Genuin monastische Literatur und Wissenschaft

Ein zentraler, in seiner Langzeitwirkung kaum zu unterschätzender Beitrag der Klöster des Frühmittelalters zum Kulturhaushalt des Abendlandes lag in der stetig wachsenden Zahl inhaltlich genuin monastischer Schriften aus eigener Feder. Hier sieht man sich dann im Laufe der Generationen einer schier unübersehbaren Zahl von beteiligten Gemeinschaften, Autoren und Schriften gegenüber, deren Fülle es erübrigt, einzelne Orte, Namen oder Titel zu nennen. In geographischer Verteilung streuen diese – ähnlich wie im Falle der Bibliotheken – vom angelsächsischen England über die Niederlande, Gallien, Spanien, Italien, die Landschaften deutscher Zunge (vornehmlich links und rechts entlang des Rheins wie entlang der Donau) bis zu den noch dem Westen zugehörigen Slawischen Gebieten. Die *opera* selbst umfassen alle literarischen Gattungen und beinahe alle Wissensgebiete von der Theologie, der Liturgie und den Bibelarbeiten über die Philosophie, die philologischen Fächer (eingeschlossen die Disziplinen der *artes liberales*) wie über das weite Feld der Geschichtsschreibung (mit allen Untergruppen), der Hagiographie mit alle ihren Spezifikationen wie Translation, Invention, Elevation und Wunderbericht (*virtutes*). Schließlich bleiben die genuinen Dichtwerke zu erwähnen, die naturwissenschaftlichen Schriften und auch schon frühe Versuche in den langsam sich ausbildenden Nationalsprachen. (Eine Übersicht über die vielfältigen schriftlichen Schöpfungen, vor allem auch der Klöster, bieten – wie oben bereits erwähnt – die Geschichten zur mittellateinischen Literatur [Manitius], ergänzt durch die auch nicht-literarische Zeugnisse berücksichtigenden Quellenkunden zu einzelnen Länder und Regionen [Wattenbach-Levison u. a.].) Es zeigt sich, dass an diesem Prozess alle bedeutenderen Klöster, hunderte von Autoren mit schier zahllosen Texten beteiligt waren. Und es wird offensichtlich, dass die schriftliche Kultur Westeuropas zwischen dem 7. und 12. Jahrhundert zu größten Teilen aus den Federn der Söhne (und

Töchter) Benedikts stammte. (Es bleibt daneben hier allerdings auch auf die bedeutenden Leistungen der Kathedralschulen zu verweisen, die aufgrund ihrer geringeren Zahl zwar hinter den Klöstern zurückstanden, im Niveau diesen aber durchaus gleichkamen.) Im Ganzen ist die Behauptung nicht übertrieben, „dass alle Generationen des Frühmittelalters bei den" Gemeinschaften nach *RB* „in die Schule gegangen waren und ihr ganzes Wissen dem Lehrprogramm und den Lehrbüchern" dieser Gemeinschaften „verdankten" (Schmitz, Geschichte II, S. 64).

6. Innovationen in Architektur und bildenden Künsten

Nicht zuletzt sind den Gemeinschaften nach *RB* bedeutende Leistungen in den gestaltenden und bildenden Künsten zuzurechnen, in Architektur, Bildhauerei, der Fresco- wie der Miniaturmalerei, der Goldschmiedekunst und in mancher anderen Fertigkeit. Wenngleich man nicht von einem spezifischen, den Klöstern nach *RB* zugeschriebenen („benediktinischen") Baustil spricht, so erkennt man doch an, dass Teilentwicklungen und gewisse Innovationen in der Romanik des 8.–12. Jahrhunderts ihre Ursprünge – landschaftlich geprägt und angepasst – in Gemeinschaften mit *RB* hatten. So beispielsweise treten – um sich lediglich auf die Architektur zu beschränken – neue Grundrisse auf, der Chorumgang, ein zweites Querschiff im Westen, der Narthex, Triforien u. a. Dabei handelte es sich meist eher um Weiterentwicklung von Bewährtem als um gänzlich neue, zukunftsweisende Schöpfungen, eine Feststellung, die auch für Leistung der Gemeinschaften in den anderen Bereichen der bildenden und gestaltenden Künste zutreffen dürfte.

7. Bewirtschaftung ausgedehnter Grundbetriebe

Schließlich sei kurz darauf verwiesen, dass die Klöster des Früh- und Hochmittelalters auch als komplexe Wirtschaftseinheiten Spuren in der Kultur- und Zivilisationsgeschichte Westeuropas hinterlassen haben, worauf bereits die oben (S. 71 f) ausgeführte „Typologie der Reichsklöster" verweist. Doch handelt es sich hier nicht um Alleinstellungsmerkmale dieser Klöster. Denn neben den geistlichen Grundbetrieben existierten selbstverständlich die großen weltlichen Güterkomplexe, um nur an die ausgedehnten Königsgüter zu erinnern. Und diese – wenngleich erheblich schlechter dokumentiert, da Schriftlichkeit bekanntlich noch eine Domäne von Geistlichkeit und Klöstern war – wurden nicht anders bewirtschaftet und geführt als die geistlichen. Man wird also davon auszugehen haben, dass sich die Verdienste an Rodung, Urbarmachung, Landesausbau, bei Entwicklung der Agrartechnik, der Bodenbearbeitung, in der Tierhaltung wie der Pflanzenpflege und auf manch anderem verwandten Gebiet den geistlich-klösterlichen wie den weltlichen Grundbetrieben zugleich zurechnen lassen.

8. Bedeutung der Frauengemeinschaften im Kultur- und Zivilisationsprozess

Es bleibt zu erwähnen, dass bei dem Versuch, die Bedeutung der Gemeinschaften nach *RB* für Entwicklung von Kultur und Zivilisation des Abendlandes zu umreißen, keineswegs allein Männergemeinschaften ins Visier genommen sind. Soweit hier von Leistungen, Fertigkeiten und Tätigkeiten die Rede ist, die mittelalterlichen Vorstellungen von frauenspezifischer Eignung entsprachen, standen die Frauengemeinschaften jenen der Männer keineswegs nach. Am Unterhalt von Schulen, am Unterricht, am gesamten Schreib-, Buch- und Bibliothekswesen, an originärer Dichtung, an philologisch-theologischer Arbeit auf Basis der Hl. Schrift und der Väter, an Produktionen der darstellenden Künste, an der Gestaltung der Liturgie, an der gesamten Woll- und Kleiderverarbeitung (vornehmlich der Paramentenherstellung), an der Haushaltsführung im weitesten Sinne, an der Ökonomie, an leichteren körperlichen Arbeiten in den Gärten wie auf den Feldern und an vielem anderen mehr hatten selbstverständlich die Frauengemeinschaften ihren Anteil. Und nicht zuletzt darf für die Zeit des Früh- und Hochmittelalters auf den herausragenden Beitrag der Töchter Benedikts zu einer spezifischen, weitgehend mystisch geprägten Spiritualität verwiesen werden. Um stellvertretend einige herausragende Vertreterinnen hier lediglich zu erwähnen: die gelehrten Angelsächsinnen im Umfeld des Bonifatius; im 12./13. Jahrhundert Elisabeth von Schönau († 1164), Hildegard von Bingen († 1179), Heloise (Paraclet, † 1164), Santuccia (dei Tirabotti) von Gubbio († 1258), Sperandea von Gubbio († 1276), Beatrix I. von Este, († 1227), Beatrix II. von Este († 1262), Paola Foresi († 1390).

9. Bibliographie

1. Schule und Wissensvermittlung

◊ Mittermüller, R. (ed.): Vita et Regula SS. P. Benedicti una cum Expositione Regulae a Hildemaro tradita, Regensburg 1880. – Manitius, M.: Geschichte der Lateinischen Literatur des Mittelalters, I–III (Handb. d. Altertumswissenschaften IX, 2.1–3), München 1911, 1923, 1931. – Heimbucher, M.: Die Orden I, München [3]1932 (1965), S. 287 ff. – Wattenbach, W./Levison, W./Löwe, H.: Deutschlands Geschichtsquellen im Mittelalter. Vorzeit und Karolinger (Heft I–V); Beiheft: Buchner, R.: Rechtsquellen, Weimar 1952, 1953, 1957, 1963, 1973. – Wattenbach, W./Holtzmann, R./Schmale, F. J.: Deutschlands Geschichtsquellen im Mittelalter. Die Zeit der Sachsen und Salier (I–III), Darmstadt 1967, 1971. – Wattenbach, W./Schmale, F. J.: Deutschlands Geschichtsquellen im Mittelalter. Vom Tode Heinrichs V. bis zum Ende des Interregnums, Bd. 1, Darmstadt 1976. – Leclercq, H.: Art.: École (XXVII ff.: Les écoles monastiques), in: DACL IV, 2 (1924), Sp. 1824 ff. – Schmitz, Ph.: Geschichte II, S. 35 ff. – Riché, P.: Éducation, S. 150 ff., 154 ff., 161 ff. – Décarreaux, J.: Zivilisation, S. 330 ff. – Bischoff, B.: Mittelalterliche Studien. Ausgewählte Aufsätze zur Schriftkunde und Literaturgeschichte, Bde. I–III, Stuttgart 1966, 1967, 1981. – Ders.: Elementarunterricht und Probationes Pennae in der ersten Hälfte des Mittelalters, ebda., Bd. I, S. 74 ff. – Ders.: Biblioteche, scuola e letteratura nella citá dell'altomedievo, ebda., Bd. I, S. 122 ff. – Ders.: Literarisches und künstlerisches Leben in St. Emmeram (Regensburg) während des frühen und hohen Mittelalters, ebda., Bd. II (1966) S. 77 ff. – Illmer, D.: Formen der Erziehung und Wissensvermittlung im frühen Mittelalter. Quellenstudien zur Frage der Kontinuität des abendländischen Bildungswesens (Münchner Beiträge zur Mediävistik und Renaissance Forschung 7), München 1971. – La Scuola nell'Occidente Latino dell'Alto Medioevo (Settimane di Studio XIX, Spoleto 15–21 aprile 1971), Spoleto 1972. – Picasso, G.: Art.: Benedettini, in: DIP I (1974) Sp. 1303 ff. – Marrou, H. I.: Geschichte der Erziehung im klassischen Altertum (mit Ergänzungen in der 7. Aufl. [1976]), München 1977. – Illmer, D.: Erziehung und Wissensvermittlung im frühen Mittelalter. Ein Beitrag zur Entstehungsgeschichte der Schule, Kastellaun 1979. – Riché, P.: Écoles et enseignement dans le Haut Moyen Age de la fin du Ve au milieu du XIe siècle. Paris 1979. – Ders.: Les moines bénédictins, maîtres d'école (VIIIe–XIe siècles), in: W. Lourdeaux/E. Verhelst: Benedictine Culture 750–1050 (Mediaevalia Lovanensia, seria 1/studia XI), Löwen 1983, S. 96 ff. – De Jong, M.: Growing up in a Carolingian Monastery. Magister Hildemar and his Oblates, in: Journal of Medieval History 9 (1986), S. 99 ff. – Schule und Studium im sozialen Wandel des Hohen und Späten Mittelaters (VuF), Stuttgart 1986. – Angenendt, A.: Das Frühmittelalter. S. 407 ff., 432 ff. – Zelzer, K.: Von Benedikt zu Hildemar. Zur Textgestalt und Textgeschhichte der Regula Benedicti auf ihrem Weg zur Alleingeltung, in: FMSt 23 (1989), S. 129. – McKitterick, R.: The Carolingians and the Written World, Cambridge 1989. – Hildebrandt, M. M.: The External School in Carolingian Society (Education and Society in the Middle Ages and Renaissance 1), Leiden 1992. – Keller, H.: Vom ‚heiligen Buch' zur ‚Buchführung'. Lebensfunktionen der Schrift im Mittelalter, in: FM(A)St 26 (1992), S. 1 ff. – Jenal, G.: Italia II, S. 635 ff., 644 ff. – Kuchenbuch, L.: Verrechtlichung der Erinnerung im Medium der Schrift (9. Jahrhundert), in: Patriotische Heilige. Beiträge zur Konstsruktion religiöser und politischer Ideen in der Vormoderne (edd. D. R. Bauer/K. Herbers/G. Signori), Stuttgart 2007, S. 87 ff. – Carolingian Culture. Emulation and Innovation (ed. R. McKitterick), Cambridge 1984. – Verger, J.: Art.: Schule (A.

Abendland), in: LdM 7 (1995), Sp. 1582 (Lit.). – Kintzinger, M. (ed.): Schule und Schüler im Mittelalter. Beiträge zur europäischen Bildungsgeschichte des 9.–15. Jahrhunderts (Archiv für Geschichte des Mittelalters, Beihefte, 42), Köln 1996. – De Jong, M.: In Samuel's Image. Child Oblation in the Early Medieval West, Leiden 1996. – Palazzo, E.: A History of Liturgical Books from the Beginning to the Thirteenth Century, Collegeville MN 1998. – Ochsenbein, P. (ed.): Das Kloster St. Gallen im Mittelalter. Die kulturelle Blüte vom 8. bis zum 12. Jahrhundert, Darmstadt 1999. – Engelbert, P.: Mönchtum, Mission, Martyria. Anmerkungen zum Leben des Hl. Ansgar, in: StMGBO 113 (2002), S. 81 ff. – Kintzinger, M.: Wissen wird Macht. Bildung im Mittelalter, Ostfildern 2003, S. 59 ff. – Zelzer, K.: Regulae Monachorum (3. Regula Benedicti), in: La Trasmissione dei Testi Latini del Medioevo (TE.TRA. I, edd. P. Chiesa/ L.Castaldi), Florenz 2004, S. 388. – Steiner, H.: Buchproduktion und Bibliothekszuwachs im Kloster St. Gallen unter den Äbten Grimald und Hartmut, in: Hartmann, W. (ed.): Ludwig d. Deutsche und seine Zeit, Darmstadt 2004, S. 161 ff. – Divina Officia. Liturgie und Frömmigkeit im Mittelalter (ed. P. Carmassi), Wolfenbüttel 2004. – Felten, F. (ed.): Hrabanus Maurus. Gelehrter, Abt von Fulda, Erzbischof von Fulda und Erzbischof von Mainz, Mainz 2006. – Macht des Wortes. Benediktinisches Mönchtum im Spiegel Europas (Publ. anlässlich der Ausstellung: Macht des Wortes ... in der Benediktinerabtei St. Paul im Lavanttal, Kärnten, 26. April–8. Nov. 2009), Bd. I: Essays (edd. G. Sitar/M. Kroker), Regensburg 2009. – Goetz, W.: Geschichtsschreibung und Geschichtsbewußtsein im hohen Mittelalter, Berlin 2009. – Bischoff, B.: Paläographie des römischen Altertums und des abendländischen Mittellaters, Berlin 2009. – Freisitzer, R.: Die Klosterschule, ebda., S. 235. – Studzinski, R.: Reading to Live. The Evolving Practice of ‚Lectio Divina', Collegeville MN 2009. – Robertson, D.: Lectio Divina. The Medieval Experience of Reading, Collegeville MN 2011. – Karolingische Klöster. Wissenstransfer und kulturelle Innovation, edd. J. Becker u. a., München 2015. – Dartmann, Ch.: Die Benediktiner, S. 190 ff.

2. Skriptorien

◇ Schmitz, Ph.: Geschichte II, S. 65 ff. – Décarreaux, J.: Zivilisation, S. 330 ff. – Bischoff, B.: Die karolingische Minuskel, in: Ders., Mittelalterliche Studien III, S. 1 ff. – Ders.: Panorama der Handschriftenüberlieferung aus der Zeit Karls des Großen, ebda., S. 5 ff. – Prinz, F.: Frühes Mönchtum, S. 514 ff. – Engelbert, P.: Zur Frühgeschichte des Bobbienser Scriptoriums, in: Rév. Bén. 78 (1968), S. 220 ff. – Penco, G.: Storia I, S. 449 ff. – Cavallo, G.: Dallo *scriptorium* senza biblioteca alla biblioteca senza scriptorium, in: Dall' eremo al cenobio. La civiltà monastica in Italia dalle origini all' età di Dante (Collana di studi sull'Italia antica), Mailand 1987, S. 331 ff. – Angenendt, A.: Das Frühmittelalter, S. 406. – Depreux, Ph.: Büchersuche und Büchertausch im Zeitalter der karolingischen Renaissance am Beispiel des Briefwechsels des Lupus von Ferrières, in: Archiv für Kulturgeschichte 76 (1994), S. 266 ff. – Hildegard von Bingen in ihrem historischen Umfeld. Inernationaler. wissenschaftlicher Kongreß zum 900-jährigen Jubiläum, 13.–19. September 1998 in Bingen (ed.

A. Haverkamp), Mainz 2000. – Bassetti, M.: Scrivere, leggere, conservare nelle grandi abbazie (750–1110), in: Monachesimi d'Oriente e d' Occidente nell' Alto Medioevo (Settimana: 31 marzo–6 aprile, Spoleto 2016) (Atti delle settimane LXI), Spoleto 2018, S. 1225 ff. – Dartmann, Ch.: Die Benediktiner, S. 192 f.

3. Bibliotheken

◊ Heimbucher, M.: Die Orden I, S. 291 ff. – Schmitz, Ph.: Geschichte II, S. 72 ff. – Lehmann, P.: Die alte Klosterbibliothek von Fulda und ihre Bedeutung, in: Ders.: Erforschung I, S. 213 ff. – Ders.: Die mittelalterliche Bibliothek der Reichenau, ebda. Bd. IV, S. 26 ff. – Décarreaux, J.: Zivilisation, S. 330 ff. – Bischoff, B.: Die Hofbibliothek Karls d. Gr. Mit sechs Abbildungen, in: Ders.: Mittelalterliche Studien III, S. 149 ff. – Ders.: Die Hofbibliothek unter Ludwig d. Fr. Mit zwei Abbildungen, ebda., S. 171 ff. – Ders.: Bücher am Hofe Ludwigs d. Deutschen und die Privatbibliothek des Kanzlers Grimald. Mit sechs Abbildungen, ebda., S. 187 ff. – Ders.: Die Bibliothek im Dienste der Schule, ebda., S. 213 ff. – Riché, P.: Éducation, S. 160 ff. – Bischoff, B.: Die südostdeutschen Schreibschulen und Bibliotheken in der Karolingerzeit, 2 Bde., Wiesbaden ^{2}1980. – Angenendt, A.: Das Frühmittelalter, S. 406. – Penco, G.: Storia I, S. 458. – Wood, I. N.: Saint Wandrille and his Hagiography, in: (edd.) Ders./G. A. Loud: Church and Chronicle in the Middle Ages. Essays Presented to John Taylor, London 1991, S. 1 ff. – Tremp, E.: Klosterbibliotheken, in: Macht des Wortes I, S. 227 ff. – Dell'Omo, M.: Storia, S. 112 f. – Raaijmakers, J.: The Making of the Monastic Community of Fulda. C. 744–c. 900, Cambridge 2012. – Fioretti, P.: Scrivere e leggere nel monachesimo antico: Dalle comunità del deserto al primitive cenobi occidentali, in: Monachesimi d'Oriente e d' Occidente nell' Alto Medioevo (Settimana, 31 marzo–6 aprile, Spoleto 2016) (Atti delle settimane LXI), Spoleto 2018, S. 1159, 1182 ff. (Occidente). – Dartmann, Ch.: Die Benediktiner, S. 193 ff. (St. Gallen), S. 196 f. (Reichenau), S. 197 ff. (Buchkultur, Buchbestände).

4. Verhältnis zu den nichtchristlichen Autoren der Antike

◊ Traube, L.: Die römische Literatur im Mittelalter, in: Ders.: Vorlesungen und Abhandlungen II, München 1910, S. 131 ff. – Lehmann, P.: Deutschland und die mittelalterliche Überlieferung der Antike, in: Ders.: Erforschung III, S. 149 ff. – Ders.: The Benedictine Order and the Transmission oft the Literature of Ancient Rome in the Middle Ages, ebda., S. 173 ff. – Ders.: Panorama der literarischen Kultur des Abendlandes im 7. Jahrhundert, in: Ders.: Erforschung V, S. 258 ff. – Ders.: Die handschriftliche Überlieferung der antiken römischen Klassiker, in: Philobiblion 7 (1934) S. 209 ff. – Schmitz, Ph.: Geschichte II, S. 80 ff. – Lowe, E. A.: Codices Latini Antiquiores. A Paleografical Guide to Latin Mss. Prior to the 9th Century, 12 voll. [CLA], Oxford 1934–1971. – Bischoff, B.: Scriptoria e manoscritti mediatori di civiltà dal sesto secolo alla riforma di Carlo Magno, in: Ders.: Mittelalterliche Studien II, S. 312 ff. – Ders.: Paläographie und frühmittelalterliche Klassikerüberlieferung, in: Ders.: Mittelalterliche Studien III, S. 55 ff. – Ders.: Die Überlieferung der technischen

Literatur. Mit neun Abbildungen, ebda., S. 277 ff. – DERS.: Das benediktinische Mönchtum und die Überlieferung der klassischen Literatur, in: SMGB 1981, S. 165 ff. – PRINZ, F.: Frühes Mönchtum, S. 514 ff. – DERS.: Askese und Kultur. Vor- und frühbenediktinisches Mönchtum an der Wiege Europas, München 1979, S. 59 ff. – GANZ, D.: Corbie in the Carolingian Renaissance (Beihefte zur Francia 20), Sigmaringen 1990. – DELL'OMO, M.: Storia, S. 112 f.

5. Genuin monastische Literatur und Wissenschaft

◇ HEIMBUCHER, M.: Die Orden I, S. 275 ff., 283 ff. – SCHMITZ, PH.: Geschichte II, S. 93 ff. – LECLERCQ, J.: L'amour des lettres et le désir de Dieu. Initiation aux auteurs monastiques du moyen-age, Paris 1957 (These von der Existenz einer eigenständigen Klosterkultur [*culture monastique*] gegenüber den Leistungen an den Kathedralschulen). – DERS.: Y a-t-il une culture monastique? (Il monachesimo nell'alto medioevo e la formazione della civiltà occidentale (Settimana di studio IV, 8–14 apr. 1956, Spoleto), Spoleto 1957, S. 339 ff. – PENCO, G.: Storia I, S. 393 ff. – ANGENENDT, A.: Das Frühmittelalter, S. 437 ff. – PALAZZO, E.: A History of Liturgical Books from the Beginning to the Thirteenth Century, Collegeville MA 1998. – ARLT, W.: Liturgischer Gesang und gesungene Dichtung im Kloster St. Gallen, in: Das Kloster St. Gallen im Mittelalter. Die kulturelle Blüte vom 8. bis zum 12. Jahrhundert (ed. P. Ochsenbein), Darmstadt 1099, S. 137 ff. – DIVINA OFFICIA. Liturgie und Frömmigkeit im Mittelalter (ed. P. Carmassi), Wolfenbüttel 2004. – MÜLLER, ST.: Literatur und Dichtung der Benediktiner, in: MACHT DES WORTES I, S. 243 ff. – TROST, V.: Ein Kloster ohne Bücher, in: MACHT DES WORTES I, S. 251 ff. – DELL'OMO, M.: Storia, S. 112 f. – BARONE, G.: Monaci e cultura tra X e XI secolo: nuove letture per vecchie ipotesi (Monachesimi d'Oriente e d'Occidente nel Alto Medioevo, Settimana 64, 31 marzo–6 apr. 2016, Spoleto. – Atti delle Settimane LXIV, 2), Spoleto 2017, S. 1371 ff. (gut begründete These – gegen LECLERCQ, s. oben – von der Homogenität und Verschränkung der Kulturleistungen der Klöster und Kathedralschulen des 10. und 11. Jahrhunderts). – DARTMANN, CH.: Die Benediktiner, S. 200 f., 202 f., 205, 208 ff.

6. Innovationen in Architektur und bildenden Künsten

◇ HEIMBUCHER, M.: Die Orden I, S. 295 ff. – SCHMITZ, PH.: Geschichte II, S. 35 ff. – DÉCARREAUX, J.: Zivilisation, S. 350 ff. – KARL DER GROSSE. LEBENSWERK UND NACHLEBEN (ed. W. Braunfels), Bd. III: Beumann, H./Bischoff, B./Schnitzler, H./Schramm, P. E./Braunfels, W.: Karolingische Kunst (Zu Bildkünsten und Baukunst), Düsseldorf 1965, passim. – PENCO, G.: Storia I, S. 471 ff. – ANGENENDT, A.: Das Frühmittelalter, S. 410 ff., 435 ff. – SCHEDT, B.: Der St. Galler Klosterplan. Ein materialistischer Diskurs, in: MACHT DES WORTES I, S. 135 ff. – PRANGE, M.: Schätze und Schatzkunst der Benediktiner im Mittelalter, ebda., S. 291 ff. – LABUSIAK, TH.: Benediktinische Buchmalerei, ebda., S. 303 ff. – SOMMA, M. C.: I Cantieri monastici, in: Monachesimi d'Oriente e d'Occidente nell' Alto Medioevo (Settimana di Spoleto, 31 marzo–6 aprile 2016) (Atti delle Settimane LXIV, 1), Spoleto 2017, S. 589 ff. – Sennhauser, H. R.: Progetto – Disegno – Realisazione: La pianta di San Gallo e le basilica dell' abbate Gozberto (816–837), ebda., S. 667 ff. – Casartelli Novelli, S.: La riccheza iconografica e linguistica, convergente nelle ‚pagine di pietra' di ambito monastico, ebda., S. 679 ff. – Dartmann, Ch.: Die Benediktiner, S. 171 ff.

7. Bewirtschaftung ausgedehnter Grundbetriebe

◊ Schmitz, Ph.: Geschichte II, S. 13 ff. – Décarreaux, J.: Zivilisation, S. 356 ff. – Metz, W.: Die Agrarwirtschaft im karolingischen Reiche, in: Karl der Grosse. Lebenswerk und Nachleben (ed. W. Braunfels), Bd. I, Düsseldorf 1965, S. 489. – Penco, G.: Storia I, S. 367 ff. – Kuchenbuch, L.: Probleme der Rentenentwicklung in den klösterlichen Grundherrschaften des frühen Mittelalters, in: W. Lourdeaux, /E. Verhelst: Benedictin Culture 750–1050 (Medievalia Lovaniensia, sér. 1, studia XI), Löwen 1983, S. 132 ff. – Kasten, B.: Adalhard von Corbie. Die Biographie eines karolingischen Politikers und Klostervorstehers, Düsseldorf 1986, S. 121 ff. (detailierte Darstellung der Wirtschaftswirklichkeit in Corbie unter Abt Adalhard). – Angenendt, A.: Das Frühmittelalter, S. 413 ff. – Rösener, W.: Benediktinische Klosterökonomie: Agrarwirtschaft und gewerbliche Wirtschaftsformen, in: Macht des Wortes I, S. 209 ff. – Ders.: Grundherrschaft und bäuerliche Gesellschaft im Hochmittelalter, Göttingen 1995. – Kuchenbuch, L.: Potestas und utilitas. Versuch über Stand und Perspektiven der Forschung zur Grundherrschaft im 9.–13. Jahrhundert, in: HZ 265 1997, S. 117 ff. – Flechner, R.: Identifying Monks in Early Medieval Britain and Ireland: An Reflection on Legal and Economic Aspects, in: Monachesimi d'Oriente e d'Occidente nell' Alto Medioevo (Settimana di Spoleto, 31 marzo–6 aprile 2016) (Atti delle Settimane LXIV, 2), Spoleto 2017, S. 805 ff. – Feller, L.: La richesse des moines. Economie morale et économie politique au Haut Moyen Age, ebda., S. 845 ff. – Lauwers, M.: ‚opus manuum' et ‚labor agrorum'. À propos de l'organisation socio-spaciale de la production et de l'approvisionnement des monastères dans l' Occident Medieval, ebda., S. 877 ff. – Vgl. weitere Quellen und Lit. oben, zweites Kapitel, Bibliogr. 4, b: Grundbesitz (Bewirtschaftung – Verwaltung), S. 71 ff.

8. Bedeutung der Frauengemeinschaften im Kultur- und Zivilisationsprozess

◊ Hilpisch, St.: Benediktinerinnen, S. 50, 52 f., 59 f. – Schmitz, Ph.: Histoire VII (Les moniales), S. 253 ff. – Lunardi, G.: Art.: Benedettine, in: DIP I (1974), Sp. 1223 f., 1227. – Ders.: Art.: Elisabetta, di Schönau, in: DIP 3 (1976), Sp. 1110 f. – Müller, J. P.: Art.: Ildegarda di Bingen, in: DIP IV (1977), Sp. 1632. – Angenendt, A.: Das Frühmittelalter, S. 418. – Dinzelbacher, P.: Art.: Elisabeth von Schönau, in: LdM 3 (1986), Sp. 1842 f. – Bodarwé, K.: Sanctimoniales litteratae. Schriftlichkeit und Bildung in den ottonischen Frauenkommunitäten Gandersheim, Essen und Quedlinburg, Münster 2004. – Fromme Frauen – unbequeme Frauen? Weibliches Religiosentum im Mittelalter (ed. E. Klueting), Hildesheim 2006. – Fromme Frauen als gelehrte Frauen.

Bildung, Wissenschaft und Kunst im weiblichen Religiosentum des Mittelalters und der Neuzeit (ed. E. Klueting) (Öffentl. Intern. Tagung der Diözesan- und Dombibliothek Köln, 1.–4. April 2009), Köln 2010. – Schlotheuber, E.: Klostereintritt und Bildung. Die Lebenswelt der Nonne im Spätmittelalter, Tübingen 2004. – Bodarwé, K.: Der weibliche Zweig des Benediktinerordens, in: Macht des Wortes I, S. 111 ff. – Helvetius, A. M.: Le monachisme féminin en Occident de l'Antiquité tardive au haut Moyenage, in: Monachesimi d'Oriente e Occidente nell' Medioevo (Settimana, Spoleto 31 marzo–6 aprile 2016) (Atti delle Settimane LXIV), Spoleto 2017, S. 193 ff. – Zum Phänomen „Doppelkloster" vgl. oben, zweites Kapitel, Bibliogr. 4, h: Symbiotische Gemeinschaften, S. 77 ff.

Sechstes Kapitel
Kirchenweite und lokale Reformen: Vom Hochmittelalter zum Konzil von Konstanz (ca. 1200–1414/18)

1. Reforminitiativen der Päpste

a) Das IV. Laterankonzil von 1215 (Innozenz III.)

Unter den zahlreichen Reformen, die im Laufe der Jahrhunderte Gemeinschaften und Verbünde nach *RB* zum Ziel hatten, war es keiner gelungen, zu einer für alle Gemeinschaften und Verbünde einheitlichen Observanz zu finden. (Insofern kann man von diesen Erneuerungsversuchen nur als Teilreformen sprechen.) Dieses Dilemma hatte sich schon unter Benedikt von Aniane gezeigt, durch die Jahrhunderte fortgesetzt und erneut deutlichen Ausdruck im Zusammenhang mit der Reform der Zisterzienser gefunden. Denn seit deren Aufstieg zu Anfang des 12. Jahrhunderts unterschied man dezidiert zwischen den im Geiste von Cîteaux „reformierten" („weißen") Mönchen mit einheitlicher Observanz einerseits, und dem „nichtreformierten" Rest der („schwarzen" oder „alten") Mönche nach *RB*, die jeweils gemeinschaftseigenen bzw. verbandseigenen Observanzen folgten.

Initiativen, dieses Dilemma zu beseitigen, lassen sich allerdings nicht vor dem 13. Jahrhundert nachweisen. Erst als sich seit Mitte des 12. Jahrhunderts zunehmend Stagnation in den Gemeinschaften der *monachi nigri* bemerkbar machte, zudem ein wachsender Zulauf zu den Zisterziensern, aber auch anderen, für zeitgemäßer eingeschätzten reformierten Verbänden (wie Cluny [1132], den Prämonstratensern [1130/40], den Kartäusern [um 1140/55], den Vallombrosanern [1176]) einsetzte, wurde langsam das Bedürfnis nach einer Gesamtreform aller Gemeinschaften unter der *RB* drängend.

Reform aller Gemeinschaften unter der *RB* zu Anfang des 13. Jahrhunderts bedeutete allerdings zumindest, die *monachi nigri* durch Reformmaßnahmen an den Status der Zisterzienser heranzuführen. Dabei stand die Einsicht im Vordergrund, der Schlüssel zu einer grundlegenden Erneuerung der „schwarzen Mönche" könne einzig in der Ausbildung straff geführter Verbände mit Generalkapiteln und Visitationen liegen. Allein durch Schaffung solcher Strukturen war dem grundlegenden Problem erfolgreich zu begegnen, das für die Gemeinschaften unter *RB* schon immer darin bestand, dass ihnen die Regel zwar Autonomie unter ihrem

Abt garantierte, sie gleichzeitig aber der Gefahr zur Isolation ausgesetzt blieben. Dieser „Systemfehler" nun war im Umfeld der Äbteversammlungen des 9. bis 12. Jahrhunderts, die nur sporadisch zusammengekommen waren, keineswegs unbekannt. Mittlerweile aber hielt man entschiedene Konsequenzen aus diesen Einsichten für unumgänglich angesichts des Aufblühens der Zisterzienser und anderer Observanzen, die sich dieses Problems durch entsprechende Reformen entledigt hatten.

Die Reform der „schwarzen Mönche" zu Anfang des 13. Jahrhunderts ging bezeichnenderweise nicht von den Betroffenen aus; die Initiative lag vielmehr in den Händen des Papsttums und war Gegenstand des IV. Laterankonzils von 1215 unter Innozenz III. (1198–1216). Die entscheidende Reformkonstitution (*In singulis regnis sive provinciis*) findet sich in Kanon 12 des Konzils. Hierbei handelt es sich größtenteils um eine Zusammenstellung älterer Reformerlasse, die unter Innozenz bereits einige Jahre zuvor an die Klöster in der Umgebung Roms, an einige Gemeinschaften im übrigen Italien, darüber hinaus aber auch an Gemeinschaften in einigen Kirchenprovinzen Frankreichs, Dänemarks, Englands sowie an die Schottenklöster in Deutschland adressiert worden waren. Im Kern gebietet Kanon 12 zunächst allen Äbten und Prioren (soweit Letztere ohne übergeordneten Abt, also abtfrei waren) die Einführung eines *commune capitulum* innerhalb ihrer jeweiligen Herrschaftsgebiete bzw. (Kirchen-)Provinzen. Dieses (über das Konventskapitel also hinausweisende) Generalkapitel sollte – sofern man ein solches vor Ort nicht schon praktizierte – im Abstand von jeweils drei Jahren unter Wahrung aller Rechte der Ortsbischöfe stattfinden. (*In singulis regnis sive provinciis fiat de triennio in triennium, salvo iure dioecesanorum pontificum, commune capitulum abbatum atque priorum abates proprios non habentium, qui non consueverunt talem capitulum celebrare.*)

Wie die nachgestellte Präzisierung des Adressatenkreises – nämlich allein Äbte und Prioren betreffend, *qui non consueverunt talem capitulum celebrare* – erkennen lässt, waren hier nur jene Gemeinschaften der „schwarzen Benediktiner" gemeint, die noch in keiner Form ein „gemeinsames Kapitel" praktizierten, bisher also auch ohne jede Verbandsstruktur geblieben waren. Nicht gemeint waren hier also jene Großabteien, die bereits einen Verband mitsamt ihren abhängigen Prioraten gebildet hatten und in diesem Rahmen auch Generalkapitel praktizierten, ein Verbandstypus, der mit Cluny zwar den berühmtesten Vertreter stellte, sich aber auch für zahlreiche anderen Fällen belegen lässt. (So etwa für Montecassino, Molesme, St. Victor zu Marseille, Flavigny, [La] Cava dei Tirreni u. a.) Verbände dieser Art sollten folglich weiter bestehen bleiben und die Praxis ihrer eigenen Generalkapitel – parallel zu den neu geforderten – weiter pflegen. Mögliche Kompetenzprobleme zwischen solchen älteren Verbänden mit ihren gemeinsamen Kapiteln einerseits und den neu geforderten andererseits werden nicht angesprochen.

Neben der Forderung, Provinzialkapitel im Rahmen der Kirchenprovinzen einzurichten, formuliert das Dekret Details zum Ablauf dieses Generalkapitels und der Visitationen. So sollte das jeweilige (General-)Kapitel in einem geeigneten Kloster stattfinden und – dem Beispiel der Zisterzienser folgend (*iuxtam morem Cisterciensis ordinis*) – mehrere Tage dauern, damit die Beratungen in Ruhe geführt werden konnten. Den Aufwand für Reise und Repräsentation hatten die Teilnehmer in Grenzen zu halten und sich jeweils mit 6 Pferden und 8 Begleitpersonen zu begnügen. Bei Abwesenheit war eine rechtmäßige Entschuldigung gefordert. Während der Tagungsdauer sollten die Teilnehmer in Gruppen, keinesfalls aber allein logieren. Wegen der noch mangelnden Erfahrung mit solchen Versammlungen sollten anfänglich zwei Zisterzienseräbte aus der Nachbarschaft zu Rat und Hilfe herangezogen werden, die ihrerseits zwei erfahrene Äbte aus den Versammelten zu wählen und mit diesen zusammen das vierköpfige Präsidium des Kapitels zu bilden hätten. So hoffte man, zu verhindern, dass ein einzelner die Führung des Kapitels an sich reißen konnte.

Verhandlungsgegenstände des Kapitels sollten Fragen der Verbandsreform (*reformatio ordinis*) sowie der Observanz auf Grundlage der *RB* (*observatio regularis*) sein. Eine der Hauptpflichten der Versammlung bestand in der Wahl der Visitatoren, welche die einzelnen Männer- und Frauengemeinschaften gemäß den Kapitelsbeschlüssen zu visitieren, zu beraten oder gar zu reformieren hatten. Sollte es notwendig sein, einen Abt oder Prior abzusetzen, blieb dies, auf Bitten der Visitatoren hin, eine Aufgabe des jeweiligen Ortsbischofs.

Verharrte dieser in Untätigkeit, war die Angelegenheit durch die Visitatoren zur Prüfung nach Rom zu geben, wo übrigens alle Fälle zur Anzeige kommen sollten, die sich der Neuheit der Sache wegen vor Ort nicht lösen ließen. Grundsätzlich ging der Auftrag zur Reform der Gemeinschaften an die Ortsbischöfe.

Die Beschlüsse des Kapitels waren von den vier Präsidenten zu approbieren, von allen Betroffenen widerspruchslos anzuerkennen und zu befolgen. Der Gesamtaufwand für das Kapitel sollte anteilig umgelegt und zuletzt noch Zeit und Ort der nächsten Versammlung bestimmt werden. Der Kanon schließt mit der Mahnung, Visitationen und Reformaktivitäten unter Schonung des gesamten klösterlichen Umfeldes durchzuführen, d. h. ohne Beschwerung etwa der Vögte, der Eigenherren und ihren Stellvertretern, der Klosterleiter und ihrer Berater, der Großgrundbesitzer, der Ministerialenmannschaft u. a.

Verglichen mit den älteren Äbtekapiteln des 9.–12. Jahrhunderts, die nach wechselnden Kriterien zusammengesetzt, sporadisch einberufen waren und auf freiwilliger Teilnahme beruhten, bedeuteten diese neuen Provinzialkapitel (Generalkapitel in den Grenzen der Kirchenprovinzen) ohne Frage einen wichtigen Schritt hin zur Regulierung der *monachi nigri*. Dennoch ist nicht zu übersehen, dass diese Reformen mehrere Schwachstellen aufwiesen, da verschiedene Kompetenzen und Zuständigkeiten letztlich nicht geklärt waren. So hatten etwa die Präsidenten keine Mittel, die Teilnahme am Kapitel zu erzwingen; so konnten sie die Absetzung eines Gemeinschaftsleiters nicht selbst durchführen, mussten vielmehr in umständlicher Weise den Ortsbischof – eventuell gar erst Rom – einschalten. Vor allem aber blieben die Zuständigkeiten zwischen Visitatoren und Ortsbischöfen ungeklärt, was beispielsweise im Falle der exemten Gemeinschaften – die nicht erwähnt sind – zur Überschneidung der Kompetenzen führen musste. Letztlich fehlte es den Präsidenten des Kapitels wie dem Kapitel selbst an legitimer Exekutivbefugnis. Die Hypothek des Laterankonzils, soweit es die „schwarzen Mönche“ betraf, lag letztlich in dem Umstand, dass die Autonomie der Gemeinschaften mit *RB* nicht wirklich angetastet worden ist. Und auch die zahlreichen, über den 12. Kanon hinausreichenden Bemühungen dieses Papstes, ein umfassendes Ordensrecht zu schaffen – dokumentiert vornehmlich in zahlreichen seiner Briefe –, änderten letztlich an dieser Sachlage nichts.

So blieben die Initiativen Innozenz' III. letztlich von begrenztem Erfolg. Zwar finden sich in verschiedenen Kirchenprovinzen und Ländern, vornehmlich in England, lückenhaft auch in Frankreich, Italien und den Ländern deutscher Zunge bis zur Mitte des Jahrhunderts durchaus Belege für die Praxis von Generalkapiteln dieser Art; auch drängten die Nachfolgepäpste (Honorius III., 1216–1227 und Gregor IX., 1227–1241) auf Durchführung der Generalkapitel. Ersterer forderte sogar nach zisterziensischem Vorbild Versammlungen im Jahresrhythmus, Details, die hier übergangen werden; auch erweiterte und präzisierte man die Rechte der Visitatoren erheblich und verschärfte darüber hinaus sogar langsam die ursprünglichen Reformvorschriften selbst. Mit der Entscheidung aber, Vertreter schon reformierter Orden – vornehmlich Zisterzienser – als Sachverständige in die „alten“ Provinzialkapitel hereinzunehmen zur Kontrolle wie zum Antrieb gleichzeitig, war man offensichtlich an die Grenze der Reformbereitschaft gestoßen, denn eine solche Praxis wurde (verständlicherweise) von den „schwarzen Mönchen“ als Affront empfunden. Von der Mitte des 13. Jahrhunderts an, seit der Zeit Innozenz' IV. (1243–1254), lassen sich dann auch zunehmend Unwillen und sogar Widerstand gegen die Reformaktivitäten feststellen. Die Fälle von Abwesenheit bei den Generalkapiteln nahmen zu, die Anträge auf Dispens von denselben mehrten sich. Insgesamt verlor die Reform Innozenz' III. seit der Mitte des 13. Jahrhunderts an Wirkung, wenngleich die Praxis der Provinzialkapitel (im Sinne Innozenz' III.) keineswegs gänzlich verschwand.

b) Die *Benedictina* von 1336 (Benedikt XII.)

Dem Gebot Innozenz' III. zu regelmäßigen Provinzialkapiteln kam man, wie erwähnt, offensichtlich nur zögerlich nach. Und so zeigte sich die Lage der „schwarzen Mönche", sieht man von wenigen Ausnahmen ab, insgesamt auch im 14. Jahrhundert kaum gebessert. Neben einem gewissen Grad an Reformunfähigkeit bzw. Reformunwilligkeit der Gemeinschaften trugen zu diesem Zustand allerdings weitere ungünstige Zeiterscheinungen bei. So etwa die seit Innozenz IV. (1243–1254) steigende Zahl von Dispensen jeglicher Art an einzelne Klöster, darunter vornehmlich Freistellungen vom Pflichtbesuch der Generalkapitel; oder die – aufgrund ständiger Finanzprobleme der Kurie in Avignon und verstärkt seit Clemens V. (1305–1314) und Johannes XXII. (1316–1334) – bis zum Missbrauch ausgedehnte Politik mit päpstlichen Reservatrechten, worunter die Vergabe von Abts- und Klosterämter als Benefizien an Mönche fremder Orden besonderen Schaden in den Gemeinschaften anrichteten. Schädlich wirkte sich auch unter Johannes XXII. die Praxis aus, Abteien zu Bischofssitzen zu erheben – ein berühmter Fall war Montecassino –, Vorgänge, die häufig ihr Ende in der Umwandlung der Klöster zu Kanonikerstiften fanden. Der Tiefpunkt der Gemeinschaften nach *RB* im 14. Jahrhundert entsprach schließlich der allgemeinen Lage der Kirche, die unter zunehmender Verweltlichung der Kurie und unter der Konfrontation zwischen Philipp d. Schönen von Frankreich und Papst Bonifatius VIII. (1294–1303) litt, weitreichenden kirchenpolitischen Auseinandersetzungen, denen dann bekanntlich das päpstlichen Exil von Avignon (1309–1376) gefolgt war. Und doch kam der nächste Anlauf zu einer umfassenden Reform – nicht nur der Gemeinschaften nach *RB*, sondern aller Orden und teils auch der Kurie – von einem der Avignoneser Päpste: von Benedikt XII. (1334–1342), dem ehemaligen Zisterzienser Jacques Fournier.

Seit Beginn seines Pontifikats von der Idee einer Reform der Gesamtkirche getragen, nahm Benedikt zunächst die Neuordnung des Ordenswesens in Angriff und wandte sich damit einem Frömmigkeitsfeld zu, das von jeher kirchlicher Weisungsgewalt weitgehend entzogen, ihm selbst als Zisterzienser aber besonders vertraut war. Kaum ein halbes Jahr im Amte, erließ er im Sommer 1335 zunächst zwei Verlautbarungen gegen Missstände im Ordenswesen allgemein. Mit *Pastor bonus* (17. Juni 1335) wird zunächst das Herumvagieren von Mönchen, die aus ihren Gemeinschaften ausgeschlossen worden waren, untersagt, aber auch darauf gedrängt, den

Verstoßenen die Rückkehr wieder zu ermöglichen. Und mit *Regularem vitam* (4. Juli 1335) wurde der Übertritt von Bettelmönchen in die Reihen der „schwarzen Mönche" neu geordnet: ein solcher *transitus* bedurfte, um der Pfründenjagd von Bettelmönchen Einhalt zu gebieten, künftig der Zustimmung der Kurie.

Diesen Vorläufererlassen folgten noch im selben Sommer die ersten Initiativen zur großen, allgemeinen Ordensreform. Deren Gesamtrahmen lässt sich in vier unterschiedlich ausführlichen Reformbullen fassen, die an die Adresse der großen Reformgruppen gingen und deren Veröffentlichungen sich über mehrere Jahre hinzogen. Den Auftakt bildete *Fulgens sicut stella* (12. Juli 1335), die Bulle für die Zisterzienser, gefolgt von *Summi magistri dignatio* (20. Juni 1336), den Verlautbarungen für die „schwarzen Mönche". Im selben Jahr noch kam – an die Adresse der Franziskaner gerichtet – *Redemptor noster* (18. Nov. 1336) auf den Weg, gefolgt drei Jahre später schließlich von *Ad decorem Ecclesiae* (15. Mai 1339), den Reformvorschriften für die Regularkanoniker. (Der Reformversuch mit den Dominikanern scheiterte zunächst an deren entschiedenem Widerspruch.) Weitere, ebenfalls noch unter Benedikt in Angriff genommene Reformschriften kamen erst unter seinem Nachfolger Clemens VI. (1342–1352) zur Veröffentlichung.

Die Bulle an die Adresse der *monachi nigri* (*Summi magistri dignatio* [*SM*]), die hier im Focus steht – seit Trithemius meist verkürzt als „*Benedictina*" bezeichnet – schloss den Verband von Cluny mit ein und war unter Mitarbeit von sechs *doctores decretorum*, einflussreichen, kirchenjuristisch versierten Äbten großer Benediktinerabteien Mittel- und Südfrankreichs (u. a. Clunys), erarbeitet worden. Sie umfasst 39 Kapitel, die sich mit der Leitung des Ordens, dem klösterlichen Leben drinnen und draußen, ausführlich mit der Wirtschaftsführung sowie der Regelung des Studiums innerhalb wie außerhalb des Klosters (und hier dann vor allem an den Universitäten) befassen.

Allem voran gibt der Papst hier den „schwarzen Mönchen" des gesamten Abendlandes – ausdrücklich unter Ausschluss der Zisterzienser, obgleich deren Verfassung hier Pate stand – zunächst eine Einteilung in Ordensprovinzen vor, eine Maßnahme zur Schaffung einer gemeinsamen Ordensstruktur als notwendiger Voraussetzung für weitere Reformmaßnahmen. Dabei wurden – das von Innozenz III. geschaffene System der Provinzialkapitel (in den Grenzen der jeweiligen Kirchenprovinzen) differenzierend – alle Gemeinschaften der *monachi nigri* in 36 Ordensprovinzen eingeteilt, die Zisterzienser dabei ausdrücklich nochmals ausnehmend. In der Regel deckten sich diese Ordensprovinzen mit den jeweiligen Kirchenprovinzen. Lediglich kleinere Kirchenprovinzen fasste man unter einer gemeinsamen Ordensprovinz zusammen (was im Falle kleinerer

Länder mit geringer Klosterdichte – so etwa bei Irland, Norwegen, Böhmen oder Polen – zu Ordensprovinzen gleichsam „nationalen Charakters" führen konnte). Dieser Einteilung folgend zählte beispielsweise Italien 10, Frankreich 6, Spanien 4 Provinzen. Der deutsche Sprachraum umfasste die 4 Provinzen (der „schwarzen Mönche"): Mainz/Bamberg (133 Klöster), Köln/Trier (60 Klöster), Bremen/Magdeburg (15 Klöster) und Salzburg (50 Klöster). Letztlich waren damit die Reformvorstellungen Innozenz' III. präzisiert und aktualisiert.

Neben einer Einteilung in Ordensprovinzen fordert die Bulle schließlich für alle Klöster der „schwarzen Mönche" die Einführung von Provinzialkapiteln. Diese Zusammenkünfte sollten in dreijährigem Turnus stattfinden unter einem Präses mit Entscheidungsbefugnis und Kompetenz auch für die Zeiten zwischen den Kapitelsitzungen, gegen die Appellationen nicht zulässig waren. Die Kapitelssitzungen waren für alle Äbte, freie Prioren sowie die Prioren der monastischen Kathedralgemeinschaften verpflichtend. Wer an der Teilnahme verhindert war, hatte einen Vertreter zu stellen; bei unentschuldigtem Fehlen griff eine Strafe in der doppelten Höhe der Reisekosten. Verhandlungsgegenstände der Kapitel sollten die Probleme der Gemeinschaften im weiteren Sinne sein, vornehmlich aber Fragen der Ordensdisziplin, der Observanz, nicht zuletzt der Wirtschaftsführung und überhaupt der Organisation.

Außer den neu gebotenen Provinzialkapiteln sollten gleichzeitig aber auch die (meist in einjährigem Rhythmus bereits praktizierten) Kapitel größerer Abteien mitsamt ihren Prioraten – gemeint waren Verbände wie etwa Cluny, Molesme, Montecassino u. a. – weiter stattfinden und nicht als Konkurrenz gesehen werden. Zu den Kompetenzüberschneidungen, die dabei zwischen den beiden Kapitelebenen, vornehmlich im Falle exemter Gemeinschaften zu erwarten waren, verlautet allerdings nichts.

Unter der Vielzahl der Reformvorschriften der Bulle dürfen wohl – da grundlegend und langfristig die Gemeinschaften verändernd – die Anweisungen zu Aufnahme und Durchführung des Studiums bei den „schwarzen Benediktinern" zählen (*SM*, cap. 6–8). Im Rahmen einer umfassenden Studienorganisation werden dabei zunächst gemeinschaftsinterne, niedere Studien (*scientiae primitivae, grammatica, logica, philosophia*) zur Pflicht gemacht. Dazu war nach Möglichkeit ein Magister aus der eigenen Gemeinschaft abzustellen. Nötigenfalls konnte aber auch gegen Bezahlung ein Lehrer von außen herangezogen werden. Im Anschluss an diese Basisausbildung sollte – in den Gemeinschaften mit mehr als zwanzig Mitgliedern – mindestens ein Kandidat für das Generalstudium in Paris ausgewählt werden, um dort, je nach Eignung, Theologie (*sciencia theologiae*) und/oder Kirchenrecht (*sciencia iuris canonici*) zu studieren. (Dagegen blieb den Zisterziensern das Studium des Kirchenrechts noch ausdrücklich untersagt.) Schließlich finden sich ausführliche Bestimmungen über Art, Höhe und Handhabung der anfallenden Ausgaben für den Kandidaten.

Mit dieser „institutionelle(n) Verankerung der Studien in der Verfassung" der Gemeinschaften der *monachi nigri* ging Benedikt XII. über die traditionelle „Mahnung zur Ausbildung bzw. Wissenschaftspflege ... in der kirchlichen Tradition des 12./13. Jahrhunderts ... hinaus" und darf in dieser Hinsicht dann wohl als „Reformator" für die Gemeinschaften der älteren Observanz gelten (Boehm, Papst Benedikt XII., S. 291). Begründet wird die Öffnung zu den Studien mit der Notwendigkeit, Wissen zu erwerben für das Verständnis der Bibel, für Kompetenz im weltlichen Recht und den Gebrauch klarer Begriffe zur Beurteilung von moralischem Handeln. Letztlich ging es hierbei um Anpassungen an gewandelte Zeitverhältnisse: die wachsende Klerikalisierung seit dem 11. Jahrhundert und die damit geforderte Intellektualisierung des Ordens; die aufblühende Gelehrsamkeit an den Universitäten sowie die Konkurrenz der Bettelorden, die sich zum Nutzen ihrer pastoralen Verpflichtungen bereits weitgehend den Studien zugewandt hatten (Ballweg, J.: Ordensreform, S. 286f.).

Ein nicht kleines organisatorisches Problem stellten offensichtlich Promulgation, Annahme und Durchführung von *SM* dar, da man bei den „schwarzen Mönchen" – anders als im Falle der Zisterzienser – noch auf keine gemeinschaftsübergreifende Versammlungspraxis zurückgreifen konnte. (Eine solche blieb ja gerade eines der Ziele künftiger Reformen.) Soweit die Zusammenhänge bisher erschlossen sind – erst für einige Provinzen sind die Vorgänge im Detail erhellt –, scheint man im Großen und Ganzen dabei folgendes Prozedere gewählt zu haben: Der Papst ernannte für jede Ordensprovinz zwei Exekutoren (Kommissare) – meist bewährte Äbte –, die ein geeignetes Kloster als Versammlungsort bestimmen, alle Äbte und freien Prioren der Provinz dorthin einberufen, die beiden Kapitelspräsidenten wählen und schließlich in feierlichem Rahmen allen Versammelten die Bulle zu Gehör bringen sollten. Jeder Abt hatte sich für seine Gemeinschaft eine beglaubigte Abschrift der Bulle zu besorgen, diese im Klosterarchiv zu hinterlegen und dafür Sorge zu tragen, dass die Reformvorschriften innerhalb von sechs Monaten in seinem Kloster bekannt gemacht und befolgt wurden, wobei die älteren Statuten und *Consuetudines* in den Gemeinschaften jeweils an die neuen Reformvorschriften anzugleichen oder zu abolieren waren.

Schließlich bestimmte das Kapitel – eine fundamentale Neuerung im Rahmen von *SM* – zwei Visitatoren für jede Provinz mit der Verpflichtung, bis zum nächsten Kapitel, dessen Termin anschließend festgelegt wurde, alle Klöster ihrer Provinz zu visitieren. Und dies bedeutete nicht nur, die Fortschritte der Reform in den Klöstern zu begutachten, sondern darüber hinaus eine vollständige Bestandsaufnahme der Gemeinschaften (u. a. Zahl der Mönche, Einnahmen und Ausgaben) zu erstellen. Dahinter stand die Absicht der Kurie, auf Grundlage dieser Angaben künftig den Gemeinschaften die Zahl der Mönche zuweisen zu können und so „die Verteilung der Einnahmen auf die verschiedenen Ämter und Aufgabenbereiche … zu regeln" (Felten, Die Ordensreformen, S. 410). Hierbei spätestens handelte es sich dann allerdings um massive Eingriffe in die althergebrachte Autonomie der Klöster nach *RB*, was verständlicherweise den Widerstand gegen die Reform schürte.

Die Frage schließlich nach dem historischen Erfolg von *SM* erfordert eine abwägende Antwort. Allem voran bleibt zu konstatieren, dass das Papsttum selbst zunächst zögerlich agierte. Benedikt selbst modifizierte – offensichtlich nach energischem Widerspruch – bereits 1340 (mit der Bulle *Dudum pro bono*) durch Erläuterungen, Abänderungen und Strafmilderungen zentrale Bestimmungen von *SM*. Und der Nachfolger Clemens VI. hob 1342 (mit der Bulle *Sacrosancta Romana Ecclesia*) die Strafen bei Nichtbeachtung von *SM* gar auf. Von einer raschen und begeisterten Aufnahme der päpstlichen Reformvorstellungen kann also keine Rede sein. Das Echo auf die Reformforderungen kam am deutlichsten, schnellsten und flächendeckend – dies aber als Ausnahme – aus England, wo seit 1336 regelmäßige Provinzialkapitel belegt sind. In Italien findet sich auf Sizilien zwar eine bis ins 15. Jahrhundert hinein blühende Klosterlandschaft; darüber hinaus aber kam es auf dem italischen Festland lediglich zu einzelnen – wenngleich herausragenden – Verbandsbildungen (so etwa denen von Cava und Subiaco), während die Provinzialkapitel ansonsten aber auch hier kaum praktiziert wurden. In Frankreich finden sich unterschiedliche Verhältnisse in den einzelnen Provinzen. Im deutschen Sprachbereich wurde – von wenigen und sporadischen Ausnahmen abgesehen – die Praxis der Provinzialkapitel offensichtlich nicht sogleich aufgenommen. Erst acht Jahrzehnte später, im Umfeld des Konzils von Konstanz (1414–1418), griff man die Reformbulle wieder auf, und erst von da an lässt sich ihre weitere Verbreitung, partielle Rezeption und selektive Umsetzung dann auch belegen.

Das Ausbleiben der Reform im 14. Jahrhundert dürfte wesentlich in der „institutionellen Schwäche" der Gemeinschaften der *monachi nigri* zu suchen sein, denen eine straffe Verbandsorganisation fehlte und deren Äbte „effektive, klosterübergreifende Strukturen mit Satzungskontrollgewalt ablehnten" (Felten, Die Ordensreformen, S. 418 f.), ein Zustand, den Benedikt XII. wohl gekannt, aber nicht beseitigt hat. Auch bleibt im Auge zu behalten, dass die *Benedictina* von außerhalb kam, eine Reform aber niemals gelingen kann, wenn sie auf reformunwillige Äbte stößt und auf Gemeinschaften trifft, denen der innere Eifer für Erneuerungen fehlt.

Der allgemein beklagenswerte Zustand der Klöster der „schwarzen Mönche“ während des 14. Jahrhunderts hatte ohne Zweifel in der Verzögerung der Reform einen wichtigen Grund. Daneben aber bleibt für deren Tiefstand ein Bündel sogenannter „äußerer Ereignisse“ zu benennen, die heute aber eher als „verstärkende Faktoren“ (Elm, Verfall und Erneuerung, S. 188 ff.) denn als alles erklärende Ursachen gesehen werden: der Hundertjährige Krieg in Frankreich (1337/39–1453), die große Pest (1346/47–1352) und das abendländische Schisma (1378–1417). Darüber hinaus müssen für die allgemeinen Zustände in den Benediktinergemeinschaften des 14. Jahrhunderts weitere, systemimmanente Ursachen genannt werden: zunehmende königliche wie päpstliche Taxationen und Besteuerungen der Gemeinschaften; vielfältige Formen der Einmischung von Laiengewalt; der Mangel an Nachwuchs verursacht vornehmlich durch die wachsende Attraktivität von Zisterziensern und den Bettelorden; die Umwandlung großer Abteien in Bischofssitze; das Festhalten am Adelsprivileg, was vornehmlich in den Frauenkonventen zu Verweltlichung unter weitgehender Missachtung der *RB* führte; schließlich die gemeinschaftsschädigende Praxis, Abtswürde und Klosterämter in Benefizien (Pfründen) umzuwandeln, d. h., Abtswürde (als Kommende an einen Kommendatarabt) und Klosterämter als Präbenden zu vergeben. Dies alles trug schließlich dazu bei, dass die „schwarzen Benediktiner“ sich um 1400 spirituell wie kulturell an einem der deprimierendsten Tiefpunkte ihrer Geschichte befanden.

2. Neuanfänge aus der Mitte der *monachi nigri*

a) Tarragona – Saragossa (*Claustrales*)

Neben den päpstlichen Reforminitiativen, die der Gesamtheit der Klöster der „schwarzen Mönche“ galten – aber deren Gesamtzustand nicht nachhaltig verbessern konnten –, finden sich europaweit weitere bedeutende Einzelinitiativen aus der Mitte einzelner Gemeinschaften heraus, die allerdings lediglich die Reform der eigenen Gemeinschaft, bestenfalls eines kleineren Verbandes, nicht aber die Gemeinschaft aller „schwarzen Mönche“ zum Ziele hatten. Eine der ersten Reaktionen dieser Art auf die Reformforderungen des Laterankonzils von 1215 lässt sich in Spanien beobachten. Den Beschlüssen des Konzils folgend hatten hier bereits zwischen 1217 und 1219 die Gemeinschaften der „schwarzen Mönche“ der Kirchenprovinz Tarragona zunächst einen Verbund gebildet. Nach dem Anschluss auch der Provinz Saragossa (Bestätigung durch Gregor IX.) fand man dann 1233 bereits – auf Grundlage heute verlorener Statuten –

zum ersten Plenarkapitel. Die ältesten erhaltenen Statuten der Kongregation (*congregacio claustral*) stammen dann aus den Jahren 1299–1330 und zeigen Anlehnung an die Zisterzienser. Benedikt XII. bestätigte 1336 in der *Benedictina* dann auch den Zusammenschluss zur Doppelprovinz Tarragona/Saragossa; und diese Bulle – allerdings erst im Jahre 1361 vom Kapitel approbiert – blieb dann die Grundlage der Kongregation, deren Mitglieder sich später „*Claustrales*" nannten und bis zur Säkularisierung im 19. Jahrhundert existierten, wenngleich mit erheblich abnehmendem Einfluss. (Spätere Versuche, sich in die herausragende Kongregation von Valladolid zu integrieren, scheiterten.) Besonderes Gewicht innerhalb der Kongregation der *Claustrales* gewann Montserrat, ursprünglich ein Priorat von Ripoll, seit 1409 dann aber unabhängig (und seit 1492 an Valladolid angeschlossen). Weitere Versuche zur Bildung von bedeutenden Kongregationen, wie sie in der *Benedictina* gefordert waren (Compostela/Sevilla und Toledo sind hier zu nennen), gewannen auf Dauer in Spanien keinen Einfluss. Von Bedeutung blieb allein – wie unten weiter ausgeführt – die etwas später, gegen Ende des 14. Jahrhunderts gegründete Kongregation von Valladolid.

b) St. Jakob (Lüttich)

Frühe Reformaktivitäten lassen sich auch in St. Jakob zu Lüttich beobachten. Hier hatte man schon gegen Ende des 13. Jahrhunderts erste Reformen auf den Weg gebracht – 1284 bereits existierte der *Liber Ordinarius* –, die zunächst allerdings auf den Reformkonvent selbst beschränkt blieben. Erst später, durch den berühmten Reformer Johannes Rode, seit 1421 Abt von St. Maximin (Trier), erfuhr dieses Reformmuster weitere Verbreitung und wurde schließlich Vorlage für die Erneuerungen, die von diesem bedeutenden Zeitgenossen und großen Reformabt von St. Maximin ausgingen.

c) Subiaco

In Subiaco hatten sich kurz nach Mitte des 14. Jahrhunderts (um 1362) die Gemeinschaften von Sacro Speco und S. Scolastica zusammengeschlossen und eine gemeinsame Verfassung sowie einheitliche *Consuetudines* ausgearbeitet, Bemühungen, die um 1390 erfolgreich abgeschlossen waren. Bestärkt durch die Überzeugung unter den Reformern nördlich der Alpen, mit der Verfassung und den *Consuetudines* von Subiaco, dem Ort, an dem das asketische Leben Benedikts seinen Anfang genommen hatte, zugleich auch die authentische Lebensweise des großen Ordensstifters zu besitzen, gewannen diese Texte schließlich – wie unten ausgeführt – entscheidende Bedeutung für die Anfänge der Melker Reform zwischen 1415 und 1418.

d) Kastl (Anfänge)

Auch die Anfänge der Reform von Kastl datieren noch auf die Jahre vor dem Konzil von Konstanz. Doch gewann diese Reformbewegung erst im Zuge der Konzilien von Konstanz und Basel an Bedeutung. Um die Zusammenhänge nicht unnötig zu zerreißen, sind auch die Anfänge dieser Bewegung zusammen mit deren Höhepunkten im Kap. 7 (unten, S. 186ff) ausgeführt.

3. Bibliographie

1. Reforminitiativen der Päpste

a) Das IV. Laterankonzil von 1215 (Innozenz III.)

◊ (Quellen): Conc. Lateranense IV (a. 1215), Const. 12 [*In singulis regnis*], in: COD II, Bd. 2, Konzilien des Mittelalters (übers. und ed. J. Wohlmut), Paderborn 2000, S. 240f.

◊ (Literatur): Berlière, U.: Innocent III et la réorganisation des monastères bénédictins, in: Rév Ben. 32 (1920), S. 22ff., 145ff. – Ders.: Honorius III et les monastères bénédictins 1216–1227, in: Revue Belge de philologie et d'histoire 2 (1923), S. 237ff., 461ff. – Molitor, R.: I, S. 234ff. – Hilpisch, St.: Geschichte, S. 229ff. – Hourlier. J.: Le Chapitre générale jusqu'au moment du Grand Schisme. Origines – dévellopement – étude juridique (Thèse pour le doctorat), Paris 1936, S. 86ff. – Schmitz, Ph.: Geschichte III, S. 52ff.; VII (Les moniales), S. 88, 126ff. – Maccarrone, M.: Reforme e innovazioni di Innocenzo III nella vita religiosa, in: Ders.: Studi su Innocenzo III (Italia Sacra 17), Padua 1972, S. 221ff. – Ders.: Primato romano e monasteri dal principio del secolo XII ad Innocenzo III, in: Istituzioni monastiche e istituzioni canonicali in Occidente (1123–1215) (Atti della Settima intern. di studio, Mendola 28 agosto – 3 settembre 1977), Mailand 1980, S. 49ff. – Ders.: Le costituzioni del IV concilio lateranense sui religiosi, in: Ders.: Nuovi studi su Innocenzo III (Nuovi Studi Storici 25), Rom 1995, S. 1ff. – Felten, F. J.: Die Ordensreformen Benedikts XII., in: Institutionen und Geschichte (Norm und Struktur 1, ed. G. Melville), Köln 1992. S. 372ff. – Wollasch, J.: Mönchtum des Mittelalters zwischen Kirche und Welt (MMS 7), München 1973, S. 136ff. – Frank, K. S.: Art.: Benediktiner(-innen), in: TRE 5 (1979), Sp. 549ff. – P. Maier, Die Epoche der General- u. Provinzialkapitel, in: Germ. Ben. I (1999), S. 195–224. – Israel, U.: Der Papst und die Urkunde an der Wand. Innozenz III. (1198–1216) in Subiaco, in: QFIAB 84 (2004), S. 69ff. – Dell'Omo, M.: Storia, S. 259ff., 264. – Dartmann, Ch.: Die Benediktiner, S. 110ff.

b) Die *Benedictina* von 1336 (Benedikt XII.)

◊ (Quellen): Benedict XII.: *Pastor bonus* (17. Juni 1335), in: MBR, ed. Taur., Sp. 326a–328b. – Ders.: *Regularem vitam* (4. Juli 1325), ebda., Sp. 328b–329a. –

Ders.: *Fulgens sicut stella* (12. Juli 1335), ebda., Sp. 329a–345a. – Ders.: *Summi magistri* (20. Juni 1336) (*SM*), ebda., Sp. 347b–387a. – Ders.: *Redemptor noster* (18. Nov. 1336), ebda, Sp. 591a–415b. – Ders.: *Ad decorem Ecclesiae* (15. Mai 1339), ebda., Sp. 424b–459b. – Ders.: *Dudum pro bono* (1340), in: St. Baluzius: *Miscellaneorum, Liber septimus*, Paris 1715, S. 142–152. – Noch unter Benedikt XII. ausgearbeitet, aber erst a. 1343 erlassen unter dem Nachfolger Clemens VI.: *Sacrosancta Romana Ecclesia*, ebda., S. 152–157.

◊ (Literatur): Schmieder, P.: Die Benediktiner-Ordensreformen des 13. und 14. Jahrhunderts, Linz 1867. – Ders.: Zur Geschichte der Durchführung der Benedictina in Deutschland, in: SMBO 3 (1883), S. 278 ff. u. 4 (1884), S. 100 ff. – Hourlier, J.: Le chapitre générale (wie oben, sechstes Kapitel, Bibliogr. 1, a), S. 94 ff. – Molitor, R.: I, S. 239 ff. – Hilpisch, St.: Geschichte, S. 245 ff. – Schmitz, Ph.: Geschichte III, S. 71 ff.; VII (Les moniales), S. 121 ff.; Schimmelpfennig, B.: Zisterzienserideal und Kirchenreform. Benedikt XII. (1334–1342) als Reformpapst, in: Zisterzienser-Studien III (Studien zur europäischen Geschichte 13), Berlin 1979, S. 11 ff. – Boehm, L.: Papst Benedikt XII. (1334–42) als Förderer der Ordensstudien. Restaurator – Reformator – oder Deformator regularer Lebensform?, in: Secundum Regulam vivere Festschrift für N. Backmund OPraem. (ed. G. Melville), Windberg (1978), S. 281 ff.; – Elm, K.: Verfall und Erneuerung, S. 188 ff. – Felten, F. J.: Die Ordensreformen Benedikts XII. (wie oben, sechstes Kapitel, Bibliogr. 1, a), S. 369 ff.; – Ballweg, J.: Konziliare oder päpstliche Ordensreform. Benedikt XII. und die Reformdiskussion im frühen 14. Jahrhundert (Spätmittelalter und Reformation, Neue Reihe 17), Tübingen 2001, S. 227 ff. – Reformbemühungen und Observanzbemühungen im spätmittelalterlichen Ordenswesen (ed. K. Elm), Berlin 1989. – Schmidt, H.-J.: Klosterleben ohne Legitimität. Kritik und Verurteilung, in: Institutionen und Geschichte. Festschr. für G. Melville zum 65. Geburtstag (edd. F.J. Felten/A. Kehnel/St. Weinfurter), Köln 2009, S. 377 ff. – Dell'Omo, M.: Storia, S. 261 f., 264. – Dartmann, Ch.: Die Benediktiner, S. 113 ff.

2. Neuanfänge aus der Mitte der *monachi nigri*

a) Tarragona – Saragossa (*Claustrales*)

◊ (Literatur): Schmitz, Ph.: Geschichte III, S. 115 ff., 222. – Vones-Liebenstein, U.: Art.: Claustrales (Kongregation der), in: LdM 2 (1983), Sp. 2133 f. (Lit.). – Besse, M.: La congrégation bénédictine espagnol dite des „claustrales", in: Rév. Bén. (1900), S. 275 ff. – Tobella, A. M.: La congregació claustral Tarraconense i les diverses recapitulacions de les seves constitucions provincials, in: Catalonia monastica 2 (1929), S. 111 ff. – García Oro, J.: La reforma de los religiosos españioles en tiempo de los Reyes Católicos, 1969.

b) St. Jakob (Lüttich)

◊ (Literatur): Volk, P.: Der Liber ordinarius des Lütticher St. Jacobsklosters, Münster 1923, S. LXVIII. – Redlich, V.: Johann Rode von St. Matthias bei Trier, ein deutscher Reformabt des 15. Jahrhunderts, Münster 1923, S. 26 ff. – Ders.:

Art.: Rode, Johannes, in: LThK 8 (1936), Sp. 933. – Haarländer, St.: Art.: Rode Johannes, in: NDB 21 (2003), S. 691 f. – Becker, P.: Rode Johannes, von Trier OCart/OSB, in: Verfasserlexikon VIII, Sp. 128 ff. – Ders.: Benediktinische Reformbewegungen im Spätmittelalter. Ansätze, Entwicklungen, Auswirkungen, in: Kloster und Stift, Veröff. d. MPG 68 (Studien zur Germania Sacra 14), Göttingen 1980, S. 172 ff.

c) Subiaco

◊ (Literatur): Becker, P.: Benediktinische Reformbewegungen (wie oben, sechstes Kapitel, Bibliogr. 2, b), S. 172 f. – Frank, B.: Subiaco, ein Reformkonvent des späten Mittelalters, in: QFIAB 52 (1972), S. 526 ff. (ausführliche Quellen- und Literaturnachweise). – Melville, G.: Die Welt, S. 267 f. – Dartmann, Ch.: Die Benediktiner, S. 123 ff.

d) Kastl (Anfänge)

◊ (Literatur): S. unten, siebtes Kapitel, S. 218 ff.

Siebtes Kapitel Vom Konzil von Konstanz (1414–1418) bis zur Reformation

Die Bemühungen der Päpste um Ordens- und Klosterreformen im 13./14. Jahrhundert hatten – wie ausgeführt – unter den Gemeinschaften nach *RB* lediglich zu vereinzelten Reforminitiativen (Tarragona/Saragossa, St. Jakob [Lüttich], Subiaco, Kastl etwa), nicht aber zur großflächigen und grundlegenden Erneuerung aller betroffenen Gemeinschaften geführt. Die Lage der „schwarzen Mönche" im Ganzen – wie übrigens auch die manch anderer Observanzen – blieb nach wie vor spirituell, kulturell, häufig auch ökonomisch desolat, Zustände, wie sie durchaus auch die Gesamtkirche des 14. Jahrhunderts kannte. Die Universalkirche nämlich stand im Abwehrkampf gegen populäre Häresien (Wyclif, Hus) und war zudem durch ein langdauerndes Schisma zerrissen, in dessen Verlauf sich zeitweise drei Päpste um den Stuhl Petri stritten. Einen Ausweg aus dieser verworrenen Lage erwartete man schließlich nur noch von einer allerseits anerkannten, allgemeinen Kirchenversammlung mit Reformen „an Haupt und Gliedern" (*in capite et in membris*).

1. Das Konzil von Konstanz (1414–1418) und das Provinzialkapitel zu Petershausen (1417)

Das allseits ersehnte Konzil trat schließlich – nach komplizierten Vorverhandlungen der schismatischen Päpste wegen – unter maßgeblicher Vermittlung König Sigismunds am 1. Nov. 1414 in Konstanz zusammen, einberufen von Johannes XXIII. Trotz der bedrohlichen Wirrungen in weiten Teilen Europas infolge des Hundertjährigen Krieges lenkte diese Kirchenversammlung ungewöhnlich viele Menschen nach Konstanz. Man schätzt, dass die Stadt und ihre Umgebung bei etwa 6000 eigenen Einwohnern für die Zeit des Konzils mehr als 50.000 Gäste aufgenommen hatten, darunter – mitsamt ihren Entouragen etwa 33 Kardinäle, 346 Erzbischöfe, Bischöfe und Pariarchen, mehr als 2000 weltliche *doctores* und schließlich mehr als 500 Äbte und Ordensangehörige. Und unter den ständigen Konzilsteilnehmer befanden sich vermutlich mehr als 100 „schwarze Mönche" verschiedener Länder, darunter profilierte Reformvertreter aus England, Frankreich, Deutschland und Italien (so etwa: Georg Kemnater [Kastl],

Johannes Dederoth [später Bursfelde], Nikolaus Seyringer [Subiaco/Mondragone], Ludwig Barbo [S. Justina/Padua]).

Vor dem Hintergrund solch starker Präsenz der *monachi nigri* auf dem Konzil und in dessen Umfeld wie auch angesichts der anstehenden, dringlichen monastischen Reformen bleibt es zunächst allerdings erstaunlich, dass die Fragen der Ordensreformen in den zentralen Diskussionen und Verhandlungen des Konzils keinen Platz fanden. (Hier ging es zuerst um die großen Kirchenprobleme, um Schisma und Häresien.) Doch fanden sich die Konzilsväter schließlich – wohl unter dem Druck der zahlreich anwesenden „schwarzen Mönche“ – dazu bereit, am 27. Nov. 1416 ein Provinzialkapitel (der „schwarzen Mönche“) der Provinz Mainz-Bamberg in den Stadtteil Petershausen, sozusagen „unter den Augen der Kirchenversammlung“ (Zeller, S. 14), einzuberufen, wo dann die monastischen Probleme der Gemeinschaften nach *RB* von den Beteiligten verhandelt werden konnten.

Das Kapitel von Petershausen tagte vom 28. Febr. bis zum 19. März 1417, erstaunlich lange im Vergleich zur normalerweise nur dreitätigen Dauer solcher Provinzialkapitel. Ungewöhnlich war auch die Teilnehmerzahl: Von den 133 geladenen Gemeinschaften der Provinz Mainz-Bamberg – während die übrigen drei Provinzen deutscher Zunge dagegen lediglich noch 125 Gemeinschaften insgesamt zählten – waren 78 Äbte und 48 Vertreter (Prokuratoren) erschienen. In 7 Fällen lediglich – in 4 mit und in 3 ohne Entschuldigung – fehlten die eingeladenen Vertreter. Berücksichtigt man, dass außerdem vermutlich alle übrigen in Konstanz anwesenden „schwarzen Mönche“ deutscher Zunge an der Versammlung in Petershausen mit Stimmrecht teilgenommen haben, so handelte es sich ohne Zweifel um das teilnahmestärkste spätmittelalterliche Provinzialkapitel der „schwarzen Mönche“ überhaupt, gleichsam um eine Synode derselben.

Wie die Beschlüsse von Petershausen zeigen, ging es hier allerdings zunächst nicht wie zu erwarten, um Neuerungen im engeren Sinne, nicht um Fixierung von Reformsatzungen. Vielmehr verständigte man sich auf Basis der *RB* und der älteren päpstlichen Dekrete – unter besonderer Berücksichtigung der *Benedictina* – wesentlich auf Einschärfung traditioneller monastischer Pflichten. So wurden, um nur einige zentrale Beispiele zu nennen, strikt die *vita communis* in der Gemeinschaft gefordert, erneut Privateigentum, Fleischgenuss und der Gebrauch von Leinenstoffen verboten, Jagd und Waffentragen untersagt, Einheitlichkeit in Habit und Tonsur gefordert, Regelungen zur Liturgie, vornehmlich zur Messe und zum Sakramentenempfang gegeben; die Güterverwaltung wurde reguliert, auf der Trennung von Abts- und Konventsgut bestanden, geregeltes Studium im Kloster wie an Universitäten angemahnt; die konsequente Anwendung des Adelsprivilegs (*pessima consuetudo*) erfuhr eine Modifikation (vornehmlich für Gemeinschaften mit nur wenigen adeligen Mitgliedern); für die Konvente wurde die Gleichstellung der *doctores* sowie der Lizenziaten der Theologie und des Kanonischen Rechts mit den Adeligen gefordert, jährlich zweimal das Verlesen dieser Bestimmungen in der Gemeinschaft verlangt u. a. m. Auch beschloss man ein Visitationsschema mit 105 Fragen, eine Handreichung zur Erleichterung und Vereinheitlichung von Visitationspraxis und Visitationsberichten.

Die Fragen, ob das Provinzialkapitel von 1417 zu Petershausen als Erfolg zu gelten hat – sei es für die eigene, große Provinz Mainz-Bamberg (mit 133 Gemeinschaften), sei es darüber hinaus für die übrigen Provinzen der „schwarzen Mönche" deutscher Zunge (mit weiteren 125 Gemeinschaften), oder sei es gar über das Reich hinaus –, müssen differenziert beantwortet werden.

Im Ganzen ist Petershausen nicht zu überschätzen; als überragender Erfolg kann das Kapitel jedenfalls nicht gewertet werden. Die Gründe dazu waren die alten, immer gleichen oder doch ähnlichen: Zahlreiche Gemeinschaften – bekanntlich kam es in einigen gar, wie etwa in St. Gallen und Mainz, zu heftigem Widerstand – wollten nicht von ihren Bräuchen (*consuetudines*) lassen; mancher Bischof war nicht bereit, auf seine Autorität den Klöstern gegenüber zu verzichten; nicht wenige Gemeinschaften verteidigten das Adelsprivileg. Die Kompetenzen zwischen Provinzialkapitel, Ortsbischof und Landesherrn waren in vielen Fällen unklar, letztlich fehlte es an einer zentralen Autorität, die Beschlüsse durchzusetzen.

Doch ist mit diesem Fazit allein die historische Bedeutung von Petershausen nicht adäquat beschrieben. Denn trotz der benannten Mängel brachte diese Versammlung Fortschritte in mehreren Hinsichten. Zum einen war durch die schiere Teilnehmerzahl und das ungewöhnliche, konziliare Umfeld der Provinzialversammlung – die Anwesenheit zahlreicher, bedeutender Reformvertreter auf höchster, übernationaler kirchlicher wie weltlicher Ebene – die Notwendigkeit zu monastischen Reformen erneut zum Bewusstsein gebracht und aktuell zum Diskussionsgegenstand geworden, boten doch Konzil und Provinzialversammlung allen an monastischen Reformen interessierten Anwesenden eine ideale Plattform für Meinungsaustausch, Diskussionen und Information. – Zum andern war in Petershausen – zumindest für die Regionen deutscher Zunge – ein wirksames Signal gesetzt, sich künftig zur Einberufung von Provinzialkapiteln größerer Regelmäßigkeit zu befleißigen. Und so lassen sich dann für die Provinz Köln/Trier beispielsweise zwischen 1436 und 1533 etwa 33 Provinzialkapitel belegen; für die Provinz Magdeburg/Bremen zwischen 1437 und 1521 etwa 21 und für die Provinz Mainz/Bamberg zwischen 1417 und 1527 etwa 39. Die Provinz Salzburg kannte im 15. Jahrhundert zwar Visitationen, aber keine Provinzialkapitel. (Bursfelde beteiligte sich an den Kapiteln seiner Provinz, bestand aber darüber hinaus noch auf einem jährlichen, internen Kapitel der eigenen Kongregation.) – Und nicht zuletzt wirkten die Diskussionen im Umfeld von Petershausen, vor allem aber das Kapitel selbst offensichtlich als Reformschub für die noch jungen Reformen von Kastl, Fulda, S. Justina, Valladolid und geradezu als Initialzündung für die Neuanfänge von Trier, Melk und auch noch von Bursfelde (das später dann stärker von Basel beeinflusst worden ist).

2. Der Reformkreis von Kastl (seit 1390)

Als erstes bedeutendes deutsches Reformkloster des 14. Jahrhunderts trat, gleichzeitig fast mit S. Justina, die Gemeinschaft von Kastl (Oberpfalz) in Erscheinung. Der äußere Anstoß zur Reform in der wirtschaftlich soliden und spirituell vorbildlichen Gemeinschaft ging vom Vogt des Klosters aus, dem späteren Pfalzgrafen (bei Rhein) Ruprecht III. (1390–1400), seit 1400 dann deutscher König. Die Durchführung der Reform war das Werk des tatkräftigen Abtes Otto Nortweiner (1378–1399). Das Konzept der Erneuerung kannte allerdings mehrere Väter. Neben dem Abt waren beteiligt der Reformator Franziscus Bohemus – dieser hatte gegen 1390 in Subiaco die dortige Reform kennengelernt und erschien später in Kastl als Subprior – sowie Johannes von Kastl, ehemals Professor an der Universität in Prag, später Prior von Kastl und bedeutender Autor asketischer Schriften. Anregungen kamen auch von den böhmischen Klöstern Břevnow und Kladrau sowie von der Reformbewegung des Augustinerchorherrenstifts Raudnitz, die in den böhmischen-fränkisch-bayerischen Raum ausstrahlten.

Im Ausgangskloster Kastl war die Reform spätestens 1390 abgeschlossen. Die Ausbreitung der Observanz folgte in drei Perioden, wobei die *Consuetudines*, die zentralen Reformtexte, einer stetigen Veränderung unterworfen blieben. Die erste Periode umschloss die Jahre zwischen 1390 und dem Beginn des Konzils in Konstanz (1414). In dieser Phase hatte die Reform in zahlreichen Klöstern der Oberpfalz und Bayerns bereits Fuß gefasst, darunter in den später selbständigen Reformzentren Reichenbach (1393) und Füssen (St. Magnus), wo sich aus diesen Jahren unter Abt Georg Sandauer (1397–1410) die älteste Redaktion der *Consuetudines Castellenses* erhalten hat. – Die zweite Phase der Ausbreitung fiel auf die Jahre zwischen 1414 und 1449, die Zeit der Konzilien von Konstanz (1414–1418) und von Basel (1431–1449). Wesentliche Ergebnisse dieser Jahre waren zunächst die fruchtbaren Kontakte und gegenseitigen Einflüsse, die im Austausch zustande gekommen waren zwischen dem Kastler Reformkonzept – vertreten durch Abt Georg Kemnater (1399–1434) – und den Vorstellungen der beim Konzil und in dessen Umfeld zahlreich versammelten

Reformern aus anderen Gemeinschaften nach *RB*. Vornehmlich ist dabei auf die Wirkung zu verweisen, die von den Beschlüssen des berühmten Kapitels von Petershausen ausging, jener vom Konzil einberufenen Generalversammlung der Provinz Mainz-Bamberg (der „schwarzen Mönche"), die Febr./März 1417 tagte und auf der, bis auf 7 Ausnahmen, alle geladenen Vertreter der 133 Klöstern der Provinz erschienen waren. Die Wirkungen dieser Versammlung auf die Reformvorstellungen von Kastl lassen sich in jener Redaktionsstufe der *Consuetudines* finden, die Weihenstephan zugewiesen wird, welches sich 1418 der Reform angeschlossen hatte und rasch zu einem der prominenten Reformmitglieder geworden war. Auch fallen in diese Periode die regen Reformaktivitäten von Reichenbach und St. Ägidien (Nürnberg), zwei weiteren Zentren der Reform. – Die dritte Phase wurde durch die Reformdiskussion auf dem Konzil von Basel (1431–1449) eingeleitet. Das Ergebnis ist in der strukturell unveränderten, inhaltlich und formal allerdings konziseren Redaktion der *Consuetudines* von St. Gallen erhalten. – Neben diesen vollständigen Exemplaren der *Consuetudines* hat man aber bereits im 15. Jahrhundert Kurzfassungen hergestellt, die schneller zu lesen waren und folglich weitere Verbreitung fanden. (Der nach momentanem Kenntnisstand jüngste Text dieser Art entstand 1612 in Füssen.)

Versucht man, die Reforminhalte und die Eigenständigkeiten der Kastler Reform zu fassen, so lassen sich anhand der acht erhaltenen, zwischen 1397–1410 entstandenen Rezensionsstufen der *Consuetudines* über die Jahre hinweg folgende, stichwortartig formulierte Schwerpunkte erkennen: Mahnungen zu strikter Beachtung der *RB* und zur Eigenverantwortung; die Berücksichtigung der päpstlichen Reformgesetzgebung; Erneuerungen in der Liturgie (u. a. Reduzierungen der Psalmenrezitationen nach Maßgabe der päpstlichen Reformen sowie den Beschlüssen der Provinzialkapitel); die Einführung von eigenen Bezeichnungen für die Grade der höheren Feste (nach der Anzahl der erforderlichen Festkerzen); die bewusste Rückwendung zum Dekanie-System der *RB*; Gewährung von Ausnahmeregelungen für alle mit Sonderdiensten Beauftragte (wie Prediger, Lektoren, Offiziale); eine positive Einstellung zu Wissenschaft und Universitätsstudien; schließlich ein Kapitel mit Bestimmungen für die Laienbrüder (*De consuetudinibus et officiis fratrum conversorum*), ein Text, der eine völlig eigenständige Schöpfung darstellt. Im Ganzen bestätigt die Spezialforschung den Reformern von Kastl und den Redaktoren der *Consuetudines* eine beachtliche Kenntnis in den monastischen Traditionen, gepaart mit einem guten Gespür für die Auswahl des Besten daraus (Maier, P., Einleitung, S. XXXIX/XL). Allerdings hatte man bei diesen Reformen – abgesehen von allgemeinen Aufforderungen zur Erneuerung – die Frauengemeinschaften kaum im Blick.

Die Ausbreitung der Reform von Kastl hatte in den 90er Jahren des 14. Jahrhunderts dynamisch eingesetzt und durch den Reformgeist sowie die Beschlüsse von Konstanz und Basel, aber auch durch Anregungen aus deren jeweiligem Umfeld, einen weiteren Schub erhalten. Auf dem Höhepunkt ihrer Entwicklung – in der zweiten Hälfte des 15. Jahrhunderts – zählte die Reformbewegung etwa 30 Gemeinschaften nach ihrer Observanz, die sich im Großen und Ganzen auf Franken, die Oberpfalz, Nieder- und Oberbayern bis nach St. Gallen im Westen verteilten.

Um 1500 allerdings begann die Reform zu erlahmen – 1556 wurde das Mutterkloster unterdrückt –, wenngleich letzte Ausläufer bis ins 17. Jahrhundert reichten. Die Gründe für die Erschöpfung sind teilweise in der Konkurrenz zu suchen, die von den neuen Reformbewegungen von Melk, von Trier (St. Matthias) und etwas später auch von Bursfelde ausgingen. Es scheint aber auch hier wieder der zentrale Grund zum Versiegen der Reform in dem alten Dilemma benediktinischer Gemeinschaften gelegen zu haben: in der Autonomie von Gemeinschaft und Abt einerseits, aber dem Fehlen einer gemeinschaftsübergreifenden, verbindlichen Verbandsstruktur andererseits. Über die Zugehörigkeit zum Reformkreis von Kastl entschieden nämlich allein der jeweilige Abt und seine Gemeinschaft. Man konnte das Reformangebot freiwillig annehmen und konnte ebenso frei wieder auf Abstand gehen. Die Reform von Kastl kannte keine Verbandsstruktur mit Generalkapitel und Visitationen, bildete also keine Kongregation, was letztlich – wie auch in anderen Fällen – entscheidend zu einem raschen Verfall der Reformbemühungen beitrug. Mit Kastl fasst man sicher einen interessanten Reformschritt, aber keine Initiative, die die Gesamtlage der alten, „schwarzen Mönche“ im Spätmittelalter nachhaltig verändert hätte.

3. Die Reformen von Trier (Johannes Rode, † 1439) und Fulda (Arnold von Vache, † 1459)

a) Trier

Der Anstoß zur Trierer Reform ging von Erzbischof Otto von Ziegenhain (1418–1439) aus. Beeindruckt von den Reformdiskussionen im Umfeld von Konstanz, ging Otto gleich nach Amtsantritt daran, die Klöster seines Erzbistums mit Eifer der Reform zuzuführen. Zum frühen Erfolg trugen zwei Maßnahmen wesentlich bei: die Rückendeckung Roms bei der Durchführung, vor allem aber das päpstliche Einverständnis, den gelehrten Kartäuserprior Johannes Rode (1388–1439) zum Abte von St. Matthias in Trier ernennen zu dürfen, welches unter Rodes Leitung von Anfang an Zentrum und Antrieb dieser Reform wurde, später dann gestützt und getragen auch durch die Gemeinschaft von St. Maximin.

Johannes Rode hatte als Kleriker die Ausbildung in den *artes* und in Theologie, vorteilhafterweise aber auch in der Jurisprudenz in Heidelberg durchlaufen, wurde 1406 Magister, 1409 Dekan der Artistenfakultät, 1410 Bakkalaureus der Theologie und Lizenziat der Rechte. Schließlich krönte er seine gelehrte Laufbahn 1413 mit der Übernahme der Universitätsleitung zu Heidelberg. Zudem war er als Offizial mit der Leitung des Diözesangerichts im Erzbistum Trier betraut. Schon achtundfünfzigjährig, war er 1419 dann in die Kartause St. Alban (Trier) eingetreten, 1419 dort zum Prior gewählt und 1421 schließlich mit päpstlicher Dispens von Erzbischof Otto (von Trier) zum Reformabt in St. Matthias bestellt worden.

Die erste Sorge Rodes galt der Reform des eigenen Klosters (St. Matthias). Beim Versuch, die Neuerungen auch in den übrigen stadttrierischen Klöstern seiner Observanz einzuführen, traf er dann allerdings auf den energischen Widerstand von St. Maximin, eine Konfrontation, die zum langwierigen Problem wurde und erst nach zahlreichen Krisen aufgelöst werden konnte. (Als spektakuläre Eskalation in dieser Auseinandersetzung bleibt die Gefangensetzung des widerständigen Konventes durch den Erzbischof zu erwähnen, ein Gewaltakt im Namen der Reform, zu dem sich Erzbischof Otto zuvor allerdings das Privileg [zum Eingriff in einen exemten Konvent] von Papst Martin V. verschafft hatte.) Für die erfolgreichen Reformaktivtäten Rodes über die stadttrierischen Grenzen hinaus lag ein entscheidender Schritt in der Wahl von Trier, genauer von St. Maximin, als Tagungsort für das Provinzialkapitel der Provinz der „schwarzen Mönche" Trier-Köln im Jahre 1422. Hier wurden nämlich unter der Präsidentschaft Rodes die Beschlüsse von Petershausen übernommen, ausgenommen die Einschränkung des Adelsprivilegs, wogegen sich der Konvent von St. Maximin zunächst erfolgreich sträubte. Für den weitreichenden Reformerfolg Rodes waren nicht zuletzt auch seine hohen Kirchenfunktionen von Bedeutung. Das Baseler Konzil ernannte ihn 1434 zum Generalvisitator der Männer- wie der Frauenklöster der „schwarzen Mönche" in den Kirchenprovinzen Trier und Köln, 1435 auch in den Diözesen Mainz, Speyer, Worms und Straßburg. Im Rahmen dieser Kompetenzen bemühte er sich u. a. auch um die Reform in den Klöstern Hornbach (Pfalz), St. Pantaleon (Köln), St. Gallen und Reichenau sowie in der (adeligen) Frauengemeinschaft Marienburg (bei Boppard). Diese Gemeinschaft, für die er 1437 sogar eigene Statuten verfasst hatte, stieg dann in den folgenden Jahren unter der Äbtissin Isingard von Greiffenklau (1433–1469) zu einem blühenden Reformmittelpunkt des Reiches mit etwa 150 *religiosae* auf. (Zentrale Reformpunkte der Statuten waren: Verschärfte Aufnahmebedingungen, Errichtung einer strengen Klausur,

Verpflichtung zum würdigen *officium divinum* und zum Gemeinschaftsleben, Befolgen der Gelübde, vornehmlich des Armutsversprechens.) Es bleibt zu erwähnen, dass Rode schließlich auch mit zu den Begründern der Bursfelder Reform gehörte.

Die zentralen Punkte der Reform Rodes lassen sich aus seinen *Consuetudines* für St. Matthias und St. Maximin (1435) erkennen, in denen Übernahmen aus dem Brauchtum von St. Jakob in Lüttich wie von Subiaco (Melk) nachgewiesen sind. Grundsätzlich stehen die Reformansätze Rodes – ohne, dass er einzelne Reformgesichtspunkte besonders forciert hätte – in Einklang mit den Beschlüssen von Petershausen. Sein Bemühen ging allgemein auf die „Rückbindung an die Regel St. Benedikts", „auf die Rückkehr zur ursprünglichen benediktinischen Lebensform" (Becker, Ziele, S. 26). In der Frage der Liturgie suchte er gegen alle Auswüchse die Rückkehr zur „nüchternen Alltagsliturgie der Regel" unter besonderer Hervorhebung der Festtage (Becker, Ziele, S. 27). Im Verhältnis Abt/Gemeinschaft betonte er die Rolle des Leiters als Vater, Hirte, Arzt, ohne die besondere Stellung des Abtes als Prälat und Grundherr in der Gesellschaft zu vergessen. Der Kampf gegen die Vorherrschaft des Adels in St. Maximin wurde allerdings erst nach zähem Ringen, letztlich erst nach Rodes Tode erreicht. Dem zeitgenössischen Trend, wie ihn die Kartäuser und die *Devotio moderna* pflegten, nämlich den zur Routine erstarrten Chordienst durch verinnerlichtes – bis zu mystischem Erleben gesteigertes – Gebet zu ersetzen, trat Rode entgegen in der Praxis des täglichen Chorgebets mit „vorgegebenen Inhalten aus Hl. Schrift und Väterliteratur", ein Erbe vermutlich aus den Diskussionen und dem Umgang mit Nikolaus Cusanus, seinem „Gefährten in Basel" (Becker, Ziele, S. 28f).

Die Öffnung der Studien betrieb Rode intensiv, u. a. indem er Mönche an seine ehemalige Universität Heidelberg schickte. Der Erfolg dieser Bemühungen zeigte sich nicht zuletzt darin, dass sein dritter Nachfolger in St. Matthias – Johannes (IV.) Douve – einer der Mitbegründer der Universität Trier wurde. Auch lässt sich für diese Jahre ein erstaunliches Anwachsen der Handschriften und der Inkunabeln in der Bibliothek von St. Matthias nachweisen: von 440 Handschriften, die noch erhaltenen sind, werden 200 dem 15. Jahrhundert zugeschrieben.

Für Beständigkeit der Reform über die ersten Anläufe hinaus trug Rode höchste Sorge, vornehmlich durch die Aufzeichnung seiner *Consuetudines et observantiae monasteriorum Sancti Mathiae et Sancti Maximini Treverensium* aus dem Jahre 1435, die Verfassung der Reform, auf die jeder Abt des Verbandes bei Antritt seines Amtes zu schwören hatte. Nicht zuletzt hatte Rode auch die wirtschaftliche Sicherung der Reformklöster im Auge behalten. So gehörten zu den Anweisungen der Visitatoren auch die Sorge für die Bauten der Gemeinschaften, die Ordnung und Erweiterung der

Bibliotheken, die Sicherung der Archive sowie die Anlage von Inventuren zur Sicherstellung einer geordneten Wirtschaftsführung. In den Anfangsjahren seines Abbatiats hatte Rode sogar zusammen mit seinen Eltern unter Einsatz des Familienvermögens zur Sanierung von St. Matthias beigetragen (Becker, Ziele, S. 33). Bis an sein Lebensende 1439 war Rode im Auftrag des Konzils von Basel als Visitator in West- und Süddeutschland tätig. Der weitblickende Versuch seines Nachfolgers Johannes von Vorst, zu einer ersten deutschen Konföderation von Reformklöstern zu gelangen – vorgesehen war der Zusammenschluss der Trierer Gemeinschaften St. Matthias und St. Marien mit St. Pantaleon in Köln – scheiterte allerdings noch. So blieb letztlich auch die Trierer Reform wie alle bisherigen benediktinischen Reformen nur „eine Episode im Spätmittelalter" (Becker, Reformbewegung, S. 181), wobei man allerdings – weitschauender als bei Kastl und Melk – dezidiert die Frauengemeinschaften mit in den Blick genommen hatte.

b) Fulda

Zwischen 1400 und 1460 trat eine „Fuldaer Reformgruppe" ins Licht, die das Hauptkloster (SS. Salvator, Bonifatius und Petrus), 6 Nebenklöster und 8 weitere Gemeinschaften umfasste. Diese Reforminitiative hatte ihren Ausgang um 1400 im Nebenkloster Neuenberg genommen, vermutlich unter Einfluss jenes – aus dem Umfeld von Kastl bekannten – Reformmönchs Franz. Seit 1410 scheint dann auch das Hauptkloster sich der Reform angeschlossen zu haben, wenngleich Neuenberg weiter das Zentrum der Bewegung blieb. Diese frühen Initiativen des 15. Jahrhunderts bildeten dann einen fruchtbaren Boden für den Geist, der von Konstanz, Petershausen und von Basel ausging – Versammlungen, auf denen Vertreter Fuldas und seiner Nebenklöster zeitweise erheblichen Einfluss genommen haben – und Fulda dann auch zu einem Zentrum der Reform im hessisch-thüringischen Bereich werden ließ. Als führender Kopf dieser Reformgruppe erscheint seit dem Konzil von Basel (für etwa 20 Jahre) dann Arnold von Vache, der Neuenberger Probst. Auf beinahe allen Kapitelsversammlungen der Kirchenprovinz Mainz-Bamberg zwischen 1435 und 1454 spielte er eine maßgebliche Rolle, wurde fast regelmäßig als Mitvisitator bestellt und dürfte sich 1451 auf dem Höhepunkt seiner Laufbahn befunden haben, als er (mit andern) vom päpstlichen Legaten Cusanus zum Visitator aller Klöster in der Kirchenprovinz Mainz-Bamberg bestellt worden ist. Nach seinem Tod 1459 verblasste die Bedeutung Fuldas auf den Provinzkapiteln, deren Bedeutung allerdings von der Mitte des 16. Jahrhunderts an überhaupt merklich zurückging. Eine neue Zugkraft für die Reform ging nun von Bursfelde und dessen Konzept einer Verbandsbildung aus. Den Anschluss an diese attraktive Reformrichtung fand Fulda aber nicht mehr, trotz der Bemühungen des Abtes Johannes (II.) von Henneberg (1472–1513).

4. Die Kongregationen von S. Justina (Padua) und Valladolid

a) S. Justina (Padua)

Einer der einflussreichsten benediktinischen Reformanläufe des Spätmittelalters nahm seinen Ausgang von der Gemeinschaft S. Justina zu Padua. Dabei lag die Bedeutung dieser Reform nicht allein in ihrer eindrucksvollen Breitenwirkung späterer Jahre. Vielmehr handelte es sich hier um eine im Zeithorizont bemerkenswert weitblickende, radikale Verfassungsform, die bereits großes Interesse unter den Konzilsvätern von Konstanz, vornehmlich aber unter den zahlreichen im Umfeld der Kirchenversammlung weilenden Konzilsbeobachtern aus monastischem Milieu erweckt hatte.

Unter Leitung von Kommendataräbten (seit 1390) dem Ruin nahe, gelang der Gemeinschaft erst wieder unter ihrem Abt Lodovico Barbo, einem gelehrten und energischen Reformer aus Venedig, seit 1408 der Aufstieg. Trotz mühsamen Neuanfangs verzeichnete die Gemeinschaft – u. a. aufgrund ihrer Strenge und Spiritualität – schnell einen außergewöhnlichen Zulauf an Novizen, so dass Barbo bald zur Neugründung abhängiger Gemeinschaften und zur Ausarbeitung einer Verfassung schreiten konnte. Als gewichtige Stimme schon seinerzeit in den Reformdiskussionen zu Konstanz, hatte Barbo seinen Verband (*Congregatio unitatis de observantia Sanctae Justinae de Padua*) zunächst „traditionell“, d. h. nach dem Vorbild von Cluny organisiert, als Priorenverband also, der von Martin V. (1417–1431) mit der Bulle *Ineffabilis* (1. Jan. 1419) seine Approbation erhalten hatte. Den raschen Ausbau des Verbandes begleiteten mehrfache, durch Barbo initiierte und verantwortete Veränderungen der Statuten, die auf eine Kongregation hin konzipiert waren, und deren endgültige Bestätigung schließlich durch Eugen IV. (1431–1447) erfolgte. Zwei der entscheidenden Schreiben, die Gründungsdokumente der Kongregation sozusagen, datierten auf das Jahre 1432. Auf diese folgten weitere Bestätigungen und Bestimmungen in den folgenden Jahren, darunter u. a. die Verleihung einer Teil-Exemtion – 1435 folgte dann die totale Unterstellung unter den Papst –, sowie Verbote, die Klöster des Verbandes zu beschweren und Gemeinschaften im Status einer Kommende einzufügen. Fortan firmierte der Verband unter dem Namen: *Congregatio de unitate seu de observantia Sanctae Justinae de Padua*.

Die höchste Autorität der Kongregation repräsentierte das Generalkapitel, nicht der Abt des Mutterklosters S. Justina. Das Generalkapitel trat zunächst jährlich zusammen – ab 1660 alle zwei, seit 1680 alle drei

Jahre (ab 1852 gar nur noch alle sechs Jahre) – und rekrutierte sich aus den Vorstehern (Äbten/Prioren) und den Delegierten der Klöster. Das Generalkapitel ernannte das sogenannte Definitorium, seit 1432 – dem Höhepunkt der Verfassungsentwicklung – ein neunköpfiges Gremium aus zwei Äbten und sieben Mönchen.

Das Definitorium repräsentierte das Kapitel während der Sitzungsphase und ernannte seinerseits fünf bis sechs Visitatoren; aus diesen wiederum wurde dann das Haupt des Verbandes, der *praeses* bzw. *pater praesidens* gewählt und so die Institution eines zentral befugten Generalabtes (*praeses generalis*) – wie ihn die Zisterzienser oder die Bettelorden kannten – vermieden. Die Hauptaufgabe der Visitatoren, denen die Mitglieder der einzelnen Klöster noch vor ihren Oberen zu Gehorsam verpflichtet waren, lag im Wächteramt über die treue Befolgung der Statuten innerhalb der Gemeinschaften der Kongregation.

Des Weiteren ernannte das Definitorium die Vorsteher (Äbte bzw. Prioren) und Offizialen jeden Klosters. Auch kam ihm die Organisations- und Definitionshoheit in den Gemeinschaften für die Dauer des Generalkapitels zu, eine Praxis, die einigen Bestimmungen der *RB* entgegenlief und nur als Reaktion auf zeitbedingte Übelstände zu verstehen ist. Die Vollmacht der Definitoren endete allerdings mit dem Ende der Kapitelsitzung und fiel dann wieder an die Visitatoren zurück.

Eine der zentralen Neuerungen der Kongregation erscheint in der Praxis, alle Dignitäten in den Gemeinschaften, eingeschlossen das Amt des Abtes, lediglich auf Zeit (*pro tempore*) zu vergeben, genauer: nur für den Zeitraum bis zur nächsten Versammlung des Generalkapitels (allerdings mit Rechenschaftspflicht der Ausscheidenden). Da die geistliche Würde des Abtes aber auf Lebenszeit Geltung besaß, bedeutete dies: Rotation der Äbte innerhalb des Verbandes im Rhythmus der Sitzungen des Generalkapitels. So wechselten die Äbte anfänglich jährlich, später dann alle zwei, alle drei bzw. alle sechs Jahre ihre Gemeinschaft. (Dabei konnte der Fall eintreten, dass eine Gemeinschaft gleichzeitig mehrere Äbte in ihren Reihen zählte: einen Amtsinhaber und andere in Wartestellung bzw. im Ruhestand [Titularäbte].) Keine der Gemeinschaften der Kongregation besaß Vorrang vor einer anderen; eine Gemeinschaft als *caput ordinis* existierte nicht. Auch S. Justina kam ein solcher Ehrenvorrang nicht zu. In allen Gemeinschaften sollte dieselbe Observanz gelten. Doch legten alle Novizen die Profess weiterhin auf ihr Eintrittskloster, nicht auf die Kongregation, auch nicht auf S. Justina und dessen Vorsteher ab. War es notwendig, konnten die Visitatoren oder der *praeses* die Mönche jederzeit in ein anderes Kloster des Verbandes versetzen.

Mit seiner ambitionierten – von Silvestrinern, Cölestinern, den Bettelorden und vor allem den Olivetanern inspirierten – Verfassung versuchte Barbo dem Grundübel zu entgehen, an dem vornehmlich die leistungsstärkeren unter den zeitgenössischen Klöstern litten: dem Kommendenwesen. Dabei wurden Klosterämter – vornehmlich das des Abtes (Kommendatarabt) – als Benefizien an hohe und verdiente kirchliche oder öffentliche Würdenträger vergeben, die dann, häufig fernab von ihren Gemeinschaften, klosterfremden Verpflichtungen nachgingen und so – den ursprünglichen Zusammenhang zwischen Amtsverpflichtung (Leistung) und Amtsausstattung (Alimentation) missachtend – das Klosteramt lediglich als Pfründe verstanden und es in seiner Funktion pervertierten. Dieses für die Klöster ruinöse System unterlief Barbo mit seiner Verfassung erfolgreich: Durch regelmäßigen, raschen Wechsel in den Klosterämtern – mit Unterstützung eines bei Neubesetzung einvernehmlich und schnell reagierenden Generalkapitels – wurden die Klosterämter, vornehmlich das des Abtes, als einträgliche Pfründen für Außenstehende uninteressant.

Die Kongregation von S. Justina reichte nur wenig über Italien hinaus, zählte auf der Halbinsel aber die Mehrzahl der Gemeinschaften nach *RB* – um 1600 schließlich mehr als 80 – zu ihren Mitgliedern. Darunter befanden sich sogar mehrere komplette (kleinere) italische Reformverbände: der sizilische (seit 1506), der von La Cava (nachdem er durch Kommendataräbte ruiniert war), der von Cervara sowie die Vallombrosaner von S. Salvi. Montecassino wurde am 12. Jan. 1505 auf Anordnung Julius' II. inkorporiert, Subiaco 1514, Farfa 1567. – Über Italien hinaus war die Observanz von S. Justina als Vorbild bereits von jenen an Klosterreformen interessierten Kreisen in Konstanz wie an der Kurie wahrgenommen worden und hatte darüber hinaus Vorbildfunktion für weitere einflussreiche Reformkongregationen Westeuropas, darunter das französische Reformkloster Chezal-Benoît (Bm. Bourges, seit 1488 Statuten nach Vorbild von S. Justina) sowie die Kongregationen von Valladolid und Bursfelde. Seit der Inkorporation von Montecassino am 12. Jan. 1505 – damals zählte die Kongregation etwa 50 Gemeinschaften bereits – bezeichnete sich der Verband in Verneigung vor der Gemeinschaft des großen Stifters Benedikt als „Cassinensische Kongregation" (*Congregatio Casinensis*). – Im Vergleich der Reformen von Cluny und S. Justina zeigt sich bei Cluny eindeutig ein monarchisches, bei S. Justina dagegen ein demokratisches Element vorherrschend (vgl. Molitor, R., I, S. 284 u. 286).

Ein besonderes Problem stellte sich der Kongregation im Umgang mit den Frauenkonventen. Anfänglich einer Inkorporation von Frauengemeinschaften rigoros abgeneigt – das Kapitel von 1436 verteidigte diese Ablehnung ausdrücklich mit dem Schutz der Mönche vor „Unruhen und Unannehmlichkeiten" (Schmitz, VII, Les moniales, S. 127) –, war man Anfang des 16. Jahrhunderts dann bereit, auf der Basis eigens entworfener

Statuten, Frauenkonvente zu assoziieren, ein Vorgang, der allerdings der Zustimmung von ⅔ des Generalkapitels bedurfte. Die jeweils assoziierte Gemeinschaft, deren asketischer Alltag den Vorschriften folgte, die Papst Bonifatius VIII. 1298 mit *Periculoso* erlassen hatte, unterstand vollkommen dem Generalkapitel; keine Novizin wurde ohne Zustimmung des Präses und der Visitatoren zugelassen. Die Äbtissin führte ihr Amt – nicht anders als jeder Abt – auf Zeit und durfte danach vier Jahre lang kein weiteres Leitungsamt annehmen. Nach dieser Frist allerdings konnte sie ein weiteres Mal in das Amt der Äbtissin gewählt werden.

b) Valladolid

Die Klöster der „schwarzen Mönche" Spaniens befanden sich im 14. Jahrhundert ebenfalls in bedenklichem Zustand. Dem Niedergang versuchte König Johann I. von Kastilien und León 1390 im Rahmen einer allgemeinen Kirchenreform durch die Gründung eines strengen Klosters im Palast zu Valladolid (San Benito) zu begegnen. Anfangs als Priorat konzipiert, lebte die Gemeinschaft zunächst nach dem strengen Klausurreglement der Klarissen, die allerdings 1429 durch Martin V. etwas gelockert wurden. Noch im Gründungsjahr 1390 erhielt die Gemeinschaft die päpstliche Approbation aus Avignon (Clemens VII.) und entwickelte sich Anfang des 15. Jahrhunderts zur eigenen Observanz. Diese wurde seit 1436 dann auch in anderen Klöstern Spaniens übernommen und fand seit 1492 unter dem Herrscherpaar Ferdinand und Isabella Verbreitung beinahe in ganz Spanien. 1497 zur Kongregation erhoben – erste Konstitutionen sind zu 1500 durch Alexander VI. bestätigt –, übernahm man schließlich die Statuten der Cassinensischen Kongregation (S. Justina), allerdings unter Modifikation. Um 1500 hatten sich etwa 18 Gemeinschaften mit ca. 450 Mönchen der Kongregation angeschlossen, die sich allerdings – aufgrund alter politischer Gegnerschaft wohl – mehrheitlich in Kastilien, in geringerer Zahl nur in Aragon befanden. Seit 1493 hatte sich auch das katalanische Montserrat angeschlossen, das, im 15. Jahrhundert noch eine blühende Gemeinschaft, mittlerweile durch Kommendataräbte ruiniert worden und aus eigener Kraft zu keiner Erneuerung mehr fähig war. Auf dem Höhepunkt der Entwicklung dürften zum Verband von Valladolid etwa 45 Klöster – darunter seit Mitte des 15. Jahrhunderts auch Frauengemeinschaften – gezählt haben.

Einige wichtige der erwähnten Modifikationen des Verbandes gegenüber den Statuten der Cassinensischen Kongregation (ehemals S. Justina) betrafen: den Zyklus der Generalkapitel (alle 4 Jahre); die Kompetenz der einzelnen Abteien (Äbte blieben Herr ihres Klosters); die Dauer des Abbatiats (4 Jahre); den Visitationszyklus (zweijährig). Die Selbständigkeit der einzelnen Abteien blieb im Verband von Valladolid also weitgehend erhalten.

Für die Reform der Klöster, vor allem auch für eine Inkorporation der Frauenklöster, hatte sich bereits das katholischen Königspaar Isabella I. († 1504) und Ferdinand († 1516) eingesetzt. Für die Frauenklöster galten nach einem Indult Pauls III. (25. Juni 1537) weitgehend die Statuten der Männergemeinschaften; danach unterstanden die Frauengemeinschaften direkt dem Generalkapitel, nicht mehr einem Nachbarabt. Dieses ernannte einen Vikar für jede Frauengemeinschaft und einen Beichtvater, später auch die Äbtissin (nach Beratung mit Visitator und Klostergründer). Profess konnte nach 5 Jahren abgelegt werden mit Zustimmung des Generals, des Vikars und der Professinnen der Gemeinschaft.

5. Der Reformkreis von Melk (seit 1418)

Der Anstoß zur Reform von Melk kam, wie bei Kastl, von außen, diesmal von Herzog Albrecht V. von Österreich (1404–1439). Von seinen Beratern bewogen, anstelle einer neuen Memorialgründung für seine Angehörigen doch die bestehenden Klöster seines Herrschaftsbereiches nach *RB* der Reform zuzuführen, beauftragte der Herzog den Kanoniker Nikolaus von Dinkelsbühl, einen der gelehrtesten Männer seiner Zeit und damals Rektor der Universität zu Wien, mit dem Entwurf eines Reformprogramms. Der Autor empfahl in seinem 1415/16 vorgelegten *Methodus Reformationis*, auf Reformmönche aus Italien zurückzugreifen wegen der dort vorbildlichen monastischen Disziplin. Vermutlich hatte man dabei bereits eine Gruppe süddeutsch-österreichischer Mönche im Auge, die aus dem Umfeld der Universität von Wien kommend, nach Subiaco gegangen (bzw. geschickt worden) waren, um dort die vorbildlich gelebte Observanz kennen zu lernen und diese später möglicherweise dann im Kontext der Reform nach Österreich zu übertragen. Dabei verstand man unter der Observanz von Subiaco die schriftlich fixierte, 1379 zusammengeführte und für die beiden Gemeinschaften S. Speco und S. Scolastica verbindliche *consuetudo* (*Ceremoniae regularis observantia*). Diese in den Sublacenser Klöstern gelebte Reformpraxis galt den Zeitgenossen als vorbildliche, weil authentische Interpretation der *RB*, hatte doch nach alter Tradition Benedikt einst drei Jahre seines asketischen Lebens, vor der Öffentlichkeit noch verborgen, als Eremit in der Höhle von Subiaco verbracht (*Greg. I., dial. II, 1–5*; s. oben, S. 48 ff).

Als die Nachricht von der hochgeschätzten Observanz von Subiaco und von der vorbildlichen Lebensweise der deutschen Mönche dort den Konzilsvätern in Konstanz sowie den in Petershausen versammelten Reformern – nicht zuletzt durch Nikolaus Seyringer, den Kopf dieser Sublacenser Gruppe und selbst herausragender Teilnehmer des Konzils – zu Ohren gekommen war, versuchten Herzog Albrecht und Nikolaus von Dinkelsbühl sogleich, diese Gruppe deutscher Mönche zur Reform der Klöster in Österreich zu gewinnen, was ihnen auch mit römischer Zustimmung (Martin V., 28. Jan. 1418) gelang.

Die ersten Visitationen in Österreich wurden für Melk, das berühmteste Kloster des Herzogtums, anberaumt, wo die Reformer am 2. Juli 1418 eintrafen. Es handelte sich um eine Gruppe von 5, in ihrer Mehrzahl deutscher Mönchen aus Subiaco, begleitet von 2 weiteren Visitatoren. Kopf des Unternehmens war der berühmte Nikolaus Seyringer – hier gleichzeitig in der Funktion eines Visitators eingesetzt. Zu der Gruppe zählt aber auch der später im Reformkontext kaum weniger herausragende Peter von Rosenheim, seinerzeit ebenfalls Teilnehmer der Versammlung in Konstanz.

In Melk führte die Reform zunächst zur ehrenhaften Abdankung des bisherigen Abtes Johannes (III.) Fläming. Diesem wurde eine Pension zugewiesen, er verließ den Konvent und nahm seinen Aufenthalt in einer dem Kloster inkorporierten Pfarrei. Als neuen Reformabt setzten die Visitatoren Nikolaus Seyringer ein (1418–1425). Den Konventsmitgliedern wurde freigestellt, die Reform anzunehmen oder in ein anderes Kloster überzusiedeln, woraufhin der ehemalige Prior mit 9 Mönchen zur Reform übertrat. Neuer Prior wurde für einige Jahre zunächst Peter von Rosenheim (1418–1423). Gegen Ende des Jahres 1418 umfasste der Reformkonvent von Melk schon wieder 18 Mönche.

In Abt Seyringer von Melk hatte die Reform einen begnadeten Initiator gefunden: als ehemaliger Rektor der Universität Wien gelehrt und gebildet, als Visitator durchdrungen vom Reformeifer für die strenge Sublacenser Observanz, als Konzilsteilnehmer kirchenpolitisch erfahren und von hoher Wertschätzung der Zeitgenossen getragen – in Konstanz sogar als Kandidat für den Stuhl Petri im Gespräch –, fand sein Reformwerk schließlich über Melk hinaus weites Echo im österreichisch-bayerischen Raum.

Ihre Basis hatte die Reform von Melk seit 1418 in den *consuetudines* von Subiaco, jenen Gewohnheiten also, die bereits 1379 für die Gemeinschaften *S. Specus* (Gemeinschaft bei der Höhle in Subiaco) und *mon. Sublacensis* (S. Scolastica) verbindlich fixiert worden waren, nach denen Seyringer und seine Mönche in Subiaco (und später in Mondragone) gelebt und die sie nun auch mit über die Alpen gebracht hatten (*Ceremoniae regularis observantiae* ..., ed. J. F. Angerer, CCM XI, 1, 1987). Zu eigenständigen *consuetudines* haben die Reformer von Melk dagegen erst später (1460) gefunden, wovon noch die Rede sein wird.

Der Neuanfang in Melk stand anfänglich ganz „im Lichte der Observanz von Subiaco" (Angerer, Reform von Melk, S. 283), und rasch fand die Bewegung aufgrund ihres herausragenden Rufes Verbreitung über das Stammkloster und über Österreich hinaus. Nach den ersten Visitationen in den österreichischen Klöstern – so etwa in den Jahren 1418/19 in Göttweig, Wien (Schottenkloster), Seitenstetten, Kremsmünster, Lambach – erreichte die Reform bereits 1426 Bayern, vermittelt vornehmlich durch die Visitationstätigkeit des erwähnten Peter von Rosenheim, wobei Tegernsee, die Universität zu Wien (und seit 1431 auch Salzburg) sich zu zentralen, weitgehend selbständigen Schaltstellen der Reform entwickelten.

Wichtige Impulse für die Erneuerung der Klöster gingen auch vom Konzil von Basel (1431–1449) aus, u. a. durch die Tatsache, dass die hier versammelten Reformer der Gemeinschaft in Melk die Visitationen in den Diözesen Konstanz und Augsburg antrugen, was u. a. die Ausbildung von SS. Ulrich und Afra zu einem Zentrum der Reform zur Folge hatte. In Melk befolgte man, streng auch gegen sich selbst, das Reformprogramm und beantragte 1450 eine päpstliche Visitation für den eigenen Konvent, die 1451 durchgeführt worden ist. In diesem Zusammenhang – vermutlich auch als Folge der gleichzeitig durchgeführten, nicht minder die Melker Reform streng ins Visier nehmenden, reichsweiten Visitationen und Reformen des päpstlichen Legaten Nikolaus von Kues – ließ man sich in Melk die hier mittlerweile praktizierte und bereits stärker auf Melker Bedürfnisse ausgerichtete Observanz von Subiaco bestätigen. Dabei handelte sich um eine lebendige, sich wandelnde, stetig an täglicher Praxis und Erfahrung korrigierte Zwischenstufe auf dem Weg zur einer eigenen Melker *consuetudo*, zu deren endgültiger Ausarbeitung und schriftlicher Fixierung man allerdings erst zehn Jahre später, im Jahre 1460, fand (*Breviarium caeremoniarum monasterii Mellicensis*, J. F. Angerer, ed., CCM XI, 2, [1987]). Auf die Frage nach dem eigentlichen Schöpfer dieses *Breviarium* – eines Brauchtextes, der letztlich die Summe von ca. 40 Reformjahren darstellt – lässt sich eine genaue Antwort nicht finden. Unzweifelhaft aber hat man vornehmlich in Abt Seyering wie in dem gelehrten Johannes Schlitpacher (1403–1482), der im 15. Jahrhundert als Prior die Praxis in Melk entscheidend mitbestimmt hat, die geistigen Väter dieser *consuetudo* zu sehen.

Wie erwähnt fand die Reform von Melk ihre größte Verbreitung im österreichisch-fränkisch-bayerisch-schwäbischen Raum. Die Zahl der Klöster, die zu dieser Observanz gehörten, präzise anzugeben, ist allerdings nicht möglich, da es häufig an eindeutigen Kriterien der Zugehörigkeit mangelt. Alles in allem rechnet die Forschung vor diesem unsicheren Hintergrund mit ungefähr 60–100 Gemeinschaften, die in den Reformkontext von Melk einzuordnen sind.

In ihren inhaltlichen Schwerpunkten unterscheidet sich die Melker im großen Ganzen nicht von den übrigen spätmittelalterlichen Observanzen. Auch den Melker Reformern ging es um das authentische Leben nach der

RB, um strenge Askese in jeder Hinsicht, vornehmlich um eindeutigen Besitzverzicht, um Gebet, Lesung und *Opus Dei*, um Zurückgezogenheit, Handarbeit, Intensivierung des Studiums, um Erneuerung der Gebäude und – zumindest in den größeren Gemeinschaften und den Reformzentren – um die Einrichtung von Archiven, um den Ausbau der Bibliotheken. Zwischen der anfänglich (seit 1418) in Melk befolgten Sublacenser Observanz (*Caeremoniae regularis observantiae*) und dem nach mancherlei Transformationen schließlich schriftlich fixierten, eigenen Melker *Breviarium caeremoniarum* von 1460 lassen sich selbstverständlich in Details zahlreiche Weiterentwicklungen erkennen (man spricht hier vom sogenannten „Melker Eigengut"): so etwa in den Ämterkapiteln (Abt, Prior, Subprior u. a.), bezüglich der Tagesordnung, der Aufnahmegesuche, der Profess (Aufhebung des Adelsprivilegs); hinsichtlich einzelner Gruppen innerhalb der Gemeinschaft, vornehmlich der Laienbrüder, die des Lateins nicht mächtig waren. Zentrale Neuformulierungen betrafen schließlich den gesamten Bereich der Liturgie. In Spiritualität und Frömmigkeit spiegeln sich durchgehend Einflüsse der *Devotio moderna* und der Kartäuser. Zu Letzteren bestanden enge Beziehungen, nicht selten setzten die Reformer von Melk sie als Visitatoren ein. Ähnlich wie im Falle von Kastl hatten aber auch die Reformer von Melk die Frauengemeinschaften nie zentral im Blick.

Bei Ausbreitung der Reform befolgte man unterschiedliche Modi: Die Entsendung von Mönchen aus Melk als Reformäbte findet sich ebenso wie die zeitweilige Abordnung von Mönchen lediglich zum Anschieben der Reform; das Phänomen der in Melk weilenden, die Observanz studierenden und praktizierenden Gastmönche, die rückkehrend die Reform in die eigene Gemeinschaft trugen, wurde ebenso praktiziert wie die Reform durch sekundäre, aber weitgehend selbständige, Reformzentren wie Tegernsee etwa, wie SS. Ulrich und Afra (Augsburg), wie Salzburg oder das Schottenkloster in Wien. – Als bemerkenswertes und folgenreiches Charakteristikum der Melker Reform lässt sich die Strategie erkennen, die Eigentradition der Klöster zu respektieren, Altes und Neues zu verbinden, soweit es in Einklang stand mit der neuen Observanz. Die Visitatoren verfügten lediglich über die Kompetenz zum einmaligen disziplinarischen Eingriff; einen Wechsel der Observanz durften sie nicht anordnen – auch nach mehrfacher Visitation nicht –, sondern lediglich empfehlen.

Bei der Frage nach Erfolg oder Misserfolg der Reform von Melk wird man wiederum auf das bekannte, ewig junge Problem verwiesen, dass auch in dieser Observanz keine Kongregation mit zentraler Spitze, kein Generalkapitel, keine jährlichen Visitationen, kein Generalabt oder Ähnliches erstrebt worden sind. Die Zugehörigkeit zur Reform von Melk ruhte allein in dem freiwilligen Anschluss an diese Observanz. Zu einer juridischen

Verklammerung, die eine zentral geführte Organisation garantiert hätte, fand man auch hier nicht. Und auch jene, seit Mitte des Jahrhunderts aufscheinenden Versuche, mit Kastl und Bursfelde zu einer Union zu gelangen – was durchaus den Blick für zukünftige Notwendigkeiten belegt – scheiterten bekanntlich noch. So reiht sich schließlich auch die Reform von Melk, deren Ausläufer bis in die Reformation reichten – nach 1520 verlor der Reformverband zusehends an Einfluss – letztlich doch ein in die gescheiterten Versuche des Spätmittelalters, zu einer Reform der Klöster nach *RB* im Ganzen zu finden. Ein besonderes – wenngleich im monastisch-spirituellen Sinne ursprünglich ein sekundäres – Verdienst dieser Reform muss allerdings in der folgenreichen Öffnung der größeren und reicheren Gemeinschaften der Observanz für Studium und Wissenschaft gesehen werden, was schließlich zu dem Phänomen eines „christlichen Humanismus“ bzw. des „Bibel-“ oder „Klosterhumanismus“ führte.

6. Das Konzil zu Basel (1431–1449) und die Reformen der „schwarzen Mönche“

Unter dem Gesichtspunkt spätmittelalterlicher Ordensreformen von der älteren Forschung noch wenig detailliert wahrgenommen, wird dem Konzil zu Basel mittlerweile auch in diesen Zusammenhängen erhebliche Bedeutung zugesprochen. Dabei scheinen starke Impulse gerade für die Reformen der „schwarzen Mönche“ von dieser Kirchenversammlung ausgegangen zu sein.

Um die Zusammenhänge richtig zu gewichten, ist zunächst allerdings auf den durch die *monachi nigri* dominierten Hintergrund hinzuweisen, der in Basel erst die Bedingungen schuf für den Einfluss dieser monastischen Gruppe auf die Beratungen und Verhandlungen zur Ordensreform, vornehmlich wenn diese die eigene Observanz betrafen. Gemeint ist der Umstand, dass nicht wenige profilierte und engagierte Vertreter aus Gemeinschaften der „schwarzen Mönche“ zusammen mit zahlreichen Ordensbrüdern deutscher und ausländischer Provinzen – wie seinerzeit schon in Konstanz – in Basel vor Ort waren, hier die öffentliche Plattform nutzend, mitdiskutiert und mit beraten haben, bisweilen auch schon in Aktivitäten des Konzils einbezogen waren, sei es als Berater, sei es gar als Visitator, eine Praxis, die die Billigung und Förderung Kardinal Cesarinis auf ihrer Seite hatte, des für eine Reform nach *RB* stark engagierten Leiters des Konzils. So lassen sich, zu bestimmten Zeiten zumindest, einige herausragende Reformer aus den Reihen der „schwarzen Mönche“ in Basel nachweisen: Johann von Ochsenhausen (Schottenkloster in Wien), Peter von Rosenheim und Martin von Senging (Melk), Arnold von Vache (Neuburg bei Fulda), Johannes Rode (St. Maximin in Trier), Johannes Dederot (Clus/Bursfelde) u. a.

Neuere Untersuchungen legen darüber hinaus nahe, jenseits solch bemerkenswerter allgemeiner Präsenz sogar die Existenz eines ständigen Arbeitsausschusses der „schwarzen Mönche“ auf dem Konzil vorauszusetzen, der – zumindest, wenn es um Belange der Gemeinschaften nach *RB* ging – bei den Beratungen, den Beschlüssen, dem Entwerfen von Erklärungen wie der Promulgation von Abschieden tätig war. Es liegt folglich der Schluss nahe, dass es die „schwarzen Mönche“ in Basel verstanden, die Reformen ihrer Observanz weitgehend selbst zu lenken.

Für die „schwarzen Mönche“ lassen sich Aktivitäten des Konzils und des unmittelbaren Umfeldes in drei Texten vornehmlich fassen: a) in der Konzilsbulle *Inter curas innumeras* vom 27. Mai 1436; b) in den Statuten des Provinzialkapitels der Provinz Köln/Trier zu Basel vom 24. Aug. 1436 (*Quoniam*); c) in der Konzilsbulle *Inter curas multiplices* vom 20. Febr. 1439. (Die *Statuta concilii Basiliensis* [1434 oder 1436/37], die ebenfalls in die Zusammenhänge weisen, können hier als marginal übergangen werden.)

Die Texte zeigen aufgrund ihrer Genese engste Verwandtschaften. (Zur Handschriften- und Editionslage, den formalen, inhaltlichen wie konzilspolitischen Zusammenhängen der Texte vgl. Helmrath, J., Capitula, passim.) Für das auf Aug. 1436 anberaumte – genauer: vom Konzil nach Basel dirigierte – Provinzialkapitel der *monachi nigri* der Provinz Köln/Trier erarbeitete der erwähnte „Arbeitsausschuss“, zusammen mit einem Konzilsgremium vermutlich, einen provisorischen Statutenentwurf schon im Voraus. Dieser wurde dann – drei Monate vor Eröffnung des Provinzialkapitels bereits – am 27. Mai 1436 als Konzilsbulle (*Inter curas innumeras*) promulgiert und vermutlich an die Erzbischöfe und Suffragane des Reiches gesandt, um deren allgemeine Verpflichtung zur Ordensreformen in Erinnerung zu rufen. Das Provinzialkapitel vom 24. Aug. 1436 seinerseits aber übernahm dieses Statuten-Provisorium nicht einfach, be- und überarbeitete vielmehr die Vorlage (= Bulle) stark und promulgierte das Ergebnis als eigenständige Statuten (*Quoniam ex negligencia*). Diese Fassung wurde nach zusätzlichen, allerdings geringfügigen Änderungen zwei Jahre später dann, am 20. Febr. 1439 als weitere Konzilsbulle (*Inter curas multiplices*) promulgiert. Als Adressaten hatte man jetzt statt der Bischöfe des Reiches wohl die Vorstände der Gemeinschaften nach *RB* im Auge.

Der Inhaltsvergleich der Baseler Reformtexte – eine tabellarische Synopse der *capitula*-Titel mit Parallelen zu Vorläuferprogrammen findet sich bei Helmrath, J., Capitula, S. 110f. – zeigt, dass man hier grundsätzlich zunächst auf die Tradition, also auf die *Benedictina* und den Rezess von

Petershausen zurückgegriffen hat. Hier finden sich dann etwa, um nur einige markante Beispiele aus diesem gleichsam „traditionellen" Reformgut zu erwähnen: Bestimmungen zum *officium divinum*; zum täglichen Schuldkapitel; zum Umgang mit liturgischen Büchern und Geräten; zur Ordenstracht und zur Tonsur; zum Verhalten im Refektorium, bei Lektüre und im Dormitorium, zum Schweigen, zum Amt des Pförtners, zum Unterricht der Novizen, zur Veräußerung von Klosterbesitz, zur Pflicht, Inventare anzulegen; zur Nonnenklausur; zur Modifikation des Adelsmonopols u. a.

Neben solchen Rückgriffen auf traditionelle Reformpositionen führen einige *capitula* der Basler Erlasse allerdings über die *Benedictina* und über Petershausen hinaus. Es handelt sich dann um Bestimmungen zur Güterverwaltung im weiteren Sinne (die Pflicht etwa zu ausreichender Versorgung einer Gemeinschaft oder zur Absetzung unfähiger Verwalter; um Verbote, Benefizien an Verwandte zu geben und Laien mit der höheren Verwaltung von Gütern zu betrauen); daneben finden sich aber auch das Jagd- und Eigengutverbot für den Abt und überhaupt zahlreiche, von den Visitatoren einzufordernde Regulierungen (cap. 22–39 in der Zählung von *Inter curas multiplices* nach Trithemius) verweltlichter und ungeistlicher Äbte, die ihre Klöster vernachlässigten, worin man offensichtlich die Hauptursache für den ruinösen Zustand vieler Gemeinschaften der Zeit erkannte. In bescheidenem Umfang werden aber auch schon intensiver der Umgang mit Büchern und die Pflege der Bibliotheken angemahnt, erste Hinweise wohl auf das später dann deutlichere Phänomen eines „Klosterhumanismus".

Stellt man die Frage nach längerfristigen Wirkungen des Basiliense für die Reformanliegen der „schwarzen Mönche", so kann man zunächst immerhin darauf verweisen, dass die Bulle *Inter curas multiplices* auf mehreren Provinzialkapiteln bis 1447 von den „schwarzen Mönchen" regional rezipiert, in der seit 1482 angelegten Statutensammlung der Provinz Mainz/Bamberg als Standarttext geführt und Anfang des 17. Jahrhunderts auch in den Druck gelangt ist. Darüber hinaus deutet einiges darauf hin, dass auch die zeitgenössischen (regionalen) Reformverbände der „schwarzen Mönche" sichtlich Unterstützung und Stärkung allgemein durch den Geist des Konzils erfahren haben, vermittelt durch die vor Ort anwesenden Vertreter von Reformvorstellungen nach *RB*. So auch noch die Observanz von Kastl, die ihren Höhepunkt damals bereits überschritten hatte; so aber vor allem der Verband von Melk, der seiner vollen Entfaltung erst entgegenging. Und bekanntlich standen die noch jungen Reformverbände von Trier (Rode) und Bursfelde (Dederot), deren Gründer ja enge Verbindungen unterhielten, in direktem Kontakt mit der Kirchenversammlung von Basel. Und als Kardinal Louis Aleman, der damalige Präsident des

Konzils, am 11. März 1446 die Konstitutionen Bursfeldes unter Abt Dederot bestätigte, hatte schließlich der bedeutendste Reformverbund der „schwarzen Mönche" des 15. Jahrhunderts im deutschsprachigen Raum unter den Augen des Konzils seine volle Anerkennung auf Grundlage einer beispielhaften Verfassung erhalten.

Um die Bedeutung des Basiliense für die Reformen der Gemeinschaften nach *RB* andererseits nicht zu überschätzen, gilt es aber auch im Auge zu behalten, dass die Aktivitäten in Basel für die „schwarzen Mönche" allein denjenigen deutscher Zunge galten. Dagegen bleibt unklar, ob und inwieweit Basel auch die Reformen der *monachi nigri* außerhalb des Reiches, etwa in Spanien (Valladolid), Frankreich, England oder Italien gestützt hat. (So bleibt mangels detaillierter Untersuchungen leider auch die Rolle des großen italischen Reformers Lodovico Barbo [S. Justina/Padua] in Basel undeutlich, obwohl auch er unter den Teilnehmer dort weilte.)

Es verbietet sich jedenfalls, für die „schwarzen Mönche" der übrigen europäischen Regionen eine ähnliche Förderung durch das Konzil anzunehmen wie dies für die Ordensbrüder deutscher Zunge gegeben war. Denn die Rückendeckung und die Unterstützung des Konzils für die „schwarzen Mönche" in den deutschen Landschaften ruhten auf einer spezifischen Voraussetzung: der geschlossenen Parteinahme der deutschen *monachi nigri* (im sogenannten „Konziliarismusstreit") für das Konzil in Basel und gegen Papst Eugen IV. Bezeichnenderweise fanden nur einige Gemeinschaften in diesem Konflikt zu einer neutralen Position. Keines der deutschen Klöster der „schwarzen Mönche" stand in dieser Frage eindeutig auf Seiten Eugens IV.

7. Die Kongregation von Bursfelde

Als bedeutendste und mit Abstand auch dauerhafteste unter den spätmittelalterlichen Observanzen der „schwarzen Mönche" in Deutschland muss allerdings jene aus der Reform von Bursfelde (bei Göttingen) hervorgegangene gelten. Durch den Landesherrn, Herzog Otto (den Einäugigen) von Braunschweig angestoßen, stand die Reform unter der Ägide des Northeimer Mönchs und Novizenmeisters Johannes Dederoth, der unter Mithilfe des Herzogs 1430 zum Abt und Reformator in Clus und 1433 auch im benachbarten Bursfelde ernannt worden war. Dederoth gehörte zu jenen gebildeten und weitsichtigen Zeitgenossen, welche die Notwendigkeit einer grundlegenden Klosterform in ihrer Zeit erkannt hatten. Und zusammen mit den Reformern von Kastl, Melk und Trier etwa, mit Ludwig Barbo von S. Justina und Ludwig de la Palu von Tournus gehörte er zu dem Kreis führender Erneuerer, die an den Versammlungen von

Konstanz und Petershausen teilgenommen hatten, und denen auch das Konzil von Basel nun eine willkommene Plattform zum Meinungsaustausch und zur Diskussion ihrer Anliegen bot. Doch hielt es Dederoth jenseits von Reformdiskussionen für notwendig, sein Wissen über die eine oder andere Observanz durch Autopsie vor Ort zu erweitern und zu präzisieren. So unterhielt er enge und freundschaftliche Verbindungen zu den Kartäusern (weniger zur *Devotio moderna*), hatte die Verhältnisse in S. Justina anlässlich einer Italienreise studiert, die reformierten Chorherren in Windesheim und Böddeken in Augenschein genommen und den Reformkonvent St. Matthias in Trier besucht. Von dort erhielt er sogar, unterstützt und beraten von dem erfahrenen Reformabt Johannes Rode, vier Reformmönche und – später nachgesandt – auch ein Exemplar der Trierer *Consuetudines,* um den Start der Reformanfänge in Bursfelde zu erleichtern. Obwohl Rode so gleichsam zum Geburtshelfer auch dieser Reform geworden ist, machten die Trierer *Consuetudines* letztlich doch nur einen „sehr kleinen Anteil" (Becker) an denen von Bursfelde aus.

Dagegen spiegelt sich in der Bursfelder Kongregation in zentralen Punkten das Vorbild von S. Justina, ohne dass es sich dabei aber um eine schlichte Kopie gehandelt hätte. Bei Dederoths unerwartet frühem Tod – er fiel 1439 der Pest zum Opfer – waren die vier reformierten Gemeinschaften Bursfeld, Clus, Rheinhausen und St. Jakob (Mainz) bereits in einem, wenn auch losen Verband zusammengefasst, das Generalkapitel, die Ämter von Präses, Visitatoren, Definitoren u. a. eingeführt und die Observanz ganz auf Disziplin und Zucht – hier begegnet man dem Geiste der Kartäuser – ausgerichtet. Die Bestimmungen zur Abtwahl tragen allerdings deutlich die Handschrift Dederoths: Die Wahl des jeweiligen Klostervorstehers blieb, strikt nach *RB*, Pflicht und Recht des jeweiligen Konvents, sie war nicht in die Kompetenz des Generalkapitels verwiesen. Ohne weiter Einzelheiten nachzugehen, wird deutlich, dass Dederoth unterschiedliche Reformansätze seiner Zeit aufgegriffen, nach seinen Vorstellungen modifiziert und mit Weitblick – wenn auch ansatzweise erst – zu einer Bursfelder Observanz zusammengeführt hat.

Während es dem frühverstorbenen Dederoth nur noch vergönnt war, die Grundlagen einer Observanz zu schaffen, wurde sein (designierten) Nachfolger Johann Hagen († 1469) – ein ehemaliger Kanonikus aus Hildesheim mit weitläufigen Kontakten zu Fürsten, Bischöfen, Klerikern und Universitäten – der eigentliche Schöpfer und Organisator der Kongregation. Unter ihm lassen sich drei Schwerpunkte in der Entwicklung der Observanz erkennen: eine Phase sukzessiver Bestätigungen und Privilegierungen durch kirchliche Autoritäten; eine Zeit der Abfassung und Veröffentlichung der *Consuetudines* – was die endgültige innere Ordnung, also eine Verfassung der Observanz, voraussetzt – sowie schließlich eine erste, erstaunliche Ausbreitungswelle der Reform.

Die kirchlichen Bestätigungen der Observanz setzten 1436 mit der päpstlichen Anerkennung ein, gefolgt von den Bestätigungen durch das Basler Konzil – darunter 1446 die Anerkennung des Generalkapitels und der Union als solcher –, führten über die Bestätigungen durch die Erzbischöfe von Mainz (1449) – später auch von Köln (1466) sowie Magdeburg (1467) –, die nochmalige päpstliche Anerkennung durch den Kardinallegaten Cusanus im Juni 1451 und gipfelten in den Privilegierungen Pius' II.: der Verleihung der Vorrechte von S. Justina an Bursfelde (1459). Kurz darauf (1461) folgte nochmals ein Schutzversprechen zusammen mit dem Auftrag an Bursfelde und St. Jakob (Mainz) zur Reform aller deutschen Klöster der „schwarzen Mönche" (ein Auftrag, hinter dem vermutlich schon die Idee von einer Zusammenführung der drei deutschen Observanzen Kastl, Melk und Bursfelde stand).

Wie in den (Reform-) Konventen der „schwarzen Mönche" üblich, folgte man auch in Bursfelde neben der *RB* eigenen Gewohnheiten, eigenen Bräuchen. Eine frühe Fassung dieser *Consuetudines*, von denen nur Bruchstücke erhalten sind, dürfte bereits unter Abt Dederoth (vor 1458) verabschiedet worden sein. Dieser Basistext wurde, wie bei Gebrauchstexten üblich, aufgrund alltäglich neuer Erfahrung fortlaufend durch Beschlüsse des Generalkapitels verändert, mal gekürzt, mal erweitert und unterlag so fortschreitender redaktioneller Bearbeitung. Dabei erfuhr das Korpus eine Zweiteilung in den *Liber Ordinarius*, der die Liturgie betraf, und in die *Caeremonia*, die das alltägliche Gemeinschaftsleben regulierten. Schließlich wurden beide Kodizes 1474 vom Generalkapitel approbiert unter der Selbstverpflichtung, 150 Exemplare – 24 davon sind nachgewiesen – drucken zu lassen. (Eine neue, der rasanten Ausbreitung der Reform Rechnung tragende, vornehmlich durch die Sammelarbeit von Johannes Trithemius, † 1516, erweiterte, Handschrift wurde 1510 erstellt; 1700 erschien ein mit Veränderungen versehener Neudruck in Paderborn, 1764 eine letzte überarbeitete Edition in Köln; eine moderne Teiledition findet sich in: *Caeremoniae Bursfeldenses*, M. Albert, ed. CCM XIII (2002).

Die Verfassung von Bursfelde glich in ihrer zentralistischen Struktur weitgehend jener von S. Justina. Lediglich im Beharren auf *RB* 64,1–2, dem Recht und der Pflicht der Gemeinschaft zu Wahl und Einsetzung (*electio/ ordinatio*) des eigenen Vorstehers, wich Dederoth von seinem italischen Vorbild ab. Das Leitungsgremium des zentral geführten Verbandes bildete das Generalkapitel als das eigentliche Band der Observanz, das sich aus der Gesamtheit aller versammelter Klostervorsteher des Verbandes rekrutierte, anfänglich jährlich, später im Zweijahresturnus und an wechselnden Versammlungsorten für jeweils drei Tage zusammentrat. (Zwischen 1446 und 1780, dem ersten und dem letzten Generalkapitel, lassen sich 190 Versammlungen nachweisen.)

Zur Versammlung des Generalkapitels zu erscheinen, war für die Klostervorsteher Pflicht, außer man hatte einen Vertreter bestellt oder war sonst wie entschuldigt. Das Generalkapitel besaß Vollgewalt über die Klöster des Verbandes. Seine Kompetenzen erstreckten sich auf die Legislativ-, Administrativ- wie die Koerzitivgewalt in gleichem Maße, wobei die geistliche Strafgewalt über alle Stufen kirchlicher Sanktionen bis zur Exkommunikation reichte. Den Beschlüssen kam der Rang von apostolischen Konstitutionen zu, Appellationen bei Bischöfen oder in Rom waren nicht gestattet. Zu den Pflichten des Kapitels gehörten die Wahlen von zwei Mitpräsidenten, zwei Definitoren sowie zwei Kollektoren (Kapitelsekretären) aus dem Kreis der versammelten Äbte. Außerdem sollten am Ende jeden Kapitels die Visitatoren benannt werden. Verhandlungsgegenstände des Generalkapitels waren Fragen der Liturgie, der Disziplin sowie der Zustand der Klöster allgemein. Die Beschlüsse traten erst nach dreimaliger Zustimmung durch die Versammlung in Kraft.

Gleichsam konkurrierend zum Generalkapitel amtierte der Präsident, gewählt anfangs durch den Konvent von Bursfelde, durch die Mitpräsidenten, die Definitoren, Visitatoren und drei Nachbaräbte, später durch die gesamte Versammlung. In der Kompetenz des Präsidenten lagen die Einberufung des Generalkapitels, die Ernennung und Einteilung der Visitatoren sowie die Wahrnehmung aller Außenaufgaben des Verbandes für die Zeit zwischen den Sitzungen des Generalkapitels. (Seit der Reformationszeit gewannen seine Beschlüsse stetig an Autorität und erreichten gegen 1700 schließlich Ranggleichheit mit den Generalkapitelsbeschlüssen.) Neben dem Präsidenten amtierten zur Entlastung zwei, am Ende der Sitzung gewählte Mitpräsidenten. Das entscheidende Gremium nach innen stellten die beiden Visitatoren dar, welche über die zugewiesenen Klöster unbeschränktes Visitationsrechts besaßen. Sie hatten den Zustand der Gemeinschaften zu beurteilen und das Ergebnis in einer *charta visitationis* festzuhalten, die wiederum dem nächsten Generalkapitel zur Prüfung vorzulegen war. In der Praxis handelte es sich dabei allerdings um Vorgänge, die mit beträchtlichem Aufwand insgesamt verbunden waren und daher vor Ort bisweilen Widerstand hervorriefen.

Bei Durchführung der Reform bedienten sich die Bursfelder ähnlicher Muster wie die übrigen spätmittelalterlichen Observanzen auch. Man schickte aus Bursfelde oder einer anderen blühenden Reformgemeinschaft des Verbandes Mönche in jene Gemeinschaften, die selbst eine Erneuerung wünschten, oder denen durch den Landesherrn bzw. den Ortsbischof eine solche aufgetragen worden war. (Im Falle von Reichs- oder Papstklöstern kamen dann allerdings der König bzw. Rom ins Spiel.) Dem alten Konvent – sofern er sich der Reform verweigerte – kam man in der Regel mit Abfindung oder Duldung entgegen. Reformbereiche bzw. -gegenstände waren neben dem allgemeinen Zustand des Klosters vornehmlich die Praxis des Chorgebets, die Feier der gesamten Liturgie, die ökonomischen Verhältnisse, die Wirtschaftsweise, die innere Disziplin, die Sorge für den Nachwuchs und dessen Ausbildung. Die Verleihung der Privilegien des Verbandes an die jungen reformierten Gemeinschaften trug schließlich zu deren gesteigerter Sicherheit vor Außeneinflüssen bei.

Es gehörte zu den Grundsätzen der Reformer, die Neuerungen stets behutsam, im Einverständnis mit den weltlichen und geistlichen Herrschaftsträgern einzuführen, um so unnötige Konflikte zu vermeiden. Ziel der Reform war die Rückkehr zur *RB* und zu strenger Observanz. Das Mittel, dies zu erreichen, bestand im dauerhaften Anschluss der Gemeinschaften an die Union von Bursfelde, die sich als *mos unus in observanciis regularibus,* als *unum corpus et capitulum* verstand. Trotz dieser zentralistischen Tendenz respektierte man soweit möglich das historisch Gewordene, die Eigentradition der jeweiligen Gemeinschaften dem Grundsatz gemäß: *fortiter in re, suaviter in modo.*

Probleme erwuchsen der Reform aus mehreren Gründen. Zum einen durch die rasche Ausbreitung, was häufig nur noch zu einer theologisch-moralisch oberflächlichen Grundlegung führte, die sich später gegen Argumente der Reformatoren häufig als zu schwach erwies. Zum andern erwuchs, verstärkt seit der Reformationszeit, aus dem Umstand eine zentrale Schwierigkeit, dass die Mehrzahl der Gemeinschaften des Verbandes keine Exemtion besaß, also weitgehend unter der Jurisdiktion des Ordinarius stand, während sie gleichzeitig in geistlichen Dingen wie Liturgie, Seelsorge, Dispense, Ablässe u. a. vom Bischof unabhängig war. In den Anfangszeiten der Reform war dieser Zustand als nicht ideal, aber auch nicht als gravierend empfunden worden. Noch 1459 hatte Bursfelde auf das durch Pius II. gewährte Privileg der Exemtion – es war enthalten in den damals vom Papst an Bursfelde in toto übertragenen Privilegien von S. Justina – verzichtet. Überhaupt hat Bursfelde bis zur Reformation den Status der Exemtion für die Klöster seines Verbandes nicht erstrebt. Im Verlauf des 16., vornehmlich aber des 17./18. Jahrhunderts entstand dadurch ein schwerwiegendes Problem, als der Exemtion – infolge eines forcierten Ausbaus der Regional- und Landesherrschaften – durch den „fürstlichen Episkopalismus" der Kampf angesagt war, und jetzt Konflikte entstanden, wo man früher im gegenseitigen Einvernehmen agiert hatte. So wurde es nun nötig, zur Teilnahme an den Generalkapiteln der Observanz, zur Wahl des Abtes, für Visitationen u. Ä. die Zustimmung von außen einzuholen. Nur unter Mühen gelang es Bursfelde schließlich seit Mitte des 16. Jahrhunderts – u. a. über die Kölner Nuntiatur (1584), durch die Gewinnung eines Kardinalprotektors (1607) oder mit Einsetzung besoldeter Prokuratoren –,in Rom eine Stütze zu finden im Ringen mit den weltlichen und geistlichen Fürsten, den einstigen Protektoren und Mitinitiatoren der Reform.

Im Kern verstand sich die Reform als Erneuerung zentraler, innerklösterlicher Strukturen und Lebensformen. So lag ein Schwerpunkt seit Dederoths Anfängen in dem Bemühen um eine einheitliche Liturgie innerhalb des Verbandes, Anstrengungen, die sich in der wechselvollen Redaktionsgeschichte des *Liber Ordinarius* (als eines Teils der *Consuetudines*) spiegeln. Kaum geringere Mühe wurde aufgewandt, um zu konsequenter und strenger Disziplin in den Gemeinschaften zu finden, gleichgültig, ob es sich dabei um die Unterordnung unter den Klosterleiter und die übrigen innerklösterlichen Funktionsträger, um Ordnung und Form beim Chorgebet wie im Tagesablauf, um Vermeidung von Gewalt und Trunksucht, um Befolgen der Schweigegebote oder Einhaltung der *stabilitas loci* ging. Vornehmlich aber bemühten sich die Reformer – in Parallele zu den Kartäusern und wohl auch zur *Devotio moderna* – um eine neue Spiritualität, eine christuszentrierte Frömmigkeit wie um tieferes theologisches Wissen und Verstehen. Und keineswegs zuletzt schloss das Reformprogramm die Reorganisation des Besitzes, die Sanierung der Gebäude wie die Ordnung der Wirtschaftsführung – mit präziser Festlegung der Handarbeit und der Einordnung der Laienbrüder – mit ein. Denn aus Erfahrung hatte man mittlerweile die unabweisbare Überzeugung gewonnen, dass ohne geordnete Wirtschaftsverhältnisse keine Gemeinschaft vorbildlich leben könne.

Die Bursfelder Reform ließ hinsichtlich ihres Verbreitungstempos wie hinsichtlich der Anzahl der reformierten Gemeinschaften die Reformen von Kastl und Melk deutlich hinter sich. Während beim Tode Dederoths († 1439) erst eine lockere Union von 4 reformierten Gemeinschaften existierte, kam es unter dem (designierten) Nachfolger Johannes Hagen (1439–1469) sowie in den folgenden Jahrzehnten bis zur Reformation (1517) zur Ausbildung des eigentlichen Verbandes und zu einer enormen Ausbreitung der Reform, deren wichtigsten Etappen lediglich erwähnt seien: Huysburg (1444; mit dem ersten Beleg für die Existenz einer Kongregation), St. Peter in Erfurt (1449), St. Jakob in Mainz (1450); dann das Ausgreifen nach Hildesheim (1453), nach Köln und Trier (1455/58), in den süddeutschen Raum nach Hirsau und Würzburg (1458), nach Westfalen (1466), in die Niederlande (1469), ins Elsass (Weißenburg, 1482), nach Dänemark (1488), Belgien (1505) und Luxemburg (1506). Schwerpunkte der Kongregation aber blieben die nieder- und ostsächsischen Landschaften, das Gebiet zwischen Weser und Elbe. Im Süden reichte der Verband bis Bamberg, der Grenze zu den Verbreitungsgebieten der Reformen von

Kastl und Melk. Zu Beginn der Reformation befand sich der Verband (mit etwa 90 Gemeinschaften) durchaus in guter Verfassung.

Das Verhältnis der Bursfelder Reformer zu den Frauenkonventen erscheint auf den ersten Blick entschiedener als in den Fällen Kastl und Melk, denn unbestritten waren die Erneuerer hier von Anfang an bemüht, auch die Frauengemeinschaften mitzunehmen. So lassen sich zahlreiche Frauenkonvente nachweisen, die sich der Reform angeschlossen hatten. Allerdings – und hier betritt man dann trotz des grundsätzlichen Verständnisses für die Gemeinschaften der Frauen ein Feld offener Fragen – wurden diese „Anschlüsse" an die Kongregation ausschließlich durch jene Männergemeinschaften vollzogen, denen die Frauenkonvente jeweils zugeordnet waren. Auch die Bursfelder Kongregation hat die Frauenkonvente – im Gegensatz zu den Männergemeinschaften – „nie voll und offiziell inkorporiert" (Schmitz, Histoire VII, S. 105; Volk, Fünfhundert Jahre, S. 13f.). Da diese Zuordnungen in einzelnen Fällen aber gravierende Varianten aufwiesen, blieben auch die „Anschlüsse" an die Kongregation von ganz unterschiedlicher Verbindlichkeit. Sie entziehen sich so einer generellen Beschreibung und bleiben nur von Fall zu Fall zu bestimmen in einem weiten Spektrum, das von der vollen Übernahme aller Generalkapitelsbeschlüsse bis zu einer nur selektiven Auswahl derselben nach individuellen Gesichtspunkten des jeweiligen Konvents reichen konnte.

Im Generalkapitel stand den Frauenkonventen – sofern es sich um exemte Gemeinschaften mit einer Äbtissin an der Spitze handelte – je eine Stimme zu. Diese aber war auf einen Abt, Prior oder Probst der Nachbarschaft stellvertretend übertragen und wurde von ihm jeweils in der Versammlung eingebracht.

Der Anschluss an die Reformkongregation verpflichtete die Frauengemeinschaft auf die besonderen Statuten, die der Verband für seine weiblichen Konvente ausgearbeitet hatte. Diese Statuten waren jenen für die Männergemeinschaft nachgebildet, weitgehend sogar mit diesen identisch, enthielten darüber hinaus allerdings die notwendigen frauenspezifischen Vorschriften. An zentralen Forderungen erscheinen hier u. a. etwa: das Gehorsamsversprechen gegenüber dem Generalkapitel; die strikte Übernahme der Observanz, der Zeremonien und des Ritus; Leistung von Zahlungen an die Kongregation; Unterwerfung unter die regelmäßige, dreijährige Visitation; Unterstellung unter die Fürsorge eines Nachbarabtes, der u. a. den Beichtvater bestimmte und als Vermittler zwischen Konvent und Kapitel fungierte u. a. m. Das traditionelle Aufsichtsrecht der Ortsbischöfe über die nichtexemten Frauengemeinschaften ihrer Diözesen wurde häufig an die Kongregation abgetreten. Doch griffen nicht wenige Ordinarien nach Bedarf immer wieder auf ihre ehemaligen Rechte zurück.

Neben den frauenspezifischen Statuten existieren einige Generalkapitelserlasse zu den weiblichen Konventen mit Bestimmungen von struktureller Bedeutung: die Wahl der Äbtissin hatte durch die Gemeinschaft zu geschehen und galt auf Lebenszeit; bei Unfähigkeit in der Amtsführung stand dem Visitator das Recht zur Absetzung zu; die Verbindung mit der Außenwelt war durch Zwischenpersonen (*donatae* bzw. *conversae*) aufrecht zu erhalten; Enthaltsamkeit, Klausur und ein im Detail geregeltes Gemeinschaftsleben innerhalb des Konvents hatten Schwerpunkte des täglichen Lebens zu sein; Eintritts- und Professalter (12 bzw. 16 Jahre) waren vorgeschrieben; Teilnahme am Schulunterricht und an sonstiger Unterweisung waren verpflichtend (mit dem Ziel, Latein als Alltags- und Umgangssprache im Kloster zu beherrschen); jede Professe hatte eine spezielle Arbeit zu erlernen und sich ihr zu widmen. Die für die Reform der Gemeinschaften allerdings wichtigste Bestimmung blieb die Aufhebung des Adelsprivilegs für Frauengemeinschaften. Mit dem Verbot exklusiver Adelsgemeinschaften wollte man eine der wichtigsten Ursachen für Verweltlichung und geistlichen Verfall der Frauenklöster nach *RB* beseitigen: den zeitüblichen Missbrauch der Gemeinschaften als Versorgungsanstalten für adelige Töchter.

Die bisher erwähnten zahlreichen Einzelheiten entstammen vornehmlich normativen Texten. Die Frage nach der gelebten Reformwirklichkeit in den Frauenklöstern, die sich zur Kongregation bekannten, stellt den Historiker allerdings vor ganz andere Probleme. In wie vielen Gemeinschaften, in welchem Umfang und mit welcher Verbindlichkeit die Reformforderungen Praxis geworden sind, bleibt nach heutigem Forschungsstand noch offen. Obwohl seit 1457 Beschlüsse mehrerer Generalkapitel für Frauenklöster belegt sind und in den Rezessen nach dem Dreißigjährigen Krieg noch etwa 30 Frauenkonvente als der Kongregation in engerem Sinne zugehörig genannt werden – während die Zahl der als *confraternitates* locker verbundenen Gemeinschaften nicht bekannt ist – bleibt daran zu erinnern, dass trotz des grundsätzlich „frauenfreundlichen" Konzeptes der Bursfelder Reformer die Frauengemeinschaften jenen der Männer juristisch nicht gleichgestellt waren. Die Frauenkonvente waren „der Kongregation nicht im strengen Sinne uniert, sondern nur zur Betreuung übergeben (*commissae*)" (Bodarwé, Macht des Wortes, S. 111 ff.).

Während die Reformer des Spätmittelalters, die der *RB* folgten, in der Mehrzahl deutliche Nähe zu Studium und Universitäten zeigten – wie bei Kastl, Melk, Petershausen und Trier gesehen –, blieb Bursfeld, ähnlich wie S. Justina, in dieser Hinsicht zunächst merklich zurückhaltend. Der Tagesablauf der Bursfelder kannte kaum Zeiten für Studium und Wissenserwerb. Es herrschte in der Kongregation durchweg die Meinung, intellektuelle Fähigkeiten gereichten dem reformierten Mönch eher zum Schaden als zum Nutzen. Johannes Trithemius (1462–1516), der Abt von Sponheim (später, seit 1506 von St. Jakob in Würzburg), Polyhistor, ein „Humanist im Kloster“ (Müller, Habit, S. 366) und der größte Gelehrte der Observanz, der selbst zahlreiche Schriften hinterlassen, eine Bibliothek von 2000 Bänden aufgebaut hatte und mit großen Humanisten wie Celtis, Pirckheimer und Wimpfeling in Briefkontakt stand, muss folglich als große Ausnahme gelten. Es war für die Haltung des Verbandes in dieser Phase bezeichnend, dass die griechischen Kodizes aus der Bibliothek des Trithemius nach dessen Weggang von Sponheim (1506) vom Nachfolgeabt Abt verkauft worden sind mit dem Argument, sie seien auf diese Weise – d. h. als Geld – von größerem Nutzen für die Gemeinschaft. Langsam und erzwungenermaßen zeigt sich dann aber mit der Reformation diesbezüglich ein Wandel im Verband von Bursfelde. Doch erst im Jahre 1616 entschloss sich die Kongregation zur Errichtung eines Studienseminars in Köln, nicht zufällig im Umfeld des bildungsfreundlicheren rheinischen Zweiges der Kongregation. Hierhin sollte fortan, gegen Bezahlung einer festen Taxe, jeder Konvent einen Kandidaten abordnen, damit er in diesem Seminar nach den Reformvorschriften des Mutterhauses lebend, sich dem Studium (zunächst der Philosophie, dann der Theologie) an der Universität zuwenden konnte. Aber diese Konstruktion ließ sich in der Praxis infolge von Finanzierungsproblemen nicht durchsetzen, funktionierte zu keiner Zeit optimal und wurde 1740 schließlich aufgegeben. Fortan verwies man Ausbildung und Studium wieder in die Verantwortung der einzelnen Klöster, die ihre Kandidaten je nach Bedarf dann an der Landesuniversität oder in der eigenen Gemeinschaft ausbilden ließen. Doch sind die intellektuellen Leistungen der Observanz im ganzen nicht zu unterschätzen, wie zahlreiche bemerkenswerte historische und asketische Werke beweisen, die aus der Kongregation hervorgegangen sind, und wie es vornehmlich die herausragenden Gelehrten wie der erwähnte Trithemius und später auch Johannes Legipont (1698–1758), der Abt von Groß St. Martin in Köln, belegen. Dieser hatte, wenn auch vergeblich, immerhin den Versuch zur Gründung einer alle Gemeinschaften nach *RB* umfassenden Gesamtakademie versucht. Als Fazit allerdings bleibt, dass der Verband von Bursfelde ein zentrales Studium auf Dauer nicht praktiziert hat, weil die Kongregation im Ganzen nie die Offenheit und Nähe zu Studium und Wissen gefunden hat wie andere Observanzen des Spätmittelalters oder auch nur die rheinischen Klöster des eigenen Verbandes.

8. Die deutsche Legation des Nikolaus von Kues (1451/52)

Der letzte spätmittelalterliche Anlauf zu einer Ordensreform, die auch die „schwarzen Mönche“ betraf, fand sich eingebettet in die deutsche Legation des Nikolaus von Kues in den Jahren 1451/52. Mit dieser Legation (1451/52) des Cusanus verfolgte Rom ein doppeltes Ziel. Zum einen wollte man den Ablass des (bereits verstrichenen) Jubiläumsjahres 1450 nachträglich auch jenen Gläubigen nördlich der Alpen noch zukommen lassen, die während des Jubeljahrs verhindert waren, sich die Gnadengaben wie üblich im Rahmen einer Pilgerfahrt nach Rom zu erwerben. Zum andern war es Absicht der Kurie und ihres Legaten, eine Kirchenreform in die Wege zu leiten, um den deutschen Episkopat, der sich infolge der hussitischen Wirren und des Schismas, das um Basel entstandenen war, von Rom entfernt hatte, wieder stärker – gewissermaßen umworben mit dem Geschenk der Ablassgnaden – an die Universalkirche zu binden. Dabei schloss der Auftrag zur Kirchenreform – wie aus der Legationsbulle (24. Dez. 1450) hervorgeht – auch die Reform der Klostergemeinschaften beiderlei Geschlechts, aller Observanzen und jedweden Rechtsstatus’ mit ein. (Betroffen waren also exemte wie nichtexemte Gemeinschaften.) Der Legat besaß also die Kompetenz, die Gemeinschaften in allen Belangen mit Jurisdiktionssgewalt zu visitieren bis hin zur Absetzung der Gemeinschaftsleitung, sofern notwendig.

Nikolaus von Kues war von Papst Nikolaus V. zwischen 24. und 25. Dez. 1450 in Rom zum apostolischen Legaten (*legatus a latere nostro*) für die Landschaften deutscher Zunge und die angrenzenden Gebiete (*ad Alemaniam, Bohemiam et illis vicinas partes*) ernannt worden. Die Legation selbst – mit Blick auf ihre Höhepunkte eine Serie von Provinzial- und Diözesansynoden, die der Legat präsidierte – führte, um nur die wichtigsten Aufenthalte zu erwähnen: von Rom über Treviso nach Salzburg, von dort nach Wien, Passau, München, Freising, Regensburg, Eichstätt, Nürnberg, Bamberg, Würzburg, Erfurt, Magdeburg, Halberstadt, Hildesheim, Minden, Deventer, Windesheim, Zwolle, Utrecht, Arnheim, Maastricht, Lüttich, Malmedy, Trier, Mainz, Köln, Aachen, Löwen, Brüssel, Köln, Koblenz, Frankfurt, Heilbronn, München, von hier erstmals zum eigenen Bischofssitz Brixen und schließlich nach Rom, wo das Unternehmen seinen Ausgang genommen hatte. Die ersten Reformmaßnahmen sind zum 18. Jan. 1451 zu Treviso belegt, die letzten im März 1452 zu Brixen. Offiziell beendet war der Auftrag erst mit der Rückkehr des Legaten an die Kurie (5. März 1452).

Zur Durchführung der Reformen bediente sich Cusanus sogenannter „Reformdekrete“, teils standardisierter, meist aber vor Ort im Rahmen von Provinzial- und Diözesansynoden formulierter Reformtexte, welche den

Adressaten und den Geltungsbereich (Kirchenprovinz, Bistum, Bischof, Ordensprovinz) fixierten, die vor Ort anstehenden Probleme erörterten, die spezifischen, notwendigen Reformen anmahnten und schließlich in Abschriften vor Ort hinterlegt bzw. den Betroffenen zugestellt worden sind.

Unter den 14, im Zusammenhang mit der Legation bekannten und die verschiedenen Schwerpunkte der Reform aufgreifenden Dekreten betreffen Nr. 8 und Nr. 9 (nach herkömmlicher Zählung) ausschließlich die Ordensreformen. Dabei fordert Dekret Nr. 8 (*Quoniam sanctissimus*) in cumulo von den Professen aller Orden (ohne Einzelnennung) der jeweils angesprochenen Kirchenprovinzen bzw. Diözesen binnen Jahresfrist – bei Verlust aller Ämter, Rechte und Funktionen im Falle der Widersetzlichkeit – die strikte Befolgung der jeweiligen (Ordens-)Regel sowie Erfüllung aller sich daraus ergebenden Anforderungen. Im Verlauf der Legation wurde Dekret Nr. 8 zwölfmal verkündet, eine Veröffentlichungsquote, die keines der anderen Dekrete der Legation erreichte und die den Stellenwert der Ordensreform im Rahmen der Legation unterstreicht. Diese Veröffentlichungen waren an Kirchenprovinzen, Erzdiözesen und Diözesen und deren Orden ohne Einzelnennung adressiert. Unter den Adressaten der 12 feierlichen Verkündigungen finden sich u. a. die Kirchenprovinzen Salzburg, Mainz (Bamberg), Magdeburg (mit Bremen), Köln und Trier sowie weitere Erzbistümer und Bistümer.

(Darüber hinaus war allerdings eine Verkündigung des Dekrets Nr. 8 [ergangen am 24. Mai 1452, während des Provinzialkapitels der „schwarzen Mönche“ zu Würzburg] nicht pauschal an alle monastischen Gemeinschaften, sondern ausschließlich an die Gemeinschaften nach *RB* der Kirchenprovinz Mainz adressiert, was weiter unten zu erörtern ist.)

Reformdekret Nr. 9 (*Quoniam multorum*) betraf ausschließlich die Frauengemeinschaften und fordert, bis in Details ausformuliert, strenge Klausurvorschriften unter Androhung von Exkommunikation bei Zuwiderhandlung. Für dieses Dekret sind lediglich drei Publikationen im Verlauf der Legation nachgewiesen, was vermutlich auf dessen geringere, eher lokale Bedeutung schließen lässt.

Die Ordensreform als eines der Legationsziele umfasste – wie bereits erwähnt – die Erneuerung der gesamten deutschsprachigen Ordenslandschaft mit allen Observanzen sofern notwendig. Folglich meinten die Weisungen und Anordnungen des Legaten, auch wenn sie in cumulo, ordens- und observanzübergreifend an die Gesamtheit der monastischen Gemeinschaften einzelner Kirchenprovinzen oder Diözesen adressiert waren, immer auch die „schwarzen Mönche“ dieser Kirchenbezirke mit. Unbestritten solcher ordens- und obersvanzübergreifender Reformappelle, die unterschiedslos stets die Gemeinschaften nach *RB* mit einbezogen, finden sich allerdings des Weiteren Hinweise auf einen offensichtlich besonderen Stellenwert, der den Söhnen Benedikts im Zusammenhang der Gesamtreform zukam.

Deutlichere Spuren für eine verstärkte Einbeziehung der Söhne Benedikts durch den Legaten zeigten sich bereits im Kontext des Provinzialkapitels vom 24. Mai 1451 zu Würzburg. Hier wurde, wie oben erwähnt, unter Vorsitz des Cusanus die Veröffentlichung des Dekrets *Quoniam sanctissimus* (Nr. 8) ausschließlich an die „schwarzen Mönche" der Provinz Mainz adressiert und nicht pauschal an alle Orden dieses Kirchenbezirks, ein Ereignis, bei dem sich außerdem gleichzeitig 38 Äbte und 8 Prokuratoren der „schwarzen Mönche" vor Ort zur Reform ihrer Gemeinschaften binnen Jahresfrist öffentlich verpflichtet hatten, was Cusanus den Mönchen und Nonnen der Provinz als nachahmenswertes Beispiel empfahl. Diese Vorgänge in Würzburg sind nun kaum anders zu verstehen denn als Zeichen für die besondere Rolle der Gemeinschaften nach *RB* im Rahmen der Ordensreform. Vor dem Hintergrund nämlich, dass zur Provinz Mainz/Bamberg der „schwarzen Mönche" über 130 Gemeinschaften zählten – gegenüber lediglich etwa 125 in allen übrigen deutschen Provinzen zusammen –, war mit der Verkündung des Ordensdekretes in Würzburg mehr als die Hälfte aller Gemeinschaften der *monachi nigri* in deutschen Landschaften in die Reform direkt einbezogen (vgl. oben, Benedikt XII., S. 173f).

Nicht weniger deutlicher wird die Favoritenrolle in Einzelaktionen des Legaten zugunsten der Söhne Benedikts, Aktivitäten, welche die Bemühungen für andere Orden und Observanzen allesamt weit übersteigen: In den ca. 1600 Regesten der *Acta Cusana* zu den Legationsjahren (1451/52) finden sich – die erwähnten Verkündigungen der Reformbullen Nr. 8 und Nr. 9 noch beiseite – mehr als 140 Anordnungen des Legaten, die Gemeinschaften nach *RB* betreffen. In merklichem Abstand dazu rangiert die Anzahl der Maßnahmen zugunsten der Augustinerchorherren, und noch weiter abgerückt bleiben jene für andere Orden und Observanzen.

Dieser Befund, der die Sonderrolle der „schwarzen Mönche" im Rahmen der Klosterreform bereits andeutet, wird gestützt durch weitere Hinweise. So waren die meisten während der Legation vor Ort regulierten einzelnen Gemeinschaften solche nach *RB* (12 Männer und 5 Frauengemeinschaften der „schwarzen Mönche" vor 4 Gemeinschaften der Minoriten und 2 der Zisterzienser); so gehen bei Verleihungen von Partikularablässen an monastische Gemeinschaften die Mehrzahl an die Söhne Benedikts (bei 64 Gesamtverleihungen 20 für die Gemeinschaften nach *RB*, 19 für die regulierten Augustinerchorherren); so fanden Klöster der „schwarzen Mönche" als Aufenthalts- und Logierstationen der Legation – sieht man von den Bischofsresidenzen in den Bischofsstädten ab – weitaus den Vorzug vor Gemeinschaften anderer Order. Und es mag die intellektuelle Nähe wie die persönliche Sympathie des Cusanus zu der Gedankenwelt der Söhne Benedikts schließlich unterstreichen, wenn man darauf verweist, dass ein großer Teil der handschriftlichen Überlieferung seiner Werke in deren Bibliotheken erhalten geblieben ist, und dass Cusanus eine langjährige, theologisch-monastisch-mystisches Denken pflegende Verbindung zu den Mönchen von Tegernsee unterhalten hat (Meuthen, Cusanus u. die Orden, S. 17 ff.).

Dem Blick auf den Inhalt der Reformgegenstände und -bereiche allerdings entgeht nicht, dass die Maßnahmen des Cusanus durchgehend im traditionellen Rahmen standen und sich mit jenen Forderungen deckten, die schon seit den Zeiten Papst Benedikts XII., also seit mehr als 100 Jahren, gefordert worden sind. Dass Cusanus an diese traditionelle Reformlinie anknüpfte, geht nicht allein aus den Legationsbullen, den Reformdekreten Nr. 8 und Nr. 9 sowie vor allem aus den Einzelaktivitäten hervor, wird vielmehr auch durch den berühmten Legationsbericht des Mitvisitators und strengen Reformers Johannes Schlitpacher (Melk) über die Visitationen in der Kirchenprovinz Salzburg (1451) durchgängig belegt, wo sich zeigt, dass die Gravamina der Visitatoren die beinahe immer gleichen Probleme zum Gegenstand hatten, die es seit Generationen zu verbessern galt: mangelhaftes Befolgen der *RB* wie der gemeinschaftseigenen Observanzen und Statuten, Nachlässigkeiten im geistlich-asketischen Lebenswandel, Missachtung des Fastengebotes – das Fleischverbot nimmt eine unerwartet hohen Stellenwert in den Reformforderungen ein –, Verfehlungen gegen den Habitzwang, Vernachlässigung des Chorgebets; bei Frauengemeinschaften (Dekret Nr. 9) handelte es sich dann meist um wenig standesgemäße Kleidung, um unerlaubten Verwandtenbesuch, Festmähler und vornehmlich um eine gleichsam chronische Verletzung des Klausurgebotes. Nicht zuletzt lag die volle Aufmerksamkeit der Visitatoren auf den Besitz- und Wirtschaftsverhältnissen der Gemeinschaften. Alles in allem erscheinen hier die bekannten Gravamina, wie sie seit mehr als 100 Jahren bereits gegen die reformresistenten Gemeinschaften der *monachi nigri* erhoben worden sind.

Das besondere Engagement des Cusanus für die noch nicht reformierten Gemeinschaften der „schwarzen Mönche“ ist also ebenso offensichtlich wie seine Wertschätzung der Reformverbände von Kastl, Melk und Bursfelde. Ein detailliertes Gesamturteil über den Erfolg seiner Reformaktivitäten für die zahlreichen, bisher nicht reformierten Gemeinschaften im Reich aber muss im Ungefähren bleiben. Es fehlen einstweilen noch – ganz im Gegensatz zur Forschungssituation für die Reformverbände von Kastl, Melk und Bursfelde – ausreichende Einzeluntersuchungen, die präzise Auskunft geben könnten über Umfang und Intensität in der Rezeption der Reformempfehlungen des Legaten durch die einzelnen Gemeinschaften.

Um die Verdienste des Cusanus für die Reform der Orden zeitgerecht einzuschätzen, bleibt allerdings auch daran zu erinnern, dass der Legat und Reformer Cusanus das Adelsprivileg nicht angetastet hat und seine Reformvorstellungen in der eigenen Diözese, im Falle des Frauenklosters zu Sonnenburg, gegen die dortige Äbtissin Verena von Stuben und deren Protektor Sigismund von Tirol bekanntlich nicht hat durchsetzen können.

9. Versuche zur Bildung überregionaler Verbände der „schwarzen Mönche“

Bereits um die Mitte des 15. Jahrhunderts waren unter den Äbten von Melk, Tegernsee und Augsburg (SS. Ulrich und Afra) Pläne zum Zusammenschluss der Observanzen von Kastl, Melk und Bursfelde diskutiert worden, zunächst allerdings noch folgenlos. Von Rom anfangs nur wohlwollend begleitet, wurden diese Pläne aber im Umfeld Pius II. (1458–1464) aufgegriffen und zum Konzept einer großen Vereinigung aller „schwarzen Mönche“ deutscher Zunge weitergedacht. Ein Auftrag zur Förderung und Umsetzung des Vorhabens erging in einem Schreiben Pius’ II. (Bulle vom 3. Nov. 1461) an Johann III. (von Eych), den Bischof von Eichstätt, einen der führenden Reformer seiner Zeit mit Verbindungen zu bereits reformierten Observanzen und Kongregationen wie zu den einflussreichen Zeitgenossen Enea Silvio Piccolomini (Pius II.), Nikolaus Cusanus, Johannes Capistrano, Bernhard Waging (Tegernsee). Die folgenden, zahlreicher Probleme wegen äußerst zähen, wenngleich zahlreichen Verhandlungen zogen sich dann aber über die Jahre hin – vorgetragen mal von Bischof Johann (1461), mal von Melk und Kastl (1470), mal von Fulda (1483), mal von Johannes Trithemius (1496) u. a. –, mussten aber schließlich nach dem Treffen zu Nürnberg (1524) endgültig als ergebnislos gelten.

Die Ursachen des Scheiterns waren vielfältig. Sie hatten ihren Ursprung zum einen in den zahlreichen Unterschieden zwischen den jeweiligen Reformrichtungen sowie in dem Beharren der Gemeinschaften auf den je eigenen Gewohnheiten. Das Ende aller Bemühungen dürfte jedoch hauptsächlich durch den kompromisslos vorgetragenen Anspruch Bursfeldes herbeigeführt worden sein, einer künftigen Union ausschliesslich den Stempel der eigenen Observanz aufdrücken zu wollen. Und nicht zuletzt stand hinter allen Versuchen zur Unionsbildung auch das gravierende Problem, dass hierzu die Zustimmung der weltlichen Herrschaftsträger wie der Bischöfe einzuholen war. Erstere aber sahen in jeder Art von reformgeleiteter Unionsbildung vornehmlich ein Instrument zur Beschneidung der eigenen Herrschaftsrechte und Zuständigkeiten. Und die Bischöfe verstanden Verbandsbildungen vor allem als Vorwand der reformierten und unierten Klöster, sich die Exemtion zu erstreiten und sich so ihrem geistlichen und jurisdiktionellen Zugriff zu entziehen.

In langfristiger Perspektive betrachtet, handelte es sich hier um den Auftakt einer ganzen Serie missglückter Versuche zur Unionsbildung bei den „schwarzen Mönchen" Deutschlands. Denn zwei Generationen später nur, in den 90er Jahren desselben Jahrhunderts bereits, scheiterten dann auch Versuche, die ober- und niederdeutschen Gemeinschaften zu reformieren und zu einem Verband nach dem Muster der Cassinensischen Kongregation zusammenzufassen. Dieser – letztlich gescheiterte – von vielen betroffenen Gemeinschaften favorisierte Plan war schließlich von Papst Clemens VIII. (1592–1605) in Angriff genommen worden und stand im Zusammenhang mit den Visitationen des Petrus Paulus Benálli im Jahre 1593. Bis ins 17. Jahrhundert hinein gelang es den „schwarzen Mönchen" dann nicht mehr, zu größeren als observanz- oder regionalbegrenzten Zusammenschlüssen zu finden. Denn auch der Versuch zur Errichtung einer Gesamtkongregation aller „schwarzen Mönche" deutscher Zunge (*Congregatio generalis in Germania*) im Jahre 1631wird nicht von Erfolg gekrönt sein (s. unten, S. 270).

10. Bibliographie

1. Das Konzil von Konstanz (1414–1418) und das Provinzialkapitel zu Petershausen (1417)

◊ (Quellen): *Processus capituli provincialis.* Beschlüsse des 1. Provinzialkapitels. Petershausen, 1417 Februar 28 bis März 19. (ed J. Zeller), (in: Ders.: Das Provinzialkapitel im Stifte Petershausen im Jahre 1417), (SMGB 41, 1921/22), S. 51–63. – *Interrogatoria visitatorum super singulis defectibus monasterii ex officio pertinencia* (Fragebogen für Visitationen), ed. J. Zeller, ebda., S. 63–68. – (Beide Texte auch in: Trithemius, J.: Opera pia et spiritualia [ed. J. Busaeus], Mainz 1605, S. 1032–1035, 1003–1016.)

◊ (Literatur): Zeller, J.: Das Provinzkapitel im Stifte Petershausen im Jahre 1417, in: SMGB 41 (1921/22), S. 57 ff. – Molitor, R.: I, S. 241 f. – Schmitz, Ph.: Geschichte III, S. 168 f. – Spahr, G./Müller, A.: Art.: Petershausen, in: Germ. Ben. V (1987), S. 484 ff. – Becker, P.: Benediktinische Reformbewegungen, S. 167 ff., 174 ff. – Mertens, D.: Riforma monastica e potere temporale nella Germania sud-occidentale prima della riforma, in: Prodi, P./Johanek, P. (edd.): Strutture ecclesiastiche in Italia e in Germania prima della Riforma (Annali dell'Istituto storico italo-germanico 16), Bologna 1984, S. 171 ff. – Ders.: Reformkonzilien und Ordensreform im 15. Jahrhundert. In: K. Elm (ed.): Reformbemühungen und Observanzbestrebungen im spätmittelalterlichen Ordenswesen (Berliner Hist. Studien 14, Ordensstudien 6), Berlin 1989, S. 431 ff. – Ders.: Monastische Reformbewegungen des 15. Jahrhunderts. Ideen – Ziele – Resultate, in: Hlavácek, I./Patschovsky, A. (edd.): Reform von Kirche und Reich zur Zeit der Konzilien von Konstanz (1414–1418) und Basel (1431–1449), Konstanz 1996, S. 157ff. – Schuster P.: Die Krise des Spätmittelalters. Zur Evidenz eines sozial- und wirtschaftsgeschichtlichen Paradigmas in der Geschichtsschreibung des 20. Jahrhunderts, in: HZ 269 (1999), S. 19ff. – Maier, P.: Die Epoche der General- und Provinzalkapitel, in: Germ. Ben. I (1999), S. 195ff., 208ff. – Ders.: Die Reform von Kastl, ebda., S. 225ff. – Studt, B.: Papst Martin V. (1417–1431) und die Kirchenreform in Deutschland (Forschungen zur Kaiser- und Papstgeschichte des Mittelalters 23), Köln 2004. – Dies.: Das Konstanzer Konzil und die Ordensreform (Das Konstanzer Konzil: 1414–1418. Weltereignis des Mittelalters. Große Landesausstellung Baden-Württemberg, Badisches Landesmuseum Karlsruhe, 27.4.2014–21.9.2014. [edd. K.-H. Braun u.a.]), Bd. 1: Essays (ed. M. von der Bank), Darmstadt 2013, S. 132ff. – Müller, H.: Die kirchliche Krise des Spätmittelalters, Schisma, Konziliarismus und Konzilien (Enzyklopädie deutscher Geschichte 90), München 1012. – Dell'Omo, M.: Storia, S. 287ff., 295f., 298. – Haering, St.: Spätmittelalterliche monastische Reforminitiativen in der benediktinischen Welt. Die Reformen von Santa Giustina in Padua und von Subiaco sowie das Provinzkapitel zu Petershausen in kirchenrechtlicher Perspektive, in: Bischof, F. X./Thurner, M. (edd.): Die Benediktinische Klosterreform im 15. Jahrhundert (Veröff. d. Grabmann-Instituts 56), Berlin 2013, S. 70ff.

2. Der Reformkreis von Kastl (seit 1390)

◊ (Quellen): *Consuetudines Castellenses* (ed. P. Maier): CCM XIV/1 u. 2 (1995–1996).

◊ (Literatur): Wöhrmüller, B.: Beiträge zur Geschichte der Kastler Reform, in: SMGB 42 (1923/24), S. 35ff. – Bosl, K.: Das Nordgaukloster Kastl. Gründung, Gründer, Wirtschafts- und Geistesgeschichte, in: Verhandll. des Historischen Vereins von Oberpfalz und Regensburg 89 (1939), S. 3ff. – Weissenberger, P.: Zur Geschichte des Benediktinerklosters Kastl/Oberpfalz im 14.–15. Jahrhundert, in: ZBKG 19 (1950), S. 101ff. – Schmitz, Ph.: III, S. 171ff. – Hilpisch, St.: Benediktinerinnen, S. 70. – Bauerreiss, R.: Kirchengeschichte Bayerns Bd. 5: Das 15. Jahrhundert, St. Ottilien 1955, S. 44ff. – Sudbrack, J.: Die geistliche Theologie des Johannes von Kastl. Teil I: Darstellung, Münster 1967, S. 64ff. – Hemmerle, J.: Die Benediktinerklöster in Bayern, in: Germ. Ben. II, Augsburg 1970. – Atlas zur Kirchengeschichte (edd. H. Jedin u.a.), Freiburg 1970, Nr. 67. – Schreiner, K.: Benediktinisches Mönchtum, S. 57ff. – Becker, P.: Benediktinische Reformbewegungen, S. 168ff. – Schreiner, K.: Kastler Reformgrundätze, in: Blätter für württ. Kirchengeschichte 86 (1986), S. 112ff. – Helmrath, J.: Das Basler Konzil 1431–1449. Forschungsstand und Probleme (KHAb 32), Köln 1987, S. 121ff. – Maier, P.: Ursprung und Ausbreitung der Kastler Reformbewegung, in: SMGB 102 (1991) S. 75ff. – Ders.: Kastl, seine *consuetudines* und der heile Mensch, in: SMGB 105 (1994), S. 97ff. – Ders.: Einleitung (*Consuetudines Castellenses*), in: CCM XIV, 1 u. XIV, 2 (1996), S. IX ff. – Ders.: Die Reform von Kastl, in: Germ. Ben. I (1999), S. 225ff. – Haering, St.: Art.: Kastl (Kastler Reform), in: LThK 5 (1996), Sp. 1287f. –

Sonnenberg, B. M.: Die Entdeckung der Benediktregel im spätmittelalterlichen Reformkloster Kastl und in seinem literarischen Umfeld, in: Bischof, F. X./Thurner, M. (edd.): Die benediktinische Klosterreform im 15. Jahrhundert (wie oben, siebtes Kapitel, Bibliogr. 1), S. 259 ff. – Maier, P.: Art.: Kastler Reform, in: Hist. Lexikon Bayerns, https://www.historisches-lexikon-bayerns.de/Lexikon/Kastler_Reform [vom 4. 4. 2019]. – Müller, H.: Habit und Habitus. S. 442 ff. – Dell'Omo, M.: Storia, S. 295 ff. – Melville, G.: Die Welt, S. 265. – Dartmann, Ch.: Die Benediktiner, S. 131 f.

3. Die Reformen von Trier [Johannes Rode, † 1439] und Fulda [Arnold von Vache, † 1459]

a) Trier

◊ (Quellen): *Consuetudines et observantiae monasteriorum Sancti Mathiae et Sancti Maximini Treverensium ab Iohanne Rode abate conscriptae* (ed. P. Becker), CCM V (1968), S. 185 ff.; 189 ff. – Johannes Rode, Über die gute Amtsführung des Abtes (Übers. u. ed. A. Rohtert), St. Ottilien 1993.

◊ (Literatur): Redlich, V.: Johann Rode von St. Matthias bei Trier. Ein deutscher Reformabt des 15. Jahrhunderts (BGAM 11), Münster 1923. – Becker, P.: Das monastische Reformprogramm des Abtes Johannes Rode von St. Matthias in Trier. Ein darstellender Kommentar zu seinen Consuetudines (BGAM 30), Münster 1970. – Ders.: Dokumente zur Klosterreform des Trierer Erzbischofs Otto von Ziegenhain (1418–30). Übereinstimmung und Gegensatz von päpstlicher und bischöflicher Reform, in: Rév. Ben. 84 (1974), S. 126 ff. – Ders.: Benediktinische Reformbewegungen, S. 176 ff., 179 ff. – Ders.: Die Visitationstätigkeit des Abtes Johannes Rode in St. Gallen und der Reichenau, in: Zeitschr. f. schweiz. Kirchengesch. 68 (1974), S. 193 ff. – Ders.: Erstrebte und erreichte Ziele benediktinischer Reformen im Spätmittelalter, in: Elm, K. (ed.): Reformbemühungen und Observanzbestrebungen im spätmittelalterlichen Ordenswesen (Berliner Hist. Studien 14, Ordensstudien 6), Berlin 1989, S. 23 ff. – Hilpisch, St.: Benediktinerinnen, S. 73; Schmitz, Ph.: Histoire VII (Les moniales), 1956, S. 104 f. – Müller, H.: Habit und Habitus, S. 106. – Dell'Omo, M.: Storia, S. 294. – Dartmann, Ch.: Die Benediktiner, S. 128 ff., 139 f.

b) Fulda

◊ (Literatur): Leinweber, J.: Das Hochstift Fulda vor der Reformation, in: Quellen und Abhandlungen zur Geschichte der Abtei und der Diözese Fulda 22 (1972), S. 276 ff. – Ders.: Zur spätmittelalterlichen Klosterreform in Fulda – Eine Fuldaer Reformgruppe?, in: *Consuetudines Monasticae*. Festgabe für K. Hallinger (StAns 85 [1982]), S. 303 ff. – Ders.: Die Reform von Fulda, in: Germ. Ben. I (1999), S. 409–418.

4. Die Kongregationen von S. Justina (Padua) und Valladolid

a) S. Justina (Padua)

◊ (Quellen): Die Bullen Martins V. und Eugens IV. für S. Justina: Martinus V.: *Ineffabilis Summi providentia* (1419, 1. Jan.), in: Bullarium Casinense (ed. C. Margarini), Venedig 1650, S. 45/46. – Eugen IV.: *Et si ex sollicitudinis debito* (1432, 23. Oct.), ebda., S. 50–52. – Ders.: *Et si ex sollicitudinis debito* (1432, 23. Nov.), ebda., S. 52–54. – Leccisotti, Th. (ed.): *Congregationis S. Iustinae de Padua O. S. B. Ordinationes capitulorum generalium I* (1424–1474) (Miscellanea Cassinese 16–17), Montecassino 1939. – Ders.: *Congregationis S. Iustinae de Padua O. S. B. Ordinationes capitulorum generalium II* (1474–1504) (Miscellanea Casinese 35), Montecassino 1970.

◊ (Literatur): Molitor, R.: I, S. 270 ff. – Leccisotti, Th.: La congregazione *De Unitate* a Montecassino, in: Casinensia. Miscellanea di studi cassinesi publicati in occasione del XIV centenario della fondazione della badia di Montecassino, Montecassino 1929, S. 561 ff. – Ders.: La congregazione benedettina di S. Giustina e la riforma della Chiesa al secolo XV, in: Miscellanea storica in memoria di Pietro Fedele, I, Archivio della Reale Deputazione Romana di Storia Patria 67 (1944), S. 451 ff. – Ders.: Montecassino agli inizi del Cinquecento, in: Benedictina 2 (1948), S. 75 ff. – Schmitz, Ph.: Geschichte III, S. 85 ff., 151 ff. – Ders.: VII (Les moniales), S. 127 (Verhältnis zu Frauenkonventen). – Hilpisch, St.: Benediktinerinnen, S. 69. – Leccisotti, Th.: Per la storia della Congregazione Cassinese: Tentativi di unione nei sec. XV–XVI, in: Benedictina 10 (1956), S. 63 ff. – ders.: Per la storia della Congregazione Cassinese, in: Benedictina 11 (1957), S. 41 ff. – Ders.: Documenti per l'annessione di Montecassino alla congregazione di S. Giustina, in: Benedictina 17 (1970), S. 58 ff. – Penco, G.: Storia I, S. 308 ff. – Ders.: Storia II (1968), S. 42 ff., 48 ff. – Witters, W.: La rédaction primitive des déclarations et constitutions de la congrégation de Sainte Justine de Padue (XVe siècle), in: Studia Monastica 7 (1965), S. 127 ff. – Lunardi, G.: Art.: Benedettine, in: DIP I (1974), Sp. 1044 ff., 1298. – Picasso, G.: Art.: Congregazio Cassinense, in: DIP II (1975), Sp. 1477. – Pepi, R.: Art.: Sta. Giustina, in: DIP VIII (1988) Sp. 693 ff. – Oury, G.-M.: Les Bénédictins réformés de Chezal-Benoît, in: Rev. d'histoire de l'Église de France 65 (1979), S. 89 ff. – Riforma della Chiesa, cultura e spiritualità nel Quattrocento Veneto. Atti del conv. per il VI centen. della nascità di Ludovico Barbo (1382–1443), Padova, Venezia, Treviso, 19–24 sett. 1982 (ed. F. G. B. Trolese), Cesena 1984. – Cattana, V.: Ludovico Barbo e i monachi di Monte Oliveto, ebda., S. 310 ff. – Hourlier, J.: Art.: Chezal-Benoît, in: DIP II (1975), Sp. 883 ff. – Collet, B.: Italian Benedictine Scholars and the Reformation. The Congregation of Santa Giustina of Padua, Oxford 1985. – Trolese, F. G. B.: La congregazione di S. Giustina di Padua (sec. XV), in: Naissance et fonctionnement des réseaux monastiques et canoniaux. Actes du premier colloque intern. C. E. R.C.O.M, Saint-Étienne, 16–18 sept. 1985, Saint-Étienne 1991, S. 625 f. – Ders.: Art.: Sta. Giustina (S. Justina), in: LdM 7 (1995), Sp. 1165 f. (dort weitere Lit.). – Dell'Omo, M.: Documenti per il V centenario dell'unione di Montecassino alla congregazione di S. Giustina. La fine della commenda e gli adempimenti finanziari verso il futuro papa Leone X, i vescovi Pandolfini e Serapica (1504–1532), in: Benedictina 52 (2005), S. 277 ff. – Ders.: La „stabilitas loci" benedettina nella storia monastica (dall'alto medioevo all'età contemporanea): (edd. Ders./A. Piovano/L. Sena: La stabilità nella vita monastic, Noci 2009, S. 159 ff. – Ders.: Storia, S. 300 ff.; 324 f. (Lit.). – Haering, St.: Spätmittelalterliche monastische Reforminitiativen (wie oben, siebtes Kapitel, Bibliogr. 1), S. 55 ff. – Dartmann, Ch.: Die Benediktiner, S. 125 ff.

b) Valladolid

◊ (Literatur): Besse, J. M.: La congrégation espagnole de S. Benoît de Valladolid, in: Rév. Bén. 19 (1902), S. 255 ff. – Villanueva, A.: La concregación de Valladolid de 1390 a 1555, principio e desenvolvimiento, in: Riv. Monserratina 10/11 (1916/17). – Molitor, R.: I, S. 264 ff. – Hoffmeister, Ph.: Die Verfassung der Benediktinerkongregation von Valladolid (Finke, H.: Gesammelte Aufs. z. Kulturgesch. Spaniens), in: Span. Forsch. d. Görresgesellschaft 5 (1935), S. 311 ff. – Schmitz, Ph.: Geschichte III, S. 215 ff.; VII (Les moniales), S. 80 u. 130 f. – Colombás, G. M./Gost, M. M.: Estudios sopre el primer siglo de San Benito de Valladolid (Scripta e documenta 3), Montserrat 1954. – Lunardi, G.: Art.: Benedettine, in: DPI I (1974), Sp. 1230. – Engels, O.: Art.: Valladolid, in: LdM 8 (1997), Sp. 1394 f. – Colombás, G. M.: Art.: Valladolid, in: DIP 9 (1997), Sp. 1683 ff. – Dell'Omo, M.: La storia, S. 305 ff., 325.

5. Der Reformkreis von Melk (seit 1418)

◊ (Quellen): *Ceremoniae regularis observantiae sicut practicantur in sacris locis, scilicet Specu et monastero Sublacensi* ... (ed. J. F. Angerer), CCM XI, 1 (1985), S. 1–118. – *Breviarium caeremoniarum monasterii Mellicensis* (ed. J. F. Angerer), CCM IX, 2 (1987), S. 119 ff.

◊ (Literatur): Berlière, U.: La réforme de Melk au XVe siècle, in: Rév. Bén. 12 (1895), S. 204 ff., 289 ff. – Thoma, F. X.: Petrus von Rosenheim O. S. B. Ein Beitrag zur Melker Reformbewegung, in: SMGB 45 (1927), S. 94 ff. – Molitor, R.: II, S. 1 ff. – Redlich, V.: Tegernsee und die deutsche Geistesgeschichte im 15. Jahrhundert (Schriften zur bayerischen Landesgeschichte 9), München 1931 (Aalen 1974). – Hilpisch, St.: Benediktinerinnen, S. 70. – Schmitz, Ph.: Geschichte II, S. 176 ff. – Ders.: Histoire VII (Les moniales), S. 103 f. – Thoma, F. X.: Petrus von Rosenheim O. S. B. (1380 c.–1433). Eine Zusammenfassung der bisherigen Ergebnisse (Das bayerische Inn-Oberland 32), Rosenheim 1962. – Koller, G.: Princeps in Ecclesia. Untersuchungen zur Kirchenpolitik Herzog Albrechts V. von Österreich (Archiv für österreichische Geschichte 124), Wien 1964, S. 78 ff. – Atlas zur Kirchengeschichte (edd. H. Jedin u. a.), Freiburg 1970, Nr. 67. – Frank, B.: Subiaco, ein Reformkonvent des späten Mittellaters. Zur Verfassung und Zusammensetzung der Sublacenser Mönchsgemeinschaft in der Zeit von 1362 bis 1514, in: QFIAB 52 (1972), S. 526 ff. – Schreiner, K.: Benediktinisches Mönchtum, S. 57 ff. – Becker, P.: Benediktinische Reformbewegungen, S. 173 f., 176 ff. – Angerer, J.: Einleitung, CCM XI,1 (1985), S. XI ff. – Bruck, M.: Profeßbuch des Klosters Melk. 1. Teil:

1418–1452. Die Äbte von 1418–1483, in: Stift Melk. Geschichte und Gegenwart 4, St. Pölten 1985, S. 79 ff. – Niederkorn-Bruck, M.: Die Melker Reformen im Spiegel der Visitationen, in: MÖIG, Erg.bd. 30, Wien 1994. – Helmrath, J.: Capitula. Provinzialkapitel und Bullen des Baseler Konzils für die Reformen des Benediktinerordens im Reich, in: Studien zum 15. Jahrhundert. Festschr. F. E. Meuthen 1994, S. 87 ff. – Groiss, A.: Spätmittelalterliche Lebensformen der Benediktiner von der Melker Observanz vor dem Hintergrund ihrer Bräuche. Ein darstellender Kommentar zum *Caeremoniale Mellicense* (BGAM 46), Münster 1999, S. 58 f.; 260 f. – Angerer, J.: Reform von Melk, in: Germ. Ben. I (1999), S. 271–313 (S. 310 ff. erschöpfende Quellen- und Literaturangaben). – Studt, B.: Papst Martin V. (wie oben, siebtes Kapitel, Bibliogr. 1: Das Konzil von Konstanz). – Dies.: Konstanzer Konzil (wie oben, siebtes Kapitel, Bibliogr. 1. Das Konzil von Konstanz). – Müller, H.: Habit und Habitus, S. 297. – Dell'Omo, M.: Storia, S. 297 ff. – Glassner, Ch.: Stift Melk und die Melker Reform im 15. Jahrhundert, in: Bischof, F. X/Thurner, M. (edd.): Die Klosterreform im 15. Jahrhundert (wie oben, siebtes Kapitel, Bibliogr. 1: Das Konzil von Konstanz), S. 75 ff. – Melville, G.: Die Welt, S. 264. – Dartmann, Ch.: Die Benediktiner, S. 132 f.

6. Das Konzil zu Basel (1431–1449) und die Reformen der „schwarzen Mönche“

◊ (Quellen): *Inter curas multiplices* (Konzilsbulle vom 20. Febr. 1439), in: Trithemius, J.: Opera pia et spiritualia … (ed. Busaeus), Mainz 1605, S. 1016–1026. – *Inter curas innumeras* (Konzilsbulle vom 27. Mai 1436) (Vollständige Edition fehlt noch), Regest: v. Hodenberg, W.: Lüneburger Urkundenbuch 7, Celle-Hannover 1861–70, Nr. 1064, S. 652; Teiledition in: Helmrath, J.: Capitula. Provinzialkapitel und Bullen des Basler Konzils für die Reform des Benediktinerordens im Reich. Mit einer Konkordanz und ausgewählten Texten, in: Studien zum 15. Jahrhundert. Festschrift für Erich Meuthen (edd. J. Helmrath/H. Müller/H. Wolff), München 1994, S. 112 ff. – *Quoniam ex neglegentia* (Statuten des Provinzialkapitels vom 24. Aug. 1436). Der Text ist nicht ediert; lediglich die Kapitelüberschriften finden sich in der Konkordanz bei Helmrath, J.: Capitula (wie oben), S. 110 f. – Zur Handschriftenlage, den inneren Zusammenhängen und Zuordnungen, der Editionslage sowie zu einer Konkordanz der Kapitelüberschriften der drei Texte s. Helmrath, J.: Capitula (wie oben), S. 87 ff. (Lit.).

◊ (Literatur): Volk, P.: Das Archiv der Bursfelder Benediktiner-Kongregation I, in: Seckauer Geschichtliche Studien 5 (1936), S. 147 ff. – Leclercq, J.: Cluny et le Concile de Bâle, in: Rev. d'histoire de l'Église de France 28 (1942), S. 181 ff. – Stieber, J.-W.: Pope Eugenius IV, the Council of Basel and the Secular and Ecclesiastical Authorities in the Empire (Studies in the History of Christian Thought XIII), Leiden 1978. – Becker, P.: Benediktinische Reformbewegungen im Spätmittelalter. Ansätze, Entwicklungen, Auswirkungen, in: Untersuchungen zu Kloster und Stift (Studien zur Germania Sacra 14), Göttingen 1980, S. 167 ff., 174 ff. – Meuthen, E.: Art.: Basel, Konzil V., in: LdM 1 (1980), Sp. 1517 ff. – Helmrath, J.: Das Basler Konzil 1431–1449. Forschungen und

Probleme, Köln 1987, S. 121 ff. – Ders.: Capitula (wie oben, siebtes Kapitel: Baseler Konzil, Bibliogr. 6), S. 87 ff. (Lit.). – Maier, P.: Die Epoche der General- und Provinzalkapitel, in: Germ. Ben. I (1999), S. 195 ff., 208 ff. (Lit.). – Dell'Omo, M.: Storia, S. 293 ff., 297 (Lit.). – Dartmann, Ch.: Die Benediktiner, S. 140 ff.

7. Die Kongregation von Bursfelde

◊ (Quellen): Volk, P.: Die erste Fassung des Bursfelder *Liber Ordinarius* (in: Ders.: Fünfhundert Jahre Bursfelder Kongregation), Regensburg 1950, S. 126 ff (Edition). – Volk, P. (ed.): Urkunden zur Geschichte der Bursfelder Kongregation (Kanonistische Studien und Texte 20), Bonn 1951 (mit guter Einführung). – Ders. (ed.): Die Generalkapitels-Rezesse der Bursfelder Kongregation 1–4, Siegburg 1955–1972. – Martyrologium und Festkalender der Bursfelder Kongregation (ed. A. Rosenthal), BGAM 35, Münster 1984. – [Ausführliches Verzeichnis der ungedruckten und gedruckten Quellen zur Bursfelder Kongregation bei Ziegler, W.: in: Germ. Ben. I (1999), S. 356 ff.]. – *Caeremoniae Bursfeldenses* (ed. M. Albert), CCM XIII (2002).

◊ (Literatur): Berlière, U.: Les origines de la congregation de Bursfeld, in: Rév. Bén. 16 (1899), S. 360 ff., 385 ff., 481 ff., 550 ff. – Linneborn, J.: Die Bursfelder Kongregation während der ersten hundert Jahre ihres Bestehens, in: Deutsche Geschichtsblätter 14 (1913), S. 3 ff., 33 ff., 43 ff. – Molitor, R.: I, S. 290 ff.; II, S. 1 ff., 213 f. – Volk, P.: Die Generalkapitel der Bursfelder Benediktinerkongregation (BGAM 14), Münster 1928, S. 104 ff. – Ders.: Zur Geschichte des Bursfelder Breviers, in: SMGB 46 (1928). – Ders.: Ein Säkularisationsplan sämtlicher deutscher Benediktinerklöster zu Anfang des 17. Jahrhunderts, in: SMGB 47 (1929), S. 146 ff. – Hofmeister, Ph.: Die Verfassung der Bursfelder Kongregation, in: SMGB 53 (1935), S. 37 ff. – Ders.: Liste der Nonnenklöster der Bursfelder Kongregation, in: SMGB 53 (1935), S. 77 ff. – Volk, P.: Das Ende der Abtei Bursfeld, in: SMGB 53 (1935), S. 257 ff. – Ders.: Die gesetzgebende Körperschaft der Bursfelder Kongregation, in: ZSRG, Kan. Abt. 27 (1938), S. 445 ff. – Schmitz, Ph.: Geschichte III, S. 179 ff.; IV, S. 123. – Volk, P.: Fünfhundert Jahre Bursfelder Kongregation. Eine Jubiläumsgabe, Münster 1950. – Hilpisch, St.: Benediktinerinnen, S. 74 ff.; – Schmitz, Ph.: Histoire VII (Les moniales), S. 103 ff. – Dammertz, V.: Das Verfassungsrecht der Benediktinischen Mönchskongregation in Geschichte und Gegenwart, St. Ottilien 1963. – Volk, L.: Die Studien in der Bursfelder Kongregation (Los Monjes y los Estudios) Poblet 1963) S. 325 ff. – Becker, P.: Fragen um den Verfasser einer benediktinischen Reformdenkschrift ans Baseler Konzil, in: SMGB 74 (1964), S. 293 ff. – Ziegler, W.: Die Bursfelder Kongregation in der Reformationszeit (BGAM 29), Münster 1968. – Becker, P.: Das monastische Reformprogramm des Johannes Rode, Abtes von St. Matthias in Trier (BGAM 30), Münster 1970. – Atlas zur Kirchengeschichte (edd. H. Jedin u. a.) Freiburg 1970, Nr. 67 – Goetting, H.: Benedictinerkloster Clus (Germ. Sacra NF 8, 2: Das Bistum Hildesheim 2), Berlin 1972, S. 167 ff., hier S. 270 f. – Frank, B.: Das Erfurter Peterskloster im 15. Jahrhundert (VMPIG 34), Göttingen 1973. – Honselmann, K.: Die Generalkapitels-Rezesse der Bursfelder Benediktiner-Kongregation, in: WestZs 123 (1973), S. 270 f. – Becker, P.: Die Visitationstätigkeit des Abtes Johannes Rode in St. Gallen und der Reichenau, in: Zs. f. schweiz. Kirchengesch. 68 (1974), S. 193 ff. – Schreiner, K.: Art.: Hirsau, in: Germ. Ben. V (1975, S. 281 ff. – Ders.: Benediktinisches Mönchtum, S. 59 ff. – Mertens, D.: Der Streit um den Bursfelder *Liber ordinarius*, in: SMGB 86 (1975), S. 728 ff. – Volk, P.: Die Studien in der Bursfelder Kongregation. Bursfelde und seine Reformklöster (ed. N. Heutger), Hildesheim ^{2}1975, S. 99 ff. – Stieber, J.-W.: Pope Eugenius IV, the Council of Basel and the Secular and Ecclesiastical Authorities in the Empire (Studies in the Christian Thought 13), Leiden 1978. – Engelbert, P.: Die Bursfelder Spiritualität im 15. Jahrhundert, in: Ger. Ben. 6 (Niedersachsen), St. Ottilien 1979, S. 502 ff. – Elm, K.: Monastische Reformen zwischen Humanismus und Reformation. 900 Jahre Kloster Bursfelde (ed. L. Perlitt), Göttingen 1979, S. 502 ff. – Becker, P.: Benediktinische Reformbewegungen, S. 181 ff. – Elm, K.: Verfall und Erneuerung, S. 188 ff. – Frank, B.: Konversen und Laien in benediktinischen Reformklöstern des 15. Jahrhunderts (Beiträge zur Geschichte der Konversen im Mittelalter, ed. K. Elm), Berlin 1980, S. 49 ff. – Ganzer, K.: Zur monastischen Theologie des Johannes Trithemius, in: Hist. Jahrb. 101 (1981), S. 384 ff. – Engelbert, P.: Die Bursfelder Benediktiner-Kongregation und die spätmittelalterlichen Reformbewegungen, in: Hist. Jahrb. 103 (1983), S. 35 ff. – Hammermayer, L.: Legipont Oliver, in: NDB 14 (1985), S. 63 f. – Schreiner, K.: Benediktinische Klosterreform als zeitgebundene Auslegung der Regel: geistige, religiöse und soziale Erneuerung in spätmittelalterlichen Klöstern Südwestdeutschlands im Zeichen der Kastler, Melker und Bursfelder Reform, in: Blätter f. württ. Kirchengeschichte 86 (1986), S. 105 ff. – Ders.: Erneuerung durch Erinnerung. Reformstreben, Geschichtsbewußtsein und Geschichtsschreibung im benediktinischen Mönchtum Südwestdeutschland an der Wende von 15. zum 16. Jahrhundert (Historiographie am Oberrhein im Späten Mittelalter und in der Frühen Neuzeit, ed. K. Andermann) (Oberrheinische Studien 7), Sigmaringen 1988, S. 35 ff. – Becker, P.: Erstrebte und erreichte Ziele benediktinischer Reformen im Spätmittelalter, in: Reformbemühungen und Observanzbestrebungen im spätmittelalterlichen Ordenswesen (ed K. Elm), Berlin 1989, S. 24 ff. – Ders.: Benediktinische Reformbewegungen und klösterliches Bildungsstreben: die rheinischen Abteien der Bursfelder Kongregation, in: Rottenb. Jahrb. KG 11 (1992), S. 161 ff. – 900 Jahre Kloster Bursfelde. Reden und Vorträge zum Jubiläum 1993 (ed. L. Perlitt), Göttingen 1994. – Elm, K.: Monastische Reformen zwischen Humanismus und Reformation, ebd., S. 59 ff. – Albert, M.: Das erste Kapitel der Bursfelder Kongregation 1446, in: SMGB 106 (1995), S. 293 ff. – Seibrich, W.: Gegenreformation als Restauration. Die restaurativen Bemühungen der alten Orden im Reich 1580 bis 1648, Münster 1991. – Arnold, K.: Johannes Trithemius (1462–1516) (QFGBW 23), Würzburg ^{2}1991. – Helmrath, J.: Capitula (wie oben, siebtes Kapitel: Reformkreis von Melk, Bibliogr. 5), S. 369 ff. – Neidinger, B.: Pius II. und die Klosterreform in Deutschland. Eine Problemskizze, in: Vita Religiosa im Mittelalter Festschrift für K. Elm zum 70. Geburtstag, Berlin 1999, S. 629 ff. – Ziegler, W.: Die Bursfelder Kongregation, in: Germ. Ben. I (1999), S. 315 ff., 352 f. (mit erschöpfenden Quellen- und Literaturangaben). – Müller, H.: Habit und Habitus, S. 97 ff. – Bodarwé, K.: Der weibliche

Zweig der Benediktiner, in: Macht des Wortes, Bd. I, S. 114ff. – Dell'Omo, M.: Storia, S. 308ff. – Melville, G.: Die Welt, S. 265f. – Dartmann, Ch.: Die Benediktiner, S. 134ff.

8. Die deutsche Legation des Nikolaus von Kues (1451/52)

◊ (Quellen): Zibermayr, I.: Johannes Schlitpachers Aufzeichnungen als Visitator der Benediktinerklöster in der Salzburger Kirchenprovinz. Ein Beitrag zur Geschichte der Cusanischen Klosterreformen (1451–1452), in: MIÖG 30 (1909), S. 258ff. (mit Textedition). – Acta Cusana. Quellen zur Lebensgeschichte des Nikolaus von Kues, Bd. I, Lieferung 2 (1437 Mai 17–1450 Dezember 31); Lieferung 3a (1451 Januar – September 5); Lieferung 3b (1451 September 5–1452 März) (ed. E. Meuthen), Hamburg 1966/83.

◊ (Literatur): Zibermayr, I.: Die Legation des Kardinals Nikolaus Cusanus und die Ordensreform in der Kirchenprovinz Salzburg (Reformationsgeschichtliche Studien und Texte 29), Münster 1914. – Thoma, F.: Art.: Schlitpacher, Johann OSB, in: LThK 9 (1937), Sp. 274f. (guter Überblick über die noch nicht edierten, zahlreichen Werke des „Humanisten" Schlitpacher). – Koch, J.: Nikolaus von Cues und seine Umwelt. Unterss. zu: Cusanus-Texte IV, Briefe. Erste Sammlung, in: Sbb. Heidelb. Akad. d. Wiss., Phil.-Hist. Kl. (1944/48), 2. Abh., S. 5ff. – Schmitz, Ph.: Geschichte III, S. 184ff. – Ders.: Histoire VII (Les moniales), S. 109ff.; Hilpisch, St.: Benediktinerinnen, S. 70f. – Meuthen, E.: Nikolaus von Kues 1401–1464. Skizze einer Biographie, Münster [2]1964. – Ders.: Die deutsche Legationsreise des Nikolaus von Kues 1451/52, in: Lebenslehren und Weltentwürfe im Übergang vom Mittelalter zur Neuzeit. Politik – Bildung – Naturkunde – Theologie (edd. H. Boockmann u. a.), (Abhdll. der Akad. d. Wiss. Göttingen, Phil.-Hist. Kl. 3, Folge 179), Göttingen 1989, S. 421ff. – Ders.: Das Itinerar der deutschen Legationsreise des Nikolaus von Kues 1451/1452, in: Beihefte zum Archiv für Kulturgeschichte, H. 39 (Papstgeschichte u. Landesgeschichte. Festschr. für Hermann Jakobs, edd. J. Dahlhaus u. a.), Köln 1995, S. 473ff. – Ders.: Cusanus und die Orden. Aus der geistigen Welt des späten Mittelalters, in: Vorträge der Aeneas-Silvius-Stiftung an der Univ. Basel 32 (1996), S. 5ff. – Rinser, J.: Tegernseer Kosmos: Zwischen Gelehrtengesprächen und Reformbemühungen. Betrachtungen zum Briefwechsel zwischen Nikolaus von Kues und den Tegernseer Mönchen Kaspar Aindorffer und Bernhard von Waging, in: Bischof, F. X./Thurner, M. (edd.): Die benediktinische Klosterreform (wie oben, siebtes Kapitel: Konzil von Konstanz, Bibliogr. 1), S. 185ff.

9. Versuche zur Bildung überregionaler Verbände der „schwarzen Mönche"

◊ (Quellen): Pius II., Papst (1458–64), Bulle vom 3.11.1461 (*Inter nostri cordis archana*), Volk, P. (ed.): Urkunden zur Geschichte der Bursfelder Kongregation, Nr 29 (Kanonistische Studien und Texte 20), Bonn 1951, S. 109–112.

◊ (Literatur): Molitor, R.: II, S. 1ff.; 37ff.; 72ff. – Schmitz, Ph.: Geschichte III, S. 186ff.; IV, S. 124ff. – Becker, P.: Benediktinische Reformbewegungen,

S. 183 ff. – Hermann, F.: Versuche zur Gründung einer allgemeinen deutschen Benediktinerkongregation, in: Germ. Ben. I (1999), S. 419 ff. (mit umfangreicher Lit.). – Kaup, S.: Bernhard von Waging – sein literarisches Werk als Spiegel zentraler Themen der benediktinischen Klosterreform, in: Bischof, F. X./Thurner, M. (edd.): Die benediktinische Klosterreform (wie oben, siebtes Kapitel: Konzil von Konstanz, Bibliogr. 1), S. 11 ff.

Achtes Kapitel
Zwischen Reformation und Aufklärung (16.–17. Jahrhundert)

1. Reformation und Klostergemeinschaften

Die Zeiten der Reformation bedeuteten für monastische Gemeinschaften jeglicher Provenienz eine Periode zunächst großer Verluste, später aber auch nicht selten weitgreifender Neuerungen. Die Einbrüche hatten den Anfang genommen mit der Selbstauflösung einzelner Gemeinschaften unter Einfluss der kirchenkritischen, zu Reformen drängenden Predigten und Schriften Martin Luthers und anderer Reformatoren, führten bald aber – verstärkt innerhalb einiger Landschaften durch den antiklerikal und antifeudal geführten „Bauernkrieg" – zum Ruin zahlreicher Klöster. In der Phase der „Fürstenreformation" (nach 1525) und verstärkt nach dem Reichstag zu Augsburg von 1555 – seit dem 17. Jahrhundert im religionspolitischen Ergebnis mit der populären Kurzform *cuius regio huius et religio* etikettiert – folgten dann beinahe flächendeckende Auflösungen der Gemeinschaften dort, wo der Landesherr oder der Rat der Stadt das neue Bekenntnis vorgaben.

Die schweren Einbrüche in den Klosterlandschaften während der Reformationszeit waren nicht selten aber auch durch den desaströsen Zustand vieler Gemeinschaften begünstigt worden. Bereits seit dem 13. Jahrhundert – um auf einige wesentliche Mängel lediglich hinzuweisen – ist häufig ein Schrumpfen der Gemeinschaftsstärke auf weniger als 10 Mitglieder zu beobachten, verursacht u. a. durch Adelsvorbehalt, durch Abwandern zu neuen Orden und geistlichen Gruppierungen (vor allem zu den Bettelorden und den Beginen), durch ruinierte Ökonomien und hohe Verschuldung vieler Gemeinschaften, die nicht selten über Generationen unter dem Zugriff von Kommendataräbten zu leiden hatten. Besitzentfremdung und Parzellierung des Klostervermögens in Pfründen taten das Ihre. Darüber hinaus mangelte es weithin an spiritueller und asketischer Disziplin, sichtbar etwa in der Vernachlässigung eines regulären Gemeinschaftslebens, im Tragen von weltlicher Kleidung und Schmuck (in Frauengemeinschaften vornehmlich), im Feiern von Festgelagen sowie generell in der Umgehung von Klausur und der Missachtung der Gelübde. Es versteht sich, dass solche Gemeinschaften, von keiner spätmittelalterlichen Reformwelle je erreicht, den kritischen Argumenten und neuen Lehren der Reformatoren kaum ernsthaften Widerstand entgegenbringen konnten. Auch sympathisierten solche Konvente mit den Annehmlichkeiten der neuen Praxis, die auf asketische Anstrengungen und aufwendige alltägliche liturgische Zeremonien verzichtete. Manchem Abt und mancher Äbtissin eröffnete sich jetzt die unerwartete Möglichkeit, sich guten Gewissens von Rom mit seinen ständigen Taxen, Sonderabgaben und kanonischen Strafen lossagen zu können. Und dem Landesherrn schließlich bot sich die verführerische Aussicht, bei Durchführung einer Säkularisation auf die Klostergüter zugreifen zu können.

Neben solch „begünstigenden" (Elm, K.: Verfall und Erneuerung, S. 188 ff) Faktoren ist die zentrale Ursache für die Veränderungen der Klosterlandschaften allerdings in der theologischen Position der Reformatoren zu sehen, die das asketische Lebensideal als Weg zu individueller Heilssicherung rigoros ablehnten, im asketischen Lebensentwurf eine Form wirkungs- und sinnloser Werkgerechtigkeit sahen, die im Widerspruch stehe zu dem – einzig durch die Gnade der Erlösungstat wirksamen – Heilsversprechen des NT.

Und es war bekanntlich Luther, der die ausführliche, biblisch-theologische Begründung dieser Fundamentalposition geleistet hat: zum einen in den beiden, als Disputationsvorschläge gedachten Thesenreihen *Themata de votis* (Werke, WA 8, S. 323 ff.), zum andern und hauptsächlich aber in der Abhandlung *De votis monasticis iudicium* (Werke, WA 8, S. 573 ff.), der „Magna Charta" gleichsam für die Bewertung des monastischen Gelübdes seitens der Reform. Mit diesen Abhandlungen versuchte Luther, damals noch Augustinereremit strenger Observanz, 1521 von der Wartburg aus, die Diskussion zu beenden, die nach seiner Abwesenheit von Wittenberg dort losgebrochen war durch die Verbreitung radikaler Positionen zu Zölibat und Mönchtum, vorgetragen durch Melanchthon, Karlstadt und den Mitbruder Gabriel Zwilling. Methodisch führte Luther dabei alle in seinen Schriften verstreuten älteren Einlassungen zu diesem Problemfeld zusammen, in der Absicht, im Namen der „Evangelischen Freiheit" (Brief an Melanchthon, WA Br 2, S. 384) die jungen Mönche „aus dieser Hölle des Zölibates zu befreien" (Brief an Spalatin 1521, WA Br 2, S. 403). Ausgehend von dem Fundamentalsatz aus Röm 14,23: „Alles, was nicht aus Glaube geschieht, ist Sünde" (*Omne quod non est ex fide, peccatum est*; Werke, WA 8, S. 323), findet Luther in fünf separaten Beweisgängen – im Modus des Indizienbeweises, nicht deduktiv argumentierend – zu dem Schluss: Mönchsgelübde mit Ewigkeitsgeltung widersprechen a) dem Worte Gottes; b) dem Glauben; c) der evangelischen Freiheit; d) den Geboten Gottes; e) der *ratio*. Aus der Unterscheidung zwischen göttlichem Recht (den Geboten) und menschlichen Satzungen (u. a. den Gelübden) folgt letztlich: Das Gelübde, welches in der Überzeugung geleistet wird, durch Armut, Keuschheit und Gehorsam das Heil erlangen zu können, verstößt gegen die Freiheit der Gnade, die einzig durch die Erlösungstat Christi geschenkt und in der Taufe vermittelt wird; das Gelübde, das man aus Gründen des

Gewissens nicht halten kann, darf gelöst werden; um die Keuschheit zu wahren, bedarf es des asketisch-monastischen Ideals keineswegs, da Enthaltsamkeit auch im Ehestand gewahrt werden kann. Der Ordensstand ist also keineswegs notwendig, um das individuelle Heil zu erreichen; das monastische Gelübde sollte nur auf Widerruf versprochen werden („solange ich es halten kann") und nicht als unauflöslich gelten. (*Videtur ergo forma voti apud Deum sic habere: Voveo castitatem, quam diu possibilis fuerit, si autem servare nequiero, ut liceat nubere*; Werke, WA 8, S. 633f. [*De votis monasticis iudicium*, 1521].)

Die Botschaft Luthers – im Vorfeld noch von anderen Reformatoren mit vorbereitet und nach ihrer Veröffentlichung, wie zu erwarten, von Vertretern des alten Bekenntnisses scharf zurückgewiesen – traf offensichtlich einen Nerv der Zeit und führte quer durch alle Orden und Observanzen zu einer Welle von Austritten. In nicht wenigen Fällen kam es dadurch zu beträchtlichen Verschiebungen und Veränderungen in den betroffenen Gemeinschaften und nicht selten auch zu Auflösungen. Luther selbst blieb zunächst in seinem *status* (bis 1525), äußerte sogar angesichts der zahlreichen Klosteraustritte Zweifel an der Ernsthaftigkeit mancher, die sich hier auf seine Lehre beriefen.

Die von den Veränderungen betroffenen Gemeinschaften boten ganz unterschiedliche und bisweilen auch ungewöhnliche Erscheinungsbilder. Die Palette der Möglichkeiten reichte – bei den Männer- wie den Frauenklöstern – von rigorosen bis zu kuriosen neuen Formen. Es gab Gemeinschaften, die schlicht zu existieren aufhörten, weil die Mitglieder freiwillig in die Welt zurückkehrten; andere Fälle, wo Anhänger des neuen und des alten Bekenntnisses nebeneinander weiter in demselben Kloster lebten; solche sogar, die sich einen verheirateten Abt an die Spitze wählten; andere Gemeinschaften, die geschlossen mehrfach von einem zum anderen Bekenntnis wechselten; nicht wenige, die in Kanonissen- und Chorherrenstifte oder in Schulen umgewandelt wurden, und schließlich jene, die durch Dekret des Landesherrn oder des Rates der Stadt säkularisiert und deren Mitglieder gegen eine Entschädigung in die Welt entlassen wurden. Trotz aller Nachsicht, die im Großen und Ganzen den Prozess der Veränderungen begleitete, war von reformatorischer Seite wohl zu keiner Zeit an eine Reform der Klöster gedacht, sondern letztlich deren Auflösung beabsichtigt. Das für die Gemeinschaften im protestantischen Zuständigkeitsbereich durchgängig auftauchende Verbot, neue Novizen aufzunehmen, verweist deutlich in diese Richtung.

Die Einbrüche in den Reihen der „schwarzen Mönche" infolge der Reformation waren erheblich. In den geschlossen protestantischen Gebieten Deutschlands kam es zunächst zu flächendeckenden Verlusten. So in Brandenburg, Pommern, Ostpreußen, Mecklenburg, Schleswig-Holstein,

Thüringen, Hessen, Sachsen, Niedersachsen. Partielle Verluste erlitten die Regionen und Herrschaften, die weiterhin ganz oder doch teilweise zur alten Lehre standen: Bayern, Baden, Württemberg, Rheinlande, Westpreußen, Westfalen, Nassau, Oberhessen und Schlesien. Aber selbst geistliche Herrschaften beklagten durchaus Verluste.

Für das übrige Westeuropa (außerhalb Deutschlands) lässt sich Ähnliches beobachten: Die Klostergemeinschaften und mit ihnen die „schwarzen Mönche" verschwanden in all jenen Ländern, deren Monarchen sich für die neue Lehre entschieden hatten. So in: Norwegen, Schweden, Dänemark, Island und (dem schismatischen) England. Große Einbrüche lassen sich darüber hinaus in Holland, der Schweiz (vornehmlich in der Westschweiz sowie im Waadt) und Österreich verzeichnen, während Italien, Spanien und Portugal weniger berührt wurden.

Den Verlust an Klöstern der „schwarzen Mönche" in Westeuropa im Kontext der Reformation beziffern zu wollen, ist derzeit nur ungefähr möglich, da präzise Vorarbeiten in ausreichendem Umfang (flächendeckend) noch fehlen. Zwar liegen vorbildliche Aufarbeitungen zu einzelnen Ländern und Orden bereits vor – wie etwa für die Schweiz (mit allen Orden), für England (alle Orden sowie die Gemeinschaften nach *RB*) oder Deutschland (mit der Germania Benedictina, wo neuerdings neben den Männer- auch die Frauengemeinschaften sowie die Zisterzienser einbezogen werden). Insgesamt aber reichen die Vorarbeiten noch nicht zu flächendeckenden und zuverlässigen Aussagen für Westeuropa insgesamt aus.

Den älteren Stand der Dinge verzeichnet Danzer (Benediktinerklöster 1929, S. 399ff.), der für den Zeitraum von 1525–1648 „in den damals deutschen Landen" einen Verlust unter den „schwarzen Benediktinern" von 95 Männer- und 75 Frauenabteien mit 35 Männerprioraten und sieben Frauenprioraten verzeichnet. Für Westeuropa insgesamt findet sich hier ein Verlust von ca. 780 Gemeinschaften allein der „schwarzen Benediktiner" (neben 460 Abteien der Zisterzienser sowie 20 Gemeinschaften anderer Zweigorden nach *RB*) angegeben. (Die durch die Reformation europaweit verursachten Verluste unter *allen* Gemeinschaften nach *RB* – die „schwarzen Benediktiner" und alle Zweigorden mit *RB* also einbegriffen – beziffert Danzer, a. a. O., schließlich „auf zusammen über 1260 Klöster".)

Diese älteren Statistiken bleiben allerdings durch zwei noch offene Fragen problematisch: Einmal bleibt weitgehend unklar, ob die – in unterschiedlicher Weise jeweils Männerklöstern zugeordneten – Frauengemeinschaften als eigenständig gezählt oder als abhängig übergangen werden. Zum andern wäre konsequent zu berücksichtigen – was dem Autor durchaus aber bereits klar war –, dass in zahlreichen Klöstern das monastische Leben durch reformatorische Störungen zeitweise zwar unterbrochen, aber nach einer gewissen Erholungs- und Aufbauzeit wieder regulär fortgesetzt worden ist, ein Vorgang, der vornehmlich im Kontext des Bauernkrieges zu beobachten ist.

2. Das Konzil von Trient (1545–1563) und die Ordensreform

Obwohl schon während der ersten Tagungsperiode (1545–1547) Vorbereitungen zu einer umfassenden, allgemeinen Ordensreform eingeleitet worden waren, fand man erst in der Schlusssitzung, in *Sessio* XXV vom 3./4. Dez 1563, unter Zeitdruck (und vermutlich auch unter Einfluss der anwesenden Reformer aus monastischem Milieu) zu Verhandlungen über die geistlichen Orden und Verbände. Vor dem Hintergrund der theologisch fundamentalen, antilutherischen und anticalvinistischen Beschlüsse der vorhergehenden Sitzungen – Gegenstände waren hier etwa die Rechtfertigungslehre, die Lehre über das Verhältnis von Schrift und Tradition, die Gnadenlehre u. a. – kam es nach kurzer Diskussion der anstehenden Probleme in Eile zur Verabschiedung von 22 Kapiteln (*Sessio* XXV, Dekret III: *Über Mönche und Nonnen*). Dabei handelt es sich dann lediglich um Ausführungsbestimmungen und Modifikationen zu geltenden Konstitutionen der Orden und Verbände insgesamt – die „schwarzen Mönche" standen hier also keineswegs im Mittelpunkt, waren lediglich Mitbetroffene –, ohne aber in deren innere Struktur oder Verfassung einzugreifen. Es finden sich hier auf der Ebene des allgemeinen Ordensrechts lediglich – einige Beispiele mögen genügen – Präzisierungen zum Noviziat, zur Wahl des Vorstehers, zur Güterverwaltung, zum Umgang mit Besitz, zur Ausübung der Seelsorge durch Mönche, zum Kommendenwesen, zu den Rechten und Pflichten der Bischöfe gegenüber den Klöster ihres Bistums.

Darüber hinaus wandten sich die Konzilsväter mehrfach ausschließlich an die Frauengemeinschaften, was deren besondere Probleme ins Licht rückt. Es handelte sich dabei – um auch hier nur die zentralen Verfügungen zu erwähnen – um Anordnungen zu Wahl, Alter (nicht jünger als 40 Jahre und 8 Jahre nach der Profess) und Kompetenzen (Leitung nur einer Gemeinschaft) der Äbtissin; um Bestimmungen zu Einkleidungs- (nicht vor 12 Jahren), Noviziats- (Dauer ein Jahr) und Professalter (nicht vor 16 Jahren); um Vorschriften zur gemeinschaftsinternen Beicht- und Kommunionpraxis (monatlich einmal). Besonderen Stellenwert für eine Erneuerung der Frauengemeinschaften kommt den cann. 17 u. 18 zu mit dem strikten Verbot, unter Zwang den Eintritt in eine Gemeinschaft zu veranlassen oder zu verhindern; mit der – auf Erlasse Bonifatius' VIII. von 1298 sich berufenden – Verpflichtung zur Einhaltung der strengen Klausur wie des strikten Introitusverbotes für Männer (einschließlich für den Ortsbischof); schließlich mit der entschiedenen Absage an Privatbesitz u. a. – Insgesamt beabsichtigte das Konzil also keine grundlegende Reform – keine der älteren Ordenskonstitutionen wurde aufgehoben –, vielmehr hielt man sich an den traditionellen Rahmen und beließ es bei der Vorgabe eines „Rahmengesetzes".

Von besonderer Bedeutung allerdings blieb jene, die geltende Traditionen erneuernde und ergänzende Aufforderung in Kap. 8: „Alle Klöster, die (noch) nicht Generalkapiteln oder Bischöfen unterstehen und keine zuständigen Visitatoren ihres Ordens haben, vielmehr nach Gewohnheit unter der unmittelbaren Obhut und Leitung des Apostolischen Stuhls stehen … (sollen sich) … innerhalb eines Jahres nach Ende dieses Konzils und von da an alle drei Jahre zu Zusammenkünften bequemen (*sese in congregationes redigere*) und zwar gemäß der Konstitution *In singulis* Innozenz' III. …" (COD III, S. 779). Gemeint waren damit alle – und vornehmlich auch die exemten – Gemeinschaften, die sich noch keiner Regulierung unterzogen hatten, also noch keinem Verband angehörten. Diese sollten Verbünde bilden und sich alle drei Jahre zu einem gemeinschaftsübergreifenden (General-)Kapitel zusammenfinden, wie es bereits can. 12. des IV. Lateranum gefordert hatte.

Mit Kap. 8 versuchte das Konzil also eine Lücke zu schließen in dem Bemühen, die Klöster aller Observanzen und Rechtsformen auf Verbandsbildung zu verpflichten. Die Weisung, sich dabei im Sinne von *In singulis* zu organisieren – d. h. mit Einführung von Verbandskapitel, Präses und Visitationen, aber als Verband im Rahmen der Kirchenprovinzen und nicht als diese überschreitende, zentralistisch geführte Kongregation nach dem Beispiel der Zisterzienser oder S. Justinas –, lässt dabei eines der Hauptziele des Konzils deutlich werden: die Stärkung und Erweiterung der episkopalen Aufsichts- und Ordnungsfunktion.

3. Die vortridentinischen Verbände zwischen Ausklang und Konsolidierung

Jene Reformkreise der „schwarzen Mönche", deren Anfänge noch in die Periode vor Trient zurückreichten, gingen im 16. Jahrhundert unterschiedliche Wege. Einige dieser Verbünde erneuerten sich nach den Empfehlungen des Konzils, blieben innovativ für die Zukunft und werden vor diesem Hintergrund daher auch weiter von Interesse bleiben im Rahmen der folgenden Darstellung nachtridentinischer Neuerungen insgesamt.

Dagegen gelang anderen dieser ehemals einflussreichen Reformgruppen die innere Erneuerung im Geiste des Konzils nicht mehr, darunter u. a. die Verbünde von Melk, Fulda, Trier, Kastl und in besonderer Weise auch jener von Cluny. Deren Reforminitiativen waren verblasst, ihre Innovationskraft geschwunden und es zeichnete sich deutlich ihr Niedergang ab. Die Entwicklung hin zur Bedeutungslosigkeit rechtfertigt es dann auch, diese Verbünde – Cluny ausgenommen – aus dem Horizont der folgenden Darstellungen auszublenden. Die Ausnahme im Falle von Cluny mag sich dabei durch den Umstand rechtfertigen, dass die Komplexität der Verhältnisse nirgends so deutlich ins Licht tritt wie in der langsamen Agonie dieses ehemals europaweit einflussreichen Verbandes.

a) Cluny

Für Cluny, den einflussreichsten unter den älteren Reformverbänden, hatte sich der schleichende Niedergang, wie oben skizziert, bereits durch das gesamte Spätmittelalter hingezogen und setzte sich dann auch im 16. und 17. Jahrhundert fort. Schon seit der Mitte des 15. Jahrhunderts nur noch auf französisches Herrschaftsgebiet beschränkt und seit 1529 unter Kommendataräbten stehend, erlitt die Kongregation in diesen Jahrhunderten schwere Schäden. Denn diese Äbte hatten es nicht nur auf die Einkünfte aus der *mensa abbatialis* abgesehen, sondern griffen als Obere des Verbandes auch in die innere Struktur ein.

Und diese Missstände hatten sich infolge der Hugenottenkriege (1567–1570) und innerer Einbrüche – wie dem Ausfall der Generalkapitel zwischen 1571 und 1600 – schließlich noch gesteigert. Seit der zweiten Hälfte des 17. Jahrhunderts wurde der Verband dann in einen Strudel von Reform- und Unionsversuchen hineingezogen, die aber nur Desorientierung mit sich brachten und allesamt gescheitert sind: die Bemühungen nämlich unter dem Kommendatarabt Ludwig von Lothringen, Kardinal von Guise (1612–1621), ebenso wie letztlich die des Kommendatarabtes Richelieu († 1642), der eine vergebliche Zusammenführung von Cluniazensern, Maurinern und St. Vanne versucht hatte. (Richelieu besaß 20 Abteien und war Kommendatarabt nicht nur von Cluny, sondern auch von Cîteaux und Prémontré mit beträchtlichen Besitzungen außerhalb Frankreichs.)

Diese unsteten Verhältnisse führten schließlich zu einer Spaltung im Verband und zur Ausbildung einer neuen Reformgruppe, so dass künftig zwei Observanzen mit eigenen Obern und Statuten unter dem Dach einer Kongregation existierten: die „Reformmönche der strengen Observanz" (*les religieux de l'Étroite observance*) und „die Mönche der alten Observanz" (*les religieux de l'Ancienne observance*). 1646 trat das erste Generalkapitel mit Teilnehmern beider Gruppen unter einem Generalabt zusammen. Auch ein letzter Reform- und Einigungsversuch mit St. Vanne, 1654 vom Kommendatarabt Mazarin († 1661) in die Wege geleitet, scheiterte. Der Verband von Cluny wurde fortan von einem Generalabt und einem Generalkapitel geführt, blieb aber in zwei Observanzen gespalten. Die „alte Observanz" endete 1788 durch Erlass des Staatsrates unter Ludwig XVI. und mit der Bestätigung durch Pius VI., wobei die Gemeinschaften teils säkularisiert, teils in Chorherrenstifte umgewandelt worden sind. Die „strenge Observanz" hatte Bestand bis zur Revolution und zählte 1789, unmittelbar vor ihrer Auflösung durch das Gesetz vom 13. Jan. 1790, noch 35 Klöster mit 301 Mönchen. Einige dieser Mönche starben als Martyrer im Revolutionsgeschehen, die Mehrzahl wurde deportiert.

Der Verband wurde säkularisiert, die Hauptklosteranlage in Cluny zum Verkauf angeboten und schließlich abgerissen. Das Inventar und auch Teile der Bibliothek wurden verschleudert. Die Basilika, einst eine der größten und großartigsten Kirchen der abendländischen Christenheit, wurde von den Bürgern der Stadt abgerissen. Erhalten sind lediglich Teile des rechten Querschiffs der Basilika mit einem Turm sowie Überreste des 1750 erst erneuerten Konventsgebäudes.

b) Cassinensische Kongregation (alias S. Justina)

Unter den Klöstern der „schwarzen Mönche" in Italien führten die Impulse, die von Trient ausgingen, zunächst nicht zur Bildung neuer Kongregationen. Es kam hier vielmehr zu einer Neubelebung der bestehenden *Cassinenser Kongregation*. Dieser starke Verbund – mit etwa 60 bis 80 Klöstern – machte eigentlich für das gesamte 16./17. Jahrhundert die Geschichte der „schwarzen Mönche" in Italien aus und erwies sich auf der politisch vielfach zersplitterten Halbinsel gar als religiös und kulturell stabilisierender Faktor. Aufgrund der straffen Organisation des Verbandes – u. a. waren in den Gemeinschaften alle Dignitäten, einschließlich der Leitungsämter (Abt/Prior bzw. Äbtissin/Priorin) nur auf Zeit (*pro tempore*) vergeben, wie oben ausgeführt – befanden sich die Gemeinschaften durchweg in gutem Zustand. Dafür spricht nicht nur die Tatsache, dass man in der ersten Hälfte des 16. Jahrhunderts acht Veröffentlichungen der *RB* (z. T. mit Kommentar und Übersetzung; Erstdruck 1523 Venedig) auf den Weg brachte. Es belegt dies auch der Umstand, dass zahlreiche Persönlichkeiten aus den Reihen der Kongregation zu Bischöfen und Kardinälen aufstiegen, und der Verband großen und langdauernden Einfluss auf nachtridentinische Kongregationsbildungen in Frankreich, Belgien, Spanien, Portugal, England, Deutschland und Polen ausüben konnte. Dabei favorisierte die Kongregation weniger das Außenapostolat – nicht in verstärkter Ausübung von Seelsorge noch gar in besonderem Engagement für Frauengemeinschaften –, neigte vielmehr zum Rückzug in Gebet und Betrachtung (mit Hang zum Eremitentum) und bemühte sich intensiv um die spirituelle und intellektuelle Ausbildung ihrer Mitglieder, was u. a. die überaus reichen, schriftlichen Kontakte zur Kongregation der Mauriner belegen.

Der gute Zustand der Kongregation während des 17. Jahrhunderts resultierte aber auch aus einigen organisatorischen Neuerungen und Anpassungen innerhalb des Verbandes. Vorweg darf hier an die Reformaufforderung Clemens' VIII. gegen Ende des 16. Jahrhunderts an die Adresse der Kongregation erinnert werden (Bulle: *Commissum nobis ex alto* [6. März 1593]). Vor allem aber bleibt die Aufteilung der Kongregation in 7 Provinzen – Rom, Venedig, Lombardei, Toscana, Ligurien, Neapel und Sizilien – durch Paul V. (1607) zu erwähnen (Paul V., *Cum, sicut accepimus* [16. April 1607]), eine interne Strukturmaßnahme zur leichteren Führung und Verwaltung des Verbundes. Tangiert wurde die Kongregation auch von der Initiative unter Innozenz X., als Rom auf Basis der (zuvor erhobenen) Wirtschaftsdaten aller Klöster Italiens deren maximale Mitgliederzahl nach Maßgabe der einzelnen Observanz festzulegen suchte (Innozenz X., *Inter caetera* [17. Dez. 1649]), eine Maßnahme zur „Bereinigung" des gesamten Ordenswesens, bei deren Durchführung es dann durchaus auch zu Aufhebungen und Unterdrückungen kleinerer, nicht lebensfähiger Gemeinschaften gekommen ist (Innozenz X., *Instaurandae regularis disciplinae* [15. Okt. 1652]).

Als besonderes Anliegen galt der Kongregation – sie umfasste um 1650 etwa 2400 Mönche in Italien, davon etwa 150 in S. Justina (Padua) und 120 in Montecassino – schließlich die Sorge um die asketische und intellektuelle Ausbildung des Nachwuchses. Einer endgültigen Ausbildungsordnung, wie sie dann 1687 vorlag, gingen dabei mehrere Provisorien voraus: Zunächst die Benennung von 16 Gemeinschaften als zentrale Orte für ein *studium generale* im Anschluss an die Einteilung der Kongregation in Provinzen unter Paul V. (1607); dann 1642 die Bestimmung, in Gemeinschaften von mehr als 12 Mönchen allgemeines Wissen, vornehmlich aber Bibelwissen zu unterrichten; schließlich als letztes Vorgängerprojekt der Beschluss des Generalkapitels von 1678, ein Kolleg für philosophische und theologische Studien in St. Paul v. d. M. (Rom) einzurichten. All diese Vorläufe fanden dann ihren Abschluss mit Errichtung des Studienhauses Sant'Anselmo in St. Paul v. d. M. (Innozenz XI., *Inscrutabili* [24. Okt. 1687]). Im Winter fand der Unterricht in St. Paul statt, während man sich in der Sommerzeit in S. Callisto (Trastevere) aufhielt. Neben den Mitgliedern der eigenen Kongregation waren auch fremde Mönche gegen Zahlung einer Pension zum Studium zugelassen.

Der Unterricht war für die Mönche auf drei, die Lehrtätigkeit der Professoren auf sechs Jahre beschränkt. Aus diesem Studienbetrieb gingen im Verlauf des 17. Jahrhunderts zahlreiche gelehrte Personen hervor. Besondere Erwähnung verdient dabei Benedetto Bacchini (Abt von San Pietro di Modena, † 1721), der die wissenschaftliche Methode der Mauriner praktizierte und nach Italien vermittelte, wo sie dann unter dem Schüler Ludovico Antonio Muratori (Priester, † 1750) zur Blüte gelangte, was den Beginn der modernen Geschichtswissenschaft in Italien bedeutete.

Im letzten Drittel des 17. Jahrhunderts kam es zu einer entscheidenden Veränderung in der Verfassung des Verbandes, als man unter dem Protektor Kardinal Francesco Barberini († 1679), den Delegierten der Mitgliedsabteien – den Konventualen – alle Rechte im Kapitel entzog, einschließlich des Privilegs der Anwesenheit daselbst. In der Konstitution von 1680 finden sich die Konventualen denn auch nicht mehr erwähnt. Damit lag die Führung der Kongregation allein in den Händen des Präses, des jetzt reduzierten, lediglich noch aus Äbten und Prioren der Mitgliedgemeinschaften bestehenden Generalkapitels sowie des Generalprokurators in Rom. Auch wurde in diesen Jahren der Sitzungsrhythmus der Generalkapitel gelockert, allerdings mit gravierenden Folgen: Während im Verlauf von 240 Jahren fast in jährlichem Rhythmus ein Generalkapitel zusammengetreten war, geschah dies ab 1670 nur noch in einem Turnus von zwei und seit 1680 lediglich von drei Jahren.

Zu den herausragenden Abteien des Verbandes zählten während des 17. Jahrhunderts in Italien: Montecassino, S. Paolo f. l. m. (Rom), S. Benedetto di Polirone (mit 38 Pfarreien), S. Severino (Neapel), Monreale (wo die Mönche gleichzeitig das Domkapitel stellten).

c) Tarragona / Saragossa (*Claustrales*)

In Spanien waren seit dem Hochmittelalter vornehmlich Zisterzienser, Augustiner, Karmeliter, Dominikaner, Franziskaner in Erscheinung getreten, während die „schwarzen Mönche“ hier eher eine untergeordnete Rolle spielten. Doch existierten zur Zeit des Tridentinums auf der Halbinsel noch zwei Verbände der *monachi nigri* aus vorreformatorischer Zeit: Die *Claustrales* (die Kongregation der vereinigten Kirchenprovinzen Tarragona / Saragossa) sowie die *Observantes* (die Kongregation von Valladolid).

Die *Claustrales* mit Ausbreitung in Katalonien und Aragon hatten ihren Mittelpunkt in San Pablo (Barcelona) und beharrten nach Trient zunächst stolz auf ihrer traditionellen Linie, wie sie seinerzeit in der *Benedictina* unter Benedikt XII. (1334–1342) – also lange noch vor den Reformkongregationen von S. Justina oder Bursfelde – vorgegeben worden war. Die dem Tridentinum folgenden, langwierigen Auseinandersetzungen um die anstehenden neuen Reformen, die Philipp II. (1556–1598) sowie die Päpste Sixtus V. (1585–1590) und vornehmlich Clemens VIII. (1592–1605) durchzusetzen versuchten, brachten der Kongregation – sie umfasste damals etwa 20 Gemeinschaften – zeitweise fast den Untergang. (Unter anderem war vergeblich versucht worden, die *Claustrales* mit dem Verband von Valladolid [*Observantes*] zu fusionieren.) Unter König Philipp IV. (1621–1665) wurde die Reform schließlich durchgesetzt: 1662 wurden die älteren Konstitutionen (von 1361) durch neue ersetzt, die Gültigkeit besaßen bis zur Auflösung des Verbandes 1835.

Die Kongregation war exemt, das Kapitel tagte im Rhythmus von drei Jahren jeweils in San Pablo zu Barcelona. Seit 1672 existierte ein gemeinsames Noviziat, bei dessen Abschluss die Novizen auch die Profess ablegten. An der Universität Lérida wurde ein gemeinsames Kolleg für Kleriker unterhalten. Die Auflösung ereilte die Kongregation schließlich, nach Unterdrückung in den Revolutionskriegen unter Josef Bonaparte (1809–1813), in der spanischen Säkularisation 1835.

d) Valladolid (*Observantes*)

Die etwas jüngere, am vormaligen Verband S. Justina ausgerichtete, reformierte Kongregation von Valladolid, geläufig auch unter dem Namen *Observantes,* hatte ihren Mittelpunkt in S. Benito zu Valladolid und erstreckte sich über Kastilien, Asturien, Galizien und Navarra (mit Anschluss auch von Montserrat seit 1492). Die Kongregation war zur Zeit des Tridentinums voll ausgebildet, ruhte auf Statuten, die weitgehend – wenngleich unter Abweichungen bezüglich Wahl, Amtsdauer und Funktion ihres Abtes – denen der Cassinensischen Kongregation angeglichen waren und stand im 16. Jahrhundert auf dem Höhepunkt ihrer Ausstrahlung und ihres Einflusses. Zum Verband zählten um 1500 etwa 20, um 1600 bereits 40 Gemeinschaften. Großer Leistungen konnte man sich rühmen in der Universitätslehre, aber auch in der Pflege des Predigtwesens, das die Kongregation zum Fokus ihrer Außenbetätigungen gemacht hatte. Jedes Kloster des Verbandes besaß ein Reservoir an Predigern, die innerhalb der Gemeinschaft, in der Pfarrkirche und auf dem Lande tätig waren. 6 Prediger des Verbandes erhielten jeweils den Ehrentitel *Praedicator generalis,* hatten an den Kapitelssitzungen teilzunehmen, die theologische Lehre, den Umgang mit dem Kanonischen Recht und die Befolgung der Statuten zu überwachen. Daneben aber blieb die Kongregation stets in der Seelsorge präsent. Einige Abteien des Verbandes wurden sogar zu Diözesen erhoben (z. B. Sahagún) mit der Folge, dass diese Abteien häufig ein Reservoir für die Bischofsnachfolge wurden.

Gegen Ende des 16. und zu Beginn des 17. Jahrhunderts reichten die Aktivitäten der Kongregation sogar über Spanien hinaus: Montserrat – seit 1492 im Verband von Valladolid – gründete 1598 je eine Abtei in Mexiko-Stadt und in Lima. 1632 rief Kaiser Ferdinand II. Mönche der Kongregation nach Wien, die sogenannten „Schwarzspanier". Und nachdem 1636

Ferdinand III. das Kloster Emaus zu Prag an Montserrat gegeben hatte, erschienen spanische Mönche auch hier. Mit dem napoleonischen Krieg schließlich begann der Abstieg der Kongregation auch in Spanien, Vorgänge, in deren Verlauf San Benito, das Mutterkloster der Kongregation, schließlich zum Waffenlager herabsank.

e) Bursfelde

Unter den Reformbewegungen der „schwarzen Mönche" des Spätmittelalters, die im deutschen Sprachraum ihren Ausgang genommen hatten, kam in der Zeit nach Trient nur noch der von Bursfelde größere Bedeutung zu. (Um die Zusammenhänge nicht zu sehr zu zerreißen, ist auch die nachtridentinische Geschichte der Kongregation in wesentlichen Teilen bereits oben im siebten Kapitel, S. 203f zusammenhängend ausgeführt.)

Voll ausgebildet, umfasste der Verband zu Beginn der Reformationszeit etwa 90 Gemeinschaften und zeigte sich auch über die Reformationszeit hinaus zu Innovationen fähig. Bemerkenswert bleiben hier u. a. die Einbindung von Frauengemeinschaften in die Kongregation – wenngleich es sich noch nicht um eine wirkliche Inkorporation handelte – sowie die sukzessive Hochschätzung des anfänglich als reformschädlich abgelehnten Erwerbs von Bildung und Universitätswissen. Doch ist die Kongregation im Ganzen während der folgenden Jahrhunderte keine Hochburg der Wissenschaft geworden. Trithemius und Legipont blieben einsame Ausnahmen. (s. oben, S. 210f).

Mit der Reformation allerdings – der Name Luthers taucht erstmals 1524 in den Kapitelrezessen auf – begannen auch für diese Kongregation große Einbrüche. Die ersten schweren Verluste trafen den Verband während des Bauernkrieges (1525) und infolge der Säkularisationen durch die protestantischen Landesfürsten in Hessen, Kursachsen und Braunschweig-Lüneburg. Eine zweite Welle von Verlusten resultierte gegen Ende der 30er Jahre aus dem Übergang Sachsens und Württembergs (1540/42) sowie Braunschweig-Wolfenbüttels und Braunschweig-Calenbergs ins reformatorische Lager, ein Verlust, der den Übergang der Leitung der Observanz in die Hände der rheinischen Äbte notwendig machte. Ein dritter Einbruch erfolgte durch den Verlust der niederländischen Klöster nach dem Aufstand der Niederlande gegen Habsburg (1566). Im Zuge der Gegenreformation und der Rekuperationspolitik gelang im Einvernehmen mit Kaiser und Rom eine gewisse Erholung, aber gegen Ende des Dreißigjährigen Krieges war Bursfelde doch nur noch eine Kongregation unter anderen. (1634 ging auch die Mutterabtei dem Verband endgültig verloren, doch behielt man im Titel den Namen der Kongregation bis zu ihrer Auflösung bei.) 1780 fand das letzte (189.) Generalkapitel statt. Das Ende der

Kongregation kam schließlich mit Besetzung der linksrheinischen Gebiete durch die französischen Revolutionstruppen und mit den folgenden Säkularisationen. Der letzte Präsident der Kongregation war Bernhard Bierbaum von Werden († 1798). Mit der Säkularisation von 1803 war das Ende des Verbandes besiegelt. Die geistliche Tradition wurde von Lammspringe fortgesetzt. Und bis ins 20. Jahrhundert noch wurden – ein ehrenvoller Nachruhm – die Bursfelder Privilegien von den Päpsten verliehen: 1922 an St. Matthias (Trier) und 1943 an Maria Laach.

4. Neuanfänge im Geiste des Konzils

a) Neuer Typus und neue Selbstbezeichnung

Die Gemeinschaften nach *RB* erscheinen zwischen dem Tridentinum und der Aufklärung – grob gesprochen während des 16. und 17. Jahrhunderts also – in drei Kategorien: a) als nachtridentinische, neue Reformkongregationen; b) als die älteren (vortridentinischen) Reformverbände wie Cluny, Montecassino (S. Justina), Valladolid, Bursfelde u. a.; c) als reformwiderständige Gemeinschaften, die sich zu keiner Zeit einer Erneuerung zugewandt hatten. Dabei blieb die entscheidende, weil zukunftsweisende Gruppe jene der neuen Reformkongregationen, die im 16. und vornehmlich dann im 17. Jahrhundert ihre Blütezeit erlebten und die ihre Impulse teils schon aus den vortridentinisch-klosterinternen, vornehmlich aber durch jene, während des Konzils geführten, offenen Reformdiskussionen erhalten hatten.

Diese neuen Kongregationen gründeten, wie ihre Statuten zeigen, zunächst auf den allgemeinen Empfehlungen des Konzils und blieben insoweit auch in dessen traditioneller Linie. Darüber hinaus aber folgten sie in ihren Verfassungen nicht einfach jenem, vom Konzil in Kap. 8 empfohlenen Muster (nach dem IV. Lateranum), nämlich dem Typus der Provinzial- bzw. Diözesankongregation unter Führung des Ortsbischofs. Vielmehr erscheint jetzt – geleitet von der Einsicht weitblickender Reformer, dass nur straff geführte Verbände ein erneutes Scheitern der Reformanläufe verhindern könnten – neben Kongregationen des Musters von *In singulis* ein neuer Typus von Zusammenschluss, der Ähnlichkeiten eher mit den zentral geführten Verbänden von Cîteaux oder Montecassino-S. Justina als mit den traditionellen Kongregationen unter der Ägide des Bischofs besaß.

Es handelte sich bei diesem Kongregationstyp nicht mehr nur um den Verbund mehrerer Äbte oder Gemeinschaften unter einem gemeinsamen Oberen bzw. einem Generalkapitel, sondern – in bewusster Unterscheidung dazu – um einen zentral geführten (zentralistischen) Verband, der als juristische und moralische Person agierte (und die Vorstufe zur Ausbildung einer benediktinischen Korporation darstellte). Dabei entwickelten sich, den Status der einzelnen Mitgliedsgemeinschaften betreffend, innerhalb des zentralistischen Rahmens zwei „Klassen" von Verbänden (mit Mischformen jeweils): zum einen „föderalistische" Verbände, welche eher die einzelne Gemeinschaft in ihrer Individualität betonten (die einzelne Abtei ist die Familie; Geltung des *stabilitas loci*; Abbatiat auf Lebenszeit; Profess auf den eigenen Abt); zum andern „zentralistische" Verbände, welche die Kongregation über alle Mitgliedsgemeinschaften stellten (die Kongregation ist die Familie; auf sie wird die Profess geleistet; die Leitung des einzelnen Klosters [Abt/Prior] wird vom Generalkapitel auf Zeit gewählt; das Generalkapitel besitzt das Versetzungsrecht und kann die *stabilitas loci* aufheben).

Der neue Typus der Reformkongregation erfuhr Förderung auch durch das Papsttum von Pius V. (1566–1572) bis Paul V. (1605–1621), hatte andererseits aber durchgängig mit dem Widersand des Episkopats zu rechnen, der durch Verbandsbildungen – vornehmlich, wenn diese die Diözesan- oder gar Metropolitangrenzen überschritten – seine Aufsichtspflicht und folglich seine Einflussmöglichkeiten beschnitten sah.

Mit dem Auftreten des neuen Typus der nachtridentinischen Reformkongregationen geht gleichzeitig ein allmählicher Wechsel in der Nomenklatur einher: Wie sich in den offiziellen Titeln einiger dieser neuen Reformverbünde zeigt, berief man sich nicht mehr auf die *nigri monachi*, die „schwarzen Mönche", sondern verstand sich als „benediktinisch", als „Benediktiner" bzw. als *„congregatio"* oder *„Ordo Sancti Benedicti"* (*„ordo"* ist hier gemeint als Verband der einzelnen Reformklöster, nicht als zentralistisch geführter Verbund aller „schwarzen Mönche"). Beispiele für diesen allmählichen Wandel in der Nomenklatur bieten u. a. die Schweizer Kongregation (*Congregatio Benedictina per Helvetiam …* [1638]); die Salzburger Kongregation (*Congregatio Benedictina diocesis Salisburgensis* [1641]); die Oberschwäbische Kongregation (*Congregatio Suevica Monasteriorum Ordinis Sancti Benedicti …* [1655]); die Bayerische Kongregation (*Congregatio Benedictino-Bavarica …* [1684]); die Österreichische Kongregation (*Regula Sanctissimi Patris Benedicti una cum Constutionibus Congregationis Austriacae Monasteriorum Ordinis Eiusdem S. Benedicti …* [Linz, 1626]).

Dieser Entwicklung in Selbstbezeichnung und Selbstverständnis Rechnung tragend wird im Folgenden neben der Bezeichnung „schwarze Mönche" durchaus auch von „Benediktinern", „benediktinisch" oder *„Ordo S. Benedicti"* die Rede sein, ohne damit die historischen Gegebenheiten modernistisch zu verfälschen.

b) Frankreich

Die Exemten

Unter den ersten Reformen der Zeit nach Trient finden sich jene in Frankreich. Hier war bereits unter der Federführung von René Lucas, dem Großprior von Marmoutier – noch während der Religionskriege mit den Calvinisten (Hugenotten, 1562–1594), in denen auch die Klöster schwere Schäden erlitten hatten – durch öffentlichen Druck der Ständeversammlung von Blois (1579) die „Kongregation der Exemten" (*Congrégation des Exemtes*) 1580 ins Leben gerufen worden. Der Verband, seit dem Gründungsjahr eigenen Statuten folgend, existierte bis zur Aufhebung durch die Klosterkommission 1790 und zählte auf dem Höhepunkt zu Anfang des 17. Jahrhunderts immerhin 55 Häuser. Seit dem 18. Jahrhundert allerdings litt die Kongregation bereits sichtlich an Auszehrung, da sich aus ihrer Mitte heraus neue, selbständige Reforminitiativen entwickelten: die „Bretonische Vereinigung" (*Société de Bretagne*) und die „Kongregation von St. Denis", zwei Neuschöpfungen, deren Neuaufbau die Mutterkongregation schwächten, die selbst aber kaum länger als 25 Jahre Bestand hatten. Bei diesen beiden Verbänden handelte es sich allerdings noch eher um lockere Gebilde, um „Vorboten" der bedeutenden Kongregationen von St. Vanne (Verdun) und jener überragenden von St. Maur (Mauriner/Paris).

St. Vanne

Mit der „Reformkongregation von St. Vanne" (Verdun) erscheint nicht nur die früheste, nachtridentinische Kongregationsgründung der „schwarzen Mönche" in Frankreich, sondern überhaupt in Westeuropa. Obwohl ursprünglich in Lothringen – und damit noch im Reichsgebiet – gelegen, bleibt es vor dem Hintergrund der späteren historischen Verschiebungen sinnvoll, diese Kongregation unter die französischen Reformverbände zu zählen, da die Bistümer Metz, Toul und Verdun – 1552 von den opponierenden, protestantischen deutschen Fürsten dem französischen König (Heinrich II.) bereits als Reichsvikariat übertragen – nach dem Westfälischen Frieden (1648) endgültig aus dem Reichsverband ausgeschieden sind.

Nach vergeblichen Anläufen gegen Ende des 16. Jahrhunderts unter dem päpstlichen Legaten Kardinal Karl von Lothringen stellten sich erste nachtridentinischen Reformerfolge in einem Kloster Lothringens anfangs des 17. Jahrhunderts unter dem Prior Didier (Desiderius) de la Cour in der Gemeinschaft von St. Vanne (Verdun) ein. Seit 1598 im Amt, hatte dieser 1601 die Reformstatuten der Kongregation von Montecassino für seine Gemeinschaft übernommen. Nach der Reform des Nachbarklosters

St. Hydulphus (Moyenmoutier) beschlossen die Gemeinschaften dann 1603 die Gründung eines neuen Verbandes, der *Congregatio SS. Vitonis* (Verdun) *et Hydulphi* (Moyenmoutier). Im April 1604 bereits approbierte Clemens VIII. die Kongregation unter Gewährung auch der Privilegien von Montecassino (*ad instar congregationis Cassinensis*), und am 31. Juli desselben Jahres bereits tagte das erste Generalkapitel unter dem Präses Didier. Dem neuen Verband schlossen sich, befördert durch eine Initiative Pauls V., bald zahlreiche Gemeinschaften Lothringens an. Im Verlauf des 17. Jahrhunderts griff die Reform dann auch nach Belgien und weiter nach Frankreich aus. Dem Anschluss von Frauengemeinschaften wurde dabei allerdings keine Aufmerksamkeit gewidmet. 1618 kam es auf Betreiben des französischen Königs zur Ausgliederung, als sich jene Gemeinschaften der Kongregation, die im französischen Herrschaftsgebiet lagen, zu dem neuen Verband der „Mauriner" zusammenschlossen (s. unten). St. Vanne selbst erlitt dann in der zweiten Hälfte des 17. Jahrhunderts Einbrüche durch den Jansenismus, im 18. Jahrhundert kam es zu Verirrungen durch die Enzyklopädisten. Im Zuge der Revolution erfolgte um 1790 – nach dem Revolutionsdekret vom 13. Febr. 1790 – die Aufhebung der Kongregation. Der Verband umfasste damals immerhin noch 50 Klöster.

Die Statuten von St. Vanne – sie lagen bereits 1610 gedruckt vor – folgten im Großen und Ganzen jenen der Kongregation von Montecassino (alias S. Justina), angepasst allerdings an lothringische Verhältnisse. An der Spitze des Verbandes stand das Generalkapitel (mit Präses, zwei Visitatoren, drei Vorgesetzten und vier Delegierten der einzelnen Klöster). Das Kapitel trat jährlich zusammen, wählte den Präses jeweils für ein Jahr (ohne Möglichkeit der Wiederwahl), die Vorgesetzten der Klöster für jeweils fünf Jahre. (Die Begrenzung der Amtszeit des Präsidenten auf ein Jahr, ohne die Möglichkeit einer Wiederwahl, darf allerdings als Schwachstelle der Kongregation gesehen werden, weil so der Aufbau von Reformkontinuitäten durch Wiederwahl besonders fähiger Präsides verhindert wurde.) Da es sich bei der Mehrzahl der Gemeinschaften des Verbandes um Kommenden handelte, standen meist Prioren und nur selten Äbte an deren Spitze. Ortsbeständigkeit schworen die Novizen auf die Kongregation, nicht auf ihr Eintrittskloster, was den direkten Zugriff des Präses auf die Verbandsmitglieder sicherte und jederzeit die Möglichkeit zur Versetzung in eine andere Gemeinschaft möglich machte. Der geistliche Zustand in den Gemeinschaften der Kongregation war im 17. Jahrhundert bemerkenswert, was zahlreiche Mitglieder belegen, die einen tadellosen monastischen Lebenswandel führten, sich intensiv in der Seelsorge engagierten und sich durch Hinwendung zum Studium – vornehmlich der Theologie und Geschichte – wie durch intensive Lehrtätigkeiten auszeichneten.

St. Maur (Mauriner)

Wie erwähnt, bedeutete die Ausgliederung jener, dem französischen Herrschaftsbereich zugehörenden Gemeinschaften von St. Vanne aus ihrem Gesamtverband (1618) und die folgende Zusammenführung zu einem eigenständigen Verbund die Geburtsstunde der eigenständigen Kongregation der *Mauriner*, benannt nach dem Mutterkloster St. Maur in Paris. Hinter dem Vorgang standen allerdings weniger monastische oder intern organisatorische als vielmehr politische Motive: vornehmlich das Bestreben des französischen Königs, sein Territorium nicht dem Einfluss einer „fremden" Kongregation zu öffnen, deren Mittelpunkt (St. Vanne) und Hauptverbreitungsgebiet im Herzogtum Lothringen – in deutschem Herrschaftsgebiet also – lagen. Mit der Organisation der Neugründung wurde Laurent Bénard, der Leiter des Collège de Cluny, beauftragt. Noch im Jahre 1618 erhielt man die Zustimmung König Ludwigs XIII. (1601–1643), im Nov. desselben Jahres wählte das erste Generalkapitel Martin Tesnière zum Präses, am 17. Mai 1621 erfolgte die Approbation durch Gregor XV., und fortan nannte sich der Verband *Congregatio Sancti Mauri*.

Die neue Kongregation erlebte eine rasante Entwicklung, unterstützt und gefördert durch König, Adel, Parlament, Klerus und sogar die Mehrzahl der Kommendataräbte. Als hilfreich erwies sich auch die Kooperation mit Kardinal François de La Rochefoucault, der von König (seit 1619) und Papst (seit 1622) mit der Reform der Augustiner und der „schwarzen Mönche" in Frankreich beauftragt war. Nach 12 Jahren bereits hatten sich 13 Klöster der neuen Kongregation angeschlossen; 1636 musste man, der rasanten Ausdehnung Rechnung tragend, den Verband bereits in 6 Provinzen (Franzien, Aquitanien, Bretagne, Normandie, Burgund und Chezal-Benoît) mit je einem Visitator an der Spitze einteilen; 1650 zählte man 110, 1667 bereits 161 und auf dem Höhepunkt der Entwicklung, zwischen 1675 und 1713, gegen 200 Häuser, darunter allerdings kaum Frauengemeinschaften.

Die Einbindung von Frauengemeinschaften lehnten die Mauriner, auf ihre Statuten gestützt, ab, obwohl sie mehrfach von berühmten Äbtissinnen und auch vom Hofe um Aufnahme gebeten worden waren. Man begründete die Ablehnung mit Verweis auf die drohenden Überlastungen, sobald man als Beichtvater, Berater, Seelsorger oder Verwalter in den Frauengemeinschaften engagiert sei.

Als Tochtergründung gleichsam der Kongregation von St. Vanne übernahmen die Mauriner zunächst auch deren Statuten. Unter dem ersten Generalsuperior Grégoire Tarisse (1630–1648), dem eigentlichen Begründer der Mauriner – er verlegte das Zentrum des Verbandes auch nach Saint-Germain-des-Prés –, wurden diese Statuten dann, um die Fehler und

Mängel älterer Reformbemühungen zu vermeiden, intensiv überarbeitet und nach einstimmiger Annahme durch die Betroffenen verbindlich zur neuen Ordnung erklärt.

Geleitet wurde die Kongregation durch das Generalkapitel, das in dreijährigem Rhythmus tagte und 33 Mitglieder umfasste: den Generalsuperior (Generaloberen), 2 Assistenten, 6 Visitatoren (der jeweiligen Provinzen) sowie 24 Delegierte (4 Vertreter jeder Provinz). Das Generalkapitel, – Träger der Legislative wie der Exekutive innerhalb des Verbandes – wählte den Generaloberen auf 3 Jahre (mit der Möglichkeit einmaliger Wiederwahl) und kontrollierte dessen Amtsführung. Die Visitatoren der Provinzen und die Prioren der Klöster wurden dagegen auf 6 Jahre gewählt, kehrten nach ihrer Amtszeit nicht sogleich in ihr Heimatkloster zurück, wurden vielmehr zunächst einmal versetzt. Die 6 Provinzen waren gehalten, jährlich in Saint-Germain-des-Prés – bei Teilnahmeverpflichtung aller Prioren und je eines, vom Kloster bestimmten Delegierten – zu Beratung und Information zusammenzutreten. Je 2 Gemeinschaften innerhalb einer Provinz hatten ein Noviziat und eine Studienhaus zu unterhalten.

Die Leitung der einzelnen Gemeinschaft – keine durfte die Mitgliederzahl von 9 Chormönchen unterschreiten – lag in der Regel in den Händen eines Priors. Diesem zur Seite standen 4 beratende Mitglieder (Seniorat). Profess und Versprechen der *stabilitas* wurden im Wahlkloster abgelegt, waren aber auf das Zentralkloster (Saint-Germain-des-Prés) und die Kongregation formuliert. Zur ständigen Vertretung beim Hl. Stuhl unterhielt die Kongregation einen Generalprokurator (*socius*).

Zweifelsfrei haben auch die Statuten der Mauriner in der Überarbeitung durch Tarisse wesentlich mit zum Erfolg der Kongregation beigetragen. Vornehmlich aber sind hier zwei in der Verfassung verankerte Sachverhalte zu unterstreichen: einmal die Gegenkontrolle des Generalobern und seiner Exekutiven (in der Zeit zwischen den Kapitelsitzungen) durch das Generalkapitel; zum andern die Möglichkeit des Generalkapitels, einen geeigneten Generalobern auch für eine zweite Amtszeit zu wählen. Beide Sachverhalte trugen nachhaltig zur Qualitätssicherung und zur Stabilisierung in der Führung des Verbandes bei.

Zu den besonderen Leistungen der Mauriner zählten neben ihrer, im Reformgeist gelebten, asketischen und spirituellen Vorbildlichkeit das Engagement in Seelsorge und Schule; unvergleichlich aber war ihre Zuwendung zu den Studien und zu intellektueller Arbeit. In apologetischer Wendung gegen die Kritik der Humanisten und die Angriffe der Protestanten, die zur Begründung ihrer Positionen historische Argumente bemühten, setzte sich in den führenden Köpfen der Mauriner die Erkenntnis durch, dass sich monastisches Leben nicht allein in Gebet und Handarbeit auf der Suche nach dem eigenen Heil erschöpfen dürfe, dass vielmehr die gesamte Geschichte der Kirche und des eigenen Glaubens zu erhellen sei, um das eigene Dasein und die neuen Reformen vor den Zeitgenossen zu rechtfertigen. Dieser Überzeugung verhalf Tarisse zu praktischer Umsetzung mit der Anordnung, dass jeweils die 40 begabtesten Mönche des Verbandes in Saint Germain-des-Prés sowie in 5 weiteren Klöstern der Kongregation sich mit historischen, literarischen und sonstigen wissenschaftlichen Gegenständen befassen sollten. Saint-Germain-des-Prés, dessen Bibliothek später etwa 8000 Handschriften und mehr als 60.000 Druckwerke umfasste, blieb der Mittelpunkt dieser Aktivitäten. Insgesamt sind die Leistungen der Kongregation auf diesem Felde kaum zu überschätzen. Dabei handelte es sich häufig um aufwendige, teilweise bis heute nicht überholte Pionierarbeiten – meist vor Etablierung ausgearbeiteter und präzisierter Methoden und Disziplinen noch – auf den Gebieten der Handschriften- und Bibliothekskunde, der Textedition, der Patristik, der Bibelkunde, der Konzilsgeschichte, der Kirchen- und Weltgeschichte, der Hilfswissenschaften, der Archäologie, der Literatur und Liturgiewissenschaft sowie der Aszetik. In kaum mehr als einem Jahrzehnt erschienen 200 Folianten mit 710 Werken. Daneben existieren etwa 70 Folianten mit wissenschaftlicher Korrespondenz der gelehrten Mauriner mit anderen Klöstern, u. a. mit deutschen und italischen Gemeinschaften, die ihrerseits von diesem wissenschaftlichen Impetus beeinflusst worden sind.

Als der größte unter den gelehrten Maurinern gilt unangefochten Jean Mabillon (1632–1707), u. a. der Begründer der Urkundenlehre und der Paläographie (*De re diplomatica*, Paris 1681; *Librorum de re diplomatica supplementum* …, Paris 1704), der Hauptbearbeiter der *Acta Sanctorum Ordinis Sancti Benedict* (AA SS OSB, 9 Bde., Paris 1668–1701), sowie der Begründer der „Jahrbücher“, der *Annales Ordinis Sancti Benedicti* (6 Bde., Paris 1703–39, z. T. von Martène postum veröffentlicht).

Um 1720 begann der langsame Abstieg der Kongregation. Die jahrelangen Auseinandersetzungen mit dem Jansenismus untergruben die innere Disziplin, die berüchtigte „Klosterkommission“ (1766) brachte beträchtliche Schäden und verursachte schwere Verluste, schließlich setzte die Revolution den Schlusspunkt mit der Aufhebung im Jahre 1790. Neun Jahre später (1779) brannte die Bibliothek der Mauriner ab, ein letztes, betrübliches Zeichen des endgültigen Untergangs.

c) Niederlande

Die Niederlande, 1556 von Karl V. in die Herrschaft seines Sohnes Philipps II. übertragen, teilten sich nach heftigen Religionskämpfen im Verlauf des 16. Jahrhunderts in einen protestantischen Norden und einen katholischen Süden. Während in den nördlichen Provinzen – den 1581 ausgerufenen, selbständigen Generalstaaten – als vorwiegend protestantischen Herrschaftsgebieten die Klöster in der Folge langsam verschwanden, blieben sie in den südlichen, zu Spanien-Habsburg gehörenden, katholischen Provinzen – dem späteren Belgien – erhalten und schlossen sich großenteils zu Anfang des 16. Jahrhunderts der Observanz von Bursfelde an. Aus verschiedenen Gründen – u.a. wegen der großen Entfernung zur Mutterabtei Bursfelde – begannen sich diese Verbindungen aber bald zu lockern. Und nach dem Konzil von Trient lassen sich dann in den südlichen Provinzen mehrere, meist vergebliche, Versuche zur Bildung neuer Kongregationen beobachten. Zustande kamen dabei immerhin die Kongregation der *Exemten Flanderns* bzw. *Belgiens*, deren Statuten 1575 von Gregor XIII. approbiert wurden, sowie im Bistum Lüttich die 1628 errichtete *Congregatio Praesentationis Mariae* (Kongregation von der Darstellung Mariens) mit den Klöstern Afflighem, St. Denis-en-Broqueroie, St. Andrieu (Grammont) und St. Ghislaine. Aber auch dieser Verband, der sich der Reform von St. Vanne (Lothringen) angeschlossen und auch deren Statuten übernommen hatte, existierte nicht länger als 26 Jahre (bis 1654). Gescheitert sind die Versuche zur Verbandsbildung meist am Widerstand des Episkopats; darunter auch der seit 1636 unter Abt Nikolaus du Bois (St. Amand) diskutierte Fall sowie der letzte, 1662 von Abt Pierre Cazier (St. Martin in Tournai) vorgetragene Versuch zu einer Union aller exemten Benediktinergemeinschaften der südlichen Niederlande.

Von Bedeutung blieb allerdings die Gründung der Kongregation *Paix de Notre Dame* zu Douai durch Florence de Werquignœul († 1638) (s. unten, Abschn. 4, j (Niederlande), S. 266.), eine der wenigen nachtridentinischen Kongregationsgründungen durch Fraueninitiative.

d) Englische Reformgründungen auf dem Festland

Eine Besonderheit stellten die englischen Gemeinschaften nach *RB* auf dem Festland dar. Als Emigranten in italische, spanische, französische, belgische und deutsche Reformkonvente eingetreten, hatten sich diese Asketen meist zu Missionaren ausbilden lassen, um in England, das seit Edward VI. (1547–1553) endgültig an das neue Bekenntnis verloren war, die katholische Mission in Angriff zu nehmen. Nach längerem Bemühen erlangte 1602 die Gruppe in Valladolid die päpstliche Erlaubnis zur Mission auf der Insel und zugleich die Bestätigung einer neuen Kongregation der englischen Benediktiner. Nicht alle diese Missionare aber wurden Mitglieder der neuen Kongregation, vielmehr hielten manche ihrer angestammten Observanz weiterhin die Treue. So ergab sich das Kuriosum, dass die englischen „Missionsbenediktiner" drei Kongregationen und

Observanzen nebeneinander vertraten: die neue Englische, die Spanische (Valladolid) und die Cassinensische (Montecassino/alias S. Justina). Dieser letztlich erschwerende Umstand aber fand am 23. Aug. 1619 unter Paul V. (mit dem Breve: *Exincumbenti*) dann zunächst ein Ende, indem man drei Linien in der neuen *Congregatio Angliae ab Hispanica dependens* zusammenführte. Wie der Titel verrät, handelte es sich zwar um eine neue Englische Kongregation, aber doch in enger Abhängigkeit von Valladolid, gleichsam um eine Unter-Kongregation. Dieser letztlich nicht zufriedenstellende Zustand fand dann auch am 12. Juli 1633 unter Urban VIII. (Bulle: *Plantata in agro*) mit Gründung der neuen, selbständigen *Congregatio Angliae* ein Ende. Die Statuten des neuen Verbandes folgten im Großen und Ganzen jenen von Valladolid, die ihrerseits weitgehend auf denen von Montecassino (alias S. Justina) ruhten. Im weiteren Verlauf des 17. Jahrhunderts kam es dann noch zur Eröffnung mehrerer Häuser der Kongregation auf dem Festland, so etwa in Douai 1607 (Flandern; seit 1672 zu Frankreich gehörend), in Dieulouard 1608 (b. Nancy), in Paris, in St. Malo und in Lamspringe (b. Hildesheim).

Zu den englischen Frauengemeinschaften und -verbänden, die in diesen Zusammenhängen auf dem Festland Fuß fassten, s. unten, achtes Kapitel, 4, j (Abschn. Englische Reformbenediktinerinnen auf dem Festland).

e) Portugal

In Portugal waren in der zweiten Hälfte des 16. Jahrhunderts bemerkenswerte Reformanläufe unter König Johann III. (1521–1557) gelungen. Getragen wurden diese Neuanfänge vornehmlich durch die Gemeinschaften von Coimbra, Refoyos de Basto sowie San Thyrso (Riba de Ave), die sich 1566 – unter Beihilfe Pius' V. – nach dem Vorbild von Valladolid zum nationalen Verband der reformierten Klöster zusammenschlossen. Das erste Generalkapitel kam 1570 in der Abtei San Marthino (zu Tibâes) zusammen, dem als Haupt des Verbandes eine ähnliche führende Rolle in Portugal zukam wie Valladolid in Spanien. Der Abt von Tibâes war jeweils der General der Kongregation und wie die anderen Äbte auf drei Jahre gewählt. Die Bemühungen um Beseitigung der Kommendataräbte – ein Hauptanliegen der Kongregation – blieben allerdings erfolglos. Immerhin verzichtete der König auf alle Patronatsrechte, außer darauf, den Visitator für jeweils zehn Jahre zu benennen. Die Veränderungen, die unter Gregor XIII. (1572–1585) durchgeführt wurden – u. a. wurde hier die Verlängerung des Abtsamtes auf Lebenszeit verfügt –, hatten keinen Bestand. Sie wurden unter seinem Nachfolger Sixtus V. 1587 wieder rückgängig gemacht, die Gründungsbulle von Pius V. (1566) wieder bestätigt und der Kongregation die Privilegien der Verbände von Montecassino und Valladolid sowie jene der Zisterzienser, Cölestiner, Olivetaner, Kamaldulenser und Hieronymianer verliehen. Auf dieser Basis entfaltete die Kongregation – im 19. Jahrhundert noch umfasste sie 21 Männerklöster – eine erfolgreiche Tätigkeit in Portugal: Die Reform erreichte nicht nur zahlreiche der noch unreformierten Klöster der „schwarzen Mönche“, sie führte auch zu Neugründungen und fand darüber hinaus zu bemerkenswerten Aktivitäten in der Neuen Welt, in den portugiesischen Kolonien in Brasilien.

Unter Placidus de Villalobos, dem Reformer und Generalabt der Kongregation, wurde 1581 eine Gruppe von Mönchen mit Antonius Ventura an ihrer Spitze nach Bahia, dem Sitz des Gouverneurs, geschickt, wo man an der Sebastianskirche eine Gemeinschaft einrichtete. Noch im selben Jahr zur Abtei, 1596 schon zur Erzabtei erhoben, galt sie als erstes Benediktinerkloster in Amerika. Von Bahia aus erfolgten in den nächsten Jahren weitere Gründungen, u. a. in Rio de Janeiro (1581), Olinda (1582), São Paulo (1598), Parnahyba und Brotas (1600). Darüber hinaus kam es zur Errichtung mehrerer Priorate und kleinerer Gemeinschaften. 1596 beschloss das portugiesische Generalkapitel die Errichtung einer eigenen Provinz in Brasilien mit Bahia als Hauptkloster, in Abhängigkeit aber zur alten Heimat. Die Kongregation schuf blühende Verhältnisse in Brasilien, hatte nicht wenige gelehrte Theologen, Exegeten und Prediger in ihren Reihen, war Pflanzstätte für zahlreiche Bischöfe und kam erst in der zweiten Hälfte des 18. Jahrhunderts in Schwierigkeiten wegen Personalmangels und Qualitätsverlusts in der Ausbildung, Folgen insgesamt der Offensiven gegen die Klöster im Mutterland Portugal nach der Verordnung von 1762.

f) Polen

In Polen lässt sich das Echo auf Trient gegen Ende des 16. Jahrhunderts im Bistum Kulm vernehmen, genauer in der Frauengemeinschaft der Äbtissin Magdalena Morteska. 1578 in den Konvent der noch unreformierten „schwarzen Töchter Benedikts“ zu Kulm eingetreten, nach einem Jahr bereits zur Äbtissin gewählt, gelang es ihr, die Gemeinschaft, die schließlich 250 Nonnen zählte, zum herausragenden Reformmittelpunkt zu machen. Die von Morteska selbst entworfenen Konstitutionen – bisweilen mildernd von der *RB* abweichend oder sie ergänzend und 1605 von Clemens VIII. bestätigt – wurden von den Benediktinerinnen in Thorn, Graudenz und Schönwald im Zuge von Reformen übernommen und bildeten die organisatorische wie spirituelle Basis für die Neugründungen in Nieswiez [Njaswisch] (1591), Lemberg (1605), Posen (1608), Jaroslaw und Sandomir (1611). Schließlich erreichte die Reform auch Litauen (Wilna, Mins, Orscha und Smolensk). Für den Weitblick der Reformerin spricht, dass ihr auch die Gründung von Klerikerseminaren am Herzen lag, um Priester und Beichtväter ausbilden zu lassen.

Gegen Ende des 17. Jahrhunderts gründeten französische Reformbenediktinerinnen die *Kongregation von der Ewigen Anbetung des Hl. Sakramentes*. Im Hintergrund stand dabei das Gelöbnis der (aus Frankreich stammenden) Marie Casimire d'Arquien, der Gattin des großen Feldherrn und späteren Königs von Polen, Johannes Sobieski († 1696), gegeben einst für den Fall eines Sieges ihres Gatten über die Türken vor Wien (1683). Eine bemerkenswerte Entwicklung nahm zunächst auch die 1688 von Mechthild von Bar initiierte Reformgründung in Warschau. 1708 allerdings wurde diese Gemeinschaft durch die Pest zerstört, ein Neuanfang (1719) erlangte nicht mehr die Zustimmung von Rom.

Entgegen dem rasanten Anfang bei den Frauenklöstern verharrten die Männergemeinschaften des Königreichs im 16. Jahrhundert in ihrer angestammten Autonomie und schienen wenig Bedarf an Neuerungen verspürt zu haben. Erst mit merklicher Verzögerung den Frauengemeinschaften und dem Westen gegenüber erscheinen in der zweiten Hälfte des 17. Jahrhunderts erste Überlegungen zur Bildung einer Kongregation. Und auch dann dauerte es nochmals bis zum Anfang des folgenden Jahrhunderts, bis man nach langwierigen Vorverhandlungen und Vorüberlegungen – dann nach dem bayerischen Vorbild schließlich – zur Gründung der „*Kongregation zum Hl. Kreuz*" fand. (Der Verband umfasste 6 Abteien im Königreich und 3 im Großherzogtum Litauen.) Am 22. Mai 1709 erfolgte die Approbation durch Clemens XI. Es wurden die bayerischen Privilegien und die volle Exemtion gewährt, darüber hinaus das Recht zugestanden, sich selbst Statuten zu geben. Die Praxis der Kommendataräbte wurde allerdings für die Mehrzahl der Klöster beibehalten. Am 10. Juli 1737 allerdings kam es in dieser Frage zu einem präzisierenden Konkordat zwischen Clemens XII. und dem König. Dabei wurde dem König das Nominationsrecht für 13 Klöster zugestanden, darunter drei Benediktinergemeinschaften: Tyniec, Lubin und Plozk. Des Weiteren wurde festgelegt, dass sich jedes Kloster neben dem Kommendatarabt einen „Regularabt" (Klaustralabt) wählen durfte. Dieser übte die volle geistliche und weltliche Jurisdiktion aus, während sich der Kommendatarabt ausschließlich um die Rente – diese war auf zwei Drittel der Einnahmen festgelegt – zu kümmern hatte. Die Errichtung der Kongregation führte zu einem geordneten Klosterleben mit regelmäßigen Generalkapiteln und mit zahlreichem Nachwuchs. Mit der dritten Teilung Polens unter Österreich, Preußen und Russland (1795) allerdings war für die asketischen Gemeinschaften des ehemaligen Königreichs auf kurz oder lang bereits das Ende eingeläutet.

g) Ungarn

In Ungarn – seit der Schlacht von Mohács (29. Aug. 1526) unter osmanischer Herrschaft – waren im Verlauf des 16. Jahrhunderts die Klöster der „schwarzen Mönche" zugrunde gegangen. Erst zu Anfang des 17. Jahrhunderts, als sich die Verhältnisse wieder etwas entspannt hatten, unternahm man mühsame Versuche, die Klosterlandschaft, vor allem aber das Hauptkloster Pannonhalma sowie dessen Besitz mitsamt den zugeordneten Gemeinschaften wieder zu reorganisieren. Besondere Verdienste erwarben sich in dieser frühen Reorganisationsphase die Erzäbte Georg Himmelreich (1602–1637), Matthäus Pálfi (1638–1647) – er war von Kaiser Ferdinand III. (1637–1652), der sich das Wahl- und Nominationsrecht des Abtes reserviert hatte, ernannt und besonders gefördert worden – sowie Gerard Simoncsics (1684–1688). Diesem war es gelungen, Pannonhalma nach erneuter Zerstörung durch die Türken während ihres Zuges gegen Wien wiederaufzubauen. Unter Abt Martin Rumer († 1693) konnte dann das regeltreue, monastische Leben wiedereingeführt und unter Placidus Lendvay (1693–1699) um 1694 die Observanz endgültig wieder befestigt werden. Nach dem Ende des Großen Türkenkrieges (26. Jan. 1699 Vertrag von Karlowitz) folgte eine Phase der äußeren, politischen Ruhe, nach innen allerdings häufig unterbrochen durch Eingriffe königlicher Kommissäre wegen Auseinandersetzungen zwischen dem Konvent und ihren Äbten. Eine nennenswerte Außenwirkung konnte die einst große Abtei so nicht mehr entfalten. Bereits 1783 erging das Verbot, Novizen aufzunehmen, und 1786 wurde die Abtei dann unter Joseph II., wie die meisten Klöster Ungarns, aufgehoben. Lediglich Zalavár und Telki blieben bestehen, da sie in Abhängigkeit von Göttweig bzw. vom Schottenkloster in Wien geblieben waren.

h) Böhmen

Die „Böhmische Benediktinische Kongregation" (*Congregatio Benedictinorum Bohemica* [*Congregacio Bohemico-Moravico-Silesica O. S. B.*; *Congregacio Ordinis Sancti Benedicti per Bohemiam et Moraviam*] Patrozinien: Maria [1682], Benedikt, Bonifatius, Alexis [1712]), war ein Verbund von neun Klöstern im Herrschaftsbereich der Böhmischen Krone (d. i. Böhmen, Mähren, Schlesien), der kein offizielles Gründungsdatum kannte. Die Anfänge bildete ein historisch gewordener Verband von Klöstern – noch 1607 durch Rudolf II. bestätigt –, der seit alters unter dem Recht des Abtes von Břevnov stand. Die Äbte von Břevnov residierten allerding seit der Verwüstung ihrer Gemeinschaft durch die Hussiten (1420) im nahen Kloster Braunau (b. Prag). In der Restaurationsphase, nach der Schlacht am Weißen Berg (1620), intensivierte der damalige Abt von Břevnov die angestammten Rechte über seine Klöster wieder, nachdem der Aufbau seines fast 200 Jahre wüst gelegenen Heimatklosters in Angriff genommen war. Für die Zeit um 1630 etwa spricht die Forschung dann von der Existenz einer „Böhmischen Kongregation", da für 1631 das erste Provinzialkapitel – die „Geburtsstunde" der Kongregation – belegt ist.

Mittelpunkt und Haupt der Kongregation war der Abt von Břevnov. Als Präses des Kapitels, das alle drei Jahre unter der Anwesenheit aller Äbte bzw. Prioren und Delegierten zusammentreten sollte, bestimmte er die Visitatoren und Definitoren. Im Verlauf des 17. und 18. Jahrhunderts leisteten die Äbte von Břevnov dann einen bemerkenswerten Beitrag zur Erneuerung benediktinischen Lebens, vor allem auch förderten sie das Schulwesen und die Studien in den Wissenschaften. Dennoch musste die Kongregation in der zweiten Hälfte des 18. Jahrhunderts bereits ihr Ende erleben, ausgelöst durch den Streit um die Exemtion mit dem Erzbischof von Prag.

Seit im Jahre 1699 die Kongregation von Montecassino alle Benediktinerklöster Böhmens inkorporiert hatte, vertraten die Äbte von Břevnov den Standpunkt, auch die volle Exemtion zu besitzen, obgleich Rom nur die „geistlichen Vorteile" der Cassinensischen Kongregation verliehen hatte. Der Streit wurde vor den Papst getragen und gegen die Kongregation entschieden mit dem Argument, eine Kongregation habe nie existiert. Folglich wurden Břevnov und alle anderen Mitglieder der Kongregation dem Ordinarius, dem Erzbischof von Prag, unterstellt. Nach vergeblichen Versuchen zur Wiederherstellung der Kongregation (1759 und 1768) mussten sich die böhmischen Benediktinerklöster dann wieder auf die Dekrete Innozenz' III. und Benedikts XII., d. h. auf Provinzialkapitel in der Regie des Ordinarius verstehen, der fortan seine innerklösterlichen Rechte wahrnahm auch hinsichtlich der Wahl und der Bestätigung des Abtes sowie vor allem auch hinsichtlich der Visitation. In diesem Status verblieben die böhmischen Benediktinerklöster bis zu ihrer Auflösung unter Joseph II. (1782–1786). Lediglich Břevnov-Braunau (als Doppelkloster), Raigern und Emaus (Prag) blieben von diesen Maßnahmen verschont.

i) Deutscher Sprachraum

Vorlauf

Die Gemeinschaften der „schwarzen Mönche" im deutschen Sprachraum reagierten erst mit Verzögerung auf den Impuls des Tridentinums zur Verbandsbildung. Die Gründe hierzu lagen zunächst einmal in der unübersichtlichen Situation, die das neue Bekenntnis gerade in seinem Ursprungsland mit sich gebracht hatte. Sie waren aber auch zu suchen im Widerstand der Territorialherren und des Episkopats, die beide in der Ausbildung von Kongregationen einen Verlust an Herrschafts- und Jurisdiktionsgewalt sahen. Auch war bei nicht wenigen Abteien der Status der Exemtion umstritten, womit nicht sicher war, ob diese Gemeinschaften überhaupt zu jenen zählten, die die Väter in Trient anvisiert hatten. So war es zunächst Rom, das die Initiative ergriff und seit Mitte des 16. Jahrhunderts durch seine apostolischen Visitatoren die Reform weiterzutreiben suchte. Im süddeutsch-österreichischen Raum wirkten dabei Kardinal Commendone (1569) im Auftrag Pius V., vor allem aber der Dominikaner Felizian Ninguarda († 1595). Dieser war 1567 als Visitator in deutschen, von 1572 bis 1576 in österreichischen Klöstern tätig und 1577 zum Bischof von Scala, 1578 auch zum Nuntius in Deutschland ernannt worden. Und 1593 visitierte Pietro Paolo Benalli – von Clemens VIII. zum Visitator aller Klöster Deutschlands ernannt – die Gemeinschaften Süddeutschlands, ohne allerdings Zutritt zu Österreich, zu Teilen Bayerns und zum Bistum Konstanz erhalten zu haben. Die Erfolge all dieser Visitationen und Legationen allerdings blieben von beschränkter Wirkung; in keinem Falle führten sie zur Bildung von Kongregationen, wie von Trient beabsichtigt. Die deutschen Reformverbände nach Trient entstanden dann erst mit gewisser Verzögerung.

Schweizer Kongregation

Mit der „Schweizer Kongregation" konstituierte sich Anfang des 17. Jahrhunderts der erste nachtridentinische Reformverband der Benediktiner im deutschen Sprachraum. Nach dem Konzept (H)elias Heymanns (von Sehum) – eines Anhängers der Reform von St. Vanne und Priesters der Diözese Trier, der sich 1593 in Einsiedeln aufhielt – und befördert durch die Initiative des Nuntius Giovanni de la Torre, schlossen sich nach mehreren Zusammenkünften zwischen 1602 und 1604 zunächst 7, im Ansatz bereits reformierte, Gemeinschaften der Ostschweiz unter der Führung von St. Gallen und Einsiedeln zu einem Verband zusammen, während die Klöster im Westen des Landes infolge des neuen Bekenntnisses aufgehoben waren. Dieser, 1617 und 1647 noch um zwei Abteien (Dissentis und Beinwil) erweitert, firmierte bereits seit 1638 unter dem Titel *Congregatio Benedictina per Helvetiam*. Die Kongregation hatte von Rom 1622 die volle Exemtion erhalten, was allerdings zu langwierigen und heftigen Auseinandersetzungen mit Chur und Basel, vornehmlich – und bis 1649 – aber mit dem Bischof von Konstanz führte. Aus Rücksicht auf Konstanz wurden eigene Statuten und Gebräuche (*Notae et observationes ad Regulam*) erst 1636 – in Anlehnung an die Kongregationen von Straßburg und Montecassino – ausgearbeitet. 1748 und 1757 erneuerte und ergänzte man diese. Dabei wurden, dem Geist des Tridentinums folgend, das asketische und bescheidene Gemeinschaftsleben, die geistig-geistliche Arbeit, ein geordnetes *Opus Dei* sowie der Verzicht auf Sonderbesitz betont. Die Verfassung des Verbandes verzichtete in Rücksicht auf die anhaltende Opposition des Ordinarius von Konstanz bemerkenswerterweise auf eine förmliche Kongregationsleitung. Statt eines Präses wählten die versammelten Äbte – darin ganz den älteren Ähteversammlungen ähnlich – alle drei Jahre einen *director ad interim* und zwei – ab 1613 dann drei – Visitatoren als Vorsitzende der Kapitelsversammlungen. Dabei kam den Äbten von St. Gallen und Einsiedeln ein Vorrang zu.

Die Kongregation pflegte Verbindung zu Bursfelde wie zu den Zisterziensern, unterhielt Verbrüderungsverträge mit schwäbischen Abteien, aber auch mit St. Vanne und galt vielen Gemeinschaften im Reich als Reformvorbild, vornehmlich im Bereich der Liturgie. Trotz ständiger Eingriffe in die Finanz- und Wirtschaftsführung – vor allem durch die Schirmvögte der Reichsabteien – und trotz der Gefährdungen durch aufklärerisches Gedankengut, das sich auch in den eigenen Reihen fand, stand die Kongregation bis zur Französischen Revolution durchgehend in Blüte, fand dann allerdings nach dem Einmarsch der Revolutionstruppen 1789 ihr vorläufiges Ende.

Elsässische Kongregation

Nur wenige Jahre nach Gründung der Schweizer Kongregation wurden die Klöster der *monachi nigri* der Diözese Straßburg zur „Elsässischen Kongregation" zusammengeführt, einem Verband im Rahmen der Diözese unter der Ägide des Ortsbischofs. Treibende Kraft war Bischof (Erzherzog) Leopold von Österreich (1607–1625), der die sieben Benediktinerabteien der Diözese gegen deren Widerstand in einer Union zusammenführte. Zwischen 1481 und 1548 hatten sich diese Gemeinschaften nämlich an Bursfelde ausgerichtet, ohne allerdings inkorporiert zu werden, und waren nicht geneigt, diese Bindung aufzugeben, trotz gewisser Lockerung im Verhältnis zur großen Reformkongregation während des 16. Jahrhunderts. Die drohende Minderung seiner Rechtsstellung sowie den möglichen Verlust des Visitationsrechtes aufgrund der Sympathie der Gemeinschaften für die Privilegien Bursfelds im Blick, setzte der Bischof schließlich sein Vorhaben durch: 1621 wurden von den Äbten der betroffenen Gemeinschaften eigene Statuten entworfen, die vom Ordinarius nochmals überarbeitet, im Oktober 1624 approbiert wurden. Die Kongregation umfasste rechts des Rheins 4 Abteien (Schwarzach, Gengenbach, Schuttern, Ettenheimmünster), links 3 (Maursmünster, Altdorf, Ebersheimmünster). Im

18. Jahrhundert schlossen sich noch zwei weitere Gemeinschaften an: 1715 Murbach (aus der Schweizer Kongregation) und 1722 Münster (Oberelsass; zu St. Vanne gehörend). Der Höhepunkt in der Rechtsstellung des Verbandes dürfte die Privilegierung durch Benedikt XIII. im Jahre 1728 gewesen sein, als alle Rechte der Schweizerischen wie der Bayerischen Kongregation auch der Elsässischen zugesprochen worden sind. Lange konnte sich der Verband dieser Privilegien allerdings nicht erfreuen, denn schon Ende des 18. Jahrhunderts ereilte die Klöster die Auflösung infolge des Revolutionsgeschehens.

Oberschwäbische Kongregation

Fast zeitgleich mit der Gründung der eidgenössischen Kongregation fanden sich am 13. Mai 1603, nach langwieriger Vorgeschichte, 7 Gemeinschaften des Bistums Konstanz zur „Oberschwäbischen Benediktinerkongregation" zusammen (seit 1655 dann unter dem Titel: *Congregatio Suevica Monasteriorum Ordinis Sancti Benedicti in Dioecesi Constantinensi* [seit 1685 wurde der Hl. Joseph als Patron geführt]). Auf den 14. Aug. desselben Jahres datierte die Bestätigung der Kongregation durch Clemens VIII., im Dez. 1604 stimmte auch der Bischof von Konstanz vorbehaltlich bestimmter Rechte zu. Als Zentrale des Verbandes wählte man Weingarten. Die Kongregation erweiterte sich bis zur Mitte des 17. Jahrhunderts auf 21 Gemeinschaften, darunter auch einige außerhalb der Diözese Konstanz. Ziel des Verbandes war die Reform der angeschlossenen Klöster nach dem Vorbild der Schweizer Kongregation.

Nach 1630 geriet die Kongregation bei den Bemühungen um Rückgewinnung der Württembergischen Abteien, die mit dem Restitutionsedikt wieder zurückerstattet worden waren, in dauerhafte Gegnerschaft zu den Jesuiten. Erst 1671 – beinahe 70 Jahre nach der Gründung – fand man zu endgültigen Statuten nach dem Vorbild der Schweizer Kongregation, zu der man überhaupt auf vielen Wegen Verbindung suchte.

Die Statuten sahen einen Präses an der Spitze der Kongregation vor. Diesem oblag es – von zwei Visitatoren unterstützt –, regelmäßig Visitationen durchzuführen und Äbtekapitel einzuberufen. (Anfänglich im zwei-, später im drei- und ab 1672 im einjährigen Rhythmus.) Die Kongregation kannte kein Generalkapitel im strengen Sinne, praktizierte vielmehr – dem Schweizer Vorbild folgend – lediglich Äbtekonferenzen (*conventus* bzw. *congregationes abbatum*). Ebenfalls nach Schweizer Vorbild hielt man an der Dauerhaftigkeit des Abtsamtes und der *stabilitas loci* fest. Dem Verband waren Laienbrüder inkorporiert, Frauenklöster dagegen nicht. Diese blieben den einzelnen Männerklöstern zur Betreuung unterstellt, unabhängig von einer Mitgliedschaft in der Kongregation. Der Verband besaß, mit Ausnahme von Marienberg, keine Exemtion, was besondere Rechte des Diözesanbischofs (von Konstanz) erklärt wie etwa sein Vetorecht bei der Abtwahl oder die Pflicht zur Visitation.

Zentrale Aufgabe der Kongregation war es, eine einheitliche Observanz zu schaffen, Bemühungen, deren Erfolge sich in der Liturgie, der Spiritualität, der Askese sowie bei den Bräuchen (*consuetudines*) detailliert beobachten lassen, wo bemerkenswerte Vereinheitlichungen und Intensivierungen geglückt sind. Schwerpunkt der Kongregation bildete der intensive Ausbau des Ausbildungs- und Schulwesens innerhalb des Verbandes. Nach Vorbild der Jesuiten unterhielt man nicht allein in jedem Kloster ein Gymnasium zum Unterricht des eigenen Nachwuchses, sondern richtete darüber hinaus auch Schultheater, Naturalienkabinette, Armarien und schließlich auch Bibliotheken ein mit Buchbeständen von 16.000 bis 20.000 Bänden wie etwa in Petershausen, Weingarten und Ochsenhausen (hier unterhielt man sogar eine Sternwarte).

Angetrieben durch das Vorbild der Mauriner, der Jesuiten wie durch die Herausforderungen der Aufklärung, leistete die Kongregation so im 18. Jahrhundert einen Beitrag zum neuen Verhältnis von Kloster und Wissenschaft. Dennoch behielt für das strenge Noviziat letztlich das Hausstudium seine zentrale Rolle, da der Versuch, in Rottweil eine einheitliche Ausbildung für die Kandidaten des gesamten Verbandes zu organisieren, nur für wenige Jahre (1673–1689) von Erfolg gekrönt war. Dieser Misserfolg – wie auch die Abwendung von den intellektuell führenden Jesuiten mit ihren vorbildlichen Lehranstalten (Dillingen, Konstanz, Freiburg) infolge der Kontroversen um die Ansprüche aus dem Restitutionsedikt – wurde allerdings zunehmend kompensiert durch die wachsende Bedeutung der Universität Salzburg für die schwäbischen Benediktiner.

Im Zusammenhang mit den Klosteraufhebungen unter Joseph II. ordnete ein Dekret des Kaisers für Schwaben (24. März 1782) den Rückzug der österreichischen Gemeinschaften aus der Kongregation (bis zum 6. Mai 1783) an, andernfalls drohte die direkte Unterstellung unter den Bischof von Konstanz. Dieses Dekret führte dann zur Gründung der neuen *Kongregation vom hl. Joseph von Vorderösterreich*, eine „Rumpfkongregation", die 6 Abteien umfasste, auf neuen, eilig verfassten Statuten ruhte und bis zu ihrer Aufhebung 1806 keine Wirkung mehr entfaltete.

Österreichische Kongregation

Die österreichischen Klöster ob und unter der Enns befanden sich in der zweiten Hälfte des 16. Jahrhunderts in wenig förderlichen Verhältnissen. Zwar versuchte man von mehreren Seiten, die Forderungen von Trient, vornehmlich den Wunsch der Konzilsväter zu Zusammenschlüssen, umzusetzen, hatte dabei aber in den Bedingungen wie in manchen Einzelheiten durchaus abweichende Vorstellungen entwickelt, was zunächst trotz der Bemühungen mehrerer Parteien, einen Zusammenschluss verhinderte. (Die habsburgischen Landesherren versuchten, überterritoriale Verbände und den Status der Exemtion zu verhindern; die Salzburger Erzbischöfe erstrebten eine Kongregation im Rahmen des Metropolitanverbandes; mehrere in Rom vorsprechende Legationen setzten auf Exemtion und Diözesanverbände.) So konnte erst nach langwierigen direkten Vorverhandlungen – 6. Okt. 1617 erstes Gründungstreffen in Melk; 16. März 1618 kaiserliche Genehmigung; 5. Nov. 1618 Zustimmung des Bischofs von Passau – Urban VIII. am 3. Aug. 1625 die „Österreichische Kongregation" (*Congregatio Austriaca*) der 11 Benediktinerklöster „ob" und „unter der Enns" bestätigen.

Die schwierige Schöpfung stand allerdings unter keinem guten Stern. Die weitere Entfaltung des Verbandes wurde nämlich stark behindert durch Streitereien der Klöster untereinander, durch den österreichisch-pfälzischen Krieg, vor allem aber durch den einsetzenden, zähen und massiven Widerstand des Bischofs von Passau. Dieser berief sich auf Trient, wo lediglich die Verbandsbildung von exemten Gemeinschaften und nicht von solchen gefordert werde, die bereits den Bischöfen unterstünden. Und 8 der 11 Klöster des Verbandes besaßen in der Tat keine Exemtion. Nach langwierigem Hin und Her – wobei zeitweise auch Rom auf die Seite des Passauers gezogen worden ist, andererseits aber auch 1630 zum zweiten Mal die Statuten bestätigt hat – gab der Ordinarius von Passau 1657 nach. 30 Jahre also war die Kongregation an ihrer Entfaltung gehindert worden – u. a. hatte der Ordinarius den 8 Kongregationsmitgliedern ohne Exemtion verboten, an den Versammlungen des Kapitels teilzunehmen – und kam auch jetzt nicht mehr zu großer Blüte. Neben dem beharrlichen Widerstand des Passauer Bischofs dürften als weitere Gründe für diese unselige Entwicklung aber auch der Mangel an einer starken Persönlichkeit auf Seiten des Verbandes wie das Fehlen eines Rückhaltes seitens des Landesherrn – dessen Verwandtschaft mit den Bischöfen von Passau stand der Sache wohl entgegen – eine entscheidende Rolle im Hintergrund gespielt haben. Zu einer offiziellen Aufhebung des gesamten Verbandes kam es zwar nicht. Aber unter Joseph II. wurden die einzelnen Gemeinschaften des Verbandes nach und nach aufgelöst.

Salzburger Kongregation

Die „Salzburger Benediktinerkongregation" (*Congregatio Benedictina dioecesis Salisburgensis*; [Patronat: Unbefleckte Empfängnis Mariens]), deren Errichtung bekanntlich in engem Zusammenhang stand mit der

Geschichte der Benediktineruniversität zu Salzburg, gelang erst unter Erzbischof Paris Lodron im Jahre 1641, lange nach dem Tridentinum und lange auch nach einem ersten, am Widerstand des Ordinarius und einer Provinzialsynode bereits 1569 gescheiterten Versuch zur Verbandsbildung. Bereits 1617 hatte Erzbischof Markus Sittikus (von Altemps) das benediktinische Gymnasium zu einer Universität ausgebaut – unter Mithilfe der Äbte Joachim Buchauer (St. Peter) und Gregor Reubi (Ottobeuern) –, diese Gründung den Benediktinern übergeben und einen Verbund von 55 bayerisch-schwäbischen und anfänglich auch Schweizer Klöstern („Salzburger Universitätskonföderation") organisiert, der das Universitätsunternehmen begleiten und tragen sollte. Es handelte sich hier also um einen Verband, der ausschließlich universitären und nicht reform-monastischen Zwecken diente. Der Nachfolger im Bischofsamt, Paris Lodron (1619–1653), verschaffte der Neugründung 1620 dann die kaiserliche, 1625 die päpstliche Bestätigung und versuchte zu ihrer weiteren Absicherung um 1630/31 gar einen gesamtdeutschen Benediktinerverbund ins Leben zu rufen, was allerdings misslang. Anstelle des gescheiterten Planes einer allgemeinen deutschen Kongregation verfolgte er dann – noch immer in der hauptsächlichen Absicht, das Universitätsunternehmen zu sichern – den Zusammenschluss zumindest der 7 Benediktinergemeinschaften seiner Diözese, was 1641, unterstützt von einigen prominenten Universitätslehrern, zum Erfolg führte. Der Verband erweiterte sich später um 3 weitere Gemeinschaften, die außerhalb der Diözese lagen, während eine Eingliederung der 4 benediktinischen Frauengemeinschaften des Bistums – wie bei anderen Kongregationen auch – unterblieb. Doch blieben einige der Frauengemeinschaften in lockerer Verbindung zum Verband.

Die Statuten des Verbandes, weitgehend von Professoren der Universität verfasst, mit deutlichen Anlehnungen an das Vorbild Montecassino, aber nie im Druck erschienen – wohl um den Ordinarius nicht zu zusätzlichen Visitationen zu provozieren –, kannten das Generalkapitel mit Präses, Sekretären und Visitatoren, wenngleich der Ordinarius sich das Recht zur Visitation grundsätzlich vorbehielt (ohne es allerdings ständig zu praktizieren). Der dreijährige Tagungsrhythmus, dem das Kapitel folgen sollte, wich schnell einer unregelmäßigen Praxis, und nach nur 14 Kapitelsversammlungen zwischen 1642 und 1746 verzichtete man auf diese zentralen Versammlungen überhaupt, deren Notwendigkeit nicht mehr gegeben schien. Die Kongregation, die ihre gewichtigsten Mitglieder in St. Peter (Salzburg) und in Admont hatte, erlangte zu keiner Zeit die Exemtion, war nie von Rom bestätigt worden, befand sich folglich stets in enger Abhängigkeit vom Ordinarius von Salzburg. Die Verbandsmitglieder blieben – von den Belangen der Seelsorge abgesehen – nach innen selbständig und zeigten dort kaum Gemeinsamkeiten: u. a. nicht beim *Opus Dei*, nicht im Brevier, nicht im Ceremoniale, nicht im Festkalender. Der Verband besaß also nach innen eher eine föderale Struktur, was sich auch in dem Umstand wiederspiegelt, dass man das Gelübde der *stabilitas* auf das Hauskloster und nicht auf die Kongregation leistete. Während der asketische, intellektuelle, organisatorische und wirtschaftliche Zustand der Kongregation im 17. Jahrhundert durchaus zufriedenstellend war, setzte in der Folgezeit allerdings ein rascher Abstieg ein, verursacht nicht zuletzt durch wirtschaftliche Probleme und die unterschiedlichen politischen Schicksale der Gemeinschaften, von denen ja einige nicht im Herrschaftsgebiet des Erzbischofs von Salzburg lagen. Zwischen 1772 und 1803 wurde für die Mehrzahl der Gemeinschaften ihre Auflösung verfügt, ohne dass die Kongregation je offiziell aufgehoben worden wäre. St. Peter (Salzburg) – durch die politische Neuordnung später zu Bayern gekommen – führte den Namen der Kongregation noch bis 1808 weiter.

Bayerische Kongregation

Es waren mehr als 120 Jahre nach dem Ende des Konzils von Trient vergangen, bis es 1684 zur Errichtung der „Bayerischen Benediktinerkongregation" (*Congregatio Benedictino-Bavarica*) kam. Nach Auskunft der Gründungsurkunde Innozenz' XI. vom 26. Aug. 1684 (Breve: *Circumspecta* [Bull. Roman. VIII, S. 340–343]) umfasste die Kongregation bei ihrer Gründung 18 (später dann 19) selbständige Mönchsklöster (Priorate und Propsteien nicht mitgezählt), die innerhalb des Kurfürstentums Bayern und der freien Reichsstadt Regensburg lagen. Unter diesen genossen Tegernsee und St. Emmeram (Regensburg) einen Ehrenvorrang. Allerdings waren nicht alle zur Kongregation berechtigten bayerischen Klöster dem Verband beigetreten. Einige scheuten den Schritt aus Furcht vor Repressalien ihrer Ordinarien. So fehlten alle Klöster der „schwarzen Mönche" des Bistums Passau, einige Gemeinschaften auch aus den Diözesen Regensburg und Freising.

Der Errichtung einer Kongregation – dahinter stand nicht zuletzt auch das Bemühen um eine Rekatholisierung der Oberpfalz – waren seit Ende des 16. Jahrhunderts bereits zahlreiche, mal an den Ordinarien, mal am Kurfürsten, mal an den Klöstern gescheiterte Unionsversuche vorausgegangen. Erst unter Kurfürst Max Emanuel (seit 1679/80 selbständige Regierung) hatten sich dann die Verhältnisse so weit gewandelt, dass die wiederholten Bemühungen um eine Kongregation – zuletzt vorgetragen von Abt Cölestin Vogl (1613–1691) von St. Emmeram – zum Erfolg führten. Das erste Kapitel trat im Nov. 1684 in St. Emmeram zusammen, wo man sich auch sogleich zur Abfassung von Statuten entschloss.

Von ihren Anfängen an erfreute sich die Kongregation starker päpstlicher Unterstützung durch Gewährung von Ablässen sowie der Übertragung der Privilegien der Schweizer und der Cassinensischen Kongregation, was volle Exemtion von der bischöflichen Jurisdiktion bedeutete. Zum Erfolg trug auch der Umstand bei, dass hervorragende Männer in den eigenen Reihen standen – neben dem erwähnten Cölestin Vogl von St. Emmeram etwa Gregor Kimpfler aus Scheyern –, die eine maßvolle und kluge Verbandspolitik verfolgten. Förderung kam aber auch von säkularer Seite, vornehmlich durch den kurfürstlichen Beamten Korbinian von Prielmair, den *patronus Congregationis maximus*. Regelmäßige Sitzungen des Generalkapitels und Visitationen, die Anlage einer Verbandsbibliothek und eines Archivs, die Aufzeichnung der eigenen Annalen (Karl Meichelbeck), die Errichtung eines für alle Mitglieder gemeinsamen Studienbetriebs und Noviziats, die Bemühungen zur Schaffung einer einheitlichen Disziplin, zu gemeinsamen Zeremonien, einer einheitlichen Interpretation der *RB* (gedruckt als Regeldeklarationen [*Regula S. P. Benedicti cum Declarationibus ab exemta congregatione Benedictino-Bavarica*, Tegernsee 1735]), sogar der Entwurf eines – leider nie gedruckten – klösterlichen Straf- und Prozessrechts (*Forum regulare*): alles das waren gezielte Schritte zur Integration der Klöster in den Verband wie zur mentalen Anbindung der Mönche an die Kongregation.

Die Außenwirkung der Kongregation zeigte sich vornehmlich in der starken Beteiligung am Lehrbetrieb des Freisinger Lyzeums (getragen im Ganzen durch eine Konföderation mehrerer Klöster); in der personell aufwendigen und finanziell kostspieligen Übernahme von Schulträgerschaften (nach Aufhebung der Jesuiten 1773) in Amberg, Neuburg (Donau), Straubing; im Unterhalt einer Missionsstation im Pongau (zur Mission im Salzburger Hochstift, nachdem unter Erzbischof Anton von Firmian 1731 die Protestanten zur Emigration veranlasst worden waren). Das wichtigste Element in der Außenwirkung aber blieb die umfangreiche Seelsorgearbeit: Die Kongregation betreute 140 Pfarr- und Filialkirchen und war zudem in der Wallfahrtspastoral tätig.

Die Statuten der Kongregation – sie waren bereits 1686 in Kraft getreten und blieben, nur durch Beschlüsse des Kapitels geändert, bis 1803 in Geltung – kannten als oberstes Organ der Kongregation das Generalkapitel, das in der Regel alle 3 Jahre jeweils 3 Tage lang zusammenfand (zwischen 1684–1797 34 Mal), dessen Mitglieder sich aus den Äbten (bzw. deren Vertretern) der Mitgliedskonvente und je einem Vertreter derselben sowie einem Sekretär zusammensetzte. Die Aufgabe des Generalkapitels war es, den Präses und die Visitatoren zu wählen, mit zu beraten sowie die Abschiede (Rezesse) zu bestätigen. Vorsitz und Leitung lagen beim Direktorium (Präses, Visitatoren, Koventsvertreter). Allerdings wurde getrennt nach Kammern getagt: der Präses und die Visitatoren einerseits, die Konventsvertreter andererseits. Der Präses als Repräsentant der Kongregation leitete den Verbund zwischen den Sitzungen des Generalkapitels, trug Verantwortung für die Visitationen, für die Abtwahlen in den Klöstern, war Appellationsinstanz, besetzte die Ämter im Noviziat und Studienbetrieb, blieb verantwortlich für das Archiv, die Bibliothek, die Kasse und die Führung der Annalen.

Dagegen hatte er kaum Einfluss auf die innere Leitung der Mitgliedskonvente. Diese waren weitgehend autonom, was deren Charakter als föderale und nicht zentrale Einrichtung ausmachte. Die Statuten gaben Richtlinien auch für den Gottesdienst und das geistliche Leben, für die Liturgie wie die Spiritualität und zielten allgemein auf Einheitlichkeit, wenngleich auch die eigenen *consuetudines* respektiert wurden. Die Visitationen, die zentralen Maßnahmen der Kongregation, wurden regelmäßig bis 1803 durchgeführt, die Rezesse sogar in den Konventen vorgelesen. Noviziat und Studium – sie wurden zentral durchgeführt, um ein höheres Niveau zu erreichen – waren allein durch die Statuten geregelt. Das Studium umfasste 2 Jahre Philosophie, 4 Jahre die theologischen Fächer (Dogmatik, Moral, Schrift, Kan. Recht). Jedes Studienjahr schloss mit einer Prüfung ab. Die Gesamtzahl der Studierenden dürfte zwischen 15 und 65 jährlich geschwankt haben.

Ein besonderes Merkmal der Kongregation war das gesteigerte Interesse an wissenschaftlichen Studien, ganz nach dem Vorbild der Mauriner. Kongregationsmitglieder nahmen nicht nur Lehrverpflichtungen an den Universitäten Salzburg und Ingolstadt sowie den höheren Lehranstalten in Amberg und Freising wahr; zahlreiche gelehrte Köpfe der Kongregation beschäftigten sich außer mit Philosophie und den theologischen Disziplinen auch mit Geschichte, weltlichem Recht, Mathematik und Physik. Nicht wenige Kongregationsmitglieder waren maßgeblich beteiligt an der von Oliver Legipont (Bursfelde) gegründeten *Societas Litteraria Germano-Benedictina*, traten als Mitglieder der 1759 gegründeten *Bayerischen Akademie der Wissenschaften* auf. Zu den weit über Bayerns Grenzen hinaus bekannten Wissenschaftlern aus den Reihen der Benediktiner gehörten u. a. der erwähnte Karl Meichelbeck (1669–1734) aus Benediktbeuern, der „bayerische Mabillon", aber auch Abt Rupert Kornemann (von Prüfening). Dieser hatte in der letzten Sitzung des Generalkapitels 1797 noch seinen Entwurf einer *Societas Litteraria Benedicto-Bavarica* zur Annahme gebracht, die Verwirklichung der Idee einer wissenschaftlichen Organisation der Kongregation, ein Unternehmen, das aber wenige Jahre später bereits (1803) durch die Säkularisation ein jähes Ende fand.

Die Aufklärung hatte nur geringen Einfluss auf die Kongregation, doch schwand ab Mitte des 18. Jahrhunderts der innere Reformeifer. Seit 1750 fanden die Generalkapitel nur noch im Rhythmus von 6 (statt von 3) Jahren statt; ab 1769 wurde die zentrale Ausbildung durch ein Hausstudium ersetzt; die Annalen wurden ab 1722 nicht mehr weitergeführt und auch der Eifer im Besuch der Generalkapitel schwand langsam. Doch hielt man am zentralen Noviziat und regelmäßigen Visitationen fest, so dass sich die Kongregation mit einem Bestand von etwa 500 Mönchen noch kurz vor ihrer Auflösung durchaus in gutem Zustand befand unter der hervorragenden Leitung des Präses Karl Klockner (1796–1803) und des Visitators Rupert Kornemann (1790–1803). Im Jahre 1803 dann war Ende des Verbandes eingeleitet durch die Aufhebung fast aller seiner Klöster.

Niederschwäbische Kongregation

Die „Niederschwäbische Kongregation“ (1684–1794) umfasste anfangs 8, später (nach dem Ausscheiden von Donauwörth seit 1726 und von Ottobeuren mit Fultenbach 1780) 6 Mönchsklöster im schwäbischen Teil der Diözese Augsburg. Der späte Gründungszeitpunkt, mehr als 120 Jahre nach Trient, erklärt sich wesentlich durch die lange und endlos zerstrittene Vorgeschichte, die bereits 1593 mit dem päpstlichen Legaten Benalli ihren Anfang genommen hatte, sich über mehrere, immer wieder und vornehmlich durch die Bischöfe von Augsburg blockierten Unionsversuche hinzog – in die zeitweise auch der Abt von Fulda (1631), der Metropolit von Mainz und der bayerische Kurfürst (1681) verwickelt waren – und erst 1685 endete, als der Ordinarius von Augsburg seinen Widersand endlich aufgab und dann selbst die Errichtung der Kongregation anregte, nicht zuletzt wohl auch unter dem Eindruck des bayerischen Vorbildes. Nach Vorstellung des Ordinarius (Johann Christoph Freiherr von Eisenberg, 1655–1690) sollte die Kongregation *ad normam der Oberschwäbischen* errichtet werden, was vornehmlich bedeutete: ohne das Privileg der Exemtion. Die konstituierende Sitzung fand im Mai 1685 in Ottobeuren statt; am 9. Juli bereits tagte das erste Generalkapitel, im August 1686 wurden schon die Statuten zur Diskussion vorgelegt, von den Konventen abgesegnet und 1687 vom Bischof approbiert. 1699 unterzog Abt Gordian Scherrich von Ottobeuren sie nochmals einer Überarbeitung. Der damalige Bischof approbierte sie erneut und sie blieben in dieser Form bis zur Auflösung der Kongregation (1794) in Kraft.

Die Verfassung der Kongregation wich kaum vom oberschwäbischen Vorbild ab. Man bildete ein Generalkapitel aus den Äbten der Mitgliedsgemeinschaften, wählte sich einen Präses, einen Visitator (mit Konvisitator) für jeweils 3 Jahre und ernannte einen Sekretär. Alle Amtsträger standen in den üblichen Verantwortungen wie in anderen Kongregationen. Allerdings besaß der Verband nicht das Privileg der Exemtion, auch saßen im Generalkapitel keine Deputierten der Klöster, beides deutliche Zeichen für eine Kongregation unter der Ägide eines Ordinarius im Rahmen einer Diözese. Einige Gemeinschaften des Bistums allerdings entzogen sich hartnäckig und erfolgreich der Kongregation, u. a. das selbstbewusste Reichskloster SS. Ulrich und Afra (Augsburg).

Die Außenwirkung der Kongregation war bescheiden. Nach den langwierigen Streitereien und Blockaden im Vorfeld blieb man meist mit inneren Problemen beschäftigt, mit Streitereien um das Dauerthema der Exemtion, mit Rangfragen unter den Mitgliedsgemeinschaften (1689), mit Problemen des Finanzausgleichs zwischen einzelnen Gemeinschaften, schließlich mit dem Ausscheiden von Donauwörth (1727) und Ottobeuren (1780 mit Fultenbach). Die Kongregation, die zwischen 1685 und 1784 von 17 Präsides geleitet worden war, zählte 1760 nur noch etwa 109 Religiosen gegenüber dem Durchschnitt früherer Jahre von 200 bis 230. Im Jahre 1794 wurde die Kongregation aufgelöst.

j) Reformierte Frauengemeinschaften

Frankreich

Wie erwähnt, hatten St. Vanne und die Mauriner, die in Frankreich dominierenden Kongregationen nach Trient, eine Integration von Frauengemeinschaften, obwohl nachdrücklich darum gebeten, dezidiert abgewiesen. Und es war nicht zuletzt dieser Umstand, der dazu beigetragen hat, dass dann während des 17. Jahrhunderts in Frankreich mehrfach von (meist) adeligen Äbtissinnen selbst bedeutende Reforminitiativen ausgingen, die sich in teils lockeren Verbänden, aber auch in Kongregationen organisierten. In diesen Reformkonventen – sie blieben in der Regel Mitgliedern des Adels oder des Bürgertums vorbehalten, Nonnen aus ärmeren Schichten fanden seltener Zugang – trugen die Leiterinnen in reformerischer Selbstbescheidung meist den Titel *priora* oder *Mutter*. Auch bemühte man sich hier – nach den Vorgaben von Trient – jeweils um Erstellung von Reformstatuten, die, wurden sie von anderen Konventen übernommen, die Basis für einen lockeren Verbund oder eine enger geführte Kongregation wurden.

Die Reformstatuten dieser Gemeinschaften forderten die strenge Klausur, verpflichteten zum Tragen des schwarzen Habits, geboten den Verzicht auf weltliche, aufwendige Kleidung und Schmuck jeder Art, bestanden auf regelmäßigem Gemeinschaftsleben mit täglichem Chorgebet, hielten zu einer neuen, um die Leiden Christi und seiner Mutter zentrierte Spiritualität an, verlangten aufs Ganze ein zurückgezogenes, asketisches Leben in Armut, Gebet und Arbeit nach der *RB* wie den eigenen Statuten zu führen.

(Die Handarbeit war meist der Verarbeitung von Wolle gewidmet – auch das Weben und das Sticken von Teppichen wird genannt –, umfasste aber auch die Krankenpflege und in bescheidenem Umfang den Schulunterricht für den Nachwuchs.)

So reformierte – um nur einige der bedeutenderen Fälle zu erwähnen – die Äbtissin Marghérite d'Arbouz († 1626), die großes Ansehen am französischen Hofe (bei Anna von Österreich und Ludwig XIII.) genoss, ihre Gemeinschaft Val-de-Grâce (Paris). Dabei führte sie Reformstatuten ein, die – von Dom Eustache Asseline entworfen – schließlich von zahlreichen Frauengemeinschaften übernommen und durch Dom Guéranger zwei Jahre später partiell St. Cecilia in Solesmes zugewiesen worden sind. (Schließlich wurde die Gründung für die Zeit bis 1789 auch Grabkapelle für die Herzen der Prinzen und Prinzessinnen der königlichen Familie.) In ähnlicher Weise schritt Marghérite de Quibly (1679), Äbtissin von La Déserte (Lyon), zur Tat. In enger geistlicher Verbindung zu Franz von Sales stehend, verfasste sie selbst Statuten für ihre Gemeinschaft, die bereits 1649 in einer zweiten Edition erschienen und von zahlreichen Frauengemeinschaften übernommen wurden. Die nachmals berühmte Kongregation *Unsere Liebe Frau vom Kalvarienberg* (Poitier) war eine Neugründung der *Mutter* Antoinette d'Orléans-Longueville († 1618). Sie hatte zunächst Kontakt mit den Feuillanten (reformierten Zisterziensern) aufgenommen, war dann Mitglied in Fontevrault und bewegte sich schließlich längere Jahre im Umfeld des berühmten Kapuziners Père Joseph (François Leclerc du Tramblay, genannt „die graue Eminenz"), des langjährigen Beraters Richelieus, der dann auch die Statuten für die Gründung in Poitier entwarf. Zur Kongregation – mit Schwerpunkt auf dem Reuegebet, der Verehrung des Leidens Christi und der Mutter Jesu, der Bekehrung der Häretiker und Sünder sowie der Betreuung von Waisenkindern – zählten vor der Revolution noch 20 exemte Frauengemeinschaften. Eine der nachmals berühmtesten Reformkongregationen war das Werk der Cathérine de Bar († 1698), die als Nonne den Namen Mechthild trug und dann als ‚Mechthild vom Sakrament' in die Geschichte einging. Ihre Gründungsinitiativen – zunächst in St. Dié, dann in Paris (1651) – wurden von der Königin Anna von Österreich, der Gemahlin Ludwigs XIII., unterstützt. Die Statuten der Reformgründung – deren spiritueller Schwerpunkt auf Anbetung des Hl. Altarsakramentes ruhte – erhielten 1668 ihre Bestätigung durch den Kardinal von Vendôme. 1676 wurde die Kongregation von Papst Innozenz XII. anerkannt unter dem Titel: *Benediktinerinnen von der Ewigen Anbetung des Heiligsten Sakraments.*

Neben diesen herausragenden Persönlichkeiten lassen sich eine Anzahl weiterer Reformerinnen von Rang für Frankreich nennen, so etwa: Marie de Beauvilliers (Montmartre, † 1657), Cathérine d'Alvequin († 1620), Anne de Béthune (Beaumont-les-Tours, † 1689), Jeanne Guichard (Hl. Dreifaltigkeit zu Poitier, † 1631), Anna-Maria Goulaine (stigmatisiert, † 1653), Marie Granger (Montargis, Mystikerin, † 1636). In diesem Kontext sprach man dann auch für das 17. Jahrhundert in Frankreich vom „goldenen Zeitalter der Benediktinerinnen“ (Hilpisch, Benediktinerinnen, S. 91).

Deutscher Sprachraum

Erklärungsbedürftig bleibt im Zusammenhang mit der Ausbildung zahlreicher nachtridentinisch-benediktinischer männlicher Reformkongregationen im deutschen Sprachraum das Schweigen über vergleichbare Verbandsbildung im Umfeld der Frauengemeinschaften. War vor Trient immerhin im Falle von Bursfelde die Einbeziehung der Frauengemeinschaften in die Reform und Verbandsbildung ausdrücklich gewollt – wenngleich auch hier kein Anschluss auf Augenhöhe, sondern lediglich eine Affiliation stattgefunden hatte –, finden sich in der Phase nach Trient für die Frauenklöster nach *RB* im Kontext der zahlreichen, neuen Kongregationsgründungen keinerlei Erwähnung mehr. Es bleibt also die Frage, wie und in welchem Umfang die Töchter Benedikts in deutschen Landen von den nachtridentinischen Reformen überhaupt erfasst worden sind.

Nun berührt man mit dieser Frage zweifellos ein aktuelles Desiderat der Ordensforschung, so dass vorerst eher Probleme skizziert als Antworten gegeben werden können. Dem Schweigen, welchem man hier begegnet – so viel wird auch beim gegenwärtigen Forschungsstand schon deutlich –, lagen mehrere Ursachen zugrunde. Zum einen die gleichsam traditionelle, seit den Cluniazensern offensichtliche Reserve der Mehrzahl männlich dominierter Verbände der „schwarzen Mönche“ gegen eine Inkorporation ihrer Frauenzweige auf Augenhöhe. Begründet wurde diese Verweigerung mit dem Argument, der Männerkongregation drohe durch den Anschluss eine Überlastung durch unvermeidliche, zusätzliche Verpflichtungen als Seelsorger, Beichtvater, Verwalter u. a. in den Frauengemeinschaften. Darüber hinaus erwies sich der Rechtsstatus der meisten Frauengemeinschaften als Hürde für jede eigenständige Verbandsbildung oder auch nur für eine Inkorporation. Denn die Frauengemeinschaften waren mehrheitlich von ihrer Gründung an entweder einer Männergemeinschaft zugeordnet – folglich in der Weisungsbefugnis des jeweiligen Abtes – oder dem Ortsbischof unterstellt und folglich in dessen Zuständigkeit. Und sofern es sich drittens um exemte Frauengemeinschaften handelte, unterstanden diese formal zwar dem Papst, waren aber von Rom meist dem Ortsbischof in Stellvertretung (*vicarius*) als Delegate zugewiesen und damit ebenfalls von diesem weisungsabhängig. Die Bildung von selbständigen, den Männerkongregationen rechtlich gleichgestellten Reformverbänden der Frauengemeinschaften hätte folglich für die zuständigen Äbte wie die jeweiligen Ordinarien Verlust von Zuständigkeiten bedeutet, eine Selbstbeschneidung, der sich beide Parteien erwartungsgemäß widersetzten.

Solch kirchenrechtlichen wie kirchenpolitischen Gegebenheiten trugen die Väter von Trient offensichtlich Rechnung, wenn sie die Bildung von Kongregationen lediglich für die Männer, nicht aber für die Frauengemeinschaften forderten (*sessio 25, de regularibus et monialibus,* cap. 8 u. 9). Stattdessen allerdings schrieb Trient den Frauenklöstern detaillierte Reformen in zentralen Bereichen vor, deren Durchführung vor Ort Aufgabe der weisungsbefugten Äbtissinnen, Äbte und Ordinarien blieb. Hierbei geht es u. a. dann um die Verpflichtung auf die Regelobservanz (cap. 1); das Verbot von Privatbesitz (cap. 2); um Bestimmungen zum Klosterbesitz und zur Konventsgröße (cap. 3); um das Verbot des unerlaubten Verlassens des Klosters (cap. 4); um zentrale Bestimmungen zum Klaustralbereich (cap. 5); um Wahlvorschriften (cap. 6 und 7); um Bestimmungen zur Nonnenbeichte (cap. 10), zur Profess (cap. 15–17) u. a. m.

Folglich spiegelt sich in den deutschen Landschaften die nachtridentinische Reform der Frauenklöster nicht in Kongregationsgründungen, sondern allein in Statuten und in Visitationen, erstellt und durchgeführt unter der Ägide der zuständigen Äbte, Äbtissinnen, Ortrsordinarien oder Roms. Und so erklärt sich dann auch das Phänomen, dass zahlreiche Frauenkonvente nach *RB* in neuem Geiste gemeinschaftsintern geordnet wurden, dabei auch eigene, vorbildliche Statuten entworfen und angenommen worden sind, es aber dennoch nicht zur Bildung von Kongregationen kam. Die Statuten besaßen dabei zunächst Verbindlichkeit lediglich für die eigene Reformgemeinschaft. Wurden sie bisweilen auch von anderen Gemeinschaften als vorbildlich übernommen, so blieben sie dennoch jeweils von individueller Verbindlichkeit. Es handelte sich auch dann nicht um die Verfassung eines auf Augenhöhe mit den Männerkongregationen geführten, eigenen Reformverbandes der Frauen.

In diesem Rahmen erfolgreich und vorbildlich reformierte Frauengemeinschaften erscheinen dann etwa in Süddeutschland. So die Gemeinschaft in Kühbach (b. Augsburg), deren umfangreiche Statuten 1590 in Hohenwart, Holzen und 1630 sogar in St. Maria zu Fulda übernommen worden sind. Reformsatzungen ähnlicher Art erhielten Geisenfeld (1589), Nonnberg (1626), Chiemsee (1620), St. Wallburg in Eichstätt und Niedernburg in Passau (1670).

Inhaltlich entwerfen die Statuten dieser Reformgemeinschaften kein neues benediktinisches Programm oder Ideal (wie teils in den französischen Frauenkongregationen geschehen). Man blieb im traditionellen Rahmen und versuchte hier lediglich, bekannte – wie die oben in *sessio 25,* cap. 1 ff. angesprochenen – Missstände zu beseitigen. So geht es in den

Statuten u. a. um ein würdiges Chorgebet, einen präzisen Tagesablauf, die Beichte und den Sakramentenempfang, die Bedeutung der Spiritualität, Art und Umfang der Handarbeit, die Tischlesung, die Termine für den Aderlass, die Nutzung der Sprechzimmer u. a. Gegenstände und Bereiche der Regulierung waren aber ebenso der Ritus der Einkleidung, die (neueingeführte) Jungfrauenweihe, die Profess (vornehmlich, wenn es sich um adelige Adeptinnen handelte). Im Zentrum der Reformen allerdings standen zum einen das strikte Verbot jeden Privatbesitzes (und dessen Nutzung), zum andern die rigorosen und präzisen Bestimmungen zur Klausur, in deren Missachtung man die hauptsächliche Ursache zahlreicher anderer Übelstände in den Frauenklöstern erkannt hatte. Unter anderem hatte Pius V. mit *Decori et honestati* (24. Jan. 1570) nochmals für alle Frauenklöster entschieden die strenge Klausur gefordert. Hier finden sich dann präzise Vorgaben über die Erlaubnis zur Abwesenheit von der Gemeinschaft, für den Zutritt ins Kloster – sei es von Stiftern, Eltern, Klerikern oder dem Ortsbischof – bis hin zu Bauvorschriften darüber, welche Türen und Fenster offen zu halten oder zu vermauern waren.

(Eine detaillierte, faktengesättigte Beschreibung nachtridentinischer Reformen in den deutschsprachigen, schweizerischen Nonnen- und Schwesterngemeinschaften von Trient bis zum 20. Jahrhundert bei Degler-Spengler, Helvetia Sacra III, 1, 1.)

Niederlande

Im Jahre 1604 durch Florence de Werquignœul (auch: Verquigneuil, † 1638) begründet, darf auch die Reform-Kongregation *Paix de Notre Dame* (*U. L. F. vom Frieden*) in Douai – seit 1672 innerhalb des französischen Herrschaftsbereichs – als bemerkenswert bezeichnet werden. In dieser nachtridentinischen Reformkongregation benediktinischen Zuschnitts wandte man sich vornehmlich der Caritas sowie der Mädchenerziehung und -ausbildung zu, beachtete eine strenge Klausur, übte sich aber auch in intellektuellen Tätigkeiten (Lektüre, Schriftstellerei, Briefwechsel mit bedeutenden Zeitgenossen), folgte beim *opus divinum* dem römischen Offizium, mied allerdings den gregorianischen Gesang als der Betrachtung schädlich. Die Reformobservanz verbreitete sich rasch, gefördert und unterstützt u. a. durch den Bischof von Arras. Filiationen entstanden so 1612 in Arras, 1613 in Namur, 1627 in Lüttich, 1640 in Mons. Die Statuten der Kongregation wurden 1625 von Urban VIII. approbiert.

Englische Reformbenediktinerinnen auf dem Festland

Bedeutend bleiben in diesem Zusammenhang auch die – oben (Abschn. 4, d, S. 246 f). bereits erwähnten – Gründungen englischer Benediktinerinnen auf dem Festland, Reformgründungen, die meist in der Zuständigkeit der Ortsbischöfe blieben. So hatte nach Unterdrückung der Klöster in England (1540) bereits 1599 Maria Percy (Tochter des Grafen von Northumberland) mit Erlaubnis Clemens' VIII. in Brüssel, unterstützt vom Ortsbischof, die Gemeinschaft *U. L. F. von der Aufnahme in den Himmel* (*assumptio*) ins Leben gerufen. So bildete sich unter der Äbtissin Johanna Berkeley – der ersten englischen Professe auf dem Festland (1599) – die Gemeinschaft in Brüssel zu einem einflussreichen Zentrum aus mit Filiationen in Gand, Cambrai, Boulogne, Pontoise, Dünkirchen, Ypern. Als weitere, bedeutende englische Benediktinerinnen auf dem Festland bleiben zu erwähnen: Gertrud More († 1633, Schwester von Thomas More); Lucia Knutchbull († 1629), Äbtissin in Gand; die Mystikerin Klara Vaughan († 1687) in Pontoise.

Italien

In Italien hatten sich nach Trient – wie erwähnt – die Mehrzahl der Frauengemeinschaften der dominanten Cassinensischen Kongregation angeschlossen und befanden sich folglich in gutem Zustand. Doch traten im Verlauf des 17. Jahrhunderts – wie in den übrigen Klosterlandschaften Westeuropas – auch hier die zeittypischen Probleme ans Licht: Vernachlässigung der strengen Klausur – was zum Einfallstor jedweder Verweltlichung in Kleidung, Benehmen und Lebensführung führte –, eine lasche Aufnahmepraxis – was Zwangseintritte von Postulantinnen zur Versorgung sowie auch die Übernahme von Kleinkindern ermöglichte –, nicht zuletzt die Duldung ungleicher persönlicher Ränge unter den Gemeinschaftsmitgliedern aufgrund der unterschiedlich hohen „Mitgift" beim Eintritt u. a. m. Unbestritten dieser Übelstände bleibt dennoch festzustellen, dass gleichzeitig zahlreiche Reformerinnen in den italischen Frauengemeinschaften des 17. Jahrhunderts mit beispielgebenden Reformaktivitäten in ihren Konventen hervorgetreten sind. So etwa Margherita Corradi, Mystikerin aus S. Caterina in Amelia († 1665); Anna-Scolastica Fares aus S. Benedetto in Narni, später in Norcia († 1672); Maria Crocefissa Tomasi aus Palma di Montechiaro (Agrigent, † 1699); Cecilia Baij aus Montefiascone († 1766); Maria Muratori aus SS. Gervasius und Protasius in Bologna († 1725); Giovanna Maria Bonomo, Mystikerin aus S. Girolamo in Bassano del Grappa, eine der bedeutenden asketisch-mystischen Schriftstellerinnen des Ordens († 1670).

Spanien

Die benediktinischen Frauenklöster Spaniens, meist Adelsgemeinschaften, hatten sich mehrheitlich den *Claustrales* angeschlossen. Im Kontext der Reform, die unter Philipp II. bereits – nach Annahme der Bulle Clemens' VIII. vom 1. April 1592 – in der Männerkongregation durchgesetzt worden war, leiteten König und Papst auch die Erneuerung der Frauengemeinschaften ein mit einer großen Visitation durch den Dominikaner Andreas Balanguer (1601/02). Dabei versuchte man, die üblichen Missstände zu korrigieren: Vernachlässigung des Gemeinschaftslebens und der ewigen Gelübde (der Armut, der Keuschheit und vornehmlich des Gehorsam gegenüber der Äbtissin), Missachtung der Klausurvorschriften, Vernachlässigung des Habits, Unterlassung des Chorgebets u. a. Kurzfristig führten die Maßnahmen sogar zu einer Auflehnung der Nonnen gegen die Reform, zum Verlassen des Verbandes, was dann – als Disziplinierungsmaßnahme – zur Unterstellung unter den Bischof von Barcelona führte (1603). Aber schon 1606 konnte die Eingliederung in die Kongregation wieder erreicht werden. Schließlich fand man zur Ausarbeitung von eigenen Konstitutionen mit Rücksicht auf die spezifischen Lebensbedingungen der Frauen. 1615 vom Generalkapitel angenommen, gelangten diese Statuten noch im selben Jahr zum Druck.

Der Kongregation der *Observantes* hatten sich nur wenige Frauengemeinschaften angeschlossen, welche trotz ihrer Zugehörigkeit zu einer exemten Kongregation den Ortsbischöfen unterstellt blieben. Die Ordinarien hatten allerdings auch über die Durchsetzung der Reformen zu wachen, was spätestens seit 1610 nachweislich geschah.

Polen

Zu den bedeutenden nachtridentinischen Reformbeispielen, die von Frauengemeinschaften ihren Ausgang genommen haben, zählen nicht zuletzt auch – wie oben (S. 248 f) ausführlich dargestellt – die Neuanfänge in Polen: die außerordentlich fruchtbaren Initiativen der Magdalena Morteska († 1632) von Kulm aus, aber auch die Übernahme französischer Vorbilder: der *Kongregation von der Ewigen Anbetung des Hl. Sakramentes* sowie die, allerdings nur kurzlebige, Gründung der Mechthild von Bar in Warschau.

5. Erneute Anläufe zu einer *Congregatio generalis in Germania*

Neben den neuen, regionalen Gründungen von Kongregationen des 17. Jahrhunderts lassen sich im deutschen Sprachraum mehrere Versuche beobachten, die ältere Vorstellung von einer Union aller Benediktinerkongregationen erneut zu verwirklichen. Da die problematische Lage jener vielen Gemeinschaften, die keinem Verband angehörten, sich kaum verbessert hatte, die Gefahr der Zugriffe von außen während der Reformation und den Religionskriegen noch offensichtlicher geworden war, hatte die Vorstellung von einem großen, schützenden Verband aller Benediktiner für einige fortschrittliche Reformer nichts an Faszination verloren. Neue Initiativen zu einer solchen Union gingen daher fast gleichzeitig von Fulda, Kremsmünster und von Salzburg aus. Als erster ergriff Abt Bernhard (Schrenk von Schweinsberg) von Fulda (1623–1632) die Initiative. Er hatte in einem päpstlichen Erlass vom 27. Juni 1624 (Urban VIII.) den Auftrag zur Reform seines Klosters und zugleich zur Bildung einer Union aller existierenden Benediktinerabteien im deutschen Sprachraum erhalten. Dabei war daran gedacht, den neuen Verband um die größte bestehende Kongregation – das war ohne Zweifel Bursfelde mit etwa 142 Gemeinschaften – herum zu bilden. Der Anlauf allerdings scheiterte bereits im Ansatz, da Bursfelde die Führerschaft beanspruchte und darauf bestand, dass sich die neuen Mitglieder ihrer Kongregation anzuschließen hätten und keineswegs ein neuer Gesamtverband zu gründen wäre. Ein zweiter Versuch kam 1625 von Abt Anton Wolfradt (1613–1639) von Kremsmünster, der sich mit den Äbten von Ochsenhausen und Weingarten (Georg Wegelin) zusammengetan hatte und außerdem die Unterstützung Kaiser Ferdinands II. sowie des Nuntius Caraffa auf seiner Seite wusste. Aber auch der Anlauf Wolfradts blieb bereits 1627 stecken, weil St. Gallen und die Schweizer Kongregation blockierten. Daraufhin versuchte Wolfradt, eine deutsche Union ohne die Schweizer Kongregation zusammenzubringen unter Einbeziehung des Salzburger Erzbischofs Paris Lodron, der in dem Plan letztlich allerdings weniger eine Chance zur Klosterreform als eher eine Möglichkeit zur Erweiterung und Stärkung der von ihm favorisierten, älteren Konföderation zum Unterhalt der Salzburger Universität sah. Gegen die Initiativen Wolfradts formierte sich aber zusehends eine massive Opposition seitens der Salzburger Suffragane Passau und Regensburg. Darüber hinaus opponierten die Bischöfe von Mainz, Eichstätt, Konstanz und Augsburg direkt in Rom, getrieben von der Befürchtung, der Verband werde in toto die Exemtion für seine Mitglieder erstreben und die Ordinarien sowie die angestammten Möglichkeiten des Zugriffs einschließlich des Visitationarechtes verlieren. Auch Bursfelde wurde gegen das Unionsprojekt in Rom vorstellig. Dieser geballten Opposition von Unionsgegnern begegnete Wolfradt mit einer Flucht nach vorne, indem er kurzerhand Vertreter aller existierenden Kongregationen zu einer Versammlung nach Regensburg (21. Jan. 1631) berief. Nach mehrtägigem, schwierigem, von zahllosen Widerständen behindertem Ringen fand man am 24. Jan. schließlich zum förmlichen Beschluss einer Union, die nun lediglich noch der Bestätigung aus Rom harrte. Hier aber hatte die Opposition der Bischöfe mittlerweile offensichtlich Gehör gefunden, und Rom sprach (9. April 1631) der in Regensburg geschlossenen Union jede Gültigkeit ab, verbot jeden weiteren Versuch dieser Art und gestattete lediglich die Bildung von Regionalen Kongregationen im Sinne von Trient. Damit war im deutschen Sprachbereich die letzte große Initiative zu einer *Congregatio generalis* endgültig gescheitert.

Die Vision aber von einem solchen Zusammenschluss tauchte auch später noch hier und da auf. So bei dem Fürstabt Roman von Kempten, der sich 1646 in Rom vergeblich um die Erlaubnis bemühte, die Benediktineräbte Deutschlands zu einer *Congregatio Monasteriorum Ordinis S. Benedicti in Germania* zusammenzuführen. Und auch der Fürstabt von Fulda, Kardinal Bernhard Gustav (Markgraf von Baden-Durlach, 1671–1677) hing noch einmal dem Gedanken einer Generalunion – eventuell unter der Führung des Abtes von Fulda – an. Erwähnenswert bleiben schließlich die Bemühungen des gelehrten Oliver Legipont aus Groß-St. Martin in Köln († 1758), der sich nicht nur um die Gründung einer deutschen Benediktinerakademie bemüht hatte, sondern mit Zustimmung mehrerer Äbte und Benedikts XIV. einen Generalprokurator der Benediktiner in Rom zu installieren gedachte, wobei bei dessen Bestellung auch wieder an eine Union aller Kongregationen gedacht werden sollte.

6. Allgemeine Lage der „schwarzen Mönche" im deutschen Sprachraum am Vorabend der Aufklärung

Nimmt man die Gemeinschaften der „schwarzen Söhne und Töchter" Benedikts insgesamt in den Blick, so bleibt neben den Gemeinschaften, die sich zu Verbänden zusammen- oder sich solchen angeschlossen hatten – und nur von solchen war bisher die Rede –, auf eine nicht geringe Zahl von Männer- wie Frauenklöstern zu verweisen, die in ihrer gleichsam „angestammten", benediktinisch verfassten Vereinzelung ohne Reform verblieben und in solcher Isolation den Stürmen der Zeit besonders hart ausgesetzt waren. Eine anonym überlieferte Beschreibung der schwäbischen Verhältnisse um 1640 (Molitor, II, S. 359, Anm. 2: *Brevis informatio …*) spricht von den allgegenwärtigen Einbrüchen und Verlusten solcher Klöster während des Dreißigjährigen Krieges durch Feuersbrünste, Verwüstungen der Soldateska, Hungersnöte, Pestwellen, Verschuldungen, Ereignisse allesamt, die die Gemeinschaften häufig an den Rand des Ruins oder gar zum Zusammenbruch gebracht hatten.

Die Klöster des 17. Jahrhunderts wurden aber nicht nur durch solch äußere Widrigkeiten bedrückt, sie hatten sich darüber hinaus ständig auch gegen innerkirchliche Oppositionen zu wehren: gegen die Jesuiten, die Ortsbischöfe und bisweilen auch gegen Rom. Die kirchenpolitisch ambitionierten Jesuiten verstanden sich als die legitimen Erben der Liegenschaften und des Besitzes ruinierter oder aufgelöster Benediktinerklöster und verfolgten – vergeblich allerdings – 1626 anlässlich einer Zusammenkunft in Regensburg gar die Absicht, die Observanzen der alten Benediktiner insgesamt aufzulösen.

Die Bischöfe ihrerseits opponierten – wie bereits erwähnt – häufig gegen die Verbandsbildungen aus Furcht um den Verlust ihrer Nutzungs- und Zugriffsrechte auf die Klöster. (Besonders hartnäckig zeigten sich in solchen Streitereien Konstanz, Augsburg, Passau, Würzburg, Paderborn.) Rom fand bei diesen Konflikten, die sozusagen an der Tagesordnung waren, bisweilen zu überraschenden Lösungen wie der Ernennung der umstrittenen Gemeinschaft zur *abbatia nullius* – einer Abtei, die zu keinem Bistum gehört (wie etwa Kempten) – oder zur Erhebung der Abtei in den Rang eines Bischofssitzes (wie in den Fällen von Corvey und Fulda).

Rom fehlte in den Auseinandersetzungen mit Klöstern oftmals aber eine genaue Kenntnis der Problemlage vor Ort und ließ sich häufig in seinem Urteil von den Gegnern der Benediktiner beeinflussen und stand im Zweifelsfall meist auf der Seite der Bischöfe. Die kurze Hoffnung der alten Benediktiner auf Besserung der Verhältnisse durch das Restitutionsedikt – erlassen unter Kaiser Ferdinand II. am 6. März 1629 mit der Anordnung, alle seit 1552 konfiszierten Kirchen- und Klostergüter zurückzugeben – wurde bald durch den Westfälischen Frieden (1648) zerstört. Denn hier wurden rückwirkend alle Restitutionen seit 1630 für ungültig erklärt und der Besitzstand vom 1. Jan. 1624 festgeschrieben. Zahlreiche Klöster blieben so mitsamt ihren Gütern im Besitz der Protestanten.

Ohne Frage aber befanden sich im deutschen Sprachraum, der schwierigen Zeiten zum Trotz, noch Klöster in vorbildlichem Zustand: So etwa Seitenstetten, Göttweig, Ottobeuren, Ensdorf und vor allem St. Blasien, das den Maurinern nacheiferte. Im Ganzen aber hatten die Benediktiner des deutschen Sprachraums doch beträchtliche Einbrüche durch den großen Krieg erlitten. Für die Mitte des 18. Jahrhunderts schließlich – in der Phase der Aufklärung bereits, aber noch vor den großen Säkularisationen – geht man für den deutschen Sprachraum noch von etwa 145 Männerklöstern der Benediktiner aus, davon 13 Fürstabteien sowie 13 Reichsabteien (deren Rechtsstatus bis 1789 Geltung hatte).

7. Bibliographie

1. Reformation und Klostergemeinschaften

◊ (Quellen): Reichsabschied zu Augsburg 1555 Sept. 25: RTA, Jüngere Reihe XX, 4 (bearb. von Aulinger u. a.), Münchnen 2009, Kap. 9, Nr. 390, §§ 14–28, 32, S. 3108–3113, 3114. – Luther, M.: *Iudicium Martini Lutheri de votis* (*Themata de votis*), in: Werke, WA 8, S. 323 ff. – Ders.: *De votis monasticis iudicium*, ebda., S 573 ff. – Ders.: Brief an Melanchthon (9. Sept. 1521), in: Briefe, WA Br 2, Nr. 428, S. 382 ff. (hier: S. 384). – Ders.: Brief an Spalatin (11. Nov. 1521), ebda., Nr. 438, S. 402 ff. (hier: S. 403).

◊ (Literatur): Stolze, W.: Bauernkrieg und Reformation, Leipzig 1926. – Danzer, B.: Die Benediktinerklöster und die Glaubensspaltung des 16. Jahrhunderts, in: Benediktinische Monatsschrift 11 (1929), S. 399–404. – Waas, A.: Die große Wende im deutschen Bauernkrieg, München 1939. – Lortz, J.: Die Reformation in Deutschland, 2 Bde., Freiburg ³1948. – Hilpisch, St.: Benediktinerinnen, S. 63 ff. – Schmitz, Ph.: Geschichte III, S. 248 ff.; Ders.: Histoire VII (Les moniales, 1957), S. 144. – Lohse, B.: Mönchtum und Reformation, in: Forschungen zur Kirchen- und Dogmengeschichte 1963, S. 356 ff. – Waas, A.: Der Bauernkrieg. Die Bauern im Kampf um Gerechtigkeit 1300–1525, München 1964. – Greschat, M.: Luthers Haltung im Bauernkrieg, in: ARG 56 (1965), S. 31 ff. – Obermann, H.: Tumultus rusticorum. Vom Klosterkrieg zum Fürstensieg, in: ZfK 85 (1974), S. 157 ff. – Schreiner, K.: Benediktinisches Mönchtum, S. 67 ff. – Blickle, P. (Ed.): Revolte und Revolution in Europa. Referate und Protokolle des internationalen Symposiums zur Erinnerung an den Bauernkrieg 1525 (Memmingen 24.–27. März 1975) HZ, Beih. 4 NF, München 1975. – Frank, S.: Grundzüge, S. 124 ff. – Blickle, P.: Die Reformation im Reich, Stuttgart 1982. – Franz, G.: Der deutsche Bauernkrieg, Darmstadt ¹²1984. – Iserloh, E.: Mönchsgelübde und evangelische Freiheit, in: HKG (ed. H. Jedin), Bd. IV: Reformation, Katholische Reform und Gegenreformation, Freiburg 1985, S. 86 f. – Ders.: Der Bauernkrieg, ebda. S. 140 ff. – Blickle, P.: Gemeindereformation. Die Menschen des 16. Jahrhunderts auf dem Weg zum Heil, München 1987. – Ders. (ed.): Zugänge zur bäuerlichen Reformation (Bauer und Reformation 1), Zürich 1987. – Ders.: Unruhen in der ständischen Gesellschaft (Enzyklopädie Deutscher Geschichte 1), München 1988. – Lackner, B. K.: Martin Luther and Monasticism, in: (edd.) F.R. Swietek/J.R. Sommerfeld: Studiosorum Speculum. Studies in Honor of Louis J. Lekai (Cistercian Studies Series 141), 1993, S. 173 ff. – Gil Larrañaga, P. M. (ed.): De los Votos a la Misión. El tratado de Lutero sobro los Votos religiosos, Bilbao 2008. – Buszello, H./Blickle, P./Endres R. (Edd.): Der deutsche Bauernkrieg (3., bibliogr. erg. Aufl.), Paderborn 1995. – Seebass, G.: Art.: Reformation (3. Zum Verständnis der Reformation als geschichtlicher Epoche), in: TRE 28 (1997), Sp. 394 ff. – Blickle, P.: Die Revolution von 1525, München ⁴2004 (Lit). – Dell'Omo, M.: Storia, S. 339 ff. – Blickle, P.: Der Bauernkrieg. Die Revolution des Gemeinen Mannes, München ⁴2013. – Ders.: Der Bauernjörg. Feldherr im Bauernkrieg, München 2015.

2. Das Konzil von Trient (1545–1563) und die Ordensreform

◊ (Quellen): Conc. Trid., *Sessio* XXV (3/4. Dez. 1563) (Decret III: *De regularibus et monialibus* [*Über Mönche und Nonnen*]), COD III (ed. Istituto per le scienze religiose) Bologna 1973, S. 776 ff. – Innoc. III.: Const.: *In singulis*, ebda., II., S. 240 f.

◊ (Literatur): Molitor, R.: I, S. 326 ff. – Hefele-Leclercq: Hist. des Conc. XI, Paris 1938, S. 600 ff. – Hilpisch, St.: Geschichte, S. 323 ff. – Schmitz, Ph.: Geschichte IV, S. 9 ff. – Ders.: Histoire VII (Les moniales), S. 152 ff. – Volk, P.: Das Konzil von Trient und die deutschen Benediktiner, in: Das Weltkonzil von Trient. Sein Werden und Wirken 2, Freiburg 1961, S. 451 ff. – Heimbucher, M.: Orden I, S. 229 f. – Lunardi, G.: Art.: Benedettine, in: DIP 1 (1974), Sp. 152 ff. – Jedin, H.: Geschichte des Konzils v. Trient IV, 2, Freiburg 1975, S. 164 ff. – Schreiner, K.: Benediktinisches Mönchtum, S. 74 ff. – Penco, G.: Storia I, S. 71 ff. – Ganzer, K.: Benediktineräbte auf dem Konzil von Trient, in: SMGB 90 (1979), S. 151 ff. – Iserloh, E.: Neue und alte Orden, in: HKG (ed. H. Jedin), Bd. IV: Reformation, Katholische Reform und Gegenreformation, Freiburg 1985, S. 601 ff. – Dell'Omo, M.: Storia, S. 333 ff., 364 (Lit.).

3. Die vortridentinischen Verbände zwischen Ausklang und Konsolidierung

a) Cluny

◊ (Literatur): Besse, J. M.: L'Ordre de Cluny et son gouvernement, in: Rev. Mabillon 1 (1905), S. 5 ff., 97 ff., 177 ff.; 2 (1906), S. 1 ff. – Denis, P.: Le cardinal de Richelieu et la réforme des monastères bénédictins, Paris 1913. – Molitor, R.: I, S. 111 ff.; II, S. 328 ff. – Hilpisch, St.: Geschichte, S. 323. – de Valous, G.: Le monachisme clunisien des origines au XVe siècle. Vie intérieur des monastères et organisation de l'Ordre (2 Bde.), Ligugé 1935 (^{2}1970). – Ders.: Le temporel et la situation financière … de l'Ordre de Cluny du XIIe au XIVe siècle, Ligugé 1935. – Charvin, G.: L'abbaye et l'Ordre de Cluny en France de la mort de Richelieu à l'élection de Mazarin (1642–54), in: Rev. Mabillon 33 (1943), S. 85 ff. – Ders.: L'abbaye et l'Ordre de Cluny sous l'abbatiat de Mazarin (1654–61), in: Rev. Mabillon 34 (1944), S. 20 ff. – Ders.: La succession de Mazarin à l'abbaye de Cluny. Le cardinal Renaud d'Este (1661–1672), in: Rev. Mabillon 37 (1947), S. 17 ff. – Ders.: Dom Henri-Bertrand de Beuvron, abbé de Cluny (1672–1682), in: Rev. Mabillon 37 (1947), S. 69 ff. – Schmitz, Ph.: Geschichte IV, S. 52 ff. – de Valous, G.: Art.: Cluny, in: DHGH XIII (1956), S. 35 ff. – Charvin, G.: Status, chapitres généraux et visites de l'ordre de Cluny, 9 Bde., Paris 1965–79 (hier: Bd. 6–9 [1975–79] mit Annex: Gazeau, R. (ed.): Tables des tomes 7–9 et Atlas des monastères de l'Ordre aux XVIIe et XVIIIe siècles, Paris 1982). – Cattana, V.: Art.: Cluny, in: DIP 2 (1975). Sp. 1220 ff. – Leclercq, J.: Art.: Cluniazensi, in: DIP 2 (1975), Sp. 1198 ff. – Frank, K. S.: Art.: Cluny, in TRE 8 (1981), Sp. 126 ff. (Lit.). – Bulst, N.: Art.: Cluny, Cluniazenser (A, III: Niedergang), in: LdM 2 (1983), Sp. 2176 f. (Lit.). – Pacaut, M.: L'Ordre de Cluny (909–1789), Paris ^{2}1994, S. 377 ff. – Hurel, D.-O.: La représentation de Cluny chez les auteurs des XVIIe et XVIIIe siècles, in: Rev. Mabillon, n. s. 11 (2000), S. 115 ff. – Ders.: Cluny entre Réforme catholique et siècles des lumières, in: Cluny et la puissance des moines. Histoire de l'abbaye et de son Ordre, 910–1790 (Dossiers d'Archéologie 269/270, [2001/02]), S. 24 ff. – Lemaitre, J.-L.: Les visites, Instruments de la réforme monastique à travers l'exemple de Cluny au XVIe siècle, in: (edd.) I. Zinguer/M. Yardeni: Les deux réformes chrétiennes. Propagation et diffusion, in: Studies in the History of Christian Traditions 114 (2004). – Dell'Omo, M.: Storia, S. 346 f., 377 f., 411 (Lit.), 444 f. (Lit.; weitere Titel von G. Charvin).

b) Cassinensische Kongregation (alias S. Justina)

◊ (Quellen): Clemens VIII.: *Commissum nobis ex alto* (Bulle, 6. mart. 1593), ed. Taur., vol. X, Turin 1865, S. 28 B ff. – Paul V.: *Cum, sicut accepimus* (Bulle: 6. Apr. 1607), ed. Taur, vol. XI, Turin 1867, S. 390 ff. – Innozenz X.: *Inter caetera* (Bull., 17. dec. 1649), ed. Taur., vol. XV, Turin 1868, S. 646 B ff. – Ders.: *Instaurandae regularis disciplinae* (Bulle: 15. oct. 1652), ebda., S. 696 B ff.; – Innozenz XI.: *Inscrutabili* (22. mart. 1687), ed. Taur., vol. XIX, Turin 1870, S. 730 A ff.

◊ (Literatur): Molitor, R.: II, S. 375 ff. – Radonic, V.: Die Klosterreform in Venedig 1767–1770, Šibenik 1935. – Lucchesi, E.: I Benedettini, in: P. Cherubelli: Il contributo degli Ordini religiosi al Concilio di Trento, Firenze 1946, S. 293 ff. – Tappi-Caesarini, A.: Note sul reclutamento del „Conventus Pharphensis" dal 1048–1567, in: Benedictina 3 (1949), S. 307 ff. – Concari, A.: Il contributo dei Benedettini cassinesi al primo periodo del concilio di Trento (1545–1547), in: Benedictina 49 (2002), S. 115 ff. – Moretti, E.: La vita contemplativa nei monasteri femminili, in: Tabor 8 (1954), S. 287. – Schmitz, Ph.: Geschichte IV, S. 139 ff. – Ders.: Histoire VII (Les moniales), S. 182 ff. – Leccisotti, T.: Il collegio Sant'Anselmo dalla fondazione alla prima interruzione (1678–1810), in: Benedictina 3 (1949), S. 1 ff. – Ders.: La congregazione cassinese ai tempi dei Bacchini (1651–1721), in: Benedictina 6 (1952), S. 19 ff. (mit vollständigem Verzeichnis der 63 Klöster sowie der Zahl der Mitglieder, die 1650 zur Kongregation gehörten). – Ders.: Per la storia della congregazione Cassinense, in: Benedictina 11 (1957), S. 41 ff. – Ders.: Montecassino, Montecassino [4]1963. – Creytens, R.: La riforma dei monasteri femminili dopo i decreti tridentini, in: Il Concilio di Trento e al riforma tridentina I, Rom 1965, S. 45 ff. – Zaramella, E.: Art.: Benedettini, in: DIP 1 (1974), Sp. 1306 ff. – Lunardi, G.: Art.: Benedettine, in: DIP 1 (1974), Sp. 1231 ff. – Penco, G.: Chiesa II, S. 42 ff., 71 ff., 99 ff., 105 ff., 131 ff., 148 ff. – Pantoni, A.: Art.: Congregazione benedettina, in: DIP 2 (1978), Sp. 1478 ff. – Collett, B.: Italian Benedictine Scholars and the Reformation. The Congregation of Santa Giustina of Padua, Oxford 1985. – Penco, G.: La congregazione cassinese all' epoca di Teofilo Folengo, in: Teofilo Folengo nel quinto centenario della nascita (1991–1993) (Atti del convegno Mantova, Brescia, Padova, 26–29 sett. 1991), Firenze 1993, S. 274. – Piscini, A.: Art.: Folengo, Teofilo, in: DBI 48 (1997), Sp. 546 ff. – Zaggia, M.: Tra Mantova e la Sicilia nel Cinquecento (Bibl. Mantovana 2), Firenze 2003, S. 811 ff. – Penco, G.: Monasteri e città nell' Italia del Cinquecento, in: Benedettina 55 (2008),

S. 263 ff. – Dell'Omo, M.: Storia, S. 330 ff., 333 ff., 363 (Lit.), 367–372 (368, Anm. 12: Lit. zu Beziehungen zwischen *Maurinern* und *Congr. Cassin.*), 410 (Lit).

c) Tarragona / Saragossa (*Claustrales*)

◊ (Quellen): Tobella, A. M.: La Congregació Tarraconense i les diverses recapitulacions de les seves constitucions provincials, in: Catalonia monastica 2, Montserrat 1929, S. 111 ff.; ebda. S. 150–251: *Constitutiones conditae in capitulo provintiali monachorum nigrorum ordinis S. Benedicti in provinciis Terraconae et Caesaraugustae observantae.* – Augé. R.: La butlla de Clement VIIIe per a la reforma de la Congregació Claustral Tarraconense, ebda., S. 259–314 (ebda., S. 315–383 auch der Text der Bulle Clemens' VIII.: *Sacer et religiosus monachorum status* [1. Aug. 1592]; diese Bulle findet sich weder im Bullarium von Cocquelines [1739] noch in der Editio Taurinensis [1857]).

◊ (Literatur): Zaragoza Pascual, E.: Estado de los monasteries benedictions catalanes y aragoneses en 1835, in: Stud. Mon. 34 (1942), S. 79 ff. – Schmitz, Ph.: Geschichte IV, S. 151 ff. (ebda., S. 154, Anm. 197 die Liste der etwa 20 Männergemeinschaften der Kongregation). – Cousin, P.: Art.: Claustrali (Congregazione Benedettina, dei), in: DIP 2 (1975), Sp. 1165 f. – Gallitó i Pubill, M.: La congregación Claustral Tarraconense en el siglo XVIII, in: Yermo 17 (1979), S. 45 ff. – Vones-Liebenstein, U.: Art.: Claustrales, Kongregation der, in: LdM 2 (1983), Sp. 2133. – Haering, St.: Art.: Claustrales, in: LThK 2 (1994), Sp. 1217. – Zaragoza Pascual, E.: História de la Congregación Benedictina Claustral Tarraconense i Cesaraugustana (1215–1835) (Scripta e Documenta 67). Montserrat 2004. – Dell'Omo, M.: Storia, S. 359 ff., 364 (Lit.).

d) Valladolid (*Observantes*)

◊ (Literatur): Curiel, F.: Congregatio hispano-benedictina, alias Sancti Benedicti Valle solitane, in: SM 48 (1908), S. 312 ff. – Villaneva, A.: La Congregación benedictina de Valladolid de 1390–1555, in: Rivista Montseratina 10/11 (1916/17). – Linage Conde, A.: El monachato espirituales en la España del siglo XIV, Barcelona 1932. – Hofmeister, Ph.: Die Verfassung der Benediktinerkongregation von Valladolid, in: Gesammelte Aufsätze zur Kulturgeschichte Spaniens 5 (1936), S. 311 ff. – Hilpisch, St.: Benediktinerinnen, S. 104. – Godenwein, G.: The Benedictines in Mexico, in: The American Benedictine Review 9 (1957), S. 197 ff. – Schmitz, Ph.: Geschichte IV, S. 154 ff.; Ders.: Histoire VII (Les moniales), S. 188 ff. – Moral, T.: La congregación de S. Benito de Valladolid entre 1676 y 1765, in: Yermo 8 (1970), S. 179 ff. – Fois, M.: Art.: Osservanza, in: DIP 6 (1980), Sp. 1041. – Colombás, G. M.: Art.: Valladolid, in: DIP 9 (1997), Sp. 1683 ff., – Dell'Omo, M.: Storia, S. 361 f., 364 (Lit.), S. 398 ff.

e) Bursfelde

◊ (Literatur): Herbst, H.: Das Benediktinerkloster Klus bei Gandersheim und die Bursfelder Reform, Leipzig 1923. – Volk, P.: Das Seminar der Bursfelder

Benediktinerkongregation, in: Hist. Aufsätze. Aloys Schulte zum 70. Geburtstag gewidmet, Düsseldorf 1927, S. 190ff. – Ders.: Das Abstinenzindult von 1523 für die Benediktinerklöster der Mainz-Bamberger Provinz, in: Rév. Bén 40 (1928), S. 333ff.; 41 (1929), S. 46ff. – Hilpisch, St.: Die Säkularisation der norddeutschen Benediktinerklöster im Zeitalter der Reformation, in: SMGB 50 (1932), S. 78ff., 159ff. – Molitor, R.: II, S. 213. – Volk, P.: Fünfhundert Jahre Bursfelder Kongregation, Regensburg 1950. – Schmitz, Ph.: Geschichte IV, S. 123ff. – Seibrich, W.: Gegenreformation als Restauration. Die restaurativen Bemühungen der alten Orden im Deutschen Reich von 1580–1648, Münster 1991 (Register). – Ziegler, W.: Die Bursfelder Kongregation, in: Germ. Ben. I (1999), S. 322ff., 352f. – Dell'Omo, M.: Storia, S. 342f., 363 (Lit.).

4. Neuanfänge im Geiste des Konzils

a) Neuer Typus und neue Selbstbezeichnung

◊ (Literatur): Molitor, R: I, S. 327ff., 358ff. – Heimbucher, M: Orden I, S. 230ff. – Schmitz, Ph.: Geschichte IV, S. 11ff.

b) Frankreich

Die Exemten

◊ (Literatur): Berlière, U.: La Congrégation Bénédictine des Exemptes de France, in: Rév. Bén. 14 (1897), S. 398ff. – Ders.: Note sur la congrégation des Exempts de France, in: Rév. Bén. 16 (1899), S. 475f. – Schmitz, Ph.: Geschichte IV, S. 14ff.; Ders.: Histoire VII (Les moniales), S. 33ff., 159. – Hourlier, J.: Art.: Congregazione gallicana (o congregazione degli Esenti), in: DIP 2 (1975), Sp. 1542f. – Dell'Omo, M.: Storia, S. 347f.

St. Vanne

◊ (Quellen): *Regula SS. Patris Benedicti cum declarationibus congregationis S. Justinae de Padua, prout nunc servantur in Congregatione S. Vitonis et Hydulphi*, Verdun 1610 (Edition der Statuten, der zahlreiche weitere Ausgaben folgten).

◊ (Literatur): Didier-Laurent, E.: Dom Didier de la Cour et la réforme des monastères bénédictins lorrains, in: Mém. soc. archéol. lorraine 53 (1903). – Molitor, R.: I, S. 331ff., 363ff.; II, S. 331ff., 351ff. – Hilpisch, St.: Geschichte, S. 327ff. – Ders.: Didier de la Cour von St. Vanne in Verdun und die monastische Ausbildung in seinem Reformwerk, in: SMGB 49 (1931), S. 109ff. – Schmitz, Ph.: Geschichte IV, S. 24ff.; – Ders.: Histoire VII (Les moniales), S. 159ff. – Molitor, R.: I, S. 373ff. – Leclercq, J.: Spiritualité vanniste et tradition monastique, in: Rev. d'ascétique et de mystique 36 (1960), S. 323ff. – d'Allerit, O.: Les études dans la congrégation de Saint-Vanne et Saint-Hydulfe, in: Los monjes y los studios. IV semana de studios monasticos, Poblet 1961. Abbadia de Poblet 1963, S. 403ff. – Godefroy, J.: Bibliothèque des Bénédictins de la Congrégation de Saint-Vanne et de Saint-Hydulphe de la Commission des Réguliers à la suppression des Ordres religieux, Lille 1979. – Michaux, G.: La congrégtion bénedictine de Saint-Vanne et St.-Hydulphe de la Commission des religieux à la suppression des Ordres religieux (1766–90), Univ. Nancy 2, 1980. – TAVENEAUX, R.: La vie intellectuelle dans la congrégation bénédictine de Saint-Vanne au XVIIe siècle. (Sous la Règle de Saint-Benoît. Structures monastiques et sociétés en France du moyen âge à l'époque modern. Abbaye bénéd. Saint-Marie de Paris, 23–25 oct. 1980) (Hautes études médievales et modernes 47), Genf/Paris 1982, S. 307. – MICHAUX, G.: La vie intellectuel dans la congrégation de Saint-Vanne dans la seconde moitié du XVIIIe siècle (Sous la Régle de Saint-Benoît), Paris 1982, S. 325ff. – HOURLIER, J.: Art.: Santi Vittone e Idulfo, Congregazione benedettina, in: DPI 8 (1988), Sp. 890ff. – MICHAUX, G.: Une fondation tridentine: la congregation bénédictine de Saint-Vanne, in: RHEF 75 (1989), S. 137ff. – HUREL, D.-O.: Art.: Saint-Vanne (Verdun), in: LThK 9 (2000), Sp. 53f. – CAZIN, N./MARTIN, PH. (edd.): Autour de la congrégation de Saint-Vanne et de Saint-Hydulphe. L'idée de réforme religieuse en Lorraine. XXXIIe journées d'études meusiennes, Verdun 2 oct. 2004, Saint-Mihiel, 3 oct. 2004. Actes, Bar-le-Duc 2006. – DELL'OMO, M.: Storia, S. 378ff., 412f. (Lit.).

St. Maur (Mauriner)

◊ (Literatur): DE LAMA, CH.: Bibliothèque des écrivains de la congrégation de Saint-Maur. Ordre de Saint-Bénoît en France, München 1882 (Genf 1971). – DE BROGLIE, E.: Mabillon et la société de l'abbaye de St-Germain-des-Prés à la fin du XVII siècle (1664–1704), 2 vol., Paris 1888. – BESSE, J. M.: Les fondateurs de la Congrégation de St.-Maur, in: Rev. des sciences écclésiastique (1902). – MARTÈNE, E.: Histoire de la Congrégation de Saint-Maur (ed. G. Charvin) (Archives de la France monastique, Bde. 31–35, 42–43, 46–48), Paris 1928–54. – BAUDOT, J.: Art.: Mauristes, in: Dict. Théol. Cath. 10,1 (1928), Sp. 405ff. – BERLIÈRE, U.: Nouveau Supplément à l'histoire littéraire de la Congr. de St-Maure, 3 Bde., Maredsous 1931. – HEURTEBIZE, B.: Art.: Bénedictins, Travaux des, in: Dict. Théol. Cath. 2,1 (1932), Sp. 602ff. – LECLERCQ, H.: Mabillon, 2 vol. Paris 1953/57. – SCHMITZ, PH.: Geschichte IV, S. 33ff. – DERS.: Histoire VII (Les moniales), S. 159ff. – LECLERCQ, J.: L'amour des letters et le désir de Dieu. Initiation aux auteurs monastiques du moyen âge, Paris 1957. – VANDENBROUCKE, F.: L'esprit des études dans la congrégation de Saint-Maur, in: Los monjes y los estudios. IV semana de studios monásticos, Poblet 1961, Abbadia de Poblet 1963, S. 457ff. – LEMOINE, R.: Histoire des constitutions de la Congrégation de Saint-Maur, in: Études d'histoire du droit canonique dédiées à G. Le Bras, I, Paris 1965, S. 215ff. – ATLAS ZUR KIRCHENGESCHICHTE. Die christlichen Kirchen in Geschichte und Gegenwart (ed H. Jedin u. a.), Freiburg 1970, Nr. 94. – GASNAULT, P.: Les travaux d'érudition des Mauristes aux VIIIe siècle. (Historische Forschungen im 18. Jahrhundert. Organisation, Zielsetzungen, Ergebnisse. 12. Deutsch-Frz. Historikerkolloquium des DHI Paris), (Pariser Historische Studien 13), Bonn 1976, S. 102ff. – HOURLIER, J.: Art.: Maurini, in: DPI 5 (1978), Sp. 1082f. – ULTEE, M.: The Abbey of St. Germain des Prés in the Seventeenth Century, New Haven 1981. – WEITLAUFF, M.: Die Mauriner und ihr historisch kritisches Werk, in: SCHWAIGER, G. (ed.): Historische Kritik in der Theologie: Beiträge zu ihrer Geschichte (Studien zur Theologie und Geistesgeschichte des Neunzehnten Jahrhunderts 32), Göttingen 1980. –

Parisse, M.: La Lorraine monastique au moyen âge, Nancy 1981. – Chaussy, Y.: Les bénédictins de Saint-Maur (Coll. des Études August. Sér. Moyen-âge et Temps modernes, 23–24), Paris 1989–1991. – Folliet, G. (ed.): Troisième centenaire de l'édition mauriste de saint Augustin (Coll. des Études August. Sér. Antiquité 127), Paris 1990. – Chaussy, Y.: Art.: Mauriner, in: LThK 6 (1997), Sp. 1494 (Lit.). – Fredouille, J.-C. (ed.): Les Mauristes à Saint-Germain-des-Prés. Actes du colloque de Paris, 2 déc. 1999. (Collection des Études August. Sér. Moyen-Âge et Temps Modernes 36), Paris 2001. – Raggenbass, N.: Reformprogramm der Benediktiner von St. Maur, in: STMGB 114 (2003), S. 175 ff. – Hurel, D.-O.: Les Mauristes, historiens de la Congrégation de Saint-Maur au XVIIe au XVIIIe siècles: méthodes, justifications …, in: Écrire son histoire. Les communautés regulières face à leur passé. Actes du cinquième Coll. Intern. du C. E. R.C.O.R., Saint-Étienne 6–8 nov. 2002 (C. E. R.C.O.R. Travaux et recherches 18), Saint-Étienne 2005, S. 257 ff. – Lenain, Ph.: Histoire littéraire des Bénedictines de Saint-Maur, I (1612–1655) (Nouv. éd. Y. Chaussy); II (1656–1683) (Nouv. éd. M. Zink), Bibl. de la RHE 88–89, Louvain-la-Neuve 2006–2008. – Hurel, D.-O. (ed.): Le moine et l'historien, Dom Mabillon. Oeuvres choisies, Paris 2007. – Jossard, B.: Mauristes et Bollandistes, in: Analecta Bollandina 126 (2008), S. 337 ff. – Dell'Omo, M.: Storia, S. 368 (umfangreiche Lit. zu den Beziehungen zwischen *Maurinern* und *Congr. Cassin.*), S. 382 ff. (Lit.), S. 412 f. (umfangreiche Lit.).

c) Niederlande

◊ (Literatur): Berlière, U.: La congrégation bénédictine des exempts de Flandre, in: Rév. Bén. 11 (1894), S. 415 ff., 433 ff., 541 ff.; 12 (1895), S. 25 ff.; 145 ff. – Ders.: La congrégation bénédictine des exempts de Belgique, in: Rév. Bén. 13 (1896), S. 145 ff., 215 ff. (Lit.). – Ders.: Un projet de congrégation liégeois de l'Ordre de S. Benoît, in: Rév. Bén. 27 (1910), S. 480 ff. – Ders.: Nicolas du Bois, abbé de St-Amand et sa lutte pour l'exemption du monastère, in: Bull. de l'Inst. hist. Belge à Rome 6 (1926), S. 146 ff. – Pasture, A.: La restauration religieuse aux Pays-Bas catholiques sous les archiducs Albert et Isabelle (1596–1633), Löwen 1925, S. 282 ff. – Willocx, F.: L'introduction des décrets du Concile de Trente dans les Pays-Bas et dans la principauté de Liège, Löwen 1929, S. 33 ff. – Hofmeister, P.: Les statuts de la congrégation bénédictine belge dite des exempts, in: Rév. Bén. 61 (1951), S. 230 ff. – Schmitz, Ph.: Geschichte IV, S. 79 ff. – Zaramella, E.: Art.: Benedettini, DIP I (1974), Sp. 1322. – Dell'Omo, M.: Storia, S. 344 ff.

d) Englische Reformgründungen auf dem Festland

◊ (Quellen): *Bullarium monachorum nigrorum S. Benedicti Congregationis Angliae*, Fort Augustus 1912.

◊ (Literatur): Guilday, P.: The English Catholic Refugees on the Continent 1558–1795; Bd. 1: The English Colleges and Convents in the Catholic Low Countries 1558–1795, London 1914. – Marron, St.: The Reestablishment of the English Benedict Congregation, in: Douai Magazine 2 (1923), S. 228 ff.; 3 (1924),

S. 5 ff. – BUTLER, C.: Benediktinisches Mönchtum, St. Ottilien 1929. – WHELAN, B.: A Series of Lists Relating to the English Benedictine Congregation, Stanbrook 1933. – SCHMITZ, PH.: Geschichte IV, S. 96 ff. – CHAUSSY, Y.: Les Bénédictins anglais réfugiés en France au XVIIe siècle (1611–1669), Paris 1967. – KNOWLES, D.: The Religious Orders in England, III: The Tudor Age, Cambridge (1959) 1979. – LUNN, D.: The English Benedictines, 1540–1688: from Reformation to Revolution, London 1980. – YEO, R.: The Structure and Content of Monastic Profession. A Juridical Study with Particular Regard to the Practice of the English Benedict Congregation since the French Revolution (Studia Anselmiana 83), Rom 1983. – SCOTT, G.: Gothic rage Undone, English Monks in the Age of Enlightenment, Bath 1992. – WOODWARD, G. W. O.: Dissolution of the Monasteries, Andover 1993. – MATÉ SADORNIL, L.: Monjes ingleses en la congregación de Valladolid. Documentos en el archivo de Silos, in: (edd.) E. Lopez/G. Tello /B. S. Zorzi: Church, Society and Monasticism. Acts of Intern. Symposion, Rome, May 31–June 3 2006 (Studia Anselmiana 146), Rom 2009, S. 217 ff. – DELL'OMO, M.: Storia, S. 352 ff., 363 f., 396 ff.

e) Portugal

◊ (Literatur): RASNIZ-GALVÃO, B. F.: Apontamentos historicos sobre a Orden Benedictina, Rio de Janeiro 1879. – N. N.: L'ordre de Saint-Benoît au Brésil, in: Rev Bén 15 (1898), S. 414 ff. – N. N.: Der Benediktinerorden in Brasilien, München 1908. – MACEDO, F.: O Brazil religiosa, Bahia 1920. – BERFORD, A.: Mosteiro de S. Bento do Rio de Janeiro, Rio de Janeiro 1927. – SCHMITZ, PH.: Geschichte IV, S. 156 ff. – KAPSNER, O.: The Benedictines in Brazil, in: The American Benedictine Review 28 (1977), S. 113 ff. – DELL'OMO, M.: Storia, S. 359, 362 f. (Lit.), 364 (Lit.).

f) Polen

◊ (Literatur): ALBERS, B.: Zur Geschichte des Benedcitiner-Ordens in Polen, in: SMBO 15 (1894), S. 194 ff. – LÜDTKE, F.: Der Streit zwischen Polen und Rom um das Besetzungsrecht der polnischen Abteien, in: Zeitschr. f. Osteuropäische Gesch. 4 (1914), S. 1 ff. – OSTROWSKI, J.: La commende en Pologne et le concordat de Waschowa en 1737, Warschau 1933. – CZARNOWSKI, S.: La réaction catholique en Pologne à la fin du XVIe siècle et au début du XVIIe siècle, in: La Pologne au VIIe Congrès Intern. 2 (1933), S. 287 ff. – SCHMITZ, PH.: Geschichte IV, S. 148 ff. – DERS.: Histoire VII (Les moniales), S. 180 ff. – HILPISCH, ST.: Benediktinerinnen, S. 105 f. – ZARNOWIEC, A.: Benediktinerinnen in Polen. Die Kongregation von Culm, in: Erbe und Auftrag 46 (1970), S. 490 ff. – LUNARDI, G.: Art.: Benedettine, in DIP 1 (1974), Sp. 1234. – DERS.: Benedettine (di Culm), ebda., Sp. 1249 f. – DERS.: Art.: Morteska, Maddalena, in DIP 6 (1980), Sp. 170 ff. – SCZANIECKI, O. P.: Tyniec, Krakau 1980. – Zur Geschichte der französischen Kongregation der *Benediktinerinnen vom Heiligen Sakrament* (Catherine de Bar) in Polen: CATHERINE DE BAR (MÈRE MECTILDE DU SAINT-SACREMENT, 1614–1698). En Pologne avec les Benedictines de France. Documents originaux, réunis et présentés par les Bénédictines du Saint-Sacremant de Rouen, Paris 1984. – Dell'Omo, M.: Storia, S. 359, 367, Anm. 10, S. 412.

g) Ungarn

◊ (Literatur): Schmitz, Ph.: Geschichte IV, S. 144 f. – Csóka, J. L., Geschichte des Benediktinischen Mönchtums in Ungarn (SMGB Erg.bd. 24), St. Ottilien 1980, S. 290 ff. – Dell'Omo, M.: Storia, S. 409 f.

h) Böhmen

◊ (Literatur): Schramm, R.: Regesten zur Benediktinerabtei Břevnov-Braunau, in: SMBO 3 (1882) I, S. 66 ff., 292 ff.; II, S. 82 ff., 312 ff.; 4 (1883), S. 30 ff., 250 ff.; 11 (1890), S. 432 ff. – Hofmeiser, Ph.: Die Verfassung der ehemaligen böhmischen Benediktinerkongregation, in: SMGB 46 (1928), S. 24 ff. – Heimbucher, M.: Orden I, S. 232. – Schmitz, Ph.: Geschichte IV, S. 146 ff. – Menzel, B. F.: Exemtionsstreit zwischen den Äbten von Břevnov-Braunau und den Prager Erzbischöfen 1705–1758, in: Bohemia. Jahrb. d. Collegium Carolinum 17 (1976), S. 53 ff. – Zeschik, J.: Die Benediktiner in Böhmen und Mähren, in: Arch. f. Kirchengesch. von Böhmen-Mähren-Schlesien 6 (1982), S. 38 ff. – Hoffmann, J. (ed.): Tausend Jahre Benediktiner in den Klöstern Břevnov, Braunau und Rohr (SMGB Erg.bd. 33), St. Ottilien 1993. – Menzel, B.: Die Böhmische Benediktinerkongregation, in: Ger. Ben. I (1999), S. 591 ff. (Lit.). – Dell'Omo, M.: Storia, S. 404 f.

i) Deutscher Sprachraum

Vorlauf

◊ (Literatur): Mayr, N.: Cardinal Commendones Kloster- und Kirchenvisitation 1569 in den Diözesen Passau und Salzburg, in: SMBO 14 (1893), S. 385 ff., 567 ff. – Albers, B.: Aus Vatikanischen Archiven. Zur Reformgeschichte des Benediktiner-Ordens im 16. Jahrhundert, in: SMBO 22 (1901), S. 113 ff., 334 ff. – Ders.: Felician Ninguarda's Visitationstätigkeit in den österreichischen Kronlanden von Ende Sept. 1572 bis März 1576, in: SMBO 23 (1902), S. 126 ff. – Molitor, R.: II, S. 37 ff. (Visitation Benallis). – Heidingsfelder, F.: Art.: Ninguarda, Feliciano, in: LThK 7 (1935), Sp. 598. – Schmitz, Ph.: Geschichte IV, S. 106–108. – Ders.: Histoire VII (Les moniales), S. 176 f. – Lunardi, G.: Art.: Benedettine, in: DIP I (1974), Sp. 1234.

Schweizer Kongregation

◊ (Literatur): Kiem, M.: Die schweizerische Benediktiner-Congregation in den drei ersten Jahrhunderten ihres Bestehens. Festschrift. zum dreihundertjährigen Jubiläum 1902, Solothurn 1902. – Mayer, J. C.: Das Konzil von Trient und die Gegenreformation in der Schweiz, Bd. II, StAns 1903, S. 154 ff. – Molitor, R.: I, S. 328 ff.; II, S. 138 ff., 446 ff. – Hilpisch, St.: Geschichte, S. 341 f. – Heimbucher, M.: Orden I, S. 231. – Schmitz, Ph.: Geschichte IV, S. 109 ff. –

Salzgeber, J.: Die Klöster Einsiedeln und St. Gallen im Barockzeitalter. Historisch-soziologische Studie (BGAM 28), Münster 1967. – Reinhardt, R.: Die Schweizer Benediktiner in der Neuzeit, Helvetia Sacra III, 1 (1986), S. 94 ff.; Degler-Spengler, B.: Die Schweizer Benediktinerinnen in der Neuzeit, in: Helvetia Sacra III,1 (1986), S. 180 ff., 185 ff., 190 ff. – Schenker, L.: Die Schweizer Benediktinerkongregation, in: Germ. Ben. I (1999), S. 433 ff. – Dell'Omo, M.: Storia, S. 344, 400 ff.

Elsässische Kongregation

◊ (Literatur): Hilpisch, St.: Geschichte, S. 350. – Heimbucher, M.: Orden I, S. 232. – Volk, P.: Das Werden der Straßburger Benediktinerkongregation, Straßburg 1937 (Es handelt sich hier um die Zusammenstellung von 6 grundlegenden Einzeluntersuchungen des Autors aus den Jahren 1933 bis 1937, u. a. zu den Problemfeldern: Verhältnis zu Bursfeld; Aufbau und Statuten der Kongregation; die Bedeutung Murbachs innerhalb des Verbandes; die Generalkapitelrezesse zwischen 1624 und 1766; Aktenstücke.). – Schmitz, Ph.: Geschichte IV, S. 121 f.

Oberschwäbische Kongregation

◊ (Literatur): Mayer. J. G. (nach P. Moritz Hohenbaum van der Meere): Skizze einer Geschichte der schwäbischen und schweizerischen Benediktiner-Congregation, in: Studien und Mitteilungen aus dem Benediktiner und Cisterzienserorden 9 (1888), S. 382 ff., 573 ff. – Sägmüller, J. B.: Das philosophisch-theologische Studium innerhalb der Schwäbischen Benediktinerkongregation im 16. und 17. Jahrhundert, in: Theol. Quartalschrift 86 (1904), S. 161 ff. – Geier, F.: Die Durchführung der kirchlichen Reformen Josephs II. im vorderösterreichischen Breisgau (Kirchenrechtliche Abhandlungen 16/17), Stuttgart 1905. – Molitor, R.: I, S. 332 ff.; II, S. 114 ff. – Hilpisch, St.: Geschichte, S. 340. – Schmitz, Ph.: Geschichte IV, S. 113. – Reinhardt, R.: Restauration, Visitation, Inspiration. Die Reformbestrebungen in der Benediktinerabtei Weingarten von 1567–1627, Stuttgart 1960. – Spahr, G.: Die schwäbische Benediktiner-Kongregation vom Hl. Joseph. Geschichte und Gestalt, in: SM 83 (1972), S. 291 ff. – Seibrich, W.: Gegenformation als Restauration. Die restaurativen Bemühungen der alten Orden im Deutschen Reich von 1580–1648 (BGAMBO, 38), Münster 1991. – Quarthal, F.: Die oberschwäbische Benediktinerkongregation vom Hl. Joseph, in: Germ. Ben. I (1999), S. 477–543 (ausführliches Quellen- und Literaturverzeichnis S. 537 ff., 540 ff.). – Dell'Omo, M.: Storia, S. 405 ff.

Österreichische Kongregation

◊ (Quellen): *Regula Sanctissimi Patris Benedicti una cum Constitutionibus Congregationis Austriacae Moñriorum Ord. eiusdem S. Benedicti S. D. N. Urbani VIII Pont. Max. auctoritate recognitis, approbatis, confirmatis*, Linz 1626. – Schiramb, A.: *Chronicon Mellicense seu Annales Monasterii Mellicensis*, Wien 1702.

◊ (Literatur): Dungel, A.: Die Österreichische Benediktiner-Congregation, in: SMBO 4 (1883), I, S. 49 ff., 306 ff.; II, S. 108 ff., 300 ff. – Hilpisch, St.: Geschichte, S. 542 f. – Molitor, R.: II, S. 230 ff. – Heimbucher, M.: Orden I,

S. 232. – Hofmeister, P.: Die Verfassung der Benediktinerkongregationen, in: SMGB 66 (1955), S. 23 ff. – Schmitz, Ph.: Geschichte IV, S. 120 f. – Hörger, H.: Die oberbayerischen Benediktinerabteien in der Herrschaftswelt, Gesellschaft und religiösen Bewegung des 17. Jahrhunderts, in: SMGB 82 (1971), S. 7 ff. – Putzinger, F.: Die päpstlichen Visitationen des Jahres 1451 unter Kardinal Nikolaus Cusanus und 1569 unter Kardinal Giovanni Francesco Commendone im Stift Reichersberg unter Berücksichtigung der allgemeinen kirchlichen Reformbewegungen dieser Zeit, in: In unum congregati 31 (1984) 3/4, S. 1 ff. – Lashofer, C.: Die österreichische Kongregation, in: Germ. Ben. I (1999), S. 545–566 (Lit. S. 565 f.). – Ders.: Neue Satzungen. Ein Werkstattbericht aus der Österreichischen Benediktinerkongregation, in: EuA 84 (2008), S. 62–68. – Dell'Omo, M.: Storia, S. 343 f., 402 f.

Salzburger Kongregation

◇ (Literatur): Huemer, B.: Die Salzburger Benediktinerkongregation 1641–1808 (BGAM 9), Münster 1918 (S. 109–150 [Anhang]: Konstitutionen und Deklarationen). – Hilpisch, St.: Geschichte, S. 350 – Heimbucher, M.: Orden I, S. 232. – Mayr, W.: Kurze Geschichte des österreichischen Benediktinertums, in: Benediktinisches Mönchtum in Österreich (ed. H. Tausch), Wien 1949, S. 54 ff. – Schmitz, Ph.: Geschichte IV, S. 118 f. – Hermann, F.: Die Salzburger Benediktinerkongregation 1641–1808, in: Germ. Ben. I (1999), S. 567–590. – Dell'Omo, M.: Storia, S. 403 f.

Bayerische Kongregation

◇ (Quellen): *Regula S. P. Benedicti cum Declarationibus ab exempta Congregatione Benedictino-Bavarica …*, Tegernsee 1735.

◇ (Literatur): Silbernagl, I.: Das Strafverfaren bei der Bayerischen Benediktinerkongregation im 18. Jahrhundert, in: AKathKR 77 (1897), S. 273 ff. – Hanser, L.: Die Priorenkonferenz von Scheyern von 1627, in: SMGB 45 (1927), S. 290 ff. – Hilpisch, St.: Geschichte, S. 353 f. – Fink, W.: Die Gründung der bayerischen Benediktinerkongregation mit Berücksichtigung der Anteilnahme des Klosters Metten, in: SMGB 49 (1931), S. 118 ff. – Kainz, S.: Die Scheyrer Visitationsrezesse vom Jahre 1686–1758, in: SMGB 49 (1931), S. 1 ff., 137 ff., 341 ff., 397 ff. – Molitor, R.: II, S. 37 ff., 240 ff., 471 ff. – Heimbucher, M.: Orden I, S. 232. – Fink, W.: Beiträge zur Geschichte der Bayerischen Benediktinerkongregation, in: SMGB Erg.Bd. (1934), S. 17 ff. – Hofmeister, Ph.: Die Verfassung der Benediktinerkongregationen, in: SMGB 66 (1955), S. 5 ff. – Ders.: Die Wahl eines Vorstehers eines Ordensverbandes mit selbständigen Klöstern, in: SMGB 69 (1958), S. 101 ff. – Schmitz, Ph.: Geschichte IV, S. 115 ff. – Dammertz, V.: Das Verfassungsrecht der benediktinischen Mönchskongregationen in Geschichte und Gegenwart (Kirchengesch. Quellen u. Studien 6), St. Ottilien 1963. – Siegmund, A.: Die Annales Congregationis Benedictino-Bavaricae (1684–1772), in: SMGB 78 (1967), S. 144 ff. – Kraus, A.: Die benediktinische Geschichtsschreibung im neuzeitlichen Bayern (mit Verzeichnis der Werke und Autoren unter Mitarbeit von W. Ziegler / P.Schmidt), in: SMGB 80/I (1969), S. 205 ff. – Hemmerle, J.: Die Benediktinerklöster in Bayern (Germ. Ben. II), Augsburg 1970. – Hörger, H.: Die oberbayerischen Benediktinerabteien in der Herrschaftswelt, Gesellschaft und geistig-religiösen Bewegung des 17. Jahrhunderts, in: SMGB 82 (1971), S. 7ff. – Siegmund, A.: Die Bayerische Benediktiner-Akademie, ihre Vorväter und ihre Wiederbegründung, in: SMGB 82 (1971), S. 365ff. – Gressierer, F.: Die Generalkapitel der Bayerischen Benediktiner-Kongregation 1684–1984, in: SMGB 95 (1984), S. 489ff. – Hahn, W.: Die Gründung der Bayerischen Benediktiner-Kongregation, ebda., S. 299ff. – Reichhold, A.: 300 Jahre Bayerische Benediktinerkongregation im Spiegel der wichtigsten Beschlüsse der Generalkapitel, ebda., S. 522ff. – Haering, S.: Die Bayerische Benediktinerkongregation 1684–1803. Eine rechtsgeschichtliche Untersuchung der Verfassung eines benediktinischen Klosterverbandes unter Berücksichtigung rechtlicher Vorformen und rechtssprachlicher Grundbegriffe, in: SMGB 100 (1989). – Ders.: Studien und Wissenschaft in der bayerischen Benediktinerkongregation vor 1803. Ein Überblick, in: SMGB 101 (1990), S. 121ff. – Kirmeier, J./Treml, M./Brockhoff, E. (edd.): Glanz und Elend der alten Klöster. Säkularisation im bayerischen Oberland 1803, München 1991. – Faust, U.: Prälatenorden (§ 49 Die Benediktiner), in: Handb. der Bayer. Kirchengeschichte II (ed. W. Brandmüller), St. Ottilien 1993, S. 646ff. – Haering, S.: Die bayerische Benediktinerkongregation von 1684 bis 1803, in: Germ. Ben. I (1999), S. 621–652 (Archivstudien mit ausführlichem Literatur- und Quellenverzeichnis). – Dell'Omo, M.: Storia, S. 408f. – AA.VV.: Die Männer- und Frauenklöster der Benediktiner in Bayern (Germ. Ben. II, 1–3), St. Ottilien 2014.

Niederschwäbische Kongregation

◊ (Literatur): Hilpisch, St.: Geschichte, S. 345. – Molitor, R.: II, S. 240ff, 270ff. – Heimbucher, M.: Orden I, S. 232 – Schmitz, Ph.: Geschichte IV, S. 114f. – Weissenberger, P.: Die schwäbische Benediktiner-Kongregation, in: Schwäbische Blätter für Heimatpflege und Volksbildung 19 (1968), S. 10ff. – Hemmerle, J.: Die Benediktinerklöster in Bayern (Germ. Ben. II), Augsburg 1970. – Pötzl, W.: Neresheim in der niederschwäbischen Benediktinerkongregation (Die Abteikirche Neresheim als Ausdruck benediktinischer Geistigkeit; (edd.) P. Tüchle/P. Weißenberger), in: SMGB 86 (1975), S. 231ff. – Ders.: Die niederschwäbische Benediktinerkongregation vom Hl. Geist, in: Germ. Ben. I (1999), S. 653–674. – Dell'Omo, M.: Storia, S. 407f.

j) Reformierte Frauengemeinschaften

Frankreich

◊ (*Marguerite d'Arbouze, † 1626*): Bremont, H.: Marguerite d'Arbouze, in: Hist. lit. sent. rel. F., Bd. II, Paris 1916, S. 135f., 485ff.; Bd. 7 (Index), S. 135f. – Delsart, H.-M.: Marguerite d'Arbouze, abbesse du Val-de-Grâce, 1580–1626, Maredsous 1923. – Heurtebize, B.: Art.: Arbouze (Marguerite de Vény d'), in: DSp 1 (1932), Sp. 837f. (Lit.). – Desforges, A.: Marguerite de Vény d'Arbouze, in: Dict. Biogr. Franç. 3 (1939), S. 297ff. (Lit.). – Schmitz, Ph.: Geschichte IV, S. 53. – Ders.: Histoire VII (Les moniales), S. 161f., 309, 311ff. – Berdonces, J.: Art.: Guiseppe da Parigi (François Le Clerc du Tremblay [*Père Joseph*]), in: DIP 4 (1971), Sp. 1356ff. – Lunardi, G.: Art.: Benedettine, in: DIP 1 (1974),

Sp. 1231 ff. – Chaussy, Y.: Les bénédictines et la Réforme catholique en France au XVIIe siècle, I–II (Documents et textes spirituels 2), Paris 1975.

◊ (*Marguerite de Quibly*): Bremont, H.: Marguerite de Quibly, in: Hist. litt. sent. rel. F., Bd. II, Paris 1916, S. 399, 427. – Mollière, H.: Marguerite de Quibly, abbesse et réformatrice de Nôtre-Dame-de-la-Deserte, Lyon 1921.

◊ (*Antoinette d'Orléans-Longueville, † 1618*): Schmitz, Ph.: Histoire VII (Les moniales), S. 165 f. 320 f. – Bremont, H: Antoinette d'Orléans-Longueville, in: Hist. litt. sent. relig. F. (Index), S. 191. – Berdonces, J.: Art.: Benedettine di Nostra Signora del Calvario, in: DIP I (1973), Sp. 1271. – Lunardi, G.: Art.: Benedettine, in: DIP 1 (1974), Sp. 1231 ff. – Guénin, M.: Antoinette d'Orléans, princesse et fondatrice (Editions des Bénedictines du Calvaire), 2003. – Dell'Omo, M.: Storia, S. 350.

◊ (*Cathérine de Bar/Mechthild vom Hl. Sakrament, † 1698*): Bremont, H.: Cathérine de Bar, in: Hist. lit. sent. relig. F., Bd. II, Paris 1916, S. 399, 427. – de Morembert: Art.: Catherine de Bar, in: Dict. Biogr. Franç. 5 (1951), Sp. 111 ff. (Lit.). – Schmitz, Ph.: Histoire VII (Les moniales), S. 166 f., 181, 314, 316 ff., 346, 353. – Lunardi, G.: Art.: Benedettine, in: DIP 1 (1974), Sp. 1231 ff. – Chaussy, Y.: Les Bénédictines et la Réforme catholique en France au XVIIe siècle, I–II (Documents et texts spirituels 2), Paris 1975. – Lunardi, G.: Art.: Metilde del SS Sacramento, in: DIP 5 (1978), Sp. 1265 ff. – Cathérine de Bar (Mère Mectilde du Saint-Sacrement, 1614–1698). En Pologne avec les Bénédictines de France. Documents originaux, réunis et présentés par les Bénédictines du Saint-Sacremant de Rouen, Paris 1984. – Letellier, J.: Aderire a Dio. Catherine Mectilde de Bar, Mailand 2006. – Mancini, L.: Una travagliata ma durata riforma monastica. Aspetti legislativi delle Benedettine dell'Adorazione Perpetua: i problemi francesi, la soluzione romana e gli sviluppi successivi, in: Benedictina 56 (2009), S. 85 ff. – Dell'Omo, M.: Storia, S. 367 u. 412 (weitere Lit.).

◊ (*Marie de Beauvillier, † 1657*): Bremont, H.: Marie de Beauvillier, in: Hist. lit. sent. rel. F., Bd. II, S. 442 ff.; S. 24 (Index). – Limouzin-Lamothe, R.: Art.: Marie de Beauvillier, in: Dict. Biogr. Franç. 5 (1951), Sp. 1208 f. – Schmitz, Ph.: Histoire VII (Les moniales), S. 160 f., 310 f., 317. – Lunardi, G.: Art.: Benedettine, in: DIP 1 (1974), Sp. 1231 ff.

◊ (*Cathérine d'Alvequin, † 1620*): Bremond, H.: Cathérine d'Alvequin, in: Hist. lit. sent. rel. F., Bd. II, S. 449. – Balteau, J.: Art.: Cathérine d'Alvequin, in: Dict. Biogr. Franç. 2 (1936), Sp. 354 f. – Schmitz, Ph.: Histoire VII (Les moniales), S. 313 f. – Lunardi, G.: Art.: Benedettine, in: DIP 1 (1974), Sp. 1231 ff.

◊ (*Anne de Béthune, † 1689*): Boissonnot, Anne-Berthe de Béthune, abbesse de Beaumont-les-Tours (1637–89). Étude mystique, Paris 1912. – Bremont, H.: Anne de Béthune, in: Hist. lit. sent. rel. F. (Index), S. 32. – Schmitz, Ph.: Histoire VII (Les moniales), S. 160 f., 318. – Lunardi, G.: Art.: Benedettine, in: DIP 1 (1974), Sp. 1231 ff.

◊ (*Jeanne Guichard, † 1631*): Bremont, H.: Jeanne Guichard, in: Hist. lit. sent. rel. F., Bd. IV, S. 519. – Schmitz, Ph.: Histoire VII (Les moniales), S. 321. – Lunardi, G.: Art.: Benedettine, in: DIP 1 (1974), Sp. 1231 ff.

◊ (*Anne-Marie Goulaine, † 1653*): Schmitz, Ph.: Histoire VII (Les moniales),

S. 321. – LUNARDI, G.: Art.: Benedettine, in: DIP 1 (1974), Sp. 1231 ff. – DE MOREMBERT: Art.: Goulaine (Anne de), in: Dict. Biogr. Franç. 16 (1988), Sp. 732.
◇ (*Marie Granger, † 1636*): BREMONT, H.: Marie Granger in: Hist. lit. sent. rel. F. (Index), S. 113. – SCHMITZ, PH.: Histoire VII (Les moniales), S. 314 f. – LUNARDI, G.: Art.: Benedettine, in: DIP 1 (1974), Sp. 1231 ff.

Deutscher Sprachraum

◇ (Quellen): PIUS V.: (Bulle): *Decori et honestati* (24. Jan. 1570); MBR, ed. Taur., vol. VII, S. 808 A ff., Turin 1862 (Klausurverschärfung für Frauen).
◇ (Literatur): KAINZ, ST.: Nachtridentinische Reformstatuten in den deutschen Frauenklöstern des Benediktinerordens, in: SMGB 56 (1938), S. 219 ff. (grundlegende Untersuchung der Reformstatuten der Frauengemeinschaften von: Kühbach, Holzen, Geisenfeld, Nonnberg [Salzburg], Frauenchiemsee, Niedernburg [Passau], Marienberg [b. Boppard] und St. Wallburg [Eichstätt]). – HILPISCH, ST.: Benediktinerinnen, S. 95 ff., 107 ff. (Tagesablauf in Fulda um 1700), S. 109 ff. (Profess), S. 112 ff. (Unterhalt), S. 113 ff. (Essen in Kühbach). – SCHMITZ, PH.: Histoire VII (Les moniales), S. 176 ff. – DEGLER-SPENGLER, B.: Die Schweizer Benediktinerinnen in der Neuzeit (Helv. Sacra III, 1,1), Bern 1986, S. 190 ff., 201 ff. (17. Jahrhundert, u. a. Details zu klausurbedingten Umbauten in Frauenklöstern der Schweiz).

Niederlande

◇ (Literatur): DELMER, P.: Florence de Werquigneul et sa réforme, in: Rev. liturg. et mon. 23 (1937/38), S. 221 ff. – HILPISCH, ST.: Benediktinerinnen, S. 88. – SCHMITZ, PH.: Geschichte IV, S. 79 ff. – DERS.: Histoire VII (Les moniales), S. 173 ff. – LUNARDI, G.: Art.: Benedettine, DIP I (1974), Sp. 1233 f. (zu F. de Werquigneul).

Englische Reformbenediktinerinnen auf dem Festland

◇ (Literatur): GUILDAY, P.: The English Catholic Refugees on the Continent 1558–1795; Bd. 1: The English Colleges and Convents in the Catholic Low Countries 1558–1795, London 1914. – MARRON, ST.: The Reestablishment of the English Benedict Congregation, in: Douai Magazine 2 (1923), S. 228 ff.; 3 (1924), S. 5 ff. – HILPISCH, ST.: Benediktinerinnen, S. 104 f. – SCHMITZ, PH.: Geschichte IV, S. 96 ff. – DERS.: Histoire VII (Les moniales), S. 175 f; 190 ff. (Maria Percy, Johanna Berkeley, Lucia Knutchbull), 332 ff. (Gertrud Morel, Klara Vaughan). – LUNARDI, G.: Art.: Benedettine, DIP I (1974), Sp. 1234. – LUNN, D.: The English Benedictines, 1540–1688: from Reformation to Revolution, London 1980. – DELL'OMO, M.: Storia, S. 355 ff., 363 f., 397 f.

Italien

◇ (Literatur): ZARRI, G.: Monasteri femminili in Italia nel secolo XVI, in: Rivista di storia e letteratura religiosa 33 (1997), S. 643 ff. – DIES.: Il monachesimo femminile in Italia dall'alto medioevo al secolo XVII a confronto con l'oggi (Atti del VI convegno del „Centro di Studi Farfensi", Santa Vittoria in Matenano 21–24 sett. 1994), Negarine di San Pietro in Cariano (Verona) 1997. – Ergänzend zu den Verhältnissen im folgenden Jahrhundert: LUNARDI, G.: Le monache benedettine nel Settecento, in: TROLESE, F. G. B. (ed.): Il monachesimo italiano dalle riforme illumninistiche all'unità nazionale (1768–1870). Atti del II convegno di studi storici sull'Italia benedettina, Abbazia di Rodengo (Brescia), 6–9 sett. 1989 (Italia Benedettina 11), Cesena 1992, S. 523 ff.

◊ (*Marguerita Corradi, † 1665*): Schmitz, Ph.: Histoire VII (Les moniales), S. 326. – Lunardi, G.: Art.: Benedettine, in: DIP 1 (1974), Sp. 1231 ff., 1235 ff. – Penco, G.: Storia della chiesa in Italia II (1978), S. 89 f., 402 ff.

◊ (*Anna Scholastica Fares, † 1672*): Schmitz, Ph.: Histoire VII (Les moniales), S. 186, 329. – Memmi, J. B.: in: Sacro Speco 39/41 (1931/33). – Lunardi, G.: Art.: Benedettine, in: DIP 1 (1974), Sp. 1231 ff., 1235 ff.

◊ (*Maria [Crocifissa] Tomasi, † 1699*): Turano, G.: Vita e virtù della ven. Serva di Dio suor Maria Crocifissa della Concezzione dell'Ordine di San Benedetto nel monastero del Palma, Venedig 1709. – Locatelli, S.: La Ven. Suor Maria Crocifissa della Concessione (Isabella Tomasi) e il seicento mistico italiano, in: Regnum Dei 11 (1955), S. 3 ff.; 13 (1957), S. 39 ff. – Schmitz, Ph.: Histoire VII (Les moniales), S. 186, 330 ff. – Lunardi, G.: Art.: Benedettine, in: DIP 1 (1974), Sp. 1231 ff., 1235 ff. – Penco, G.: Storia II, S. 90, 402. – Cabibbo, S./ Modica, M.: La Santa dei Tomasi. Storia di suor Maria Crocifissa (1645–1699) (Microstorie 17), Torino 1889. – Dell'Omo, M.: Storia, S. 367.

◊ (*Maria Cecilia Baij, † 1766*): van Heteren, W.: L'abbaye de Saint-Pierre à Montefiascone et la Rév. Marie-Cécile Baij, in: Bull. de Saint-Martin et Saint Benoît 9 (1901), 227 ff., 299 ff., 332 ff., 369 ff.; 10 (1902), S. 11 ff. – Dasnoy, W.: Une mystique bénédictine italienne, la Mère Baij, in: Rev. liturgique et monastique 8 (1922/23), S. 32 ff., 78 f. u. ö. – Berlière, U.: La dévotion au Sacré-Coeur dans l'Ordre de S. Benoît, in: Coll. Pax. Maredsous 1923, S. 146 ff. – Bergamaschi, P.: Vita della serva di Dio D. Maria-Cecilia Baij, badessa del monastero di San Pietro de Montefiascone, 2 vol., Viterbo 1923–25. – de Guibert, J.: Art. Baij (Cécile), in: DSp 1 (1932), Sp. 1190 ff. (Lit). – Schmitz, Ph.: Histoire VII (Les moniales), S. 186, 339 f. – Lunardi, G.: Art.: Benedettine, in: DIP 1 (1974), Sp. 1231 ff., 1235 ff. – Penco, G.: Storia II, S. 129, 402. – Valli, A.: Problemi relativi alla collezione e datazione dell'epistolario di Maria Cecilia Baij O. S. B. (1694–1766), in: Benedictina 43 (1996), S. 303 ff. – Guffanti, E.: M. Cecilia Baij e Don Egidio Bazzarri: una vicenda di direzione spirituale (1733–1738), ebda., 46 (1999), S. 109 ff. – Ders.: Sposalizio mistico e professione monastico nelle lettere della benedettina Cecilia Baij al confessore Egidio Bazzarri (1733–1738), ebda., S. 311 ff. – Baij, M. C.: Trattati sopra il cuore amantissimo de Gesù Christo Redentor nostro (ed. A. Valli), in: Sapientia 15, Mailand 2004. – Dell'Omo, M.: Storia, S. 367.

◊ (*Maria Muratori, † 1726*): Gabrielli, C. M.: Vita della serva di Dio la Madre donna Maria Gaetana Scholastica Muratori, Bologna 1729. – Schmitz, Ph.: Histoire VII (Les moniales), S. 186, 338. – Lunardi, G.: Art.: Benedettine, in: DIP 1 (1974), Sp. 1231 ff., 1235 ff.

◊ (*Giovanna-Maria Bonomo, † 1670*): Bracco, L.: Vita della B. Giovanna-Maria Bonomo, 2 vol., Rom 1883. – Mazzoco, G.: La beata Maria Giovanna Bonomo (1606–1670), Bassano 1922. – Segmüller, F.: Das Leben der seligen J. M. Bonomo, St. Ottilien 1924. – Mähler, M.: Art.: Bonomo (Bienheureuse, Jeanne-Marie), in: DSp I (1932), Sp. 1860 (Lit.). – Dore, P.: La beata Giovanna Bonomo, monaca benedettina, 1606–1670, Brescia 1937. – Schmitz,

Ph.: Histoire VII (Les moniales), S. 186, 326ff. – Costa, G.: Introduzione allo studio dell'epistolario della beata Giovanna Maria Bonomo n. 1606 (Asiago) m. 1670 (Bassano del Grappa), in: Benedictina 10 (1956), S. 149ff. – Pignatelli, G.: Art.: Bonomo (Bonhomo), Giovanna Maria, beata, in: Diz. Biogr. Ital. 12 (1970), Sp. 337 (Lit.). – Lunardi, G.: Art.: Benedettine, in: DIP 1 (1974), Sp. 1231ff., 1235ff. – Penco, G.: Storia II, S. 90, 129, 402. – Bottechia Dehò, M. E.: Canto dell'amore nascosto. Beata Giovanna Maria Bonhomo mistica del Seicento (1606–1670), benedettina cassinese, Abadessa del monastero di San Gerolamo in Bassano del Grappa, Vincenza 2006. – Dell'Omo, M.: Storia, S. 366f.

Spanien

◊ Vgl. oben, achtes Kapitel, Bibliogr. 3, c und ebda., 3, d.

Polen

◊ Vgl. oben, achtes Kapitel, Bibliogr.4, f.

5. Erneute Anläufe zu einer *Congregatio generalis in Germania*

◊ (Literatur): Berlière, U.: Der Benediktinerkongreß in Regensburg, in: SMBO (1888), S. 399ff. – Molitor, R.: II, S. 240ff., 270ff. – Schmitz, Ph.: Geschichte IV, S. 124ff. – Hörger, H.: Die oberbayrischen Benediktinerabteien in der Herrschaftswelt, Gesellschaft und geistig-religiösen Bewegung des 17. Jahrhunderts, in: SMGB 82 (1971), S. 7–270. – Hermann, F.: Versuche zur Gründung einer allgemeinen deutschen Benediktinerkongregation, in: Germ. Ben. I (1999), S. 422ff.

6. Allgemeine Lage der „schwarzen Mönche" im deutschen Sprachraum am Vorabend der Aufklärung

◊ (Literatur): Molitor, R.: II, S. 359ff. – Volk, P.: Ein Säkularisationsplan zu Anfang des 17. Jahrhunderts, in: SMGB 47 (1929), S. 146ff. – Schmitz, Ph.: Geschichte IV, S. 127ff. – Meuthen, E.: Zum spätmittelalterlichen Kommendenwesen, in: Licet preter solitum. Ludwig Falkenstein zum 65. Geburtstag, edd. L. Kéry / D. Lohrmann / H. Müller, Aachen 1998, S. 241ff.

Neuntes Kapitel
Die Klöster in der Defensive
(18. bis Anfang 19. Jahrhundert)

1. Das Kloster im Fokus aufgeklärter Kritik

Im Aufblühen der nachtridentinischen Reformkongregationen zeigte sich zweifellos eine der glanzvollen Seiten in der Geschichte der Söhne und Töchter Benedikts. Von asketisch-spirituellem Ernst wie intellektuellem Eifer beflügelt, bildeten die Verbände des 17. Jahrhunderts – und dabei ist keineswegs allein an das herausragende Beispiel der Mauriner zu denken – Vorhut und Zentren eines zukunftsweisenden, monastisch-kirchlichen Reformgeistes. Zugleich aber verharrten nicht wenige der alten Gemeinschaften durch jene, in der *RB* festgeschriebene Autonomie weiterhin in äußerer wie innerer Unveränderlichkeit, ohne sich einer Reform zu unterziehen oder sich einem Verband anzuschließen. Auf solche Weise isoliert, blieben diese Gemeinschaften umso mehr den Begehrlichkeiten von Kommendataräbten ausgeliefert und gerieten nicht selten ökonomisch, disziplinarisch und dann auch spirituell in beklagenswerten Zustand.

Seit sich Mitte des 18. Jahrhunderts dann allmählich jene neuen Seh- und Denkweisen ausbildeten, die man gemeinhin unter den Schlagworten des „Rationalismus" und der „Aufklärung" fasst, und deren Durchsetzung schließlich zum Signum der Geburt eines neuzeitlichen Europas wurde, waren der Sphäre aller Religiosität, vornehmlich aber der Kirche und dem Ordenswesen eine kompromisslose, bisweilen eifernde Opposition entstanden. Im Geiste dieses neuen, der *ratio* verpflichteten Denkens kritisierten die Aufklärer jede Offenbarungsreligion, im Besondern den Offenbarungsrang der Schrift und den Sinn des Jenseitsglaubens, hinterfragten die Kirche als Institution und stellten die vielfältigen, meist in alter Tradition gründenden Glaubensvollzüge und Frömmigkeitspraktiken in Frage. Dabei gerieten u. a. die religiösen Volksbräuche wie Prozessionen, Wallfahrten, Wettersegen, Reliquienverehrung u. Ä., aber auch der asketische Lebensentwurf – vornehmlich in seiner betrachtenden Form – sowie die Klöster mit ihrem teils beträchtlichen Grundbesitz in den Fokus dieser neuen Kritik. Die radikaleren Aufklärer sprachen den asketischen Gemeinschaften – jene ausgenommen, die sich durch Gemeinnützigkeit wie Unterricht, Krankenpflege, Caritas u. Ä. rechtfertigen konnten – jedes Existenzrecht ab und betrieben deren Auflösung.

Als solchermaßen aufgeklärtes Denken schließlich in die Vorstellungen und Konzepte der Herrschaftsträger Eingang gefunden hatte – bei Vertretern des sogenannten „aufgeklärten Absolutismus", aber um vieles radikaler noch bei Führern von Revolutionsregierungen –, kam es unausweichlich zu schweren Konflikten und schließlich zu beträchtlichen Verlusten auch bei den alten Benediktinern, trotz Rezeption aufgeklärter Überzeugungen in manchen dieser Gemeinschaften (LEHNER, passim). Am härtesten wurden dabei jene Gemeinschaften der Töchter und Söhne Benedikts getroffen, die spirituell und organisatorisch in den alten Strukturen gebunden, sich keiner Reform angeschlossen, sich nicht in einem Verband organisiert hatten, und so den Angriffen von außen umso schutzloser ausgesetzt waren.

2. Die Entwicklung in Frankreich

a) Die „Klosterkommission"

Bei dieser allgemeinen Lage der Dinge kam es im zweiten Drittel des 18. Jahrhunderts in Frankreich, vor Ausbruch der Revolution bereits, zu beträchtlichen Schädigungen der Klöster durch die sogenannte „Klosterkommission" (*Commission des Réguliers*). Dabei handelte es sich eigentlich um eine Reformkommission, die am 31. Juli 1766 von König Ludwig XV. einberufen worden war, um die Neuerungen in Angriff zu nehmen, deren Dringlichkeit dem König bereits 1765 durch den französischen Klerus mit Bitte um Unterstützung vorgetragen worden war. Der Entschluss des französischen Klerus zu dieser Bitte war durchaus aus der Erkenntnis geboren, dass sich die Klöster des Herrschaftsgebietes – dem vorbildlichen Wirken einiger Reformkongregationen zum Trotz – mehrheitlich in bedenklichem Zustand befanden und dringend einer Erneuerung bedurften. Dabei sah man die Hauptgründe für die prekären Verhältnisse im Kommendenwesen, der fortschreitenden Disziplinlosigkeit und Verweltlichung der Gemeinschaften allgemein, aber auch im Eindringen des Jansenismus und eben auch in der Rezeption aufklärerisch-freigeistigen Gedankengutes.

Die Zusammensetzung der Kommission – je 5 Staatsräte und Erzbischöfe, dazu 4 Advokaten sowie ein Kanzlist und ein Sekretär als Hilfspersonal, erstaunlicherweise aber kein Ordensmitglied – ließ bereits deren Tendenz erkennen. Verhängnisvoll wirkte sich auch der Umstand aus, dass unter den Mitgliedern der Kommission der Erzbischof von Toulouse, Loménie de Brienne, die Oberhand gewann, ein opportunistischer Höfling, glaubensschwach, verweltlicht, ein bedenklicher Charakter, dem an den Klöstern wenig gelegen war.

Bereits im März 1768 erging seitens der Kommission dann ein Edikt an die Adresse aller Orden und Gemeinschaften, das drei grundlegende Maßnahmen zur Besserung der Lage vorsah: 1. das Professalter für Männer sollte auf 21, für Frauen auf 18 Jahre festgesetzt bleiben; 2. die Konstitutionen aller Orden sollten vollständig überarbeitet werden (wobei für die exemten Gemeinschaften und Verbände die Bischöfe, für die Kongregationen aber deren Generalkapitel die Federführung zu übernehmen hatten); 3. die exemten Gemeinschaften sollten nicht weniger als 9, die Klöster kleinerer Kongregationen (mit eigenem Noviziat, Klerikat oder Scholastikat) nicht unter 16 Chormönchen umfassen. Auch sollte es, abgesehen von Paris, keinen Ort mit mehreren Klöstern mehr geben.

Unter den „schwarzen Benediktinern" gingen unverzüglich die Cluniazenser, die Mauriner und der Verband von St. Vanne – Letzterer allerdings erst nach Protest und Zwang – an die Umarbeitung ihrer Konstitutionen. Widerstände der Klöster gegen die Anordnungen der Kommission wurden von deren Wortführer de Brienne ignoriert, Namenslisten jener Gemeinschaften zusammengestellt, die man aufheben sollte, und Mönche mit besonderen Vollmachten zur Ausführung ausgestattet. Da diese „Vollstrecker" ihrem Auftrag aber nur schleppend nachkamen, waren noch nicht alle vorgesehenen Auflösungen durchgeführt, als die Kommission 1786 bereits wieder aufgehoben wurde. Dennoch waren zwischenzeitlich die Verluste für die einzelnen Orden, vor allem aber für die alten Benediktiner enorm. Die vollständige Auflösung traf – neben Kamaldulensern und Cölestinern – vornehmlich die „Exemten" (mit 11 Häusern) und die Cluniazenser der „alten Observanz" (mit 50 Häusern). Die alten Benediktiner – jene Gemeinschaften, die sich keinem Verband angeschlossen hatten – verloren 37 von 71 Häusern, die Mauriner 24 von 192. Nur St. Vanne hatte keine Verluste zu beklagen. Insgesamt verloren die „schwarzen Benediktiner" Frankreichs unmittelbar durch die Kommission 122 von 410 Gemeinschaften, d. h. ca. 30 % ihrer Häuser. (Zisterzienser und Kartäuser blieben dagegen von direkten Verlusten zunächst noch verschont.) Damit waren die „schwarzen Benediktiner" im Vergleich mit anderen Orden Frankreichs überproportional betroffen: Gegenüber dem Gesamtverlust der „schwarzen Benediktiner" von ca. 30 % ihrer Häuser – wie erwähnt – fielen die Verluste anderer Orden vergleichsweise gering aus: die Augustiner beklagten den Verlust von 27,5 % ihrer Häuser, die Prämonstratenser 16 %, die Dominikaner 13 %, die Karmeliter 12 %, die Franziskaner (der strengen Observanz) 4,3 %. Darüber hinaus wirkten die Maßnahmen der Kommission offensichtlich abschreckend auf die Neuzugänge in den Benediktinergemeinschaften, deren Zahlen in den folgenden Jahren rapide zurückgingen.

Man schätzt, dass im Jahre 1790 – also 22 Jahre nach dem Edikt der Kommission – auch jene Gemeinschaften der „schwarzen Mönche", die bisher noch nicht von Aufhebungen betroffen waren, etwa 24 % ihrer Mitglieder verloren hatten. Verschärft wurde diese Situation durch den

Umstand, dass von den Mitgliedern dieser restlichen Gemeinschaften etwa 45 % über 50 Jahre alt waren. (Allerdings hatten auch die übrigen Orden um 1790 ähnliche Verluste an Mitgliedern aufzuweisen.)

Der Protest der Päpste (Clemens XIII. [1758–69] und Pius VI. [1775–99]) gegen die Vorgänge beschränkte sich auf die Verweigerung der Zustimmung, blieb aber ansonsten verhalten. Die Bischöfe verhielten sich in der Mehrzahl gleichgültig, waren ihnen doch Anteile an den eingezogenen Klostergütern in Aussicht gestellt. Außerdem standen sie seit jeher in latenter Opposition zu allen Privilegien der Klöster, da diese – am deutlichsten im Falle der Exemtion – eine Einbuße an episkopalem Weisungsrecht bedeuteten. Sofern Gerichtshöfe gegen die Kommission angerufen wurden – so in Paris, Bordeaux und Toulouse –, blieben die Einsprüche erfolglos. Die Kommission, ursprünglich angetreten, um die Situation der Orden zu verbessern, hat offensichtlich letztlich zu deren Schaden beigetragen und geradezu einen Vorlauf dessen geboten, was dann im Namen eines aufgeklärten Zeitgeistes in der Revolution weitergeführt und konsequent zu Ende gebracht worden ist.

b) Die „Revolution“

Mit der Revolution folgte dann für die gesamte Kloster- und Ordenslandschaft Frankreichs – wie für die Kirche des Landes insgesamt – ein Kahlschlag. In wenig mehr als zwei bis drei Jahren war die Mehrzahl aller Klöster in Frankreich enteignet, aufgehoben und verboten. Der Prozess begann – um hier nur die drei wichtigsten Stufen zu erwähnen – mit dem Dekret der Nationalversammlung vom 28. Nov. 1789, das die Gelübde suspendierte und die Aufnahme von Novizen verbot, führte über mehrere Zwischenbeschlüsse im Verlauf des Jahres 1790 (u. a. vom 13. Febr. und 20. März) bis zum Erlass vom 14. Okt., der die Einrichtung von Sammelklöstern (*maisons de réunion*) für jene Mönche vorsah, die sich, nicht mit einer Pension abgefunden, ins Privatleben zurückziehen wollten. (Für die Frauen waren solche Sammelklöster übrigens nicht vorgesehen.) Ihr Ende fanden die Maßnahmen der Revolutionäre gegen die Klöster schließlich mit dem Erlass des Nationalkonvents vom 4. Aug. 1792, der alle religiösen Häuser Frankreichs zum 1. Okt. des Jahres für geschlossen erklärte, ausgenommen die karitativ tätigen Gemeinschaften.

Die Gebäude und Grundstücke sollten versteigert und verkauft werden, sofern dies nicht schon geschehen war. Insgesamt waren die Folgen für die französischen Benediktiner verheerend: Die um 1700 noch existenten etwa 310 Männer- und 132 Frauengemeinschaften nach *RB* – ohne auf Vollzähligkeit der Priorate hier zu bestehen – waren durch „Kommission“ und „Revolution“ mehrheitlich aufgelöst worden und blieben für immer verschwunden, ein Schicksal freilich, das die Gemeinschaften nach *RB* mit der Mehrzahl anderer Orden teilte.

Die Lebenswege der betroffenen Mönche verliefen danach unterschiedlich. Nicht wenige gingen in die Seelsorge, manche kehrten mit geringer Rente in den Kreis der eigenen Familie zurück – was Rom durchaus billigte –, andere flohen in Klöster des Auslandes; wieder andere wurden, da sie Widerstand leisteten, auf Inseln deportiert; schließlich stiegen 10 Benediktiner in Paris und 14 in der Provinz aufs Schafott.

Die Revolutionserlasse trafen in gleicher Weise die englischen Priorate, die sich seit dem 16. Jahrhundert auf dem Festland eingerichtet hatten und jetzt unter die Botmäßigkeit der Revolutionstruppen geraten waren. Die Mehrzahl dieser Gemeinschaften nahm die veränderte Lage zum Anlass, wieder auf die Insel zurückzukehren, wo mittlerweile ein toleranteres Klima herrschte (vgl. Kap. 10, Abschn. 1, England; unten, S. 340 ff).

3. „Aufgeklärte“ Klosterpolitik unter Maria Theresia und Joseph II.

a) Maria Theresia

Zeitgleich beinahe mit Errichtung der „Klosterkommission“ in Frankreich lassen sich Regulierungen geistlicher Gemeinschaften in aufgeklärtem Geiste auch schon im habsburgisch-österreichischen Herrschaftsbereich Maria Theresias erkennen, Initiativen, die später unter der Herrschaft ihres Sohnes Josephs II. (1780–1790) – Mitregent seit 1765 bereits – an Umfang und Radikalität noch erheblich zunehmen sollten.

Seit den 60er Jahren schon wurden Forderungen nach einer „Verminderung der Mönche“ diskutiert, und seit den 70er Jahren gingen im Namen der Kaiserin zahlreiche regulierende Verordnungen an die monastischen Gemeinschaften, darunter u. a. auch die Verfügung, die das 25. Lebensjahr als Mindestalter für die Profess festlegte. Auch wurden bereits 1775 unter der Federführung Stefan Rautenstrauchs, des Abts von Břvnov, aufgeklärte Lernprogramme für die jungen Mönche ausgearbeitet. Radikalen Äußerungen aus Kreisen der Aufklärer, wie sie sich in Frankreich zeigten, persönlich allerdings abgeneigt, blieben die Eingriffe der Kaiserin durchgehend moderat, stets getragen von der Absicht, Reformen in der Sache zu erreichen. Unverkennbar aber trugen im Laufe der Jahre die Erlasse zunehmend die Handschrift des Staatsministers (Graf) Kaunitz (1753–1793), eines Wegbereiters radikaler Aufklärung, der als entschiedener Vertreter rationalistisch-aufklärerischer Überzeugungen später die Hauptstütze der konsequenten Reformen und der Säkularisationen unter Joseph II. wurde.

b) Joseph II.

Österreich

Mit Beginn der Alleinherrschaft Josephs II. (seit 1780) häuften sich dann verschärfte Erlasse an die Adresse der klösterlichen Gemeinschaften (wie der Kirche überhaupt). Nicht wenige dieser Maßnahmen – wenngleich diese letztlich im Kontext des gesamten Reformprogramms des Herrschers beurteilt werden wollen – waren übereilt, mit fehlendem Augenmaß in die Wege geleitet worden, folgten schließlich aber dem aufgeklärten Ideal vom notwendigen Nutzen aller Aktivitäten zum Wohl der Untertanen, durchgesetzt in einem absolutistisch und zentralistisch geführten Staate.

Die monastischen Gemeinschaften insgesamt, vornehmlich zunächst jene, die entschieden einer kontemplativen *vita religiosa* und weniger einem Außenapostolat verpflichtet waren, wurden fortan nach utilitaristischen Gesichtspunkten beurteilt, nach Nutzen und Nachteil für die Gesellschaft also, mit der Folge, dass die negativ bewerteten unter ihnen ihre Auflösung zu erwarten hatten (Beschlüsse vom 31. Okt. und 20. Dez. 1781). Die Situation verschärfend setzte mit dem Dekret vom 12. Jan. 1782 dann eine erste Aufhebungswelle ein, welche Kartäuser, Kamaldulenser, Karmelitinnen, Klarissinnen, Kapuzinerinnen, Franziskanerinnen und eine eremitische Gruppe traf. Am 20. Juli 1783 leitete dann ein weiterer Erlass des Kaisers die zweite Welle der Aufhebung ein, die sich (bis 1787) über mehrere Jahre hinzog und die nun auch die älteren Orden und Observanzen betraf, darunter die Gemeinschaften nach *RB*.

Auch jene Konvente, die überlebten, weil sie „mit Rücksicht auf das Volk" zu erhalten waren, wurden weiter von außen in ihrer Wirksamkeit behindert und blieben so stets in ihrer Existenz gefährdet. Unter anderem wurde – um nur einige Beispiele aus der Vielzahl der Verordnungen zu erwähnen – ihnen die Zahl der Novizen vorgeschrieben, deren Aufnahme erheblich erschwert und ihnen aufklärerische Programme als Lernstoff vorgeschrieben. Auch wurden alle noch existenten Klöster den Bischöfen unterstellt – was Aufhebung der Exemtion bedeutete – und so den Ordinarien ein striktes Kontroll- und Eingriffsrecht zuerkannt. Erhebliche Beschränkungen trafen das Chorgebet (ab 1786/89 waren nächtliche Horen nicht mehr, Matutin und Laudes nur noch als Privatgebet gestattet). Die Tischlesung wurde weitgehend gekürzt und verboten, in diesem Rahmen die Statuten vorzulesen. Darüber hinaus wurde das philosophisch-theologische Hausstudium verboten und – wie auch im Falle der Weltpriester – der Besuch der staatlichen Generalseminarien zur Pflicht. Schwere Belastungen entstanden den Gemeinschaften zudem durch die Reorganisation der Pfarreisprengel, weil dabei die Klöster als Reservoir zur Besetzung der zahlreichen neuen Pfarrstellen instrumentalisiert wurden. Der Kaiser selbst blieb stets gläubiger Katholik, dennoch wurden seine Verordnungen in den noch verbliebenen Gemeinschaften als Anschlag auf ihre Existenz verstanden.

Oberitalien: *Lombardia austriaca* – Großherzogtum Toskana

Maßnahmen, ähnlich jenen in Österreich, trafen auch die Klöster in den oberitalischen Herrschaftsgebieten der Habsburger, dem „Experimentierfeld der staatlichen Kirchenreform“ (Klueting, Art.: Josephinismus, S. 583). Schon seit 1768 zu Zeiten Maria Theresias war es in der *Lombardia austriaca* – mit dem Dukat Mailand als Mittelpunkt – unter Staatsminister Kaunitz zu zahlreichen Klosteraufhebungen gekommen. (Im Jahre 1782 existierten noch 213 Männer- und 62 Frauenklöster in diesem Herrschaftsbereich; es waren zu diesem Zeitpunkt aber bereits 31 Männer- und 93 Frauenklöster aufgelöst worden [Maassen, Der Josephinismus, 2. Bd., S. 367, Anm. 1].)

Und ähnlich hatten sich die Verhältnisse im Großherzogtum Toskana entwickelt. Auch hier war es bereits im Zusammenhang mit Kirchenreformen unter Großherzog (Peter) Leopold I. (1765–1790), dem jüngeren Bruder Josephs II. und Nachfolger auf dem Kaiserthron (als Leopold II., 1790–1792), zur Aufhebung von nicht wenigen Klöstern gekommen. Dabei handelte es sich letztlich wohl um Herrschermaßnahmen in der Absicht, das Herzogtum zu einem aufgeklärten Musterstaat zu machen, ein Herrschaftsziel, das dem älteren Bruder in manchem offensichtlich vorbildlich erschien. Allerdings konnten die radikalen Beschlüsse einer Regionalsynode von Pistoia (1786) unter der Ägide des jansenistischen Bischofs Scipione de’ Ricci († 1810) – obwohl sie das Wohlwollen des Erzherzogs hatten – nicht gegen die Bevölkerung durchgesetzt werden. Hier war nämlich beschlossen worden, sämtliche Orden zu vereinheitlichen, den Ordensleuten die Seelsorge zu verbieten und ihnen stattdessen Handarbeit zuzuweisen; des Weiteren sollte der Unterschied zwischen Chor- und Laienmönchen aufgehoben werden, die Klöster und ihre Mitglieder den Bischöfen unterstellt, das Gelübde auf nur ein Jahr begrenzt werden u. a. m.

Südliche (habsburgisch-österreichische) Niederlande

Die Handschrift aufgeklärter Herrschaft trugen nicht weniger auch die Erlasse an die monastischen Gemeinschaften in den südlichen Niederlanden, wo sich in der Formulierung wie in der Durchsetzung zunehmend die radikale Linie von Minister Kaunitz zeigte, dem die Herrschaftsausführung in den habsburgischen Niederlanden weitgehend überlassen war.

Zwar gelang es 1782, alle Klöster den Ordinarien zu unterstellen, was u. a. die Auflösung der Kongregation der *Exemten* bedeutete; sein radikaler Plan von 1783 aber, alle Klöster in den österreichischen Niederlanden aufzulösen – darunter wären 17 Benediktinerabteien (ohne die zum Reichsfürstentum Lüttich gehörenden Gemeinschaften) gewesen –, scheiterte am Widerstand der Bevölkerung. Doch schlug den Klöstern der südlichen Niederlande nur einige Jahre später dennoch ihre Stunde, als französische Revolutionsheere 1792 die südlichen Niederlande besetzten und 1795 Frankreich angliederten. Am 1. Sept. 1796 wurde die Aufhebung aller Klöster der südlichen Niederlande verkündet, und es begann der Ausverkauf auch der Benediktinerklöster.

Von der Auflösung der Gemeinschaften in den südlichen Niederlanden waren auch die englischen Priorate betroffen, die sich seit dem 16. Jahrhundert in diesem Herrschaftsraum auf dem Festland eingerichtet hatten. Die Mehrzahl dieser Konvente nahm die neuerlichen Verbote zum Anlass, wieder auf die Insel zurückzukehren, wo mittlerweile ein religiös toleranteres Klima herrschte (s. unten, Kap. 10, g [England], S. 340 f).

Ungarn – Böhmen

Nicht weniger konsequent griffen die Erlasse Josephs II. auch im Königreich Ungarn: 1782 wurde die feierliche Profess, 1783 überhaupt die Aufnahme von Novizen untersagt, 1786 (23. Okt.) schließlich folgte ohne Vorbehalt die Aufhebung der Benediktinergemeinschaft von Pannonhalma (mit 35 Mönchen) sowie sechs weiterer Gemeinschaften der „schwarzen Mönche“ mit insgesamt 91 Mitgliedern. Allein Zatavár – da Tochterkloster von Göttweig und Mitglied der Österreichischen Kongregation – sowie Telki, eine Tochtergründung der Schotten in Wien, wurden nicht aufgelöst. – Ähnlich auch zeigen sich die Verhältnisse in Böhmen, wo 1785 vier Benediktinerklöster aufgehlöst wurden. Erhaltenen blieben hier an Gemeinschaften nach *RB* lediglich: Břevnov-Braunau, Raigern und Emaus (Prag).

*

Man geht davon aus, dass unter Joseph II. insgesamt etwa ein Drittel aller Klöster seines Herrschaftsbereichs, in der Summe zwischen 700 und 800 Klöster, aufgelöst worden sind. Wie viele Konvente der „schwarzen Benediktiner“ sich darunter befanden, bedarf bisher noch des präzisen Nachweises.

Einen Hinweis auf den Anteil der „schwarzen Benediktiner“ an diesen Verlusten könnte aber immerhin eine bereits 1894–1897 veröffentlichte Teil-Statistik geben, die für die Jahre 1782–1790 die Verluste an Gemeinschaften von immerhin 10 der (insgesamt 14) westlichen Kronländer des Herrschaftsgebietes dokumentiert, aufgeschlüsselt nach Ordens- und Observanzzugehörigkeiten (vgl. Lindner, P., Verzeichnisse). Bei den 10 Kronländern handelt es sich um: Steiermark, Mähren, Kärnten, Krain, Oberösterreich, Böhmen (mit Prag und Provinz), Oberösterreich-Schlesien, Niederösterreich (mit Wien und Provinz), Tirol, Vorarlberg; nicht eingebracht in diese Statistik sind die Kronländer: Galicien, Bukowina, Küstenland und Dalmatien.

Die Statistik auf Basis dieser 10 Kronländer ergibt: Zwischen 1782 und 1790 wurden in den westlichen Herrschaftsbereichen der Monarchie etwa 217 Männer- und 67 Frauengemeinschaften aufgehoben; unter diesen Verlusten befanden sich 18 Gemeinschaften der Söhne und 4 Gemeinschaften der Töchter Benedikts (die Zisterzienser bleiben ausdrücklich ausgenommen). Dabei wird immerhin auch deutlich, dass bei diesen Aufhebungen die „schwarzen Benediktiner" keineswegs einsame Spitzenverluste zu tragen hatten. Zum Vergleich lediglich sei angemerkt, dass unter den übrigen Orden und Observanzen die größeren Verluste unter den Männergemeinschaften die Kapuziner (mit 31 Gemeinschaften) und die Dominikaner (21 Gemeinschaften) verzeichneten, während sich die Verluste in der nächst tieferen Gruppe ungefähr auf gleicher Höhe mit den Benediktinern bewegten: So u. a. Augustinerchorherren (15 G.), Zisterzienser (18 G.), Franziskaner (18 G.), Minoriten (14 G.). Unter den Frauenklöstern verzeichneten die größten Verluste die Klarissinnen (19 G.) sowie die Dominikanerinnen (14 G.); bei allen übrigen Frauenorden und -observanzen lagen die Verluste weit unter 10 G. und bewegten sich damit in der Größenordnung wie auch die Benediktinerinnen.

4. Die Klostergemeinschaften im Reich: „Reichsdeputationshauptschluss" (1803) und „große Säkularisation" (nach 1803)

Im Reich – einem heterogenen Konglomerat aus Mittel- und Kleinstaaten verglichen mit der Habsburgherrschaft – hatten die Klöster seit der zweiten Hälfte des 18. Jahrhunderts bekanntlich ebenfalls unter aufgeklärten Maßnahmen zu leiden, wenngleich in geringerem Maße, als dies in Frankreich oder unter der josephinischen Herrschaft der Fall war. So war es im Erzbistum Mainz unter den Erzbischöfen Emmerich Josef (1762–1774) und Karl Josef (1774–1802), zwei entschiedenen Vertretern des „Febronianismus", aber auch im Umfeld des Bursfelder Verbandes und sogar innerhalb der Bayerischen Kongregation zu Beschwernissen für manche

Gemeinschaften und auch zu der einen oder anderen Aufhebung gekommen. Bedrückender wurden die Verhältnisse aber, als nach Eroberung der linksrheinischen Reichslande durch die französischen Revolutionstruppen die dortigen Klöster zur Gänze aufgelöst wurden (allein im Kurfürstentum Trier waren 91 Gemeinschaften betroffen). Den schärfsten Schnitt für die Klöster des Reiches aber brachte dann – im „Reichsdeputationshauptschluss" von 1803 beschlossen – die „große Säkularisation" der folgenden Jahre, durch deren Umsetzung die Auflösung zahlreicher monastischer Gemeinschaften des Reichs eingeleitet war.

Nachdem in Art. 7 des Friedens von Lunéville (9. Febr. 1801) – den Abschlussverhandlungen nach den französischen Revolutionskriegen – den deutschen Fürsten für ihre linksrheinischen Gebietsverluste Entschädigung durch Mediatisierung und Säkularisierung rechtsrheinischen Reichs- und Kirchenbesitzes zugesprochen worden war, erarbeitete eine Reichsdeputation einen Ausführungsplan, der – von Kaiser Franz II. unterzeichnet – am 25. Feb. 1803 gebilligt und am 24. März 1803 verabschiedet wurde. (Da die geistlichen Reichsstände bei Bildung der Deputation übergangen worden waren, handelte es sich bei dem Verfahren bekanntlich um einen Rechtsbruch.) Die kaiserliche Deputation sah zwei Verfahren vor, die erstrebte Kompensation zu erreichen: Zum einen die Mediatisierung (und Säkularisierung) eines weltlichen und zweier geistlicher Kurfürstentümer (Kurpfalz sowie Kurköln und Kurtrier), des Weiteren von 19 Reichsbistümern, 44 Reichsabteien und 41 Reichsstädten; zum andern die Auflösung der landsässigen (nicht reichsunmittelbaren) Klöster und Stifte (sogenannte Mediatklöster und -stifte) innerhalb des Reiches, mit der ausdrücklichen Ermächtigung an die Landesherren, über diese Besitzmasse jeweils nach Gutdünken innerhalb ihres Herrschaftsgebietes verfügen zu dürfen (§§ 35, 36, 42, 43), wobei es sich hier dann eindeutig um den Fall der sogenannten „Kirchengutsäkularisation" handelte (Weis, E., HBG IV, S. 14).

Von dem Recht, die landsässigen Klostergüter einzuziehen – einer Säkularisation von Kirchengut also –, machten alle durch Besitzverlust im Linksrheinischen kompensationsberechtigten deutschen Herrschaftsträger Gebrauch. Zügiger und konsequenter als in den protestantischen Herrschaften geschah dies allerdings in Bayern, eine Folge des Umstandes, dass die bayerische Regierung unter Max Joseph und Montgelas bereits seit 1799 eine Aufhebung der landsässigen Klöster in Stufen vorbereitet hatte, und auch schon seit dem 3. Nov. 1802, also vor dem Reichsdeputationshauptschluss, ein landesherrlicher Erlass existierte, der alle Mediatklöster Bayerns zur Dispositionsmasse des Landesherrn erklärte. So wurden infolge des Reichsdeputationsschlusses in Bayern insgesamt etwa 80 Gemeinschaften der „schwarzen Benediktiner" (davon 47 Männergemeinschaften mit 23 Prioraten sowie 9 Frauengemeinschaften mit einem Haus) aufgelöst. In Württemberg traf es im Ganzen – also ordensübergreifend – 95 und in Baden etwa 65 Gemeinschaften. In Preußen – vornehmlich in den durch den Reichsdeputationshauptschluss neu erworbenen Gebieten – wurden in den Jahren nach 1803 mehr als 200 Klöster insgesamt (ordensübergreifend) aufgelöst.

In deutschen Landen (Baden, Bayern, Hessen, Württemberg, Hohenzollern, Preußen und kleineren Staaten) schätzt man für den gesamten Zeitraum zwischen 1790 und ca. 1815 die Verluste unter den Gemeinschaften nach *RB* insgesamt – d. h. *OSB*, OCist und alle anderen Zweigorden zusammen gerechnet – auf etwa 315 Abteien und Priorate. Darunter zählten zu den „schwarzen Benediktinern": 103 Abteien und 38 Priorate der Männer sowie etwa 40 Frauengemeinschaften. (Darunter fanden etwa 134 Abteien und Häuser der Zisterzienser sowie der übrigen Zweigorden [Trappisten, Coelestiner] ihr Ende [Danzer, B.: Säkularisation, S. 516ff.].)

Die im „Reichsdeputationshauptschluss" den Landesherren des Reiches zugestandene Verfügung über die landsässigen Klöster (Mediatklöster) – und dies ausdrücklich auch etwa, um eine prekären Finanzlage der Herrschaft auszugleichen, wenn nötig – betraf im Falle der Umsetzung alle grund-, leib- und landesherrlichen Herrschaftsrechte der ehemaligen Gemeinschaften, sämtlichen Grund- und Vermögensbesitz, die Bibliotheks-, Archiv- und Kirchenschätze, das gesamte Mobiliar sowie alle Kirchen- und Konventsgebäude. Die Konventsmitglieder wurden in diesem Fall mit einer geringen, aus dem konfiszierten Vermögen gedeckten, Pension abgefunden, aus dem Konvent gewiesen und kehrten in ihre Familien zurück, sofern sie nicht weiter als Seelsorger, Lehrer, bisweilen auch als Wissenschaftler Verwendung fanden. Einige Gemeinschaften versuchten trotz Aufhebung ihres Klosters so lange wie möglich noch zusammenzubleiben. So existierte die Gemeinschaft von Tegernsee noch bis 1810, St. Emmeram (Regensburg) bis 1812, St. Peter (Schwarzwald) bis 1813, Ottobeuren gar bis 1834.

Die nun funktionslosen Gebäude wurden versteigert, verkauft oder öffentlich als Kasernen, Arbeitshäuser, Heil- und Pflegeanstalten o. Ä. genutzt. Die Ländereien wurden zu geringeren Teilen verkauft, meist aber in das Staatsland integriert. Die Kulturgüter der Gemeinschaften – Handschriften, Bücher, Archivalien, Kunstgegenstände, Raritätenkabinette und Sammlungen wissenschaftlicher Apparate – wurden teils verkauft, bisweilen in Unkenntnis ihrer Bedeutung auch verschleudert, meist allerdings durch fachkundige Kommissare begutachtet und in den Residenzstädten zusammengeführt, wo sie den Grundstock für später bedeutende öffentliche Sammlungen, Museen, Archive und Bibliotheken bildeten. Von Ausnahmefällen abgesehen waren bei Auflösung und Verlagerung dieser

Bestände durchweg Umsicht und keineswegs nur Willkür und blinder Vandalismus am Werk.

Die Bewertung der „großen Säkularisation“ (1803) aus historischer Perspektive bleibt schwierig, da gerechterweise nach damaligen Gegebenheiten zu urteilen ist. Und in dieser Perspektive bleibt festzuhalten, dass sich viele Herrschaften des Reichs, und keineswegs allein die großen Herrschaftshäuser, in einer ruinösen Finanzlage befanden; dass die aufgeklärten Geister der Zeit die Orden – vor allem die kontemplativen – lediglich als gesellschaftsschädigende Einrichtungen verstanden, die es aufzulösen galt; dass mit Aufhebung des geistlichen – als eines privilegierten – Standes eine empfindliche Bresche in die Einflussmöglichkeiten der Ständeversammlung geschlagen war.

Vor diesem Hintergrund bleibt – es sind hier nur einige Momente der Gesamtsituation erwogen – unbestritten, dass sich die Mehrzahl der Klöster des Reiches zum Zeitpunkt der Säkularisation keineswegs in ruinösem Zustand befand; dass der über Jahrhunderte angesammelte, beträchtliche Landbesitz der Gemeinschaften vornehmlich es war – in Bayern unterstanden um 1800 etwa 56 % aller Bauernhöfe geistlichem Obereigentumsrecht –, der die Begehrlichkeit der Herrschenden geweckt hatte, und dass man hier, gestützt auf das aufklärerische Argument von der gesellschaftlichen Nutzlosigkeit der geistlichen Gemeinschaften, einen Ausweg sah, die katastrophale, meist durch Kontributionen und Kriege verursachte, chronische Finanzkrise nicht unwesentlich zu beheben. Von Vorteil dürften auf längere Sicht die Zusammenführung und sachgerechte Betreuung der Kulturgüter gewesen sein. Die von den Aufklärern erhoffte Veränderung der Sozialstruktur ist durch die Säkularisation nicht bewirkt worden, vielmehr ging nun für zahlreiche bürgerliche Mitglieder der aufgelassenen Klöster der ehemals gewährte Versorgungsschirm verloren, ein Grund, warum die Säkularisation von den Katholiken weniger als Befreiung aus Abhängigkeit denn als Verlust persönlicher Sicherheit und der gesamte Vorgang der Enteignung als Rechtsbruch empfunden worden ist.

Lediglich beschleunigend hat die Säkularisation auf die Ablösung der Grundlasten wie auf die Bauernbefreiung gewirkt, allein verursacht hat sie Letztere nicht. Und der nach 1815 folgenden Restaurationsphase der klösterlichen Gemeinschaften hat die Säkularisation sogar eine, von den Zeitgenossen weder erkannte noch erstrebte, gleichsam spirituelle Perspektive eröffnet: Von Güterbesitz und Herrschaftsverpflichtungen befreit, konnten diese neuen Gemeinschaften wieder entschiedener nach dem Geist der *RB* und so ihrer eigentlichen Spiritualität und Berufung leben.

5. Die „schwarzen Mönche“ außerhalb Habsburgischer Herrschaftsgebiete in Aufklärung, Revolution und Säkularisierung

a) Schweiz

Für die „schwarzen Mönche“ der Schweiz – seit 1638 in der *Congregatio Benedictina per Helvetiam* vereint – begann 1798 mit Besetzung des Landes durch die französischen Revolutionstruppen eine kritische Phase, gefolgt von großen Einbrüchen. Durch revolutionsbegeisterte Bürger aus Basel ins Land gerufen, besetzten französische Revolutionstruppen im Januar 1798 die Eidgenossenschaft und errichteten am 12. April die Helvetische Republik. Bereits am 8. Mai desselben Jahres wurden alle Stifte und Klöster einer Zwangsverwaltung unterworfen, das Vermögen inventarisiert und hohe Kriegskontributionen angeordnet. Am 12. Juni wurde der Antrag zur Aufhebung aller Klöster eingebracht, am 31. Juli ein Verbot zur Aufnahme von Novizen erlassen und die Klöster zu Staatseigentum erklärt, was letztlich einer lediglich verzögerten Aufhebung gleichkam. Die Folgeschäden waren gravierend. So wurde – um einige Beispiele für die „schwarzen Mönche“ anzuführen – Mariastein unverzüglich aufgehoben, Einsiedeln – dessen Mönche in bayerische und österreichische Klöster geflüchtet waren – am 17. Sept. für aufgehoben erklärt. In St. Gallen waren einige Mönche geflohen, 19 wurden ausgewiesen, 15 blieben zunächst noch zurück, da der Rechtsstatus der Abtei nicht geklärt war. Disentis wurde 1799 im Verlauf der Invasion niedergebrannt, die Konvente von Muri und Rheinau hatten großenteils die Flucht ergriffen, Mönche, die zurückblieben, standen fortan – nachdem sie den Bürgereid geleistet hatten – unter Laienverwaltern.

Aber schon mit dem Amnestiegesetz von 1801, vornehmlich aber mit der durch Napoleon am 19. Febr. 1803 oktroyierten, die Souveränität der Kantone garantierenden Mediationsverfassung war partiell ein Klosterleben wieder möglich. Der entzogene Besitz wurde wieder zugewiesen, ohne allerdings den Gemeinschaften die alten Herrschaftsrechte (die weltlichen Gerechtsame) wieder zu gewähren (was u. a. zur dauerhaften Auflösung des Klosters und der Klosterherrschaft von St. Gallen [8. Mai 1805] zugunsten der Existenz des gleichnamigen Kantons und des neuen, kurzzeitigen Doppelbistums St. Gallen/Chur [1823–1842] führte). Den Mediationsakten, die mit dem Sturze Napoleons (7. Aug. 1813) aufgehoben waren, folgte 1815 der Bundesvertrag. Dieser garantierte ebenfalls die Kantone und in deren jeweiliger Zuständigkeit auch die Existenz der Klöster. Diesen war auch hier ihr Besitz – allerdings ebenfalls ohne die alten Herrschaftsrechte – zugesprochen (Art. 12). Der föderalistische Charakter dieser Verfassung erlaubte jedem Kanton, den Umgang mit seinen Klöstern selbst zu bestimmen. So kamen auch aufklärerische Vorstellungen bei Gestaltung der Verhältnisse ins Spiel und es trat neben der langsamen Erholung der Gemeinschaften die Forderung nach „aufgeklärter Nützlichkeit“ derselben nach und nach in den Vordergrund, was sich wesentlich in schulischem Engagement zeigte, aber keineswegs zur Entspannung unter den Gemeinschaften führte, wie die Entwicklung zeigte, die nach 1815 einsetzte (s. dazu unten, zehntes Kapitel, Abschn. 1, f, S. 337 f,).

b) Italien

Im benediktinischen Mönchtum Italiens (außerhalb der dortigen habsburgischen Herrschaftszonen) blieben bis in die erste Hälfte des 18. Jahrhunderts mehrere Kongregationen – darunter die Kamaldulenser und auch die (armenischen) Mechitaristen – von Einfluss. Herausragende Bedeutung allerdings kam der *Congregatio Cassinensis* zu, die zwischen 1700 und 1799 mehr als 2200 Mönche zählte, von denen 45 zu Bischofsstühlen aufgestiegen waren (DellOmo, M., Storia, S. 428). Seit der Mitte des Jahrhunderts allerdings zeigten sich Ermüdungs- und Verfallserscheinungen innerhalb des Verbandes. Auch setzten dann im letzten Drittel des Jahrhunderts scharfe Angriffe seitens aufgeklärt-absolutistisch regierender Herrscherhäuser ein: 1768 ging Venedig und etwas später auch Neapel gegen die Klöster vor. Venedig ließ sich die Akten der Kapitel zur Approbation vorlegen, die Profess sollte nicht vor dem 24. Lebensjahr abgelegt und kein Fremder dazu zugelassen werden. In Neapel waren Eintritt in den Orden und Profess gar nur nach vorheriger Zustimmung der Regierung gestattet. (Zum Großherzogtum Toskana unter [Peter] Leopold I. s. oben, achtes Kapitel, Abschn. 3, b, Oberitalien, S. 234 f).

Schwerwiegender waren die Einbrüche dort, wo französische Invasionstruppen agierten. Am 13. Febr. 1807 wurden im Königreich Neapel alle Klöster durch Josef Bonaparte aufgehoben, ausgenommen Montecassino, Cava und Montevergine, die zu „Archiven des Königsreichs“ erhoben wurden. Nur Sizilien blieb von solchem Schicksal verschont durch die Tatsache, dass in dessen Gewässern die englische Flotte kreuzte, der Gegner Napoleons. Im selben Jahre 1807 auch kam es zur Aufhebung der Klöster in der Toskana, 1809 im Kirchenstaat (nicht ohne zuvor Pius VII. zum Staatsgefangenen erklärt zu haben). Die restlichen Klöster Italiens verschwanden 1810, zuletzt 1811 jene des Herzogtums Parma.

c) Polen

Gegenläufig zeigte sich die Entwicklung zunächst noch in Polen, wo bis zur zweiten Teilung (1793) – getragen von der *Kongregation vom Hl. Kreuz*

(Approbation durch Clemens XI. am 22. Mai 1709) – intakte Gemeinschaften existierten. Mit der dritten Teilung des Landes (1795) allerdings setzten die Einschränkungen, Verbote und Aufhebungen durch die Teilungsmächte Preußen, Russland und Österreich ein, bis im ersten Drittel des 19. Jahrhunderts die alten Gemeinschaften schließlich verschwunden waren.

d) Spanien / Portugal

Im äußersten Westen verlief die Entwicklung nicht anders als in Zentraleuropa. In Spanien, wo die „schwarzen Benediktiner" immer schon an Bedeutung hinter anderen Orden – vornehmlich den Zisterziensern, Karmelitern, den Bettelorden und vor allem den Jesuiten – zurückgestanden hatten, erlitten die verdienstvollen Kongregationen der *Observantes* (Valladolid) und der *Claustrales* (Tarragona / Saragossa) schwere Einbrüche infolge der napoleonischen Besetzung. Vornehmlich war es die Verfügung Joseph Bonapartes vom 18. Aug. 1809, mit der die Orden aufgehoben und ihre Güter beschlagnahmt wurden. (Die liberale Verfassung von 1812 enthielt die entsprechenden Bestimmungen.) Auch wurden einige Klöster in diesen Zusammenhängen völlig zerstört. Das berühmte und ehrwürdige Kloster Montserrat diente – von den Franzosen zunächst respektiert – schließlich der *Junta Provincial de Defensa* als Befestigung und Waffenplatz.

In Portugal hatte der aufgeklärte Absolutismus in Minister Pombal einen überzeugten Vertreter, auf dessen Einfluss hin König Joseph I. im Jahre 1763 einige Gesetze gegen die Klöster erließ, die aber durch Königin Maria 1772 wieder aufgehoben wurden. Dennoch lief alles auf das Ende der Gemeinschaften hinaus, spätestens mit Schaffung der Kommission zur Reform der Orden im Jahre 1789. Beschleunigt wurde die Entwicklung schließlich durch die napoleonische Besetzung seit 1807. Und da die Gesetze, die für das Mutterland erlassen waren, auch für die Provinz Brasilien Geltung besaßen, war auch hier der Ruin der hoffnungsvollen, jungen Gemeinschaften eingeleitet.

6. Bibliographie

1. Das Kloster im Fokus aufgeklärter Kritik

◊ Heimbucher, M.: Orden I, S. 246. – Schmitz, Ph.: Geschichte IV, S. 132 f. – Köhler, O.: Die Aufklärung, in: HKG, Bd. 5 (ed. H. Jedin, 1970), S. 368 ff. – Schreiner, K.: Benediktinisches Mönchtum, S. 85 ff. – Venturi, F.: Settecento riformatore, II. La Chiesa e la Republica dentro i loro limiti, 1758–1774, Turin 1976, S. 250 ff. – Chappin, M.: Art.: Soppressioni (statali V: Assolutismo, Illuminismo, Revoluzione Francese), in: DIP 8 (1988), Sp. 1790 ff. – Klueting, H. (ed.): Katholische Aufklärung. Aufklärung im katholischen Deutschland (Studien zum 18. Jahrhundert 15), Hamburg 1993. – Michaux, G.: Le clergé régulier et les défis du siècle des Lumières, in: Traditions et innovations dans la société française du VIIIe siècle (Bulletin de l'Association des historiens modernistes des universités, 18 [1995]), S. 123 ff. – Kunisch, J.: Absolutismus, Göttingen 1999. – Müller, W.: Die Aufklärung, München 2002. – Duchardt, H.: Barock und Aufklärung (OGG 11), München ⁴2007, S. 137 ff., 258 ff. (Lit.). – Dell'Omo, M.: Storia, S. 416 ff. – Lehner, B.: Enligthened Monks. The German Benedictines 1740–1803, Oxford 2011.

2. Die Entwicklung in Frankreich

a) Die „Klosterkommission"

◊ Gérin, Ch.: Les bénédictins français avant 1789, in: Revue des questions historiques 19 (1876), S. 449 ff. – Madelin, M.: La Révolution, Paris 1911, S. 154 f. – Lemaire, S.: La Commission des Réguliers 1766–1780, Paris 1926. – Hilpisch, St.: Geschichte, S. 356 ff. – Heimbucher, M.: Orden I, S. 247. – Dutil, L.: Philosophie ou Religion. Loménie de Brienne, in: Annales du Midi 61 (1948), S. 33 ff. – Leflon, J.: La crise révolutionaire 1789–1846 (Histoire de l'Èglise depuis ses origines jusqu'à nos jours, edd. Fliche/Martin; Bd. 20 [1951]), S. 23 ff. – Charvin, G.: État général du Temporel de la Congrégation de Saint-Maur en 1766, 1769 et 1779, in: Rev. Mabillon 45 (1955), S. 45 ff.; 46 (1956), S. 33 ff. – Schmitz, Ph.: Histoire VII (Les moniales), S. 169 ff. – Ders.: Geschichte IV, S. 65 ff. – Chevallier, P.: Loménie de Brienne et l' Ordre monastique (1766–1789), 2 vol., Paris 1959–60. – Plongeron, B.: La vie cottidienne du clergé français au VIIIe siècle, Paris 1974, S. 157 ff. – Peyrous, B.: Art.: Soppressioni, Francia (1766–80), in: DIP 8 (1988), Sp. 1820 ff. – Dell'Omo, M.: Storia, S. 422, 444.

b) Die „Revolution"

◊ Motschi, V.: Die Vertreibung der Benediktiner in Frankreich am 6. Nov. 1880, in: Wissenschaftliche Studien und Mitteilungen aus dem Benediktinerorden 1 (1880), S. 195–206. – Lindner, P.: Gallia Benedictina oder Übersicht der am Beginn des 18. Jahrhunderts bis zum Ausbruche der Französischen Revolution (1789) in Frankreich noch bestandenen Männer- und Frauen-Abteien des Benediktiner-Ordens, Kempten 1909, S. 1–26, 46–56 vornehmlich. – Godefroy, J.-E.: Les bénedictins de St.-Vanne et la Révolution, Paris 1918. – Armel, P.: Les historiens de la Révolution et la question des réguliers, in: Les Études franciscaines 37 (1925), S. 355 ff., 601 ff.; 38 (1926), S. 57 ff. – Rousseau, Fr.: Moines bénédictins, martyrs et confesseurs de la foi pendant la Révolution, Maredsous 1926. – Deriès, L.: Les Congrégations religieuses au temps de Napoléon, Paris 1929. – Heimbucher, M.: Orden I, S. 247. – Lacouture, J.: La politique religieuse de la Révolution, Paris 1940. – Schmitz, Ph.: Histoire

VII (Les moniales), S. 171 ff. – DERS.: Geschichte IV, S. 71 ff. – ZARAMELLA, E.: Art.: Benedettini, in: DIP I (1974), Sp. 1324. – LUNARDI, G.: Art.: Benedettine, in: DIP I (1974), Sp. 1236. – CHAUSSY, Y.: La fin de la congrégation de Saint-Maur et de Saint-Germain-des-Prés, in: Revue des Études Augustiennes 24 (1978), S. 159 ff. – PEYROUS, B.: Art.: Soppressioni, Francia (1789), in: DIP 8 (1988), Sp. 1837 ff. – DEHMEL, W.: Deutschland und die Französische Revolution, HDG 12, Stuttgart [10]2005, S. 66 (V, 10 ff., Lit.). – DELL'OMO, M.: Storia, S. 424 ff., 444.

3. ‚Aufgeklärte' Klosterpolitik unter Maria Theresia und Joseph II.

a) Maria Theresia

◊ HEIMBUCHER, M.: Orden I, S. 247 ff. – MAASS, F. (ed.): Der Josephinismus. Quellen zu seiner Geschichte in Österreich 1760–1790, Bd. 1: Ursprung und Wesen des Josephinismus 1760–1769 (Fontes rerum Austriacarum, II. Abt., Diplomataria et acta, Bd. 71), Wien 1951 (S. 1–105: Erster Teil: Zusammenfassende Darstellung; S. 109 ff.: Zweiter Teil: Dokumente). – SCHMITZ, PH.: Histoire VII (Les moniales), S. 119. – DERS.: Geschichte IV, S. 133 ff. – WINNER, G.: Die Klosteraufhebungen in Niederösterreich und Wien, Wien 1967, S. 49 ff. – ZARAMELLA, E.: Art.: Benedettini, in: DIP I (1974), Sp. 1325. – LUNARDI, G.: Art.: Benedettine, in: DIP I (1974), Sp. 1237. – KOSCHATZKY, W. (ed.): Maria Theresia und ihre Zeit. Eine Darstellung der Epoche von 1740 bis 1780 aus Anlaß der 200. Wiederkehr des Todestages der Kaiserin, Salzburg/Wien [2]1980. – SIMANYI, T.: Kaunitz: Staatskanzler Maria Theresias, Wien 1984. – BEALES, D. E D.: Joseph II/1: In the Shadow of Maria Theresia 1741–1780, Cambridge 1987. – KLUETING, H. (Hg): Der Josephinismus. Ausgewählte Quellen zur Geschichte der theresianisch-josephinischen Reformen, Darmstadt 1995 (S. 1–16: ausführliche Einleitung). – DEHMEL, W.: Reichsreform und sozialer Wandel 1763–1806, HDG 12, Stuttgart [10]2005, S. 57 ff. (VI, 9 q, Lit.). – DELL'OMO, M.: Storia, S. 416.

b) Joseph II.

Österreich

◊ WOLF, A.: Aufhebung der Klöster in Innerösterreich (1782–90). Ein Beitrag zur Geschichte Joseph's II., Wien 1871. – LINDNER, A. P.: Die Aufhebung der Klöster in Deutschtirol: (1782–1787): Ein Beitrag zur Geschichte Kaiser Joseph's II., Innsbruck, 1886. – DERS.: Verzeichnisse der in den Ländern der westlichen Hälfte der österreichischen Monarchie von Kaiser Joseph II. 1782–90 aufgehobenen Klöster, in: Archivalische Zeitschrift N.F. 5 (1894), S. 234 ff.; 6 (1896), S. 229 ff.; 7 (1897), S. 46 ff. – HITTMAIR, R.: Der Josefinische Klostersturm im Lande ob der Enns, Freiburg 1907. – FRANZ, H.: Studien zur kirchlichen Reform Joseph II., Freiburg 1908. – VALJAVEC, J.: Der Josephinismus. Zur geistigen Entwicklung Österreichs im 18. und 19. Jahrhundert, Wien [2]1945. – MAASS, F. (ed.): Der Josephinismus. Quellen zu seiner Geschichte in Österreich 1760–1790, Bd. 2: Entfaltung und Krise des Josephinismus 1770–

1790 (Fontes rerum Austriacarum, II. Abt., Diplomataria et acta, Bd. 72), Wien 1953 (S. 1–126: Erster Teil: Zusammenfassende Darstellung; S. 127 ff.: Zweiter Teil: Dokumente). – Schmitz, Ph.: Geschichte IV, S. 133 ff. – Winter, E.: Der Josefinismus. Die Geschichte des österreichischen Reformkatholizismus 1740–1848, Berlin 1962, S. 114–123. – Winner, G.: Die Klosteraufhebungen in Niederösterreich und Wien, Wien 1967, S. 49 ff., 68, 82 ff., 157 ff., 229 ff. (270 ff., 280 ff.). – Fuchs, S.: Die in Niederösterreich unter Joseph II. aufgehobenen Klöster im Hinblick auf ihre Verwendung (Diss.), Wien 1968. – Winter, E.: Barock, Absolutismus und Aufklärung in der Donaumonarchie, Wien 1971. – Vocelka, K.: Der Josephinismus, in: Jahrb. d. Gesellsch. für die Geschichte d. Protestantismus in Österreich 95 (1979), S. 53 ff. – Österreich zur Zeit Kaiser Josephs II.: Mitregent Kaiserin Maria Theresias, Kaiser und Landesfürst. Niederösterreichische Landesaustellung, Stift Melk, 29. März–2. Nov. 1980 (Katalog d. Niederösterr. Landesmuseums; N. F. 95), Wien 1980. – Kovács, E.: Josephinische Klosteraufhebungen 1782–1789, in: Österreich zur Zeit Josephs II. (wie oben), S. 169–173. – Dies.: Joseph II. und die Aufhebung der kontemplativen Klöster in der österreichischen Monarchie, in: Mauerbach und die Kartäuser: Symposium über die Kartäusergeschichte und -spiritualität, 27. und 28. Mai 1983 (AnalCart 110), Salzburg 1984, S. 1–17. – Simanyi, T.: Kaunitz (wie oben, neuntes Kapitel, Bibliogr. 3, a), Wien 1984. – Raab, H.: Staatskirchentum und Aufklärung in den weltlichen Territorien des Reiches – Theresianismus und Josephinismus, in: HKG (ed. H. Jedin), Bd. 5 (ed. W. Müller), Freiburg 1985, S. 508 ff., 514 ff. – Mikoletzky, L.: Kaiser Joseph II. – Reformer oder Despot, in: Europäische Herrscher (ed. G. Vogler), Weimar 1988, S. 275 ff. – Gutkas, K.: Kaiser Joseph II. Eine Biographie, Wien 1989. – Röhrig, F.: Die Klosteraufhebungen Josephs II., in: Symposion der Intern Kommission f. vergleichende Kirchengeschichte, Subkommission Österreich: 11/13. Alfred Raddatz zum 65. Geburtstag, Wien 1994, S. 114–123. – Klueting, H.: Kaunitz, die Kirche und der Josephinismus, Protestantisches landesherrliches Kirchenregiment, rationaler Territorialismus und theresianisch-josephinisches Staatskirchentum, in: Klingstein, G./Szabó, F. A. J. (Edd.): Staatskanzler Wenzel Anton von Kaunitz zu Rietberg 1711–1794. Neue Perspektiven zu Politik und Kultur der europäischen Aufklärung, Graz 1996, S. 169–196. – Ders. (Hg): Der Josephinismus. Ausgewählte Quellen (wie oben, neuntes Kapitel, Bibliogr. 3, a), Darmstadt 1995. – Simms, B.: The Struggle for Monastry in Germany, 1779–1850, Basingstoke 1998. – Ströbele, U.: *Eine große Remedur?* Die Klosteraufhebungen Kaiser Josephs II. in den österreichischen Vorlanden, in: Himmelein, V./Rudolf, H. U. (edd.): Alte Klöster – Neue Herren. Die Säkularisation im deutschen Südwesten 1803, Bd. 2.1 (Vorgeschichte und Verlauf der Säkularisation), Ostfildern 2003, S. 99 ff. – Klueting, H.: Art.: Josephinismus, in: RGG 4 (2001), Sp. 583 ff. – Ders.: Die josephinischen Klosteraufhebungen und die Säkularisationsdiskussion im Reich vor 1803, in: Ders./Schmale, W. (edd.): Das Reich und seine Territorialstaaten im 17. und 18. Jahrhundert. Aspekte des Mit-, Neben- und Gegeneinander, Münster 2004, S. 207 ff. – Dell'Omo, M.: Storia, S. 423 ff., 426.

Oberitalien: *Lombardia austriaca* – Großherzogtum Toskana

◊ (Zu *Lombardia austriaca*): CHISINI BULAK, A.: Sulla politica ecclesiastica dell'assolutismo illuminato nella Lombardia austriaca: il „Piano di sussistenza" dei monasteri cassinesi, in: Archivio Storico Lombardo 83 (1956), S. 262 ff. – TROLESE, F. G. B. (ed.): Il monachesimo italiano dalle riforme illuministiche all'unità nazionale (1768–1870) (Atti del II convegno di studi storici sull' Italia benedettina, Abbazia di Rodengo [Brescia], 6–9 sett. 1989 [Italia Benedettina 11]), Cesena 1992 (passim). – VISMARA CHIAPPA, P.: Il monachesimo nella politica ecclesiastica teresiano-giuseppina, ebda., S. 31 ff. – DELL'OMO, M.: Storia, S. 431.

◊ (Zu *Toskana*): MIELE, M.: Art.: Soppressioni (1770–85 Grand. Toscana/ Leop. II.), in: DIP 8 (1988), Sp. 1829. – TROLESE, F. G. B. (ed.): Il monachesimo italiano (wie oben). – VISMARA CHIAPPA, P.: Il monachesimo nella politica ecclesiastica-teresiano-giuseppina, in: (ed. F. G. B. Trolese: Il monachesimo italiano), (wie oben), S. 10 ff. – FANTAPIÈ, C.: Soppressione e ripristino dei monasteri benedettini in Toscana fra Sette e Ottocento, ebda., S. 119 ff. – DELL'OMO, M.: Storia, S. 431, 443 (Lit.).

Südliche (habsburgisch-österreichische) Niederlande

◊ BERLIÈRE, U.: Joseph II. et l'Ordre de Saint-Benoît, in: Rév. Bén. 11 (1894), S. 233 ff. – SCHLITTER, H.: Die Regierung Josephs II. in den Österreichischen Niederlanden, Wien 1900. – HUBERT, E.: Le voyage de l'empereur Joseph II. dans les Pays-Bas (31 mai 1781 au 27 juillet 1781), Brüssel 1900, S. 228 ff. – LAENEN, J.: Étude sur la suppression des couvents par l'empereur Joseph II. dans les Pays-Bas autrichiens, Antwerpen 1905. – VERHAEGEN, P.: Recueil des ordonances des Pays-Bas autrichiens 12, Brüssel 1910, S. 92 ff. – LEFÈVRE, J.: Le prélude de la suppression des abbays par Joseph II., 1781–1782, in.: Analecta Praemonstr. 3 (1927), S. 113 ff. – DE SCHEPPER, G.: Marie-Thérèse et Joseph II. Leur politique à l'égard des maisons religieuses dans les Pays-Bas, in: Rev. Hist. Eccl. 33 (1939), S. 509 ff. – DERS.: La réorganisation des paroisses et la suppression des couvents dans les Pays-Bas autrichiens sous le règne de Joseph II., Löwen 1942, S. 101 ff. – SCHMITZ, PH.: Histoire VII (Les moniales), S. 190. – DERS.: Geschichte IV, S. 91 ff. (S. 92, Anm. 110: Aufzählung der 17 Gemeinschaften der „schwarzen Mönche" in den österreichischen Niederlanden). – ZARAMELLA, E.: Art.: Benedettini, DIP I (1974), Sp. 1322 ff. – LUNARDI, G.: Art.: Benedettine, DIP I (1974), Sp. 1236.

Ungarn – Böhmen

◊ ALBAREDA, A.: La Congregacio benedictina de Montserrat à l'Austria y à la Bohemia (segles XVII–XIX), in: Anal. Montserrat 5 (1922), S. 11 ff. – SCHMITZ, PH.: Geschichte IV, S. 144 ff. – ZARAMELLA, Art.: Benedettini, in: DIP I (1974), Sp. 1325. – CSÓKA, L. J.: Geschichte des Benediktinischen Mönchtums in Ungarn (SMGB, Erg.bd. 24), St. Ottilien 1980, S. 348 ff. – DELL'OMO, M.: Storia, S. 437.

4. Die Klostergemeinschaften im Reich: „Reichsdeputationshauptschluss" (1803) und „große Säkularisation" (nach 1803)

◇ ERZBERGER, M.: Die Säkularisation in Württemberg von 1802 bis 1810, ihr Verlauf und ihre Nachwirkungen, Stuttgart 1902. – DANZER, B.: Verlust der deutschen Benediktiner und Zisterzienser durch die Säkularisation, in: Benediktinische Monatsschrift 12 (1930), S. 516–519. – HEIMBUCHER, M.: Orden I, 247f., 249ff. – SCHMITZ, PH.: Histoire VII (Les moniales), S. 179f. – DERS.: Geschichte IV, S. 135ff. – SCHREINER, K.: Sozial- und standesgeschichtliche Untersuchungen, passim. – LÜBBE, H.: Säkularisierung. Geschichte eines ideenpolitischen Begriffs, München 1965. – HÖMIG, K. D.: Der Reichsdeputationshauptschluß vom 25. Februar 1803 und seine Bedeutung für Staat und Kirche (Jurist. Studien 14), Tübingen 1969. – HEMMERLE, J.: Einleitung, in: Germ. Ben. II (1970), S. 13ff., hier: S. 22 (ausführliche Lit. S. 25f.). – WEIS, E.: Montgelas' innenpolitisches Reformprogramm, in: ZBLG 33 (1970), S. 219ff. – OER, R.: Zur Beurteilung der Säkularisation von 1803 (Festschr. für Hermann Heimpel zum 70. Geburtstag), Bd. I, Göttingen 1971, S. 511ff. – SCHREINER, K.: Altwürttembergische Klöster im Spannungsfeld landesherrlicher Territorialpolitik, in: Bll. für deutsche Landesgesch. 109 (1973), S. 96ff. – DERS.: Schwäbisches Mönchtum in der Ständegesellschaft des Mittelalters und der frühen Neuzeit, in: SchH 25 (1974), S. 40ff. – LUNARDI, G.: Art.: Benedettine, DIP I (1974), Sp. 1237. – ZARAMELLA, E.: Art.: Benedettini, DIP I (1974), Sp. 1325. – SCHREINER, K.: Benediktinisches Mönchtum, S. 102ff. (ausführliche Lit., S. 112ff.). – WEIS, E.: Die Säkularisation der landständischen Klöster 1802/03: Neue Forschungen zu Vorgeschichte und Ergebnissen (SBAW), in: PPH 61 (1983), Heft VI, München 1983, S. 189ff. – BENZ, K. J.: Art.: Soppressioni, Germania (1803), in: DIP 8 (1988), Sp. 1846. – STUTZER, D.: Die Säkularisation 1803. Der Sturm auf Bayerische Kirchen und Klöster, [3]1990. – QUARTHAL, F.: Unterm Krummstab ist's gut leben. Prälaten, Mönche und Bauern im Zeitalter des Barock, in: Politische Kultur in Oberschwaben (ed. P. Blickle), Tübingen 1992, S. 269ff. – BINDER, H.-O.: Art.: Säkularisation, in: TRE 29 (1998), Sp. 597ff. – BARTH, U.: Art.: Säkularisierung I, in: TRE 29 (1998), Sp. 603ff. – SCHWARZE, B.: Art.: Säkularisierung II, in: TRE 29 (1998), Sp. 634ff. – HIMMELEIN, V./SCHLÖGL, R.: Der Glaube Alteuropas und die moderne Welt. Zum Verhältnis von Säkularisation und Säkularisierung, in: RÖDEL, W. G./SCHWERDTFEGER, R. E. (edd.): Zerfall und Wiederbeginn, Würzburg 2002, S. 63ff. – HIMMELEIN, V./RUDOLF, H. U. (edd.): Alte Klöster – Neue Herren. Die Säkularisation im deutschen Südwesten 1803, Bd. 2.1 (Vorgeschichte und Verlauf der Säkularisation); Bd. 2.2 (Die Mediatisierung. Auswirkung von Säkularisation und Mediatisierung), Ostfildern 2003. – BRENDLE, F./SCHINDLING, A.: Reichskirche und Reich in der Frühen Neuzeit, in: Himmelein, V./Rudolf, H. U. (edd.): Alte Klöster – Neue Herren (wie oben), Bd. 2.1, S. 3ff. – QUARTHAL, F.: Südwestdeutschland als Klosterlandschaft, ebda., S. 41ff. – KLUETING, H.: Staat und Kirche. Säkularisation und Säkularisierung von der Reformation bis 1803, ebda., S. 65ff. – BRAUN, R. u. a. (edd.): Bayern ohne Klöster: die Säkularisation 1802/03 und ihre Folgen (Ausstellung des Bayerischen Hauptstaatsarchivs, München 22. Febr. –

18. Mai 2003), München 2003. – Blickle, P.: Säkularisierung und Sakralisierung politischer Macht in der Reformationszeit in Oberdeutschland, in: Ders./Schlögl, R. (edd.): Die Säkularisation im Prozess der Säkularisierung Europas (Oberschwaben – Geschichte und Kultur 13), Epfendorf 2005, S. 83 ff. – Holzem, A.: Säkularisation in Oberschwaben. Ein problemgeschichtlicher Aufriss, ebda., S. 261 f. – Dehmel, W.: Reich, Reform und sozialer Wandel 1763–1806. Die Endphase des Alten Reichs 1795–1806, HDG 12 (Abschn. VI, § 16), Stuttgart 2005, S. 331 ff., 70 ff. (mit Lit.: VI o, p, q, r, u, S. 70–73). – Dell'Omo, M.: Storia, S. 444. – Hildebrandt, M.: Die Männer- und Frauenklöster der Benediktiner in Bayern (Faltkarte) in: Germ. Ben. II, 3 (Neuauflage), 2014.

5. Die „schwarzen Mönche" außerhalb Habsburgischer Herrschaftsgebiete in Aufklärung, Revolution und Säkularisierung

a) Schweiz

◇ Schmitz, Ph.: Geschichte IV, S. 138, 176 ff. – Reinhardt, R.: Die Schweizer Benediktiner in der Neuzeit (Helv. Sacra III, 1), Bern 1986, S. 139 ff. – Vogler, W.: St. Gallen (Geschichte), ebda., S. 1229 ff. – Degler-Spengler, B.: Die Schweizer Benediktinerinnen in der Neuzeit, ebda., S. 205 ff., 210 ff. – Dell'Omo, M.: Storia, S. 444.

b) Italien

◇ Jemolo, A. C.: Il giansenismo in Italia, Bari 1928. – Radonic, V.: Die Klosterreform in Venedig 1767–1770, Sibenic 1935. – Schmitz, Ph.: Geschichte IV, S. 139 ff. – Penco, G.: Storia II, S. 117 ff., 136 ff., 148 ff. (Lit.), S. 157. – Zaramella, E.: Art.: Benedettini, in: DIP I (1974), S. 1324 f.; Lunardi, G.: Art.: Benedettine, ebda., S. 1235. – von Reden-Dohna, A.: (ed.): Deutschland und Italien im Zeitalter Napoleons, Wiesbaden 1979. – Mascietto, F. L.: Biblioteca e bibliotecari di S. Giustina di Padova (1797–1827), Padua 1981. – Paolocci, P.: Art. Soppressioni (1797–99, Italia), in DIP 8 (1988), Sp. 1841. Miele, M.: Art.: Soppressioni, Italia (1806–08; 1808–15), in: DIP 8 (1988), Sp. 1850 ff.; 1855 ff. – Settecento monastico italiano. Atti del I Convegno di Studi Storici sull'Italia Benedettina, Cesena 9–12 sett. 1986 (edd. G. Farnedi / G. Spinelli) (Italia Benedettina 9), Cesena 1990. – Croce, C. M.: Gli Ordini monastici maschili nello Stato Pontificio durante il periodo della rivoluzione francese (1789–1799), in: Benedictina 40 (1993), S. 409 ff. – Vismara, P.: Questo non è il secolo di frati né di ‚monachi'. Monachesimo e soppressioni tra assolutismo illuminato ed età napoleonica, in: Benedictina 45 (1998), S. 369 ff. – Dell'Omo, M.: Montecassino. Un abbazia nella storia (Biblioteca della Miscellanea Cassinese 6), Montecassino 1999, S. 89 ff. – Ders.: Storia, S. 431 (S. 426 ff. u. S. 443 weitere ausführliche Lit. zu Italien: zur Situation in der napoleonischen Ära, zu einzelnen Abteien [u. a. zu Montecassino u. S. Justina], zu einzelnen Kongregationen [u. a. zu den Kamaldulensern, den Olivetanern], zu einzelnen Regionen [u. a. zu Venetien, Lombardei, Kirchenstaat, Süditalien] sowie zur Rolle des Jansenismus in den Klosterlandschaften der Halbinsel).

c) Polen

◊ Clemens XI. (Bulle): *Ex iniuncto nobis* (22. Mai 1709) (Approbation der „Kongregation vom Heiligen Kreuz"), ed. Bull. Rom. Taurin., vol. 21, S. 343 B–347 A, Turin 1871. – Schmitz, Ph.: Geschichte IV, S. 148 ff. – Zaramella, E.: Art.: Benedettini, in: DIP I (1974), Sp. 1325. – Gach, P. P.: – Art.: Soppressioni (1773–1795, Polen), in: DIP 8 (1988), Sp. 1830 ff. – Dell'Omo, M.: Storia, S. 437.

d) Spanien/Portugal

◊ Schmitz, Ph.: Geschichte IV, S. 155 ff. – Moral, T.: La congregación de Valladolid entre 1676 y 1765, in: Yermo 8 (1970), S. 182 ff. – Zaramella, E.: Art.: Benedettini, in: DIP I (1974), Sp. 1324. – Zaragoza Pascual, E.: Los Generales de la congregación de San Benito de Valladolid 1701–1801, in: Studia Silensia 10 (1984). – Miele, M.: Art.: Soppressioni (1808–09, Span), in: DIP 8 (1988), Sp. 1854. – Dell'Omo, M.: Storia, S. 436.

Zehntes Kapitel
Zwischen Säkularisation, Restauration und Neugründung (vom Wiener Kongress [1815] bis zur Mitte des 20. Jahrhunderts)

1. Verhältnisse in Europa

a) Frankreich

Congregatio Gallica (Dom Guéranger – Solesmes)

Das Ende der napoleonischen Herrschaft und die Neuordnung Europas durch den Wiener Kongress brachten auch für die Klöster wiederum gravierende Umbrüche mit sich, Veränderungen, die von Säkularisierung bis zu Neubeginn reichen konnten. In Frankreich, wo man zu Anfang des 19. Jahrhunderts, unter Napoleon noch, drei vergebliche Versuche zu einem benediktinischen Neuanfang bereits gemacht hatte, gelang die erste dauerhafte Gründung im Jahre 1833 mit der Gemeinschaft von Solesmes. Zusammen mit einigen Gefährten hatte Prosper Louis Pascal Guéranger, ein hochgelehrter Weltpriester, das Priorat von Solesmes, das damals zum Verkauf stand, erworben – u. a., um einen so betrüblichen Abriss zu verhindern, wie ihn 1798 Cluny hatte erleben müssen – und war am 11. Juli 1833 dort eingezogen. Ohne Erfahrung in der Praxis eines monastisch-asketischen Alltags – man trug die Kleidung der Weltpriester und betete noch das römische Brevier – beabsichtigte die Gruppe nach dem Muster der Mauriner, eine Art Akademie für kirchliche Wissenshaften ins Leben zu rufen. Am 26. Juli 1837 legte Guéranger in Rom (St. Paul v. d. M.) die feierliche Profess ab. Kaum ein Jahr später (1. Sept. 1838) approbierte Papst Gregor XVI., als Kamaldulenser selbst Benediktiner, die Konstitutionen und erhob Solesmes zur Kongregation (*Congregatio Gallica vel S. Petri de Solesmes*), gedacht als Erbin von Cluny, St. Vanne und den Maurinern. Damit war die Restauration der Benediktiner in Frankreich geglückt.

Die Konstitutionen, verfasst von Guéranger, inspiriert aber vom Geiste der Mauriner, fußten in zwei entscheidenden Punkten auf der älteren benediktinischen Tradition: der lebenslangen Gültigkeit der Abtswürde und des Abtsamtes sowie der Selbständigkeit der Abteien, die jeden Zentralismus als schädlich und unfruchtbar ablehnten. Die Neugründung entwickelte sich trotz beträchtlicher Anfangsschwierigkeiten schnell. Beim Tode Guérangers (30. Jan. 1875) existierten bereits zwei weitere Gründungen (Ligugé 1853; Ste. Madeleine), und auch die Grundsteinlegung für die Frauengemeinschaft Sta. Cäcilia (bei Solesmes) war bereits durchgeführt.

Der Intoleranz der Dritten Republik (1870–1940) gegen Kirche und Klöster – vornehmlich den Klosterverboten der Jahre 1880, 1882 und 1901 im Rahmen der „Laiengesetze" – antwortete die Kongregation dynamisch, indem zahlreiche Gemeinschaften in das benachbarte Ausland, nach Belgien, Luxemburg, Italien, Spanien, England transferiert wurden, wo sie dann als Ausgangspunkte weiterer Gründungen erblühten. Trotz dieser anhaltenden schweren Störungen – 1922 erst kehrte die Gemeinschaft von Solesmes endgültig nach Frankreich zurück – kamen der Kongregation große Verdienste zu im Rahmen der monastisch-asketischen Erneuerung. Dazu trugen auch zahlreiche herausragende Gelehrte in den eigenen Reihen bei, tätig vor allem auf den Gebieten der Patristik – u. a. als Mitarbeiter an dem Editionsunternehmen von Jacques-Paul Migne –, der Liturgie-, Kirchen- und der Musikgeschichte (vornehmlich der Gregorianik). Schon Guéranger hatte mit seinem umfangreichen, thematisch breiten und bedeutenden Œuvre, vornehmlich die Liturgiegeschichte und -praxis sowie die Kirchengeschichte betreffend, Initiativen gesetzt und das Vorbild abgegeben. Unbestritten zählt er zu den führenden Köpfen der Restauration des Benediktinerordens im 19. Jahrhundert und gilt als einflussreicher Vermittler römischer Liturgie wie Förderer des gregorianischen Gesanges.

Um 1950 umfasste die *Congregatio Gallica vel S. Petri de Solesmes*: 12 Abteien (darunter 4 ausländische) und 6 Priorate (darunter 5 ausländische) mit insgesamt 523 Priestermönchen und 177 Brüdern. (Heutiger Stand: 24 Männer- und 8 Frauenklöster.)

J. B. Muard

Gleichzeitig, aber unabhängig von Guéranger glückte dem ehemaligen Weltpriester Jean Baptist Muard (1809–1854) ebenfalls eine dauerhafte Neugründung mit S. Pierre-qui-Vire (bei Paris), die man am 30. Okt 1850 beziehen konnte. Hier wurde neben einer strengen Askese die Predigertätigkeit als Hauptaufgabe verstanden. Als Muard 1854 – von übertriebener Askese aufgerieben – verstarb, gehörten 4 weitere Klöster in Frankreich und 3 weitere Propsteien zu diesem Reformkloster. Unter den Nachfolgern Muards schloss man sich später der Kongregation von Subiaco an.

Dom Mayeul Lamey

Ein dritter Versuch zur Neugründung, in Angriff genommen von Dom Mayeul Lamey (1842–1903) in Grignon (Diöz. Dijon), misslang, wo man die Fortsetzung des ehrwürdigen Verbandes von Cluny – mit Schwerpunkt allerdings auf den Wissenschaften – beabsichtigt hatte.

Frauengründungen

Die Gründung der ersten benediktinischen Frauengemeinschaft Frankreichs nach der Revolution war das Werk der Thérèse de Bavoz. Wegen Widerstands während der Revolution in der Phase der *terreur* zur Guillotine verurteilt, dem Vollstreckungstermin um zwei Tage durch den Sturz Robespierres (28. Juli 1794) entgangen, gelang ihr nach zahlreichen Schwierigkeiten 1818 die Anerkennung ihrer Gemeinschaft zu Pradines. Von Leo XIII. 1824 zur Benediktinerinnenabtei erhoben, erlangte die Gründung 1830 von Rom den Status einer Kongregation (*Congrégation des Benedictines du Sacré Cœur de Marie*) und war dann im Sinne der Reform aktiv u. a. in La Rochette und Jouarre. 1953 wurde der Kongregation durch Rom der Status einer Föderation zuerkannt (*Féderation de Coeur Immaculé de Marie*).

Ein besonderes Phänomen bleiben in dieser Phase die zahlreichen Wieder-, bzw. Neugründungen durch meist adelige Stifterinnen in Frankreich. So lebte 1827 die Kongregation *Notre-Dame de Calvaire* (*U. L. F. vom Kalvarienberg*) wieder als Zentrum der Benediktinerinnen auf, die in der Revolution untergegangene, einst bedeutende Gründung der Antoinette d'Orléans († 1618). An Bedeutung gewann auch die erneuerte Kongregation der *Benediktinerinnen von der Ewigen Anbetung des Heiligsten Sakraments*, die Gründung einst der berühmten Cathérine de Bar († 1614).

Zu erwähnen bleibt daneben auch die Gemeinschaft Sta. Cécilia in Solesmes unter der Äbtissin Cécilia Bruyère († 1908) – von Dom Guéranger 1867 gegründet und gefördert – und davon abhängig u. a.: Wisques (1889), Kergonan (1898) sowie S. Scolastica (Dourgne), eine Gründung der Marie Cronier († 1937). Diese stand in enger Verbindung zu Jean-Baptist Muard und wurde selbst zur Gründerin mehrerer bedeutender, reformierter Frauengemeinschaften.

Von besonderer Bedeutung für das spirituelle und intellektuelle Leben Frankreichs wurde die Gründung (1815) der Prinzessin Louise Adélaide de Bourbon-Condé mit dem Professnamen *Mère Marie-Joseph de la Miséricorde* (*Maria-Joseph von der Barmherzigkeit*) in Paris (Le Temple). 1850 siedelte man um in die Rue Monsieur, 1938 nach Meudon, 1951 schließlich nach Vauhallan de Limon (Dép. Essonne). Die Gemeinschaft bildete einen Mittelpunkt für liturgische wie künstlerische Bemühungen und blieb ein Treffpunkt auch für zahlreiche Künstler und Literaten.

b) Belgien

Belgische Provinz der Sublacenserkongregation

In den südlichen Niederlanden, dem späteren Belgien, versuchte man unmittelbar nach dem Sturz Napoleons bereits einige der untergegangenen Gemeinschaften zu restaurieren, was zunächst aber – trotz einer Petition an den Wiener Kongress – misslang. Erst nach der Revolution von 1830, die jenes durch den Wiener Kongress (1815) geschaffene *Königreich der Vereinigten Niederlande* aufgelöst und so dem katholischen, südlichen Teil der Niederlande (Belgien) die Freiheit vom protestantischen Norden gebracht hatte, gelang der erste Versuch einer Restauration mit der berühmten Abtei Afflighem. Über den Umweg eines zunächst provisorischen Aufenthaltes (1846) im verlassenen Kapuzinerkloster zu Termonde (Dendermonde) – die Restgebäude der alten Abtei mussten zunächst zurückgekauft und wieder aufgebaut werden – konnte am 18. Juni 1870 Afflighem kanonisch in Besitz genommen werden. Es folgten dann 1887 die Verleihung des Abtstitels und 1894 die Erhebung zur Abtei. Zusammen mit dem 1878 errichteten St. Peter in Steenbrugge (1894 zur Abtei erhoben) bildeten die beiden Gemeinschaften die *Belgische Provinz der Sublacenserkongregation.*

Congregatio belgica sub titulo Annunciationis B. V. M.

Zur gleichen Zeit (1872) wurde auch Maredsous von Beuron aus errichtet. Im März 1878 zur Abtei erhoben, hat man es hier mit der ersten vollständigen Neugründung auf belgischem Boden nach der napoleonischen Herrschaft zu tun. Maredsous seinerseits gründete 1899 Mont-César (Keizersberg) und St. Andreas (Brügge), blieb darüber hinaus aber auch intensiv an der Mission in Brasilien beteiligt. Schließlich stellte diese Abtei 1893 mit Hildebrand de Hemptinne auch den ersten Abtprimas von Sant'Anselmo zu Rom. Während Maredsous und Mont-César ursprünglich Mitglieder der Kongregation von Beuron waren, St. Andreas dagegen dem brasilianischen Verband angehörte, lösten die drei Gemeinschaften nach dem Ersten Weltkrieg ihre Zugehörigkeiten und bildeten seit 1920 die belgische Kongregation „Verkündigung Mariens" (*Congregatio belgica sub titulo Annunciationis Beatae Mariae Virginis*), einen Verband, dem auch die Mehrzahl der Frauengemeinschaften angegliedert und inkorporiert sind. Heute umfasst der Verband international 14 Klöster (Abteien und Priorate) mit weiteren Häusern.

Dom Lambert Beauduin – Chevetogne

Als Besonderheit darf die Initiative Dom Lambert Beauduins († 1960) erwähnt werden. Dieser gründete 1926 ein Priorat (Prieuré pour l'Unité des Églises) in Amay, welches zwei Gemeinschaften umfasste, eine dem lateinischen, die andere dem östlichen (byzantinisch-russischen) Ritus verpflichtet. Die Gründung stellte eine Antwort dar auf den – auch von Vorgängerpäpsten schon gehegten – Wunsch Pius' XI. (geäußert im apostolischen Schreiben *Equidem verba* vom 21. März 1924 und an den Abtprimas der Benediktiner in Rom gerichtet), durch Einsatz der Benediktiner die Vereinigung mit den Ostkirchen zu befördern. 1939 kam es zum Umzug des Priorats nach Chevetogne, 1990 folgte die Erhebung zur Abtei, die bis heute als eines der herausragenden Zentren für ökumenisches Engagement im Sinne des II. Vatikanums gilt.

Missionskongregation *Königin der Apostel*

Im Jahre 1921 schließlich wurde die Kongregation *Königin der Apostel* (*Congrégation des moniales bénedictines de la Reine des Apôtres*) mit Mutterhaus im Frauenkonvent *Unsere L. F. von Bethanien* (Notre Dame de Béthanie) in Loppem-Brügge ins Leben gerufen. Diese Kongregation gründete zahlreiche Priorate in Europa und Afrika und erwarb sich große Verdienste in den außereuropäischen Missionen. Am 30. Mai 1937 wurde der Verband der *Congr. belgica sub titulo Annuntiationis B. V. M.* affiliiert.

c) Deutschland

Bayerische Kongregation

In Deutschland kam es nach dem Wiener Kongress zunächst in Bayern zur Wiederbegründung ehemaliger Benediktinerabteien, wenngleich auch hier erst mit Verzögerung. Denn trotz der Verpflichtung König Maximilians I. Josephs (1806–1824), einige Klöster zur Förderung von Unterricht, Seelsorge und Krankendienst wieder zu errichten – so festgeschrieben im Konkordat mit Pius VII. vom 5. Juni 1817 –, setzte die Restauration erst unter König Ludwig I. (1825–1848 [Abdankung]) mit der Neubegründung von Metten ein. Nach beträchtlichen Anlaufschwierigkeiten, da zunächst die Dotation nicht gesichert war und sich anfangs auch keine Mitglieder für einen künftigen Konvent zur Verfügung stellten, gelang das Unternehmen erst nach einer Dotation des Königs aus eigenen Mitteln in der Höhe von 50.000 Floren. Nachdem am 5. Juni 1830 zwei Mönche nur (mit einer Kuh als Ausstattung) in die Gebäude eingezogen waren, fanden sich bald nach der Dotation dann doch eine Anzahl herausragender Weltpriester zu einer Gemeinschaft zusammen, darunter berühmte künftige Äbte und Bischöfe. Und nur wenige Jahre nach dem Neuanfang konnte Metten schon weitere Restaurationen ermöglichen: St. Stephan (Augsburg, 1834), Scheyern (1838), Weltenburg (1842), dazu die beiden Priorate Ottobeuren (1838) und Andechs (1846). In den Kontext dieser ersten Restaurationswelle gehört auch die Grundsteinlegung von St. Bonifatius (Kirche und Kloster) in der Residenzstadt München zum 10. Okt. 1835, dem Fest der Silberhochzeit des Königs. Bereits 1858 (unter Pius IX.) folgte dann die Wiederbegründung der Bayerischen Kongregation (mit dem Privileg der Exemtion), am 5. Nov. 1860 die Approbation der Statuten. Mitglieder der *Congregatio Benedictina Bavarica* waren zunächst nur Metten, St. Bonifatius und Weltenburg. Erst später traten Scheyern (1861), St. Stephan (Augsburg, 1861), Schäftlarn (1866) und Ottobeuren (1918) bei. Weitere Wiedererrichtungen folgten zu Anfang des 20. Jahrhunderts – unter tatkräftiger Hilfe des Freiherrn Theodor (II.) von Cramer-Klett – mit Ettal (1900), Plankstetten (1904) und Niederaltaich (1918).

Im Kontext dieser Restaurationsphase stand auch die Wiedererrichtung der Frauenkonvente von Eichstätt (St. Walburga, 1835) und Frauenchiemsee (1837), wenngleich die Frauenklöster – anders als im Falle von Beuron – kein rechtliches Band zur Kongregation besaßen, also nicht inkorporiert waren. Doch bestanden in spirituellen Fragen und praktischen Belangen stets enge Kontakte zwischen der Kongregation und den Frauengemeinschaften Bayerns. (Erst 1986 kam es zur Gründung einer eigenen Föderation der bayerischen Benediktinerinnen, vgl. unten, S. 413.)

Die Statuten – wie erwähnt 1860 approbiert – zeigten in den zentralen Punkten weitgehend Anlehnung an die Vorgängernormen aus den Zeiten vor der Säkularisation, wurden zwischen 1890 und 1905 einer Revision unterzogen und nach Erscheinen des *CIC* (1917) nochmals 1921 angepasst.

Neben internen Reformen und Neuerungen, Spiritualität und Liturgie betreffend, neben Verschärfung der Visitationen sowie einer Neuregelung von Noviziat und Studium gehörte zu den besonderen, vornehmlich nach außen wirksamen Leistungen der Kongregation seit dem19. Jahrhundert die Entfaltung auch der wissenschaftlichen Interessen auf den Gebieten Theologie, Philosophie, Geschichte, Orientalistik, klassische Philologie, Mathematik und Naturwissenschaften (Botanik, Physik, Astronomie, Meteorologie u. a.). In Erinnerung an die alte *Societas litteraria Benedicto-Bavarica* kam es 1921 auf Anregung von Laurentius Hausherr (Scheyern) und Plazidus Glogger (St. Stephan, Augsburg) zur Gründung der *Bayerischen Benediktinerakademie*. Deren Satzungen wurden 1922 erstellt, 1964 anlässlich einer Neuorganisation überarbeitet. Gegenwärtig führt die Akademie 4 Sektionen (Theologie, Historie, Philosophie und Künste) mit 137 Mitgliedern und 2 Ehrenmitgliedern. Seit 1925 sind hier die *Studien und*

Mitteilungen zur Geschichte des Benediktinerordens und seiner Zweige zu Hause. Vornehmlich aber bleibt hier das umfangreiche und grundlegende Unternehmen der *Germania Benedictina* zu erwähnen. In diesem Korpus – bisher (a. 2017) 20 Bände [mit Teilbänden] – wird, außer der kompletten Topographie, das religiös-spirituelle, kulturelle und wirtschaftliche Wirken der Gemeinschaften und Verbände nach *RB* innerhalb des deutschen Sprachraums – die Zisterzienser- und Frauengemeinschaften werden hier neuerdings ebenfalls berücksichtigt – wissenschaftlich dokumentiert und in den historischen Bezügen dargestellt.

Beuroner Kongregation

Bedeutender nach Umfang und Breitenwirkung als die Bayerische muss im deutschen Sprachbereich allerdings die Beuroner Benediktinerkongregation gelten, deren Gründung verbunden bleibt mit den Brüdern Ernst und Rudolf Wolter sowie mit der Fürstinwitwe Katharina von Hohenzollern. Die Brüder Wolter, zum Klerus der Diözese Köln gehörig, waren zunächst als Kapläne und als Lehrer (Domschule Aachen) tätig. Nach und nach aber reifte bei ihnen – verstärkt u. a. durch ähnliche Vorstellungen des damaligen Abtes Simplicius Pappalettere von St. Paul (v. d. M.) in Rom, die Idee, das benediktinische Mönchtum in Deutschland wieder zu begründen. Da beide aber noch auf keinerlei Erfahrung im monastischen Leben zurückblicken konnten, traten sie, um ihren Plan weiter reifen zu lassen, zunächst in den Konvent von St. Paul (Rom) ein, legten dort 1855/56 ihre Profess ab und erhielten ihre Klosternamen Placidus (Ernst) und Maurus (Rudolf). Unter dem Einfluss des berühmten Reformabtes Casaretto (von Subiaco) ließen sie sich dann allerdings von ihrem ursprünglichen Vorhaben abbringen und unterstützten zunächst die sublacensische Reform in Rom und Italien. Eine Begegnung mit der Fürstinwitwe Katharina von Hohenzollern – diese weilte seinerzeit in Tivoli bei ihrem Vetter, war ebenfalls eine begeisterte Anhängerin benediktinischen Mönchtums und erwog selbst eine Klostergründung in Deutschland – ließ bei den Brüdern Wolter wieder den alten Plan aufleben. Und während eines gemeinsamen Besuches der Hl. Stätten in Palästina nahmen die Vorstellungen dann deutlichere Konturen an, zumal Katherina über die notwendigen Mittel zur Realisierung verfügte. Nach Intervention der Fürstin und des damaligen Abtes Angelo Pescetelli von St. Paul gestattete Pius IX. der Fürstin, Maurus und Placidus schließlich nach Deutschland zu holen und das Projekt in Angriff zu nehmen. Nach fünfmonatiger Suche bezogen die Brüder am 10. Febr. 1861 den ehemaligen, seit 1803 aufgelassenen Dominikanerkonvent Materborn bei Kleve, während sich die Fürstin in der Nähe ansiedelte, wo sie bereits ein Grundstück zur Erweiterung erworben hatte. Aus mehreren Gründen allerdings scheiterte das Unternehmen bereits nach einem Jahr – u. a. weil der Ortsbischof seine Zusagen nicht eingehalten hatte, und auch, weil Placidus Wolter als Leiter überfordert war. Bei der neuerlichen Suche nach einem geeigneteren Aufenthaltsort wurde man durch den Novizen Roman Sauter – den ehemaligen Hofkaplan der Fürstin – auf das verlassene Augustinerchorherrenstift Beuron, das 1803 an Hohenzollern gekommen war, aufmerksam. Mit Zustimmung des Erzbischofs von Freiburg und mit den Mitteln der Fürstin erwarb man den Komplex und errichtete mit päpstlicher Erlaubnis bereits am 10. Febr. 1863 das Priorat Beuron unter Maurus Wolter als erstem Prior. Die Gründung stand unter der Obödienz des Ortsbischofs. Am 30. Aug. 1868 – die Zahl der Professmönche hatte sich mittlerweile auf 12 erhöht – wurde das Priorat zur selbständigen Abtei erhoben und Maurus Wolter am 20. Sept. zum Abt auf Lebenszeit geweiht. Zwischenzeitlich hatte Maurus Verbindung zu Dom Guéranger in Solesmes aufgenommen – dem eigentlichen Begründer der „Liturgischen Bewegung" – und sich dort während dreier Monate Rat zur Abfassung eigener Statuten geholt. Bereits am 18. Okt. 1866 konnte Maurus dem Erzbischof von Freiburg eine erste Fassung vorlegen, die am 28. Okt. approbiert wurde. Am 22. Aug. 1884 – nach einer Zeit der Erprobung und nach mehrfacher Überarbeitung – fanden diese Statuten dann auch die endgültige Bestätigung durch Rom, was die juristisch gesicherte Errichtung der Beuroner Benediktinerkongregation bedeutete.

Inhaltlich waren die Konstitutionen an Solesmes angeglichen. Und auch die sonstige monastische Praxis folgte weitgehend dem großen Vorbild, was seinen Ausdruck u. a. fand im Befolgen der römischen Liturgie (mit Pflege ausschließlich des gregorianischen Gesangs) oder auch in der Übernahme des Habits von Solesmes unter Abgrenzung zur Tracht der Ordensbrüder in Bayern, der Schweiz und in Österreich. Abgelehnt wurden im Verband von Beuron – entgegen der in Materborn noch geübten Praxis – regelmäßige Seelsorge und Unterricht an Schulen.

Es folgten zunächst Jahre stetigen Ausbaus, dann eine Phase dynamischer Erweiterung der Kongregation, unterbrochen allerdings durch eine zwölfjährige Vertreibung (1875–1887) während des Kulturkampfes, einer Episode, die letztlich in der Kongregation aber zu keinem bleibenden Schaden geführt hat. Vor dem Exil schon (1872) wurde, wie oben erwähnt, erfolgreich das bald bedeutende wallonische Maredsous begründet – während des Exils bereits Volders (Tirol), Erdington (England), Emaus (Prag) und Seckau (Steiermark) –, und bald nach der Zeit in der Diaspora kam es u. a. zu den Wiederbegründungen von Maria Laach (1892) und Gerleve (b. Coesfeld, 1899). Es folgten später dann weitere Gründungen bzw. Wiederbegründungen u. a. in Grüssau (Schlesien, 1924), Neresheim, Weingarten, Neuburg (b. Heidelberg), Trier (St. Matthias), Tholey (Saar) und Nütschau.

Von den frühen Jahren an waren dem Verband auch Frauengemeinschaften inkorporiert, d. h. in die Kongregation aufgenommen, beginnend 1889 mit St. Gabriel zu Prag-Smichov (heute zu Bertholtstein / Steiermark). Die Kongregation zählt heute 9 inkorporierte Frauengemeinschaften und einen aggregierten Konvent. Seit 1927 existieren – nach einer Auflage durch Rom – für die Frauenklöster der Kongregation auch eigene Konstitutionen. Die Missionsgründungen Beurons – seit 1895 in Brasilien und seit 1928 in Asien – gingen während der Herrschaft des Nationalsozialismus wieder verloren.

Die Statuten der Kongregation von Beuron – wie erwähnt, nach dem Vorbild von Solesmes ausgearbeitet und 1884 von Leo XIII. approbiert – kannten verfassungsrechtlich selbständige Mitgliedsabteien (bei Sonderstellung der Gründerabtei Beuron) und als Leitungsgremium das Generalkapitel mit dem Erzabt von Beuron an seiner Spitze. Titel und Funktion des Erzabtes ruhten seit 1885 auf dem Abt von Beuron, der als geborenes Mitglied dem Generalkapitel vorstand, von diesem aber nicht gewählt wurde. Das Generalkapitel, verstanden als die Versammlung aller regierenden Äbte und Konventualprioren, tagte in drei-/vierjährigem Rhythmus unter Leitung des Erzabtes (bis 1936), der die Zusammenkunft einberief. Konventsvertreter hatten – im Gegensatz zu anderen Kongregationen der Zeit – im Generalkapitel keinen Sitz. (Erst seit 1966 sind gewählte Konventsvertreter im Kapitel zugelassen.) Die Zuständigkeit des Kapitels erstreckte sich auf alle Angelegenheiten des Verbandes, vor allem auf die Aufsicht über alle Äbte und Mönche, die Friedenswahrung zwischen den Gemeinschaften, die Aufsicht über das Befolgen der Statuten, aller anderen Bestimmungen und Verordnungen sowie auf die Pflicht zur Veränderung der Statuten, falls erforderlich. Nachdem 1936 das patrialische System des Erzabtes zugunsten eines föderativen Präses-System abgelöst worden war (römische Bestätigung 1936, erster Abtpräses: der gelehrte Raphael Molitor, Abt zu Gerleve), gehörte die Wahl des Präses zu den wichtigsten Obliegenheiten des Generalkapitels.

Obwohl die Kongregation regelmäßige Seelsorge und Lehrtätigkeit in Schulen nicht übernimmt – Aushilfstätigkeiten dieser Art allerdings jederzeit praktiziert –, ist ihr dennoch eine außerordentliche Außenwirkung zu eigen. Diese resultiert zunächst aus einer intensiven Hinwendung zum Volke. So etwa durch Volksmission, Exerzitien und die Pflege des Wallfahrtswesens in Beuron selbst, aber auch in Weingarten, in Grüssau und in Bad Wimpfen. Zum andern gründet die bemerkenswerte Außenwirkung vornehmlich in dem intensiven Engagement auf den Feldern der Liturgie und Spiritualität. Die Überzeugung von der Notwendigkeit einer grundlegend erneuerten, am Vorbild des Urchristentums und der *Regula Benedicti* ausgerichteten Liturgie in Praxis und Forschung war ein –

letztlich antiaufklärerisches – Erbe, welches Maurus Wolter bereits von Dom Guéranger aus Solesmes übernommen hatte und das in Beuron dann gesteigert, spirituell begründet und überhöht worden ist, wie nicht zuletzt auch die Schriften aus der Feder von Maurus Wolter (*Elementa* und *Psallite sapienter*) zeigen. Von der – im Verband von Cluny bereits existenten – Überzeugung durchdrungen, dass die Mönchsgemeinschaft das Offizium stellvertretend für die gesamte Kirche feiert, und von der Vorstellung einer daraus folgenden Verantwortung der Mönche für eine korrekte und ästhetisch ansprechende Offiziumsfeier in Anwesenheit und unter verstehender Teilnahme des Volkes beseelt, pflegte man innerhalb der Kongregation eine intensive Beschäftigung – wissenschaftlich-historisch wie pastoral-praktisch – mit allen Fragen der Liturgie und deren Praxis. Man fasst hier die Anfänge des deutschen Stranges der später sogenannten „Liturgischen Bewegung“, in deren Kontext auch die in Beuron geübte Praxis der „Choralkurse“ (unter Kienle eingerichtet), aber auch die zwischen 1907 und 1918 geführte Schule für liturgische Musik sowie die bis 1935 unterhaltene Beuroner Kunstschule sich einordnen lassen. Als herausragende Einzelleistungen auf diesem Weg gelten für den deutschsprachigen Raum etwa die zweisprachige Ausgabe des Messbuchs von Anselm Schott (1884) – ein Meilenstein der Liturgiebewegung nicht zuletzt durch seine spektakulären Auflagezahlen in den breiten katholischen Volksschichten bis zum II. Vatikanum –, aber auch die „Geschichte des Breviers …“ (1895) von Suitbert Bäumer (1845–1894) – bis heute als Handbuch gültig – sowie das „Graduale Romanum“ des Ambrosius Kienle (1852–1905), als „Vesperbuch“ eine weit rezipierte Choralausgabe.

Als bedeutendes Zentrum wissenschaftlichen wie praktischen Bemühens auf dem Felde der Liturgie bleibt innerhalb der Kongregation neben Beuron auch Maria Laach zu erwähnen. Hier entstanden wegweisende liturgischen Forschungen unter Abt Ildefons Herwegen (1913–1946) – dem Begründer des gleichnamigen Institutes –, unter Odo Casel († 1948) und Leo C. Mohlberg († 1963) etwa. Hier wurde seit 1951 das „Archiv f. Liturgiewissenschaft“ verlegt; und hier haben die renommierten „Beiträge zur Geschichte des alten Mönchtums und des Benediktinerordens“ (1912–1941, 1953ff.) ihre Redaktion. Seit 1948 versucht man in Maria Laach, die liturgischen Forschungen innerhalb der Kongregation zu bündeln, was sich nicht zuletzt als hervorragende Vorarbeit erwiesen hat für die Veröffentlichung der „Liturgiekonstitution“ als der ersten aller Konstitutionen des II. Vatikanischen Konzils.

Hervorhebung verdient auch die Ansiedlung des übernational anerkannten Vetus-Latina-Instituts zur Herausgabe der altlateinischen Bibel (Itala) sowie zur internationalen Palimpsestforschung im Mutterkloster Beuron, wenngleich diese gelehrte Erbschaft eher zufällig und nicht aus programmatischem Interesse nach Beuron gelangte: Weil der berühmte Forscher J. Denk zwischen 1921,1924 hier weilte, kam nach dessen Tod († 1927) seine einmalige – über 400.000 gesammelte und geprüfte Textbelege umfassende – Stoffsammlung aus 300 Autoren der Jahre 200–800 (n. Chr.) an Beuron, wo auf dieser Basis bis heute die Forschungen um die altlateinische Bibel (Itala) durch das Vetus-Latina-Institut fortgeführt werden.

Kongregation von St. Ottilien

Als dritter Verband konstituierte sich im deutschen Sprachraum während des 19. Jahrhunderts, der Zeit des Kulturkampfes, die Kongregation von St. Ottilien (zunächst führte man, den spezifisch missionarischen Impetus der Gründungsväter noch spiegelnd, den Titel: *Congregatio sacratissimi Cordis OSB pro missionibus exteris*. Nach dem II. Vatikanum fand man dann aber zu dem schlichten Namen *Congregatio Ottiliensis Ordinis Sancti Benedicti*). Wie die ursprüngliche Selbstbezeichnung verrät, handelte es sich hier um eine benediktinische Missionskongregation und damit um einen Verband, dessen spezifische Ausrichtung traditionellem benediktinischen Selbstverständnis keineswegs idealiter entsprach, ein Umstand, der in den Anfangszeiten dann auch zu heftigen und kontroversen – schließlich aber überwundenen – Diskussionen innerhalb der Kongregation geführt hatte.

Die Anfänge des Verbandes folgten verschlungenen Pfaden. Die Gründung des ersten Hauses im Jahre 1883 in Reichersbach (Oberpfalz) war das Werk des charismatischen und tatkräftigen Beuroner Mönchs Andreas Amrhein. Aber schon 1886 kam es zu einer Verlegung in den Diözesanbereich von Augsburg – unter Nutzung der Schlossgüter von Emmingen (b. Geltendof) – und zur Gründung einer „Sanct-Benedictus-Missionsgenossenschaft zu Emmingen", wobei die Kapelle zur Hl. Ottilia dort namensgebend für die spätere Kongregation wurde. Am 13. Dez. 1896 mit maßgeblicher Unterstützung durch Beuron zum Konventualpriorat und am 28. Juni 1902 schon zur selbständigen Abtei erhoben, erlangte die Gründung im selben Jahr (1. Dez. 1902) endlich auch die staatliche Anerkennung. Damit begann – unter dem im ersten Visitationsbericht von 1896 erstmals erwähnten Titel *Congregatio sacratissimi Cordis OSB pro missionibus exteris* – die erste Phase der Entfaltung und zugleich der Ausweitung und Intensivierung der schon 1887 begonnenen, anfangs wohl etwas überstürzten Missionsarbeit.

Die Missionstätigkeit – wie erwähnt seit 1887 schon in Deutsch-Ostafrika (Süd-Sansibar), seit 1908 dann auch in Ostasien (Korea) aufgenommen – entwickelte sich trotz einiger frühen Rückschläge zügig bis zum

Ersten Weltkrieg (folgenreich war vornehmlich der ostafrikanische Maji-Maji-Aufstand von 1905). Und wie die Statistik belegt, wuchs in diesen Jahren auch die Kongregation insgesamt beträchtlich: 1904 zählte man 141 Religiosen, davon 26 Patres; 1914 waren es 425 Religiosen, davon 76 Patres.

Der Erste Weltkrieg bedeutete einen schweren Einbruch sowohl in der Mission, wo die zugewiesenen Missionsgebiete mit den Kolonien verloren gingen, wie in den Heimatklöstern, wo vornehmlich Mitgliederverluste durch Gefallene zu verzeichnen waren. Während es nach dem Ersten Weltkrieg wieder zu einer merklichen Verbesserung kam, erfolgten erneut durch den zweiten Großen Krieg – 1941 wurden alle Klöster der Ottilianer in Deutschland aufgehoben – gravierende Einschnitte. Langsam erst erholte man sich auch von diesen Schlägen und erreichte im Jahre 1967 dann sogar den Höchststand an Mitgliedern in der Kongregation: 1336 Religiosen, 4 Bischöfe, 7 Äbte, 511 Patres, 655 Professbrüder. In der Folgezeit gingen die Mitgliederzahlen allerdings kontinuierlich zurück (Stand 1997: bei etwa 1104 Religiosen, 2 Bischöfen, 12 Äbten, 367 Patres, 637 Professbrüder, etwa 86 Laienbrüder [davon in den Missionen: 95 Patres, 67 Brüder]).

Die ältesten Konstitutionen der Kongregation reichen bereits in die Zeit von Reichenbach zurück, waren noch von Amrhein verfasst, von Bischof Senestrey von Regensburg mündlich bestätigt worden. Nachdem St. Ottilien 1886 Konventualpriorat der Benediktiner geworden war, entwarf der damalige Abt Ildefons Schober nach dem Vorbild der Konstitutionen von Beuron die *Constitutiones congregationis Ottiliensis OSB pro missionibus exteris*. Spätere Generalkapitel entwickelten diese Statuten weiter, die 1935 dann auch die Approbation von Rom erlangten. Gleichzeitig blieben das *Rituale* und das *Caeremoniale* von Beuron zunächst weiter in Gebrauch, bis man 1936 dann auch zu einem eigenen *Rituale Monasticum Congregationis Ottiliensis O. S. B. pro missionibus exteris* fand (das allerdings erst 1952 im Druck erschien).

Die oberste juristische Instanz der Kongregation stellt das Generalkapitel, das jeweils am Sitz des Erzabtes zusammentritt und dessen Hauptaufgabe – neben der Beschäftigung mit allen die Kongregation betreffenden zentralen Fragen – nicht zuletzt in der Wächterrolle über die Statuten besteht, d. h. in der Kontrolle über deren Befolgung wie in der Sorge um deren Weiterentwicklung und Anpassung an eine sich stetig wandelnde Lebenswelt.

Seit Erhebung der Mitgliedergemeinschaften Münsterschwarzach und Schweiklberg zu selbständigen Abteien im Jahre 1914 führt der Abt des Mutterhauses (St. Ottilien) den Titel „Erzabt“, was die Funktionen des Kongregationspräses mit besonderen Vollmachten hinsichtlich der Missionen beinhaltet. Ihm stehen vom Generalkapitel gewählte Assistentsäbte zur Seite (seit 1966 des Weiteren ein „Kongregationsrat" aus 2 Oberen, 2 Patres mit Missionserfahrung, 1 Prokurator und 1 Sekretär). Seit den Konstitutionen von 1935 stehen dem Erzabt im Rhythmus von 5 Jahren die Visitationen aller Häuser zu, ausgenommen das Mutterhaus der Kongregation. Dessen regelmäßige Kontrolle durch Visitation obliegt den Assistenzäbten.

Missionskongregation von Tutzing

Unter den zahlreichen weiblichen Gemeinschaften, die dem Verband von St. Ottilien affiliiert waren – wie die Olivetanerinnen in der Schweiz, die Benedictine Sisters of Twasana [Zululand] in Afrika oder die Olivetanerinnen von Yenki (Pusan) in Asien – bleiben, ihres Aktionsradius wegen, die *Missionsbenediktinerinnen von Tutzing* vor allem erwähnenswert. Gegründet von A. Amrhein 1885 zu Reichenbach (Oberpfalz) – 1887 nach St. Ottilien umgezogen –, um die Benediktiner von St. Ottilien in ihrer Missionsarbeit zu unterstützen, arbeitete man weltweit eng mit dem Mutterhaus zusammen. Um die Jahrhundertwende, nach Auszug aus St. Ottilien und dem Bezug eines eigenen Hauses in Tutzing (Starnberger See), erfolgte am 29. Juli 1904 die Erhebung zur *Kongregation der Missionsbenediktinerinnen von Tutzing*. (Es handelt sich um eine Kongregation päpstlichen Rechts nach *RB*, mit eigenen Konstitutionen.) Der Verband, dem selbst wiederum zahlreiche, weitere abgeleitete Frauengemeinschaften affiliiert sind, umfasste 1997: 12 Priorate, 1406 Professschwestern und 89 Novizinnen. Diese sind weltweit vornehmlich als Missionarinnen tätig in Erziehung und Unterricht, im Laienapostolat und in der Krankenpflege.

d) Österreich

Lage der Gemeinschaften allgemein

In besonderer Weise entwickelten sich die Verhältnisse in Österreich. Unter Joseph II. ([1765]1788–1790) hatten zunächst nur einige große Abteien durch Übernahme öffentlicher Aufgaben wie Schulunterricht, Seelsorge, Krankenversorgung oder Caritas die Aufhebungswellen überstanden. Doch kam es in dessen letzten Regierungsjahren (ab 1788) bereits zum Widerruf nicht weniger der kirchenfeindlichen Anordnungen, gefolgt von weiteren Milderungen unter den Nachfolgern Leopold II. (1790–1792) und Franz II. (1792–1835), so dass sich die politische Lage für die Gemeinschaften zunächst etwas zu entspannen begann.

Dennoch befanden sich die Gemeinschaften in bedrängter Lage. Zum einen, weil die Ortsbischöfe nicht gewillt waren, den Konventen die Exemtion, die sie unter Joseph II. verloren hatten, freiwillig wieder zuzugestehen. Zum andern, weil die Gemeinschaften immer noch dem Zugriff des Staates ausgesetzt blieben, der weiterhin versuchte – in Fragen der Tonsur, der Profess, des Noviziates, der Klausur, des Chorgebets, der Visitationen etwa –, den monastischen Alltag und das klösterliche Innenleben zu reglementieren, mit der Folge, dass die innere Ordnung, vornehmlich der monastisch-asketische Geist und die besondere Spiritualität verloren gingen, zumindest aber schweren Schaden nahmen, so dass die Gemeinschaften innerlich erstarrten.

Wieder einmal wurde das Bedürfnis nach Reformen laut. Alle Bemühungen in dieser Richtung aber – es waren bereits 1824, 1849 und 1859 durch den Salzburger Kardinalerzbischof Friedrich von Schwarzenberg und Abt Thomas Mittendorfer von Kremsmünster mehrere Versuche unternommen worden – scheiterten. Erst mit der Initiative Leos XIII. (1878–1903) wendete sich das Blatt. Leo setzte strikt auf innere Reformen – auf Rückkehr zur Armut, auf Verzicht jeglichen Privatbesitzes, auf Pflicht zum gemeinsamen Chorgebet, auf Entlassung der Hausdiener, auf die Einrichtung eines Laieninstituts u. a. – und forderte Verbandsbildung, Ausarbeitung neuer Statuten und Vereinheitlichung der Observanzen. Der Erfolg dieser Initiative zeigte sich bereits in der Versammlung vom 28. März bis 5. April 1889 in St. Peter (Salzburg), wo man – dem heutigen Beobachter allerdings erstaunlich genug – dann zu dem Beschluss fand, nicht eine, sondern zwei neue österreichische Kongregationen ins Leben zu rufen: die *Kongregation von der Unbefleckten Empfängnis* (*Congregatio Austro-Benedictina sub titulo Immaculatae Conceptionis Beatae Mariae Virginis* [Marienkongregation]) sowie die *Kongregation vom Hl. Joseph* (*Congregatio Austro-Benedictina de S. Joseph* [Josephskongregation]).

Die Marien- und die Josephskongregation

Die Ursachen, die zur Errichtung zweier statt lediglich einer Kongregation führten, sind wohl in der unterschiedlichen Entwicklung zu suchen, die die Klöster des Fürstbistums Salzburg gegenüber den restlichen Gemeinschaften des Landes im Josephinismus genommen hatten, Unterschiede, die auch durch den Ordinarius von Schwarzenberg eher verstärkt worden sind, da ihm als Erzbischof von Salzburg die Klöster dieser Diözese näher standen als jene im Rest des Landes. In der Marienkongregation sollten sich Admont, Altenberg, Břevnov-Braunau, Kremsmünster, Göttweig, St. Lambrecht, Melk, St. Paul und die Schottenabtei (Wien) vereinen. Zur (kleineren) Josephskongregation gehörten: Fiecht, Lambach, Marienberg (Tirol), Michaelbeuern, St. Peter (Salzburg; in der Napoleonischen Zeit zwischen 1810 und 1816 zu Bayern gehörend), Raigern und Seitenstetten (das aber bereits am 11. April 1889 zur Marienkongregation wechselte).

Die Gründungsversammlung verabschiedete für beide Verbände fast gleichlautende, nur in Kleinigkeiten voneinander abweichende *Constitutiones* und *Declarationes* (Erklärungen zur *RB*). Am 23. Aug. 1889 forderte Rom unverzügliche zur Wahl der beiden Präsides sowie zur Errichtung der beiden Kongregationen auf. Die endgültige Approbation aus Rom erfolgte schließlich am 17. Jan. 1890. Die Marienkongregation wählte Abt Adalbert Dungel (Göttweig) zum Präses, die Josephskongregation Abt Romuald Horner (St. Peter, Salzburg). Die fast identischen Konstitutionen und Deklarationen beider Kongregationen erschienen nach Einfügung der von Rom gewünschten *additiones* und *modificationes* 1891 im Druck. Am 21. Sept. 1909, nach einer Probezeit, wurde die endgültige Fassung der Satzungen und Deklarationen (zur *RB*) verabschiedet und erhielt am 21. Aug. 1911 durch Rom die Approbation.

Die Konstitutionen beider Kongregationen kannten also in allen zentralen Punkten dieselben Bestimmungen und stimmten im Großen und Ganzen auch mit den Statuten anderer Reformverbände überein. Allerdings ließen die Generalkapitel beider Kongregationen keine Konventsdeputierten in den Generalkapitelssitzungen zu. Beide Verbände – sie besaßen vollständige Exemtion – zeichnete verständlicherweise eine starke Romverbundenheit aus.

Im Übrigen folgten die Gemeinschaften beider Kongregationen keiner einheitlichen Observanz in Details, kannten keine gemeinsamen Riten, praktizierten kein zentrales, sondern ein je eigenes Noviziat und Studium, es sei denn, Letzteres wurde im Kolleg von Sant'Anselmo (Rom) absolviert. Immerhin existierte seit 1890 ein gemeinsamer Generalprokurator, der die Verbindung mit den römischen Stellen (der späteren „Religiosenkongregation") aufrechthielt. Erst 1923/24 kam es unter der Ägide von St. Peter (Salzburg) zur Gründung des lang erstrebten, gemeinsamen Studienkollegs (St. Benedikt), eine Unternehmung, die beiden Kongregationen allerdings noch beträchtliche finanzielle Probleme bereiten sollte.

Die Josephskongregation konzentrierte ihre Aktivitäten, wenngleich etwas schwächer als die Marienkongregation, ebenfalls weitgehend in der Seelsorge. Immerhin betreute man nach dem Ersten Weltkrieg etwa 30 Pfarreien mit ca. 75.000 Seelen. Darüber hinaus engagierte man sich aber auch im Unterrichts- und Erziehungswesen durch Unterhalt von Schulen, Internaten, Erziehungs- und Handwerkerheimen. Auch trat die Kongregation darüber hinaus mit bemerkenswerten wissenschaftsorganisatorischen Leistungen hervor. So u. a. durch Maurus Kinter (von Raigern, † 1926), den Herausgeber (seit 1880) der „Wissenschaftlichen Studien und Mitteilungen aus dem Benediktiner-Orden", den Vorläufern der späteren (seit 1911 von

J. von Strasser in Salzburg [St. Peter] herausgegebenen) „Studien und Mitteilungen zur Geschichte des Benediktinerordens und seiner Zweige". Der Erwähnung würdig bleiben aber auch Albert Jäger (1801–1891), Gründungsdirektor des „Instituts für Österreichische Geschichtskunde", und Willibald Hauthaler von St. Peter, Begründer und Bearbeiter des ersten Bandes des „Salzburger Urkundenbuchs". Schließlich bleibt als Leistung in diesem Kontext auch die – oben bereits erwähnte – Errichtung des St. Benediktkollegs zu Salzburg in den Jahren 1924/26 zu nennen, einer lang beabsichtigten Nachfolgeinstitution der alten, 1810 aufgehobenen Benediktineruniversität zur wissenschaftlichen Ausbildung junger Mitbrüder der Kongregationen.

Die Marienkongregation, die ebenfalls ein Betätigungsfeld in der Seelsorge fand, war stark durch die Aktivitäten der Abtpräsides Adalbert Dungel (1890–1920) und Amand Oppitz (1920–1930) geprägt. Der Erste bemühte sich um Konsolidierung der neuen Kongregation durch korrekte Leitung der Abtswahlen, Durchführung von Visitationen, Erstellung von Rechenschaftsberichten für Rom im fünfjährigen Rhythmus sowie die Durchführung von Konferenzen. Dabei stand er in ständiger Auseinandersetzung mit den Ortsbischöfen in Fragen der Seelsorgepraxis und -berechtigung, vornehmlich aber hinsichtlich der Exemtion. In Präses Amand Oppitz (1921–1929, dann ersetzt durch „Apostolische Administratoren"), dem Abt der Schottengemeinschaft in Wien, hatte die Kongregation einen liberalen Präses an ihrer Spitze, unter dessen Leitung zwar die Abtswahlen korrekt verliefen, in dessen Amtszeit die Kongregation aber nach und nach in einen bedenklichen disziplinären Zustand geriet, was in den 20er Jahren Folgen haben sollte.

Kongregation der Unbefleckten Empfängnis Mariae (1930)

Etwa 30 Jahre lang wirkten die beiden Kongregationen durchaus erfolgreich im Erziehungswesen, im Schulunterricht und in der Seelsorge, bis sich in den 20er Jahren, verursacht u. a. durch die neuen Gebietsaufteilungen nach dem Ersten Weltkrieg und den damit einhergehenden Abtretungen einiger Gemeinschaften an das Ausland – Marienberg an Italien sowie Břevnov-Braunau und Raigern an die Tschechoslowakei – schwere Disziplinar- und Reformprobleme einstellten. In Reaktion auf den mittlerweile besorgniserregenden Zustand der Kongregationen erließ die römische Religiosenkongregation – unter Einschaltung des Abtprimas der Benediktiner in Sant'Anselmo (11. Aug. 1923) sowie nach Mithilfe des Präses Opitz (Marienkongregation) – am 22. Juni 1924 ein Reformdekret für alle österreichischen Benediktinerklöster, jetzt allerdings mit präzisen Reformfestlegungen auf Basis der geltenden Konstitutionen und in der

Erwartung der Umsetzung dieses Reformprogramms durch die beiden Kongregationen.

Als die Reformerwartungen Roms allerdings über mehrere Jahre hin kein zufriedenstellendes Echo fanden, ordnete Pius XI. am 2. Aug. 1928 eine apostolische Generalvisitation aller österreichischen Benediktinerklöster an unter den Äbten Laurentius Zeller (St. Matthias, Trier) und Simon Landersdorfer (Scheyern) als apostolischen Visitatoren. Das Ergebnis der Visitation, die auf heftigen Widerstand gestoßen war, wurde auf der Äbteversammlung aller österreichischen Benediktiner am 20./21. Mai 1930 in St. Peter (Salzburg) präsentiert und enthielt wesentlich die Aufforderung zur Annahme der Reform zusammen mit der dringenden Empfehlung, beide Kongregationen in eine zusammenzuführen. Die Versammlung – entschieden geführt von Abt Landesdorfer – endete mit der Annahme der Reformvorschläge und mit dem Beschluss, die seit 1889 existierenden beiden Kongregationen durch eine neue zu ersetzen auf Grundlage der Statuten der Marienkongregation, ein Ergebnis, das der Absicht Roms von Anfang an entsprach.

Am 8. Dez. 1930 folgte dann durch Pius XI. (Breve: *Anno Domini MDCCCLXXXVIII*) die Errichtung der neuen, bis heute existierenden, Österreichischen Kongregation der Benediktiner auf Basis der nur gering abgeänderten Statuten der älteren Marienkongregation und auch unter Übernahme von deren Titel: *Congregatio Austro-Benedictina sub titulo Immaculatae Conceptionis Beatae Mariae Virginis* [*1930*].

Auf dem Generalkapitel vom 10. Febr. 1931 – einberufen durch die Apostolische Administration auf Bitten der Religiosenkongregation (Rom) – wurde dann der neue Verband konstituiert und Abt Theodor Springer von Seitenstetten zum Abtpräses gewählt. Die Bestätigung dieser Entscheidungen durch den Hl. Stuhl folgte am 16. April desselben Jahres, zugleich das Ende der Tätigkeit der Apostolischen Administratoren.

Die neue Kongregation umfasste bei ihrer Gründung 13 Abteien mit 701 Ordensmännern (davon 560 Priester und 40 Kanoniker), außerdem 19 Chornovizen, 76 Laienbrüder und 6 Brudernovizen. Der Verband unterhielt 6 öffentliche Gymnasien (mit 1700 Schülern) und betreute 203 inkorporierte Pfarreien mit ca. 442.000 Seelen. (Die Gemeinschaft St. Georgenberg-Fiecht ging dann 1966 ab und schloss sich der Kongregation von St. Ottilien an.)

Der Neuanfang erwies sich keineswegs als problemlos, und so blieb die Kongregation in den 30er Jahren von Rom weiter beobachtet und geleitet, sichtbar vornehmlich in der Praxis der apostolischen Visitationen, aber auch beim Wechsel in der Leitungsfunktion der Abteien, indem hier mehrheitlich keine freien Wahlen zugelassen, sondern konventsfremde Äbte eingesetzt wurden. – Weitere gravierende Probleme ergaben sich in diesen

Jahren durch die zunehmende Wirtschaftskrise Österreichs: 1933 waren nur noch 2 Abteien der Kongregation ohne Schulden, und schließlich kam es so weit, dass man gar in Rom um die Erlaubnis nachsuchte, Handschriften und Kunstgegenstände veräußern zu dürfen, um die Schulden der Konvente auszugleichen.

Erneut schwere Zeiten brachen mit dem Anschluss Österreichs (13. März 1938) an: Zwischen 1938 und 1941 wurden – Melk, Seitenstetten und das Schottenkloster in Wien ausgenommen – alle Gemeinschaften der Benediktiner Österreichs unter dem Vorwurf „volks- und staatsfeindlicher Betätigung" geschlossen, enteignet und die Gebäude fremdverwendet, ein Schicksal, das auch das Kolleg in Salzburg traf. Abtpräses Th. Springer allerdings hielt in dieser schwierigen Situation Kontakt zu den Äbten der aufgelösten Institute, und bald nach 1945 gelang, wenn auch langsam, doch der Wiederaufbau in allen ehemaligen Gemeinschaften. 1946 bereits fand das erste Treffen der Äbte auf Kongregationsebene statt, und 1949 erschienen die – bereits seit 1939 von Rom approbierten, aufgrund der Zeitverhältnisse seinerzeit aber nicht mehr in Kraft gesetzten – Deklarationen und Konstitutionen der Kongregation im Druck. Zwischen 1947 und 1952 wurden – unter tatkräftiger Mithilfe des Salzburger Erzbischofs Andreas Rohracher – auf dem Visitationswege die letzten Hindernisse aus der unseligen NS-Zeit in den Benediktinerklöstern beseitigt. Am 21. Jan. 1954 wurden die Apostolischen Visitationen für beendet erklärt und es fanden seitdem wieder freie Abtswahlen statt.

Ein nicht kleines Problem hatte die Kongregation allerdings mit dem Studienkolleg in Salzburg geerbt. 1924 – wie erwähnt – durch St. Peter eröffnet, hatte sich der Konvent mit dieser Einrichtung offensichtlich übernommen, eine Situation, die nur mit Hilfe der gesamten Kongregation und der Unterstützung der deutschsprachigen Nachbarkongregationen (Bayern, Beuron und Schweiz) stabilisiert werden konnte. Bis zu seiner Schließung 1938/39 stand das Kolleg dann allerdings durchaus in Blüte. 1948 als zentraler Studienort wiedereröffnet – während der Nazi-Herrschaft war der Lehrbetrieb in Seitenstetten weitergeführt worden –, bildet das Kolleg junge Benediktiner vornehmlich der Österreichischen Kongregation für ihre Aufgaben in Seelsorge und monastischem Alltag aus. (Seit 1956 gehört die Verwaltung des Kollegs in den Zuständigkeitsbereich der Kongregation.)

Die österreichische Benediktinerkongregation von 1930 hatte, wie ihre Vorgängerinnen, den Schwerpunkt von den Anfängen an in der Pfarrseelsorge. (Fokussierung auf monastische Liturgie und Spiritualität traten erst nach dem II. Vatikanum, und auch dann erst allmählich, in den Blickpunkt.) Das Noviziat wird mehrheitlich im eigenen Konvent durchgeführt, seltener in Nachbarkonventen. Das Studium der Kongregationsmitglieder wird in der Regel am Kolleg in Salzburg, aber auch an benachbarten

Hochschulen oder an der Benediktineruniversität in Sant'Anselmo (Rom) absolviert.

Frauengemeinschafen

An benediktinischen Frauenabteien zählt Österreich heute lediglich zwei: Nonnberg (Salzburg) und Bertholdstein/Steiermark (St. Gabriel). Als das älteste deutschsprachige Benediktinerinnenkloster ragte der berühmte Konvent auf dem Nonnberg durch seine Erneuerungsbemühungen im letzten Drittel des 19. Jahrhunderts hervor, getragen von der tatkräftigen Äbtissin Magdalena Klotz (1876–1890), die enge geistliche Beziehungen zu Maurus Wolter, dem Begründer von Beuron, pflegte und sich für dessen Reformbemühungen engagierte. So hatte sie u. a. die frühe Gründung von St. Gabriel – 1888 ursprünglich als Frauengemeinschaft der Beuroner Kongregation in Smihov (Prag) gegründet und nach dem Ersten Weltkrieg (1919) dann zwangsweise nach Bertholdstein übergesiedelt – durch Bereitstellung einiger Nonnen aus ihrem Konvent unterstützt. Dem Brauch Beurons folgend war St. Gabriel seit seiner Gründung der Kongregation Beurons inkorporiert (mit Exemtion und Unterstellung unter den Erzabt), ein Status, der auch durch die Übersiedlung nach Bertholdstein seine Gültigkeit behielt, 1927 durch die Religiosenkongregation erneut approbiert wurde und auch nach dem II. Vatikanum keine Änderung erfuhr.

Mechitaristen

Wegen des historischen Zusammenhanges zwischen den armenischen Gemeinschaften mit *RB* (*Mechitaristen*) zu Venedig und Wien werden diese im Kontext Italiens gemeinsam betrachtet (vgl. unten, S. 335f).

e) Italien

Allgemeine Lage

Die Geschichte der Benediktiner im Italien des 19. Jahrhunderts stand weitgehend im Schatten der raschen politischen Wechsel, welche die Halbinsel in dieser Periode durchlebte, von der gewaltsamen Neuordnung unter Napoleon (1796–1815), der Restauration durch den Wiener Kongress (1815), über das Risorgimento (1815–1870) bis hin zur Errichtung des liberalen Einheitsstaates (1870–1918).

Durch den Wiener Kongress war zunächst der Kirchenstaat wiederhergestellt, Österreich in Lombardo-Venetien als Vormacht wieder in seine Herrschaftsrechte eingesetzt, das Königreich Sardinien-Piemont – das, wie

Sizilien, mit Hilfe der britischen Flotte Napoleon widerstanden hatte – um Genua vergrößert worden. Und aufs Ganze brachten diese restaurativen Neuordnungen den Klöstern zunächst eine gewisse Erholung. Unter Pius VII. (1800–1823) – selbst Benediktiner und am 25. Juni 1814 erst aus dem napoleonischen Exil zurückgekehrt – konnten zahlreiche Benediktinerklöster bald wieder eröffnet werden, darunter Montecassino, Subiaco, St. Paul (v. d. M.), Praglia (b. Padua), Cava (dei Tirreni), mehrere Gemeinschaften in Florenz, Siena, Perugia, Cesena. Auch erstanden unter Kaiser Franz I. 1818 die Ordenshäuser im Königreich Lombardo-Venezien wieder. Nur wenig Erfolg allerdings war zunächst dem Versuch beschieden, auch die traditionsreiche Gemeinschaft St. Justina in Padua wiederherzustellen. Auch scheiterte 1825 vor einer Kardinalskommission endgültig der – noch von Pius VII. († 1823) favorisierte, von Leo XII. (1823–1829) dann aufgegriffene, durch Bellenghi detailliert entworfene – Plan, die ruinierten Gemeinschaften mit *RB* im Kirchenstaat durch Bildung einer Union – nötigenfalls gar durch Errichtung zweier Kongregationen, je einer der „weißen" und einer der „schwarzen" Mönche – zusammenzubinden und vor dem Untergang zu retten (Molitor, III, S. 1 ff.).

Congregatio Casinensis

Neben der Reorganisation zahlreicher Gemeinschaften – ohne dabei die besonderen Probleme bei Olivetanern, Vallombrosanern, Silvestriner und Kamaldulenser zu übersehen – erlebte auch die traditionsreiche „Cassinensische Kongregation" einen langsamen Aufschwung. Nach fünfundzwanzigjähriger Unterbrechung fand man sich 1821 zu einem ersten konstituierenden Kapitel zusammen, bestellte einen apostolischen Vikar, zwei Visitatoren und fasste auf dem folgenden Kapitel (1825 zu Perugia) die Restauration der Klöster des Verbandes ins Auge. Unter Pius IX. (1846–1878), einem entschiedenen Förderer der Benediktiner, kam es um die Mitte des Jahrhunderts dann auch zu Neuerungen in der Kongregation. Unter anderem verschärfte man die Askese wieder, betonte stärker das Stillschweigen und forderte zusätzlich eine zweimalige tägliche Gewissenserforschung. Die Kapitelsversammlung des Jahres 1853 folgte dann noch weiter den päpstlichen Empfehlungen mit dem durch Rom approbierten Beschluss, für jede Provinz des Verbandes ein eigenes Noviziat einzurichten: für die sizilianische Provinz in Palermo, für die neapolitanische in Montecassino, für die lombardische in Finalpia und für die sublacensische in Subiaco. Außerdem wurden die Ämter in der Kongregation auf 6 Jahre begrenzt und der Rhythmus der Generalversammlungen auf denselben Takt gelegt. 1867 schließlich wurde das Collegio Sant'Anselmo in Rom, das seit 1837 wegen Cholera geschlossen war, wieder allen Benediktinern zugänglich. (1870 aber wurde es bereits wieder unter der aufklärerisch agierenden Regierung Victor Emanuels II. geschlossen.)

Das Risorgimento und die Herrschaft König Victor Emanuels II. (1849–1861 König von Sardinien-Piemont; 1861–1878 König von Italien) waren Phasen staatsliberaler, aufgeklärter Vorstellungen, die wiederum starke Einbrüche für die religiösen Anstalten mit sich brachten. Wie Joseph II. begann auch Victor Emanuel II. in seinem Herrschaftsbereich – und dies bereits seit 1855 in Sardinien-Piemont – die religiösen Institute zu unterdrücken, soweit sie sich nicht gesellschaftsdienlichen Aufgaben wie vornehmlich dem Schulunterricht, der Krankenversorgung oder sonstiger Formen der Caritas widmeten. Ab 1866 –5 Jahre zuvor war das Königreich Italien proklamiert worden – folgte schließlich unter maßgeblichem Einfluss des Ministers (Graf) Cavour der Einzug aller Klostergüter. Nach Umbrien und den Marken, die bereits 1860 getroffen waren, folgten 1866 Romagna und Toscana, Sizilien 1867, Montecassino 1868, St. Paul (v. d. M.) sowie Subiaco 1873, nachdem 1870 bereits Rom und der Kirchenstaat in das Königreich eingegliedert worden waren. Glücklicherweise wurden diese Gesetze nicht in aller Schärfe und auch nicht konsequent durchgesetzt, was zahlreiche Gemeinschaften die Möglichkeit bot, dennoch in ihren Häusern bleiben zu können. Ein Ausweg aus der Zwangslage bot sich den historisch herausragenden Gemeinschaften in der Möglichkeit, als Bewahrer und Hüter des nationalen Erbes, als „Nationaldenkmal" gleichsam, anerkannt zu werden, was für diese Gemeinschaft ebenfalls bedeutete, weiterhin im angestammten Kloster verbleiben zu können. Auf diese Weise haben u. a. Montecassino, Subiaco, Cava, Monreale diese Phase des Staatsliberalismus ohne große Schäden überstanden.

Die *Congregatio Casinensis* umfasste im Jahre 1950: 10 Abteien (darunter drei *abbatiae nullius*: Montecassino, St. Paul v. d. M. [beide zugleich zu Diözesen erhoben] sowie Cava dei Tirreni); darüber hinaus 7 Häuser in: Palermo, Cesena, Perugia, Pontida, Assisi, Farfa und Modena mit insgesamt 122 Priestermönchen und 50 Brüdern.

Congregatio Casinensis a Primaeva Observantia (Casaretto)

Neben der traditionsreichen *Congregatio Casinensis* bleibt, der Besonderheiten wegen, ein zweiter Benediktinerverband im Italien des 19. Jahrhunderts zu erwähnen: die *Congregatio Casinensis a Primaeva Observantia* (Cassineser Kongregation der ursprünglichen Observanz [auch geläufig unter den Bezeichnungen „Sublazenser Kongregation" bzw. „Kongregation von Subiaco"]), eine Frucht der Reformbemühungen Pier Francesco Casarettos (1810–1873).

Nach dem frühen, durch schwächliche Gesundheit vereitelten Versuch, sich als Missionar ausbilden zu lassen, war Casaretto nach Profess (1827 in S. Maria del Monte, Cesena) und Priesterweihe (1832) im Jahre 1833 in die Gemeinschaft von Subiaco eingetreten, wo er bald aber Anstoß an der laschen asketischen Praxis nahm, und wo in ihm der Plan reifte, eine Reform dieser Kongregation und ihrer Observanz in Angriff zu nehmen.

Auf der Suche nach Unterstützung für das Vorhaben fand Casaretto bei Gregor XVI., dem er 1841 seine Pläne vorlegte, offene Ohren, da Rom selbst bereits der Plan einer Reform in der Art, wie sie Dom Guéranger in Frankreich gelungen war, auch für Italien – mit Mittelpunkt in Subiaco – vorschwebte. Ohne größere Schwierigkeiten erteilten Papst und Generalkapitel der *Congregatio Casinensis* – zu der Subiaco gehörte – Casaretto die Erlaubnis, im Kloster S. Giuliano d'Albaro (b. Genua) mit Reformversuchen zu beginnen. Da dieser Versuch erfolgversprechend verlief – es hatte sich schließlich eine Gruppe von etwa 10 Mitgliedern gebildet, auch war 1843 das aufgelassene Olivetanerkloster in Finalpia zugewiesen worden, wohin die Gemeinschaft aus Sicherheitsgründen 1848 dann ausgewichen war –, ernannte Pius IX. 1850 Casaretto zum Abt von S. Scolastica in Subiaco, das sich mittlerweile in beklagenswertem Zustand befand. Mit seiner Reformgemeinschaft dorthin umgesiedelt, verfolgte Casaretto – mit Billigung Roms und der zuständigen *Congregatio Casinensis*, zu dessen Präses er für die Jahre 1852–1858 gewählt worden war – den Ausbau seiner Reformobservanz weiter, sozusagen im Schoße der eigenen Mutterkongregation. Im Lauf der Jahre – verstärkt seit 1858, als Casaretto, ohne damals mit dem Vorsitz in der Kongregation belastet zu sein, lediglich das Amt des Abtes von S. Scolastica bekleidete – kam es zu einem dynamischen Zuwachs an Mitgliedern und Häusern für die neue Observanz: (u. a.) 1853 Sacro Speco (Subiaco), 1854 St. Johannes d. T. (Parma), 1857 Praglia (b. Padua) und S. Giorgio Maggiore (Venedig), 1858 Dendermonde (Diöz. Gand), 1859 St. Pierre-qui-Vire, 1861 Ramsgate, 1862 Montserrat, 1864 Nuova Norcia (Australien), 1865 St. Benoît-sur-Loire. Außerdem hatte Pius IX. 1802 die Gebäude der ehemaligen römischen Abtei S. Ambrogio della Massima an Casaretto verschenkt, wo dieser sogleich ein internationales Klerikat für jene Mitglieder der Observanz einrichtete, die zur Ausbildung die päpstliche Universität (Gregoriana) besuchen sollten.

Der spezifische Charakter der neuen Observanz, ihre Eigenheiten in der Verfassung (s. unten), ihre Internationalität, ihre dynamische Verbreitung und nicht zuletzt das Bestreben Casarettos in diesen Jahren nach separatem Provinz-Status für seine Observanz innerhalb der *Congregatio Casinensis* wurden verständlicherweise innerhalb der Mutterkongregation zunehmend als Probleme empfunden. So hielt man 1867 schließlich eine Trennung für geboten und gliederte die jüngere Sublazensische Observanz aus der Mutterkongregation aus. Fortan existierte also neben der älteren Cassinensischen Kongregation eine – aus dieser hervorgegangene – jüngere Sublazensische Kongregation unter dem offiziellen Titel: *Congregatio Casinensis a Primaeva Observantia* (Cassinensische Kongregation von der ursprünglichen Observanz). Generalabt wurde Casaretto, zugleich Abt von S. Scolastica (Subiaco). Der neue Verband war in 4 selbständige, aber internationale Provinzen gegliedert, die sich auf Italien, England/Belgien, Frankreich, Spanien erstreckten. Darüber hinaus besaß man bald Häuser in Palästina, Argentinien, Transvaal, Australien und auf den Philippinen.

Das Reformprogramm Casarettos kannte klare Ziele: Rückkehr zur *RB* und zur ursprünglichen Cassinensischen Observanz, Übernahme von Missionen im Ausland, Ausdehnung der Kongregation über nationale Grenzen hinaus, Gründung eines internationalen (Kongregations-)Kollegs in Rom (an Stelle des damals geschlossenen Anselmianums). Die entscheidende Differenz zur Cassinensischen Mutterkongregation lag in der angestrebten Internationalität, einem Verbandsprinzip, das bereits von Cluny und den Zisterziensern praktiziert wurde, allerdings der Tendenz zur Bildung von „Landeskongregationen", wie sie das Tridentinum empfohlen hatte, widersprach. Schließlich umfasste die Sublazenser Kongregation, wie erwähnt – die vier Provinzen: Italien, England/Belgien, Frankreich und Spanien. Das Kolleg in Rom war gleichzeitig der Sitz des Prokurators, der die Interessen des Verbandes an der päpstlichen Kurie wahrnahm. Die Jurisdiktion des Generalabtes bezog sich auf die Mitglieder des gesamten Verbandes in allen Provinzen und Häusern. Jeder Provinz war ein *abbas visitator* zugeordnet, gewählt vom Generalkapitel.

Die Verfassung des Verbandes war am 5. Aug. 1867, wie erwähnt, zunächst für 10 Jahre von Rom approbiert worden. Doch vor Ablauf dieser Frist noch gelang es Casaretto – er fürchtete infolge der politischen Entwicklung Italiens nicht zu Unrecht um die Zukunft seiner Gründung –, schon 1872 die endgültige Approbation der Konstitutionen durch Pius IX. zu erreichen.

Nach Casarettos Tod († 1878) geriet die Kongregation allerdings schnell in Schieflage und drohte zu zerbrechen, was aber u. a. durch Leo XIII. und um den Preis einer Reform verhindert werden konnte. Dabei wurden allerdings einige notwendige, zentrale Neuerungen durchgesetzt: das Recht der Verbandsmitglieder, bei Entscheidungen gehört zu werden; die Wahl der Äbte durch den eigenen Konvent und auf Lebenszeit; die Wahl der Visitatoren und Konsultatoren dagegen nur auf Zeit und durch die jeweiligen Provinzialkapitel; Bestätigung aller Wahlen durch den Generalabt; Geltung der *stabilitas* im Rahmen der eigenen Abtei, nicht des Verbands; Unveränderlichkeit von Observanz und Generalat. Seit 1905 schließlich galt die Personalunion von sublazensischem Abt (S. Scolastica) und Generalabt der Kongregation als aufgehoben. 1915 wurde Subiaco von Benedikt XV. (1914–1922) zum Bistum und die Klosterkirche S. Scolastica zur Kathedrale erhoben. Obwohl die neue Kongregation – durch die jüngeren Reformen hatte die Verfassung weitere föderalistische Elemente erhalten – fraglos einige gute Voraussetzungen für eine Vereinigung des gesamten Ordens besessen hat, wurde die Idee zur Zusammenführung aller Benediktinerkongregationen in einer Konföderation letztlich dann doch nicht im Verband von Subiaco geboren.

Die *Congregatio Casinensis a Primaeva Observantia* umfasste 1950: 6 Provinzen (Italien, England, Belgien, Frankreich, Spanien, Deutschland), insgesamt 28 Abteien und 7 Priorate mit 928 Priestermönchen und 374 Brüdern. (Die deutschen Häuser der Kongregation sind heute beide aufgelöst: 1939 Kornelimünster, ehemals Propstei von Ilbenstadt; 2011 die Abtei Siegburg.)

Frauengemeinschaften (*sorores – moniales*)

Die benediktinischen Frauengemeinschaften Italiens, die durch Konfiszierung von Gebäuden, Besitz und Einkünften, durch Verbote, Novizinnen aufzunehmen, und durch zahllose andere staatliche Pressionen – vornehmlich in den Jahren 1860, 1866, 1870 und 1876 – nicht weniger gelitten hatten als die Männergemeinschaften, erholten sich ebenfalls nur partiell und langsam. Erwähnenswert bleibt in diesen Zusammenhängen die Gründung eines Zweiges der französischen *Benediktinerinnen der ewigen Anbetung des Heiligsten Sakraments* (Cathérine de Bar) auf der Halbinsel. Das Institut nahm seinen Anfang um 1880 in Seregno bei Mailand durch Maria-Teresia Lamar, Mitglied ursprünglich der Gemeinschaft in der Rue Tournefort zu Paris. 1906 mit Unterstützung Paolo Angelo Ballerinis dann von Seregno nach Ronco di Ghiffa (Diöz. Novara) umgesiedelt, wurde der Konvent unter der Priorin Caterina Lavizarri eine Pflanzstätte für mehr als 10 weitere Gemeinschaften in Italien u. a. in Amandola, Catania, Teano, Piedimonte d'Alife, Ragusa, Lucca. Die Gemeinschaft in Mailand – der älteste Ableger von Seregno – wurde Ausgangspunkt mehrerer Tochtergründungen, 1944 sogar Gründungsort einer eigenen Föderation, die um 1950 7 Häuser umfasste.

Von besonderem Gewicht erwiesen sich in dieser Phase auch die Neugründungen ganz unterschiedlicher Observanzen der „Benediktinischen Schwestern", der *sorores*, die, anders als die „Nonnen" (*[sancti]moniales*), keine strenge Klausur kennen und eine neue Form benediktinischen Frauenlebens praktizieren, vornehmlich dem Apostolat der Nächstenliebe zugewandt. Als herausragendes Beispiel unter vielen dürfen hier die *Suore Benedettine della Carità* (*Verband der Benediktinerinnen der Nächstenlie-*

be) genannt sein. 1908 in Rom von der polnischen Benediktinerin Colomba Gabriel († 1927) begründet, führt man heute 15 Häuser mit Kinderheimen, Schulen, Armen- und Krankenasylen (Italien 10, Madagaskar 4, Rumänien 1). Erwähnenswert bleibt auch die Kongregation der *Sorores Benedettine di Priscilla*, die – 1936 durch Mons. Giulio Belvederi begründet – sich bei der Priscilla-Katakombe niedergelassen hat und sich neben karitativen auch kulturerhaltenden Aufgaben widmet (u. a. mit Studien, wissenschaftlichen Veröffentlichungen und Tagungen zur Frühchristlichen Archäologie, mit Führungen in der Priscilla-Katakombe u. Ä.). Die Kongregation, mit Mutterhaus an der Via Salaria, zählte 2008 drei Häuser mit insgesamt 21 Schwestern.

Impulse zu engeren Zusammenschlüssen der zahlreichen Zweige der Benediktinerinnen sind später wiederholt vom II. Vatikanum ausgegangen (s. dazu unten, S. 412). So mag es als Hinweis auf künftige Entwicklungen in dieser Richtung empfunden worden sein, als am 28. Okt. 1966 im Rahmen einer Abschlussversammlung – hierbei ging es auch um die Aktualisierung der Konzilsergebnisse für weibliche Ordensangehörige – erstmals überhaupt alle Benediktinervorsteherinnen Italiens in einer päpstlichen Audienz gemeinsam empfangen worden sind.

Insgesamt zählte Italien um 1950 etwa100 Gemeinschaften der Benediktinerinnen, davon unterstanden 72 bischöflichem Recht, 15 waren Mitglieder der erwähnten *Kongregation zur Ewigen Anbetung des Heiligsten Sakraments*, die übrigen waren jeweils einer Männergemeinschaft zugeordnet. Als Dachverband über den Kongregationen der italienischen Benediktinerinnen existiert seit 1955 die *Conferenza Italiana Monastica Benedettina* (CIMB), aufgeteilt wiederum in 6 Föderationen.

Mechitaristen zu Venedig und Wien

Neben den erwähnten Restaurations- und Reformbemühungen bleiben die armenisch-unierten Gemeinschaften der Mechitaristen zu Venedig und Wien zu erwähnen, die – der *RB* folgend, ohne später allerdings jemals Mitglied der Konföderation zu werden – sich im 19. Jahrhundert auf einem Höhepunkt ihres Einflusses befanden.

Bereits 1701 durch Mechitar von Sebaste (heute Sivas, 1676–1749) als armenisch-unierte Gemeinschaft (nach der sogenannten Regel Antonius' d. Ä.) im Umfeld der armenischen Diaspora in Konstantinopel gegründet, gelangte die Gruppe wegen Verfolgung ihres Gründers durch die armenisch-orthodoxe Kirche zunächst nach Modin auf die Halbinsel Morea (Peloponnes), damals venezianischer Herrschaftsbereich. 1711 erfolgte die Approbation durch Clemens XI. unter der Bedingung, die *RB* anzunehmen. Im Zusammenhang mit dem türkisch-venezianischen Krieg 1715 erneut zur Flucht gezwungen, folgte zunächst ein zweijähriger Aufenthalt in Venedig, 1717 dann die Übersiedlung auf die (zugewiesene) Leproseninsel San Lazzaro vor der Lagunenstadt.

Nach dem Tode Mechitars († 1749) spaltete sich die Gemeinschaft: ein „venezianischer" Teil blieb auf San Lazzaro, während eine Gruppe älterer Mönche – unter der Selbstbezeichnung „Mechitaristen" – sich 1772 zunächst nach Triest (unter habsburgisch-österreichische Herrschaft) begab, von dort aber 1810 wiederum – von Napoleon ausgewiesen – weiter nach Wien flüchtete. Fortan existierten zwei Kongregationen unter je einem eigenen Generalabt: die venezianische (OMech/*Ordo Mechitaristarum Venetiarum*) und die Wiener (CMV/*Congregatio Mechitarista Vindobonensis*) Kongregation.

Beide Gemeinschaften widmeten sich mit voller Kraft demselben Ziele: Der Mission und Stützung der armenischen Kirche, der Rettung, Förderung und Verbreitung des nationalen – durch die Diaspora des Volkes verstreuten und im Bestand gefährdeten – armenischen, religiösen und kulturellen Erbes. Im Ergebnis kam es dabei zu bemerkenswerten Leistungen. So wurden – um nur im Überblick das Wichtigste anzudeuten – Wörterbücher, Lexika, akribisch-philologische Editionen zur altarmenischen Literatur erarbeitet, die neuarmenische Sprache gefördert, Übertragungen aus der Weltliteratur ins Armenische geschaffen, daneben aber auch intensiv das Schul- und Erziehungswesen gefördert und betrieben. Zu den zeitgenössisch herausragenden Leistungen zählen unbestritten die Gründungen – und der erfolgreiche Betrieb – von Druckereien, zunächst bereits in Triest, dann vornehmlich in Wien (mit Drucklettern zu mehr als 40 östlichen Sprachen), die Herausgeberschaften von Zeitungen und Zeitschriften in beiden Konventen und vor allem der Aufbau von bedeutenden Spezialbibliotheken in Venedig und vornehmlich in Wien (mit ca. 170.000 Bänden, einer Sammlung von 2600 armenischen Handschriften, daneben etwa 170.000 Zeitschriftenbänden sowie eines Museums mit mehreren Sammlungsgebieten [u. a. Münzen]).

Seit 2000 sind die beiden unabhängigen Gemeinschaften wieder unter einem Generalabt mit Sitz in San Lazzaro (Venedig) und unter dem Ordenskürzel CAM ([ital.] *Congregazione Armenia Mechitarista*) zusammengeschlossen. Die Kongregation praktiziert in den betreuten Pfarreien einen moderierten armenischen Ritus, stützt die Union mit Rom als Vermittler zwischen den östlichen und westlichen Kirchen und ist bis heute als Schulträger in Europa, Amerika und Asien präsent.

f) Schweiz

Allgemeine Lage

Für die Klöster der Schweiz wurde seit 1830, dem Ende der sogenannten „Regenerationszeit", das Klima durch liberal-aufklärerische Wortführer immer radikaler – sichtbar u. a. in den Badener Artikeln von 1834 –, die Existenz der Klöster immer schärfer in Frage gestellt, Art und Umfang ihrer Belastungen und Belästigungen stetig vielfältiger und umfangreicher (Sonderbesteuerungen zur Stützung des kantonalen Schulwesens, Rechnungslegung, Besitzrechtfertigung, Inventarisierung, Beschränkung des Vermögens, Behinderung bei der Aufnahme der Novizen u. Ä.). Nicht unerwartet kam es schließlich – gefördert zusätzlich auch durch liberale und „aufgeklärte" kirchliche Kreise – zu Klosterauflösungen, zu einem „Klostersturm auf Raten" (Reinhhardt, S. 145 ff.). Befördert wurde diese Entwicklung auch durch die Schweizer Bundesverfassung von 1848 sowie deren Revision von 1874: Erstere kannte keine Garantie mehr für die Klöster. Letztere verbot gar (Art. 2) deren Neu- und Wiedererrichtung. Und auch der seit 1874 auf kantonaler Ebene virulente Kulturkampf verstärkte diesen für die asketischen Gemeinschaften negativen Trend. In diesen Zusammenhängen verloren die Benediktiner dann auch einige Gemeinschaften durch Auflösung: Pfäfers (1838, Selbstauflösung), Muri (1841; seit 1843 dann nach Gries übergesiedelt), Fischingen (1848), Rheinau (1862), Mariastein (1874; nach mehrfacher Umsiedlung).

Congegatio Helveto-Benedictina sub patrocinio B. M. V. Immaculatae Conceptae (1895)

Die sich verschlechternden Verhältnisse spiegelten sich auch in der Geschichte der Kongregationen. So hatte die letzte Äbteversammlung des 18. Jahrhunderts im Jahre 1791 stattgefunden. Zur ersten Versammlung nach Revolutionswirren und napoleonischer Ära fand man sich aber erst 1819 in Einsiedeln ein; die erste Visitation folgte 1821. Dies aber waren erst zögerliche Anfänge in politisch unsicheren Verhältnissen. Langsam erst musste die kirchenrechtliche Basis durch päpstliche Privilegierungen wieder gelegt werden (1821 Pius VII.; 1826 Leo XII.). Von einem kraftvollen Neuanfang aber konnte noch nicht die Rede sein. Denn zwischen 1826 und 1845 fanden keine Kapitel, zwischen 1829 und 1846 auch keine Visitationen statt. Erst 1846 trafen sich die Prälaten von Engelberg, Muri (Gries) und Einsiedeln im Bemühen um eine neue Verfassung. Als ihre Beschlüsse später auch die Zustimmung von Rheinau, Fischingen, Disentis und Mariastein fanden, bedeutete dies dann den Anfang einer neuen Kongregation.

Nach den Statuten dieses neuen Verbandes – seit 1895 unter dem Titel *Congregatio Helveto-Benedictina sub patrocinio B. M. V. Immaculatae Conceptae* geführt – stand der Präses an der Spitze der Kongregation, auf Lebenszeit gewählt und begleitet von zwei Assistenzäbten. Der ältere von beiden fungierte als Stellvertreter des Präses und hatte u. a. dessen Kloster zu visitieren. Dem Präses oblag es, im Rhythmus von fünf Jahren die Klöster des Verbandes zu visitieren. Der Führungsrolle von Einsiedeln innerhalb des Verbandes – St. Gallen war bereits dauerhaft aufgelöst – entsprach es, dass in der Folgezeit (bis 1959) eine Personalunion praktiziert wurde zwischen dessen Abt und dem Präses des Verbandes. Die Assistenzäbte dagegen sollten frei gewählt werden, meist aber übertrug man diese Funktionen pietätvoll den beiden ältesten Äbten des Verbandes. Die Aufhebung von Pfäfers, Muri, Fischingen, Rheinau und Mariastein durch die Bundesverfassung von 1848 und deren Revision 1874 (s. oben) bedeutete für die Kongregation einen schweren Einbruch. (Eine gewisse Entschädigung bot immerhin der Zuerwerb von Marienberg [Vinschgau] nach dem zweiten Weltkrieg.)

Eine der ständigen Sorgen der Kongregation galt den Statuten. Schon nach den Wirren der Revolutionszeit und des Kulturkampfes kam es 1869 zu einer Überarbeitung der älteren Verfassungstexte, die ihrerseits wiederum 1894 revidiert worden und in Druck gegangen sind (Einsiedeln 1895). Mit Erscheinen des *CIC* von 1917 wurde erneut eine Anpassung notwendig; diese erhielt allerdings erst 1931 die römische Approbation. (Zusätzlich erschienen 1933 die Ausarbeitungen der Rechtsnormen und des Ritus zur *Electio abbatis.*)

Bedeutende, wissenschaftliche Initiativen sind von der Kongregation keine ausgegangen. Vielfältige Pläne zu solchen Unternehmen misslangen immer wieder, auch jener von einer Schweizer Benediktinerakademie. Immerhin gingen aus dem Umfeld der Kongregation (Rudolf Henggeler) die Idee und erste Vorarbeiten zur *Helvetia Sacra* hervor.

Besonders hervorzuheben bleibt das Engagement der Schweizer Kongregation in den Missionen. Nach der Niederlage der katholisch-konservativen gegenüber den liberalen und freisinnig-radikalen Kantonen im Sonderbundskrieg von 1847 und nach Gründung des Schweizer Bundesstaates von 1848, in dessen Verfassung die „Klostergarantie“ von 1815 nicht mehr aufgenommen und in deren Revision von 1874 die Wieder- und Neuerrichtung von Klostergemeinschaften überhaupt untersagt worden ist, scheint sich in den Gemeinschaften die Befürchtung verbreitet zu haben, es könne zu einem allgemeinen Verbot der Institutionen kommen. In dieser bedrückenden Erwartung nahmen einige Benediktinergemeinschaften dann die Anfrage aus Nordamerika nach Seelsorgern und Engagement in einem liberalen Lande interessiert zur Kenntnis. Einsiedeln (1854) und mit etwas Verzögerung auch Engelberg (nach 1874) ergriffen zuerst die Initiative, engagierten sich auf dem fremden Kontinent und setzten so die Anfänge von Entwicklungen, die später in der Schweizerischen Amerikanischen Kongregation mündeten (s. unten, S. 348).

Congregatio Helvetica OSB (1932)

In der ersten Hälfte des 20. Jahrhunderts kam es zu Verschiebungen im Gefüge der Kongregation. 1901 verließ die Gemeinschaft von Mariastein (im französischsprachigen Delle) ihr Kloster aufgrund des dort geltenden „Kongregationsgesetzes" und fasste schließlich im St. Gallusstift im (österreichischen) Bregenz wieder Fuß. Infolge des Zweiten Weltkriegs gelangte die Gemeinschaft von Gries (Südtirol) an Italien, blieb aber Mitglied der Schweizer Kongregation. Marienberg (Südtirol), Mitglied der Österreichischen Kongregation St. Joseph, verweigerte aus Sprachgründen den Anschluss an die italienische Kongregation und wurde 1932 der Schweizer Kongregation eingegliedert. Diese führt seit 1932 – nach Approbation (1931) der durch Erscheinen des neuen *CIC* notwendigen Revision ihrer Statuten – den Titel: *Congregatio Helvetica Ordinis Sancti Benedicti.*

In der Zwischenkriegszeit wuchs die Mitgliederzahl der Kongregation, auch engagierte man sich stärker im Apostolat, d. h. in Schulen, der Berufsausbildung, in Gymnasien, in der Volksmission sowie der Mission in Übersee. Nach dem Anschluss Österreichs 1938 musste die Gemeinschaft im St. Gallusstift zu Bregenz – zu größeren Teilen aus Schweizer Mitgliedern bestehend – ihr Kloster wieder verlassen, fand aber Asyl in dem ehemaligen Heimatkloster Mariastein.

In den Jahren nach dem Zweiten Weltkrieg gingen die Mitgliederzahlen stärker zurück, gefolgt von einer Phase des Umbruchs, was aber nicht daran hinderte, sich verstärkt in der Mission in Übersee (Argentinien und Kamerun) zu engagieren. (Die Schweizer[ische] Benediktinerkongregation umfasste 1950: 6 Abteien, 369 Priestermönche und 165 Brüder.)

Schwesterngemeinschaften (*sorores*)

Eigenständige Entwicklungen zeigen sich bei den Benediktinerinnen der Schweiz. Während sich für das 19. Jahrhundert, einer Phase der Auflösung und Unterdrückung, zunächst das übliche Panorama bietet von Gemeinschaften, die untergingen, und anderen, die ihre Existenz – oftmals gerade noch knapp genug – sichern konnten, lassen sich erstaunlicherweise zugleich auch Neugründungen beobachten. Dabei handelte es sich allerdings nicht mehr um die traditionellen Nonnengemeinschaften (von *moniales*) mit strenger („päpstlicher") Klausur, feierlichem Chorgebet und mit dem Schwerpunkt auf Betrachtung und Gebet. Vielmehr trifft man hier auf einen neuen, aufgeklärten und zeitgemäßeren, eher dem Nutzen der Gesellschaft verpflichteten Typus der Schwesterngemeinschaft, deren Mitglieder als *sorores* bezeichnet werden. Diese kennen nur das einfache, nicht mehr das feierliche Gelübde, verzichten auf strenge Klausur und sehen den Sinn ihrer asketischen Existenz weniger in innerklösterlicher Betrachtung und Gebet als im außerklösterlichen Apostolat, in karitativen Tätigkeiten wie Schulunterricht, Mädchenerziehung, Armen- und Krankenpflege. Solche, zur Gesellschaft geöffnete, apostolatszentrierte Gemeinschaften der Benediktinerinnen waren bereits im 17. Jahrhundert neben den traditionellen („geschlossenen") Nonnenkonventen entstanden, hatten – wie erwähnt – im 19. Jahrhundert bereits in Frankreich und Italien zahlreiche Anhängerinnen gefunden, waren allerdings von der offiziellen Kirche zunächst kritisch bis ablehnend beobachtet (17. Jahrhundert), dann toleriert (18. Jahrhundert), schließlich gefördert (19. Jahrhundert) und letztlich im *CIC – 1917* als „Kongregationen" den traditionellen „Orden" gleichgestellt worden (vgl. unten, S. 358 f [*CIC – 1917*]).

g) England

Rückkehr der Emigranten auf die Insel

Infolge der geographischen Ausweitung der Französischen Revolution waren die englischen Priorate der *Congr. Angliae* auf dem Festland unter weltanschaulich-antireligiösen Druck geraten. Diesem ausweichend, kehrten sie vom Festland auf die Insel zurück, wo mittlerweile unter Premierminister Wellington (1828–1830) ein toleranteres religiöses Klima herrschte.

Unter den Männergemeinschaften, die aus der Emigration zurückgekehrt sind, dürfen die Priorate von Dieulouard (auf halbem Weg zwischen Nancy und Metz) und Douai (Flandern) als die bedeutenderen gelten. Ersteres 1802 in Ampleforth, Letztere 1815 in Downside neu begründet, wurden beide zu tragenden Säulen in der Rekatholisierung der Insel durch Gründung und Unterhalt von großen, berühmten Schulen und Ausbildungsstätten wie durch Kulturarbeit in jeder Hinsicht. Nicht zuletzt zeigte sich das Potenzial dieser Gründungen in der Tatsache, dass von hier aus, gleichsam wie aus einem Reservoir, zahlreiche Bischofsstühle auf der Insel wie auch in den überseeischen Missionsgebieten Neuseeland/Australien besetzt worden sind.

Der besonderen Schwierigkeiten Rechnung tragend, die solche Missions- und Aufbauarbeit für monastisch verfasste, eher zu Liturgie, Gebet und Betrachtung tendierende Gemeinschaften mit sich brachten, fand man seitens der Kirche zu schützenden und stützenden Maßnahmen. So ordnete Pius IX. (1846–1878) zusätzlich ein dreijähriges Noviziat für die Zeit nach der Profess an. Und 1859 folgte mit Gründung des Priorats Belmonte die Errichtung eines Zentralinstituts für die Ausbildung aller englischen Benediktiner. (Als Besonderheit darf vermerkt werden, dass die Mönche des Priorats Belmont – die Erhebung zur Abtei erfolgte erst 1920 – zugleich den Bischof und das Kapitel der Pro-Kathedrale von Belmont, damals Bischofssitz des Bistums Newport-Menevia [Wales], stellten und dies in bewusster Nachahmung der alten insularen Praxis der Mönchskathedralkapitel.)

Frauenkonvente

Einen gewichtigen Beitrag zur Aufbauarbeit auf der Insel leisteten im Verlaufe des 19. und zu Anfang des 20. Jahrhunderts die benediktinischen Frauenkonvente, die – nicht anders als die Männerpriorate – dem Druck der französischen Revolutionsgesetzgebung weichend – wieder auf die Insel zurückgekehrt waren. Zu erwähnen wären in diesem Zusammenhang u. a.: Die Rückkehr der Gemeinschaft von Cambrai nach Stanbrook (Worcestershire); der von Brüssel nach East-Bergholt (Suffolk); der von Paris nach Colwich (Staffordshire), von wo sich die *Kongregation der ewigen Anbetung* auf der Insel verbreitete; der von Dünkirchen nach Teignmouth (Devon); jener von Montargis (über Brüssel, Brighton, Bodney Hall) nach Princethorpe (Warwickshire).

Neben den Missions- und Aufbauaktivitäten der *Congregatio Angliae* wie der zurückgekehrten Frauengemeinschaften auf der Insel bleibt seit Anfang des 19. Jahrhunderts auch das intensive Engagement des Verbandes von Solesmes (1895 von Farnborough und 1908 von Quarr aus) wie auch der *Sublazener Kongregation* (1861 von Ramsgate und 1882 von Buckfast aus) hier zu erwähnen.

h) Spanien

Wechsel von Säkularisationen und Restitutionen

In Spanien waren unter Joseph Bonaparte (1808–1813), wie erwähnt, die Klöster zu großen Teilen aufgehoben worden. Mit dem Ende der napoleonischen Ära und dem Herrschaftsantritt König Ferdinands VII. (1814–1833) verschwand die liberale Verfassung von 1812 aber wieder, und es wurde bereits am 20. Mai 1814 den religiösen Gemeinschaften aller Besitz durch Dekret wiedererstattet. Dennoch kehrte infolge der instabilen Herrschaft des Königs keine dauernde Ruhe in die kirchlichen und klösterlichen Verhältnisse ein. 1820 bereits wurde Ferdinand durch einen

Militärputsch vorübergehend aus der Herrschaft gedrängt und die liberale, klosterfeindliche Verfassung von 1812 durch Dekret restituiert mit der Folge, dass insgesamt (ordensübergreifend) etwa 800 von 1700 geistlichen Häusern aufgelöst, ihre Mitglieder säkularisiert wurden. Die Benediktiner, die sich der Säkularisierung widersetzten, wurden nach Valladolid als Sammelkloster verwiesen. Als Ferdinand 1823 nach Niederschlagung der Rebellion die Herrschaft wieder übernahm, wurde das Dekret von 1820 sogleich widerrufen und der Klosterbesitz zurückerstattet. Doch führte die Unstetigkeit – zumal sie sich auch unter den Nachfolgeherrschaften in ähnlicher Weise fortsetzte – in vielen Gemeinschaften zu ruinösen Verhältnissen. Bereits am 22. April 1834, unter der Regentschaft von Ferdinands Gemahlin Christina von Neapel-Sizilien – 1832 hatte der König die Herrschaftsführung aus Gesundheitsgründen an die Gemahlin übertragen, während die Thronanwärterin Isabella II., Ferdinands Tochter, deren Herrschaftsrecht 1830 in einer umstrittenen pragmatischen Sanktion gesichert worden war, die Mündigkeit noch nicht erreicht hatte –, kam es durch liberale, kirchenkritische Kräfte zum Verbot für die Klöster, neue Novizen aufnehmen zu dürfen. Und am 25. Juli 1835 folgte dann als schwerer Schlag das Dekret, das alle Männerklöster Spaniens mit weniger als 12 Mitgliedern für aufgehoben erklärte, ein Erlass, den Premierminister Juan de Mendizábal favorisiert hatte. Die Benediktiner waren dabei mit 18 Gemeinschaften betroffen (11 aus der Kongregation der *Claustrales*, 7 aus dem Verband von Valladolid). 1836 approbierten dann die Cortes dieses Dekret und verboten zugleich das Ordensgelübde fortan. Die säkularisierten Ordensleute erhielten eine eher dürftige Pension, die Klosterbesitzungen fielen an eine Amortisationskasse. Unter den Nachfolgeherrschaften (Alfons XII., 1874–1885; Maria Christina [Regentschaft] 1885–1902; Alfons XIII., 1902–1931) beruhigten sich die Verhältnisse zeitweise etwas, und es kam langsam zu Wiederbesiedlungen und zu einigen Neugründungen: Als frühestes Beispiel ist die Wiedereröffnung von Montserrat 1844 durch Isabella II. zu erwähnen. Doch erst in den 80er Jahren finden sich dann weitere Beispiele: u. a. 1880 Silos (von Valladolid aus) und Samos (von Molesmes aus); 1883 Valvanera, 1890 El Pueyo, 1901 El Miracle (durch Montserrat); 1924 Monforte (von Samos aus); 1923 Estibaliz (durch Silos).

Trotz dieser, wenngleich noch allmählichen, Neuanfänge blieben – aufgrund des ständigen Wechsels von liberalen und konservativen Regierungen – Kirche und Klöster weiterhin dennoch Mittelpunkte öffentlicher Auseinandersetzungen. Unter dem liberalen Ministerium Sagasta wurde am 19. Nov. 1901 ein Dekret erlassen, das alle (im Konkordat) nicht privilegierten religiösen Gemeinschaften den staatlichen Vereinen gleichstellte, d.h., diese mit Gewerbesteuer und Anzeigepflicht belegte.

Das konservative Ministerium Maura gewährte 1904 allen Klostergemeinschaften den Status einer juristischen Person, unterwarf sie aber der Steuerpflicht, unterstellte sie dem Justizministerium, ordnete die Zusammenlegung der kleinen Kommunitäten mit weniger als 12 Mitgliedern an und machte Neugründungen von der Zustimmung Roms und der Regierung abhängig. Der liberal-demokratische Minister Canalejas setzte 1909 die ordensfeindlichen Dekrete von 1901 wieder in Kraft und verbot – im Widerspruch zum Konkordat mit einem „Sperrgesetz" – weitere Ordensniederlassungen in Spanien. Als am 14. April 1931 die Republik ausgerufen wurde – ohne die bevorstehenden Parlamentswahlen abzuwarten –, kam es in Teilen des Landes zu Kirchen- und Klosterverwüstungen. Die neue Verfassung (9. Dez. 1931) führte dann die strikte Trennung zwischen Kirche und Staat ein (Art. 3, 26 u. 48), löste u. a. den Jesuitenorden auf, zog dessen Vermögen ein und unterstellte alle noch existierenden Orden der staatlichen Aufsicht (mit dem Vorrecht öffentlicher Nutzung jeglichen Ordensbesitzes im Falle der Notwendigkeit). Das Ministerium Azaña (1936–1939) verstaatlichte schließlich – in einer Ausführungsbestimmung zu Art. 11 und dabei über die Verfassung hinausgehend – alle religiösen Orden und verfügte die Nutzung sämtlicher dem christlichen Kultus dienenden Gebäude, Liegenschaften, Gebrauchs- und Wertgegenstände ausschließlich für den kirchlichen Gebrauch, dies allerdings unter dem Vorbehalt auch außerkirchlicher Nutznießung, falls es die Notwendigkeit gebiete. Der Bürgerkrieg (1936–1939) führte u. a. dann zu beträchtlichen Kirchen- und Klosterverwüstungen und zu zahllosen Morden auf beiden Seiten. Man schätzt, dass in dieser Phase allein 11 Bischöfe und 1700 Priester ermordet worden sind. Mit General Franco (1936–1975), der sich auf die Armee, die Einheitspartei (Falange) und die katholische Kirche stützte, stellte sich dann auch für die Klöster „Ruhe" ein, allerdings unter dem Schutz und Schirm einer Diktatur. Die Benediktiner Spaniens sind heute in der Sublazenser Kongregation zusammengeschlossen.

Frauengemeinschaften

Die Benediktinerinnen Spaniens erlitten das gleiche Schicksal wie die Männergemeinschaften – und wie schließlich alle Orden des Herrschaftsgebietes –, mit besonders schweren Schlägen in den Jahren 1836 (Aufhebung aller Frauengemeinschaften mit weniger als 20 Mitgliedern), 1868 (vollständige Besitzkonfiskation der Frauenkonvente und Zuweisung einer geringen Rente), 1936 (unter dem Ministerium Azaña) – wie erwähnt – Verstaatlichung aller Orden und staatliches Vorrecht bei Nutzung der Konvents- und Kirchengüter.

Um 1950 existierten in Spanien noch 25 Gemeinschaften der Benediktinerinnen mit insgesamt 545 Nonnen und 232 Konversen (darunter aber nur 4 Konvente mit 30 Mitgliedern [Barcelona, Palacios de Benaber, Estella und León]). Im Gegensatz zu Italien spielte in Spanien im 19. und 20. Jahrhundert die *Kongregation von der Ewigen Anbetung* keine Rolle.

i) Portugal

In Portugal, das seit der Revolution von 1820 eine liberale Verfassung kannte, kam es unter Pedro IV., der die Verfassung erneuert hatte, 1834 zur Aufhebung aller 21 Männer- und aller Frauenkonvente der Benediktiner und zum Verlust des gesamten Klostervermögens. Ein zögerlicher Neuanfang wurde 1864 durch Juan Leite de Amorim (Klostername: Johannes de Sancta Gertrude) versucht. Er hatte seine Profess zu Bahia, am Sitz der portugiesischen Kongregation in Brasilien, abgelegt und war mit Erlaubnis der Kongregation als Missionar in eigener Sache sozusagen in sein Heimatland zurückgekommen. Sein Erneuerungsversuch mit der ehemaligen Abtei San Martin zu Cucujães war bei seinem Tode aber kaum lebensfähig. Erst ein weiterer Rettungsversuch 1894 nach einem Hilferuf an die Mönche in Maredsous – diese waren Mitglieder der Kongregation von Beuron – schien das Unternehmen zu retten. Doch auch diese hoffnungsvolle Initiative wurde wiederum durch die Revolution von 1910 unterbrochen, als man die Gesetze der liberalen Verfassungen von 1820 und 1834 wieder in Kraft setzte. Nach der Revolution kam es zu einem neuen, erfolgreicheren Versuch der Wiederbegründung im Kloster Singeverga, das seinen Bestand über die Revolutionszeit hatte retten können (und das als aufblühende Gemeinschaft 1938 zur Abtei erhoben wurde). Unter mittlerweile toleranteren Regierungen – trotz gleichbleibender Gesetzeslage – waren es aber nun die Missionsinitiativen der portugiesischen Benediktiner in Angola, die von Erfolgen gekrönt waren. Dieses Engagement allerdings war von einem Kongregationswechsel begleitet: Da die Beuroner Kongregation des Gründungsklosters Maredsous keine Fremdmission kannte, schloss man sich 1931 der belgischen Kongregation an.

j) Ungarn

Kongregation von Pannonhalma (Martinsberg)

In Ungarn bemühte man sich nach dem Tode Josephs II. (1790), die altehrwürdige Kongregation von Pannonhalma (Martinsberg) wieder zu errichten. Nach dem Restitutionsedikt (12. März 1802) – es traf erst nach dem Frieden von Luneville (1801) ein –, das der Erzabtei und ihren drei abhängigen Gemeinschaften (Bakonybel, Tihany, Dömölk) Besitz und Privilegien zurückerstattete, wie sie 1786 bei der Auflösung bestanden hatten, einigte man sich auf Chrysostomus Novák, den letzten Abt der älteren Generation, als Erzabt von Pannonhalma. Dies allerdings unter Bedingungen, die das aufklärerisch-liberale, josephinische Erbe noch deutlich erkennen lassen: Die Gemeinschaften hatten den Gottesdienst in ihren Abteien zu versehen, darüber hinaus (wie früher) 25 Pfarreien zu betreuen und in 8 Kollegien den höheren Schuldienst zu unterhalten. Jedem Kolleg sollte eine Residenz verbunden sein, um den Mönchen ein Leben nach *RB* zu ermöglichen. Diese Bedingungen zeigen, dass man seitens des Staates die Hauptaufgabe der Benediktiner in Dienstleistungen für die Öffentlichkeit sah, vornehmlich in der Seelsorge und im höheren Schulunterricht.

Den Statuten gemäß – diese wurden 1921 Rom zur Approbation unterbreitet und stellten weitgehend eine Überarbeitung der älteren Fassung von 1855 dar unter Abstimmung allerdings mit dem *CIC* von 1917 – stand der Erzabt von Pannonhalma an der Spitze der Kongregation und wurde zunächst vom König von Ungarn ernannt, später nach Absetzung der Habsburger (1918) durch die Mitglieder der Kongregation gewählt. Der Erzabt seinerseits bestimmte die Äbte der kongregationsabhängigen Mitgliedsklöster auf Grundlage einer Dreiervorschlagsliste seitens der Gemeinschaften. Die Wahl des Priors von Pannonhalma, des Vertreters des Erzabtes, lag anfänglich beim Erzabt allein, wurde später aber gemeinsame Pflicht der Kongregationsmitglieder zusammen mit dem Erzabt. Die Amtsdauer von Erzabt und Äbten währten lebenslang; das Priorenamt für Martinsberg blieb dagegen auf drei Jahre begrenzt.

Zu den Pflichten des Erzabtes – neben der Verantwortung für den Nachwuchs und die monastische Führung der gesamten Kongregation – gehörte es, jährliche Visitationen durchzuführen und alle drei Jahre ein Kapitel einzuberufen. An den Kapiteln teilzunehmen war Pflicht für den Erzabt, die übrigen Äbte, die Seniores von Martinsberg sowie für die Leiter aller betreuten Pfarreien. Freiwillige Teilnahme von sonstigen Kongregationsmitgliedern war gestattet. Außerdem standen seit 1855 ein „Dekanat" sowie ein „Rat" dem Erzabt unterstützend zur Seite. Zur Regelung der Angelegenheiten mit Rom unterhielt man einen Prokurator mit jeweils sechsjähriger Amtszeit.

Der Ort der Profess war für alle Mitglieder des Verbandes Pannonhalma, der Sitz der zentral geführten Kongregation. Besondere Verdienste bei der äußeren Wiederherstellung der Klöster und des Gesamtverbandes erwarben sich die Erzäbte Chrysostomus Kruesz († 1885), Klaus Vaszary († 1891) und Tiburtius Hajdu († 1918).

Das Territorium von Pannonhalma, einer der wenigen Benediktinerabteien im Status einer *abbatia nullius*, bildete ein selbständiges, Rom unterstehendes Bistum, in welchem dem Erzabt das (bischöfliche) Recht zur Firmung zukam. (1950 allerdings wurde das Bistum durch die Regierung der Volksrepublik aufgelöst.)

Die Ungarische Kongregation von Pannonhalma umfasste 1950: 4 Abteien, 7 Residenzen, insgesamt 243 Priestermönche, 2 Brüder. Außerdem unterhielt man 7 Gymnasien: in Budapest, Györ, Esztergom, Komárom, Köszeg, Pápa, Sopron.

k) Böhmen

Congregatio Slava

In Böhmen hatten unter Joseph II. (1785) nur Břevnov-Braunau, Raigern und Emaus (Prag) die Säkularisierung überstanden. Seit 1880 gehörte Emaus – zwischenzeitlich in kritischem Zustand und von Mönchen der Beuroner Kongregation wiederbelebt – dem schwäbischen Verband an. Břevnov-Braunau und Raigern hingegen schlossen sich 1889 den neugegründeten Österreichischen Kongregationen an: Břevnov-Braunau der *Kongregation von der Unbefleckten Empfängnis*, Raigern der Kongregation des Hl. Joseph. Anlässlich der Zusammenlegung beider österreichischer Kongregationen (1930) zogen sich die böhmischen Gemeinschaften allerdings zurück. Die Union Břevnov-Braunau wurde 1939 durch die Gründung zweier selbständiger Gemeinschaften abgelöst. 1945 traten Břevnov, Braunau, Raigern und Emaus der neu errichteten Slavischen Kongregation (*Congregatio Slava sub titulo S. Adalberti*) bei, zu der auch die Gemeinschaften von Opatija (Kroatien) und Lubin (Polen) zählen.

Die deutschen Mönche des Konvents zu Braunau mussten 1945 die Tschechoslowakei verlassen und fanden Aufnahme in Rohr (Bayern). 1950 umfasste die Slavische Kongregation: 48 Priestermönche und 19 Brüder.

l) Polen

Die Benediktiner in Polen haben sich von dem Einbruch durch die Aufklärung nur partiell wieder erholt. Wiedererstanden ist Lubin – 1836 von der Preußischen Regierung aufgehoben und von deutschen Mönchen aus Emaus (Prag) wiedererrichtet –, das 1923 zum Priorat erhoben wurde und heute Mitglied der Slavischen Kongregation ist. Grüssau (Krzeszow, Schlesien), 1810 säkularisiert, wurde 1919 ebenfalls durch (deutsche) Benediktiner aus Emaus wiederbesiedelt und 1924 zur Abtei erhoben. Die deutschen Mönche des Konvents mussten 1945 aus politischen Gründen die Gemeinschaft verlassen. Sie fanden Aufnahme in Wimpfen (Neckar).

Tyniec wurde erst 1939 von belgischen Mönchen wiederbesiedelt und wurde Mitglied der Belgischen Kongregation.

Die Benediktinerinnen in Polen erlitten weithin dasselbe Los wie die Männerkonvente. Nach der dritten polnischen Teilung (1795) verschwanden auch die Frauenkonvente in den Teilen des Landes, die Russland und Preußen unterstanden, vollständig. Im Herrschaftsbereich, der Habsburg zugeteilt war, griffen die Regelungen Josephs II.: Immerhin blieben so – unter staatlicher Überwachung allerdings – die Frauenkonvente erhalten, sofern sie sich in der Caritas oder im Schulunterricht staatsnützlich erweisen konnten. Möglichkeiten zur Erholung eröffneten sich erst wieder infolge der Neuregelungen nach 1918, eine Phase, in der sich die *Kongregation von der Ewigen Anbetung* stärker entfaltete, dabei vornehmlich von den Konventen in Warschau und Lemberg ihren Ausgang nehmend. 1931 gelang es dann sogar, nach einer im Auftrag durchgeführten, erfolgreichen Visitation, eine Kongregation bischöflichen Rechts für die übrigen Frauenklöster ins Leben zu rufen. Der neue Verband folgte den Beuroner Statuten (für die Frauengemeinschaften), angepasst an die besonderen Verhältnisse vor Ort, und umfasste die Gemeinschaften: Staniatki, Krzeswow, Nieswiez, Warschau, Przemysl, Lomza. Die Nonnen legten zwar nur die einfachen Gelübde ab, besaßen aber ansonsten alle Rechte und unterstanden allen Pflichten von Gemeinschaften mit großen, feierlichen Gelübden. Alle Abteien der Kongregation hatten den Status *sui iuris*. Das Kapitel wählte für 12 Jahre eine (Äbtissinen-)Präsidentin im Status einer *prima inter pares* mit Visitationsrecht. Rom ernannte darüber einen Abt-Visitator, der die Kongregation repräsentierte, in sechsjährigem Abstand alle Abteien visitierte und den Vorsitz bei Wahlen und in den Kapitelssitzungen führte. Ihm waren die Äbtissinnen jährlich Rechenschaft über materielle und geistliche Zustände in den Gemeinschaften schuldig. Dieser relativ erfreuliche Zustand in den Konventen der Benediktinerinnen Polens endete mit den Einbrüchen infolge des Zweiten Weltkriegs. – Die Kongregation der polnischen Benediktinerinnen umfasste 1950 noch 7 Häuser mit 117 Nonnen, 89 Konversen und 36 Novizinnen.

2. Missionsgebiete in Übersee

a) Allgemeine Situation

Abgesehen von den Niederlassungen des portugiesischen Verbandes (reformierter Klöster) im 16. Jahrhundert in Brasilien – Bahia (1581), Rio de Janeiro (1586), Olinda (1583), São Paulo (1588) –, und abgesehen auch von den etwa gleichzeitigen Initiativen der Kongregation von Valladolid in Mexiko-Stadt sowie in Lima (1598), nahm die Ausbreitung der

„schwarzen Benediktiner" außerhalb Europas in größerem Umfang erst im 19. Jahrhundert ihren Anfang, zur Hochzeit des Kolonialismus, als neben den (benediktinischen) Missionskongregationen von St. Ottilien und von Tutzing bezeichnenderweise auch andere bedeutende Missionsorden wie etwa die Weißen Väter (1868) und die Steyler Missionare (1875) jeweils ihren Anfang nahmen.

b) Nordamerika

Die ersten benediktinischen Missionsaktivitäten des 19. Jahrhunderts in Übersee waren aus Klöstern Bayerns gekommen und hatten Nordamerika zum Ziel. 1846 erhielt Bonifatius Wimmer, von seiner Berufung durchdrungen, die Erlaubnis zur Mission und begab sich zusammen mit 4 Studenten und 16 Handwerkern nach New York, wo ihm von Michael O'Connor, dem Bischof von Pittsburgh, zunächst die Pfarrei St. Vinzenz als Wirkungsstätte zugewiesen wurde. Hier errichtete Wimmer, zunächst noch nicht mit Missionsaufgaben, sondern mit Religions- und Kulturpflege unter den deutschen Auswanderern betraut – unterstützt aus der Heimat u. a. durch den Ludwig-Missionsverein sowie durch Petrus Lechner (Scheyern) und dessen Helfer – ein blühendes Kloster. Bereits 1855 wurde die Gemeinschaft – die älteste nach *RB* in Nordamerika – zur Abtei und schließlich unter Abt Wimmer als Präses auch zum Haupt der *Congregatio Americana-Casinensis sub titulo SS. Angelorum Custodum* erhoben.

Darüber hinaus gelangen unter Wimmer weitere Gründungen, u. a. das Priorat – später berühmt als florierende Abtei – St. John in Collegeville (Missouri) sowie die nachmals so herausragende Gemeinschaft in Atchison (Kansas).

Die erste Aufgabe dieser frühen Missionare lag noch nicht auf der Christianisierung der indigenen indianischen Bevölkerung, vielmehr ging es zunächst um das Schicksal der europäischen Auswanderer: um Bonifizierung, Rodung und Landgewinnung, um Bau von Kirchen und Schulen, um Unterricht und nicht zuletzt auch um die Seelsorge. Beim Tode Wimmers 1887 unfasste die Kongregation 5 Abteien und mehrere Priorate. 1950 existierten bereits 16 Abteien und 1 Priorat mit 1102 Priestermönchen und 207 Brüdern, 66 Schulen mit 12000 Zöglingen und zahlreiche Pfarreien mit etwa 250.000 Seelen. St. Vinzenz wurde 1892 zur Erzabtei erhoben und unterhielt eine theologisch-philosophische Fakultät, seit 1914 mit Promotionsrecht. Im Laufe der Zeit trat St. Vinzenz dann an Bedeutung etwas hinter St. John zurück. (Heute zählt die Amerikanisch-Cassinensische Kongregation 21 Klöster.)

Fast gleichzeitig mit der bayerischen Kongregation fassten auch Schweizer Missionare Fuß auf dem neuen Kontinent, allerdings von den

Anfängen an in der dezidierten Absicht zur Indianermission. Auf die Bitte des Bischofs von Vincennes (Indiana) um Missionare für seinen Sprengel schickte zunächst Einsiedeln zwei Mönche, die 1854 ein Haus mit dem Heimatpatrozinium St. Meinrad gründeten, das 1870 zur Abtei erhoben und Haupt der neuen, durch Zusammenschluss von St. Meinrad und Neu-Engelberg entstandenen „Schweizerisch-amerikanischen Kongregation" wurde (*Congregatio helveta-americana sub titulo Immaculatae Conceptionis B. M. V. [Congregatio Panamericana]*). Die herausragende Persönlichkeit in St. Meinard war Abt Martin Marty (1896), der 1860 aus Einsiedeln gekommen war, Bischof u. a. von Sioux wurde und später den Ehrentitel „Apostel der Sioux" erhielt. Neben Einsiedeln wurde nach 1873 auch Engelberg tätig u. a. mit der herausragenden Gründung „Neu-Engelberg" (Conception, Missouri).

Zunehmend unterstützen im Verlauf des 19. Jahrhunderts dann auch Schwesterngemeinschaften (*sorores*) mit einfachen Gelübden als Helferinnen die Missionare. Um 1950 umfasste die Schweizerisch-amerikanische Kongregation: 6 Abteien, 3 Priorate, 377 Priestermönche, 127 Brüder, 44 Schulen und etwa 4800 Zöglinge.

Beide Amerikanischen Kongregationen, die Bayerische wie die Schweizerische, griffen weiter nach Kanada aus: Erstere durch eine Gründung in Saskatchewan (1903), Letztere durch Errichtung zweier Missionsstationen auf der Insel Vancouver (1900). Seit 1912 engagierte sich auch die französische Kongregation in Kanada durch die – von Saint-Wandrille ausgehende – Gründung Saint-Benoît-du-Lac (Sherbroke).

c) Mittelamerika

In Mittelamerika (mit Mexico) wurden die Benediktiner von St. John (Collegeville) aus tätig: auf den Bahama-Inseln begannen sie 1891, in Puerto Rico 1947 ihre Missionsarbeit. Den Mönchen aus Montserrat, die sich vom 17. Jahrhundert bis 1863 in Mexiko-Stadt gehalten hatten, folgten 1901 und 1910 Ordensbrüder aus Silos, die hier zwei Zellen errichten konnten.

d) Südamerika

In Südamerika finden sich zahlreiche benediktinische Gründungen des 19. Jahrhunderts, getragen von Gemeinschaften aus dem alten Europa: von französischen, spanischen und Schweizer Gemeinschaften in Argentinien, von spanischen und deutschen in Chile. Dagegen betätigten sich brasilianische Gemeinschaften in Venezuela (seit 1947 allerdings auch St. Ottilien). Ein besonderes Feld südamerikanisch-benediktinischer Mission des 19. Jahrhunderts stellt Brasilien wegen seiner politischen Wechsel dar. Die

Benediktiner, die – wie erwähnt – seit dem17. Jahrhundert erfolgreich in Brasilien agierten, hatten sich mit der Loslösung Brasiliens von Portugal (1822) zu einer eigenen Kongregation (*Congregatio Brasiliensis*) unter Beibehaltung der alten Konstitutionen und unter Mitnahme aller alten Rechte zusammengeschlossen, wurden aber dann im Verlauf des 19. Jahrhunderts – wie alle anderen Orden auch – durch Erlasse der kaiserlichen Regierung sukzessiv unterdrückt: 1828 verbot das Kaisergesetz fremden Mönchen alle Verwaltungstätigkeiten, gefolgt vom Gütereinzug der Gemeinschaften; 1834 leitete der Justizminister die langsame Auflösung ein; 1855 folgte das Verbot, Novizen aufzunehmen, mit der Folge, dass 1883 in den Klöstern der Benediktiner lediglich noch 37 Religiosen lebten. Ein Wechsel trat ein mit der friedlichen Revolution von 1889. In der Republik, die das Kaiserreich ablöste, wurde die Kirche wieder als juristische Person mit Recht zu Gütererwerb und Verwaltungstätigkeit anerkannt, ab 1890 wurden die Klöster wiederhergestellt. In der folgenden Restauration (seit 1895) spielte das französische Kloster Maredsous, unterstützt durch die Gemeinschaft von Beuron, eine zentrale Rolle. Langsam wurden alle Klöster wiederhergestellt, Haupt der Brasilianischen Kongregation wurde das ehrwürdige San Sebastian in Bahia (1899 restauriert); weitere bedeutende Stützpunkte waren: Assunción (São Paulo, 1900), Santa Maria de Montserrat (Rio de Janeiro, 1903), Samos (Priorat, 1900). Die *Congregatio Brasiliensis* umfasste 1950: 4 Abteien, 4 Priorate, 1 Zelle, 138 Priestermönche, 36 Brüder.

e) Ostasien

In Ostasien (Bengalen, China, Mandschurei, Japan) agierten die Benediktiner mit unterschiedlichem Erfolg. In Ost-Bengalen gelang es 1878 der belgischen Provinz der Sublazenser Kongregation Fuß zu fassen, allerdings nur für 10 Jahre. In China hatte die belgische Abtei St. Andreas (Brügge) 1926 ein Priorat in Xishan eröffnet – später nach Chengdu verlegt –, verbunden mit einem Institut für höhere Studien. Die „Amerikanisch-Cassinensische Kongregation“ hatte das ehrgeizige Projekt einer Benediktineruniversität in Peking 1925 in die Tat umgesetzt. Als das Projekt jedoch die Möglichkeiten nur einer Kongregation zu übersteigen begann, wurde es 1933 von Rom den Steyler Missionaren übergtragen. St. Ottilien engagierte sich in der Mandschurei (China) 1922 mit Begründung eines Missionspostens (Yenki), der 1934 zur Abtei, 1937 zum apostolischen Vikariat und 1946 zur Diözese erhoben worden ist. In Indochina betätigte sich St. Pierre-qui-Vire zu Dalat (später wurde das Priorat in die Nähe von Huế transferiert). In Japan war seit 1936 Beuron präsent (Priorat in Tonogaoka-Chigasaki, das 1940 dann von St. Ottilien übernommen worden ist). St. Ottilien gründete 1909 auch in Seoul ein Priorat, das 1913 zur Abtei erhoben, 1927 nach Tokwon verlegt und 1940 zur *abbatia nullius* erklärt worden ist.

f) Philippinen

Auf den Philippinen gründeten Mönche aus Montserrat 1904 ein Priorat (1924 Abtei); 1923 – nachdem die Philippinen infolge der Revolution (1895) von Spanien an die USA gegangen waren – lässt sich auch St. Ottilien im Norden Manilas nachweisen.

g) Australien

Besondere Verdienste erwarben sich die englischen Benediktiner, genauer die Gemeinschaft von Downside, bei der Missionierung Australiens. Nachdem den englischen Benediktinern 1818 das apostolische Vikariat für Mauritius, Südafrika, Australien, die pazifischen Inseln und Teile von British-Indien anvertraut worden war, begann Vikar B. W. Ullathorne (Downside) 1833 von Sidney aus mit Hilfe seines ehemaligen Novizenmeisters J. B. Polding die Mission und den Aufbau der katholischen Kirche zu organisieren. 1842 war der Aufbau abgeschlossen, und Polding wurde – da Ullathorne sich aus Bescheidenheit verweigerte – erster Erzbischof von Sidney. Bereits 1883 – nach nur 50 Jahren Mission und Organisation – übernahmen Weltpriester von den Benediktinern Aufbau und Organisation zur Gänze und führten sie als normales Kirchensystem weiter. Lediglich in Westaustralien waren nichtenglische Benediktiner aus San Martin zu Compostela tätig. Auf sie geht die Gründung Neu-Nursia (New Norcia) zurück.

h) Afrika

Ein weites Feld für die Mission auch der Benediktiner bot Afrika. Obwohl 1818 – wie erwähnt – das große, auch Südafrika (und Madagaskar) umfassende Vikariat an die englischen Benediktiner gegeben worden war, kam es zu keiner englischen Klostergründung auf dem Boden Afrikas mehr. Im Norden des Kontinents (Tunis und Tunesien) wirkten seit 1861 Mönche aus St. Bonifatius (München) und zwischen 1867 und 1879 solche aus Subiaco. In Ostafrika erschien seit 1885 St. Ottilien (Vikariat von Daressalam). Belgisch-Kongo wurde seit 1910 von belgischen Mönchen aus St. Andreas (Brügge) übernommen. In Transvaal waren seit 1910 ebenfalls belgische Mönche der Sublazener Kongregation präsent. In Kamerun wirkten seit

1932 Benediktiner aus Engelberg. In Portugiesisch-Angola waren seit 1933 Benediktiner von Singeverga und Cucujães präsent.

Es bleibt ein erstaunliches Phänomen, wie das benediktinische Mönchtum trotz aller Pressionen und trotz all der Einbrüche im Verlauf des 17. und 18. Jahrhunderts sich immer wieder regenerierte und im 19. Jahrhundert dann auch außerhalb Europas auf allen Kontinenten in der Missionsarbeit mit herausragenden Leistungen – und dies durchaus auch schon im Sinne moderner Entwicklungshilfe – präsent war.

Neben den Männergemeinschaften finden sich anfangs vergleichsweise wenige und auch erst spät gegründete Konvente von Benediktinerinnen in Übersee. Dieses Verhältnis kehrt sich aber bald um, wenn man die seit Mitte des 19. Jahrhunderts dann zunehmende Zahl der auf die *RB* verpflichteten, weiblichen Mitglieder der zahlreichen Gemeinschaften von *sorores* im Auge behält, die allerdings kirchenrechtlich zunächst noch nicht anerkannt waren und folglich auch offiziell noch nicht unter die Töchter Benedikts gezählt worden sind. (Zur späteren kirchenrechtlichen Gleichstellung der *congregationes sororum* durch Pius XII., s. unten, S. 361 f.)

3. Wiedereröffnung des Anselmianums: Palazzo dei Convertendi (1888) – Aventin (1896)

Angesichts der gravierenden Umwälzungen, denen sich auch die Benediktiner im Verlauf des 19. Jahrhunderts in Westeuropa ausgesetzt sahen, belebte sich unter ihren reformfreudigeren Vertretern eine ältere, seit dem 16. Jahrhundert virulente Diskussion wieder um die Einrichtung zweier Institutionen, in denen man gleichsam Bollwerke im Kampf gegen die Probleme der Zeit sah. Gemeint waren: Ein allen Kongregationen gemeinsames Studienhaus sowie die kongregationsübergreifende Konföderation.

Das Studienhaus betreffend konnte man – wie erwähnt – bereits auf einen Vorlauf verweisen: das von der Cassinensischen Kongregation 1687 in St. Paul (Rom) begründete, dem dortigen Abt unterstellte und 1854 wegen Cholera geschlossene Studienkolleg Sant'Anselmo. Initiativen zu dessen Wiederbelebung gingen abermals von Simplicio Pappalettere aus, seit 1853 Abt von St. Paul v. d. M. (Rom), der für einen Neubeginn – allerdings unter veränderten Vorzeichen – plädiert hatte, nämlich für ein allen Benediktinern offenes Zentralkolleg als erstem Schritt hin zu einem künftigen Zusammenschluss sämtlicher Kongregationen der Benediktiner. 1867 kam es dann unter Pius IX. mit Bezug auf diese älteren Pläne zunächst zur Wiedereröffnung eines Studienkollegs mit dem Angebot, zukünftig nicht nur einer Kongregation – diese Spitze ging gegen die dominante Cassinensische Kongregation –, sondern allen Benediktinern offenzustehen, eine Offerte, die der damalige Abt von St. Paul, Leopold Zelli (Jacobuzi), in einer Grußbotschaft allen Benediktineräbten zukommen ließ. Spätestens mit diesem Rundschreiben war auch die Idee von einer Gesamtunion (Universalunion) auf der Basis eines Zentralkollegs als offizielle Option der ordensinternen Reformkreise formuliert, und die Diskussion um das Projekt war eröffnet.

Zugleich wurde der Plan einer Konföderation engagiert und differenziert weiter diskutiert und dabei auch Entwürfe vorgelegt von Zelli (Abt in St. Paul v. d. M., später Präses der Cassinensischen Kongregation), von Maurus Wolter (später Erzabt von Beuron) und Guéranger (Abt von Solesmes), Projektskizzen, die letztlich aber alle nicht verwirklicht wurden. Und dies u. a., weil das neu eröffnete Studienkolleg in Rom schon 1870 unter der piemontesischen Regierung (Victor Emanuels II.) wieder geschlossen worden war; aber auch weil Rom zu dem Vorhaben schwieg und nur allgemein auf das künftige Konzil verwies, auf dessen Ergebnisse man – wie sich zeigen sollte, allerdings vergebens – große Hoffnungen setzte. (Das Konzil fand aus Zeitgründen dann nicht mehr zur Beratung von Beschlüssen über Ordensrecht und Ordensdisziplin. Auch blockierten politische Ereignisse – Deutsch-Französischer Krieg, Kulturkampf und Altkatholikenbewegung – die Kommunikation beträchtlich.)

Ein neuer Anlauf – sowohl zur Gründung eines zentralen Studienkollegs wie zur Schaffung einer Konföderation – ging 1880 von der Festversammlung der Benediktineräbte in Montecassino aus, veranstaltet anlässlich des Gedenkens an Benedikts Geburt vor 1400 Jahren. Obwohl der anwesende Kardinallegat keinen Auftrag hatte, solche Gegenstände in einer förmlichen Versammlung zu erörtern, diskutierte man intern dennoch engagiert über die Sachlage und gab dem allgemeinen Wunsche zur Errichtung einer umfassenden Körperschaft Ausdruck. Doch blieb es zunächst bei Absichtserklärungen.

Erst als Papst Leo XIII. sich der Sache annahm, zeichnete sich allmählich eine Wende ab. (Das besondere Interesse Leos an den Benediktinern beruhte dabei wesentlich auf der Hoffnung, dass diese Gemeinschaften, die vor allen übrigen monastischen Formationen auf die größten Sympathien im Osten zählten, zur Wiedergewinnung der schismatischen, griechischen Kirche eine Brücke sein könnten.) 1886 berief Leo ein Generalkapitel der Cassinensischen Kongregation unter dem Vorsitz des (Benediktiner-)Erzbischofs von Catania, Benedikt Josef Dusmet, nach Rom. Hier beschlossen die versammelten Äbte die Wiederbegründung eines Studienzentrums, das zugleich auch allen affiliierten Kongregationen, ja allen „schwarzen Benediktinern" offenstehen sollte. Ermutigt über dieses Ergebnis ließ Leo im Jan. 1887 ein Breve an Dusmet gehen, in dem er – wenngleich in metaphorischen Wendungen – der Hoffnung Ausdruck gab, ein allen Benediktinern gemeinsames Kolleg werde in der Zukunft sicher bald auch zu einem allen gemeinsamen, übergeordneten Verband (zu „einem Körper"; unter „einer und der gleichen Leitung") führen. Dusmet interpretierte das Breve als Aufforderung zum Handeln und versuchte unverzüglich, die ordensinterne Zustimmung zur Eröffnung des Kollegs zu erhalten. Doch blieb das Echo der Äbte auf seine Initiativen – wie auch die einiger anderer Reformer – wiederum äußerst verhalten, und die nächste Verzögerung stellte sich ein.

Den wiederholten Blockaden seitens einzelner Klöster und Kongregationen trat Leo XIII. nun selbst energisch entgegen: Am 6. Juni 1887 erteilte er Dusmet den Auftrag, unverzüglich die Errichtung des Studienzentrums Sant'Anselmo in Angriff zu nehmen und dabei selbst als Oberer (Superior) zu fungieren. Am 15. Dez. desselben Jahres wurde Gustavo Bernardi zum Rector und Abt von Sant'Anselmo ernannt. Am 4. Jan. 1888 folgte die feierliche Eröffnung des Kollegs in der Nähe von St. Peter, im *Palazzo dei Convertendi* (Piazza Scossacavalli), ein Ereignis von singulärem Charakter – man spricht hier auch gerne von einem „Benediktinerkonzil im Kleinen" – wegen der großen Zahl der anwesenden Benediktiner. Der Ort war zunächst nur als provisorische Unterkunft gedacht. Zum endgültigen Standpunkt wählte man schließlich den Aventin. Abt Hildebrand de Hemptinne (Maredsous) wurde mit Entwurf und Planung im Ganzen, Graf Vespignani mit der Bauausführung vor Ort betraut; am 22. April 1893 wurde der Grundstein gelegt, 1896 wurde der Bau auf dem Aventin vollendet, wo das künftige Kolleg seinen festen Sitz haben sollte. Grund und Boden sowie die Gebäude waren Eigentum des Hl. Stuhls.

Das Kolleg selbst unterstand weder einer einzelnen Kongregation noch der Visitation noch den Statuten einer solchen. Die Beschlüsse der Äbteversammlung (aller Kongregationen) waren folglich für das Kolleg ohne Belang, lediglich die gemeinsamen Beschlüsse der versammelten Präsides waren bindend. Das Kolleg sollte allen „schwarzen Benediktinern" offenstehen und hatte die wissenschaftliche und monastische Ausbildung seiner Alumnen zu garantieren. Die *familia* des Kollegs bestand aus Patres, Klerikern und Brüdern, die nur für bestimmte Zeit in der Gemeinschaft weilten, während ihre Zugehörigkeit zum jeweiligen Professkloster ruhte. Das Kolleg war eine *domus regularis* mit Verpflichtung zum Chordienst im Sinne des *CIC*, hatte daher ausdrücklich nicht den Status eines *monasterium sui iuris*. Man unterhielt also kein eigenes Noviziat, kannte kein Kapitel, besaß kein Recht zur Abtswahl. Zuständig für die Statuten des Kollegs wie die Kontrolle der ökonomischen Verhältnisse waren allein die Synoden der Präsides der Kongregationen. Das Kolleg war Wohnsitz des *Abbas Primas*, galt aber nicht als *caput* oder *mater ordinis*, auch nicht als *sede generalizia*.

4. Errichtung der *Confoederatio Benedictina* (*CB*) a. 1893

Erheblich komplizierter als die Gründung eines Studienzentrums für alle „schwarzen Benediktiner“ erwies sich erwartungsgemäß die Errichtung einer Konföderation, des zweiten großen, benediktinischen Reformvorhabens des 19. Jahrhunderts. Denn hier stellte sich die Frage, ob überhaupt und wie weit in die originären Rechte und Bräuche der Gemeinschaften und Kongregationen eingegriffen werden durfte; ob nicht durch das kongregationsübergreifende Band einer Konföderation gar das jahrhundertealte benediktinische Mönchtum in seinem Wesen verändert werde. Einen Spiegel dieser Problemlage bieten die zahlreichen Versuche zur Bildung lediglich partieller, häufig lokal begrenzter Verbünde von Gemeinschaften nach *RB*, die sich seit dem 16. Jahrhundert zahlreich in beinahe allen westeuropäischen Länder nachweisen lassen, und die – initiiert mal von einzelnen Gemeinschaften, mal von Kongregationen, Bischöfen oder Konzilien, mal von Regierungen, mal von Päpsten – entweder den umfassenden Zusammenschluss (*unio generalis*) noch gar nicht im Auge hatten, oder, wenn dies der Fall war, ihr Ziel nicht annähernd erreicht haben.

Diese Schwierigkeiten vor Augen, versuchte Kardinal Dusmet, das Konzept einer Konföderation – im Sinne der Reformer aus den eigenen Reihen wie im Sinne des Papstes – den Äbten zu erläutern, die sich anlässlich der Grundsteinlegung des neuen Anselmianums (18. April 1893) auf dem Aventin eingefunden hatten. (Anwesend waren außer Kardinal Dusmet noch 60 weitere Stimmen, darunter 37 regierende Äbte von Gemeinschaften nach *RB*; der Rest waren Titularäbte und Prioren.)

Die zentrale Botschaft an diese Versammlung – die erste der Art in Rom – war, dass man keineswegs an eine straffe Zentralisation dachte, vielmehr die historisch gewordenen Eigenheiten der Kongregationen, vor allem deren Selbständigkeit gewahrt wissen wollte. Die Konföderation sollte lediglich eine stärkere Verbindung zwischen den Kongregationen herstellen, nicht in diese eingreifen. Die Beratungen (*deliberationes*) über die Vorschläge dauerten nur vier Tagen, vom 21. bis 24. April, und endeten, nachdem einige Änderungen eingebracht waren, mit Annahme der vorgelegten und diskutierten Vorschläge durch die anwesenden Äbte. Im Ganzen wurden dabei die von Dusmet vorgeschlagenen Positionen akzeptiert. Und mit dem Breve Leos XIII. vom 12. Juli 1893 (*Summum semper*), der Bestätigung und Sanktionierung dieser Entscheidung, war die *Confoederatio Benedictina*, die Konföderation der Benediktinerkongregationen „gleichsam wie ein Bündnis“ (*ad instar foederis*) errichtet (*Summum semper*, cap. 1: *Omnes congregationes Benedictinorum, quos nigros vocant, veram fraternam Confoederationem ineunt, quae tamen Confoederatio nullam Congregationem alteri subiicit*).

Verfassungsrahmen und -schwerpunkte der Konföderation von 1893 lassen sich anhand des Breve *Summum semper* (s. oben) sowie des Dekrets *Inaestimabilis* (S. Congr. Episc. et Relig., 16. Sept. 1893) umreißen. Danach dient die *CB* dem Gesamtverband und umfasst alle Kongregationen der „schwarzen Benediktiner". (Die Limitierung der *CB* auf die „schwarzen Benediktiner" wurde später aufgegeben; sie findet sich in der *LP – 1952* schon nicht mehr [Eschlböck, Ius, S. 7, Anm. 25]. Der Verzicht auf diese Einschränkung ermöglichte dann später, Orden und Kongregationen auch der „weißen Benediktiner" – wie Kamaldulenser, Vallombrosaner, Olivetaner etwa, ausgeschlossen allerdings die Zisterzienser – in die Konföderation aufzunehmen.) Die Frauenzweige werden hier wie auch schon in den früheren *deliberationes* nicht erwähnt. Die *CB* versteht sich als „brüderlicher Bund" (*fraterna congregatio*) in wechselseitiger Liebe; alle Mitglieder haben die gleiche Würde, sind gleicher Herkunft; keine Kongregation ist einer anderen vorzuziehen, keine einer anderen zu unterstellen. Die Kongregationen behalten ihre eigenen Konstitutionen und Deklarationen, alle Titel und Ämter der Vorsteher (Erzäbte, Generaläbte, Präsides, Generalprokuratoren, Visitatoren). Die *CB* steht nicht in Abhängigkeit von einer bestimmten Kongregation (was vermutlich gegen die beherrschende Cassinensische gerichtet war). Alle Gemeinschaften bleiben in ihrem Besitz, behalten ihre Rechte und Privilegien. Generalkapitel existieren nur im Rahmen der Kongregationen, nicht darüber hinaus, d. h. *nicht* auf der Ebene der *CB*. Die *CB* versteht sich folglich eindeutig als föderal agierender, nicht als zentralistisch geführter Verband.

Unbeschadet aller Rechte der Kongregationen ist ein *Abbas Primas* mit Zweidrittelmehrheit durch Präsides und regierende Äbte, ohne Rücksicht auf Kongregation und Nation, zu wählen; seine Amtszeit währt 12 Jahre, er vertritt die Anliegen des Gesamtverbandes (*totius ordinis*) – gemeint als „*Summe aller Klöster und Kongregationen des Verbandes*") – in Rom und ist gleichzeitig Abt des Kollegs (Sant'Anselmo), ausgestattet mit der *iurisdictio ordinaria* über dasselbe. Der erste *Abbas Primas* allerdings – eine Dankesreverenz an PP. Leo XIII. für sein Engagement – sollte von Rom ernannt werden.

Der Abtprimas – erst mit dem Breve *Summum semper* wurde der Titel geriert – genießt einen Ehrenvorrang vor allen Äbten, hat normalerweise aber lediglich ein Überwachungsrecht (vornehmlich über die geistliche Disziplin) und nur in Ausnahmefällen – bei dringlicher Visitation – die Jurisdiktion über ein Einzelkloster. Eine habituelle Jurisdiktion über die Kongregationen oder die einzelnen Gemeinschaften – ausgenommen das Kolleg von Sant'Anselmo – besitzt er nicht. Die Kongregationen sind gehalten, alle fünf Jahre Bericht über ihren Zustand zu erstatten (Quinquennalberichte). Residenz des Primas ist das Kolleg Sant'Anselmo; dieses gehört keiner bestimmten Kongregation an und bildet eine Gemeinschaft, deren Mitglieder sich aus allen Kongregationen zusammensetzen; dem Primas untergeordnet ist der *rector collegii*; dieser hat den Primas in allem zu unterstützen und leitet das Kolleg. Zum ersten Abtprimas wurde Hildebrand de Hemptinne († 1913), Abt von Maredsous, durch Papst Leo XIII. (*ad nutum Pontificis*) ernannt.

In den folgenden Jahren erfuhren diese Bestimmungen einige Erweiterungen und Präzisierungen: durch Verlautbarungen der S. Congr. pro Episc. et Relig. (2. Dez. 1906), durch die S. Congr. de Relig. (12. Feb. 1913; 7. Feb. 1927) sowie durch das *CIC – 1917* (vornehmlich in den cann. 510, 223, 488, 501).

Die *CB* von 1893 umfasste 12 Kongregationen: die Cassinensische K.; die Englische K.; die Schweizerische K.; die Bayerische K.; die Brasilianische K.; die K. von Solesmes; die Amerikanisch-Cassinensische K.; die Beuroner K.; die Sublacenser K.; die Schweizerisch-Amerikanische K. (Panamerikanische K.).; die Österreichische K. zur U. E. Mariae; die Österreichische K. zum Hl. Joseph. (Die Ungarische Kongregation unter der Führung der Erzabtei Martinsberg/Pannonhalma war 1893 noch nicht Mitglied der Konföderation, blieb zunächst noch der *Congregatio Casinensis* „affiliiert".)

Der anfängliche Gesamtbestand der Kongregationen variierte allerdings im Laufe der folgenden Jahre. Auflösungen, vor allem aber Neuaufnahmen von Kongregationen veränderten die Mitgliederzahl des Verbandes erheblich. Im Jahre 1928 rekrutierte sich die Konföderation bereits aus 15 Kongregationen (mit etwa 170 Klöstern und 8780 [männlichen] Mitgliedern), sollte sich aber bis zur Zeit des II. Vatikanischen Konzils schließlich auf 21 Kongregationen erweitern (dazu unten, S. 386f).

*

Mit Errichtung der *Confoederatio Benedictina* von 1893 war es zum ersten Mal gelungen, einen kongregationsübergreifenden (Groß)verbund der „schwarzen Mönche" (*monachi neri/atrati*) zu errichten. Da die *CB* seit ihrer Errichtung üblicherweise aber auch unter der Denomination *Ordo Sancti Benedicti* (*OSB*) – unter der Bezeichnung „Benediktinerorden" also – firmiert (Manselli, R., Art.: Benediktiner, in: LdM 1 [1998], Sp. 1870), bedarf es hier einer terminologischen Abgrenzung zum OCist.

Im Falle der *CB* handelt es sich, wie ausgeführt, um einen föderalistischen Verbund selbständiger Gemeinschaften und Kongregationen, nicht um einen *ordo religiosus* im strengen Sinne, also nicht um einen zentralistisch verfassten und zentral geführten Einheitsorden wie u. a. bei den Zisterziensern, den Bettelorden oder den Prämonstratensern. Die *CB* kann folglich nicht in striktem, sondern lediglich in „uneigentlichem" Sinn als

„Orden", „Orden des Hl. Benedikt" bzw. als „Benediktinerorden" bezeichnet werden. Historisch korrekt und terminologisch präzise bleibt festzuhalten: Einen zentralistisch geführten *ordo religiosus* in strengem Sinne, wie ihn u. a. die Zisterzienser oder die Bettelorden kennen, hat es unter der Denomination *OSB* nie gegeben; und er existiert auch heute nicht (Leclercq, J., Benedettini, DIP I, Sp. 1289: „... *soltanto con significato improprio si può parlare di un' Ordine di s. Benedetto ... Non vi è un Ordine di s. Benedetto in senso stretto ...*").

Vor diesem Hintergrund wird dann auch deutlich, welch ungenaue Vorstellungen von der historischer Wirklichkeit suggeriert werden, wenn in der Literatur – sei es aus Verehrung für den Gründungsvater und Regelautor Benedikt, sei es aus dem Bedürfnis nach monumentaler Überhöhung der Anfänge überhaupt –, stillschweigend auch schon für frühere Perioden, wenn nicht gar für die Jahrhunderte seit Erscheinen der *RB* überhaupt, bedenkenlos von „Zeiten des Benediktinerordens", der „Geschichte der Benediktiner" oder vom „Benediktinertum" die Rede ist. Genau besehen werden hier frühe Epochen und Wirklichkeiten der Gemeinschaften nach *RB* durch Vorstellungen und Bezeichnungen aus späteren Zeiten und anderen Verhältnissen „modernistisch" verzeichnet.

5. Schwesternkongregationen (*congregationes sororum*) nach *CIC – 1917*

Eine weitere kirchenrechtliche Etappe in der Geschichte der monastischen Gemeinschaften allgemein – und somit auch der Gemeinschaften nach *RB* – war mit der Promulgation des *Codex Iuris Canonici* des Jahres 1917 (*CIC – 1917*) erreicht. Mit dieser Neubearbeitung wurde das ältere *Corpus Iuris Canonici* ergänzt, neu geordnet (systematisiert), es wurden Sachverhalte präziser formuliert und manche Passage ersetzt. Dabei fand das Ordensrecht als Teil des Kirchenrechts seinen Platz in *lib. II* (*De personis*), *pars* II (*De religiosis*), *tit.* IX–XVI (cc. 487–672).

Charakter und Intention des *CIC – 1917* folgend, verstehen sich auch die Passagen des Ordensrechts (Nr. 487–672) als allgemeines Recht, als Rahmenrecht also mit dem Anspruch, das römischerseits approbationsbedürftige Sonderrecht der Verbände und Kongregationen (*statuta* bzw. *constitutiones*) ebenso wie das – lediglich seitens der Kongregation genehmigungspflichtige – Eigenrecht der einzelnen Gemeinschaften (*consuetudines*) zukünftig jeweils noch anzupassen. Folglich setzte in den Jahren nach 1917 für die Gemeinschaften nach *RB* wie alle anderen Gemeinschaften und Verbände eine Phase der Anpassungen und Revisionen auf allen

Ebenen des jeweiligen Partikularrechts ein. Sofern sich dabei Normwidersprüche einstellten, war nach dem Grundsatz zu verfahren: *Lex superior derogat legi inferiori*. Mit anderen Worten: Das Sonder- und Eigenrecht der Benediktiner war jetzt dem allgemeinen Ordensrecht nach *CIC – 1917* anzupassen.

Es kann hier nicht der Ort sein, auf die zahlreichen Anpassungen und Neuerungen einzugehen, die für sämtliche Kongregationen oder gar die einzelnen Gemeinschaften nach *RB* nun anstanden. Auf einen bedeutenden Vorgang die Benediktiner betreffend sei hier lediglich hingewiesen: auf die Eingliederung der *congregatio sororum* ins offizielle Ordensrecht des *CIC – 1917*, eines Gemeinschaftstypus, der sich seit mehreren Generationen bereits in Italien, Frankreich und vornehmlich auch in der Schweiz ausgebildet hatte und nun seine ordensrechtliche Einbindung erfuhr.

Es handelt sich bei der *congregatio sororum* um jenen, im Verlauf des Spätmittelalters zahlreich ausgebildeten – von weiblichen Mitgliedern getragenen – Gemeinschaftstypus bischöflichen Rechts mit einfachem Gelübde (*votum simplex*), mit kleinem Chordienst und mit reduzierten Klausurvorschriften. Im klösterlichen Partikularrecht als „Schwesternkongregation" (*congregatio sororum*) bezeichnet, unterschied man sich somit von den traditionellen, strengeren „Nonnenklöstern" (*monasteria monialium*) mit ausführlichen Gebetsverpflichtungen und strenger Klausur. Mit der Einordnung der *congregatio sororum* in die *Instituta religiosa* und ihrer Gleichstellung mit dem traditionellen *ordo monialium* setzten die Autoren des *CIC – 1917* konsequent den Weg fort, den Leo XIII. mit der Konstitution *Condidae a Christo* (8. Dez. 1900) eingeleitet und so bereits einen ersten Schritt zur rechtlichen Einbindung dieser Gemeinschaften getan hatte. Auch die *Lex Propria – 1952* (16 a–e) übernahm später diese Einordnung.

Die *sorores* sahen (und sehen) ihre Berufung – wie bereits oben (S. 339f) im Zusammenhang mit den Frauenklöstern in der Schweiz ausgeführt – weniger in Betrachtung, Gebetsdienst und einem Rückzug in die strenge Klausur, vielmehr im Außenapostolat, im Dienst an und in den zeitgenössischen Gesellschaften. So engagierten sie sich vornehmlich in Erziehung, Krankenpflege, Unterricht, Sozialarbeit u. Ä. In ihren Verdiensten für die Kirche wie für die Gesellschaft unumstrittenen, war dieser Typus von Gemeinschaften dennoch jahrhundertelang außerhalb des offiziellen Ordensrechts geblieben. (Schließlich waren diese Gemeinschaften gegen die offizielle Linie des Laterankonzils von 1215 entstanden, wo die Gründung neuer Orden untersagt worden war. Auch fügten sie sich nicht in die Anweisungen Pius V. von 1566, der für alle Frauenklöster die strenge, päpstliche Klausur nochmals gefordert hatte.) So war es erst Leo XIII., der die ersten Schritte zur Änderung der Verhältnisse getan hatte, die dann in den Bestimmungen des *CIC – 1917* einen vorläufigen Schlusspunkt fanden.

6. Die Weltkriege

Wie allen anderen monastischen Gemeinschaften brachten die Weltkriege auch den Benediktinern große Verluste und Zerstörungen: mit der Verpflichtung männlicher Ordensangehöriger zum Militärdienst, durch Bedrückungen oder gar Verbot zahlreicher Gemeinschaften aus ideologischen Gründen, bisweilen auch durch deren Verwendung in kriegsnützlichen Diensten und Tätigkeiten. Nicht zuletzt aber in Folge der großen Völkerverschiebungen und territorialen Neuordnungen nach den Kriegen kam es auch innerhalb der „schwarzen Mönche" zu beträchtlichen Veränderungen, zu großen Einbrüchen und Verlusten. Auf Details in einzelnen Regionen oder Ländern kann dabei in diesem Rahmen nicht eingegangen werden. Es bleibt aber darauf hinzuweisen, dass zumindest im westlichen Europa die an Häusern und Besitz entstandenen Verluste der Orden nach 1945 größten Teils – wenn auch langsam – wieder ausgeglichen worden sind.

Doch bleibt an die Zerstörung des benediktinischen Weltzentrums von Montecassino während des Zweiten Weltkrieg zu erinnern, an ein militärtaktisch sinnloses, kulturhistorisch unbeschreiblich barbarisches Unternehmen, dem die fragwürdige Ehre zukommt, eine jener an Menschen und Material verlustreichsten Schlachten des Zweiten Weltkriegs gewesen zu sein. Zwar konnte der Rest-Konvent (der Abt und 10 Mönche) – zusammen mit einigen in den Mauern Schutz suchenden Zivilisten der Nachbarschaft – sich buchstäblich in letzter Minute noch auf Schleichwegen aus den Ruinen retten; auch gelang es – schier einem Wunder gleich –, noch unter dramatischen Umständen das Archiv, die Bibliothek und unschätzbare Kunstwerke mit Hilfe deutscher Soldaten nach Rom in Sicherheit zu bringen; und nicht zuletzt bleibt es auch als Geste der Alliierten bemerkenswert, dass man zwischen 1945 und 1956 die Abtei – „wo sie war, wie sie war" – wiederaufgebaut hat. Doch all dies wird kein Trost sein angesichts der gigantischen Zahl an Menschenopfern, welche die Vernichtungsmaschinerie der Kampfhandlungen auf beiden Seiten gefordert hat: In den 7 Monaten zwischen Nov. 1943 und Mai 1944 haben die Kämpfe um Montecassino etwa 50.000 alliierten und mehr als 20.000 deutschen (und verbündeten) Soldaten das Leben gekostet.

7. *Lex Propria – 1952*

Trotz mehrfacher Ergänzungen der Gründungsdokumente der *CB* von 1893 – u. a. durch das Breve *Summum semper* sowie das Dekret *Inaesti-*

mabilis – und trotz Neufassung auch des allgemeinen Ordensrechts im *CIC – 1917* blieben für die Benediktiner über die Jahre doch zahlreiche Rechtsunsicherheiten, manches Strittige und Unklare. Daher beauftragte Pius XII. die Religionskongregation – aus deren Reihen vermutlich die Initiative zur Neufassung gekommen war – mit der Erarbeitung eines neuen, einheitlichen Grundgesetztes für die Konföderation. Dieses neue Grundgesetz sollte unter Berücksichtigung aller Neuerungen, Ergänzungen und Veränderungen seitens der Päpste, der kurialen Behörden, der Äbte- wie Präsidessynoden, zugleich unter Berücksichtigung der besonderen benediktinischen Spiritualität, alle geltenden und relevanten Gemeinschaftsstatuten jener zur Konföderation gehörenden Kongregationen zusammenstellen, mit den Äbten und Präsides diskutieren und schließlich sanktionieren. (Die Limitierung der *CB – 1883* auf „schwarze Benediktiner" war offensichtlich mittlerweile aufgegeben worden.)

Der Synode der Äbte und Präsides von 1950 wurde dann überraschenderweise seitens der Religiosenkongregation ein Entwurf zur Diskussion unterbreitet – die Religiosenkongregation hatte bereits drei Jahre lang an dem Entwurf gearbeitet, ohne die Gemeinschaften zu informieren –, der zwei Jahre später dann, nach intensiven Beratungen, promulgiert worden ist.

Diese neue *Lex Propria* – die präzise gefasste, rechtliche Grundlage der *CB* – zählte damals 144 Artikel und wurde am 21. März 1952, dem Feste Benedikts, durch PP. Pius XII. mit dem Dekret *Pacis vinculum* in Geltung gesetzt. (Auch wurde der Vorgang zu demselben Termin von der *S. Congr. Relig.* mit dem Dekret *Quum Confoederationis* nochmals bestätigt.)

Da die hier ausgearbeitete Verfassung zu großen Teilen in der späteren Überarbeitung (von 1970/82) wieder Aufnahme gefunden hat, genügt es, ohne auf inhaltliche Details einzugehen, zunächst lediglich eine grobe Aufzählung der zentralen Gegenstände und Themen der älteren *Lex Propria – 1952* zu geben. (Eine detaillierte inhaltliche Darstellung des geltenden Rechts nach der jüngeren *Lex Propria – 1982* findet sich dann weiter unten, S. 381 ff.)

Der erste Abschnitt (*Sectio I*) umreißt Wesen, Verfassung und Zweck der Konföderation. An Sachverhalten und Gegenständen treten dabei u. a. ins Bild: der rechtliche Ursprung der Konföderation (1–2); der Titel (3: *Lex Propria seu Confoederatio Congregationum monasticarum Ordinis Sancti Benedicti vel Confoederatio Benedictina*); die rechtliche Natur der Konföderation (4–5: *nec ea Ordinem singillatim constituit*; 6: *fraterna consociatio*); die Zusammensetzung (7–8): ordentliche (9–13) und außerordentliche Mitglieder (14–15), Nonnen, Schwestern, Regularoblaten (16a–c); die Rangordnung (17–19); Kriterien für die Zugehörigkeit (20); Zweck der *CB* (21–22c).

Der zweite Abschnitt (*Sectio II*) beschreibt die Leitung der Konföderation durch die Äbtekongress (a), die Synode der Präsides (b) sowie den Abtprimas (c). An Gegenständen und Sachverhalten werden hier geregelt:

(a) Bezüglich des Äbtekongresses: Aufgaben (24–28, [Wahl des Abtprimas: im Regelfall alle 12 Jahre]; Mitglieder und Einberufungsmodus (29 [Konventualprioren haben Sitz und Stimme], 30–37); Tagungsverlauf (38–44); Wahl des Abtprimas (45–56); Geschäfte des Kongresses (57–60); Schluss, Unterzeichnung, Promulgation der Akten (61–64).
(b) Bezüglich der Synode der Präsides: Aufgaben (65); Mitglieder (66–68); Einberufung (69–71).
(c) Den Abtprimas betreffend: Aufgaben u. Rechte als Abt von Sant'Anselmo (72–74); als Abtprimas der Konföderation (75–80 [als Präsident], 81–84 [als Repräsentant derselben]); Privilegien des Abtprimas (85–99); monastische Stellung (100–103d); Ende der Amtszeit und Zwischenregierung (104–107); Rat des Abtprimas (108–111); Gehilfen (112–117); Visitationsrechte (118–124); Fragen und Rekurse an den Abtprimas (125–126).

Der dritte Abschnitt (*Sectio III*) betrifft das Kolleg Sant'Anselmo: Ursprung, Zusammensetzung, Zweck (127–130); Leitung und innere Ordnung (131–140); Unterhalt und Wirtschaftsführung (141–144).

Der *Ordo Sancti Benedicti* [*OSB*], der „Benediktinerorden" definiert sich nach *Lex propria – 1952* als „die Konföderation der Kongregationen und Klöster des Ordens des hl. Benedikt", in Kurzform: als die „*Confoederatio Benedictina*". Damit sind in kirchenrechtlich präzisem Sinne unter „Benediktinerorden" ausschließlich die Mitglieder der *confoederatio* verstanden, keineswegs – wie häufig missverstanden – die Gesamtheit aller Verbände und Gemeinschaften, die sich (irgendwie) auf die *RB* berufen.

So gehören nach dieser Definition u. a. auch die Zisterzienser nicht zum *OSB*. Doch bleibt daran zu erinnern, dass unter allen monastischen Verbänden des Mittelalters den Zisterziensern die Ehre zukommt, der älteste *ordo religiosus* [OCist] im strengen, kanonistisch-verbandstechnischen Sinne gewesen zu sein (Elm, K.: Art.: Zisterzienser, in: LdM 9 [1998], Sp. 632).

(Die Bezeichnung der Zisterzienser als „Zweigorden der Benediktiner" – eine Denomination, die in der Literatur häufig begegnet – suggeriert allerdings ein latentes Missverständnis. Zwar müssen – um im Bilde zu bleiben – die Zisterzienser durch die Verpflichtung auf die *RB* entstehungsgeschichtlich als „Zweige eines älteren Stammes", der „schwarzen Mönche" nämlich, gelten, sind diesen aber in der Ausbildung eines „Ordensverbandes" im strengen, kanonistisch-verbandstechnischen Sinn vorausgegangen. Historisch korrekt wäre es folglich, im Falle der Zisterzienser von einem „benediktinischen Reform-Zweig“ statt von einem „benediktinischen Zweig-Orden“ zu reden).

8. Bibliographie

1. Verhältnisse in Europa

a) Frankreich

Congregatio Gallica – (Dom Guéranger – Solesmes)

◊ Guépin, A.: Solesmes et Dom Guéranger, Le Mans 1876. – Buhler, Th.: Dom Prosper Guéranger, Abt von Solesmes und Neubegründer des Benediktinerordens in Frankreich, in: SMBO 26 (1905), S. 85 ff., 275 ff., 573 ff. – Delatte, P.: Dom Guéranger, abbé de Solesmes, 2 vol., Paris 1909/10. – Rousseau, N.: L'École Grégorienne de Solesmes, Tournai 1910. – Quentin, H.: Notice historique sur l'abbaye de Solesmes, Tours 1914. – Heurtebize, B.: Art.: Guéranger (Prosper), in: DACL 6 (1925), coll. 1857 ff. – Hilpisch, St.: Geschichte, S. 370 f. – Deris, L.: Les congrégations religieuses au temps de Napoléon, Paris 1929. – Manser, A.: Art.: Guéranger, Prosper Louis Pascal, in: LThK 4 (1932), Sp. 732 f. – Cozien, G.: L'œuvre de D. Guéranger, 1933. – Cabrol, F.: L'œuvre historique et littéraire de Solesmes, in: Rev. Mabillon (1933), S. 249 ff. – Schmitz, Ph.: Histoire VII (Les moniales), S. 161, 196, 280, 345, 348. – Ders.: Geschichte IV, S. 161 ff. – Robert, L.: L'abbé Guéranger et la révolution de 1830, Solesmes 1965. – Hourlier, J.: Art.: Guéranger (Prosper), in: DS 6 (1967), coll. 1096 ff.; (coll. 1103–1106 ausführliches Verzeichnis der Schriften und der Lit.). – Penco, G.: Fonti e carratteri della spiritualità benedettina italiana dell'Ottocento, in: Chiesa e spiritualità nell'Ottocento italiano, Verona 1971. – Soltner, M.: Solesmes et Dom Guéranger (1805–1875), Solesmes 1974. – Zaramella, E.: Art.: Benedettini, in: DIP 1 (1974), Sp. 1326. – Johnson, C.: Prosper Guéranger (1805–1875): A Liturgical Theologian. An Introduction to his Liturgical Writings and Work (Analecta Liturgica 9; Studia Anselmiana 89), Rom 1984, S. 69 ff. – Gribomont, J.: Art.: Solesmes, in: DIP 8 (1988); Sp. 1763 ff. – Schilson, A.: Erneuerng aus dem Geist der Restauration. Ein Blick auf den Ursprung der liturgischen Bewegung bei Prosper Guéranger, in: RoJKG 12 (1993), S. 35 ff. – Ders.: Art: Guéranger, in: LThK 4 (1995), Sp. 1091 f. – Acerbi, A.: La rinascita del monachesimo benedettino nel XIX secolo fra Solesmes e Beuron (Prima parte), in: Annali di Scienze Religiose 5 (2000), S. 263 ff. – Trollese, F. G. B. (ed.): La liturgia nel XX secolo: un bilancio (Caro salutis cardo. Contributi 22), Padua 2006. – Solltner, L.: Solesmes und Dom Guéranger (1805–1875) (Studien zur monastischen Kultur 4), St. Ottilien 2011. – Oury, G.-M.: Dom Prosper Guéranger 1805–1875. Ein Mönch im Dienst für die Erneuerung der Kirche (dt. Übers.), Heiligenkreuz 2013. – Dell'Omo, M.: Storia, S. 447 ff., 451 ff. (umfangreiche Lit. und ausführliche Würdigung Guérangers mit gedrängtem Abriss über die Bedeutung von Solesmes als Reformkloster und Wissenschaftsort); S. 490 (erschöpfende Lit. zu Solesme und Guéranger im Ganzen).

J. B. Muard

◊ BOUCHARD, J.: Vie du Père Muard, 2 vol., Amiens 1890. – STAERK, A.: Art.: Muard, Johannes Baptist, in: LThK 7 (1935), Sp. 354. – DERS.: J. B. Muard. Fondteur de la Pierre-qui-vire, La Pierre-qui-Vire 1949. – SCHMITZ, PH.: Histoire VII (Les moniales), S. 196. – DERS.: Geschichte IV, S. 166. – HUERRE, D.: Art.: Muard (Jean-Baptiste), in: DSp 10 (1980), Sp. 1826 ff. – ZEMANICK, J.: Art.: Muard, Jean-Baptiste, in: DIP 6 (1980), Sp. 186 ff. – FRANK, K. S.: Art.: Muard, Jean-Baptist, in: LThK 7 (1998), Sp. 514.

Dom Mayeul Lamey

◊ INGOLD, A.-M.-P.: Moines et religieuses d'Alsace. Dom Mayeul Lamey. Prieur majeur de Cluny, Colmar 1907. – SCHMITZ, PH.: Geschichte IV, S. 167. – CHAUSSY, T.: Dom Mayeul Lamey, in: Rev. Mabillon 59 (1979), Nr. 276, 278. – DERS.: Dom Mayeul. Les raisons d'un écheque. Son activité littéraire et scientifique, ebda., 63 (1984), Nr. 297, 298. – DE MORIMBERT, T.: Art.: Lamey (Charles-Arthur), in: Dict. Biogr. Franç., Fasc. 109 (1995), Sp. 572 f.

Frauengründungen

◊ KIENE, H.: Art.: Benediktinerinnen, in: LThK 2 (1931), Sp. 160. – HILPISCH, ST.: Benediktinerinnen, S. 116. – SCHMITZ, PH.: Histoire VII (Les moniales), S. 194 ff., 344 ff. – LUNARDI, G.: Art.: Benedettine, in: DIP 1 (1974), Sp. 1239. – BODARWÉ, K.: Der weibliche Zweig der Benediktiner, in: Macht des Wortes, Bd. 1, S. 118.

◊ (Thérèse de Bavoz): DISDIER, M.-TH.: Art.: Thérèse de Bavoz, in: DHCL 7 (1934), S. 16. – BUENNER, D.: Mme. De Bavoz, abesse de Pradines, Lyon1961. – LUNARDI, G.: Art.: de Bavoz, Thérèse, in: DIP 1 (1974), Sp. 1138.

◊ (Antoinette d'Orléans)]: s. oben, achtes Kapitel Bibliogr. 4, j, S. 262 f, 283.

◊ (Cathérine de Bar): s. oben, achtes Kapitel, Bibliogr. 4, j, S. 262 f, 284.

◊ (Cécile Bryère): DE PUNIET, J.: Art.: Bryère, Jeanne, Henriette, Cécile, in: DSp 1 (1937), Sp. 1972 ff. – SCHMITZ, PH.: Histoire VII (Les moniales), S. 196, 348 f. – MÜLLER, J. P., Art.: Bryère, Jeanne-Henriette, in: DIP 1 (1974), Sp. 1616.

◊ (Louise Adélaide de Bourbon): CHAIGNE, L.: Les Bénédictines de la rue Monsieur, Paris 1950. – SCHMITZ, PH.: Histoire VII (Les moniales), S. 195 f., 346.

b) Belgien

Belgische Provinz der Sublacenserkongregation

◊ BERLIÈRE, U.: Un projet de restauration bénédictine en 1815, in: Révue Bén. 23 (1906), S. 108 ff. – DERS.: Coup d'œil historique sur l'Ordre bénédictin en Belgique, Maredsous 1930. – SCHMITZ, PH.: Histoire VII (Les moniales), S. 197 f. – DERS.: Geschichte IV, S. 167 ff. – DESPY-MEYER/GERARD, CH.: Abbaye d'Afflighem: Monasticon Belge 4,1, Lüttich 1964, S. 17 ff. – DE COCK, A.: Le rattachement du monastère de Termonde à la Province de Subiaco, in: Rév. Bén. 82 (1972), S. 263 ff. – ZARAMELLA, E.: Art.: Benedettini, in: DIP 1 (1974), Sp. 1326 f. – LUNARDI, G.: Art.: Congregazione Benedettina Sublacense, in: DIP 2 (1975), Sp. 1503 ff. – DIERKENS, A.: Art.: Afflighem, in: LThK 1 (1993), Sp. 191 – DELL'OMO, M.: Storia, S. 507 f.

Congegatio sub titulo Annunciationis B. V. M.

◇ Schmitz, Ph.: Geschichte IV, S. 169f. – Müller, J. P.: Art.: Congreazione Benedettina dell'Annunziazione della B. V. Mariae, in: DIP 2 (1975), Sp. 1470f. – Dell'Omo, M.: Storia, S. 507f.

Dom Lambert Beauduin – Chevetogne

◇ Bouyer, L.: Dom Lambert Beauduin. Un homme d'Église, Tournai 1964. – Egender, N.: Art.: Amay, I: LThK 1 (1957), Sp. 421. – Quitslund, S. A.: Beauduin: A Prophet vindicated, New York 1973. – Dell'Omo, M.: Storia, S. 510, 513.

◇ (Chevetogne): Rousseau, O.: Le monastère de Chevetogne, in: Unitas 14 (1968), S. 148ff. – Botte, B.: Le mouvement liturgique. Témoignage et souvenirs, 1973. – Lanne, E.: Art.: Chevetogne, in. DIP 2 (1975), Sp. 880ff. (Sp. 882 Lit.). – Petzold, St.: Art.: Chevetogne, in: LThK 2 (1994), Sp. 1036f. – Dell'Omo, M.: Storia, S. 504, 510f.

Missionskongregation *Königin der Apostel*

◇ Rocca, G.: Art.: Benedettine della Regina degli Apostoli (Sœrs Bénédictines de la Reine des Apôtres), in: DIP 1 (1974), Sp. 1277f.

c) Deutschland

Bayerische Kongregation

◇ Germania Benedictina. Darstellung aller Klöster mit Benedictusregel, die im deutschen Sprachraum bestehen oder bestanden haben, St. Ottilien 1970ff. – Hanser, L.: Die Academia Benedicto-Bavarica. Erste Jahresversammlung, in: SMGB 41 (1921/22), S. 140ff. – Ders.: Von der Academia Benedicto-Bavarica, ebda., 42 (1923/24), S. 321ff. – Sattler, P.: Die Wiederherstellung des Benediktiner-Ordens durch König Ludwig I. von Bayern. I. Die Restaurationsarbeit in der Zeit Eduards v. Schenk, in: SMGB, Erg.h. 7, München 1931. – Molitor, R.: III, S. 11f. – Fink, W.: Beiträge zur Geschichte der bayerischen Benediktinerkongregation, in: SMGB, Erg.h., München 1934, S. 325ff. – Schmitz, Ph.: Geschichte IV, S. 169ff. – Clett-Kramer, L. B. (Frhr. von): Cramer-Klett, Theodor (II.) Freiherr von, in: Lebensläufe aus Franken 6, Würzburg 1960, S. 82ff. – Siegmund, A.: Die Bayerische Benediktiner-Akademie, ihre Vorväter und ihre Wiederbegründer, in: SMGB 82 (1971), S. 365ff. – Schuler, Th.: Art.: Congr. Benedett. di Baviera, in: DIP II (1975), Sp. 1128–1134. – Zaramella, E.: Art.: Benedettini, in: DIP I (1974), Sp. 1326f. – Mathäser, W.: König Ludwi I. von Bayern und die Benediktiner, in: SMGB 97 (1986), S. 9ff. – Haering, S.: Die Bayeriche Benediktinerkongregation im 19. und 20. Jahrhundert, in: Germ. Ben. I (1999), S. 675–703 (zu den einzelnen Klöstern der Kongregation: ebda, S. 677, Anm. 8 [Lit.]); zur Veröffentlichung der Statuten: ebda., [*Gedruckte Quellen, Iuridica*], S. 699; Lit. zur Geschichte der Germ. Ben.: ebda., S. 696f., Anm. 113).

Beuroner Kongregation

◊ Wolter, H.: Konstitutionen, Beuron 1866. – Ders.: Praecipua Ordinis monasterii Elementa et Regula Sancti Patris Benedicti, Brügge 1880. – Ders. (ed.): Rituale monasticum secundum consuetudinem Congregationis Beuronensis, Tornaci 1895. – Baeumer, S.: Geschichte des Breviers. Versuch einer quellenmäßigen Darstellung der Entwicklung des altkirchlichen und des römischen Offiziums bis auf unsere Tage, Freiburg 1895. – Kienle, A.: Choralschule. Ein Handb. zur Erlernung des Choralgesanges, Freiburg ^{3}1899. – Wolter, H.: Psallite semper, 5 Bde., Freiburg ^{7}1904–07. – Kienle, A.: Graduale Romanum, Tournai 1908. – Hilpisch, St.: Geschichte, S. 378 ff. – Mayer, H. S.: Art.: Beuron, in: LThK 2 (1931), Sp. 268 ff. – Mayer, S.: Benediktinisches Ordensrecht in der Beuroner Kongregation, Beuron 1936. – Uttenweiler, J.: Art.: Wolter, Maurus, in: LThK 10 (1938), Sp. 966 ff. – Weissenberger, P.: Das benediktinische Mönchtum im 19./20. Jahrhundert. 1800–1950, Beuron 1953. – Schmitz, Ph.: Geschichte IV, S. 173 ff. – Bogler, Th.: Maria Laach. Vergangenheit und Gegenwart der Abtei am Laacher See, München/Zürich ^{4}1961. – Fiala, V.: Ein Jahrhundert Beuroner Geschichte (Beuron 1863–1963). Festschrift zum 100-jährigen Bestehen der Erzabtei St. Martin Beuron, Beuron 1963. – Zähringer, D.; Der Beitrag Beurons zur liturgischen Erneuerung, ebda., S. 337 ff. – Wenzel, P.: Der Freundeskreis um Anton Günther und die Gründung Beurons. Ein Beitrag zur Geschichte des deutschen Katholizismus im 19. Jahrhundert, Essen 1965. – Fiala, V. E.: Art.: Congr. Benedett. di Beuron, in: DIP II (1975), Sp. 1430–1436. – Leccisotti, T.: Don Simplicio Pappalettere e la restaurazione monastica del secolo XIX, in: Benedictina 19 (1972), S. 108 ff. – Wenzel, P.: Die besondere Ausprägung des benediktinischen Mönchtums in der Beuroner Kongregation, in: Rév. Bén 83 (1973), S. 221 ff. – Leccisotti, T.: Uno dei tentativi di concilisazione del 1861 (con documenti inediti), in: Archivio Storico per le Province Napoletane, ser. III, 2 (1963), S. 419 ff. – Turbessi, G.: Vita monastica dell'abbazia di San Paolo nel secolo XIX, in: Rév. Bén. 83 (1973), S. 49 ff. – Zaramella, E.: Art.: Benedettini, in: DIP 1 (1974) Sp. 1327 f. – Lunardi, G.: Art.: Benedettine, in: DIP 1 (1974), Sp. 1238. – Pfaff, M.: Dom Prosper Guéranger, Abt von Solesmes, in: BM 51 (1975), S. 90 ff., 190 ff. – Ders.: Dom Prosper Guéranger und Maurus Wolter, in: Gribomont, J. (ed.): Commentaria in S. Regulam, 1 (Studia Anselmiana 84), Rom 1982, S. 33 ff. – Häussling, A.: Das Missale Deutsch. Materialien zur Rezeptionsgeschichte der lateinischen Meßliturgie im deutschen Sprachgebiet bis zum Zweiten Vatikanischen Konzil, Teil 1. Bibliographie der Übersetzungen in Handschriften und Drucken (Liturgiewissenschaftliche Quellen und Forschungen 66), Münster 1984. – Die Regel des heiligen Benedikt mit den Deklarationen für die Mönchsklöster, den Statuten und dem *Direktorium spirituale* der Beuroner Benediktinerkongregation, Gerleve 1985. – Semper, B. (ed.): Die Beuroner Benediktiner-Kongregation und ihre Klöster, Beuron 1989. – Rothert, A.: Benediktinerinnen und Benediktiner. Werdendes Gleichgewicht, St. Ottilien 1997, S. 97 ff. – Petzold, St. K.: Die Gründungs- und Entwicklungsgeschichte der Abtei Beuron im Spiegel ihrer Liturgie (1863–1968), Würzburg (Diss.) 1999. – Petzolt, St./Givens, B.: Die Beuroner Benediktierkongregation, in:

Germ. Ben. I (1999), S. 718–729. – Acerbi, A.: La rinascita del monachesimo benedettino nel XIX secolo fra Solesmes e Beuron (Parte prima), in: Annali di Scienze religiose 5 (2000), S. 263. – Petzolt, St.: Art.: Wolter (Mauritius), in: LThK 10 (2001), Sp. 1248 f. – Ders.: Art.: Wolter (Placidus), ebda., Sp. 1285 f. – Dell'Omo, M.: Storia, S. 461 ff., 491 (Lit.).

Kongregation von St. Ottilien

◊ Wehrmeister, Ch.: Vor dem Sturm. Reise durch Deutsch-Ostafrika vor und während dem (sic!) Aufstand 1905, St. Ottilien 1905. – Weber, N.: Im Lande der Morgenstille, St. Ottilien ²1923. – Ders.: In den Diamantbergen Koreas, St. Ottilien 1928. (Von N. Weber existieren auch Filmaufnahmen, deren ethnologisch-historische Bedeutung heute erkannt ist und die im koreanischen Fernsehen gesendet wurden). – Wehrmeister, C.: Die Entwicklung der Erzabtei und Kongregation von St. Ottilien (in: Lumen caecis, Festschr. f. Erzabt N. Weber, St. Ottilien), St. Ottilien 1928, S. 151 ff. – Heimbucher, M.: Orden I, S. 264 ff. – Schmitz, Ph.: Histoire VII (Les moniales), S. 199 f. – Ders.: Geschichte IV, S. 175 f. – Brechter, H. S.: Beurons Beitrag von St. Ottilien. Festschrift zum 100-jährigen Bestehen der Erzabtei St. Martin, Beuron 1963, S. 231 ff. – Bornemann, F.: Ein Briefwechsel zur Vorgeschichte zu St. Ottilien (Studia Instituti Missiologici SVD Bd. 6), Steyl 1965. – Hemmerle, J.: Die Benediktinerklöster in Bayern, in: Germ. Ben. II (Augsburg 1970). – Zaramella, E.: Art.: Benedettini IV, in: DIP I (1974), Sp. 1328. – Dammerz, V.: Art.: Sant'Ottilia, in: DIP VIII (1988), Sp. 944 ff. – Renner, F. (ed.): Der fünfarmige Leuchter. Beiträge zum Werden und Wirken der Benediktinerkongregation von St. Ottilien, Bde. 1–4, St. Ottilien ²1979, ²1992, 1990, 1993 (1: Gründung und Grundlegung ...; 2: Kloster und Missionsfelder ...; 3: Die Ottilianer Klöster in Europa seit dem II. Vat. Konzil; 4: Die Mission im Zululand und in Ostasien. Gründungen in Nord- und Südamerika). – Renner, F. (ed.): Hundert Jahre Missionsbenediktiner. Gründung und Ausweitung von St. Ottilien 1884–1984 (SMGB 95), St. Ottilien 1984. – Sieber, G.: The Benedictine Congregation of St. Ottilien: a Short History of the Monasteries, General Chapters and Constitutions, Biographies of its Superiors General, St. Ottilien 1992. – Renner, F.: St. Ottilien – sein Werden und Wirken, St. Ottilien ⁴1985. – Ders.: Die Benediktinerkongregation von St. Ottilien, in: Germ. Ben. I (1999), S. 797–832 (dort weitere Lit.). – Dell'Omo, M.: Storia, S. 466 f., 491 (Lit.).

Missionskongregation von Tutzing

◊ Heimbucher, M.: Orden I, S. 266 f. – Buchberger, M.: Art.: Tutzing, in: LThK 10 (1938), Sp. 342. – Schmitz, Ph.: Histoire VII (Les moniales), S. 199 f. – Renner, F.: in: Germ. Ben. I (1999), S. 823 ff.; (S. 830 ff. Lit.). – Walter, B.: Die Missionsbenediktinerinnen von Tutzing, 2 Bde., St. Ottilien 1985–92. – Rothert, A.: Benediktinerinnen und Benediktiner. Werdendes Gleichgewicht, St. Ottilien 1997, S. 53 ff., 73 ff., 76 ff. – Willenbrink, H.: Art.: Tutzing (Kongregation der Missionsbenediktinerinnen), in: LThK 10 (2001), Sp. 317 ff.

d) Österreich

Lage der Gemeinschaften allgemein

◊ Molitor, R.: III, S. 11–27. – Schmitz, Ph.: Histoire VII (Les moniales), S. 198f. – Ders.: Geschichte IV, S. 175f., 178ff. – Gassner, H.: Art.: Congr. Benedett. di Austria, in: DIP II (1975), Sp. 997; Lunardi, G.: Art.: Benedettine, in: DIP I (1974), Sp. 1325f. – Lashofer, C.: Die Österreichische Kongregation von der Unbefleckten Empfängnis (1898–1930), in: Germ. Ben. I (1999), S. 731–754 (Lit.). – Ders.: Die Österreichische Kongregation von der Unbefleckten Empfängnis (seit 1930), in: Germ. Ben. I (1999), S. 833–864 (Lit.). – Birnbacher, K. (nach F. Hermann): Die Österreichische Benediktiner-Kongregation vom Hl. Joseph 1889–1930, in: Germ. Ben. I (1999), S. 755–796. – Lashofer, C.: Die österreichischen Klöster im 20. Jahrhundert – Zwei Kongregationen und ihre Vereinigung, in: Germ. Ben. III, 1 (2000): Die benediktinischen Mönchs- und Nonnenklöster in Österreich und Südtirol, S. 63ff. – Dell'Omo, M.: Storia, S. 477.

◊ (Zu *Päpstl. Verlautbarungen und Statuten [bis zum II. Vatikanum]*): Acta Leonis XIII. P. M. VIII, Rom 1889, S. 412–416; IX, 1890, S. 75–78, 115f.; XVIII, 1899, S. 21–23. – Statuta in Capitulo ordinis, quod auctoritate Eminentissimi D. D. Visitatoris Apostolici diebus 5.6.7. et 8. Junii 1859 in monasterio S. Petri Salisburgi celebratum est, condita pro Congregatione Benedictina sub Patrocinio B. M. V. sine labe conceptae, Salzburg 1859. – Statutorum congregationis B. M. V. sine labe conceptae. Pars secunda, continens Declarationes ad Sacram Regulam S. P. N. Benedicti, Salzburg 1860. – Statuta Congregationum Austro-Benedictinarum sub titulo Beatae Mariae Virginis Immaculatae Conceptae et Sancti Joseph Patris Nutritii D. N. J. Ch., Brünn 1891. – Statuta seu Declarationes in S. Regulam SS. P. Benedicti et Constitutiones Congregationis de S. Joseph nuncupatae, Salzburg 1911. – Declarationes in S. Regulam et Constitutiones Congregationis Austro-Benedictinae sub titulo Immaculatae Conceptionis Beatae Mariae Virginis, Freiburg 1912. – Declarationes in S. Regulam et Constitutiones Congregationis Austro-Benedictinae sub titulo Immaculatae Conceptionis Beatae Mariae Virginis, Wien 1949.

Die Marien- und die Josephskongregation

Marienkongregation

◊ Wolfsgruber, C.: Friedrich Kardinal Schwarzenberg, 3 Bde., Wien/Leipzig 1906–1912. – Ders.: Die apostolische Visitation der Klöster Österreichs 1852–1859, in: SMGB 1 (1911), S. 304ff., 477ff., 665ff.; 33 (1912), S. 109ff., 525ff., 677ff. – Hofmeister, P.: Die Verfassung der Benediktinerkongregationen, in: SMGB 66 (1955), S. 5ff. – Hosp, E.: Zwischen Aufklärung und katholischer Reform. Jakob Frint – Bischof von St. Pölten, Gründer des Frintaneums im Wien, Wien 1962. – Engelbrecht, H.: Göttweig zur Zeit der Ersten Republik und der NS-Herrschaft, in: SMGB 94 (1983), S. 386ff. – Lashofer, C.: Profeßbuch des Benediktinerstiftes Göttweig (SMGB. Erg.h. 26), St. Ottilien 1983. – Engelbert, P.: Geschichte des Benediktinerkollegs St. Anselm in Rom. Von den Anfängen (1888) bis zur Gegenwart (Studia Anselmiana 98), Rom 1988.

Josephskongregation

◇ Dungel, A.: Die Österreichische Benedictiner-Congregation, in: SMBO 4,1 (1883), S. 49 ff., 306 ff.; SMBO 4,2 (1883), S. 108 ff., 300 ff. – Tausch, H. (ed.): Benediktinisches Mönchtum in Österreich. Eine Festschrift der österreichischen Benediktinerklöster aus Anlaß des 1400-jährigen Todestages des heiligen Benedikt, Wien 1949. – Dammertz, V.: Das Verfassungsrecht der benediktinischen Mönchskongregation in Geschichte und Gegenwart (Kirchengeschichtliche Quellen u. Studien 6), St. Ottilien 1963. – Kaindl-Hönig, M./Ritschel, K. H. (edd.): Die Salzburger Universität 1622–1964, Salzburg 1964. – Festschrift Universität Salzburg. 1622–1962–1972 (ed. Akademischen Senat der Universität Salzburg), Salzburg 1972. – Hermann, F.: Salzburgs hohe Schule zwischen den Volluniversitäten 1810–1962, in: SMGB 83 (1972), S. 356 ff. – Ders.: Zeittafel der alten Benediktineruniversität zu Salzburg 1617–1810, in: SMGB 83 (1972), S. 852 ff. – Festschrift: Deo et Fratribus. Kolleg St. Benedikt 1926–1976 (ed. Österreichische Benediktinerkongregation), Salzburg 1976. – Festschrift St. Peter zu Salzburg 582–1982, in: SMGB 93 (1982). – Hermann, F.: Die Josefskongregation (1859) – 1889–1931 (masch. Ms.) Salzburg 1988. – Ellegast, B.: Das österreichische Stift als aufgeklärtes Kloster, in: SMGB 103 (1992), S. 61 ff. – Birnbacher, K.: Salzburg. St. Peter, in: Germ. Ben. III, 3 (2002), S. 263 ff. (hier: S. 322 ff.). – Ders.: Salzburg, Universität, ebda., S. 447 ff.

Kongregation der Unbefleckten Empfängnis Mariae (1930)

◇ Pius XI., P. M. (Breve): *Anno Domini MDCCCLXXXVIII*, in: Ann. OSB 38 (1930), S. 10 ff. – Lorenz, W.: „Klösterreich" am Scheideweg – Hundert Jahre Reformversuche an und in Österreichs Stiften, in: Wort und Wahrheit 8 (1953) 11, S. 805 ff. – Catalogus Monachorum Congregationis Austro-Benedictinae sub invocatione B. M. V. Deiparae sine labe conceptae, St. Pölten 1959. – Tausch, H.: Die Sendung der österreichischen Stifte, in: Custos quid de nocte? Österreichisches Geistesleben seit der Jahrhundertwende (edd. K. Rudolf/E. Lentner), Wien 1961, S. 354 ff. – Deo et fratribus, Kolleg St. Benedikt (Salzburg) 1926–1976 (ed. Österr. Benediktinerkongregation), Salzburg 1976. – Hanisch, E.: St. Peter in der Zwischenkriegszeit 1919–1938: Politische Kultur in einer fragmentierten Gesellschaft, in: SMGB 93 (1982), S. 361 ff. – Grabmayer, J./Hödl G.: Schatzhaus Kärntens, Landesausstellung St. Paul 1991. 900 Jahre Benediktinerstift. I: Katalog. II: Beiträge, Klagenfurt 1991.

Frauengemeinschaften

◇ Höfer, R. K.: Bertholdstein, St. Gabriel, in: Germ. Ben. III, 1 (2000), S. 337 ff. – Schmidt-Sommer, I./Bolschwing, Th.: Salzburg, Nonnberg, in: Germ. Ben. III, 3 (Österreich und Südtirol) (2002), S. 209 ff. (hier: S. 226 ff.).

Mechitaristen

◇ S. folgender Abschnitt e) Italien.

e) Italien

Allgemeine Lage

Congregatio Casinensis

◊ Ferroglio, G.: La condizione giuridica degli ordini religiosi, Turin 1931. – Molitor, R.: III, S. 1–10, 28–32. – Schmitz, Ph.: Histoire VII (Les moniales), S. 204. – Ders.: Geschichte IV, S. 180 ff. – Oesterle, G.: 70 Jahre Kolleg St. Anselm in Rom, in: Benediktinsche Monatsschrift 34 (1958), S. 43 ff. – D'Amelio, G.: Stato e Chiesa. La legislazione ecclesiastica fino al 1867, Mailand 1961, S. 528 ff., 598 ff. – Leccisotti, Th.: Il cardinale Dusmet, Catania 1962. – Penco, G.: Storia II, S. 159 ff. (Lit.), S. 189 ff., 231 f. (Lit.). – Zaramella, E.: Art.: Benedettini, in: DIP I (1974), Sp. 1329 f. – Lunardi, G.: Art.: Benedettine, ebda., Sp. 1237 f. – Pantoni, A.: Art.: Congr. Benedettina Cassinese, in: DIP II (1975), Sp. 1477–1485. – Lunardi, G.: Art.: Congregazione Benedettina Sublacense, ebda., Sp. 1503 ff. – Dell'Omo, M.: Il tema di soppressione degli Istituti religiosi in Italia nel sec. XIX. Testi scelti dalle discussioni parlamentari (1848–73) e qualche riflessione per una tipologia delle motivazioni in favore della soppressione, in: Benedictina 41 (1994), S. 377 ff. – Penco, G.: La vita monastica in Italia dal Vaticano I al Vaticano. (ed. F. B. G. Trolese), Il monachesimo in Italia tra Vaticano I e Vaticano II. Atti del III convegno di studi storici sull'Italia benedettina, Badia Cava dei Tirreni, 3–5 sett. 1992 (Italia Benedettina 15), Cesena 1995. – Dell'Omo, M.: Storia, S. 467 ff. (ausführliche Lit. zu Olivetanern, Vallombrosanern, Silvestrinern und Kamaldulensern: ebda., S. 468/69, Anm. 30–33).

Congregatio Casinensis a Primaeva Observantia (Casasretto)

◊ Serafini, D.: Appunti storici sugli inizi della Congregazione Cassinese della primitiva Osservanza, Subiaco 1922. – Penco, G.: Chiesa II, S. 170 ff. (Lit.). – Haacke, R.: Zur Geschichte der deutschen Klöster der Sublazenser Kongregation (Siegburg, Kornelimünster und Ilbenstadt), in: Germ. Ben. I (1999), S. 865 ff.: – Lunardi, G.: La congregazione sublacense O. S. B., I: L'abbate Casaretto e gli inizi (1810–1878), Noci 2003; II: La congregazione sublacense O. S. B. 1878–1972, Noci 2005. – Dell'Omo, M.: Storia, S. 470 ff., 492 (Lit.; hier auch alle älteren Arbeiten, vornehmlich jene von Lunardi, zur Geschichte Casarettos und der Kongregation von Subiaco).

Frauengemeinschaften (*sorores – moniales*)

◊ Schmitz, PH.: Histoire VII (Les moniales), S. 202 ff. – Pantoni, A.: Art.: Congregazione Benedettina Cassinese, in: DIP II (1975), Sp. 1477 ff. – Lunardi, G.: Art.: Congrgazione Benedettina Sublacense, in: DIP II (1975), Sp. 1503 ff. – Ders.: Art.: Benedettini, in: DIP II (1975), Sp. 1238 f. – Penco, G.: Storia I, S. 215 ff., 231.

Mechitaristen zu Venedig und Wien

◊ Hennemann, P. A.: Das Kloster der armenischen Mönche auf San Lazzaro, Venedig 1872. – Heimbucher, A.: Die Orden und Kongregationen der katholischen Kirche I, München/Paderborn 1965 (Neudr. von 1913), S. 241 ff. –

Van den Oudenreijn: Eine armenische Insel im Abendland, Venedig 1940. – Inglian, V.: Das wissenschaftliche Leben der Armenier in der Gegenwart, in: Oriens Christianus 39 (1954), S. 102 ff. – Ders.: Hundertfünfzig Jahre Mechitaristen in Wien (1811–1961), Wien 1961. – Neisser, M.: 175 Jahre Mechitaristen in Wien und 285 Jahre Ökumenismus, in: Jahrb. d. Vereins f. Geschichte der Stadt Wien 24 (1986), S. 47 ff. – Arat, M. K.: Art.: Mechitaristen, in: LThK 7 (1998), Sp. 24. – Dies.: Die Wiener Mechitaristen: armenische Mönche in der Diaspora, Wien 1990.

f) Schweiz

Allgemeine Lage

Kongregationen von 1895 und 1932

Schwesterngemeinschaften (*sorores*)

◊ Schmitz, Ph.: Geschichte IV, S. 176 ff. – Hengeler, R.: Art.: Congregazione Benedettina Svizzera, in: DIP II (1975), Sp. 1507 ff. – Reinhardt, R.: Die Schweizer Benediktiner in der Neuzeit (Helv. Sacra III, 1), Bern 1986, S. 94 ff., 144 ff. (Lit). – Degler-Spengler, B.: Die Schweizer Benediktinerinnen in der Neuzeit, ebda., S. 210 ff. (Lit). – Rothert, A.: Benediktinerinnen und Benediktiner. Werdendes Gleichgewicht, St. Ottilien 1997, S. 79 ff., 109 ff. – Schenker, L.: Die Schweizer Benediktinerkongregation, in: Germ. Ben. I (1999), S. 446 ff. (S. 467 ff.: Lit.). – Dell'Omo, M.: Storia, S. 478.

◊ (*Zu den Statuten der Schweizer Kongregationen*): Schenker, L.: Die Schweizer Benediktinerkongregation, in: Germ. Ben. I (1999), S. 467 ff. (Lit.). – Notae et observationes in Regulam S. P. N. Benedicti pro Uniformitate Monasteriorum Congregationis Helveto-Benedictinae sub Patrocinio Beatissimae Virginis Mariae Immaculate Conceptae, Einsiedeln 1895. – Statuten der schweizerischen Benediktinerkongregation unter dem Titel der Unbefleckten Empfängnis der seligsten Jungfrau Maria, 1931. – Electio Abbatis in congregatione Helvetica Ordinis S. Benedicti, Engelberg 1933. – Vgl. zum Aufbau der älteren Statuten: Kiem, M.: Die schweizerische Benediktiner-Congregation in den drei ersten Jahrhunderten ihres Bestehens. Festschrift zum dreihundertjährigen Jubiläum 1902, Solothurn 1902.

g) England

Rückkehr der Emigranten auf die Insel

Frauenkonvente

◊ Hilpisch, St.: Benediktinerinnen, S. 117. – Schmitz, Ph.: Geschichte IV, S. 185 f. – Ders.: Histoire VII (Les moniales), S. 193 f. – Zaramella, E.: Art.: Benedettini, in: DIP I (1974), Sp. 1326. – Rees, D.: Art.: Congregazione Benedettina Inglese, in: DIP II (1975), Sp. 1480–1491. – Dell'Omo, M.: Storia, S. 479 f. – Weitere Lit.: oben, achtes Kapitel, Bibliogr. 4, d; oben, achtes Kapitel, Bibliogr. 4, j.

h) Spanien

Wechsel von Säkularisationen und Restitutionen

Frauengemeinschaften

◊ Seco, L.: Los Benedictinos Españioles en el siglo XX, Burgos 1931. – Heimbucher, M.: Orden I, S. 253. – Vincke, J.: Art.: Spanien, in: LThK 9 (1937), Sp. 703 ff. – Schmitz, Ph.: Histoire VII (Les moniales), S. 205 f. – Ders.: Geschichte IV, S. 186 f. – Moral, T.: Los Benedictinos españioles en el siglo XIX, in: Yermo 10 (1972), S. 207 ff. – Zaramella, E.: Art.: Benedettini, in: DIP I (1974), Sp. 1330. – Lunardi, G.: Art.: Congregazione Benedettina Sublacense, in: DIP II (1975), Sp. 1503–1507. – – Linage Conde, A.: El Monacato en España e Hispanoamérica (Ist. de Hist. de la Teologia Española, Subsidia 5), Salamanca 1977, S. 551 ff., 585 ff. – Lunardi, G.: Art.: Benedettine, in: DIP II (1975), Sp. 1239. – Simón, A.: El proceso de exclaustración-restauración de la orden benedictina en España en el siglo XIX, in: Nova et Vetera 34 (1992), S. 287 ff. – Dell'Omo, M.: Storia, S. 480 f.

i) Portugal

◊ Schmitz, Ph.: Histoire VII (Les moniales), S. 206 f. – Ders.: Geschichte IV, S. 187 ff. – Müller, J. P.: Art.: Congregazione Benedettina dell'Annunciazione della B. V. Mariae, in: DIP II (1975), Sp. 1470 ff. – Dell'Omo, M.: Storia, S. 480 f.

j) Ungarn

Kongregation von Pannonhalma (Martinsberg)

◊ Statuta congregationis. Bened. S. Martini de S. Monte Pannonicé condita a. 1855 … cum additamentis ex actis et decretis capitulorum generalium eiusdem congregationis, Jaurini 1884. – Statuta congregacionis Hung. OSB … auctoritate visitatoris apostolice condita a. 1855, secundum CIC. – Schmitz, Ph.: Geschichte IV, S. 189 ff. – Zaramella, E.: Art.: Benedettini, in: DIP I (1974), Sp. 1325. – Békés, G.: Art.: Congregazione Benedettina Ungharese, in: DIP II (1975), Sp. 1511 ff. – Csóka, L.: Geschichte des Benediktinischen Mönchtums in Ungarn (SMGB, Erg.bd. 24), 1980, S. 353 ff., hier: S. 363 ff. – Dell'Omo, M.: Storia, S. 478.

k) Böhmen

Congregatio Slava

◊ Schmitz, Ph.: Geschichte IV, S. 190. – Rocca, G.: Art.: Congregazione Benedettina Slava, in: DIP II (1975), Sp. 1502 f.

l) Polen

◊ SCHMITZ, PH.: Histoire VII (Les moniales, S. 201 ff. – DERS.: Geschichte IV, S. 190 f. – MÜLLER, J. P.: Art.: Congregazio Benedettina dell'Annunciazione della B. V. Mariae, in: DIP II (1975), Sp. 1470 ff.

2. Missionsgebiete in Übersee

a) Allgemeine Situation

◊ HILPISCH, ST.: Geschichte, S. 373 ff. – DERS.: Benediktinerinnen, S. 117. – SCHMITZ, PH.: Histoire VII (Les moniales), S. 206 f. – DERS.: Geschichte IV, S. 192 ff. – ZARAMELLA, E.: Art.: Benedettini, in: DIP I (1974), Sp. 1330 ff. – Mission and Monasticism. Acts of the Intern. Symposium at the Pontifical Athenaeum Sant'Anselmo, Rom, May 7–9 2009 (edd. C Leyser/H. Williams), Rom 2013.

b) Nordamerika

◊ MOOSMÜLLER, O.: Bonifaz Wimmer, New York 1891. – RIGHT, J. S.: Rev. Boniface Wimmer, O. S. B., Founder of St. Vincent's, in: St. College Journal 18 (1909), S. 151 ff. – DANZER, B.: Die Benediktinerregel in der Übersee, St. Ottilien 1929. – BETSCHART, J.: Der Apostel der Sioux-Indianer, Bischof Martinus Marty, O. S. B. 1834–1896, Einsiedeln 1934. – O'CONNOR, TH. F.: A Benedictine in Frontier America, in: Downside Review 53 (1935), S. 471 ff. – MATHÄSER, W.: B. Wimmer, O. S. B. und König Ludwig I. von Bayern, München 1938. – UTTENWEILER, J.: Art.: Wimmer (Bonifatius), in: LThK 10 (1938), Sp. 928 f. – HENGGELER, R.: Zur Gründungsgeschichte der Abtei S. Meinrad in Indiana, U. S. A., in: SMGB 65 (1953), S. 5 ff. – SCHMITZ, PH.: Geschichte IV, S. 192 ff. – MALONE, E. E.: A History of New Engelberg College, Conception College, and the Immaculate Conception Seminary (1866–1971), Omaha 1971. – OETGEN, J.: Bonifaz Wimmer and the Founding of St. Vincent Archabbey, in: The American Benedictine Review 22 (1971), S. 147 ff. – DOPPELFELD, B.: Mönchtum und kirchlicher Heilsdienst. Entstehung und Entwicklung des nordamerikanischen Benediktinertums im 19. Jahrhundert, Münsterschwarzach 1974. – DEGLER-SPENGLER, B.: Die Schweizer Benediktinerinnen in der Neuzeit (Helv. Sacra III, 1), Bern 1986, S. 215 f. – OETGEN, J.: An American Abbot, Bonifaz Wimmer, O. S. B. 1809–1887, Washington ^{2}1997. – WATHEN, A.: Art.: Stati Uniti d'America. La vita monastica, in: DIP IX (1997), Sp. 187. – ROTHERT, A.: Benediktinerinnen und Benediktiner. Werdendes Gleichgewicht, St. Ottilien 1997, S. 45 ff. – HAERING, S.: Die Bayerische Benedikinerkongregation im 19. und 20. Jahrhundert, in: Germ. Ben. I (1999), S. 679 ff. – SCHENKER, L.: Die Schweizer Benediktinerkongregation, in: Germ. Ben. I (1999), S. 453. – OETGEN, J.: Mission to America. A History of Saint Vincent Archebbey. The First Benedictine Monastry in the United States, Washington 2000. – KLEBER, A.: History of St. Meinrad Archabbey (1854–2004), St. Meinrad 2004. – OETGEN, J.: The American-Cassinese Congregation: Origins and Early Development (1855–

1905), in: The American Benedictine Review 56 (2005), S. 233 ff. – Dell'Omo, M.: Storia, S. 481 ff., 492 (Lit.).

c) Mittelamerika

◊ Seco, L.: Los Benedictinos Españoles en el siglo XX, Burgos 1931, S. 107 ff. – Schmitz, Ph.: Geschichte IV, S. 196.

d) Südamerika

◊ Janssens, L.: L'Ordre de Saint-Benoît au Brésil, in: Rév. Bén. 15 (1898), S. 414 ff. – Neut, E.: La restauration du monachisme au Brésil, Löwen 1927. – Enshoff, D.: Aus der Geschichte des Benediktinerordens in Brasilien, in: SMGB 46 (1928), S. 305 ff. – Seco, L.: Los Benedictinos Españoles en el siglo XX, Burgos 1931 (Lit.). – Hofstetter, O.: Benediktiner in Venezuela, in: Missionsblätter (1934), S. 98 ff. – Schmitz, Ph.: Geschichte IV, S. 196 ff. – Brasil, L./Müller, J. P.: Art.: Congregazione Benedettina Brasiliana, in: DIP II (1975), Sp. 1472 ff. – Müller, J. P.: Art.: Congregazio Benedettina Americano-Cassinese, in: DIP II (1975), Sp. 1468 ff. – Cody, A.: Art.: Congregazione Benedettina Panamericana, in: DIP II (1975), Sp. 1496 ff. – Müller, J. P.: Art.: Pre-Congregazione Benedettina Cono-Sur, in: DIP II (1975), Sp. 1606 ff. – Jongmans, J.: Autour de la restauration de la Congrégation bénédictine brésilienne. Le rôle de Dom Gérard van Caloen (1894–907), in: Rév. Bén 96 (1986), S. 337 ff. – Silveira, I.: Art.: Sudamerica: III Brasile, in: DIP IX (1997), Sp. 607 ff. – Dell'Omo, M.: Storia, S. 486 ff., 492 f. (Lit.).

e) Ostasien

◊ Lou Tseng-Tsiang, P.-C.: Konfuzianer und Christ, Luzern 1947. – Graf. O.: Der konfuzianische Mensch und das christliche Ethos (Benedictus der Vater der Abendlandes 547–1947) (Weihegabe St. Otilien), München 1947, S. 569 ff. – Schmitz, Ph.: Geschichte IV, S. 199 f.

f) Philippinen

◊ Ohm, Th.: Benediktinisches Mönchtum im fernen Osten, in: Benediktinische Monatsschrift 10 (1928), S. 58 ff. – Seco, L.: Los Benedictinos Españoles en el siglo XX, Burgos 1931, S. 264 ff. – Schmitz, Ph.: Geschichte IV, S. 200.

g) Australien

◊ Berengier, Th.: La Nouvelle Nursie, Paris 1879. – Birt, N.: Benedictine Pionieers in Australia, London 1911. – Danzer, B.: Neu Nursia, St. Ottilien 1916. – Butler, C.: The Life and Times of Bishop Ullathorne, 1806–1889, London 1926. – Rios, R.: Las Misiones Australianas de los Benedictinos Españoles,

Barbastro 1930. – CATALAN, A.-M.: Lecture on the Origine and Development of the Drysale River Mission, Western Australia, from 1908 to 1934, New Norcia 1935. – UTTENWEILER, J.: Art.: Salvado (Rudesindus), in: LThK 9 (1937), Sp. 135. – FEULIN, D.: Art.: Ullathorne (William), in: LKThK 10 (1938), Sp. 364. – – SCHMITZ, PH.: Geschichte IV, S. 201f. – LECLERCQ, J.: New Norcia et la mission bénédictine d'Australie occidental, in: Bull. de l'A. I. M. 20 (1976), S. 30ff. – PÉREZ, E.: Kalumburu. The Benedictine Mission and the Aborigines, 1908–1975, Kalumburu, W. A. 1977. – STORMON, E. J. (ed.): The Salvado Memoirs. Historical Memoirs of Australia and Particularly of the Benedictine Mission of New Norcia and of the Habits and Customs of the Australian Natives, Nedlands, W. A. 1978. – DE LA SERNA GONZALES, C.: Labor social de los Benedictinos españoles en Nueva Nursia (Australia), in: Acción social de la Orden benedictina. XV centenario del nacimiento de san Benito, Madrid 1982, S. 377ff. – SITZMANN, M.: Roots of Faith in Australia. Salva, Ullathorne, Polding, Petersham 1992. – DELL´OMO, M.: Storia, S. 489f., 493 (Lit.).

h) Afrika

◊ MATHÄSER, W.: Bayerische Benediktinische Missionsversuche in Nordafrika um die Mitte des 19. Jahrhunderts, in: SMGB 51 (1933), S. 276ff. – LEGRAND, P./THOREAU, B.: Les bénédictins au Katanga, Lophem 1935. – SCHMITZ, PH.: Geschichte IV, S. 202f. – RIVINIUS, K. F.: Andreas Amrhein OSB und die Anfänge der Benediktinermission in Ostafrika, St. Ottilien 2019.

3. Wiedereröffnung des Anselmianums: Palazzo dei Convertendi (1888) – Aventin (1896)

◊ MOLITOR, R.: III, S. 105ff. – SCHMITZ, PH.: Geschichte IV, S. 238ff. – RENNER, F.: Confoederatio Benedictina. Geschichte ihrer Konstituierung von Leo XIII. bis zu Pius XII, in: SMGB 91 (1980), S. 237ff. – ENGELBERT, P.: Geschichte des Benediktinerkollegs St. Anselm in Rom. Von den Anfängen (1888) bis zur Gegenwart (Studia Anselmiana 98), Rom 1988, S. 15ff., 27ff., 36ff., 46ff., 57ff. – DELL'OMO, M.: Storia, S. 495f. – S. dazu weitere Lit. im folgenden Abschn. 4.

4. Errichtung der *Confoederatio Benedictina* (*CB*) a. 1893

◊ (Zur *Errichtung der Konföderation*): LEONIS PP. XIII. (Breve): *Summum semper*, 12. Juli 1893, in: AAS 26 (1893), S. 371–374; auch in: MOLITOR, R.: III, S. 245ff.; – *Inaestimabilis* (Decretum), S. CONGR. PRO EPISC. ET RELIG., 16. Sept. 1893; (Edition auch in: MOLITOR, R.: III, S. 245ff.). – MEYER, S.: Benediktinisches Ordnungsrecht I, Beuron 1929, S. 95f. – HILPISCH, ST.: Geschichte, S. 385ff. – Zu den gesamten Vorläufen um Errichtung der Konföderation vgl. MOLITOR, R.: III, S. 11–14 (Kolleg Sant'Anselmo, 1. Periode); S. 33–66 (ältere Diskussionen zur Vereinheitlichung); S. 67–80 (Äbtekonferenz 1880 – Jubiläum 1400 Jahre); S. 99–113 (Anfänge des Kollegs Sant'Anselmo); S. 114–121 (neue Bauplanungen); S. 122–143 (Äbteversammlung 1893 [Grundsteinlegung] – Gründung der *CB*); S. 144ff. (Zeit nach 1893), S. 197ff. (Rückschau). –

Leccisotti, T.: Il Collegio Sant'Anselmo dalla fondazione alla prima interruzione (1687–1810), in: Benedictina 3 (1949), S. 1 ff. – Di Vincenzo, A. C.: Lex Propria Confederationis congregationum Ordinis Sancti Benedicti: Commentarium, Historia, Fontes, Genua 1955. – Schmitz, Ph.: Geschichte IV, S. 238 ff., 250 ff. – Leccisotti, T.: Il cardinale Dusmet, Catania 1962. – Müller, J. P.: Art.: Confederazione benedettina, in: DIP II (1975), Sp. 1417. – Penco, G.: Chiesa II, S. 197 ff. – Renner, F.: *Confoederatio Benedictina*. Geschichte ihrer Konstituierung von Leo XIII. bis zu Pius XII., in: SMGB 91 (1980), S. 232 ff. (S. 253 ff., 248 ff.: führt Molitor, R.: III [s. oben] weiter). – Engelbert, P.: Geschichte des Benediktinerkollegs St. Anselm in Rom. Von den Anfängen (1888) bis zur Gegenwart (Studia Anselmiana 98), Rom 1988, S. 15 ff., 36 ff., 46 ff. – Tamburrino, G.: I monasteri italiani e la Confederazione benedettina, in: (ed. F. G. B. Trolese).: Il monachesimo in Italia tra Vaticano I e Vaticano II. Atti del conv. di stud. stor. sull'Italia benedettina, Badia Cava dei Tirreni, 3–5 sett. 1992 (Italia Benedettina 15), Cesena 1995, S. 25 ff. – Rothert, A.: Benediktinerinnen und Benediktiner. Werdendes Gleichgewicht, St. Ottilien 1997, S. 87 ff., 97 ff. – Manselli, R.: Art.: Benediktiner, in: LdM 1 (1998), Sp. 1870 ff., – Levillain, Ph./Tichi, J. M. (edd.): Le pontificat de Léon XIII. Renaissances du Saint-Siège? Études réunis (Coll. de L´École française de Rome 368), Rom 2006, S. 295 ff. – Dell'Omo, M.: Storia, S. 495 ff., 498, 499 (Lit.). – Eschlböck, L.: Ius Proprium, S. XIII, 5–19, 36 ff.

◊ (*Zu den Erweiterungen und Präzisierungen späterer Jahre*): S. Congr. pro Episc. et Relig (2. Dez. 1906: u. a. Recht des Abtprimas, alle 6 Monate eine Präsidessynode einzuberufen). – S. Congr. de Relig. (12. Feb. 1913: Bestellung eines Koadjutors; 7. Feb. 1927: Normen zur Wahl des Abtprimas). – *CIC – 1917* (bes. cann. 510, 223, 488, 501).

◊ (*Zur Anzahl der Kongregationen a. 1928*): Uttenweiler, J.: Art.: Benediktiner, in: LThK 2 (1939), Sp. 157 f. (basierend auf: SS. Patriarchae Benedicti familiae confoederatae, Montecassino 1926, sowie: Ann. OSB 36 (1928). – (*Zur Gründung a. 1893*): Müller, L. P.: Art.: Confederazione Benedettina, in: DIP I (1974), Sp. 1417 f. – (*Zu a. 1894*): SS. Patriarchae Benedicti familiae confoederatae, Montecassino 1894.

◊ (*Zur Terminologie: CB – OSB – OCist.*): Mabillon, J.: Annales Ordinis S. Benedicti occidentalium monachorum Patriarchae. In quibus non modo res monasticae, sed etiam ecclesiasticae historiae non minima pars continetur, vol. 1, Paris 1703, passim. – de Montalembert, Ch.-F.-R.: Les moines d'Occident depuis Saint Benoît jusqu'à Saint Bernard, vol. 1, Paris 1860, passim. – Butler, C.: Benediktinisches Mönchtum. Studien über benediktinisches Leben und die Regel St. Benedikts (dt. Übers.), St. Ottilien 1929, S. 257 ff., S. 439, Anm. 1. – Molitor, R.: III, S. 181 ff. – Leclercq, J.: La règle de St. Benoît, source de droit canonique, in: Études d'histoire du droit canonique dédiées à Gabriel Le Bras, Paris 1965, S. 157 ff. – Ders.: Receuil d'études sur St. Bernard, vol. III, Rom 1969. – Ders.: Profession according to the Rule of St. Benedict, in: Rule and Life. An interdiscipline Symposium (ed. M. Basil Pennington), Spencer 1971, S. 117 ff. – Ders.: Qu'est-ce que „vivere selon une Règle"? Moines et moniales ont-ils un avenir?, Brüssel 1971, S. 31 ff. – Ders.: Art.: Benedettini (II), in: DIP I (1974), Sp. 1286 ff. – Angerer, J.: Zur Problematik der Begriffe: Regula – Consuetudo – Observanz und Orden, in: SMGB 88 (1977), S. 312–22. – Manselli, R.: Art.: Benediktiner, in: LdM 1 (1980), Sp. 1869f. – Renner, F.: Confoederatio Benedictina. Geschichte ihrer Konstituierung von Leo XIII. bis Pius XII., in: SMGB 91 (1980), S. 232f., Anm. 3. – Henseler, R.: Grundsätzliche Überlegungen zum Verhältnis Ortskirche – Ordensverbände, in: Ordenskorrespondenz 30 (1989), S. 5ff. – Ders.: Ordensrecht. cann. 573–746 Codex Juris Canonici. Kommentar, Essen ^{2}1998, S. 5ff., 173ff. – Eschlbböck, L.: Ius Proprium, S. 6, Anm. 16 – Haering, St.: Orden heute in der verfassten Kirche. Kirchenrechtliche Hinweise, in: Ordensnachrichten 47 (2008), H. 4, S. 38–58.

5. Schwesternkongregationen (*congregationes sororum*) nach *CIC* – 1917

◊ Codex Iuris Canonici Pii X Pont. Max. iussu digestus Benedicti Papae XV auctoritate promulgatus, Rom, Vatican 1917, cann. 572–742 [CIC/1917]. – Lex Propria – 1952 (s. unten, Abschn. 7, 16, a – e). – Schäfer, Th.: Das Ordensrecht nach dem Codex Iuris Canonici, Münster 1923. – Mayer, S.: Ordensrecht I, Beuron 1929, S. 120ff.; – Hilpisch, St.: Benediktinerinnen, S. 119. – Primetshofer, B.: Ordensrecht, Freiburg ^{3}1988, S. 33f. – Renner F.: Confoederatio Benedictina. Geschichte ihrer Konstituierung von Leo XIII. bis Pius XII., in: SMGB 91 (1980), S. 232ff. – Rothert, A.: Benediktinerinnen und Benediktiner. Werdendes Gleichgewicht, St. Ottilien 1997, S. 5ff., 17ff., 30f., 61ff., 67ff., 99ff. – Henseler, R.: Ordensrecht, Köln 1980, S. 86f. – Yuen, M.: Ordensrecht, S. 65.

6. Die Weltkriege

◊ Mündig, E.: Der Untergang von Montecassino am 15. Febr. 1944, in: Zeugnis des Geistes. Gabe zum Benediktus-Jubiläum, 545–1947, Beih. zum XXIII. Jahrg. der Benediktinischen Monatsschrift, Beuron 1947, S. 112ff. – Leccisotti, T.: Montecassino IV, Montecassino 1963, S. 113ff. – Penco, G.: Chiesa II, S. 222ff. – Smith, E. D.: Der Kampf um Monte Cassino 1944, Stuttgart 1979. – Ben-Aryeh, Katri'el: Die Schlacht bei Monte Cassino 1944, Freiburg ^{2}1986. – Axelrod, A.: Real History of World War II: A New Look at the Past, New York 2000. – Hapgoot, D. – Richardson, D.: Monte Cassino, The Story of the Most Controversial Battle of World War II, Cambridge MA 2002.

7. *Lex propria* – 1952

◊ *Lex Propria Confoederationis Congregationum monasteriorum O. S. B. – 1952*, in: Mayer, S. (ed.): AfKathKR 126 (1953/54), S. 154–171 (auch in: Ders. [ed.]: Confoederatio Benedictina, Fontes, Beuron 1957, S. 74–159). – Pius XII.: *Pacis Vinculum* (Breve, 21. März. 1952), AAS 44 (1952), S. 520 (auch in: Mayer, S. [ed.]: Confoederatio Benedictina, S. 60–65). – S. Congr. Relig. (Dekret): *Quum Confoederationis*, 21. mart. 1952 in: Mayer, S. (ed.): Confoederatio Benedictina, S. 70–73.

◊ Vgl. Schmitz, Ph.: Geschichte IV, S. 247–252. – Hofmeister, P.: Das Breve Pius XII. ‚*Pacis vinculum*' vom 21. März 1952 für die Benediktinische Konfoederation, in: SMGB 68 (1957), S. 10 ff. – Renner, F.: Confoederatio Benedictina. Geschichte ihrer Konstituierung von Leo III. bis zu Pius XII., in: SMGB 91 (1980), S. 269 ff. – Rothert, A.: Benediktinerinnen und Benediktiner. Werdendes Gleichgewicht, St. Ottilien 1997, S. 103 f., 111 ff. – Eschlböck, L.: Ius Proprium, S. 20–31, 154, 166 ff. – Yuen, M.: Ordensrecht, S. 209 ff., 216 f. – Dell'Omo, M.: Storia, S. 498 f.

Elftes Kapitel
Zweite Hälfte des 20. Jahrhunderts (II. Vatikanum [1962–1965] und *CB/OSB*)

1. Verlautbarungen zur Reform der Orden (Allgemeines Ordensrecht)

a) Konzilserlasse

Einschneidende Veränderungen brachte das II. Vatikanum (1962–1965), in dessen Verlauf sich die Konzilsväter mehrfach und ausführlich mit dem Ordenswesen beschäftigt hatten, in dem Bemühen, nicht allein juridisch-kirchenrechtliche Gesichtspunkte zur Geltung zu bringen, vielmehr bei Gesamtsicht der Probleme, die juridische, die theologische wie die spirituelle Ebene in den Beschlüssen und Verlautbarungen zusammenzuführen. Im Geiste des *aggiornamento*, jener Devise, mit welcher Johannes XXIII. das Konzil eröffnet und ihm zugleich seine Gesamtrichtung gewiesen hatte, folgte daraus für die Ordensgemeinschaften: den evangelischen Räten folgend zu den Quellen des Christentums zurückzukehren, sich zugleich aber den Erfordernissen moderner Zeiten zu stellen, ohne dabei den ordensspezifischen, spirituellen Charakter aufzugeben.

Die Verlautbarungen des Konzils zu den asketisch-monastischen Gemeinschaften finden sich in drei Dokumenten: in den Kap. 5 (39–42) und 6 (43–47) der dogmatischen Kirchenkonstitution *Lumen Gentium* ([*LG*] 21. Nov. 1964); in den Nr. 33–35 des Dekrets *Christus Dominus* ([*CD*] 28. Okt. 1965); dem zentralen, exklusiv an die Ordensgemeinschaften adressierten Ordensdekret *Perfectae Caritatis* ([*PC*] 28. Okt. 1965) – „... trotz seiner Kürze und Mängel ... eine Wende in der Geschichte des Ordenslebens ... [,] dessen Ausmaß wir einstweilen noch gar nicht absehen" (F. Wulf, Einführung) – sowie in Art. 18 des Dekrets *Ad Gentes* ([AG] 7. Dez. 1965, Auftrag der Orden zur Mission).

b) Nachkonziliare Veröffentlichungen

Nach Abschluss des Konzils ergingen (und ergehen bekanntlich bis heute) weiterhin mannigfaltige ordensrelevante Verlautbarungen und Bezugnahmen seitens der Päpste wie der römischen Behörden (Dikasterien). Darunter bleiben von besonderem Gewicht die Veröffentlichungen der (seit 28. Juni 1988 unter dem heutigen Titel firmierenden) „Kongregation für die Institute des geweihten Lebens und die Gesellschaften des apostolischen Lebens", der zentralen kurialen Behörde für die Belange der Orden und sonstiger kanonischer Lebensgemeinschaften, verkürzt meist als „Religiosenkongregation" bezeichnet.

Aus der Fülle dieser nachkonziliaren Verlautbarungen für die Ordensgemeinschaften werden in der weiteren Darstellung als relevant mitberücksichtigt, ohne hier Vollständigkeit zu beabsichtigen: 1. das unter Paul VI. veröffentlichte Motu proprio *Ecclesiae Sanctae* ([*ES*] 6. Aug. 1966), mit Ausführungsbestimmungen u. a. zu *Perfectae Caritatis* und zu *Christus Dominus*; 2. eine Zusammenstellung zentraler Richtlinien und Grundsätze, die es bei Erneuerung des Ordenslebens im Sinne des Konzils zu berücksichtigen galt und die sich in der Instruktion *Renovationis Causam* (*RC*) der „Religiosenkongregation" vom 6. Jan. 1969 findet; 3. des Weiteren die Instruktion Pauls VI. *Venite Seorsum* [*VS*] vom 15. Aug. 1969 (mit Normen u. a. für die „päpstliche Klausur" der Nonnenklöster); 4. das apostolische Schreiben *Vita Consecrata* Johannes Pauls II. ([*VC*] 25. März 1996); 5. die Instruktion *Verbi Sponsa* der „Religiosenkongregation" ([*VSp*] 3. Mai 1999) über das kontemplative Leben und die Klausur der Nonnen.

Nicht zuletzt ist hier schließlich der – unter Einbeziehung der Konzilsergebnisse revidierte – am 25. Jan. 1983 durch Johannes Paul II. promulgierte und mit dem ersten Adventssonntag 1983 in Kraft getretene, neue *Codex Iuris Canonici* (*CIC – 1983*) zu nennen, der als Abschluss der konziliaren und nachkonziliaren Rechtsentwicklung (bis zu seinem Erscheinungsjahr) gelten muss, was selbstredend auch für das hier fixierte (allgemeine) Ordensrecht (cann. 537–746) zutrifft.

2. Reformthemen und -bereiche mit Bezug zu *CB/OSB*

Der Zielsetzung eines allgemeinen Konzils entsprechend formulieren die einzelnen Verlautbarungen wie auch die Bestimmungen zum Ordensrecht im *CIC – 1983* nicht schon Vorschriften für einzelne Orden, Föderationen oder Gemeinschaften, folglich auch nicht speziell für die Gemeinschaften nach *RB*. Vielmehr handelt es sich hier noch um allgemeines Ordensrecht, um Rahmenvorschriften, die erst in Partikularrecht umzusetzen oder an dieses anzupassen, die künftige Aufgabe der jeweiligen Orden, Kongregationen und monastischen Gemeinschaften blieb. Bemerkenswerterweise lassen sich aber schon bei einem groben Blick über die vielfältigen Reformmaterien, die in diesen Texten ordensübergreifend angesprochenen sind, sogleich zahlreiche Problemfelder erkennen, in denen vornehmlich auch für die Benediktiner Reformbedarf bestand.

So betrafen etwa – um hier nur einige Beispiele aus dem Gesamt der Reformvorschläge aufzugreifen – die Gemeinschaften nach *RB* mit Sicherheit: die Aufforderung zur Erneuerung des gesamten Partikularrechts, aller Konstitutionen, Regeln, Normen sowie der Gebräuche-, Gebet- und Zeremonienbücher im Lichte der Konzils (*PC*, Art. 3; *ES* II, 12–14); die Empfehlungen an die Adresse der Frauengemeinschaften und -föderationen, weitere „rechtmäßige Zusammenkünfte" zu pflegen; unterschiedliche Tages-, Chorgebets- und Klausurvorschriften für betrachtende einerseits sowie im Apostolat tätige Gemeinschaften andererseits zu entwickeln; Initiativen zur Weiterbildung über das Noviziat hinaus auszubauen; auf die – letztlich nach Berufung und Tätigkeit wertenden – Ränge (*genera*) innerhalb von Frauengemeinschaften zu verzichten (*PC* 4, 15,16,18, 22, 23; *ES* II, 25–29, 30–38; *VS* VII, 1–17; *CIC* [1983], u. a. cann. 659–661, 667; *VC* 59, 65–71; *VSp* II, 9–21, III, 22–24, IV, 27–30); das Drängen, sich einem zeitgemäßen, gemeinschaftsdienlichen Apostolat zuzuwenden und sich im Besonderen in den Missionen zu engagieren (*LG*, cap. VI, 46; *PC* 8–10; *CD*, cap. II, Art. 35,1; *ES* I, 29–30; AG, Art. 18; *CIC* [1983], u. a. can. 675; VC 78–83, 96–102). Hierher gehören auch die Empfehlung, auf interne Rangordnungen in den Männergemeinschaften zu verzichten, rücksichtlich allerdings des besonderen Unterschiedes aufgrund der Priesterweihe (*PC* 15); die Anordnungen, „Konferenzen oder Räte der höheren Oberen" einzurichten (*PC* 23; *ES* II, 42–43; *CIC* [1983,] cann. 708–709; VC 53); die Verhältnisse zwischen Gemeinschaften, Papst und Ortsbischof festzulegen und Regelungen für Exemtion und Visitation zu fixieren (*LG*, cap. VI, Art. 43–45; *PC*, Art. 4; *CD*, cap. II, Art. 34, 35 (1–4); *CIC* [1983], u. a. cann. 586, 589, 595, 609, 612, 616, 628, 637, 638, 678, 681; *VSp* III, 25). Und nicht zuletzt betrafen die Benediktiner auch die Bestimmungen zur Wirtschaftsführung mit Blick auf die Fälle von Zusammenlegung bzw. Aufhebung von Gemeinschaften (*PC*, Art. 13 und 21; *ES* II, 39–41).

3. *Aggiornamento* im Spiegel benediktinischen Eigenrechts (*ius proprium*)

a) Die Konföderationsebene

Lex Propria (1970) – 1982 – (2009)

Die erste Antwort der Gemeinschaften nach *RB* auf die Forderungen nach Erneuerung und Anpassung des Partikularrechts (*ius proprium*) im Geiste des Konzils erfolgte bereits Ende der 60er Jahre, bald nach Ende des Konzils, mit Überarbeitung und Anpassung der älteren Konföderationsstatuten der *Lex propria* – 1952. Als Ergebnis dieser Bemühungen lag dem Äbtekongress vom 22. Sept. 1970 zunächst eine erneuerte, vorläufige Version dieser Statuten vor. Wie von den Konzilsvätern in solchem Fall erwünscht, unterschied man dabei zwei Ebenen der Statuten: einen *codex praecipuus* und einen *codex accessorius*, wobei Ersterer der Approbation durch die Religiosenkongregation, Letzterer lediglich der verbandsinternen Billigung seitens der „Synode der Präsides" bedufte. Die neuen Statuten wurden – auch dies im Sinne des Konzils – zunächst nur probeweise (*ad experimentum*) erlassen. Diese Versuchsphase erklärte der Äbtekongress von 1980 (22.–27. Sept., Rom) nach intensiver Diskussion aller Teile als beendet, und es folgte dann 1982 die Verabschiedung der Endfassung: die *Lex Propria Confoederationis*, die als *Codex praecipuus* am 25. März 1982 die Approbation durch Rom erlangte. Die Veröffentlichung erfolgte dann 1985, zusammen mit zwei weiteren, noch im Jahre 1980 ausgeführten Ergänzungen (*Ordo celebrandi* und *Notae*, s. dazu folgenden Anschnitt) unter dem Gesamttitel: *Ius Proprium Confoederationis Benedictinae.*

Die *Lex Propria – 1982* (Abfassung 1980; Approbation 1982) regelt in der *1. Sektion* Rechtsnatur, Verfassung und Ziel der Konföderation. Diese wird definiert als „*Verband (confoederatio) der monastischen Kongregationen der Klöster des OSB*" und führt den offiziellen (Kurz-)Titel „*Benediktinische Konföderation*" [*LP* 2: „Denominatio officialis Confoederationis Congregationum monasticarum Ordinis Sancti Benedicti est *Confoederatio Benedictina*"].

Die *Confoederatio* stellt kein neues Religioseninstitut und auch keine eigene, neue Kongregation dar (*LP* 3). Sie gilt als juristische Person, kann somit Rechte und Besitz erwerben (*LP* 4), steht unter der Führung des Abtprimas, der Äbteversammlung sowie der Versammlung der Präsides (der Kongregationen) und trägt Sorge für das Gesamtwohl des Verbandes (*LP* 6). Zustandekommen und Art aller Verbindungen zwischen der Konföderation einerseits, den Kongregationen, Orden und Einzelklöstern andererseits, unterstehen allein dem Hl. Stuhl (*LP* 8).

Die Mitglieder der Konföderation werden in „ordentliche" und „außerordentliche" (*membra ordinaria – membra extraordinaria*) geschieden. Zu den „ordentlichen, unmittelbaren" (*membra ordinaria immediata*) Mitgliedern zählen: die bestehenden Benediktinerkongregationen (*LP* 9), alle zukünftig neu errichteten, von Rom wie der Synode der Präsides anerkannten Kongregationen nach der *RB* (*LP* 11) sowie andere Orden nach *RB*, sofern sie eine Aufnahme wünschen (*LP* 12). Die einzelnen, den Kongregationen zugehörenden Konvente dagegen haben lediglich den Status von „ordentlichen, mittelbaren" (*membra ordinaria mediata*) Mitgliedern innerhalb der Konföderation (*LP* 10). Alle Männerklöster des *OSB* müssen einer Kongregation eingeschrieben sein (*LP* 13: *adscribi debent*). Gemeinschaften, die keiner Kongregation angehören, können durch Votum des Äbtekongresses als „außerordentliche" Mitglieder (*membra extraordinaria*) „adscribiert" werden (*LP* 13).

Die benediktinischen Frauenkonvente – in der Regel einer Kongregation oder einem konföderierten Männerkloster inkorporiert bzw. uniert – gelten (bereits) durch diese Kongregation bzw. dieses Männerkloster als der Konföderation „konsoziiert“ (*Monasterium mulierum … si alicui monachorum Congregationi vel monasterio confoederato est incorporatum vel unitum, per illam Congregationem vel illud monasterium cum Confoederatione consociatur.* [*LP* 14a]).

Sonstige Gemeinschaften, Föderationen und Institute des monastischen Lebens – gleich welchen Geschlechts die Mitglieder auch sind –, die unter der *RB* leben und um Aufnahme bitten, können, unbeschadet der Rechte des Ordinarius, durch Entscheidung des Abtprimas der Konföderation „konsoziiert“ werden (*LP* 14b). Die Bedingungen zur Aufnahme in die Konsoziation bestimmt der Abtprimas (*LP* 14c). (Die Satzungen zur *consociatio* [*LP* 14 a–c] erfahren Ergänzungen durch spätere Äbtekongresse; vgl. unten, *Normae de consociatione*, S. 385 f.) Die Konföderation, die Konvente und Institute leisten sich gegenseitig Hilfe, nicht zuletzt auch in spiritueller Hinsicht (*LP* 15a). Alle mit der Konföderation konsoziierten Klöster und Institute genießen die Rechte der Konföderation, stehen aber auch in deren Pflichten. Die Konsoziation tangiert nicht die Autonomie und die Rechte der einzelnen Gemeinschaften oder Institute (*LP* 15b).

Das Ziel der Konföderation, das Gesamtwohl aller Teile der Organisation zu fördern (*LP* 16), stellte eine Aufgabe dar, der nur unter Mithilfe einiger Organe und Einrichtungen mit gesonderten Zuständigkeitsbereichen nachzukommen war. Als solche existierten: der Äbtekongress (*Congressus Abbatum*), die Synode der Präsides der Kongregationen (*Synodus Praesidum*), der Abtprimas (*Munus Abbatis Primatis*), Sant'Anselmo (als Sitz des Abtprimas) sowie das Kolleg und die Ordenshochschule dort (*Collegium et Atheneaum Sancti Anselmi*) – (*LP* 17a–d).

Die Details zu den Organen und Sondereinrichtungen legt die *2. Sektion* der Statuten fest. Der Äbtekongress – weder ein Generalkapitel noch eine Gegenautorität zu den Kongregationen oder einzelnen Klöstern (*LP* 20) – zählt zu seinen Mitgliedern: den Abtprimas, die Präsides der Kongregationen, die Äbte, Priores und Administratoren der unabhängigen Klöster, die Prokuratoren der unabhängigen, aber vakanten Klöster sowie deren legitime Vertreter (*LP* 21). Begrenzter Sonderstatus kommt dem Prior der Kollegs sowie dem Rektor der Hochschule zu (*LP* 22). Geregelt werden außerdem Details zur Einberufung der Versammlung, zu den Aktivitäten des Kongresses, zur Verbindlichkeit seiner Beschlüsse (*LP* 23–28).

Verständlicherweise nehmen die Bestimmungen zur Wahl des Abtprimas größeren Raum ein (*LP* 29–31). Gewählt ist, wer in drei Wahlgängen eine Dreiviertelmehrheit oder in einem vierten Durchgang die absolute Mehrheit erreicht (*LP* 30).

Die Synode der Präsides (der Kongregationen) – ein eher vorbereitendes Gremium, um jeweils eine breite Zustimmung zu erreichen – sollte alle zwei Jahre zusammentreten. Mitglieder sind der Abtprimas (mit Recht zur Einberufung und mit Vorsitz) sowie die Präsides. Die Ergebnisse der Synode bedürfen der Bestätigung durch den Äbtekongress (*LP* 32–35,6).

An der Spitze der Konföderation steht als *gestor et curator et executor* der Abtprimas (*LP* 41), auf Zeit gewählt (*LP* 50), aber mit bischöflichen Insignien ausgezeichnet und mit „ordentlichen" wie „außerordentlichen" Aufgaben betraut (*LP* 38–38,3). Zu den „ordentlichen" Aufgaben zählen u. a. die Repräsentation der Konföderation beim Hl. Stuhl, zu den „außerordentlichen" u. a.: Visitation, Streitschlichtung und Streitentscheidung in Dringlichkeitsfällen. Besondere Vollmachten kommen dem Abtprimas zu bei der Aufnahme von kongregationsfreien Klöstern in die Konföderation (*LP* 49–49,4). Zur Kurie des Abtprimas – die er selbst ernennt – gehören: Sekretär, Cellerarius und Archivar (*LP* 54–55,3).

Die Verhältnisse in und zwischen den Einrichtungen auf dem Aventin – dem Sitz des Abtprimas und seiner Kurie, dem monastischen Kolleg und der Ordenshochschule (Athenaeum) – finden in der *3. Sektion* ihre Beschreibung. Sinn und Aufgaben der Institute, Verwaltung des Grundbesitzes, Finanzierung des Gesamtkomplexes, Status und Auswahl der Mitglieder, die Führungsämter in den einzelnen Komplexen, die Zahl und Bestellung der Professoren, die finanzielle Beteiligung der einzelnen Kongregationen u. a. bilden hier die Gegenstände (*LP* 56–65). – (Es folgten auf dem Äbtekongress von 2001 weitere detaillierte Statuten zur Primatialabtei Sant'Anselmo [Verwaltung der „zeitlichen Güter"] sowie zum Kolleg daselbst und dessen interner „Ordnung", Bestimmungen, die nur noch der Billigung durch die „Synode der Präsides", nicht mehr der Approbation seitens der „Religiosenkongregation" bedurften.)

Ausführungsbestimmungen und Präzisierungen

Von größerer Bedeutung für die Entwicklung des *OSB/CB* im Ganzen bleiben dagegen die „Ausführungsbestimmungen" und „Präzisierungen" zur *LP – 1982*, die durch einen Äbtekongress (22.–27. Sept. 1980) gebilligt und beschlossen wurden. Es handelt sich hierbei um den *Ordo celebrandi Congressum Abbatum* („Regeln für das Abhalten des Äbtekongresses") sowie um die *Normae de consociatione cum Confoederatione* („Normen, welche die Konsoziation mit der Konföderation betreffen"). Beide Texte – *codices accessorii* – erschienen im Druck erstmals 1985, zusammen mit der bereits drei Jahre zuvor approbierten *Lex Propria – 1982.*

Den Komplex des „Äbtekongresses" (vgl. oben, *LP-1982*, Nr. 20–28) modifizierend wird im *Ordo* zunächst der Status der Mitglieder präzisiert, dabei zwischen „aktiven" (stimmberechtigten) und „passiven" (nicht stimmberechtigten) Teilnehmern (Nr. 1) unterschieden. Des Weiteren werden Form und Recht der Einberufung (Nr. 2–6), die Eröffnungszeremonie sowie der Geschäftsbereich des Kongresses beschrieben (Nr. 7–11, 12–22). Detailliert wird schließlich die Wahl des Abtprimas festgeschrieben (Vorsitz und mögliche Vorwahl [Nr. 23, 24], Wahlvorbereitung [Nr. 25, 26], Prozedur der Stimmenzählung und -wertung [Nr. 27–31], Schritte nach der Wahl [Nr. 32–34]). Den Schluss bildet die Beschreibung der formellen Aufhebung der Versammlung (Nr. 35–39).

Nicht weniger bedeutend für die Zukunft der Kongregation bleiben die „Ausführungsbestimmungen" zum Problemfeld der „Konsoziation" (*Normae de Consociatione*). Denn hier werden vornehmlich anstehende Probleme mit den zunehmend selbstbewusst zu ordensrechtlicher Gleichstellung drängenden Frauengemeinschaften reguliert. Über die entsprechenden Passagen von *Lex Propria – 1982* (Nr. 9–15) hinaus – sie finden sich hier nochmals zusammengefasst (*normae* 1–5) – werden dann die „Aufnahmebedingungen zur Konsoziation" präzisiert, was vornehmlich jene Frauengemeinschaften betraf, die noch keiner (Männer-)Kongregation oder keinem konföderierten Männerkloster „zugehörig" oder „uniert" waren. Monastische, liturgische und spirituelle Eignungen vorausgesetzt (*normae* 6, a 1–3, b), sind zunächst genaue Abstimmungsquoten in jenen Klöstern, Föderationen oder Instituten, die den Status der „Konsoziation" wünschen und beantragen, gefordert: bei den jeweiligen Nonnengemeinschaften zwei Drittel der Stimmen des Kapitels; bei Nonnenföderationen zwei Drittel aller Gemeinschaften der Föderation; bei Schwesterngemeinschaften oder Instituten des geweihten Lebens zwei Drittel des Generalkapitels (*normae* 6, c 1–3). Die Entscheidung über die Annahme des Antrags liegt beim Abtprimas der Konföderation (*normae* 6, d, e).

Um Rat und Rechtsbeistand für das Verfahren einzuholen, kann der Abtprimas spezielle Kommissionen (für die Schwestern wie für die Nonnen) aus 6 bis 10 Superiores mit Vertretungsrecht für die Klöster einsetzen. Das Einberufungsrecht zu solchen Kommissionen liegt beim Abtprimas (*normae* 7–10).

(Vorausschauend sei erwähnt, dass eben diese Statuten [*normae* 7–10] durch den Äbtekongress vom 27. Sept. 2004 auf Betreiben und zugunsten der *CIB* verändert worden sind [dann: *normae* 7–9] und das Verhältnis der CIB zur Konföderation als „Konsoziation" definiert ist [s. unten, Kap. 12, Abschn. 3, S. 416ff].)

Neben der Ermahnung zur allgebotenen, vornehmlich aber spirituellen Hilfe der Konföderation, der Gemeinschaften, Föderationen und Institute untereinander (*normae* 11–13) wird auch eine – vom Abtprimas festzusetzende – Taxe seitens der konsoziierten Mitgliedern für die Konföderation gefordert als Kompensation für deren Leistungen (*norma* 14).

Die Kompetenzen und Rechte des Abtprimas über das Gesamt der konsoziierten Gemeinschaften, Verbände wie Institute (seit 2004 eben auch über die CIB) sind zahlreich und diffizil (*normae* 15–20). Erwähnenswert bleiben dabei: das Recht zur Fürsprache beim Hl. Stuhl (*norma* 15); die Leitung und Verwaltung der gesamten schriftlichen Kommunikation der Gemeinschaften, Föderationen und Institute (*norma* 16); ein ständiges Recht auf Rat und Hilfe (*norma* 17) sowie die Kompetenz zu außerordentlicher Visitation mit – sollte es notwendig sein – Zutrittserlaubnis auch zur Frauenklausur (*normae* 18–20).

Diese Ausführungsbestimmungen zeigen den Abtprimas als die zentrale Bezugsperson und integrative Instanz auch für die konsoziierten Mitglieder, vornehmlich für die konsoziierten Gemeinschaften, Föderationen und Institute der Frauen. Offensichtlich war man bemüht, diese – den Männern zumindest vergleichbar – in die Konföderation einzubinden. Man wird hier den Verdacht nicht los, dass mit diesen präzisen und umfassenden Statuten zur „Konsoziation“ – als einer ja immer noch nicht gleichberechtigten Zuordnung zur Konföderation der Männer –, möglichen Initiativen der Frauenzweige zur Gründung einer separaten Frauenföderation (auf Augenhöhe mit der Föderation Männern) der Wind aus den Segeln genommen werden sollte.

Die Aktualität dieser Fragen zeigte sich deutlich auf dem Äbtekongress 2004 in Rom, wo – wie erwähnt – die *Normae de Consociatione* mehrfach im Sinn der *Communio Internationalis Benedictarum* (*CIB*) dann verändert worden sind, Zusammenhänge, die im folgenden Kap. 12 (Abschn. 3, S. 415 ff) beschrieben sind.

Lex Propria – 2009

Die in Details ergänzte, vom Äbtekongress 2008 beschlossene und von Rom im folgenden Jahr approbierte *Lex Propria – 2009* enthält Neuerungen und Veränderungen vornehmlich zu Verwaltung und Wirtschaftsführung von Kloster und Kolleg Sant'Anselmo und kann daher aus Umfangsgründen hier übergangen werden.

Aktueller Bestand der Konföderation

Die Konföderation umfasste 1893 bei ihrer Gründung 12 Kongregationen, 1928 waren es bereits 15 und in den folgenden Jahren kam es dann zu weiteren, zahlreichen Neumitgliedschaften [s. oben, S. 355 ff und unten, zehntes Kapitel, Bibliogr., 4 (Situation 1928) ff.]. Nach dem Zweiten Weltkrieg finden sich gleichzeitig Auflösungen wie neue Mitgliedschaften. Unter dem Abtprimas von Sant'Anselmo umfasste die Konföderation 1995 (Catalogus XVIII, S. 439 ff.) weltweit 21 (Männer-)Kongregationen als „ordentliche", dazu einige Einzelklöster (*monasteria extra congregationes*) als „außerordentliche" Mitglieder. – Zur weiteren Entwicklung der Konföderation vgl. unten, zehntes Kapitel, Bibliogr. 4; zum aktuellen Status der Konföderation (a. 2000) vgl. dreizehntes Kapitel, Tab. III u. V, unten, S. 428 u. 430.

b) Die Kongregationsebene

Die Kongregationen des deutschen Sprachraums als *exempla*: Vorbemerkung

Den Veränderungen im Konföderationsrecht nachgeordnet lag die zentrale Antwort des Ordens auf die Forderungen des Konzils in der Erneuerung, im *aggiornamento* des Kongregationsrechts, einer Aufgabe in den Kompetenzen der (General)kapitel der einzelnen Kongregationen. Dabei forderte Rom mittlerweile (*CIC – 1983*, § 1–4) Differenzierungen ein bei der Neugestaltung dieser Rechtsmaterien: die Unterscheidung nämlich zwischen Normen (Statuten bzw. Konstitutionen), die der Approbation durch Rom bedurften (dem *codex praecipuus*), einerseits und dem gesamten übrigen, in einem eigenen *codex accessarius* zu fixierenden Kongregationsrecht, das lediglich durch das eigene Kongregationskapitel zu billigen war, andererseits. Bis zur ersten Vorlage der Neubearbeitungen rechnete Rom zunächst mit einer Frist von 2 bis 3 Jahren (Ausführungsbestimmungen in: *ES* II, 1–11). In Wirklichkeit aber wurde daraus ein langwieriger, von vielen Zwischenrevisionen unterbrochener Prozess, verursacht durch die von Rom zunächst gewünschte, in ihrer Dauer nicht direkt fixierte Probezeit (*ad experimentum*) für die Neuentwürfe, aber auch durch die stetig nachgeschobenen Ausführungsbestimmungen, Verbesserungen, Ergänzungen und Neufassungen (meist zum allgemeinen Ordensrecht), darunter als Grundpfeiler aller Veränderungen (eben auch im allgemeinen Ordensrecht): die Promulgation des *CIC – 1983*. So traten – nach Gewährung aller notwendigen Approbationen – die ersten Neubearbeitungen mit Endgültigkeitsanspruch erst Anfang der 80er Jahre – zwanzig Jahre beinahe nach dem Ende des Konzils – endgültig in Kraft.

Dem Versuch, eine Vorstellung von den Neuerungen im Ganzen zu vermitteln, bleiben mit Rücksicht auf den Umfang vorliegender Darstellung allerdings deutlich Grenzen gesetzt. Denn es wird nicht möglich sein, hier sämtliche 21 Kongregationen der *CB* weltweit und detailliert in den Blick zu nehmen. Stattdessen wird der Erneuerungsprozess hier exemplarisch an einigen Beispielen demonstriert: an der Beuroner Kongregation, der

Bayerischen Kongregation, der (Missions-)Kongregation St. Ottilien (mit Blick auf die Kongregation der Missionsbenediktinerinnen von Tutzing), der Schweizer sowie der Österreichischen Kongregation, allesamt Verbände, die ihren Ursprung und zu größeren Teilen – sieht man von den Missionskongregationen ab – auch ihren Wirkungsbereich im deutschen Sprachraum haben. Auch wird – eine weitere notwendige Einschränkung aus demselben arbeitsökonomischen Grunde – ausschließlich die Ebene der Kongregation im Blick bleiben, während die Erneuerung des Partikularrechts unterhalb der Kongregationsebene – die (Haus-)Ordnungen und Bräuche der autonomen Gemeinschaften nämlich – nur hier und dort gestreift werden können.

Die Beuroner Kongregation

Das Kongregationsrecht allgemein

Die Kongregation von Beuron hatte auf ihrem 18. Generalkapitel 1974 die Revision des Kongregationsrechts beschlossen. Nach mehrfachen Überarbeitungen konnte 1976 (auf dem 19. Generalkapitel) bereits eine erste Version approbiert und – wie vom Konzil gefordert – zunächst *ad experimentum* in Kraft gesetzt werden. Weitere, von offiziellen kirchlichen Stellen nach und nach erlassene Ausführungsbestimmungen, nicht zuletzt aber der neue *CIC – 1983* erforderten dann erneute Überarbeitungen und Angleichungen; diese wurden allerdings durchgeführt unter Berücksichtigung der neuerdings von Rom geforderten Scheidung zwischen Normen, welche eine Approbation durch die „Religiosenkongregation" erforderten, und dem übrigen Eigenrecht der Kongregation, das lediglich der Billigung des Generalkapitels bedurfte. Schließlich konnte am 21. März 1985 das gesamte neue Kongregationsrecht in seinen drei Abteilungen endgültig in Kraft treten. Dabei handelt es sich I. [Nr. 1–95] um die „*Deklarationen*" (Normen für die Frauengemeinschaften, teils von Rom, teils vom Generalkapitel approbiert); II. [Nr. 96–147] die „*Statuten*" (Verfassung der Gesamtkongregation, durch Rom approbiert); III. [Nr. 1–50] das „*Directorium spirituale*" (spirituelle Wegweisungen für Nonnen und Mönche der Kongregation, approbiert durch das Generalkapitel). (Weitere Detailänderungen folgten auf den Generalkapiteln der Jahre 1988, 1994/95, 2002/03.)

Deklarationen

Die *Deklarationen*, die Normen der Frauengemeinschaften also – wie erwähnt (oben, S. 319), kannte die Kongregation von Beuron bereits seit 1927 eigene Regelungen für die angegliederten weiblichen Gemeinschaften – erscheinen als frauenspezifische Ergänzungen, Änderungen und Erläuterungen zur *RB* im Geiste und nach den Vorschriften des Konzils und kennen in ihrer Ausführlichkeit keine Parallele in zeitgleichen (Frauen-)Konstitutionen. Soweit diese Normen durch unterschiedliche Instanzen (die Religiosenkongregation in Rom oder das Generalkapitel der Kongregation) approbiert worden sind, werden diese Unterschiede auch drucktechnisch in der Edition jeweils sichtbar gemacht.

Bei den *Deklarationen* handelt es sich um eine ausführliche und präzise Einordnung der angegliederten Frauengemeinschaften mit folgenden Rechtsmaterien: Definition der Mitgliedschaft im Frauenkloster (vollberechtigt und nicht vollberechtigt; Nr. 1.–2.1); Rechtsstatus der Frauenkonvente (*monasterium sui iuris*, Exemtion vom Ortsbischof; Nr. 3), Verhältnis der Frauenklöster zur Kongregation der Männer (vollrechtlich „inkorporiert“ oder nur „aggregiert“; Nr. 4.1–3); die Vollmachten des Generalkapitels (Nr. 4.4); Verbindlichkeit aller Vorschriften für Äbtissin, Konventualpriorin wie Administratorin (Nr. 5); Pflichten und Kompetenzen der Äbtissin [als „Höherer Oberin“] (Nr. 6.1–7); das Konventskapitel [Kompetenzen, Zustimmungspflicht u. a.] (Nr. 8–11, k); das Seniorat: Ernennung, Mitglieder, Funktion, Zustimmungspflicht u. a. (Nr. 12–15); allgemeine Bestimmungen für Kapitel und Seniorat (Nr. 16–21); die Klausur [umfangreiche und detailreiche Bestimmungen] (Nr. 22.1–22.10); *stabilitas*, Gehorsam, Schweigsamkeit (Nr. 23.1–25.2); zur Weiterbildung der Nonnen und zum Umgang mit modernen Kommunikationsmitteln (Nr. 26.1–3); das *Opus Dei* [liturgische Gestaltung], das Stundengebet (Nr. 27.1–29.2); Verzicht auf Dekanien (Nr. 30); die Zelle (Nr. 31); Strafkompetenz der Äbtissin (Nr. 32); der Ausschluss aus dem Kloster und die Wiederaufnahme (Nr. 33.1–39.3); die Cellerarin [Charakter, Aufgaben] (Nr. 40.1–9, 41.2); zur Vermögensverwaltung [detailreich] und Rechtsgeschäften (Nr. 41.1–43.3); das Armutsgebot [Besitzlosigkeit] (Nr. 44–46); der Tischdienst (Nr. 47); die Infirmerien (Nr. 48–48.2); Mahlzeiten, Essensordnung, Arten der Speisen, Fasten (Nr. 50.1–50.3); die Nachtruhe (Nr. 51); das Schuldkapitel (Nr. 53.1–54); die Tagesordnung [Gleichgewicht von Gebet, Lesung, Arbeit] (Nr. 55.1–56.2); die Arbeit [Sinn, Umfang, Pausen] (Nr. 56.1–57); Tage der Besinnung, Beichte, Buße (Nr. 58–60.2); Abwesenheit von der Gemeinschaft (Nr. 61.1–3); das persönliche Gebet (Nr. 62); Umgang mit Gästen (Nr. 62–62.2/67); das Briefgeheimnis (Nr. 65); zum Habit, zu Aus- und Weiterbildung der Nonnen (Nr. 66–68); Postulat und Noviziat [Bedingungen, Dauer, Austritt u. a.] (Nr. 69–76.4); die Profess [Bedingungen, Zulassung, Sinn, Ablauf, Typen: feierlich, zeitlich, ewig], Gelöbnisformel, Urkunde (Nr. 77.1–79,4); die Oblation (Nr. 80.1–81); Klosterwechsel (Nr. 82.1–83.2); der Spiritual (Nr. 84); Anreden in der Gemeinschaft [Rangordnungen] (Nr. 85); Vakanz (Nr. 86.3); Wahl der Äbtissin [einzelne Schritte, Kreis der Kandidatinnen, Wertung der Stimmen] (Nr. 86.1–89.2); Amtsniederlegung (Nr. 89.3); Priorin, Subpriorin und Offizialinnen (Nr. 90.1–91.3); Dienst an der Pforte (Nr. 92); Nonnen auf Reisen (Nr. 93.1–2).

Statuten der Gesamtkongregation

Die *Statuten* der (Gesamt-)Kongregation – bereits am 3. Nov. 1984 durch Rom approbiert, für die Frauengemeinschaften lediglich gültig, soweit sie zugleich in die *Deklarationen* übernommen sind, und im Ganzen um vieles kürzer in den Ausführungen als die *Deklarationen* – enthalten Regelungen und Normen zu folgenden Großbetreffen: Natur, Mitglieder und Aufgaben der Kongregation (Nr. 96.1–99.3); die Innenseite des Verbandes (Nr. 100.1–101); das Generalkapitel (Nr. 102.1–110); der Abtpräses und sein Rat (Nr. 111.1–118); weitere Organe der Kongregation (Nr. 119.1–124.3); die Visitationen (Nr. 125.1–131); gegenseitige Hilfeleistungen (Nr. 130–134.3); Neugründung und Aufhebung einer Gemeinschaft (Nr. 135–142); die abhängigen Häuser (Nr. 143–147).

Directorium spirituale

Die dritte, spirituelle Säule des Kongregationsrechts bildet das *Directorium spirituale,* adressiert an die Frauen- wie die Männergemeinschaften. In der Urfassung auf den *Elementa* des Erzabtes Maurus Wolter (1870) fußend, wurde dieses Korpus auf Anregungen aus der Kongregation ebenfalls der Überarbeitung im Sinne des Konzils unterzogen, ausführlich diskutiert, in einem ersten Entwurf 1982 vom Generalkapitel – die Approbation aus Rom war hier nicht erforderlich – genehmigt und am 19. Juni 1984 von diesem in Kraft gesetzt. Es handelt sich hierbei nicht um Statuten und Normen im juridischen Sinne, sondern um allgemeingültige monastisch-spirituelle Ausführungen und deren theologische Begründungen, um den Versuch letztlich, das geistliche Profil der Kongregation zu umreißen.

Das Korpus des *Directorium spirituale* umfasst zwei Teile und einen Schluss (Erster Teil: Kap. I–V; Zweiter Teil: Kap. VI–XI; Schluss: Kap. XII). In den Kap. I–III wird im Modus einer „Abstiegstheologie“ das dreifaltige Gottesbild vom Vater, dem menschgewordenen Sohn und dem – die Kirche führenden – Hl. Geist entworfen und komplementär dazu (Kap. IV u. V) das Bild des Menschen als Geschöpf in der Spannung zwischen Gemeinschaft und Individuum gezeichnet. In Kap. VI ist die Profess Gegenstand, in VII die *stabilitas* (Beständigkeit), in VIII der klösterlichen Lebenswandel, in IX der Gehorsam, in X die Arbeit und in XI das Verhältnis von Kloster, Welt und Kirche. Das Schlusskapitel (XII) – eine Art Zusammenfassung – bietet summarische Aussagen zum geistlichen Profil der Kongregation.

Dass das gesamte revidierte Partikularrecht Beurons – nicht anders als das aller anderen Kongregationen – durchgehend dem Geist und den

Empfehlungen des Konzils wie der folgenden kurialen Ausführungsbestimmungen, Ergänzungen und Präzisierungen – einschließlich des *CIC – 1983* – entspricht, bedarf keines systematisch geführten Einzelnachweises. Allein der Umstand, dass die zentralen Teile der *Deklarationen* und *Statuten* vor ihrer Promulgation durch die „Religiosenkongregation" approbiert worden sind, garantiert dies.

Verfassung der Kongregation (nach Statuten – 1985)

Die Beuroner Kongregation versteht sich als „Verband autonomer Mönchsklöster" mit „inkorporierten" oder „aggregierten" Frauengemeinschaften und ist „Mitglied der Konföderation" (96.1). Die höchste Autorität in der Kongregation stellt das Generalkapitel dar, ein Kollegialkapitel, das unter Vorsitz des Abtpräses und seines Rates die Kongregation leitet (96.2). Das Generalkapitel setzt sich – unter dem Vorsitz des Abtpräses – zusammen aus den „Höheren Oberen" sowie den Konventsvertretern „der autonomen Klöster der Kongregation" und hat „Gesetzgebungskompetenz nach Maßgabe des allgemeinen Rechts und der Konstitutionen" (102.1). „Der Abtpräses hat das Recht und die Pflicht, alle sechs Jahre ein ordentliches Generalkapitel einzuberufen". In begründeten Fällen ist mit Zustimmung „der Mehrheit der Höheren Oberen" eine Terminverschiebung bis zu zwei Jahren möglich (102.2). Stimmberechtigt sind „die amtierenden Äbte, Konventualprioren und Administratoren sowie die von den Kapiteln der Mönchsklöster ... gewählten Konventsvertreter" (103.1). Nicht stimmberechtigt sind: Äbtissinnen, Konventualpriorinnen, Administratorinnen bzw. deren Vertreterinnen, Prioren und Priorinnen abhängiger Häuser, Konventsvertreterinnen sowie der Generalprokurator (103.2). (Seit dem 23. Generalkapitel 2001/02 allerdings haben die Nonnen der inkorporierten Frauenklöster ebenfalls volles Stimmrecht auf dem Generalkapitel [Stat. 103.1].) Beschlussfähigkeit des Generalkapitels ist gegeben – rechtmäßige Vertretung vorausgesetzt – bei Anwesenheit von „Zwei-dritteln seiner stimmberechtigten Mitglieder" (103.5).

Zu den Kompetenzen des Generalkapitels gehören u. a.: die Wahl des Abtpräses und seines Rates, die Besetzung aller Ämter in der Kongregation sowie die Beschlussfassung über alle Angelegenheiten der Kongregation, auch das Recht, in Abstimmung mit Rom, Konstitutionen zu ändern oder aufzuheben sowie Einfluss zu nehmen auf die Konstitutionen der Frauengemeinschaften (104.1 a–e). Bei Wahlen und bei Abstimmungen sind die Oberen wie die Konventsvertreter nicht weisungsgebunden (107).

Dem Abtpräses steht „die oberste Leitung der Kongregation" zu, er „vertritt sie in allen Amtshandlungen und Rechtssachen" (112.1). Er wird gewählt mit Zweidrittelmehrheit im ersten und zweiten Wahlgang, im dritten Wahlgang mit nur einfacher Mehrheit (111.4). Die Wahl gilt für die Zeit zwischen zwei ordentlichen Generalkapiteln, eine Wiederwahl ist möglich (111.1 u. 2). Der Abtpräses hat Jurisdiktionsgewalt über die Einzelklöster der Kongregation nur während der Visitation (112.3). Über die angeschlossenen Frauenklöster steht ihm ordentliche Jurisdiktionsgewalt zu (113). Unterstützt wird der Abtpräses durch den Rat zweier Assistenten, beide gewählt in geheimer Wahl durch die stimmberechtigten Mitglieder des Generalkapitels (116. u. 117.). Bei bestimmten – präzise beschriebenen – Entscheidungen muss die Zustimmung des Rates eingeholt werden (106 u. 118). Neben dem Rat der Assistenten tagt jährlich eine Äbtekonferenz, gebildet aus den „Höheren Oberen" aller Männerklöster der Kongregation; zu dieser Versammlung sind die „Höheren Oberinnen" als Vertreterinnen der Frauenklöster eingeladen (119).

Der Gerichtshof der Kongregation besteht aus dem Abtpräses (Vorsitz) und zwei Assistenten (124.1). Jeder Mönch der Kongregation hat das Berufungsrecht an den Hl. Stuhl (124.3).

Zentrales Recht und höchste Pflicht des Abtpräses ist die Visitation aller Klöster der Kongregation. Dabei wird er unterstützt von einem selbstgewählten, zweiten Visitator (125.1 u. 2.). Bei der Visitation von Frauenklöstern kann ein zweiter Abt oder eine Äbtissin als Helfer agieren (125.3). Das Kloster des Abtpräses selbst wird vom ersten Assistenten visitiert (125.5). Über die Ergebnisse der Visitationen werden Schlussberichte (Rezesse) erstellt; diese – sie enthalten auch eventuelle Ermahnungen und Änderungsvorschläge – müssen im Klosterarchiv aufbewahrt werden (130.2).

Die Klöster der Kongregation sind zwar autonom, sollen sich aber in „wissenschaftlichen, kulturellen und wirtschaftlichen Belangen" gegenseitig tatkräftig unterstützen, unter Wahrung allerdings der jeweiligen *stabilitas* (132. u. 133.) Die Neugründung oder die Aufhebung von autonomen wie abhängigen Klöstern erfolgt unter präzisen Vorbedingungen und Regelungen (135–147). Bei Gründung wie bei Aufhebung von Frauengemeinschaften bleibt zusätzlich die Zustimmung Roms erforderlich (137.1; 142; 144.1).

Die Konstitutionen der „inkorporierten" oder „aggregierten" Frauengemeinschaften – die „Deklarationen" also – enthalten nur wenige zusätzliche Details zur Beschreibung von Struktur und Verfassung der Kongregation. Dies hat seinen Grund in dem Umstand, dass „die Zuordnung zur Kongregation", aber auch die Vollmachten des Abtpräses im Rahmen dieser Deklarationsstatuten sowie die gegenseitigen Rechte und Pflichten innerhalb derselben durch die Statuten der (Gesamt-)Kongregation bereits geregelt werden (4.1). Aus den Deklarationen werden daher lediglich noch gewisse Aufsichts-, Mitsprache- und Kontrollrechte des Abtpräses in den Frauengemeinschaften – neben, mit und über der Äbtissin – sichtbar. Seine Legitimation beruht dabei auf der „ordentlichen und unmittelbaren Jurisdiktion“ über die inkorporierten sowie in seiner „ordentlichen (mittelbaren)“ als Kongregationsoberer über die nur aggregierten Gemeinschaften (4.2–3).

So kommt dem Abtpräses oberstes Aufsichts- und Dispensrecht zu über die Klausur der Frauengemeinschaften (22.4); die Kompetenz, unter bestimmten Bedingungen kirchliche Strafen und kanonische Zurechtweisungen auszusprechen (32); die Verfahrenskompetenz bei Strafentlassungen und freiwilligen Entlassungsgesuchen (33.29); Zustimmungsrecht bei bestimmten Rechts-, Besitz- und Finanzgeschäften (43.1–3); Dispensrechte – über die Äbtissin hinaus – das Postulat und das Noviziat betreffend (71.2; 74,1); das Zustimmungsrecht bei Klosterwechsel, vornehmlich bei Übertritt in die eigene Konföderation (82.1); die Leitung der Neuwahl nach dem Tod einer Äbtissin (86.3); die Pflicht zur Bestätigung der Neugewählten (88.2), zur Entgegennahme des Gesuchs im Falle einer Resignation (89.1), aber auch das Recht, gegebenenfalls den Rücktritt nahezulegen (89.2).

Erstaunlich bleibt, dass es der Kongregation im Laufe der Geschichte – trotz mehrfacher Anläufe – nicht gelungen ist, ein gemeinsames Noviziat und Studium einzurichten. Alle Gemeinschaften der Kongregation bilden ihre Novizen folglich selbst aus, obgleich die Statuten hier Gemeinsamkeit durchaus gestatten. Das Studium der Kleriker der Kongregation wird heute an den nahegelegenen Universitäten bzw. an der Ordenshochschule Sant'Anselmo (Rom) absolviert.

Umfang der Kongregation

Heute (a. 2016) umfasst die Beuroner Benediktinerkongregation mit Sitz in der Erzabtei St. Martin: 8 Männerklöster (Beuron, Seckau, Maria Laach, Gerleve, Neresheim, Neuburg, Tholey, Nütschau [Weingarten wurde 2010 aufgehoben]), davon 7 Abteien und 1 Priorat, insgesamt mit etwa 250 Mönchen. Dazu kommen 9 inkorporierte Frauenkonvente (Eibingen, Herstelle, Kellenried, Engelthal, Säben [Südtirol], Varensell, Fulda, Hildesheim, Aasebakken [Dänemark] [St. Gabriel, Bertholdstein, Prag, ist 2008 aus der Kongregation ausgeschieden]), davon 7 Abteien und 2 Priorate, insgesamt etwa 270 Nonnen.

(Darüber hinaus wurden im Laufe der Zeit international 25 Gemeinschaften von der Beuroner Kongregation wesentlich beeinflusst oder gehörten zeitweise gar zum Verband.)

Die Bayerische Kongregation

Genese der Satzungen

Die 1860 approbierten Statuten der zwei Jahre zuvor wiedererrichteten Bayerischen Benediktinerkongregation haben im Laufe der Jahre zahlreiche Anpassungen, Novellierungen und Überarbeitungen erlebt (Übersicht bei S. Haering, in: Germ. Ben. I (1999), S. 688 f.). Die letzte Revision des gesamten Kongregationsrechts war im Anschluss an das II. Vatikanische Konzil geboten, eine Aufgabe, mit der sich die Kongregation seit 1979 zu beschäftigen begann. Dabei entschied sich die Statutenkommission – einer Forderung der Konzilsväter folgend – zur Scheidung des Materials in einen „juridischen" und einen „spirituellen Teil". Ersterer wurde 1972 (vom 38. Generalkapitel), letzterer 1978 (vom 40. Generalkapitel) verabschiedet. Und 1981 stellte dann das 41. Generalkapitel auch die „Bräuche" der Kongregation im „Buch der Gewohnheiten" neu zusammen.

Durch die Promulgation des neuen *CIC – 1983* erneut zu einer Revision gedrängt, beschloss das 42. Generalkapitel 1984 eine Angleichung des „juridischen" Teils der Statuten an den neuen *CIC* (während der „spirituelle Teil" zunächst unverändert blieb). Diese neue Überarbeitung wurde auf dem 43. Generalkapitel 1987 gebilligt und – nach Korrektur einiger Beanstandungen – schließlich von der (römischen) „Kongregation für die Religiosen und Säkularinstitute" am 26. April 1988 approbiert. Für die Drucklegung (15. Jan. 1989) fasste man dann die von Rom approbierten Satzungen zusammen mit jenen, die lediglich durch die Kongregation gebilligt waren, wobei die römisch approbierten Teile – da durch Kursivdruck hervorgehoben – „visuell" getrennt blieben. Auf dem 44. Generalkapitel von 1990 wurde dann auch eine revidierte Fassung des *Liber consuetudinum* (Buch der Bräuche) vorgelegt.

Im „juridischen" Teil der Satzungen – teils durch die Kongregation, teils durch Rom approbiert – wird zwischen Satzungen, welche die Konvente betreffen, und solchen, die auf die Kongregation zielen, unterschieden. Auf der Ebene des einzelnen Klosters werden folgende Problemkreise angesprochen: die monastische Gemeinschaft (Natur und Zweck, 1–7; Mitgliedschaft, 8–11); der Abt (rechtliche Stellung, 12–17; Wahl, 18–37; Rücktritt, 38–41); der Rat der Brüder (42–44; das Konventskapitel, 45–64; das Seniorenkapitel, 65–73; sonstige Versammlungen, Kommissionen, 74–75); die Offizialen (76–83); Verwaltung der Güter (84–90); Aufnahme ins Kloster und Ausbildung (Allgemeines, 91–95; Postulat, 96; Noviziat, 97–104; zeitliche Profess, 105–106; ewige Profess, 107–110; Vermögensfragen, 111–114; Ausbildung und Weiterbildung, 115–116; Regularoblaten, 117); Austritt, Entlassung, Wiederaufnahme, Übertritt (Austritt, 118–120; zeitweilige Ausgliederung, 121–123; Entlassung, 124–126; Wiederaufnahme,

127–129; erlaubte Abwesenheit, 130; Übertragung der Stabilität, Übertritt, 131–135; Maßnahmen zum Schutz der Gemeinschaft, 136–140).

Die Ebene der Kongregation betreffend handelt es sich um Definition und Regelung folgender Sachverhalte: Natur und Zweck der Kongregation (142–143); Mitgliedschaft (144–148); die Leitung der Kongregation (Generalkapitel, 149–157; Ablauf des Kapitels, 158–162; Sonstiges, 163–165; der Abtpräses, 166–173; das Consilium des Abtpräses, 174–176; das *consilium vigilantiae*, 177–188; weitere Kongregationsgremien, 178–179); die kanonische Visitation (180–188); gegenseitige Hilfeleistungen (189–193); Rechtsprechung (194–195); Anhang: Zusammenwirken von Abtpräses und Consilium (174).

Im „spirituellen" Teil der Satzungen – diese bedurften wie erwähnt lediglich der Approbation durch die Kongregation, nicht durch Rom – wird das benediktinisch-monastische Leben nach vier Grundsituationen geordnet: I. Berufung in die Gemeinschaft; II. Gelübde; III. Lebensordnung der Gemeinschaft; IV. Gemeinschaft in Kirche und Gesellschaft.

Im Detail geht es um folgende Sachverhalte: (I) Berufung zur Teilhabe am Leben Christi, 1–8; benediktinische Lebensordnung, 9–13. (II) Vom Sinn der Gelübde, 14–17; Stabilitas (Bleiben in der Liebe Christi, 18–24; Trennung von der Gemeinschaft, 24–27); *Conversatio morum* (Bereitschaft zur ständigen Umkehr, 28–31; Armut und Gütergemeinschaft, 32–38; monastische Jungfräulichkeit, 39–42); *Obeodientia* (Hören auf die Weisung des Meisters, 43–49; Gehorsam und Dialog, 50–53; Gehorsam im Konflikt, 54–56). (III) Gebetsgemeinschaft, 57–67; Arbeitsgemeinschaft, 68–74; Tischgemeinschaft, 75–79; Erholung und Muße, 80–83; Dienst des Abtes, 84–94; Sorge für Kranke und Alte, 95–100; Sorge für die Neueintretenden, 101–111. (IV) Klösterliches Leben als Dienst für Kirche und Gesellschaft, 112–114; Aufgaben im Dienst an Kirche und Gesellschaft, 115–120.

Verfassung der Kongregation

Aufgrund des geltenden, nachkonziliar-revidierten Partikularrechts ergeben sich für Kongregation und Einzelkloster in groben Zügen folgende Verfassungsstrukturen: Die Kongregation ist ein föderalistischer Verband, selbständiger – in ihrer Freiheit durch den Verbund nicht beeinträchtigter – exemter Klöster, mit Generalkapitel und Abtpräses als zentralen Lenkungsorganen. Das Generalkapitel als oberstes Organ tritt – seit der Statutenrevision von 1983 – alle vier Jahre zusammen. Stimmberechtigte Mitglieder des Kapitels sind: alle regierenden Äbte (Konventualprioren bzw. Administratoren) sowie ein Deputierter für jedes Mitgliedskloster. Obere und Deputierte tagen gemeinsam, Letztere besitzen gleiches Stimmrecht. Hauptaufgaben des Generalkapitels sind: Wahl des Abtpräses, der

Kongregationsmitglieder und aller Amtsträger. Das Kapitel hat Kompetenzen zu Veränderungen und Auslegung der Statuten sowie Beschlussfassungsrecht über alle Kongregationsangelegenheiten Der Vorsitzende des Generalkapitels ist der Abtpräses. Er ist – seit der Novellierung von 1993 – auf vier Jahre gewählt, er vertritt die Kongregation nach außen, ist verantwortlich für Vorbereitung und Einberufung des Generalkapitels. In jeder Sitzung ist ein wirtschaftlicher Rechenschaftsbericht der Einzelklöster vorzulegen. Eine der zentralen Verpflichtungen des Abtpräses liegt in der kanonischen Visitation, bei der er unterstützt wird von zwei – durch das Kapitel gewählte – Visitatoren. Seit 1987 existiert zur Unterstützung des Abtpräses ein *consilium* von fünf Mitgliedern (zwei Äbte, drei Mönche). Seit 1933 besteht auch ein eigenes Gremium (*Consilium vigilantiae*) zur Kontrolle des Wirtschaftsverhaltens der Mitgliedsklöster.

Dem Einzelkloster steht der Abt vor, von seiner Gemeinschaft auf unbestimmte Zeit gewählt (mit maximaler Amtsdauer bis zur Vollendung des 70. Geburtsjahres). Der Abt vergibt alle Ämter innerhalb der Gemeinschaft, vom Prior und Subprior, über den Novizenmeister bis hin zum Cellerar und Ökonom. Als Vertrauensmänner des Konvents fungieren die Senioren. Zur weiteren Unterstützung des Abtes existiert – ausgestattet mit besonderen Rechten zur Anhörung und Konsensstiftung – ein gesondertes Konvents- und Seniorenkapitel. Die Mitgliedschaft dieser kleinen Gruppe von Mönchen beruht entweder auf Amtsautorität oder auf Wahl durch das Generalkapitel.

Monastisch-spirituelle Schwerpunkte: Stundengebet, Liturgie, Spiritualität

Die Erneuerungen im Zuge des II. Vatikanums betrafen auch den Tagesablauf, die liturgischen Formen und die Spiritualität des Verbandes. So verschwand etwa das einheitliche Stundengebet innerhalb der Kongregation, indem jeder Gemeinschaft freie Hand gelassen wurde. (Das 1980 von der Salzburger Äbtekonferenz herausgegebene, deutschsprachige „Monastische Stundenbuch“ stellte zwar wieder den Versuch zu einer Vereinheitlichung dar, beließ aber allen Abteien ihre Eigenheiten [Germ. Ben. I, 1999, Anm. 78, S. 691].) Zu einer erneuerten Liturgie fehlten unmittelbar nach dem Konzil noch Anleitungen. Erst 1988 wurde diese Lücke geschlossen durch die Edition eines *Rituale* für die deutschsprachigen Benediktiner seitens der Salzburger Äbtekonferenz (Germ. Ben. I, 1999, Anm. 81, S. 691).

Als zentrale Elemente der Spiritualität sollten „das liturgische Gotteslob, die geistliche Lesung und der regelmäßige Sakramentenempfang“ (S. 691), „jährliche Exerzitien … ein geregeltes Fasten … eine schlichte äußere Lebensweise …“ gelten. Grundvollzüge des asketisch-monastischen Lebens, wie sie die spirituellen Satzungen entwerfen und anmahnen.

Den Empfehlungen des Konzils entsprechend finden sich hier allerdings Schwerpunktverschiebungen gegenüber älteren, vorkonziliaren Vorstellungen, indem Momente des Apostolats (Arbeit, Seelsorge, Erziehung, Unterricht, Handwerk) stärker als „Bestandteil des geistlichen Lebens" gewertet werden.

Noviziat und Studium

Der bei Wiederbegründung der Kongregation bereits geäußerte Wunsch zu gemeinsamem Noviziat und Studium lebte auch im Umfeld des Konzils wieder auf, wurde in der Folge allerdings kontrovers diskutiert und kam nur zu bescheidenen Ergebnissen. So blieb von der ursprünglichen (1967/68 gefassten) Idee eines Kommunnoviziates von mindestens vier Monaten nur ein Rest von fünf gemeinsamen Wochen. Die Bayerischen Benediktiner absolvieren ihr Studium heute an den Universitäten in Salzburg, München oder der Ordenshochschule Sant'Anselmo in Rom.

Frauenkonvente und Kongregation

Im Gegensatz zu Beuron sind in der Bayerischen Kongregation Frauengemeinschaften weder inkorporiert noch assoziiert. Vielmehr haben sich, den Empfehlungen des Konzils folgend, am 7. Juli 1986 mehrere Konvente bayerischer Benediktinerinnen zur „Föderation der Bayerischen Benediktinerinnenabteien" zusammengeschlossen (Frauenwörth [Chiemsee], St. Walburg in Eichstätt, St. Gertrud in Tettweis und Maria Frieden in Kirchstetten; später kamen dazu St. Walburga in Boulder [heute: Virginia Dale] sowie die Kommunität Venio [Säkularinstitut] in München [mit Ableger in Prag seit 1907]). Diese „Föderation", mit zunächst vorläufig approbierten (5. März 1987), im selben Jahr aber noch in Kraft getretenen (11. Juli 1987) und am 1. Jan. 1992 endgültig von Rom approbierten Statuten, ist assoziiertes Mitglied der Benediktinischen Konföderation unter dem Abtprimas in Sant'Anselmo.

Bestand der Kongregation

Die Bayerische (Mönchs-)Kongregation – eine Körperschaft des öffentlichen Rechts – umfasst heute: 11 selbständige Abteien (Metten, St. Stephan [Augsburg], Scheyern, Weltenburg, St. Bonifatius [München], Schäftlarn, Ettal, Plankstetten, Ottobeuren, Niederaltaich, Braunau), und 2 Priorate (Andechs und Wechselburg) mit etwa 230 Mönchen. Alle Äbte der Kongregation sind Mitglieder der 1970 neu errichteten, übergreifenden Salzburger Äbtekonferenz.

Die Kongregation St. Ottilien (mit Affiliation der Kongregation Tutzing)

Statuten und Zeremonienbücher

Die Kongregation St. Ottilien – mit ihrer Zentrale in Deutschland ansässig, aber weltweit in den Missionen tätig – begann 1971 mit der Revision ihrer Statuten nach den Richtlinien und Empfehlungen des II. Vatikanums. Diese erhielten allerdings erst – nach einer Probezeit – 1981 endgültig die Approbation und wurden nach Erscheinen des neuen *CIC – 1983* nochmals angeglichen. Anlässlich dieser Revisionen fand man auch, unter Verzicht auf ältere Zusätze, zu einem bescheideneren Namen für die Kongregation: „*Congregatio Ottiliensis Sancti Ordinis Benedicti*".

Die Revision der Zeremonienbücher (*Rituale* und *Caeremoniale*) – diese stammten noch von 1936 und waren durch die fortschreitende Liturgiereform überholt – ging man pragmatisch an: Auf eine eigene Revision verzichtend, übernahm man das deutsche, 1989 im Auftrag der Salzburger Äbtekonferenz herausgegebene *Monastische Ritual*, das im Übrigen der Kongregation von St. Ottilien durch Aufnahme eines „Aussendungsritus" in besonderer Weise entgegenkommt.

Die Kongregation (mit Affiliation von Tutzing)

Nach heutiger Selbsteinschätzung strebt die Kongregation danach, das Leben in den europäischen wie den außereuropäischen Klöstern nach *RB* zu fördern, dem nichtchristlichen Volke das Evangelium zu verkünden und schließlich in der Heimatkirche die Verantwortung für die Belange der Mission hochzuhalten. Darüber hinaus sehen sich die Klöster in der Heimat neben dem primären Auftrag zur Mission heute zunehmend kulturellen Bedürfnissen einer gewandelten Lebenswelt gegenüber und versuchen, auf die neuen Anforderungen zu antworten. Dies geschieht etwa durch Öffnung und Erweiterung ihrer Schulen zu allgemeinen Vollgymnasien (St. Ottilien, Münsterschwarzach, Königsmünster), durch Exerzitien, Begegnungen, Einkehr-, Besinnungs- und Gesprächstage, durch Verlagsleitungen (in Münsterschwarzach und St. Ottilien) u. a. m. Auch die Übernahme von Pfarrseelsorge, dies allerdings in beschränktem Umfang, bleibt dieser modernen Umorientierung geschuldet.

Die Kongregation von St. Ottilien umfasst gegenwärtig: die „Erzabtei" (zum Hhlst. Herzen Jesu) in St. Ottilien (Oberbayern), die alten Gemeinschaften in Münsterschwarzach und Schweiklberg, dazu weltweit 16 selbständige Klöster (davon 11 Abteien und 5 Konventualpriorate). Die Mehrzahl derselben befindet sich in Übersee (Afrika, Südkorea, Amerika, Philippinen).

Als Besonderheit der Kongregation – erklärlich aufgrund des Missionsapostolats – erscheinen die zahlreichen Affiliationen weiblicher Gemeinschaften. Darunter bleibt herausragend die *Kongregation der Missionsbenediktinerinnen von Tutzing*. Sie umfasste 1997: 12 Priorate mit 1406 Professschwestern und 89 Novizinnen weltweit (vgl. dazu oben, Kap. 10, Abschn. 3, , 1, c Deutschland, Tutzing, S. 323).

Die Schweizer Kongregation

Dem Geist des II. Vatikanums folgend, wurde die Äbtekonferenz der Schweizer Benediktiner 1967 durch ein Kongregationskapitel ersetzt, u. a. mit der Folge, dass fortan jede Gemeinschaft neben ihrem Abt noch einen frei gewählten Vertreter zu den Kongregationskapiteln entsenden durfte.

Die Kongregation erarbeitete 1968/69 neue, zunächst allerdings provisorische Statuten, in denen u. a. die Gleichstellung von Priester- und Laienmönch festgeschrieben wurde. Nach Probezeit und erneuter Überarbeitung erschienen diese Statuten 1970 – getrennt nach „Richtlinien" und „Rechtsnormen" – unter dem Titel „Benediktinische Lebensform" im Druck. Nach Erscheinen des neuen *CIC – 1983* wurden die Texte wiederum angepasst und – jetzt geschieden in „Satzungen" und „Spirituelle Richtlinien" – 1986 von Rom approbiert und anschließend auch veröffentlicht.

Die Bemühungen der Kongregation um Einheitlichkeit in der Liturgie wie bei Riten und Gebräuchen zeigen eine lange Geschichte mit dem Ergebnis, dass man Einheitlichkeit relativ spät und nur partiell erreichen konnte. Infolge des traditionell starken Föderalismus der Schweizer Benediktinerabteien fand man erst 1971 zu einem gemeinsamen, in Deutsch erarbeiteten „Direktorium der Kongregation". Auch erschien erst 1976 – ebenfalls in deutscher Sprache – ein „Kongregationsproprium für die Messfeier". Das monastische Stundenbuch lag in der für die Kongregation verbindlichen Ausgabe erst 1986 vor, allerdings unter Zusatz auch der jeweiligen, bereits Konventsrecht betreffenden Bräuche der einzelnen Gemeinschaften.

Noviziat und Studium betreffend lassen sich zwar vielfache Bemühungen um Einheitlichkeit sowie Initiativen zur Gründung einer eigenen Hochschule nachweisen, letztlich aber verharrte man in der Praxis des Hausnoviziats und des Hausstudiums, ergänzt in besonderem Falle durch ein Außenstudium an benachbarten Universitäten oder an der Ordenshochschule Sant'Anselmo.

Neben Erweiterung der traditionellen Äbtekonferenz (1967) zum Generalkapitel und neben der Überarbeitung des eigenen Verfassungsrechtes – mit vielfachen Neuerungen im Gefolge, u. a. einer teilweisen Ausweitung der Kapitelsrechte auf die Laienbrüder – muss als Reformergebnis im Sinne des Konzils auch der Entschluss der Kongregation von 1960 gewertet werden, die Stelle des Abtpräses künftig nicht mehr exklusiv dem Leiter von Einsiedeln zu reservieren. Bedeutung kam schließlich – dies allerdings nicht allein für die Kongregation der Benediktiner – auch der Aufhebung des „Klosterediktes" zu, einem seit 1874 in der Bundesverfassung verankerten staatlichen Vorbehalt bei Neugründung oder Wiedererrichtung aufgehobener Klöster und Orden.

Zur Kongregation zählten seit den Anfängen im 17. Jahrhundert auch „inkorporierte" Frauengemeinschaften, darunter die oben erwähnten Schwesterngemeinschaften (*congregationes sororum*). Diese Frauenkonvente aber besaßen, wie in *OSB/CB* üblich, kein direktes Vertretungsrecht. Wie schon in den älteren Äbtekonferenzen und auch in den späteren Kongregationskapiteln üblich, wurden die weiblichen Gemeinschaften lediglich indirekt durch die Person jenes Abtes vertreten, dessen Gemeinschaft sich der Frauenkonvent angeschlossen hatte.

Gewisse Änderungen ergaben sich für die weiblichen Gemeinschaften erst nach dem II. Vatikanum durch Gründung zweier – „zu gegenseitiger Hilfe gedachter" – benediktinischer Frauenverbände: der Föderation der Benediktinischen Nonnenklöster der Schweiz (24. Feb. 1975) und der Föderation der Schwesterklöster der Schweiz (21. April 1976). Angestoßen waren diese Gründungen – sie veränderten übrigens den rechtlichen Status der einzelnen Konvente nicht – durch die Verpflichtung zur Anpassung an den noch gültigen *CIC – 1917*. Darüber hinaus gingen aber auch Impulse aus von der Empfehlung Pius' XII. in der Apostolischen Konstitution *Sponsa Christi* (Art. VII) sowie vom Konzilsdekret *Perfectae Caritatis* (Nr. 22).

Die beiden Föderationen verstehen sich als Organisationen „päpstlichen Rechts" – womit das Hoheits- und Weisungsrecht für die Statuten wie die Ernennung der Ordensassistenten (Berater) in den Händen Roms bleibt – und tasten die Autonomie der Mitgliedsgemeinschaften nicht an. Diese verbleiben, vornehmlich hinsichtlich des Visitationsrechts, weiterhin unter der Oberleitung des Diözesanbischofs bzw. des Abtes, zu deren Gemeinschaft Anschluss besteht. An Organen kennen die Föderationen das Kapitel und den Rat. Als stimmberechtigte Mitglieder des Kapitels gelten: die Vorsteherin der Föderation, die Oberinnen der Mitgliedsgemeinschaften und ein Delegierter aus jeder Gemeinschaft.

Die „Föderation der Schwesterklöster" umfasste 1975: Maria-Rickenbach, Ofteringen (BRD), Melchtal, Wikon; zur „Föderation der Nonnenklöster" gehörten 1976: Müstair, Hermetschwil, Sarnen, Fahr, Seedorf, Au, Glattburg, Habsthal (BRD). Von beiden Föderationen erschienen 1987 die Statuten und Konstitutionen im Druck. (1981/82 wurden Cham (Heiligkreuz) und Busan (Korea) zu einer weiteren Föderation zusammengeschlossen.) Fünf weitere Gemeinschaften der Schweizer Benediktinerinnen gehören keiner Föderation an, u. a. weil sich ihre Mutterhäuser außerhalb der nationalen Grenzen der Schweiz befinden.

Die Österreichische Kongregation

Die Statuten

Wie vom Konzil empfohlen, nahm die Österreichische Kongregation 1966, nach Erscheinen verschiedener Ausführungsbestimmungen (vornehmlich jener in *ES* II, 1–44), die Revision ihrer Statuten in Angriff. Nach einer zwei- bis dreijährigen Vorbereitungszeit – in der u. a. auch eine Befragung aller Kongregationsmitglieder durchgeführt worden war – konnten zunächst vorläufige Statuten für eine Probezeit vorgelegt werden, die unter dem Titel „Beschlüsse des Generalkapitels der Österreichischen Benediktinerkongregation 1969" verabschiedet wurden und im folgenden Jahr auch im Druck erschienen (Salzburg 1969). Die vorgesehene Probezeit zog sich allerdings länger hin als erwartet durch wiederholt notwendige Angleichungen infolge neuer Ausführungs- und Erweiterungsbestimmungen, die Rom fortwährend nachschob, nicht zuletzt aber auch durch das Erscheinen des neuen *CIC – 1983*. So erklärte erst das Generalkapitel von 1984/85, nach erneuter Befragung der Kongregationsmitglieder, die Versuchsphase als beendet und billigte die neuen, endgültigen Statuten. Die Approbation durch Rom erfolgte am 28. Febr. 1986.

Formal hatte man auch hier das traditionelle „Deklarationsschema" verlassen und systematisch die spirituellen Statuten mit den juridischen in einem Textkorpus zusammengebunden, das eine dreiteilige Gliederung aufweist: 1. Grundlagen des monastischen Lebens, 2. Das Kloster; 3. Die Kongregation. (Im Original sind die Satzungen in deutscher Sprache verfasst.)

Infolge der raschen Entwicklungen in Kirche, Orden und Welt – Vorgänge mit folgenreichen Verschiebungen in den theologischen Positionen wie im spirituellen Selbstverständnis der Ordensmitglieder – empfand die Kongregation kaum 20 Jahre später erneut das Bedürfnis zur Überarbeitung ihrer Statuten. Diese am 18. Okt. 2005 von Rom approbierten Satzungen sind seit 8. Dez. 2008 in Kraft.

Die Kongregationsverfassung

Nach den Satzungen versteht sich die Österreichische Kongregation als Verband selbständiger Benediktinerklöster, der mit seinen Wurzeln ins Jahr 1625 reicht. Als juristisches Konstrukt stellt die Kongregation einen föderalen Verbund dar unter Wahrung innergemeinschaftlicher Subsidiarität und Solidarität in geistlicher, personeller, finanzieller, ökonomischer und organisatorischer Hinsicht. Das Apostolat ist im weiteren Sinne auf den Dienst an und in der Kirche ausgerichtet. Es umfasst Seelsorge, Erziehung, Unterricht, Wissenschaft, aber auch die Weltmission sowie damit einhergehend Formen der Entwicklungshilfe.

Leitungsgremium der Kongregation ist das (General)kapitel. Seine Aufgaben liegen vornehmlich in der Sorge um Erstellung, Ergänzung, Anpassung, Verbesserung und Auslegung der Statuten im Kontext neuer Erlasse Roms. Vor 1969 rekrutierte sich das Generalkapitel, wie erwähnt, aus den regierenden Äbten der selbständigen Männerabteien, der sogenannten Äbtekonferenz. Mit der Revision von 1969 wurde das Kongregationspräsidium der regierenden Äbte dann erweitert um die Konventualprioren bzw. die Administratoren, die Delegierten der Konvente – alle autonomen Gemeinschaften wählten je einen Delegierten für 6 Jahre –, den Rektor des Salzburger Kollegs (St. Benedikt) sowie den Generalprokurator. Alle diese Mitglieder besaßen Stimmrecht. Das reguläre Generalkapitel tritt in dreijährigen Turnus zusammen. Jede zweite Sitzung endet mit der Wahl der nächsten Amtsträger (soweit sie ein sechsjähriges Mandat ausüben).

Als Kopf der Kongregation gilt der Abtpräses, mit Zweidrittelmehrheit des Kapitels auf 6 – vor 1969 auf 3 – Jahre gewählt. Seine Aufgaben sind vornehmlich: Leitung der Abtswahlen, Visitationen in den Gemeinschaften, Einberufung und Leitung des Generalkapitels, Entscheidungsfindung in Angelegenheiten, die bis zur nächsten regulären Generalversammlung der Kongregation keinen Aufschub dulden. Wiederholte Wahl in das Amt des Präses ist zulässig.

Seit 1969 existiert ein Rat aus 4 Assistenten zur Unterstützung des Abtpräses. Präses und Rat bilden das Kongregationspräsidium. Seit 1947 bildet ein Generalprokurator das Verbindungsglied zwischen der Kongregation und der Kurie. Zur wirtschaftlichen Beratung einzelner Abteien der Kongregation war schon 1934 ein *consilium vigilantiae* eingerichtet worden, bestehend aus 3 in Wirtschaftsfragen erfahrenen Mönchen oder Äbten. 1969 änderte man die Zusammensetzung dieses Gremiums – es bestand fortan aus einem Abt, einem sachkundigen Mönch sowie dem Ökonom der Kongregation –, begleitet von der Umbenennung in „Wirtschaftsrat der Kongregation".

Nicht zuletzt sei auf die Ämter von Rektor und Spiritual des St. Benediktkollegs in Salzburg verwiesen, zuständig in zentraler Weise für Vermittlung einer kongregationseigenen Spiritualität an die Alumnen. Außerdem wurden im Zuge des Konzils eigene Kommissionen eingesetzt zum Erreichen zielgerichteter und effektiver Arbeit für alle liturgischen, monastischen sowie die benediktinische Seelsorge betreffenden Fragen. (Auch bemühten sich bereits seit 1987 eine Magisterkonferenz und seit 1993 eine Wirtschaftskonferenz um Transparenz und Einheitlichkeit innerhalb der Kongregation.)

Liturgie und Spiritualität

Im 19. Jahrhundert durch die josephinischen Eingriffe auch in der liturgischen Praxis massiv beschnitten und behindert – so etwa durch das Verbot von Chorgebet und gregorianischem Gesang –, gelang es erst wieder der Liturgiebewegung zu Anfang des 20. Jahrhunderts, hier neue Impulse zu setzen, was sich in der Wiederaufnahme eines vollständigen Offiziums und der Feier würdiger Konventsmessen spiegelte. Die liturgischen Erneuerungen innerhalb der Kongregation im Geiste des Konzils lassen sich dann zunächst als Arbeitsergebnisse der 1968 ins Leben gerufenen Liturgiekommission erkennen. Und hier vor allem in der von der Kongregation in Auftrag gegebenen Erstellung eines „Monastischen Stundenbuchs". Von 1974 bis 1981 in Gebrauch, verzichtete die Kongregation dann aus Solidarität auf diese eigene Vorlage und übernahm das von der „Salzburger Äbtekonferenz" erarbeitete, deutschsprachige „Monastische Stundenbuch: für die Benediktiner des deutschen Sprachgebietes". Damit war die Grundlage geschaffen für eine weitere Vereinheitlichung vor allem im Chorgebet, bei gleichzeitigem Spielraum für liturgische Eigenformen einzelner Gemeinschaften. Als liturgische Neuerungen darf auch der Übergang vom Lateinischen zum Deutschen im Gottesdienst und beim Chorgebet verstanden werden.

Cura animarum

Neuerungen im spirituellen Selbstverständnis zeigten sich vornehmlich im Zusammenhang mit Fragen nach Ausmaß und Engagement in der Pfarrseelsorge. Nachdem man zunächst die Konzilsforderung nach verstärkter Teilnahme der Orden „am Aufbau und Wachstum des ganzen mystischen Leibes Christi und am Wohl der Teilkirchen" (*CD* 33) übereilt als Aufforderung zur Intensivierung der Pfarrseelsorge verstanden hatte, erhoben sich mittlerweile doch Stimmen in der Kongregation, die auch in diesem Punkte auf eine spirituelle Neubesinnung drängten. Und dies vor allem, weil durch die extensiv wahrgenommene Seelsorgepraxis ordensfremde Notwendigkeiten überhandnahmen, die genuin monastische Bestimmungen und Lebensweisen zu überwuchern drohten. So kam es bereits auf dem Generalkapitel von 1969 zu der Verständigung, dass „Beten" und „Arbeiten" *im Kloster* als Mittelpunkt monastischen Gottes- und Menschendienstes zu verstehen, und nichts diesen Aufgaben vorzuziehen sei. Zu einem ähnlichen Einverständnis fand man während des Generalkapitels von 1990/91 und in der Äbtekonferenz von 1992. Hier formulierte und begründete Abtpräses C. Lashofer (in einem Schreiben an die Österreichische Bischofskonferenz) das neue spirituelle Selbstverständnis als Erfüllung genuin asketisch-monastischer Aufgaben. In der Praxis und im Lichte des Konzils bedeutet dies: Beschränkung auf traditionelle Aufgaben wie Gründung und Führung von Schulen, von Internaten und sonstigen Bildungsstätten, die Betreuung von Exerzitienhäusern, die intensive Pflege der Gastfreundschaft, verstärkte Aktivitäten im Kulturbereich u. Ä. Dabei bleibt das Engagement in der Seelsorge keineswegs ausgeklammert, aber doch nachgeordnet.

Visitation – Noviziat – Studium

Die Praxis der Visitation, eine der zentralen Pflichten des Abtpräses, erfuhr durch das Konzil einige Änderungen, vornehmlich hinsichtlich der Zusammensetzung des Gremiums wie hinsichtlich der Häufigkeit des Turnus. Bis 1961 waren die Apostolischen Delegaten zusammen mit dem Abtpräses, später der Abtpräses und ein Assistenzabt mit den Visitationen betraut. Ursprünglich auf 3 Jahre fixiert – nur für das Kolleg in Salzburg beließ man es beim alten Turnus –, wurde der Visitationsrhythmus 1972 auf fünf und 1986 schließlich auf 6 Jahre verlängert.

In der Frage der geistig-spirituellen Erziehung des Nachwuchses gestand man in der Kongregation jedem selbständigen Kloster das Recht auf ein Hausnoviziat zu. Dennoch wurde die Frage seit den 30er Jahren mit unterschiedlichen Ergebnissen immer wieder diskutiert, und 1991 auch von der „Monastischen Kommission" für jene Gemeinschaften, die es wünschten und notwendig hatten, „Richtlinien für ein gemeinsames Noviziat in den Klöstern der Österreichischen Benediktinerkongregation" erarbeitet. (Außerdem veranstalten seit 1988 die Österreichische Superiorenkonferenz sowie die Österreichische Benediktinerkongregation je eine Novizenwoche für die männlichen Ordensgemeinschaften.)

Zur Ausbildung von Klerikern innerhalb der Gemeinschaften waren die Äbte seit 1931 angehalten, ein Studium an der Ordenshochschule in Rom (Sant'Anselmo) oder an der Universität in Salzburg (mit Aufenthalt im Kolleg St. Benedikt) zu gestatten und zu finanzieren.

c) Das Echo des II. Vatikanums in den übrigen Kongregationen der *CB* weltweit: Einige Anmerkungen

Nicht anders als die fünf ausführlicher beschriebenen, mit ihrem Mutterhaus im deutschen Sprachbereich verankerten Kongregationen entschlossen sich weltweit auch die übrigen (15) Benediktinerkongregationen zu Reformen im Geiste des Konzils, Bemühungen, die sich in Revisionen bzw. Neufassungen der jeweiligen Kongregationsstatuten spiegeln. Dabei konnten bisweilen zwischen Beginn der Revision (R) und dem Erscheinen neuer Statuten im Druck (St) durchaus Jahre vergehen, wie sich in der folgenden Auflistung zeigt: Kongregation von Subiaco: R(eformen) seit 1966/67, St(atuten) 1996; Cassinensische Kongregation: R 1967/70, St 2002; Englische Kongregation: R 1970; Kongregation von Vallombrosa: R 1977, St 1991; Kongregation von Camaldoli: R (1968) 1985, St 1999; Kongregation der Silvestriner: R 1972/77/82, St 1984; Amerikanisch-Cassinensische Kongregation: R 1986/88, St 1990; Schweizerisch-Amerikanische Kongregation (Congr. Panamericana): R 1988/90, St 2005; Ungarische Kongregation: St 1996; Brasilianische Kongregation: St 1997; Kongregation von Solesmes: St 1988; Belgische Kongregation von der Verkündigung B. M. V.: St 1992; Kongregation Monte Oliveto: R 1960/69, St 1981; Kongregation Cono-Sur: R 1966/70, St 1987. Die Slavische Kongregation, 1945 gegründet, ist 1969 suspendiert und dem Abtprimas direkt unterstellt worden; 1990 erfolgte die Wiederaufnahme. Die Niederländische (Holländische) Kongregation mit nur drei Gemeinschaften wurde 2005 aufgelöst. Die Konföderation umfasst gegenwärtig 20 selbständige (Mönchs-)Kongregationen weltweit.

4. Bibliographie

1. Verlautbarungen zur Reform der Orden (Allgemeines Ordensrecht)

a) Konzilserlasse

◊ *Lumen Gentium*, AAS 57, 1965, S. 5–57 (auch in: LThK², Das Zweite Vatikanische Konzil, Dokumente und Kommentare I [1966], S. 156–359, hier: S. 298–312); vgl. Wulf, F.: Einführung und Kommentar, ebda., S. 299–313. – *Christus Dominus*, AAS, 58, 1966, S. 673–696 (auch in: LThK², Das Zweite Vatikanische Konzil, Dokumente und Kommentare II [1967], S. 148–247, hier: S. 216–227); vgl. Mörsdorf, K.: Einführung und Kommentar, ebda., S. 217–227. – *Perfectae Caritatis*, AAS 58, 1966, S. 702–712 (auch in: LThK², Das Zweite Vatikanische Konzil, Dokumente und Kommentare II [1967], S. 266–307); vgl. Wulf, F.: Einführung und Kommentar, in: LThK², Das Zweite Vatikanische Konzil, Dokumente und Kommentare II (1967), S. 250–305, hier: S. 305, Art. 25. – *Ad Gentes*, AAS 58, 1966, S. 947–990, hier: S. 968–969. – Scheuermann, A.: Die Ordensleute in den Dokumenten des II. Vatikanischen Konzils, in: AKathKR 134 (1965), S. 337 ff. – Henseler, R.: Zur Geschichte, S. 7 ff. (zur Geschichte von *PC*), S. 13–15 (zu *LG, CD* und *AG*). – Rothert, A.: Benediktinerinnen und Benediktiner. Werdendes Gleichgewicht, St. Ottilien 1997, S. 115 ff., 122 ff., 127 ff.

b) Nachkonziliare Veröffentlichungen

◊ *Ecclesiae Sanctae*, AAS 58, 1966, S. 757–787. – Henseler, R.: Zur Geschichte, S. 18–21. – *Renovationis Causam*, AAS 61 (1969), S. 103–120 – Henseler, R.: Zur Geschichte, S. 27 ff. – *Venite Seorsum*, AAS 61, 1969, S. 674–690. – Henseler, R.: Zur Geschichte, S. 30 ff. – *Codex Iuris Canonici auctoritate Ioannis Pauli PP. II promulgatus,* Città del Vaticano 1983 (Codex des Kanonischen

Rechtes. Lateinisch-deutsche Ausgabe. Deutsche Bischofskonferenz u. a., Kevelaer [3]1989). – *Vita Consecrata*, AAS 88, 1996, S. 377–486. – *Verbi Sponsa* (Instruktion der Religiosenkongregation, 13.05.), Vatikanstadt 1999. – Vgl. Schmitz, H. (ed.): Nachkonziliare Dokumentation, Bd. 58, Trier 1977 (mit Register der Bde. 1–57); – Rothert, A.: Benediktinerinnen und Benediktiner. Werdendes Gleichgewicht, St. Ottilien 1997, S. 123 f., 130 f. – Yuen, M.: Ordensrecht, S. 65 ff.

2. Reformthemen und -bereiche mit Bezug zu *CB/OSB*

◊ Quellenbezüge s. oben im Text.

3. *Aggiornamento* im Spiegel Benediktinischen Eigenrechts (*ius proprium*)

a) Die Konföderationsebene

Lex Propria – 1982

◊ *Lex Propria Confoederationis Benedictinae* – 1982 [LP 1982], in: Ius Proprium Confoederationis Benedictinae (Secretarius Abbatis Primatis), Rom 1985, S. 5–26. – Vgl. Catal. XVIII 1995, S. 439. – Eschlböck, L.: Ius Proprium, S. 3 (Gesamtdarstellung des geltenden Eigenrechtes … deskriptiv bearbeitet und systematisch kommentiert), S. 32 ff. 48 ff., 53 ff., 60 ff., 64 ff., 69 ff., 77 ff., 89 ff., 95 ff., 114 ff., 136 ff., 171 ff. (S. 177–191: Text der *LP – 1982*).

Ausführungsbestimmungen und Präzisierungen

◊ *Ordo celebrandi Congressum Abbatum* sowie *Normae de consociatione cum Confoederatione*, in: Ius Proprium Confoederationis Benedictinae, Rom [Secretarius Abbatis Primatis] 1985, S. 27–30 u. 31–34. – Edition der 2004 zugunsten der *CIB* veränderten *Normae de consociatione* in: Ius Proprium Confoederationis Benedictae, Rom (Curia Abbatis Primatis) 2009, S. 35–38. – Vgl. unten, zwölftes Kapitel, Abschn. 3, S. 415 ff. – Vgl. auch Catal. XVIII 1995. – Der *Ordo celebrandi* und die *Normae* sind auf dem Äbtekongress vom 22. bis 27. Sept. 1980 entworfen und debattiert, aber erst zusammen mit dem *Ius Proprium Confoederationis Benedictinae* (Secretarius Abbatis Primatis) 1985 (s. oben) veröffentlicht worden. – Vgl. Eschlböck, L.: Ius Proprium, S. XVII, S. 33 u. 63 ff. *(Ordo celebrandi)*; S. 33 u. 154 ff. (*Normae*). – Rothert, A.: Benediktinerinnen und Benediktiner. Werdendes Gleichgewicht, St. Ottilien 1997, S. 157 ff. – Zum Zusammenhang zwischen den *Normae* und der Geschichte der CIB vgl. Häring, Sch.: CIB, S. 20 ff., 225 f., 418 ff., 427 ff., 418 ff. (erschöpfend).

Lex Propria – 2009

◊ *Lex Propria Confoederationis Benedictinae-2009* [*LP – 2009*], in: Ius Proprium Confoederationis Benedictinae, Secretarius Abbatis Primatis, Rom 2009, S. 8–29.

Aktueller Bestand der Konföderation

◊ Catal. XVIII 1995, S. 439ff. – (Zu Bestand a. 2000 vgl. Catal. XIX, S. 497). – (Zu Neuaufnahmen in die Konföderation nach 1928): CACCIAMANI, G.: Art.: Camaldolesi, in: DIP I (1974), Sp. 1720ff. – ROCCA, G.: Art.: Congreg. Benedett. Slava, in: DIP II (1975), Sp. 1502ff. – PRASSO, G.: Art.: Congreg. Benedett. Olivetana, in: DIP II (1975), Sp. 1493ff. – MÄHLER, M.: Art.: Congr. Bened. Ollandese, in: DIP II (1975), Sp. 1491ff. – MÜLLER, J. P.: Art.: Congreg. Benedett. Cono-Sur, in: DIP II (1975), Sp. 1606ff. – DI NICOLA, I./POMPEI, F.: Art.: Silvestrini (Congregatio Silvestrina) II: Legislazione e governo, in: DIP VIII (1988), Sp. 1511ff. – Catal. XVIII 1995, S. 439ff. – VASSATURO, R. N.: Art.: Vallombrosa III (I Vallombrosani), in: DIP IX (1997), Sp. 1696ff. – ROTHERT, A.: Benediktinerinnen und Benediktiner. Werdendes Gleichgewicht, St. Ottilien 1997, S. 157ff.

b) Die Kongregationsebene

Die Kongregationen des deutschen Sprachraums als *exempla*: Vorbemerkung

Die Beuroner Kongregation

◊ Die Regel des Heiligen Benedikt mit Deklarationen für die Frauenklöster, den Statuten und dem Direktorium spirituale der Beuroner Benediktinerkongregation, Gerleve 1985 (S. 1–73, Die Regel des hl Benedikt mit Deklarationen; S. 216–252, Statuten). – SCHOENEN, A.: Die Beuroner Benediktinerkongregation, Eigenrecht – *Directorium spirituale* – Geschichte, Maria Laach 2003. – LUNARDI. G.: Art. Benedettine, in: DIP I (1974), Sp. 1238. – ZARAMELLA, E.: Art.: Benedettini (IV), in: DIP I (1974), Sp. 132 – FIALA, V. E.: Art.: Beuron (Congregazione Benedettina di), in: DIP I (1974), Sp. 1430ff. – MEIER, D.: Die neuen Satzungen der deutschsprachigen Benediktinerkongregationen, in: EuA 67 (1991), S. 229f. – ROTHERT, A.: Benediktinerinnen und Benediktiner. Werdendes Gleichgewicht, St. Ottilien 1997, S. 97ff. – PETZOLD, ST./GIVENS, B.: Die Beuroner Benediktinerkongregation, in: Germ. Ben. I (1999), S. 715ff. (ausführliche Darstellung). – YUEN, M.: Ordensrecht, S. 188ff., 198ff. (Beteiligung der Frauenklöster), S. 366, 372f. – 150 Jahre Benediktiner in Beuron. Ein Kloster im Wandel. Festschrift zum Jubiläum 1863–2013, Beuron 2013.

Die Bayerische Kongregation

◊ The Constitutions of the Federation of Bavarian Abbeys of Benedictine Nuns Frauenwörth on Chiemsee, St. Walburg in Eichstätt, St. Gertrud in Tettweis, Priority of Walburga in Boulder and the Proper Law of the Abbey of St. Walburg, Eichstätt, Eichstätt 1987. – Die Satzungen der Bayerischen Benediktinerkongregation, Metten 1989. – SCHULER, TH.: Art.: Congregazione Benedettina di Baviera, DIP I (1974), Sp. 1128ff. – MEIER, D.: Die neuen Satzungen der deutschsprachigen Benediktinerkongregationen, in: EuA 67 (1991), S. 230f. – HAERING, S.: Die Bayerische Benediktinerkongregation im 19. und 20. Jahrhundert, in: Germ. Ben. I (1999), S. 675ff. (ausführliche Darstellung). – YUEN, M.: Ordensrecht, S. 371.

Die Kongregation von St. Ottilien (mit Affiliation der Kongregation Tutzing)

◊ (*St. Ottilien*): RENNER, F.: Die Benediktinerkongregation von St. Ottilien, in: Germ. Ben. I (1999), S. 797 ff. (S. 828 f. zu Statuten, auch für die Zeit nach dem II. Vatikanum; S. 830 f. weitere Lit.; insgesamt ausführliche Darstellung). – ZARAMELLA, E.: Art.: Benedettini, in: DIP I (1974), Sp. 1328. – Monastisches Rituale (ed.) Salzburger Äbtekonferenz, St. Ottilien 1989. – RENNER, F.: St. Ottilien, Werden und Wirken, St. Ottilien [4]1985. – DERS. (ed.): Die Ottilianer Klöster in Europa seit dem II. Vatikanischen Konzil mit Rückblenden (Der fünfarmige Leuchter. Beiträge zum Werden und Wirken der Benediktinerkongregation von St. Ottilien, Bd. 3), St. Ottilien 1990. – MEIER, D.: Die neuen Satzungen der deutschsprachigen Benediktinerkongregationen, in: EuA 67 (1991), S. 231. – SIEBER, G.: The Benedictine Congregation of St. Ottilien: a Short History of the Monasteries, General Chapters and Constitutions; Biographies of its Superior General, St. Ottilien 1992. – YUEN, M.: Ordensrecht, S. 375. – DELL'OMO, M.: Storia, S. 466 f., 491 (Lit.). – Vgl.: http://www.missionsbenediktiner.de [vom 12. 10. 2015].

◊ (*Tutzing*): RENNER, F.: Die Benediktinerkongregation von St. Ottilien, in: Germ. Ben. I (1999), S. 823 ff. (zu Tutzing), S. 830 ff. (Lit.) (insgesamt ausführliche Darstellung). – ROTHERT, A.: Benediktinerinnen und Benediktiner. Werdendes Gleichgewicht, St. Ottilien 1997, S. 53 ff. – Vgl. auch oben: *Kongregation von St. Ottilien.*

Die Schweizer Kongregation

◊ SCHENKER, L.: Benediktinische Lebensform. Satzungen der Schweizerischen Benediktinerkongregation. Approbiert ad experimentum vom Kongregationskapitel 1970, in: Germ. Ben. I (1999), S. 467 ff. – Satzungen und spirituelle Richtlinien der Schweizer Benediktinerkongregation 1986 (vgl. YUEN, M.: Benediktinisches Ordensrecht, S. 376). – (Zu den Frauenföderationen): Satzungen der Föderation der Benediktinischen Nonnenklöster der Schweiz, Engelberg 1987. – Konstitutionen der Benediktinerinnenklöster, die zur Föderation der benediktinischen Nonnenklöster der Schweiz gehören, Engelberg 1987. – Satzungen der Föderation der benediktinischen Schwesternklöster der Schweiz, 1987. – Konstitutionen der Benediktinerinnen-Klöster, die zur Föderation der benediktinischen Schwesternklöstern der Schweiz gehören, Engelberg 1987.

◊ MAYER, S.: Art.: Nonnenkloster – Föderation, in: LThK 7 (1962), Sp. 1027. – HENGELER, R.: Art.: Congregazione Benedett. Svizzera, in: DIP II (1975), Sp. 1507 ff. – ZARAMELLA, E.: Art.: Benedettini, DIP II (1975), Sp. 1328. – REINHARDT, R.: Die Schweizer Benediktiner in der Neuzeit (Helv. Sacra III, 1), Bern 1986, S. 94–170, hier: S. 159 ff. (ausführliche Darstellung). – MEIER, D.: Die neuen Satzungen der deutschsprachigen Benediktinerkongregationen, in: EuA 67 (1991), S. 230 f. – DEGLER-SPENGLER, B.: Die Schweizer Benediktinerinnen in der Neuzeit, ebda., S. 217 ff. (ausführliche Darstellung). – SCHENKER, L.: Die Schweizer Benediktinerkongregation, in: Germ. Ben. I (1999), S. 454 ff. (S. 467 ff.: ausführliche Darstellung und Lit.) – DERS.: Benediktinisches Leben in der Schweiz von den Anfängen bis zur Gegenwart (Benediktinische Gemeinschaften in der Schweiz. 400 Jahre Schweizerische Benediktinerkongregation 1602–2002), Gossau 2002, S. 50 ff. – (Zu Spiritualität u. Liturgie): Die Feier der heiligen Messe. Meßbuch. Die Eigenfeiern der Schweizerischen Benediktinerkongregation und der Benediktiner- und der Benediktinerinnenklöster der Schweiz, Einsiedeln 1976. – Die Eigenfeiern der Schweizer Benediktiner, Zürich/Einsiedeln 1977. – Monastisches Stundenbuch. Eigenfeiern der Schweizerischen Benediktinerkongregation, St. Ottilien 1982. – Schenker, L.: Benediktinisches Leben (wie oben), S. 42 f.

Die Österreichische Kongregation

◊ Beschlüsse des Generalkapitels der Österreichischen Benediktinerkongregation 1969, Salzburg 1969. – Beschlüsse des Generalkapitels der Österreichischen Benediktinerkongregation 1972, Salzburg 1972. – Beschlüsse des Generalkapitels der Österreichischen Benediktinerkongregation 1978, Salzburg 1979. – Die Satzungen der Österreichischen Benediktinerkongregation, Salzburg 1986 (vgl. Lashofer, C., in: Germ. Ben. I [1999], S. 861 f.). – Zu den jüngsten, seit 2008 gültigen Satzungen s. unten: Lashofer, C.: Neue Satzungen ... – Gassner, H.: Art.: Congregazione Bened. di Austria, in: DIP I (1974), Sp. 997. – Meier, D.: Die neuen Satzungen der deutschsprachigen Benediktinerkongregationen, in: EuA 67 (1991), S. 230. – Lashofer, C.: Die Österreichische Kongregation von der Unbefleckten Empfängnis (ab 1930), in: Germ. Ben. I (1999), S. 844–864 (ausführliche Darstellung mit Lit.). – Ders.: Neue Satzungen. Ein Werkstattbericht aus der Österreichischen Benediktinerkongregation, in: EuA 84 (2008), S. 62–68 – (Zu Liturgie u. Spiritualität): Monastisches Stundenbuch: für die Benediktiner des deutschen Sprachgebietes, 4 Bde. (1. Advent und Weihnachten; 2. Fastenzeit und Osterzeit; 3. Im Jahreskreis; 4. Appendix: der Psalter), St. Ottilien 1981–82.

c) Das Echo des II. Vatikanums in den übrigen Kongregationen der *CB* weltweit: Einige Anmerkungen

◊ (*Kongregation von Subiaco*): Lunardi, G.: Art.: Congregazio Benedettina Sublacense, in: DIP II (1975) Sp. 1503 ff.; – Constitutiones et Ordines Congregationis Sublacensis O. S. B. 1996; vgl. Yuen, M.: Ordensrecht, S. 377.

◊ (*Kongregation von Montecassino*): Pantoni, A.: Art.: Congr. Benedett. Cassinese, in: DIP II (1975), Sp. 1477 ff.; – Costituzioni della Congregazione Cassinese, Montecassino 2002; vgl. Yuen, M.: Ordensrecht, S. 372.

◊ (*Englische Kongregation*) Rees, D.: Art.: Congr. Benedett. Inglese, in: DIP II (1975), Sp. 1486 ff., 1491.

◊ (*Kongregation von Vallombrosa*) Vassaturo, R. N.: Art.: Vallombrosa III, in: DIP IX (1997), Sp. 1696 ff. – Congregazione Vallombrosana dell'Ordine di San Benedetto. Regola di San Benedetto. Costituzioni e dichiarazioni 1991; vgl. Yuen, M.: Ordensrecht, S. 378.

◊ (*Kongregation von Camaldoli*): Cacciamani, G.: Art.: Camaldolesi, in: DIP I (1974), Sp. 1719 ff. – Congregazione Camaldolese dell'Ordine di San Benedetto. Costituzioni e dichiarazioni, Camaldoli 1999; vgl. Yuen, M.: Ordensrecht, S. 372.

◇ (*Kongregation der Silvestriner*): Di Nicola, I./Pompei, F.: Art.: Congr. Silvestrina (II Legislatione e governo), in: DIP VIII (1988), Sp. 1511 ff.; – Acta Congregacionis Silvestrinae Ordinis S. Benedicti. Constitutiones 1984; vgl. Yuen, M.: Ordensrecht, S. 377.

◇ (*Amerikanisch-Cassinensische-Kongregation*): Müller, J. P.: Art.: Congreg. Benedettino-Americana, in: DIP II (1975), Sp. 1468 ff.; – The Constitutions and the directory of the American-Cassinese Congregation of Benedictine Monasteries, Office of the President 1990, http://www.osb.org/amcass/const/index.htlm (von 12.10.2015); vgl. Yuen, M.: Ordensrecht, S. 371.

◇ (*Schweizerisch – Amerikanische Kongregation*): Cody, A.: Art.: Congreg. Benedettina Panamericana (bis 1969: *Schweizerisch-Amerikanische K.*), in: DIP II (1975), Sp. 1496 ff. – The Constitutions and the Statutes of the Swiss-American Benedictine Congregation 2008, www.osb.org./swissam/const/ (von 12.10.2015); vgl. Yuen, M.: Ordensrecht, S. 376.

◇ (*Ungarische Kongregation*): Békés, G.: Art.: Congreg. Benedett. Ungharese, in: DIP II (1975), Sp. 1511 ff. – The Constitution of the Hungarian Benedictine Congregation. The accept text of the General Chapter, Pannonhalma 1995; vgl. Yuen, M.: Ordensrecht, S. 377.

◇ (*Brasilianische Kongregation*): Brasil, L./Müller, J. P.: Art.: Congreg. Benedet. Brasiliana (di San Giuseppe), in: DIP II (1975), Sp. 1472 ff. – Constituicoes e declaracoes das monjas da congregacao beneditina do Brasil 1997; vgl. Yuen, M.: Ordensrecht, S. 372.

◇ (*Kongregation von Solesmes*): Gribomont, J.: Art.: Solesmes, in: DIP VIII (1978), Sp. 1763 ff.; – Regula S. P. N. Benedicti cum Declarationibus et Constitutionibus Congregationis Solesmensis O. S. B. 1988; vgl. Yuen, M.: Ordensrecht, S. 377.

◇ (*Kongregation der Verkündigung [Mariens]*): Müller, J. P.: Art.: Congregazione Benedettina dell'Annunciazione della B. V. Mariae (ursprünglich *Belgische Kongregation*), in: DIP II (1975), S. 1470 ff. – Constitutions de la Congrégation Bénedictine de l'Annonciation 1992; vgl. Yuen, M.: Ordensrecht, S. 371.

◇ (*Kongregation von S. Oliveto*): Picasso, G.: Art.: Congreg. Benedett. Olivetana, in: DIP II (1975), Sp.1493 ff. – Regula S. Patris Benedicti. Constitutiones et Directorium Congregationis Sanctae Mariae Montis Oliveti O. S. B., 1981: vgl. Yuen, M.: Ordensrecht, S. 375.

◇ (*Kongregation Cono-Sur*): Müller, J. P.: Art.: Pre-Congregazione Benedettina Cono-Sur, in: DIP II (1975), Sp. 1606 ff. – Constituciones de la Congregacion Benedictina de la Santa Cruz del Cono-Sur 1987; vgl. Yuen, M.: Ordensrecht, S. 375.

◇ (*Slavische Kongregation*): Rocca, G.: Art.: Congreg. Benedett. Slava, in: DIP II (1975), Sp. 1502 f.

◇ (*Niederländische Kongregation*): wurde 2005 wegen der geringen Mitgliederzahl von nur drei Konventen aufgelöst. – Mähler, M.: Art.: Congreg. Benedett. Olandese, in: DIP II (1976), Sp. 1491 ff.

Zwölftes Kapitel
Probleme und Tendenzen der Gegenwart

Mit Erneuerung des Eigenrechts, des *ius proprium*, war zwar einer zentralen, keineswegs aber schon allen Erwartungen des Konzils an die Ordensgemeinschaften entsprochen. Über eine Phase erster, grundlegender Erneuerungen hinaus, die auf den Ebenen der Konföderation, der Kongregationen und weitgehend auch der Konvente der *CB* bereits während der 80er Jahre vorläufig zum Abschluss gekommen waren, blieb den Gemeinschaften weiterhin der Auftrag des Konzils mitgegeben zur immerwährenden Angleichung an eine beständig sich wandelnde Welt und deren Gesellschaften. (So stand für die Ordensgemeinschaften denn auch der Weckruf zum *aggiornamento* bruchlos in der Tradition der mittelalterlichen Forderung nach den *monasteria semper reformanda*). Und vor diesem Hintergrund bleiben zentrale Probleme der Gegenwart sowie die Strategien der *CB* zu ihrer Bewältigung im Folgenden von Interesse.

1. Aufwertung des Apostolats – Öffnung der Klöster

Die Ordensgemeinschaften und -verbände in den westlichen Kulturen, vornehmlich in Europa und Nord-Amerika, sehen sich gegenwärtig insgesamt schwindender gesellschaftlicher Akzeptanz gegenüber, ein Phänomen, das vor allem auch die *CB* trifft, deren Mitglieder traditionell eher dem monastisch-betrachtenden Ideal, weniger jenem eines verstärkten Außenapostolats verpflichtet sind.

Dieser Wirklichkeit versucht der Orden zweifach zu begegnen. Einmal, indem eine neue asketisch-spirituelle Schwerpunktsetzung erfolgt durch die – im Sinne des Konzils – stärkere Betonung und Förderung des Außenapostolats anstelle einer traditionellen, eher kontemplativen *vita religiosa*. Diese Akzentverschiebung darf als folgenreiche Trendwende im Selbstverständnis gesehen werden, durch die dann auch die zahlreichen, vielfältigen und weltweit im Apostolat bereits wirkenden Föderationen und Kongregationen der *sorores*, der Schwesterngemeinschaften, gestärkt werden und so weitere Aufwertung erfahren.

Zum andern bemühen sich die Konvente – bei Wahrung des ordensspezifischen Charakters – um ein neues, offeneres Verhältnis zum außerklösterlichen, gesellschaftlichen Umfeld. Diese Wendung zur Welt wird in zahlreichen Angeboten sichtbar, mit denen Gemeinschaften um Gäste für eine begrenzte „Zeit im Kloster" werben – sei es zu Glaubensgesprächen, katechetischen Seminaren, Einkehrtagen, zu geistlichen Gesprächs- und Meditationsübungen, zu Exerzitien, zu Tagen der Besinnung, der inneren Ruhe, zur Teilnahme – sofern gewünscht und der Klausurbereich ungestört bleibt – an der Gemeinschaftsliturgie und am innerklösterlichen Tagesablauf. Kaum ein größeres Kloster ist heute nicht im Internet zu finden mit dem Angebot zu Exerzitien, Oasentagen, Besinnungstagen, Tagen als Gast im Kloster, zur Teilnahme an Kar- und Ostertagen, an der Adventsliturgie u. a. Auch verstärktes Werben der Gemeinschaften um Anschluss als Oblatin oder Oblate (vgl. dazu unten, S. 420f.) bleibt hier erwähnenswert.

In solchem Engagement kommen die Gemeinschaften offensichtlich einem zeitgenössischen Bedürfnis entgegen, nützen dabei zugleich auch die Möglichkeit, Wissen und Verständnis bezüglich Geschichte, Lebensweise, Liturgie, Spiritualität und Sinn asketischer Gemeinschaften einer in diesen Belangen zunehmend unwissenden Welt zumindest in Ansätzen wieder zu vermitteln. Dass mit diesen Bemühungen allerdings die Ursachen minimiert werden können, die den gesamtgesellschaftlichen Veränderungen in den westlichen Kulturen zugrunde liegen – wie etwa die fortschreitende Säkularisierung, das schwindende Interesse an etablierten Religionen oder die zunehmende Abneigung und Gleichgültigkeit gegen christliche, vor allem lebenslang bindende, asketische Lebensformen –, steht allerdings kaum zu erwarten.

2. Vernetzung in regionalen, nationalen und weltweiten Zusammenschlüssen

Hatte schon Pius XII. mit der Enzyklika *Fidei Donum* (21. April 1957) begeistertes Echo unter den Ordensangehörigen gefunden durch die Empfehlung, sich verstärkt der Glaubensverbreitung in den Missionen zuzuwenden, so führte das Konzilsdekret *Perfectae Caritatis* (28. Okt. 1965) gar zu einer Aufbruchstimmung in den Ordensgemeinschaften, ausgelöst zunächst durch die grundsätzliche Aufforderung zu zeitgemäßer Erneuerung und Anpassung an die veränderten Verhältnisse (*aggiornamento*), vornehmlich aber durch die Empfehlungen, die „Versammlungen der höheren Oberen und Räte" in den Konventen zu intensivieren und sich darüber hinaus innerhalb der vielfältigen Frauengemeinschaften zu Föderationen oder anderen „rechtmäßigen Zusammenkünften" zusammenzuschließen.

Trotz dieser Begeisterung stiftenden Weckrufe aber fand die Ordenszentrale der Benediktiner unmittelbar nachkonziliar nur zu einer Initiative in der Absicht, zu neuen Zusammenschlüssen zu finden: Mit dem Entwurf von Abtprimas Rembert Weakland (1967–1977), der vorsah, die Kongregationen neu und ausschließlich auf regionaler Basis zu organisieren, ein Versuch, der an den gewachsenen Strukturen aber scheiterte. Während der folgenden Jahren wurde dann allerdings in den Gemeinschaften und Verbänden selbst, von unten sozusagen, ein wachsendes Bedürfnis lebendig nach Vernetzung und Austausch, letztlich nach umfassender Kommunikation, von der man erwarten konnte, dass sie den Informationsfluss der traditionellen Kongregations- und Konventskapitel, der Synoden der Präsides und der Ábteversammlungen ergänzte, durchschaubarer machte, in manchen Fällen aber auch hinter sich ließ.

Solchem Bedürfnis erwuchsen seit den 80er Jahren dann – ermöglicht durch eine neue, sich rasant entwickelnde, auf Perfektion und bequeme Handhabung ruhende Kommunikationstechnik – gänzlich neue Möglichkeiten zeitgemäßer Kontaktnahmen in weitgespannten Netzwerken, die ihrerseits wiederum weltweite Felder eröffneten für neue Aktivitäten und Aktionen, die jetzt leichter und schneller zu organisieren waren.

In der Folge bildeten sich dann – häufig von der Ordensbasis ausgehend – überregionale, weltweit Verbände mit recht unterschiedlichen Arbeitsschwerpunkten und Aktionsradien. Zahlreiche neue Konferenzen, Allianzen, Räte u. Ä. wurden begründet, die im Rhythmus zwischen einem bis vier Jahren meist zusammentreten und – was sich als besonders fruchtbar erweist – dabei häufig regionale Grenzen, Barrieren zwischen Frauen- und Männergemeinschaften und sogar die engeren Ordensgrenzen überschreiten (indem man etwa auch die Zisterzienser und Trappisten einbezieht). Des gemeinsamen benediktinischen Erbes durchaus bewusst, werden in diesen neuen Allianzen traditionelle Formen bisweilen mutig überwunden und der Austausch über gemeinsame aktuelle Probleme auf allen Ebenen gepflegt, gegenseitig Rat und Hilfe geboten, die Kenntnis über und die Achtung vor der anderen Tradition gefördert und die Gemeinschaften auf diese Weise stärker aus der Vereinzelung befreit.

Zusammenschlüsse solcher Art – durchweg mit Zustimmung des Abtprimas und der Konföderation errichtet – agieren mittlerweile zahlreich im regionalen wie im nationalen, im interkontinentalen wie im globalen Rahmen. So etwa – um nur einige Beispiele zu geben – die VBD (*Vereinigung Benediktinischer Frauenklöster im deutschen Sprachgebiet* [Deutschland, Schweiz, Österreich]); die SÄK (die 1970 wieder begründete *Salzburger Äbtekonferenz*); die DOK (*Deutsche Ordensobernkonferenz*); die CORREF (La conférence des religieux et des religieuses de France) in Frankreich; die FBBA (*Föderation der bayerischen Benediktinerinnenabteien*) in Bayern; in der (Gesamt-)Schweiz die *Schweizerische Benediktinerinnen-Föderation*; in Italien die CIMB (*Conferenza Italiana Monastica Benedettine*).

Von den Zusammenschlüssen mit kontinentalen Reichweiten – mehr als ein Dutzend findet sich weltweit – sei hier ebenfalls lediglich eine Auswahl genannt: So kennt Nordamerika u. a. *The American Benedictine Formation Conference* (ABFC), die seit 1989 auch alle Benediktinerinnen des Kontinents umfasst; in Südamerika und der Karibik agiert die *Associación Benedictino-Cisterciense del Caribe y de los Andes* (ABCCA); in Indien wirkt *The Indo-Sri Lankan Benedictine Federation* (ISBF, mit jährlichem Kongress); im ozeanischen und australischen Raum ist u. a. *The Benedictine Union of Australia and New Zealand* (BUANZ) präsent; und in Südafrika betätigt sich *The Benedictine Union of Tanzania* (BUT). Durchgehend bedienen sich diese weitgespannten Allianzen der Kommunikationsmöglichkeiten des Internets, der Lebensader für Verständigung und Zusammenhalt über solch weite Räume.

Als weltumspannend, im wahren Sinne des Wortes, agieren schließlich die *Alliance Inter-Monastère* (AIM) sowie der *Dialogue Interreligieux Monastique/Monastic International Dialogue* (D.I.M./M.I.D.), globale Zusammenschlüsse, die auch von den Benediktinern wesentlich getragen werden und in ihrer Entstehung etwas näher zu betrachten sind.

Die AIM – in den 60er Jahren des vorigen Jahrhunderts mit Zustimmung und Unterstützung des Abtprimas und des Äbtekongresses in Europa entstanden – schloss von Anfang an neben den „schwarzen Benediktinern" auch Zisterzienser und Trappisten mit ein. Ihr Ziel bleibt die Unterstützung und Begleitung benediktinischer Gemeinschaften weltweit mit Schwerpunkten allerdings in Afrika, Lateinamerika, Asien und Ozeanien. Sachlich liegt das Hauptgewicht der Aktivitäten auf Ausbildung zur Weiterbildung und intellektuellen Schulung innerhalb der Gemeinschaften. So bemüht man sich hier etwa um die Ausbildung von Lehrern und geistlichen Führern für das Noviziat, für Spezialisten zur Finanzierung und Organisation von Stipendien, Tagungen, Schulungen; um Ausbildung von Spezialisten für den Aufbau von Bibliotheken, Computeranlagen und Informationsnetzen; um Fachleute für Bauvorhaben und sonstige Projekte, die den Klöstern und ihrem Umfeld von Nutzen sind. Der Verband besitzt eigene Statuten (nach mehreren Revisionen 2004 durch die Äbtekongress approbiert), eine straffe innere Struktur (Präsident, Generalsekretariat [mit nationalen Untersekretariaten in Spanien, Italien, Belgien, dem Vereinigten Königreich, Frankreich, USA], Rat, Exekutivkomitee und Delegierte für Afrika/Madagaskar, Lateinamerika/Karibik, Asien, Ozeanien). Begleitet werden die Aktivitäten des Verbandes, der etwa 450 Gemeinschaften umfasst, durch die Herausgeberschaft eines „Bulletins".

Von besonderer Bedeutung für den weltweiten Aktionsradius ist das 1972 in den USA (Priorat St. Benedict, Erie) eingerichtete (Unter-)Sekretariat, das abgestimmt mit der Zentrale in Europa zusammenarbeitet.

Das internationale Zentrum der AIM mit Generalsekretariat hat seit 2002 seinen Sitz definitiv im französischen Priorat St. Bathilde zu Vanves.

Anfang der 70er Jahre des vorigen Jahrhunderts regte sich innerhalb der AIM verstärktes Interesse am monastisch-interreligiösen Dialog, der – beflügelt durch mehrere internationale Treffen – in den folgenden Jahren eine stärkere Eigendynamik entwickelte und schließlich 1978 zur Eröffnung zweier Subkommissionen der AIM führte: einer für Nordamerika (*North American Board for East-West Dialogue*/NABEWD), einer zweiten für Europa (*Dialogue Interreligieux Monastique/Monastic Interreligious Dialogue*/DIM/MID). Die beiden Subkommissionen wurde 1994 unter Abtprimas J. Theisen, nach dem Vorbild der AIM, in eine eigenständige Organisation DIM/MID mit einem Generalsekretariat an der Spitze überführt. Dem Generalsekretariat sind vier kontinentale Kommissionen (für Europa [DIM/MID Europa], Nordamerika [MID USA], Indien/Sri Lanka und Australien) mit je einem Koordinator und einem Direktor an der Spitze unterstellt. Die Kommission für Europa wiederum umfasst heute zehn, gleichfalls von Koordinatoren geleitete, nach Sprachgruppen aufgeteilte, Subkommissionen für: Großbritannien/Irland, Frankreich, französischsprachiges Belgien, französischsprachige Schweiz, Deutschland/Österreich, Holland/flämisches Belgien, Ungarn, Spanien/Portugal, Italien, Skandinavien. Einige dieser Kommissionen führen auch Mitglieder nichtmonastischer Orden, Laien (Oblaten) sowie Angehörige nichtchristlicher Kirchen.

Das anspruchsvolle Ziel von DIM/MID ist – zusammen auch mit Zisterziensern und Trappisten –, den monastisch-interreligiösen Dialog weltweit zu fördern und praktische Erfahrungen zwischen den Gemeinschaften unterschiedlicher Religionen zu vertiefen, wobei eine enge Zusammenarbeit der Kommissionen untereinander wie mit der AIM besteht. Die Aktivitäten der Organisation werden seit 2011 von einem gemeinsam herausgegebenen, internationalen und mehrsprachigen Online-Journal (*Dilatato Corde*) begleitet. Die Kommissionen und die meisten der Subkommissionen sind mit eigenen Webseiten vertreten.

3. Auf dem Weg zur *Confoederatio Benedictinarum*: Die *Communio Internationalis Benedictinarum* (*CIB*)

Ein drängendes Problem der Gegenwart stellt sich der Konföderation in der Frage nach der rechtlichen Einbindung der Frauengemeinschaften und -verbände, genauer: nach deren Verhältnis zur Konföderation. Bei Errichtung des gemeinsamen benediktinischen Daches der Konföderation durch Leo XIII. (1893) – der neue Verbund (*CB/O. S. B.*) verstand und versteht sich als Zusammenschluss der Mönchskongregationen – fanden die Frauengemeinschaften keine Erwähnung. Diese blieben – obwohl in ihren Verfassungstypen weit vielfältiger als die Männergemeinschaften – lediglich indirekt, über die Männergemeinschaften bzw. die (Mönchs-)Kongregationen, denen sie inkorporiert, assoziiert oder konsoziiert waren, mit der Konföderation verbunden. Damit verharrten die Frauengemeinschaften weiterhin in Abhängigkeit der Mönchsgemeinschaften und -verbünde und befanden sich verbandsrechtlich keineswegs auf Augenhöhe, ein Zustand, der erhebliche Einschränkungen im Gemeinschaftsleben zur Folge hatte, u. a.: Verbot zur Organisation von eigenständigen Versammlungen und Verbünden; kein Stimmrecht bei der Wahl des Abtprimas (vgl. Häring, Sch., *CIB*, S. 45 ff.).

In diesen Stand der Dinge brachte das II. Vatikanum Bewegung. Und dies vornehmlich durch das Dekret *Perfectae Caritatis* (§ 23) und die dort mit Nachdruck vorgetragenen Aufforderungen an die Orden zur generellen inneren Erneuerung, zum verstärkten Austausch auf Ebene der „höheren Obern und Oberrinnen" sowie – an die Adresse der zahlreichen Frauengemeinschaften vordringlich gerichtet – zum engeren Zusammenschluss in Föderationen und sonstigen geeigneten Verbünden. Mit diesen – auch durch die „Communio-Ekklesiologie" angestoßenen – Empfehlungen (vgl. Häring, Sch., *CIB*, S. 50) im Rücken verstärkten sich bald die kritischen Stimmen aus den Reihen der Benediktinerinnen, die zunehmend ihrem Unmut über die bestehenden, als anachronistisch empfundenen Zustände Ausdruck verliehen. Nach Vorverhandlungen auf den Äbtekongressen von 1966/67 kam es zu ersten konkreten Schritten dann auf der Synode der Abtpräsides von 1968 unter Abtprimas Rembert Weakland (1967–1977). Hier beschloss man die Bildung einer Kommission mit zwei Abteilungen – eine für die Nonnen-, die andere für die Schwestergemeinschaften zuständig – sowie die Errichtung eines gemeinsamen Sekretariats (Häring, Sch., *CIB*, S. 59–102; 103 ff.; 107 ff.). In den folgenden Jahren verhandelten dann beide Abteilungen – zur Hälfte jeweils mit Männern und Frauen besetzt – in unregelmäßigen Abständen, aber stets getrennt mit dem Abtprimas über die anstehenden Probleme. Dabei stellte sich nicht nur die Frage nach Art und Weise eines neuen Verhältnisses zwischen den Frauengemeinschaften und der Konföderation, vielmehr ging es seitens der Frauen auch um Überwindung der ordensintern unterschiedlichen Wertung zwischen den Gemeinschaften der klausurierten Nonnen (*moniales*) mit feierlichem und jenen im (Außen-)Apostolat tätigen Schwestern (*sorores*) mit einfachem Gelübde (Häring, Sch.; *CIB*, S. 150 f.)

Den hoffnungsvollen Anfängen folgte allerdings eine 20-jährige Phase kleiner und kleinster Schritte. (Und unabhängig von diesen Bemühungen definierte währenddessen die *Lex Propria – 1982* das Verhältnis der Frauengemeinschaften zur Konföderation als „Konsoziation", vgl. Häring, Sch., *CIB*, S. 225 f.) Erst 1988 unter Abtprimas Viktor Dammertz (1977–1992) fand man zu einem zukunftsfähigen Organisationsrahmen, indem man die beiden Abteilungen der Kommission (für Nonnen und Schwestern) zu einer „Nonnen- und Schwesternkommission des Abtprimas" fusionierte, bestehend aus 18 (später 19) delegierten, höheren Oberinnen, von denen jede eine Großregion im weltweit gezogenen Aktionsradius der Organisation vertrat. Außerdem wurden der Kommission eine Generaloberin (mit Mutterhaus in Rom) sowie eine Vertreterin der AIM delegiert. Die Kommission wählte sich ein Exekutivkomitee, und unter Mithilfe des Abtprimas ging man u. a. nun auch die Ausarbeitung von Statuten an (vgl. Häring, Sch., *CIB*, S. 268 ff., 271, 277 ff.).

Weitere neun Jahre verstrichen mit Verhandlungen und den Arbeiten an den Statuten. (Seit 1996 wurden immerhin alle Mitglieder der Kommission zum Äbtekongress eingeladen, Häring, Sch., *CIB*, S. 277 ff.) Erst 1997 – der damalige Abtprimas Marcel Rooney (1996–2000) hatte die 19 Delegierten zu Gesprächen nach Rom geladen – machte man weitere Fortschritte. Die vorgelegten Statuten fanden vorläufige Zustimmung, auch wählte man eine Moderatorin mit vierjährigem Mandat an die Spitze des Exekutivkomitees (Häring, Sch., *CIB*, S. 344 ff.).

Im folgenden Jahr (1998) beschloss man, die Delegiertenkonferenzen jährlich einzuberufen, von Internationalen Symposien – diese in unregelmäßigen Abständen allerdings – flankiert. Der Veranstaltungsort für die Symposien blieb stets Rom, während die Tagungsorte der Delegiertenkonferenzen in bezeichnender Weise weltweit wechselten: Fand ein Symposien in Rom statt, schloss sich dort unmittelbar auch die Delegiertenkonferenz an. In den übrigen Jahren ohne römisches Symposion, organisierte man die Delegiertenkonferenzen aber bewusst weltweit an jeweils anderen Tagungsorten, eine Praxis, mit der beabsichtigt war, das Bewusstsein für die weltumspannende Gemeinschaft aller Benediktinerinnen zu wecken, die erstaunliche Vielfalt der Frauengemeinschaften und Frauenverbände besser kennen zu lernen, stärker ins Bewusstsein zu heben und deren internationale Bedeutung aufzuwerten (Häring, Sch., *CIB*, S. 353 ff.).

Auf der 3. Jahresdelegiertenkonferenz in Nairobi (2001) einigte man sich – eine weltweite Befragung aller Frauengemeinschaften der *CB* war vorausgegangen – dann endgültig auf den Namen des neuen Netzwerkes: *Communio Internationalis Benedictinarum* (*CIB*) (Häring, Sch., *CIB*, S. 389 ff.).

Am 27. Sept. 2004 erfolgte schließlich die offizielle Anerkennung der *CIB* als alleiniger Körperschaft benediktinischer Frauengemeinschaften (der Nonnen und Schwestern) durch den Äbtekongress in Rom, ein Vorgang, der auch zu einer Novellierung der *Normae de Consociatione* (der

„Ausführungsbestimmungen“ zur *Lex Propria*) geführt hat. In den überarbeiteten *Normae de Consociatione* von 2004 heißt es nun in *III, 7*: „*... constituitur in gremio Confoederationis Communio Internationalis Benedictinarum ...*“; in *III, 8*: „*Monasteria, Foederationes atque Instituta mulierum O. S. B., quae cum Confoederatione consociantur ipso iure Cummuni internationali Benedictinarum adscribuntur*“ (Häring, Sch., *CIB*, S. 418 ff.).

Das Verhältnis der *CIB* als Körperschaft zur Konföderation (der Männer) wird allerdings auch hier noch nicht als gleichrangig, vielmehr als „konsoziiert“ definiert, analog zum Konföderationsstatus aller Frauengemeinschaften nach *Lex Propria – 1982*. Die *CIB* ist folglich nicht auf Augenhöhe, im Rechtsverhältnis nicht statusgleich mit der *Confoederatio Benedictina*. Immerhin aber war ein über die Jahre intensiv verfolgtes, erstes Etappenziel der Organisatorinnen der *CIB* – vorangetrieben vor allem durch Sr. M. Maíre Hickey (Dinklage) – erreicht: Die *CIB* war als Körperschaft (mit allen juristischen Folgen) anerkannt und fand gesonderte Erwähnung in der *Lex Propria*. (Seit 2000 erscheint in der ordensinternen Statistik der Konföderation dann auch ein eigenständiger Band für die Nonnen- und Schwesterngemeinschaften [*Catalogus Monasteriorum O. S. B. Sororum et Monialium. Editio I, Rom 2000*].) Seit 2007 – ein weiterer Schritt zur Selbständigkeit – wird das mehrsprachige, internationale „CIB News Bulletin“ herausgegeben. 2009 begann man eine Webseite einzurichten und eine elektronische Bibliothek zu erstellen. Am 4. Sept. 2009 ratifizierte Abtprimas Notker Wolf (seit 2000 im Amt, wiedergewählt 2014) die (revidierten) Statuten der *CIB* (Häring, Sch., *CIB*, S. 439 ff. [Text der Statuten ebda., S. 617–626]).

Den Statuten folgend – es seien hier lediglich einige Kernpositionen erwähnt –, versteht sich die *CIB* als Vereinigung aller „Frauengemeinschaften, die mit der Benediktinischen Konföderation konsoziiert sind in einem schwesterlichen Bund“. Dabei wahrt die *CIB* die Eigenständigkeit aller unter ihr vereinigten Klöster, Kongregationen und Föderationen und steht selbst „unter der Leitung des ‚Ius Proprium‘ der Konföderation“ (Stat. I, A). Aufgaben der *CIB* sind: Stärkung des internationalen Meinungs- und Erfahrungsaustausches zwischen den Gemeinschaften, Förderung des monastischen Lebens in denselben, Weiterentwicklung ihrer Beziehungen mit der Konföderation wie die ständige Beratung mit dem Abtprimas über die spezifischen Probleme dieser Frauengemeinschaften (I, B). Diesem Auftrag kommt die *CIB* nach durch regelmäßige – in vierjährigem Turnus wiederkehrende – Konferenzen unter Federführung des Administrativrates und der Moderatorin als dessen Leiterin (I, C). Das beschließende Organ der *CIB* ist die Konferenz (der 19 Delegierten) (II, A, 1). Diese stehen – jede von ihnen vertritt eine Weltregion – im Rang von höheren Oberinnen und werden jeweils von ihrer Region gewählt. Die 19 Weltregionen werden vom Administrativrat „auf der Grundlage der geographischen Lage, regionaler Strukturen und statistischer Daten" – nach *Catalogus Monasteriorum O. S. B.*, Editio I, Sororum et Monialium – festgelegt (II, A, 2, a–c). Zusätzlich können zu den 19 Delegierten weitere Mitglieder kooptiert werden (II, A, 2, d). Eine Vertreterin der AIM kann – ohne Stimmrecht allerdings – als Beobachterin eingeladen werden (II, A, 2, e). Die Konferenz der *CIB* tagt jährlich, auch wenn Gesamtsymposien oder Äbtekongresse stattfinden (II, A, 3). Die Moderatorin – stets im Rang einer höheren Oberin – wird von der Konferenz mit einem Mandat für vier Jahre gewählt (Wiederwahl ist möglich) (II, A, 4, a, 1 ff.).

Der Administrativrat – im Umfang von maximal 4 Mitgliedern – wird teils von der Konferenz gewählt (2 Mitglieder), teils von den bereits gewählten Kolleginnen bestimmt und hat ein Mandat auf vier Jahre mit Verlängerungsmöglichkeit (II, A, 4, b, 1–3). Aufgabe des Administrativrates sind die Vorbereitungen der Tagungen und Sitzungen; die Leitung untersteht der Moderatorin (II, B, 1). Diese – von der Konferenz gewählt – „koordiniert die gesamten Aktivitäten der CIB", ihr zugeordnet sind eine Sekretärin sowie eine Schatzmeisterin mit Assistentinnen (II, B, 2–3).

Eine Sonderrolle bezüglich der *CIB* kommt dem Abtprimas zu (Häring, Sch., *CIB*, S. 451 ff.). Als „Symbol der Einheit aller Benediktiner und Benediktinerinnen" ist er zunächst Förderer und Berater aller Aktivitäten der *CIB* sowie Moderator zwischen *CIB* und Konföderation (III). Darüber hinaus nimmt er eine spirituelle Betreuung sowie ein lockeres Aufsichts- und Ordnungsrecht wahr. Allerdings kommen ihm das fundamentale Recht und die Pflicht zur Ratifizierung der Statuten sowie zu deren Veränderungen zu (III, IV).

Die Aktivitäten um die *CIB* – die mittlerweile an die 14.000 Mitglieder zählt – bleiben beeindruckend: Im Verlaufe der kurzen Geschichte – vom ersten Internationalen Symposion 1987 bis zu jenem von 2013 in Rom – wurden organisiert: 7 Internationale Symposien, 15 Delegiertenkonferenzen weltweit und 1 Kolloquium. Die Liste der 19, durch die Delegierten vertretenen Weltregionen, umfasst (Stand 2014): 1. Italien und Malta; 2. Spanien und Portugal; 3. Frankreich und Israel; 4. Großbritannien und Irland; 5. Beneluxländer; 6. Deutschland, Österreich, Schweiz und Skandinavien, 7. Polen; 8. Kroatien; 9. USA, Canada (drei Delegierte); 10. Karibik und Anden; 11. Brasilien; 12. Cono-Sur (Südamerika); 13. Korea, Japan, Taiwan, Vietnam; 14. Philippinen; 15. Ozeanien; 16. Ostafrika; 17. Zentral- und Westafrika, Madagaskar; 18. Südafrika, Namibia, Angola; 19 Indien, Sri Lanka (vgl. Eschlböck, L., Ius Proprium, S. 195 f., Appendix; vgl. auch Häring, Sch., CIB, S. 591, Stand: 12.9.2002).

Seit 2004 (Äbtekongress vom 27. Sept.) ist die *CIB* – wie erwähnt – als einzige Körperschaft benediktinischer Frauengemeinschaften (Nonnen und Schwestern) von *CB/O. S. B.* anerkannt. Der Rechtsstatus als „Konsoziation" allerdings bedeutet, dass die *CIB* trotz grundsätzlicher Anerkennung und partiell enger Zusammenarbeit weiter unter dem Schirm des Abtprimas bleibt, nicht horizontal, sondern vertikal zur Konföderation steht, dieser also „zugeordnet" bleibt, und folglich noch keine Gleichstellung auf Augenhöhe mit der Konföderation erreicht ist. Schon 2002 hatte Abtprimas Notker Wolf das Verhältnis der Frauenklöster zur Konföderation als „anachronistisch" bezeichnet und für eine eigenständige, gleichberechtigte Konföderation der benediktinischen Frauengemeinschaften plädiert, ein Vorhaben, das sich aufgrund von Widerständen verschiedenster Art und aus unterschiedlichen Lagern nicht verwirklichen ließ. (Unter anderem aber auch, weil einige Frauengemeinschaften die Verbindung zu „ihren" Männergemeinschaften oder Kongregationen nicht aufgeben wollen.) Und selbst heute, mehr als 10 Jahre nach diesem Plädoyer des Abtprimas, ist eine solche Gleichstellung noch nicht erreicht, was umso verwunderlicher erscheint, als die Zahl der Benediktinerinnen weltweit die der männlichen Mitglieder des Ordens weit übersteigt (zum Jahre 2014: ca. 7.147 Männer bei ca. 13.725 Frauen; vgl. unten, dreizehntes Kapitel, Zur Ordensstatistik, S. 430). Das programmatische „aggiornamento" zu Konzilsbeginn – für die Ordensgemeinschaften die zeitgemäße Variante der mittelalterlichen Devise von den *monasteria semper reformanda* – hat seine Dringlichkeit auch für die Gemeinschaften nach *RB* offensichtlich noch nicht verloren. Für die *CIB* – noch immer auf der Suche nach einem, modernen Gegebenheiten angemessenen, ordensrechtlichen Status – könnte dies bedeuten, über die *con-sociatio* hinaus weiter die *con-societas* anzustreben als den der *CB* gleichberechtigten Status auf Augenhöhe. Dies allerdings, sofern von den Betroffenen erstrebt, erforderte mehr als nur Statutenänderungen innerhalb von *CB* und *CIB*.

4. Weltoblaten der Benediktiner

Drängende Probleme der Gegenwart und die Reaktionen des Ordens darauf zeigen sich auch in der Entwicklung der ehemals als „Weltoblaten", seit 1980 offiziell als „Benediktineroblaten" bezeichneten Personengruppen. Obwohl Randgruppen benediktinischer Zugehörigkeit und bisher noch ohne systematische Einbindung ins geltende Ordensrecht (*CIC – 1983*), gewinnen diese Gruppen gegenwärtig in der religiösen Praxis der Benediktiner weltweit für die Söhne und Töchter Benedikts an Bedeutung.

Die hier gemeinten „Benediktineroblaten" – nicht zu verwechseln mit den Kinderoblaten, Laienbrüdern, Konversen, Klaustral- oder Hausoblaten des Mittelalters, auch nicht identisch mit jenen im 19. Jahrhundert zahlreich entstandenen weiblichen Gemeinschaften und Genossenschaften der Kloster- oder Regularoblaten (mit einfacher Profess) – sind Frauen und Männer, die in ihrem privaten, säkularen Umfeld verbleiben, sich aber durch den Akt der „Oblation", eines persönlichen, schlichten Versprechens, einer benediktinischen Gemeinschaft nach Wahl enger verbinden, um künftig ihr Leben in entschiedener Weise im Geiste der *Regula Benedicti* und der „erwählten" Gemeinschaft zu führen. Die Oblaten partizipieren an der Gebetsgemeinschaft des Klosters wie an dessen Privilegien und sind am ehesten den Mitgliedern der Dritten Orden (Terziaren) der Mendikanten vergleichbar. Die Bindung zwischen Oblaten und Bezugskonvent kann in begründetem Falle von beiden Seiten ohne kanonische Sanktionen gelöst werden.

Die Weltoblaten der Benediktiner haben eine dynamische Entwicklung durchlaufen. Ein erster Schub lässt sich im 19. Jahrhundert belegen – ausgehend von Prosper Guéranger in Solesmes, aufgegriffen und weitergeführt von Beuron –, eine Folge auch der damals durch die Missionsaktivitäten des Ordens geförderten und wachsenden Überzeugung von der Notwendigkeit stärkerer Betonung des Apostolats gegenüber einem zurückgezogenen, vornehmlich in Gebet und Kontemplation geführten, klausurierten Lebens hinter Klostermauern. Im Kontext dieser Veränderungen kam es zu einer starken Zunahme der Mitgliederzahlen der Oblaten. Eine entscheidende Weichenstellung für diese Entwicklungen bedeutete es, als unter Leo III. (1878–1903) und Pius X. (1903–1914) „Statuten für die in der Welt lebenden Oblaten" – ursprünglich von der 1893 begründeten Konföderation (*CB*) unter Abtprimas de Hemptinne entworfen –, approbiert und 1904 nach weiterer Überarbeitung durch den Abtprimas endgültig angenommen worden sind.

Als Nachwirkung des II. Vatikanums schließlich lässt sich ein erneuter Entwicklungsschub konstatieren. Die Aufforderung der Konzilsväter an die Ordensgemeinschaften, sich verstärkt einem zeitgemäßen Apostolat zuzuwenden, bewog offensichtlich auch zahlreiche engagierte Laien, statt den Weg ins Kloster zu gehen, sich von einer Gemeinschaft im Geiste der *Regula Benedicti* geführt, als Oblate im Weltapostolat zu verwirklichen. Unter den weltweit rasant gewachsenen Oblatengemeinschaften – Zulauf kam vor allem von Frauen und in den Missionen tätigen Personen – erwachte bald auch das Bedürfnis nach gegenseitiger Kenntnisnahme und Information, nach Austausch von Erfahrungen, nach Kommunikation verschiedenster Art und nach Vernetzung, um aus der eigenen Isolation herauszufinden und ein Bewusstsein der weltweiten Zusammengehörigkeit zu entwickeln. So kam es bereits 1970 im deutschsprachigen Raum zur Gründung einer „Arbeitsgemeinschaft Weltoblaten", und auf einem weiteren Treffen der Oblatendirektorinnen und Oblatendirektoren 1980 zur Umbenennung der Organisation in „Arbeitsgemeinschaft Benediktineroblaten" (seit 1984 mit eigenen, 1988 bereits revidierten Statuten).

Eine weitere Stufe der Entwicklung war dann durch die Weltkongresse in Rom (2005, 2008, 2013) erreicht, deren Zustandekommen wesentlich den Initiativen von Abtprimas Notker Wolf zu danken waren. Diese Welttreffen, denen in einzelnen Ländern – so in Italien und Deutschland etwa – Zusammenschlüsse in nationalem Rahmen, teils mit Erstellung eigener Statuten, vorausgegangen waren, sind als Initiativen zur losen Zusammenführung und inneren Konsolidierung zu verstehen, um den zahlreichen, weltweit verbreiteten Oblatengruppen Hilfe an die Hand zu geben, sich aus der Fixierung auf das eigene Führungskloster und dessen Vereinzelung zu lösen. Ziel dieser Welttreffen war es ausdrücklich nicht – worauf Abtprimas Notker Wolf als Initiator in seinen Begrüßungsworten von 2013 vorsichtig hinwies –, eine Verbandsstruktur in Form einer neuen Zentralorganisation des Ordens zu schaffen. Das Anliegen bei diesen Treffen blieb stets „nur" das Bemühen, sich weltweit kennen zu lernen, die gegenseitige Kommunikation in Gang zu setzen, Anregungen zu geben und zu erhalten und ein Bewusstsein der weltweiten Zusammengehörigkeit zu schaffen, bei Respektierung aller Eigenheiten anderer Regionen und fremder Kulturen. Es ging darum, „eine geistliche Bewegung" ins Leben zu rufen, nicht, eine neue „große Organisation" zu etablieren.

Beeindruckend vor allem bleibt die dynamische Entwicklung der Benediktineroblaten in den letzten Jahrzehnten. Beim ersten Weltkongress 2005 trafen sich in Rom 240 Teilnehmer in Vertretung von 24.229 Oblatinnen und Oblaten; im Jahre 2008 zählte man weltweit bereits 25.481, und „ihre Zahl wächst auf der ganzen Welt", wie Abtprimas Notker Wolf im September desselben Jahres vor dem Äbtekongress der Benediktiner in Sant'Anselmo ausführte. Umfang und Entwicklung der Zahlen belegen, dass es bereits 2008 (mit wachsender Tendenz) weit mehr Benediktineroblaten weltweit gab (25.481) als (mit dramatisch fallender Tendenz) Nonnen und Mönche zusammen (23.220). Diese offensichtliche Gegenläufigkeit – besonders deutlich in der westlichen Hemisphäre (Westeuropa und Nordamerika) zu beobachten – diagnostiziert wohl eine unter Christen moderner Industriekulturen schwindende gesellschaftliche Akzeptanz des traditionellen, vorkonziliaren Klostertypus der „schwarzen Mönche" bei gleichzeitig wachsender Sympathie für einen Wandel im Selbstverständnis dieser Gemeinschaften: sich nämlich zur modernen Gesellschaft hin zu öffnen, dem Apostolat den Vorzug vor Selbstkasteiung und strenger Klausur zu geben und so gleichzeitig die Forderung des II. Vatikanischen Konzils nach einem „*aggiornamento*", nach Erneuerung und Anpassung an eine moderne Welt, zu erfüllen, ohne dabei den Kern der ursprünglichen Berufung zu verlieren.

5. Bibliographie

1. Aufwertung des Apostolats – Öffnung der Klöster

◊ – Gemeinsame Synode der Bistümer in der BRD (Würzburger Synode 1971–75), Bd. 1, Abschnitt: Orden, Kap. 2,4–5; 3,1–4, Freiburg 2001, hier: S. 566 ff. – Hickey, M.: Der dreifache Weg: Perspektiven für eine weibliche monastische Spiritualität, in: Schütz, Chr./Rath, Ph. (edd.): Der Benediktinerorden. Gott suchen in Gebet und Arbeit, Mainz/Kevelaer 2004, S. 130 ff. – Müntnich, B.: Heil und Heilung: Benediktinisches Mönchtum und Seelsorge, ebda., S. 134 ff. – Schütz, Ch.: Mission und Inkulturation: Die Benediktiner in der Dritten Welt, ebda., S. 148 ff. – Waibel, E.: „Nach innen ein Mönch, nach außen ein Apostel". Die Benediktinerinnen von der Hl. Lioba, ebda., S. 155 ff. – von Gleichenstein, Ch.: Benediktinische Weltgemeinschaft: Das Säkularinstitut St. Bonifatius, ebda., S. 164 ff. – Voss, J.: „In Christus sind wir alle eins". Die ökumenische Bedeutung des benediktinischen Mönchtums, ebda., S. 170 ff. – Zu den zahlreichen Angeboten „Zeit im Kloster/Kloster auf Zeit" vgl. die Internetauftritte der einzelnen Gemeinschaften.

2. Vernetzung in regionalen, nationalen und weltweiten Zusammenschlüssen

◊ PP. Pius XII.: *Fidei Donum* (21. Apr. 1957; Missionsenzyklika), AAS XLIX (1957), S. 225–248 (dt.: Herder Korrespondenz 11 [1956/57], S. 474–480). – Das Verzeichnis der heute ca. 60 Kongregationen und Föderationen der Benediktinerinnen weltweit in: Catalogus. Monasteriorum. O. S. B. Sororum et Monialium, Editio I 2000 passim; ebda., S. 856–858 eine tabellarische Übersicht für die Jahre 1995 und 2000. – (Für Nonnen [*moniales*] und Schwestern [*sorores*] getrennte Übersichten der jeweiligen Verbände zum Jahre 1995 bereits in: Catal. XVIII 1995, S. 439 ff. und 522 f., wo 40 Verbände von *moniales* und 37 Verbände von *sorores* aufgeführt sind.)

◊ Konferenzen einzelner Regionen, Länder, Erdteile [Beispiele/Auswahl]):

◊ Zu: VBD – www.benediktinerinnen.de/index.php/vbd [vom 13.05.2019]

◊ Zu: SÄK – www.orden-online.de/wissen/s/salzburger-aebtekonferenz/ [vom 13.05.2019]

◊ Zu: DOK – www.orden.de/ueber-die-dok/ [vom 13.05.2019]

◊ Zu: FBBA – www.benediktinerinnen-bayern.de [vom 13.05.2019]

◊ Zu: Schweiz – Schweizerische Benediktinerinnen-Föderation, www.orden-online.de/wissen/s/Schweizerische-benediktinerinnen-Föderation [vom 13.05.2019]

◊ Zu: CORREF – www.viereligieuse.fr [vom 13.05.2019]

◊ Zu: CIMB – www.benedettineitaliane.org/ [vom 13.05.2019]

◊ Zu: Amerika: – American Benedictine Formation Conference (ABFC), www.abfconline.org/ [vom 13.05.2019]

◊ Zu Südamerika/Karibik: The Benedictine-Cistercian Association of the Caribbean and Andes (ABECCA), http://www.aimintl.org/en/2015-05-29-13-30-3/meetings/abecca-2019 [vom 13.05.2019]

◊ Zu Indien/Sri Lanka: The Indian and-Sri Lankan Benedictine Federation (ISBF), https://www.aimintl.org/en/2015-05-29-13-29-49/bulletin-100/federation-indo-sri-lankaise [vom 13.05.2019]

◊ Zu Australien/Neuseeland: The Benedictine Union of Australia and New Zealand (ANZBU), http://www.orden-online.de/wissen/a/australia-and-new-zealand-benedictine-union/ [vom 13.05.2019]

◊ Zu Tansania: The Benedictine Union of Tanzania (BUT), https://www.aimintl.org/en/2015-05-29-13-29-57/saint-benoit/169-en/bulletin/bulletin-100 [vom 13.05.2015]

◊ Zu AIM: Catal. XVIII 1995, S. 12; 19 (2000), S. 13 f., www.aimintl.org/ [vom 01.10.2015]

◊ Zu DIM/MID): Catal XVIII 1995, S. 13; XIX 2000, S. 15

◊ Zu den einzelnen Kommissionen und Unterkommissionen von DIM/MID: www.dimmid.org [vom 13.05.2015]

3. Auf dem Wege zur *Confoederatio Benedictinarum*: Die *Communio Internationalis Benedictinarum* (*CIB*)

◊ Zur Geschichte der *CIB*, ihrer Bestimmung, ihren Statuten sowie dem Verhältnis zur *CB*, erschöpfend und mit ausführlichem Dokumentenanhang: Häring, Sch.: CIB, passim. (Belege oben im Text) – Vgl. auch: CIB – Handbuch, Deutsche Version [4]2018; www.benedictines-cib.org/deutsch/CIB_handbook_4rd_edition_de.pdf [vom 22.05.2019] (Inhalt: Geschichtlicher Hintergrund der *CIB*; Statuten der *CIB*, revidierte Fassung vom 4. Sept. 2009; Memorandum [aktualisiert 19.5.2010] zu Aufgabe einer Delegierten, einer Stellvertreterin, des Administrationsrates, der Moderatorin, der Sekretärin, der Schatzmeisterin; zum Solidaritätsfond; Revidierte Fassung der *normae*/2004, die Verbindung (*Konsoziation*) der *CIB* mit der Konföderation betreffend [bes. Kap. III, 7–9; vgl. dazu oben, zwölftes Kapitel, S. 416]; Liste der 19 Regionen, welche durch Delegierte in der Konferenz der *CIB* vertreten sind.) – (Edition der 2004 revidierten Fassung der *normae* auch in: Ius Proprium Confoederationis Benedictinae, Rom [Curia Abbatis Primatis], 2009, S. 35–38). Vgl. Rothert, A.: Benediktinerinnen und Benediktiner. Werdendes Gleichgewicht, St. Ottilien 1997, S. 147 ff. – Edition der vom Äbtekongress 2004 veränderten Passagen der *normae* (jetzt: *normae* III,7–9 [De collaboratione inter mulieres O. S. B.]), in: Ius Proprium Confoederationis Benedictinae, Rom (Curia Abbatis Primatis) 2009, S. 36.

4. Weltoblaten der Benediktiner

◊ Guilmard, J.: Les oblats séculiers dans la famille de Saint Benoît, Solesmes 1975. – Rivaldi, M. B.: Art.: Oblate del Monastero di Tor de' Specchi, in: DIP 6 (1980), Sp. 282 ff. – Müller, J. P.: Art.: Oblate Benedettine, in: DIP 6 (1980), Sp. 564. – Unter Führung des Evangeliums. Handb. für Benediktiner-Oblaten. (ed.) Arbeitsgemeinschaft Benediktineroblaten für den deutschen Sprachraum), Beuron 1990. – Esser, N.: Benediktineroblatentum, Sinzig

1995. – HAERING, ST.: Art.: Oblaten II. Erwachsene, in: LThK 7 (1998), Sp. 963 f. – MEYER, D. M.: Art.: Oblatinnen, in: LThK 7 (1998), Sp. 966 f. – STATUTO DEGLI BENEDETTINI SECOLARI ITALIANI a cura del Consilio direttivo nazionale (Scritti monastici Abbazia di Praglia), Bresseo di Teolo 2000. – BONN, C.: Monastische Spiritualität in der Welt: Die Benediktiner-Oblaten, in: edd. Schütz, A. / Rath, Ph.: Der Benediktinerorden. Gott suchen in Gebet und Arbeit, Mainz, Kevelaer ³1994, S. 159 ff. – BALS, CL./ULLMANN, B.: Aufbruch mit Benedikt. Oblaten – eine christliche Lebensform, St. Ottilien 2009. – KOLLER, H: Drittgeborene Kinder Benedikts. Geschichte und Gegenwart der Benediktineroblaten, St. Ottilien 2009. – Vgl. auch: www.oblatengemeinschaft.abtei-ottobeuren.de [vom 14.05.2019]. www.benedictine-oblates.org/2009 [vom 14.05.2019]; www.benedictine-oblates.net [vom 14.05.2019].

Dreizehntes Kapitel
Zur Ordensstatistik

1. *Catalogus monasteriorum O. S. B.*: Die offizielle Ordensstatistik der „konföderierten Benediktiner“

Bisher wurde die Geschichte der „konföderierten Benediktiner“ vornehmlich in Ereignis- und Entwicklungslinien, in Längsschnitten also, beschrieben. Diese Perspektive bedarf, um die Innenverhältnisse der Phänomene, ihren Status, zu bestimmten Zeitpunkten klarer hervortreten zu lassen, allerdings der Ergänzung durch statistische Basisdaten. In dieser Absicht sind die folgenden Tabellen zu lesen, die sich auf die Daten der offiziellen Ordensstatistik stützen und auswahlweise auf die Stichjahre 1893, 1990, 1995, 2000, 2005, 2006, 2010, 2014, 2015 fokussiert sind.

Die ordensinterne Personal- und Organisationsstatistik (Schematismus) des Benediktinerordens – seit 1894 im Auftrag der Konföderation zunächst in unregelmäßiger Folge, später meist in fünfjährigem Rhythmus erstellt – präsentiert sich heute unter dem Titel: *SS. Patriarchae Benedicti familiae confoederatae: catalogus monasteriorum O. S. B.* Seit 2000 erscheint zeitversetzt jeweils ein eigener Band für die männlichen (*monachi*) wie für die weiblichen Mitglieder (*sorores et moniales*), ein Ergebnis auch der seit dem II. Vatikanum erheblich verstärkten Bemühungen der Konföderation, eine Einordnung der Frauenverbände in das Ordensgefüge auf Augenhöhe zu erreichen.

2. Tabellen I–V

Tabelle I (a. 1893): Zahl der Kongregationen, Konvente u. Mitglieder bei Gründung der Konföderation

	congregationes	*monasteria*	*personae*
religiosi (Mönche)	12[1] [mit 3 affiliierten Abteien]	119	4295

Tabelle II (a. 1995): Zahl der Verbände (*congregationes, foederationes, uniones*), Häuser (*monasteria, prioratus, domus*) und Mitglieder (*personae*): getrennt nach Männer- und Frauenzweigen

	congr./foeder./uni.	*monast./prior./domus*	*personae*
monachi	21 *congr.*[2]	ca. 398[3]	8883[4]
moniales	40 *congr./foed./uni.*[5]	ca. 354[6]	7643[7]
sorores	37 *congr./foed./uni.*[8]	ca. 619[9]	10570[10]

Tabelle III (a. 2000): Zahl der Verbände (*congregationes, foederationes, uniones*), Häuser (*monasteria, prioratus, domus*) und Mitglieder (*personae*): getrennt nach Männer- und Frauenzweigen

	congr./foeder./uni.	*monast./prior./domus*	*personae*
monachi	21 *congr.*[11]	ca. 431[11] [mit 9 *monast. extra congr.*][12]	8645[11] [mit *abbat.* u. *congr. consoc.*]
moniales/ sorores	63 *congr./foed./uni.*[13]	ca. 779[14]	16.594[15]

1 Catal. 1894, S. 525 f.
2 Catal. 1995, S. 418–424, 425.
3 Catal. 1995, S. 614–641. Mit 15 *domus* (Congr. D. N. Spei, Croixrault), Catal. 1995, S. 424.
4 Catal. 1995, S. 425 (mit *congr. consociatae*).
5 Catal. 1995, S. 439–443.
6 Catal. 1995, S. 495.
7 Catal. 1995, S. 495.
8 Catal. 1995, S. 496–522.
9 Catal. 1995, S. 642–646.
10 Catal. 1995, S. 522 f.

Tabelle IV (a. 2000): Weltverteilung

Männer[16]

	Anzahl Personen	Prozent
Männer insgesamt	8645	100 %
Europa	5099	58,98 %
Amerika (Nord- + Mittelamerika)	1997	23,10 %
Amerika (Südamerika)	515	5,96 %
Asien	501	5,80 %
Afrika / Madagaskar	412	4,76 %
Ozeanien	121	1,40 %

Frauen[17]

	Anzahl Personen	Prozent
Frauen insgesamt	16.592	100 %
Europa	7.977	48,08 %
Amerika (Nord- + Mittelamerika)	3.819	23,02 %
Afrika (Madagaskar)	1.940	11,69 %
Asien	1.233	7,43 %
Ozeanien	913	5,50 %
Amerika (Südamerika)	710	4,28 %

11 Catal. XIX 2000 (Männer), S. 16–477 (Addition); S. 497.
12 Catal. XIX 2000 (Männer), S. 486.
13 Catal. I 2000 (Frauen), S. 856–858.
14 Catal. I 2000 (Frauen), S. 1047–1055 (Addition).
15 Catal. I 2000 (Frauen), S. 856–858.
16 Erstellt aus Catal. XIX 2000 (Männer), passim.
17 Erstellt aus Catal. I 2000 (Frauen), passim.

Tabelle V (a. 1990, 1995, 2000): Entwicklung der Mitgliederzahlen

Gesamtvergleich: Männer – Frauen

	(1990)[18]	1995	2000
Männer	9098 Catal. 1995, S. 425	8883 Catal. 1995, S. 425	8645 Catal. XIX 2000, S. 497
Frauen	18.911 Catal. 1995, S. 495 u. 522–23	18.213 Catal. 1995, S. 495 u. 522–23	16.594 Catal. I 2000 (*soror. et monial.*), S. 856–58

Fortsetzung Tabelle V (a. 2005, 2006, 2010, 2014, 2015): Mitgliederzahlen

	2005[19]	2006	2010	2014	2015
Männer	7825 Catal. XXI, 2010, S. 489	–––	7358 Catal. XXI, 2010, S. 489	–––	7147 Catal. XXII, 2015, S. 463
Frauen	–––	15.438 Catal. II 2006 (*soror./monial.*), S. 840–43	–––	13.725 Catal. III 2014 (*soror./monial.*), S. 838–41	–––

3. Zur Entwicklung der Mitgliederzahlen

Die Tabellen bieten zu allererst Momentaufnahmen, genauer: Statusanzeigen zu bestimmten Jahren. Darüber hinaus aber lassen sie, im Überblick gedeutet, zwei bemerkenswerte Entwicklungen sichtbar werden: zum einen den kontinuierlichen, Männer wie Frauen betreffenden Mitgliederschwund der gesamten Konföderation während der letzten Jahrzehnte; zum andern intern ein konstantes Übergewicht des Frauenanteils, wobei die weiblichen Mitglieder (*moniales/sorores*) die Männer (*religiosi*) an Zahl fast um das doppelte übertreffen.

Gefragt nach den Hintergründen dieser asymmetrischen Entwicklung, liegen die Antworten auf der Hand. So scheinen die kontinuierlich schwin-

18 Die Daten für 1990 werden in Catal. 1995, S. 425 in Klammern [(...)] rückblickend und vergleichend noch einmal mitgeführt.

19 Die Daten für 2005 sind in Catal. 2010 (Männer), S. 489 in Klammern [(...)] rückblickend und vergleichend noch einmal mitgeführt.

denden Mitgliederzahlen der Konföderation insgesamt in der fortschreitenden Säkularisierung moderner, westlicher Industrie- und Konsumgesellschaften vornehmlich ihre Ursache zu haben, in Gesellschaften, denen mit Verlust traditioneller, christlich-katholischer Glaubensinhalte und Lebenskonzepte auch der Sinn abhandengekommen ist für ideale Lebensentwürfe in der – weltflüchtigen eher als weltzugewandten – Sonderwelt einer *vita religiosa*.

Dagegen scheint das Phänomen des merklich größeren Frauenanteils in heutigen Gemeinschaften nach *RB* innerhalb der Konföderation zunächst auf ältere Zusammenhänge zu verweisen: auf die seit dem Spätmittelalter bekannte, in unterschiedlicher regionaler Dichte über die Jahrhunderte wachsende Ausbildung von asketisch weniger strikt lebenden *sorores*, von „Schwestergemeinschaften und -verbänden" neben den traditionellen Nonnenkonventen, Neubildungen, die sich verstärkt dem Außenapostolat widmeten, von der offiziellen Kirche zunächst kritisch beobachtet (17. Jahrhundert), dann toleriert (18. Jahrhundert), schließlich gefördert – vornehmlich durch Leo XIII. (*Candidae a Christo*, a. 1900) – und zuletzt unter Pius XII. im *CIC – 1917* in die *Instituta religiosa* eingeordnet und damit als Verbände den traditionellen „Orden" gleichgestellt (vgl. oben, zehntes Kapitel, 1 a; 10,1 c–f; 10, 2, h; 10, 5).

Zum andern greift man hier aber auch eine Frucht des II. Vatikanums. Denn durch die entschiedene Forderung des Konzils, stärker als bisher ein Apostolat von zeitgemäßem Zuschnitt zu praktizieren, erfuhren nicht nur die bestehenden Schwesterngemeinschaften und -verbände erneut eine merkliche Aufwertung innerhalb der Konföderation; auch gewann die Konföderation dadurch im ganzen an Anziehungskraft für jene Frauen, die sich eher zum Dienst am Menschen als zu weltabgewandter „Betrachtung" und strenger Klausur berufen fühlen, ein Tatbestand von erheblichen Folgen auch für die Entwicklung der weiblichen Mitgliederzahlen in der Diaspora und den Missionen.

4. Bibliographie

1. *Catalogus monasteriorum O. S. B.*: Die offizielle Ordensstatistik der „konföderierten Benediktiner"

◊ (*Monachi*): SS. Patriarchae Benedicti familiae confoederatae: Catalogus monasteriorum O. S. B., Rom 1894. – SS. Patriarchae Benedicti Familiae Confoederatae: Catalogus monasteriorum O. S. B., Editio XVII, Rom 1990; Editio XVIII, Rom 1995; Editio XIX, Rom 2000; Editio XX, Rom 2005; Editio XXI, Rom 2010; Editio XXII, Rom 2015.

◊ (*Sorores et moniales*): SS. Patriarchae Benedicti Familiae Confoederatae: Catalogus monasteriorum O. S. B. Sororum et monialium, Editio I, Rom 2000;

Editio II, Rom 2006; Editio III, Rom 2014. – Annuario Pontificio per l'anno 2011, Città del Vaticano 2011, S. 1420–1425, 1489 ff. – Dell'Omo, M.: Storia, S. 502 f.

2. Tabellen I–V; s. oben S. 428–430

Anhang

1. Verzeichnis der Kurztitel

Angendendt, A.: Das Frühmittelalter: – Angenendt, A.: Das Frühmittelalter. Die abendländische Christenheit von 400 bis 900, Stuttgart 1990.

Becker, P.: Benediktinische Reformbewegungen: – Becker, P.: Benediktinische Reformbewegungen im Spätmittelalter. Ansätze, Entwicklungen, Auswirkungen, in: Untersuchungen zu Kloster und Stift (Studien zur Germania Sacra 14), Göttingen 1980.

Bischoff, B.: Mittelalterliche Studien: – Bischoff, B.: Mittelalterliche Studien. Ausgewählte Aufsätze zur Schriftkunde und Literaturgeschichte, Bde. I–III, Stuttgart 1966, 1967, 1981.

Bodarwé, K.: Der weibliche Zweig: – Bodarwé, K.: Der weibliche Zweig des Benediktinerordens, in: Macht des Wortes, S. 111ff.

Bulst, N.: Cluny: – Bulst, N.: Art.: Cluny, in LdM 2 (1983), Sp. 2172ff.

Catalogus monasteriorum O. S. B.: – SS. Patriarchae Benedicti Familiae Confoederatae: Catalogus monasteriorum O. S. B., Rom 1894ff.

Chiesa, P. /Castaldi, L. (edd.): La trasmissione: – Chiesa, P./Castaldi, L. (edd.): La trasmissione dei testi Latini del Medioevo/Medieval Latin Texts and their Transmission [TE.TRA I] (Millennium Medievale 50. Strumenti e studi, n. s. 8), Firenze 2004.

Constable, G.: Cluny: – Constable, G.: Cluny in the Monastic World of the Tenth Century, in: Il secolo di ferro (Settimana di Studio 38, Spoleto 19–25 aprile 1990), Spoleto 1991, S. 391ff.

Constable, G./Melville, G./Oberste, J. (edd.): Umfeld: Constable, G./Melville, G./Oberste, J. (edd.): Die Cluniazenser in ihrem politisch-sozialen Umfeld; (Vita regularis 7), Münster 1998.

Dartmann, Ch.: Die Benediktiner: – Dartmann, Ch.: Die Benediktiner. Von den Anfängen bis zum Ende des Mittelalters, Stuttgart 2018.

Décarreau, J.: Zivilisation: – Décarreaux, J.: Die Mönche und die abendländische Zivilisation, Wiesbaden 1964.

Dell'Omo, M.: Storia: – Dell'Omo, M.: Storia del monachesimo occidentale dal medioevo all'età contemporanea. Il charisma di San Benedetto tra VI e XX secolo, Mailand 2011.

Dell'Omo, M. (ed.): I fiori: – Dell'Omo, M.: I fiori e' frutti santi. San Benedetto, la Regola, la santità nelle testimonianze dei manuscritti cassinesi (Abbazia di Montecassino, 10 luglio – 31 ott. 1998), Mailand 1998.

Doppelklöster: – Doppelklöster und andere Formen der Symbiose männlicher und weiblicher Religiosen im Mittelalter (ed. K. Elm/M. Parisse) (Berliner Historische Studien 18/Ordensstudien VIII) Berlin 1992.

Dove va: – Dove va la storiografia monastica in Europa. Temi e metodi di ricerca per lo studio della vita monastica e regolare in età medievale alle soglie del terzo millennio (ed. G. Andenna) (Atti del Conv. Intern. Brescia-Rodengo, 23–25 marzo 2000), Mailand 2001.

Elm, K.: Verfall und Erneuerung: – Elm, K.: Verfall und Erneuerung des Ordenswesens im Spätmittelalter. Forschungen und Forschungsaufgaben, in: Untersuchungen zu Kloster und Stift (ed. MPG), (Veröff. 68, Studien zur Germ. Sacra 14), Göttingen 1980.

Eschlböck, L.: Ius Proprium: – Eschlböck, L.: Ius Proprium Confoederationis Benedictinae. Darstellung der gegenwärtigen Rechtslage und Untersuchung der Jurisdiktionsgewalt des Abtprimas (Diss. Pont. Univ. Lateran.), Rom 2003.

Female vita religiosa: – Mellville, G./Müller, A. (edd.): Female *vita religiosa* between Late Antiquity and the High Middle Ages (Vita Regularis 47), Berlin 2011.

Frank, K. S.: Cluny: – Frank, K. S.: Art.: Cluny, in TRE 8 (1981), Sp. 126ff.

Frank, K. S.: Grundzüge: – Frank, K. S.: Grundzüge der Geschichte des christlichen Mönchtums (Grundzüge 25), Darmstadt 1979.

Gilomen-Schenkel, E.: Die Cluniazenser: – Gilomen-Schenkel, E. (Bearb.): Die Cluniazenser in der Schweiz (Helv. Sacra, Abt. III: Die Orden mit Benediktinerregel 2), Basel 1991.

Goez, W.: Kirchenreform: – Goez, W.: Kirchenreform und Investiturstreit 910–1122, Stuttgart 2000.

Greg. I., dial. I–IV: – Grégoire le Grand, Dialogues (Gregorius I. Papa, *Dialogorum libri IV*, ed. A. de Vogüé), SC 251 (Intr./Bibl./Cartes [A. de Vogüé]); SC 260 (Text, lib. I–III [ed. A. de Vogüé/frz. Üb. P. Antin]); SC 265 (Text, lib. IV [ed. A. de Vogüé/frz. Üb. P. Antin]), Paris 1978, 1979, 1980.

Häring, Sch.: *CIB*: – Häring, Sch.: Einander Geschwister sein … *Communio Internationalis Benedictinarum (CIB).* Studie zur rechtlichen Entwicklung der Beziehungen benediktinischer Frauengemeinschaften untereinander und zur Confoederatio Benedictina (1965–2009) (Studien zur monastischen Kultur, Bd. 9), St. Ottilien 2016.

Hallinger, K.: Gorze-Kluny: – Hallinger, K.: Gorze-Kluny. Studien zu den monastischen Formen und Gegensätzen im Hochmittelalter, 2 Bde. (Studia Anselmiana 22–25), Rom 1950/51.

Heimbucher, M.: Orden I: – Heimbucher, M.: Die Orden und Kongregationen der katholischen Kirche, Bd. I, München 1932 (1965).

Henseler, R.: Zur Geschichte: – Henseler, R.: Zur Geschichte des nachkonziliaren Ordensrechts. Übersicht, Tendenzen und Entwicklungen, Köln 1980.

Hiestand, R.: Einige Gedanken: – Hiestand, R.: Einige Gedanken zu den Anfängen Clunys, in: Herrschaft – Kirche – Mönchtum (edd. D. R. Bauer u. a.), Sigmaringen 1998, S. 287ff.

Hilpisch, St.: Benediktinerinnen: – Hilpisch, St.: Geschichte der Benediktinerinnen, St. Ottilien 1951.

Hilpisch, St.: Geschichte: – Hilpisch, St.: Geschichte des benediktinischen Mönchtums. In ihren Grundlagen dargestellt, Freiburg 1929.

Jenal, G.: Italia I/II: – Jenal, G.: Italia ascetica atque monastica. Das Asketen- und Mönchtum in Italien von den Anfängen bis zur Zeit der Langobarden (ca. 150/250–604), Bde. I/II (MGM 39,1–2), Stuttgart 1995.

Kottje, R./Maurer, H. (edd.): Monastische Reformen: – Kottje, R./Maurer, H. (edd.): Monastische Reformen im 9. und 10. Jahrhundert (VuF 38), Sigmaringen 1989.

LEHMANN, P.: Erforschung: – LEHMANN, P.: Erforschung des Mittelalters. Ausgewählte Abhandlungen und Aufsätze, Bde. I–V, Stuttgart 1959 (I–II), 1960, 1961, 1962.

MACHT DES WORTES: – Macht des Wortes. Benediktinisches Mönchtum im Spiegel Europas. (Publ. anlässlich der Ausstellung: Macht des Wortes ... in der Benediktinerabtei St. Paul im Lavanttal, Kärnten, 26. April bis 8. Nov. 2009. Bd. 1, Essays (edd. G. Sitar/M. Kroker), Regensburg 2009.

MELVILLE, G.: Die Welt: – MELVILLE, G.: Die Welt der mittelalterlichen Klöster. Geschichte und Lebensformen, München 2012.

MOLITOR, R.: I–III: – MOLITOR, R.: Aus der Rechtsgeschichte benediktinischer Verbände. Untersuchungen und Skizzen, I–III. Münster 1928–33 (I: Verbände von Kloster zu Kloster, 1928; II: Verbände von Kongregation zu Kongregation. Verband und Exemtion, 1932; III: Unionsversuche im 19. Jahrhundert. Die Leoninische Konföderation aller Kongregationen der Benediktiner, 1933).

MÜLLER, H.: Habit und Habitus: – MÜLLER, H.: Habit und Habitus. Mönche und Humanisten im Dialog (Spätmittelalter und Reformation. Neue Reihe 32), Tübingen 2006.

PENCO, G.: Storia I: – PENCO, G.: Storia del monachesimo in Italia. Dalle origini alla fine del Medioevo (Rom 1961), Mailand [2]1981.

PENCO, G.: Storia II: – PENCO, G.: Storia del monachesimo in Italia nell'epoca moderna, Rom 1968.

PENCO, G.: Chiesa I: – PENCO, G.: Storia della Chiesa in Italia I: Dalle origini al Concilio di Trento, Mailand 1978.

PENCO, G.: Chiesa II: – PENCO, G.: Storia della Chiesa in Italia II: Dal Concilio di Trento ai nostri giorni, Mailand 1978.

PRINZ, F.: Frühes Mönchtum: – PRINZ, F.: Frühes Mönchtum im Frankenreich. Kultur und Gesellschaft in Gallien, den Rheinlanden und Bayern am Beispiel der monastischen Entwicklung (4. bis 8. Jahrhundert), Darmstadt [2]1988.

RB: La Règle de Saint Benoît (*Regula S. Benedicti*), edd. J. Neufville/A. de Vogüé, SC 181–183; (Intr. [A. de Vogüé]/T [ed.J. Neufville]/frz. Üb. /Notes [A. de Vogüé]/Concordance/Trad. Manuscrite [J. Neufville]), Paris 1972.

RB: ed. R. HANSLIK: – Benedicti Regula, ed. R. Hanslik (*editio altera*), CSEL 75, [2]1977. [Vgl. auch: – Die Benediktusregel (ed. Salzburger Äbtekonferenz, T/dt. Üb.), Beuron 1996[2].]

RICHÉ, P.: Éducation: – RICHÉ, P.: Èducation et culture dans l'occident barbare. VIe – VIIIe siècles (Patristica Sorbonensia 4), Paris 1962.

RM: La règle du Maître (*Regula Magistri*), ed. A. de Vogüé, SC 105, 106 (mit Einf. /T/frz. Üb./Anm./Komm.); SC 107 (Wortkonkordanz zu Ms. Par. Lat. 12205 [J. M. CLÉMENT/J. NEUFVILLE/D. DEMESLAY, D.]/Index zu Ms. Par. Lat. 12634 [J. NEUFVILLE]), Paris 1965.

RÖCKELEIN, H.: Frauen im Umkreis: – RÖCKELEIN, H.: Frauen im Umkreis der benediktinischen Reformen des 10. bis 12. Jahrhunderts. Gorze, Cluny, Hirsau, St. Blasien und Siegburg, in: Female *vita religiosa*, S. 275 ff.

SCHMITZ, PH.: Geschichte I–IV: – SCHMITZ, PH.: Geschichte des Benediktinerordens, Bde. I–IV, Einsiedeln 1947, 1948, 1955, 1960. – Bd. I (übers. u. ed. von L. Räber), Ausbreitung und Verfassungsgeschichte des Ordens von seiner

Gründung bis zum 12. Jahrhundert; Bd. II (übers. u. ed. von L. Räber), Die Kulturarbeit des Ordens von seiner Gründung bis zum 12. Jahrhundert; Bd. III (übers. u. ed. von R. Tschudy), Die äußere Entwicklung des Ordens vom Wormser Konkordat (1122) bis zum Konzil von Trient; Bd. IV (übers. u. ed. von R. Tschudy), Die äußere Entwicklung des Ordens vom Konzil von Trient bis zur Mitte des 20. Jahrhunderts. – Der Übersetzung liegt als Original zugrunde: Schmitz, Ph.: – Histoire de l' Ordre de Saint-Benoît, voll. 1–7, Maredsous 1942 (1–2), 1948 (3–4), 1949 (5–6), 1956 (Bd. 7 [nicht ins Deutsche übertragen]).

Schmitz, Ph.: Histoire VII (Les moniales): – Schmitz, Ph.: Histoire de l'Ordre de Saint-Benoît, Bd. VII. Les moniales, Maredsous 1957.

Schreiner, K.: Sozial- und standesgeschichtliche Untersuchungen: – Schreiner, K.: Sozial- und standesgeschichtliche Untersuchungen zu den Benediktinerkonventen im östlichen Schwarzwald (Veröff. d. Komm. f. Geschichtl. Landeskunde in Baden-Württemberg 31), Stuttgart 1964) (Diss. Tübingen 1961).

Schreiner, K.: Benediktinisches Mönchtum: – Schreiner, K.: Benediktinisches Mönchtum in der Geschichte Südwestdeutschlands, in: Germ. Ben. V (1975), S. 23–114.

Schreiner, K.: Spiritualität, Sozialverhalten und Sozialverfassung: – Schreiner, K.: Mönchtum zwischen asketischem Anspruch und gesellschaftlicher Wirklichkeit. Spiritualität, Sozialverhalten und Sozialverfassung schwäbischer Reformmönche im Spiegel ihrer Geschichtsschreibung, in: Zeitschr. f. württ. Landesgeschichte 41 (1982). Festschrift für M. Decker-Hauff, Bd. 2, S. 250 ff.

Schreiner, K.: Sozialer Wandel: – Schreiner, K.: Sozialer Wandel im Geschichtsdenken und in der Geschichtsschreibung des späten Mittelalters, in: Geschichtsschreibung und Geschichtsbewußtsein im späten Mittelalter, in: VuF 31 (1987), S. 257 ff.

Schreiner, K.: Dauer: – Schreiner, K.: Dauer, Niedergang und Erneuerung klösterlicher Observanz im hoch- und spätmittelalterlichen Mönchtum. Krisen, Reform- und Institutionalisierungsprobleme in der Sicht und Deutung betroffener Zeitgenossen, in: Institutionen und Geschichte. Theoretische Aspekte und mittelalterliche Befunde, ed. von G. Melville, Köln 1992, S. 295–341.

Schreiner, K.: Hirsau: – Schreiner, K.: Hirsau und die Hirsauer Reform. Lebens- und Verfassungsformen einer Reformbewegung, in: Die Reformverbände und Kongregationen der Benediktiner im deutschen Sprachraum (Germ. Ben. I, 1999), S. 89–124.

Umfeld: – Constable, G./Melville, G./Oberste, J. (edd.). Die Cluniazenser in ihrem politisch-sozialen Umfeld (Vita regularis 7), Münster 1998.

Verfasserlexikon: – Die deutsche Literatur des Mittelalters – Verfasserlexikon, vol. VIII, Berlin ^{2}1992.

Wollasch, J: Mönchtum des Mittelalters: – Wollasch, J.: Mönchtum des Mittelalters zwischen Kirche und Welt (MMS 7), München 1973.

Wollasch, J.: Cluny – „Licht der Welt" – Wollasch, J.: Cluny – „Licht der Welt". Aufstieg und Niedergang der klösterlichen Gemeinschaft, Zürich 1996.

Yuen, M.: Ordensrecht: – Yuen, M.: Benediktinisches Ordensrecht in Entwicklung und Gegenwart: Darstellung und Vergleich mit dem Kommunalrecht, Baden-Baden 2010.

2. Verzeichnis der Siglen

a.	anno
AAS	Acta Apostolicae Sedis
AA SS OSB	Acta Sanctorum Ordinis Sancti Benedicti
AA. VV.	Auctores varii
abb.	abbas (Abt)
abbat.	abbatia (Abtei, Kloster)
ABCCA	Association Benedictino-Cisterciense del Caribe y de los Andes
ABFC	American Benedictine Formation Conference
Acad.	Académie (frz.)
A. d. W.	Akademie der Wissenschaften
AfKathKR	Archiv für Katholisches Kirchenrecht
AHP	Archivum Historiae Pontificiae
AIM	Alliance Intermonastère
Akad.	Akademie
Anm.	Anmerkung
antiqu.	antiquités
ANZBU	Australia and New Zealand Benedictine Union
Arch.	Archiv
archéol.	archéologique
ARG	Archiv für Religionsgeschichte
Art.	Artikel
auct.	auctor(e)
Aufl.	Auflage
Bearb.	Bearbeiter
Bd./Bde.	Band/Bände
Beihh.	Beihefte
Ben.	Benedictina
Bf.	Bischof
BGAM	Beiträge zur Geschichte des alten Mönchtums und des Benediktinerordens
BHL	Bibliotheca Hagiographica Latina antiquae et mediae aetatis, I–II (Subsidia Hagiographica 6), Brüssel 1891–1901.
Bibl.	Bibliothek/Bibliothèque/Biblioteca
BISI	Bollettino dell'Istituto Storico Italiano per il Medioevo
BKV	Bibliothek der Kirchenväter (München/Kempten ^{2}1911 ff.)
Bll.	Blätter

BR	Brief(e)
BRD	Bundesrepublik Deutschland
Bull.	Bullettino
Bull. Rom. Taurin.	MBR, Editio Taurinensis
B. V. M.	Beata Virgo Maria (Beatae Virginis Mariae)
ca.	circa
can./cann.	canon/es
cap(it).	capitulum (capitularium)
Catal.	Catalogus Monasteriorum O. S. B.
CB	*Confoederatio Benedictina*
CC	Corpus Christianorum
CCM	Corpus Consuetudinum Monasticarum
CD	*Christus Dominus* (Dekret des II. Vatikanums, 28. Okt. 1965)
C. E. R. C. O. R.	Centre Européen de Recherches sur les Congrégations et les Ordres Religieux
CIB	Communio Internationalis Benedictinarum
CIC	*Codex Iuris Canonici*
COD	Conciliorum Oecumenicorum Decreta/Dekrete d. Ökumen. Konzilien (edd. J. Alberigo u. a.), Bologna ^{3}1973
Cod. (cod.)	Codex (codex)
Cod. Casin.	Codex Casinensis (Montecassino)
Conc.	Concilium
Conc. Oec.	Concilium Oecumenicum
Conc. Trid.	Concilium Tridentinum
congr.	congregatio (congregationes)
Congr. Benedett.	Congregatio Benedettina
Congr. D. N. Spei	Congregatio Dominae Nostrae Spei (Congrégation Notre Dame d'Espérance [Kongregation unserer Lieben Frau zur Hoffnung])
Congr. Episc. et Relig.	Sancta Congregatio pro Episcopis et Religiosis
Congr. Relig.	Sacra Congregatio de Religiosis
consoc.	consociatus, -a, -um
const.	constitutio
Cont. med.	Continuatio Medievalis
Conv.	Convenio
CORISS	Conference des Unions des religieux/religieuses et des Instituts Séculiers de Suisse (dt.: KOVOSS)
CSEL	Corpus Scriptorum Ecclesiasticorum Latinorum
DA	Deutsches Archiv

DACL	Dictionnaire d'Archéologie Chrétienne et de Liturgie
DBI	Dizionario Biografico degli Italiani
ders.	derselbe
DHCL	Dictionnaire d'Histoire Chrétienne et de Liturgie
DHGE	Dictionnaire d'Histoire et de Géographie Écclésiastique
DHI	Deutsches Historisches Institut (Rom)
dial. I–IV	Greg. I., Dial. I–IV
Dict. Biogr. Franç.	Dictionnaire de la Biographie Française
dies.	dieselbe
DIM/MID	Dialogue Interreligieux Monastique / Monastic International Dialogue (Subkommission der AIM)
DIP	Dizionario degli Istituti di Perfezione
Diss. Masch.	Dissertation in Maschinenschrift
DOK	Deutsche Ordenskonferenz
DSp	Dictionnaire de la Spiritualité
dt.	deutsch
ebda.	ebenda
éd.	éditeur
ed./edd.	edidit / ediderunt
ed. Taur.	Editio Taurinensis (Turin)
Einf.	Einführung
Erg.bd.	Ergänzungsband
Erg.h.	Ergänzungsheft
ES	*Ecclesiae Sanctae* (Motuproprio, 6. Aug. 8.1966)
EuA	Erbe und Auftrag
fasc.	fascicule
Festschr.	Festschrift
f(f).	folgend(e)
FM(A)St	Frühmittelalterliche Studien
foeder.	foederatio
Forsch.	Forschungen
frz.	französisch
Germ. Ben.	Germania Benedictina
Germ. Sacra	Germania Sacra
Greg.	Gregorius I. (Papst)
Guelf.	(Codex) Guelferbitanus (Wolfenbüttel)
Habil.	Habilitation
Handb.	Handbuch
HDG	Handbuch der Deutschen Geschichte (Gebhardt)
HEG	Handbuch d. Europäischen Geschichte

Helv. Sacra	Helvetia Sacra
Hg(g.)	Herausgeber (Plural)
Hist.	Historisch(e)
Hist. Forsch.	Historische Forschungen
Hist. Jahrb.	Historisches Jahrbuch
Hist. lit. sent. rel. f.	Histoire de la littérature du sentiment religieux en France
HKG	Handbuch der Kirchengeschichte (ed. H. Jedin)
Hl.	(der/die) Heilige
HZ	Historische Zeitschrift
Hzg.	Herzog
Innoc.	Innocentius (Papst)
inst.	institutio
intern.	internazionale (ital.)
Intr.	Introduction
ISBF	Indo-Sri Lankan Benedictine Federation
ItalBen	Italia Benedettina (ital.)
Jahrb.	Jahrbuch
JEH	Journal of Ecclesiastical History
Jh.	Jahrhundert
KA	Kanonistische Abteilung
Kap.	Kapitel
KG	Kirchengeschichte
KHAb	Kölner Historische Abhandlungen
Komm.	Kommentar/Kommission
KOVOSS	Konferenz der Vereinigungen der Orden und Säkularinstitute der Schweiz (frz.: CORISS)
Lat.	Latein/Latinus, -a
LdM	Lexikon des Mittelalters
lib.	liber
litt. apost.	littera(e) apostolica(e)
LG	*Lumen Gentium* (Kirchenkonstitution des II. Vatikanums, 21. Nov. 1964)
LP	*Lex Propria*
LThK	Lexikon für Theologie und Kirche
MA.	Mittelalter
Magunt.	(Conc.) Maguntiense (Konzil zu Mainz)
Masch. Ms.	maschinenschriftliches Manuskript
MBR	(Magnum Bullarium Romanum) – Bullarum, diplomatum et privilegiorum sanctorum Romanorum pontificum. Editio Taurinensis.
Mém.	Mémoires

Merov.	Merovingi (Merowinger)
MGH	Monumenta Germaniae Historica
MGH SRL	Monumenta Germaniae Historica, Scriptores Langobardorum
MGH SS	Monumenta Germaniae Historica, Scriptores
MGM	Monographien zur Geschichte des Mittelalters
Migne	J. P. Migne (Patrologia Latina)
MIÖG	Mitteilungen des Instituts für Österreichische Geschichtsforschung
Misc. Cass.	Miscellanea Cassinese
Miscell.	Miscellanea
Mitt.	Mitteilungen
mittelrhein.	mittelrheinisch
MMS	Münstersche Mittelalterschriften
mon.	monacensis (aus München)
monast.	monasterium (monasteria)
MPG	Max-Planck-Institut für Geschichte (Göttingen)
Ms(s).	Manuscript(e)
NABEWD	North American Board for East-West Dialogue (Subkommission der AIM)
nat.	national
naz.	nazionale (ital.)
NDB	Neue Deutsche Biographie
NF	Neue Folge
N. N.	nomen nescio (Name unbekannt)
nn.	numeri
n. s.	nova series (lat.) – nova seria (ital.)
OCart	Ordo Cartusiensis (Kartäuser)
OCist	Ordo Cisterciensis (Zisterzienser)
öffentl.	öffentliche, -er
Österr.	Österreichisch(e)
OGG	Oldenbourgs Grundriss der Geschichte
OPraem.	Ordo Praemonstratensis
OSB/O. S. B.	*Ordo Sancti Benedicti*
ott.	ottobre (ital.)
Oxon.	Oxoniensis
Par.	Parisiensis
PC	*Perfectae Caritatis* (Ordensdekret des II. Vatikanums, 28. Okt. 1965).
Pfd.	Pfund
Phil.-Hist. Kl.	Philosophisch-Historische Klasse
PL	Patrologia Latina

P. M.	Pontifex Maxius
PP.	Piissimus Papa
PPH	Philososphisch-Philologische und Historische Kommission
prior.	prioratus
prol.	prologus
Publl.	Publicazioni
QFGBW	Quellen und Forschungen zur Geschichte Baden-Württembergs
QFIAB	Quellen und Forschungen aus italienischen Archiven und Bibliotheken
RB	*Regula (Sancti) Benedicti*
RBS	Regulae Benedicti Studia
RC	*Renovationis Causam* (Instruktion der Religiosenkongregation, 6. Jan. 1969)
RCol	*Regula Columbani (Regula monachorum*)
Reg. Chart. Ital	Regesta Chartarum Italiae
Rév. Bén.	Révue Bénédictine
Rev. Mabillon	Revue Mabillon
RHE	Revue d'Histoire écclésiastique
RHEF	Revue d'Histoire de l'Église de France
RIS	Rerum Italicarum Scriptores
Riv.	Rivista
RM	*Regula Magistri*
röm.	römisch
RoJKG	Rottenburger Jahrbuch für Kirchengeschichte
RQ	Römische Quartalschrift
RSCI	Rivista di storia della chiesa in Italia
RTA	Deutsche Reichstagsakten
R. Univ.	Real Universidad
S.	San, Santo, Santa, Sant'
s.	seria
saec.	saeculum
SÄK	Salzburger Äbtekonferenz
SBAW	Sitzungsberichte d. Bayerischen Akademie d. Wissenschaften
SC	Sources Chrétiennes
SchH	Schwäbische Heimat
sec.	secolo
Sett.	settembre
Settimana	Settimana di Studio (Spoleto)
Settimane della Mendola	Settimane internazionali della Mendola

SFB	Sonderforschungsbereich
sing.	singularis, -e
SM	*Summi Magistri* (Bulle Benedikts XII. an die Benediktiner, 20. Juni 1336)
SMBO	Studien und Mitteilungen aus dem Benediktiner- und Cistercienserorden: mit besonderer Berücksichtigung der Ordensgeschichte und Statistik (1.1880–31.1910)
SMGB	Studien und Mitteilungen zur Geschichte des Benediktinerordens und seiner Zweige (1.1911 ff. [32 N. F. ff.])
soc.	société
soror.	sorores
Sp.	Spalte
s. (st.)/sa. (sta.).	sanctus / sancta
ss.	sancti/-tae (sanctissimi/-issimae)
St.	Sankt
StAns	Studia Anselmiana
stor.	storico
Summum Semper	(Breve Leos XIII., 12. Juli 1893)
SVD	Societas Verbi Dei (Steyler Kongregation)
T.	Text
t.	tomus
TRE	Theologische Realenzyklopädie
TuU	Texte und Untersuchungen
u. a.	unter anderem; und andere
Üb(ers).	Übersetzung
Übcrarb.	Überarbeitung
U. L. F.	Unsere Liebe Frau
Unters(s).	Untersuchung(en)
v.	von
v. d. M.	vor den Mauern (fuori le mura)
Ven.	Venerabilis
Verhll.	Verhandlungen
Veröf(f).	Veröffentlichung(en)
VMIC	Virgo Maria Immaculata Concepta
VMPIG	Veröffentlichungen des Max-Planck-Instituts für Geschichte (Göttingen)
vol.	volumen
VS	*Venite Seorsum* (Instruktion Pauls VI., 15. Aug. 8.1969)

VSp	*Verbi Sponsa* (Instruktion der Religiosenkongregation, 6. Jan. 1969)
VuF	Vorträge und Forschungen
WA	Weimarer Ausgabe (Werke Martin Luthers)
WestZs	Westdeutsche Zeitschrift
Wiss.	Wissenschaft(en)
württ.	württembergisch
ZBLG	Zeitschrift für Bayerische Landesgeschichte
ZfK	Zeitschrift für Kirchengeschichte
ZRGKan	Zeitschrift der Savigny-Stiftung für Rechtsgeschichte, Kanonistische Abteilung